馬亮集輯箋

（清）馬亮　著
杜宏春　輯箋

2016年·北京

圖書在版編目（CIP）數據

馬亮集輯箋 /（清）馬亮著；杜宏春輯箋 . —北京：商務印書館，2016
ISBN 978 - 7 - 100 - 12147 - 7

Ⅰ.①馬⋯　Ⅱ.①馬⋯ ②杜⋯　Ⅲ.①伊犁地區—地方史—清代 ②四川省—地方史—清代　Ⅳ.① K294.52 ② K297.1

中國版本圖書館 CIP 數據核字（2016）第 066172 號

所有權利保留。
未經許可，不得以任何方式使用。

馬亮集輯箋

（清）馬亮　著
杜宏春　輯箋

商務印書館出版
（北京王府井大街 36 號　郵政編碼 100710）
商務印書館發行
三河市尚藝印裝有限公司印刷
ISBN 978 - 7 - 100 - 12147 - 7

2016 年 7 月第 1 版　　　　開本 710×1000　1/16
2016 年 7 月北京第 1 次印刷　印張 34
定價：168.00 元

本書為"全國高等院校古籍整理研究工作委員會直接資助專案《馬亮集輯箋》"（編號：1563）之研究成果。

　　本書由石河子大學"中西部高校綜合實力提升工程"資助出版。

金針度人

——杜宏春《馬亮集輯箋》序

郭院林

一

傅斯年先生認為近代的歷史學只是史料學。其實不僅是史學，所有學術研究都與材料密切相關，這是所有研究的起點與基石。材料的發現不僅僅是提供新的研究對象，也改變著研究方法與研究視角，這是當下所謂創新研究的一個重要體現與重要思路。二十世紀中國的四大顯學（甲骨學、敦煌學、竹帛學、滿清檔案）都與新材料的發現密不可分。直到當下，學界還期待著竹帛、墓誌與吐魯番文書等更多出土文獻的發現。

然而像清代檔案文獻，一方面是材料豐富，大量原稿尚未整理，閱讀極其不便，一般的研究者幾乎無從下手；一方面是難以得到，原件朱批奏摺和錄副奏摺珍藏於兩岸故宮，查考麻煩，傷財費時，苦心勞力，實屬非易。從而新材料推陳出新，往往使得研究處於變動狀態，某一個新材料就有可能改變既有的"定論"。這也就是近代學術研究的困境。

清代新疆治理遠邁前朝，相關措施與政策在當時頗為有效。管理者和學者從不同角度進行了歸納與總結，為研究提供可能。清政府對新疆的治理已成為國家邊疆治理史研究中一個熱點和亮點，為學界、政界、軍界、以及廣大國人所關注。同時清代新疆檔案、文獻數量龐大、收藏分散，查檢難度極大。隨著國家"一帶一路"戰略的出臺，相關研究必將迎頭追上。為深化研究，文獻史料的發掘、收集和整理是一項重要的基礎性工作。

整理新疆文獻資料，具有重要的意義。通過整理、出版等多種途徑，傳播各民族優秀傳統文化，普及中華文化精粹；同時與劣質文化、腐朽文化、反動文化、分裂文化爭奪陣地，加強新疆各民族文化相互吸收融合與發展的歷史研究，鞏固社會主義建設成果，為新疆多民族人民形成共同國家意識，建設中華民族共有精神家園，達成共同價值觀念，從而為邊疆穩定與發展而努力，為新疆經濟發展和社會全面進步提供精神動力和理論支持。

二

新疆地處歐亞交通孔道，是東西文化的榫頭。多民族、多宗教、多文明、多文化在此地交流、碰撞、融合。清王朝不同于漢唐對此地的羈縻之策，真正實現有效的統治。乾隆統一新疆後，根據新疆地區的特點，在制度方面依據"因地制宜"、"因俗而治"的原則分別採取了郡縣制、伯克制、劄薩克制、八旗制等不同的治理方式。1762年10月，清朝政府設置伊犁將軍。伊犁將軍的職權是"凡烏魯木齊、巴里坤所有滿洲、索倫、察哈爾、綠旗官兵，皆聽將軍總統調遣。至回部與伊犁相通，自葉爾羌、喀什噶爾，以至哈密等處駐紮官兵，亦歸將軍兼管。其地方事務，有各處駐紮大臣，仍照辦理。再葉爾羌、喀什噶爾等回城，皆在邊陲，如有應調伊犁官兵之處，亦准各處大臣諮商將軍，就近調撥"。（《平定準噶爾方略》續編，卷19）可見，伊犁將軍權位極重。伊犁軍府制的核心，是伊犁將軍為新疆的最高軍事行政長官，代表清廷施政，統率全疆駐軍，防衛邊境；考察官吏，奏請升遷；屯田置牧，保障民生；核征賦稅，管理財政以及辦理地方各族王公、伯克入覲，聯絡中亞藩部事務等。1871—1882年，沙俄侵佔伊犁地區，伊犁將軍府暫駐塔城。1884年新疆建省後，伊犁將軍職權削弱，1888年後，只節制伊塔道軍政事務。伊犁將軍與新疆巡撫互不統屬，將軍仍管轄伊犁、塔城地方的軍政事務，以捍衛邊防為主要職責。1912年辛亥革命後，伊犁將軍府廢除。終有清一代，伊犁將軍一直是新疆伊犁地方史上最重要的職官建置，歷史影響極為深遠。

伊犁將軍特別是伊犁軍府制統轄新疆時的歷屆將軍職主，都是深得皇帝信任，事權專一，權威顯赫，大多為才優幹濟、獨當一面之人，多數是滿洲、蒙古族的皇親國戚、近侍重臣。在歷任伊犁將軍中，不乏功績卓著者，例如明瑞、松筠等。作為易代之際的伊犁將軍，馬亮在同仁中也算是兢兢業業，盡忠職守了。馬亮（1845—1909），原隸漢軍正白旗，改隸滿州正白旗，哈豐阿巴圖魯。幼有膽略，善騎射，轉戰陝、甘、新疆等處，以戰功屢獲升遷。同治十三年（1874），隨同大軍克復肅州城垣，旋隨金順帶兵出關。剿賊新疆北路，迭克各城，轉餉之力居多。馬亮在甘肅、新疆各省，歷年既久，建立尤多。光緒二十七年七月——三十一年六月（1901.8—1905.7）任伊犁將軍。馬亮到伊犁後，感激圖報，銳意振興諸務，在經濟建設方面，宣導屯田，疏濬渠道，墾辟荒地，撥給旗丁，自耕自食，為滿營預謀生計。注重文化建設，奏設養正學堂，延師課授清、漢文字，尤以經學為重，並挑選旗營聰穎子弟，派赴俄國留學，以期造就人才。民族事務方面，為察哈爾、額魯特兩營蒙民釐定取孳章程，而蒙困以蘇；另選哈薩克之良善健樸者，充當捕盜兵；捐廉助給口食，束以軍法，令其晝夜梭巡，而盜風以戢。至於辦理外夷，則堅守條約，剛柔互濟，因應鹹宜。伊犁交涉繁難，莫甚於民籍混雜。平時既難管束，遇有交涉，轇轕尤多。馬亮磋商領事，轉達俄外部，改歸中籍者三千餘戶，地方賴以稍寧。

馬亮對清廷忠心耿耿，宣力有年，克勤厥職。面對風雨飄搖的清政權，他提出重視民心："近年朝廷變法圖強，飭辦一切新政，無非為保民計，自不能不藉資民力，然成效未覩，羅掘已窮，排滿革命之風潮愈遏愈厲，猶幸民財雖匱，民心未離，及此撫綏，尚堪挽救，若再竭澤以漁，必至鋌而走險，不惟邪說易於煽動，外洋亦將乘隙覬覦。此最大局之可憂者！"（〇二、《臨終遺摺》）亦不為無見。

馬亮遺留文獻，現止見奏牘，而多集中于伊犁將軍任上，涉及政治、經濟、軍事、外交、民族、民生、地方治安以及宗教等一系列重大問題。本書彙集兩岸故宮及臺北中研院所藏馬亮文獻凡400多件，逐一抄錄、標點、校勘、補證、考辯，不僅可見馬亮為人，補充《清史稿》不足，而且作為原始材料，也可以考察清末伊犁將軍的職權，為研究清末新疆社會提供了一部內容確實可信、資料極為豐富、內容較為完備的研究文本。

三

杜宏春老師為安徽塗州人，在基層授課多年。中年之際，攻讀文獻學碩士，毅力可嘉。2006年蘭州大學碩士畢業後，他攜妻舉家出塞，來石河子大學工作。他知識豐富，愛書寫繁體，授課生動活潑，學生多敬重之，稱之為鴻儒。學生博客有言："或有講座，必是堂堂爆滿，時時掌聲。或講故事，驚夢者於課堂，引戀者於調情。"年輕學子欣慕其神態優雅，言辭藻婉，教學幽默，知識雄宏，氣度非凡，儀表偉岸。授課之餘，他不忘進取，2009年考取中央民大博士生。期間早立計畫，不僅如期完成學位論文，而且利用地利之便，廣泛搜集北京藏新疆文獻。畢業後回石河子工作，將經營多年的新疆巡撫文獻計畫付之實踐，不僅有國家社會科學後期成果項目一一結題，而且大作頻頻面世，令人欣羨。

我與杜老師在石河子共事多年，同為南人居北，同時都曾修文獻學，讚賞其為人態度謙遜，禮儀周到，所以大家都願意交往。他對於文獻學史爛熟於心，故能口吐蓮花。我離開石河子三年，而音訊不斷者，杜老師是其中一個。近年常常聽到他在科研方面的喜訊，讓同事豔羨與驚歎。然而細繹此事，則上天自有公平待人。

文獻整理要能耐得住寂寞，而杜老師不喜宴會，游憩於檔案文獻，自得其樂，默默耕耘多年，縱然痛風令其苦不堪言，而仍然筆耕不輟，故而成果豐碩。當今很多學人喜歡販賣新理論，而多用新瓶裝老酒。杜老師對此不以為意，常常謙稱自己不知如何撰文。清朝大儒顧炎武說過，做學問有兩種方式，一種是將廢舊銅錢重新鑄錢，結果是舊錢不復存，而新銅也無價值，是為兩失；而真正有價值的方式是開山采銅，發掘新材料。但是原始材料一則難得，二則耗費時間。杜老師近年關注的新疆巡撫奏摺與檔案，恰是富礦一座，他願意像挖礦工一樣辛勤挖掘，所以有相應的回報。而當下恰逢國家倡導"一帶一路"經濟帶的大好氛圍，加上對傳統文獻與檔案愈加重視，相信杜老師的成果會越來越多，也會越來越受到重視。

　　元好問《論詩》詩："鴛鴦繡出從教看，莫把金針度與人。"後人多比之重要方法與材料不輕易示人。而杜老師大方的將自己多年珍藏進行整理出版，公之於世，可謂相信學術為天下公器。新疆的歷史文獻豐富，且不說各民族的文獻有待整理，單就漢文獻看，還有很多"富礦"值得開發。我也相信，杜老師整理的文獻，會更好的推進新疆的文史研究；而且也是一種方向，引領學者踏實研究。

　　是為序。

2016 年 4 月 16 日
于揚州蘭香苑

緒　論

　　本文是將保存於兩岸故宮等處有關伊犁將軍馬亮的檔案文獻以及稿本《伊犁將軍馬廣奏稿》等傳世文獻彙輯成集，並進行整理與研究，名之曰《馬亮集輯箋》。

　　馬亮（1845—1909），原隸漢軍正白旗，改隸滿州正白旗，哈豐阿巴圖魯。同治五年（1866），補驍騎校。八年（1869），加佐領銜。十二年（1873），升協領，晉副都統銜。光緒元年（1875），署巴里坤領隊大臣。九年（1883），充防禦。翌年，調補甯古塔佐領。十四年（1888），轉拉林佐領。二十一年（1895），署伊犁鎮總兵。二十六年（1900），補密雲副都統。二十七年（1901），遷伊犁將軍。三十一年（1905），調補烏里雅蘇台將軍，兼鑲黃旗漢都統。三十四年（1908），補授成都將軍。宣統元年（1909），卒於任。予諡勇僖。

　　《馬亮集輯箋》共收摺件、函牘等400多件，內容涉及伊犁、四川地區政治，經濟、軍事、外交、民族、民生、地方治安以及宗教等一系列重大問題，真實地記錄馬亮在任伊犁、烏里雅蘇臺、成都將軍期間，在抵禦外侮、發展交通、開發邊疆、推行教育、改善民族關係等方面所做的貢獻，真實地再現了清王朝與地方官吏對新疆的治理情況，其內容涉及廣泛，史料豐富翔實。因此，對馬亮文集的整理與研究，不僅具有重要的現實意義，而且具有深遠的歷史意義。

　　我國邊疆距內地途程窵遠，民族雜居，風俗各異，治理匪易。清代同治以降，階級矛盾激化，內憂外患不斷，尤其是在邊疆民族的雜居之處，中央王朝為鞏固自己在邊疆地區的統治地位，因地制宜地採取了一系列的特殊政策，包括武力鎮壓以及懷柔策略，以維護清王朝的統治。作為珍貴的重要官文書之一的奏摺，真實地記錄了當時中央王朝與地方官吏對地方治理情況，充分反映了各個歷史事件的演變進程，是難能可貴的一手文獻，彌補了正史文獻之不足。因此，對馬亮文集的輯錄、標點、注釋、校勘與補證，對於研究清末邊疆政治、經濟、軍事以及社會階層的變動，有著不可或缺的史料價值，對於地方史以及民族政策的研究，亦具有重要的文獻研究價值。

由於原稿尚未整理，閱讀極其不便，一般的研究者幾乎無從下手，兼之其原件硃批奏摺和錄副奏摺珍藏於兩岸故宮，查考麻煩，傷財費時，苦心勞力，實屬匪易，故研究者望而卻步。迄今為止，海內外尚未發現有關該書點校、考辨等方面的研究成果梓行。本文即利用兩岸故宮之原始檔案，採用對校、理校、補正及考辨之法，逐件逐字校勘，以朱批奏摺為准，對於與摺件相關重要人物加以注釋，必要文獻全文照錄，以期達到反映目前最新研究成果之目的，為清史研究者提供一部內容確信、資料豐富、內容相對完備的研究文本。因此，本書對推動中國近代史、新疆地方史、民族關係史以及民族政策等方面的深入研究，具有重要的史料價值。

本文彙集兩岸故宮及臺北中研院所藏馬亮文獻凡400多件，逐一抄錄、標點。並查照《上諭檔》和《清實錄》，採用對校、理校、補證及考辨之法，以硃批原件為准，對其奏摺、函牘進行標點、校勘與補正，詳細而系統的考證其在任期間對外交涉、發展生產、推行教育、捐資助賑、關注民生等方面的所做的貢獻和取得的成就，真實地再現當時中央王朝對邊疆地方治理情況以及各個歷史事件的演變進程，以期達到反映目前最新研究成果的目的，為清史研究者提供一部內容非常確信、資料極為豐富、內容較為完備的研究文本。

本文結構：

一、篇首：諭旨（收錄上諭、遺摺等5件）；

二、上篇：奏議（輯錄奏議313件）；

三、中篇：電函（彙輯電報42件、外交函牘23件）；

四、下篇：附錄（收錄馬亮保案等 18 件、被參之案等 9 件）。

本文的特點：

1. 採用宮中檔案還原奏稿的原始面貌，使文獻具有權威性。

2. 利用檔案、史志等材料對原稿進行校勘與注釋，對重要人物之履歷，則通過宮中檔案及史志材料重新編寫，糾正了一般史書、詞典的舛誤，使內容真實可靠。

3. 廣泛運用檔案、史志等文獻資料對原稿的來龍去脈進行梳理與補證，使內容更加豐富翔實。

目　錄

凡　例 ·· 1

篇首　遺摺、賜卹上諭等 ·· 3

　○一　賜卹上諭
　　　　宣統元年十月初一日（1909 年 11 月 13 日）································ 5

　○二　臨終遺摺
　　　　宣統元年九月初四日（1909 年 10 月 17 日）································ 5

　○三　奏報成都將軍馬亮因病出缺摺
　　　　宣統元年九月初八日（1909 年 10 月 21 日）································ 8

　○四　請建已故將軍專祠等由摺
　　　　宣統三年閏六月初八日（1911 年 8 月 2 日）······························· 10

　○五　清國史・馬亮傳
　　　　光緒二十七年（1901 年）·· 13

上篇　奏議 ··· 17

光緒二十七年（1901）·· 19

　○○一　請給隨帶員弁車輛緣由摺
　　　　　光緒二十七年十二月二十日（1902 年 1 月 29 日）··················· 19

　○○二　盤查伊塔道庫存餉銀兩片
　　　　　光緒二十七年十二月二十八日（1902 年 2 月 6 日）················· 20

光緒二十八年（1902）·· 21

○○三	奏報行抵新疆省城日期摺
	光緒二十八年七月初六日（1902年8月9日）...................... 21
○○四	奏報辦理逃哈情形摺
	光緒二十八年七月十四日（1902年8月17日）...................... 23
○○五	恭報接印日期情形摺
	光緒二十八年八月二十日（1902年9月21日）...................... 25
○○六	預估二十九年伊犁軍需數目摺
	光緒二十八年九月二十五日（1902年10月26日）............ 27
○○七	請飭部換鑄關防圖記片
	光緒二十八年九月二十五日（1902年10月26日）............ 29
○○八	請賞給駐伊俄領事寶星摺
	光緒二十八年十月二十九日（1902年11月28日）............ 31
○○九	請賞俄回游生春等寶星片
	光緒二十八年十月二十九日（1902年11月28日）............ 32
○一○	擬派志銳接管哈薩克事務摺
	光緒二十八年十月二十九日（1902年11月28日）............ 33
○一一	代奏領隊大臣徐炘謝恩摺
	光緒二十八年十一月十六日（1902年12月15日）............ 35
○一二	派員採運晉茶行銷伊犁各城摺
	光緒二十八年十一月十六日（1902年12月15日）............ 36
○一三	呈採辦晉茶試辦章程清單
	光緒二十八年十一月十六日（1902年12月15日）............ 37
○一四	揀選伊犁舊滿營協領等缺摺
	光緒二十八年十二月二十七日（1903年1月25日）............ 40
○一五	呈揀選伊犁舊滿營協領等缺清單
	光緒二十八年十二月二十七日（1903年1月25日）............ 41
○一六	揀選伊犁新滿營佐領等缺摺
	光緒二十八年十二月二十七日（1903年1月25日）............ 43

〇一七　呈揀選新滿營佐領等缺清單

　　　　光緒二十八年十二月二十七日（1903 年 1 月 25 日）............ 44

〇一八　揀選舊滿營驍騎校等缺摺

　　　　光緒二十八年十二月二十七日（1903 年 1 月 25 日）............ 45

〇一九　呈揀選舊滿營驍騎校員缺清單

　　　　光緒二十八年十二月二十七日（1903 年 1 月 25 日）............ 46

〇二〇　懇准章京吉罕泰留任片

　　　　光緒二十八年十二月二十七日（1903 年 1 月 25 日）............ 47

〇二一　王保清委署中軍都司片

　　　　光緒二十八年十二月二十七日（1903 年 1 月 25 日）............ 48

〇二二　土爾扈特南部盟長福晉病故致祭片

　　　　光緒二十八年十二月二十七日（1903 年 1 月 25 日）............ 48

〇二三　土爾扈特貝子夫人病故致祭片

　　　　光緒二十八年十二月二十七日（1903 年 1 月 25 日）............ 49

〇二四　特古斯塔柳兵屯獲糧數目摺

　　　　光緒二十八年十二月二十七日（1903 年 1 月 25 日）............ 50

〇二五　呈特古斯塔柳兵屯收糧清單

　　　　光緒二十八年十二月二十七日（1903 年 1 月 25 日）............ 52

〇二六　盤查伊塔道庫存餉銀無誤片

　　　　光緒二十八年十二月二十七日（1903 年 1 月 25 日）............ 53

〇二七　密陳伊塔各領隊大臣考語摺

　　　　光緒二十八年十二月二十七日（1903 年 1 月 25 日）............ 54

〇二八　保舉署兵備道黃丙焜片

　　　　光緒二十八年十二月二十七日（1903 年 1 月 25 日）............ 55

光緒二十九年（1903）... 57

〇二九　自行派員請領的款以供支放摺

　　　　光緒二十九年正月二十日（1903 年 2 月 17 日）............ 57

○三○　奏報裁勇改操並擬定營制餉章摺
　　　　光緒二十九年正月二十日（1903 年 2 月 17 日）……… 58

○三一　呈釐定伊犁營制章程清單
　　　　光緒二十九年正月二十日（1903 年 2 月 17 日）……… 60

○三二　奏請伊犁軍標擬准起支俸廉片
　　　　光緒二十九年正月二十日（1903 年 2 月 17 日）……… 62

○三三　酌定常備續備等軍改習新操摺
　　　　光緒二十九年正月二十日（1903 年 2 月 17 日）……… 63

○三四　酌復滿營兵額改定練餉等由摺
　　　　光緒二十九年正月二十日（1903 年 2 月 17 日）……… 67

○三五　呈改練兵額需用銀糧等項清單
　　　　光緒二十九年正月二十日（1903 年 2 月 17 日）……… 70

○三六　補發裁退舊滿營馬甲糧料片
　　　　光緒二十九年正月二十日（1903 年 2 月 17 日）……… 73

○三七　奏陳屯田滿營練軍片
　　　　光緒二十九年正月二十日（1903 年 2 月 17 日）……… 74

○三八　賞福字荷包等件謝恩摺
　　　　光緒二十九年三月十三日（1903 年 4 月 10 日）……… 75

○三九　蒙賞福字謝恩摺
　　　　光緒二十九年三月十三日（1903 年 4 月 10 日）……… 76

○四○　揀選舊滿營佐領等缺摺
　　　　光緒二十九年三月二十七日（1903 年 4 月 24 日）…… 76

○四一　呈揀選伊犁舊滿營佐領等缺清單
　　　　光緒二十九年三月二十七日（1903 年 4 月 24 日）…… 77

○四二　揀選伊犁索倫營佐領等缺摺
　　　　光緒二十九年三月二十七日（1903 年 4 月 24 日）…… 79

○四三　呈揀選伊犁索倫應佐領等缺清單
　　　　光緒二十九年三月二十七日（1903 年 4 月 24 日）…… 80

○四四　揀選額魯特營佐領等缺摺
　　　　光緒二十九年三月二十七日（1903年4月24日）⋯⋯⋯⋯ 81
○四五　呈揀選額魯特營佐領等缺清單
　　　　光緒二十九年三月二十七日（1903年4月24日）⋯⋯⋯⋯ 82
○四六　錫拉蘇留伊犁改就武職片
　　　　光緒二十九年三月二十七日（1903年4月24日）⋯⋯⋯⋯ 83
○四七　代奏潘特索福謝賞寶星片
　　　　光緒二十九年三月二十七日（1903年4月24日）⋯⋯⋯⋯ 84
○四八　俄屬哈薩克借地牧馬安靜回俄片
　　　　光緒二十九年三月二十七日（1903年4月24日）⋯⋯⋯⋯ 85
○四九　奏報循例呈進貢馬摺
　　　　光緒二十九年五月初一日（1903年5月27日）⋯⋯⋯⋯⋯ 87
○五○　呈正貢備貢馬四匹清單
　　　　光緒二十九年五月初一日（1903年5月27日）⋯⋯⋯⋯⋯ 87
○五一　領隊大臣遵例隨同呈進貢馬片
　　　　光緒二十九年五月十一日（1903年6月6日）⋯⋯⋯⋯⋯⋯ 88
○五二　呈正貢備貢馬四匹清單
　　　　光緒二十九年五月十一日（1903年6月6日）⋯⋯⋯⋯⋯⋯ 88
○五三　揀選伊犁察哈爾營佐領等缺摺
　　　　光緒二十九年五月十一日（1903年6月6日）⋯⋯⋯⋯⋯⋯ 89
○五四　呈揀選察哈爾營佐領等缺清單
　　　　光緒二十九年五月十一日（1903年6月6日）⋯⋯⋯⋯⋯⋯ 90
○五五　土爾扈特東部落盟長赴京片
　　　　光緒二十九年五月十一日（1903年6月6日）⋯⋯⋯⋯⋯⋯ 91
○五六　新滿營驍騎校芬陳開缺休致片
　　　　光緒二十九年五月十一日（1903年6月6日）⋯⋯⋯⋯⋯⋯ 92
○五七　錫伯營防禦富善開缺休致片
　　　　光緒二十九年五月十一日（1903年6月6日）⋯⋯⋯⋯⋯⋯ 92

○五八　擬設養正學堂酌議試辦章程摺
　　　　光緒二十九年五月十一日（1903年6月6日）……………93

○五九　呈養正學堂出洋肄業章程清單
　　　　光緒二十九年五月十一日（1903年6月6日）……………95

○六○　試辦官茶以濟民食而顧國課摺
　　　　光緒二十九年五月十一日（1903年6月6日）……………98

○六一　黑宰哈薩克臺吉次子承襲摺
　　　　光緒二十九年五月十一日（1903年6月6日）……………101

○六二　牧廠老羊照額變價等事摺
　　　　光緒二十九年五月十一日（1903年6月6日）……………103

○六三　代奏俄領事謝恩片
　　　　光緒二十九年五月十一日（1903年6月6日）……………104

○六四　委員接署守備員缺片
　　　　光緒二十九年五月十一日（1903年6月6日）……………105

○六五　揀補糧餉印務等處章京摺
　　　　光緒二十九年七月初六日（1903年8月28日）……………105

○六六　請留豐紳泰辦理駝馬處事務片
　　　　光緒二十九年七月初六日（1903年8月28日）……………109

○六七　預估歲需新餉懇恩援案指撥摺
　　　　光緒二十九年七月初六日（1903年8月23日）……………111

○六八　請敕各省關補解歷欠新餉片
　　　　光緒二十九年七月初六日（1903年8月23日）……………112

○六九　奏報遣送長子廣榮赴俄游學片
　　　　光緒二十九年七月初六日（1903年8月23日）……………113

○七○　奏報巡閱伊犁東南邊界摺
　　　　光緒二十九年七月十六日（1903年9月8日）……………114

○七一　請獎赴陝護送鑾輿回京員弁片
　　　　光緒二十九年七月二十六日（1903年9月18日）…………116

○七二	添設哈薩克部落千戶長等目片
	光緒二十九年七月十六日（1903 年 9 月 7 日）.................. 117
○七三	歷年防戍出力武職各員籲獎摺
	光緒二十九年七月十六日（1903 年 9 月 7 日）.................. 119
○七四	呈歷年防戍尤為出力武職清單
	光緒二十九年七月十六日（1903 年 9 月 7 日）.................. 121
○七五	呈歷年防戍其次出力武職清單
	光緒二十九年七月十六日（1903 年 9 月 7 日）.................. 123
○七六	派員會同俄官查勘沿邊牌博摺
	光緒二十九年七月十六日（1903 年 9 月 7 日）.................. 126
○七七	會查牌博經費請飭照案報銷片
	光緒二十九年七月十六日（1903 年 9 月 7 日）.................. 128
○七八	揀選伊犁錫伯營副總管等缺摺
	光緒二十九年九月二十八日（1903 年 11 月 16 日）......... 128
○七九	呈揀選錫伯營副總管等缺清單
	光緒二十九年九月二十八日（1903 年 11 月 16 日）......... 129
○八○	揀選伊犁錫伯營驍騎校員缺摺
	光緒二十九年九月二十八日（1903 年 11 月 16 日）......... 131
○八一	呈揀選錫伯營驍騎校員缺清單
	光緒二十九年九月二十八日（1903 年 11 月 16 日）......... 132
○八二	索倫營總管札拉豐阿請咨赴部片
	光緒二十九年九月二十八日（1903 年 11 月 16 日）......... 132
○八三	揀員接署伊犁印務章京片
	光緒二十九年九月二十八日（1903 年 11 月 16 日）......... 134
○八四	揀選伊犁錫伯營防禦等缺摺
	光緒二十九年九月二十八日（1903 年 11 月 16 日）......... 134
○八五	呈揀選錫伯營防禦等缺清單
	光緒二十九年九月二十八日（1903 年 11 月 16 日）......... 135

〇八六　揀選伊犁新滿營驍騎校員缺摺
　　　　光緒二十九年九月二十八日（1903 年 11 月 16 日）………· 136
〇八七　呈揀選新滿營驍騎校員缺清單
　　　　光緒二十九年九月二十八日（1903 年 11 月 16 日）………· 137
〇八八　選送幼童赴俄肄業請議給經費片
　　　　光緒二十九年九月二十八日（1903 年 11 月 16 日）………· 138
〇八九　柴天祿等留於伊犁軍標補用片
　　　　光緒二十九年九月二十八日（1903 年 11 月 16 日）………· 139
〇九〇　查覆伊犁防戍出力請獎等情摺
　　　　光緒二十九年九月二十八日（1903 年 11 月 16 日）………· 140
〇九一　呈防戍出力文職各員捐案清單
　　　　光緒二十九年九月二十八日（1903 年 11 月 16 日）………· 142
〇九二　請將汪步端等十四員核實給獎片
　　　　光緒二十九年九月二十八日（1903 年 11 月 16 日）………· 144
〇九三　呈防戍出力與重保文職各員清單
　　　　光緒二十九年九月二十八日（1903 年 11 月 16 日）………· 146
〇九四　奏報派員會辦中俄積案緣由摺
　　　　光緒二十九年十二月十七日（1904 年 2 月 2 日）…………· 148
〇九五　恭報兵屯二十九年收糧分數摺
　　　　光緒二十九年十二月二十七日（1904 年 2 月 12 日）………· 150
〇九六　呈伊犁屯兵二十九年收穫糧石清單
　　　　光緒二十九年十二月二十七日（1904 年 2 月 12 日）………· 151
〇九七　奏陳兵屯租糧折價繳銀片
　　　　光緒二十九年十二月二十七日（1904 年 2 月 12 日）………· 152
〇九八　奏報伊塔道庫封儲湘平銀兩片
　　　　光緒二十九年十二月二十七日（1904 年 2 月 12 日）………· 153
〇九九　變賣伊犁牧廠馬羊價銀挪墊正餉摺
　　　　光緒二十九年十二月二十七日（1904 年 2 月 12 日）………· 154

一〇〇	奏請伊犂茶務改章開辦片
	光緒二十九年十二月二十七日（1904 年 2 月 12 日）········ 155
一〇一	補鑄察哈爾營鑲黃旗員缺圖記片
	光緒二十九年十二月二十七日（1904 年 2 月 12 日）········ 156
一〇二	代奏舊土爾扈特盟長謝恩片
	光緒二十九年十二月二十七日（1904 年 2 月 12 日）········ 156
一〇三	密陳伊塔領隊各大臣考語摺
	光緒二十九年十二月二十七日（1904 年 2 月 12 日）········ 157
一〇四	呈伊塔領隊各大臣考語清單
	光緒二十九年十二月二十七日（1904 年 2 月 12 日）········ 158
一〇五	請以周玉魁簡放總兵片
	光緒二十九年十二月二十七日（1904 年 2 月 12 日）········ 159

光緒三十年（1904）·· 161

一〇六	哈薩克臺吉等報效學堂經費摺
	光緒三十年三月十八日（1904 年 5 月 3 日）················ 161
一〇七	伊犂養正學堂開設日期片
	光緒三十年三月十八日（1904 年 5 月 3 日）················ 162
一〇八	揀選察哈爾營總管等缺摺
	光緒三十年三月十八日（1904 年 5 月 3 日）················ 163
一〇九	呈察哈爾營總管等缺清單
	光緒三十年三月十八日（1904 年 5 月 3 日）················ 164
一一〇	揀選伊犂新滿營防禦等缺摺
	光緒三十年三月十八日（1904 年 5 月 3 日）················ 165
一一一	呈揀選新滿營防禦等缺清單
	光緒三十年三月十八日（1904 年 5 月 3 日）················ 166
一一二	右翼總管蒙克原品休致片
	光緒三十年三月十八日（1904 年 5 月 3 日）················ 167
一一三	奏報循例呈進貢馬情形摺
	光緒三十年四月初七日（1904 年 5 月 21 日）··············· 168

一一四	呈循例進貢馬匹毛色等項清單
	光緒三十年四月初七日（1904 年 5 月 21 日）………… 168
一一五	錫伯等營領隊各呈貢馬片
	光緒三十年四月初七日（1904 年 5 月 21 日）………… 169
一一六	呈領隊大臣各呈貢馬清單
	光緒三十年四月初七日（1904 年 5 月 21 日）………… 169
一一七	賞賜福字荷包等件謝恩摺
	光緒三十年四月初七日（1904 年 5 月 21 日）………… 170
一一八	奏為特賞福字壽字謝恩摺
	光緒三十年四月初七日（1904 年 5 月 21 日）………… 171
一一九	揀選額魯特營驍騎校員缺摺
	光緒三十年六月初四日（1904 年 7 月 16 日）………… 171
一二〇	呈揀選額魯特營驍騎校清單
	光緒三十年六月初四日（1904 年 7 月 16 日）………… 172
一二一	請准仍照原賜佑安寺名片
	光緒三十年六月初四日（1904 年 7 月 16 日）………… 173
一二二	奏報札拉豐阿回伊犁日期片
	光緒三十年六月初四日（1904 年 7 月 16 日）………… 173
一二三	奏報領隊大臣因公出境緣由片
	光緒三十年六月初四日（1904 年 7 月 16 日）………… 174
一二四	揀補伊犁軍標都司等員缺摺
	光緒三十年六月初四日（1904 年 7 月 16 日）………… 174
一二五	奏為隨扈出力各武職請獎片
	光緒三十年六月初四日（1904 年 7 月 16 日）………… 176
一二六	俄屬哈薩克借廠牧馬情形片
	光緒三十年六月初四日（1904 年 7 月 16 日）………… 177
一二七	續購槍礮復被俄人阻留片
	光緒三十年六月初四日（1904 年 7 月 16 日）………… 178

一二八　恭賀太后萬壽摺

　　　　光緒三十年七月十六日（1904年8月26日）⋯⋯⋯⋯⋯⋯179

一二九　奏為加級封廕謝恩摺

　　　　光緒三十年七月十六日（1904年8月26日）⋯⋯⋯⋯⋯⋯179

一三〇　代奏領隊色普西賢告休摺

　　　　光緒三十年八月初七日（1904年9月16日）⋯⋯⋯⋯⋯⋯180

一三一　協領錫濟爾琿暫緩引見緣由片

　　　　光緒三十年八月初七日（1904年9月16日）⋯⋯⋯⋯⋯⋯181

一三二　請將佐領達岱即行革職片

　　　　光緒三十年八月初七日（1904年9月16日）⋯⋯⋯⋯⋯⋯183

一三三　預估伊犁光緒三十一年新餉摺

　　　　光緒三十年八月初七日（1904年9月16日）⋯⋯⋯⋯⋯⋯184

一三四　請將本年取孳羊羔概予蠲免片

　　　　光緒三十年八月初七日（1904年9月16日）⋯⋯⋯⋯⋯⋯185

一三五　揀選伊犁額魯特營總管等缺摺

　　　　光緒三十年九月二十一日（1904年10月29日）⋯⋯⋯⋯⋯186

一三六　呈揀選額魯特營總管等缺清單

　　　　光緒三十年九月二十一日（1904年10月29日）⋯⋯⋯⋯⋯187

一三七　揀選額魯特營左翼佐領等缺摺

　　　　光緒三十年九月二十一日（1904年10月29日）⋯⋯⋯⋯⋯189

一三八　呈揀選額魯特營佐領等缺清單

　　　　光緒三十年九月二十一日（1904年10月29日）⋯⋯⋯⋯⋯190

一三九　奏報重修御碑亭工竣緣由片

　　　　光緒三十年九月二十一日（1904年10月29日）⋯⋯⋯⋯⋯191

一四〇　驍騎校巴圖吉爾噶勒開缺休致片

　　　　光緒三十年九月二十一日（1904年10月29日）⋯⋯⋯⋯⋯192

一四一　請將防禦西林泰等互相調補片

　　　　光緒三十年九月二十一日（1904年10月29日）⋯⋯⋯⋯⋯193

一四二	奏爲遵旨會議籌防事宜摺
	光緒三十年九月二十一日（1904年10月29日）……194
一四三	遵議科布多邊備事宜片
	光緒三十年九月二十一日（1904年10月29日）……197
一四四	代奏札拉豐阿署任領隊謝恩摺
	光緒三十年十月二十六日（1904年12月2日）……198
一四五	代奏錫濟爾琿署任領隊謝恩摺
	光緒三十年十月二十六日（1904年12月2日）……198
一四六	揀選額魯特營右翼佐領等缺摺
	光緒三十年十一月二十八日（1905年1月3日）……199
一四七	呈揀選額魯特右翼佐領等缺清單
	光緒三十年十一月二十八日（1905年1月3日）……200
一四八	揀選伊犁舊滿營防禦員缺摺
	光緒三十年十一月二十八日（1905年1月3日）……202
一四九	呈揀選舊滿營防禦員缺清單
	光緒三十年十一月二十八日（1905年1月3日）……202
一五〇	揀選伊犁錫伯營防禦等缺
	光緒三十年十一月二十八日（1905年1月3日）……203
一五一	呈揀選錫伯營防禦等缺清單
	光緒三十年十一月二十八日（1905年1月3日）……204
一五二	特古斯塔柳兵屯三十年收成摺
	光緒三十年十二月二十六日（1905年1月31日）……205
一五三	呈特古斯塔柳兵屯收成分數清單
	光緒三十年十二月二十六日（1905年1月31日）……206
一五四	密陳各領隊大臣考語摺
	光緒三十年十二月二十六日（1905年1月31日）……207
一五五	呈伊犁各領隊大臣考語清單
	光緒三十年十二月二十六日（1905年1月31日）……208

一五六　薦舉賢員陳甲福等請旨恩施片

　　　　光緒三十年十二月二十六日（1905 年 1 月 31 日）············208

一五七　請專案撥銀歸還墊款片

　　　　光緒三十年十二月二十六日（1905 年 1 月 31 日）············210

一五八　薦舉能員博貴等請旨恩施片

　　　　光緒三十年十二月二十六日（1905 年 1 月 31 日）············212

一五九　奏請規復旗佐等官並裁兵抵餉摺

　　　　光緒三十年十二月二十六日（1905 年 1 月 31 日）············213

一六〇　陳盤查伊塔道庫無虧片

　　　　光緒三十年十二月二十六日（1905 年 1 月 31 日）············220

一六一　請將官屯改為私屯由片

　　　　光緒三十年十二月二十六日（1905 年 1 月 31 日）············221

一六二　舊滿營呈請修渠築堡片

　　　　光緒三十年十二月二十六日（1905 年 1 月 31 日）············222

一六三　恭賀皇太后新年鴻禧摺

　　　　光緒三十年（1904 年）··224

光緒三十一年（1905）···225

一六四　揀選伊犁索倫營總管等缺摺

　　　　光緒三十一年二月初一日（1905 年 3 月 6 日）················225

一六五　呈揀選索倫營總管等缺清單

　　　　光緒三十一年二月初一日（1905 年 3 月 6 日）················226

一六六　奏報學堂改設俄文教習緣由片

　　　　光緒三十一年二月初一日（1905 年 3 月 6 日）················229

一六七　奏報志銳赴俄辦案回任緣由片

　　　　光緒三十一年二月初一日（1905 年 3 月 6 日）················231

一六八　奏報長子由俄因病回伊犁片

　　　　光緒三十一年二月初一日（1905 年 3 月 6 日）················231

一六九　揀員調署錫伯營事務緣由片

　　　　光緒三十一年二月初一日（1905 年 3 月 6 日）················232

一七〇　賞食色普西賢全俸緣由片
　　　　光緒三十一年二月初一日（1905年3月6日）……………233

一七一　代奏札拉豐阿赴任日期片
　　　　光緒三十一年二月初一日（1905年3月6日）……………233

一七二　恩賞福壽字等項謝恩摺
　　　　光緒三十一年二月十九日（1905年3月24日）…………234

一七三　揀選察哈爾營佐領等缺摺
　　　　光緒三十一年三月十五日（1905年4月19日）…………235

一七四　呈揀選察哈爾營佐領等缺清單
　　　　光緒三十一年三月十五日（1905年4月19日）…………235

一七五　揀員對調佐領等缺緣由片
　　　　光緒三十一年三月十五日（1905年4月19日）…………236

一七六　奏報俄哈借廠牧馬情形片
　　　　光緒三十一年三月十五日（1905年4月19日）…………237

一七七　揀選額魯特營驍騎校員缺摺
　　　　光緒三十一年三月十五日（1905年4月19日）…………238

一七八　呈揀選額魯特營驍騎校員缺清單
　　　　光緒三十一年三月十五日（1905年4月19日）…………239

一七九　奏報伊犁茶局現籌停辦緣由片
　　　　光緒三十一年三月十五日（1905年4月19日）…………240

一八〇　奏請招商集股設立皮毛公司片
　　　　光緒三十一年三月十五日（1905年4月19日）…………241

一八一　奏報循例呈進貢馬情形摺
　　　　光緒三十一年三月二十四日（1905年4月28日）………244

一八二　呈正貢備貢馬匹情形清單
　　　　光緒三十一年三月二十四日（1905年4月28日）………245

一八三　領隊大臣遵例隨同呈進貢馬片
　　　　光緒三十一年三月二十四日（1905年4月28日）………245

一八四　呈領隊大臣遵例呈進貢馬清單
　　　　光緒三十一年三月二十四日（1905年4月28日）············ 246

一八五　奏聞賞福壽字謝恩摺
　　　　光緒三十一年四月十一日（1905年5月14日）················ 246

一八六　新餉缺絀請飭催各省關先行補解摺
　　　　光緒三十一年三月二十四日（1905年4月28日）············ 247

一八七　賞賜福字荷包等件謝恩摺
　　　　光緒三十一年四月十一日（1905年5月14日）················ 249

一八八　恩賞長子二品蔭生謝恩摺
　　　　光緒三十一年四月十一日（1905年5月14日）················ 250

一八九　代奏領隊博貴署任謝恩摺
　　　　光緒三十一年七月初一日（1905年8月1日）·················· 251

一九〇　據情代志銳轉遞謝摺緣由片
　　　　光緒三十一年七月初一日（1905年8月1日）·················· 251

一九一　飭交接辦盟長印務緣由片
　　　　光緒三十一年七月初一日（1905年8月1日）·················· 252

一九二　來年新餉請照減成指撥摺
　　　　光緒三十一年七月初一日（1905年8月1日）·················· 253

一九三　捐款興修菓子溝情形片
　　　　光緒三十一年七月初一日（1905年8月1日）·················· 254

一九四　請准王金樞暫緩送引緣由片
　　　　光緒三十一年七月初一日（1905年8月1日）·················· 256

一九五　補授烏里雅蘇台將軍謝恩摺
　　　　光緒三十一年七月十一日（1905年8月11日）················ 257

一九六　奏為給予臣子蔭生謝恩摺
　　　　光緒三十一年七月十一日（1905年8月11日）················ 258

一九七　揀選額魯特營佐領員缺摺
　　　　光緒三十一年七月初一日（1905年8月1日）·················· 259

一九八　呈揀選額魯特營佐領等缺清單
　　　　光緒三十一年七月初一日（1905 年 8 月 1 日）·················· 260

一九九　懇恩賞假回籍修墓緣由片
　　　　光緒三十一年七月十一日（1905 年 8 月 11 日）·················· 261

二〇〇　揀選伊犁錫伯營防禦等缺摺
　　　　光緒三十一年七月二十一日（1905 年 8 月 21 日）·················· 262

二〇一　呈揀選錫伯營防禦等缺清單
　　　　光緒三十一年七月二十一日（1905 年 8 月 21 日）·················· 262

二〇二　酌保歷年尤為出力員弁緣由摺
　　　　光緒三十一年七月二十一日（1905 年 8 月 21 日）·················· 263

二〇三　請賞俄領事官斐多羅福寶星片
　　　　光緒三十一年七月二十一日（1905 年 8 月 21 日）·················· 265

二〇四　代色普西賢賞食全俸謝恩摺
　　　　光緒三十一年七月二十一日（1905 年 8 月 21 日）·················· 266

二〇五　代奏副將周玉魁謝恩緣由片
　　　　光緒三十一年七月二十一日（1905 年 8 月 21 日）·················· 267

二〇六　核銷二十八年下半年收支摺
　　　　光緒三十一年十月初七日（1905 年 11 月 3 日）·················· 268

二〇七　呈二十八年下半年收支清單
　　　　光緒三十一年十月初七日（1905 年 11 月 3 日）·················· 269

二〇八　揀選伊犁舊滿營佐領等缺摺
　　　　光緒三十一年十月初七日（1905 年 11 月 3 日）·················· 275

二〇九　呈揀選舊滿營佐領等缺清單
　　　　光緒三十一年十月初七日（1905 年 11 月 3 日）·················· 276

二一〇　奏明佐領穆特春自縊身死片
　　　　光緒三十一年十月初七日（1905 年 11 月 3 日）·················· 277

二一一　孳生羊隻折價收繳以抒蒙困摺
　　　　光緒三十一年十月初七日（1905 年 11 月 3 日）·················· 278

二一二	揀選伊犁察哈爾營佐領等缺摺	
	光緒三十一年十月初七日（1905 年 11 月 3 日）················	281
二一三	呈揀選察哈爾營佐領等缺清單	
	光緒三十一年十月初七日（1905 年 11 月 3 日）················	282
二一四	佐領烏勒本原品休致緣由片	
	光緒三十一年十月初七日（1905 年 11 月 3 日）················	282
二一五	造報二十九及三十兩年收支摺	
	光緒三十一年十月初七日（1905 年 11 月 3 日）················	283
二一六	呈二十九及三十兩年收支清單	
	光緒三十一年十月初七日（1905 年 11 月 3 日）················	285
二一七	酌保伊犁四載邊防出力員弁摺	
	光緒三十一年十一月二十七日（1905 年 12 月 23 日）·······	291
二一八	呈在事尤為出力文職各員清單	
	光緒三十一年十一月二十七日（1905 年 12 月 23 日）·······	293
二一九	呈在事其次出力文職各員清單	
	光緒三十一年十一月二十七日（1905 年 12 月 23 日）·······	294
二二〇	呈在事尤爲出力武職各員清單	
	光緒三十一年十一月二十七日（1905 年 12 月 23 日）·······	295
二二一	呈在事其次出力武職各員清單	
	光緒三十一年十一月二十七日（1905 年 12 月 23 日）·······	296
二二二	奏請獎勵防戍出力人員緣由片	
	光緒三十一年十一月二十七日（1905 年 12 月 23 日）·······	297
二二三	請獎餉所出力各員緣由片	
	光緒三十一年十一月二十七日（1905 年 12 月 23 日）·······	298
二二四	揀選伊犁索倫營防禦等缺摺	
	光緒三十一年十一月二十七日（1905 年 12 月 23 日）·······	299
二二五	呈揀選索倫營防禦等缺清單 ····································	300

二二六　奏陳守備馬高陞接事日期片

　　　　光緒三十一年十一月二十七日（1905年12月23日）........ 301

二二七　代奏領隊大臣恩祥因賞謝恩摺

　　　　光緒三十一年十二月二十八日（1906年1月22日）........ 301

二二八　奏報盤查伊塔道庫無虧片

　　　　光緒三十一年十二月二十八日（1906年1月22日）........ 302

二二九　代奏俄領事斐多羅福謝賞寶星片

　　　　光緒三十一年十二月二十八日（1906年1月22日）........ 302

二三〇　監生孝昌請留伊犁差遣緣由片

　　　　光緒三十一年十二月二十八日（1906年1月22日）........ 303

二三一　密陳俄情並密為設防情形片

　　　　光緒三十一年十二月二十八日（1906年1月22日）........ 304

二三二　密陳伊犁各營領隊大臣考語摺

　　　　光緒三十一年十二月二十八日（1906年1月22日）........ 305

二三三　呈伊犁各領隊大臣考語清單

　　　　光緒三十一年十二月二十八日（1906年1月22日）........ 305

二三四　代奏領隊大臣希賢謝恩摺

　　　　光緒三十一年十二月二十八日（1906年1月22日）........ 306

二三五　奏報署領隊大臣交卸日期片

　　　　光緒三十一年十二月二十八日（1906年1月22日）........ 307

二三六　代遞領隊大臣奏摺片

　　　　光緒三十一年十二月二十八日（1906年1月22日）........ 307

二三七　請准希賢全支養廉緣由片

　　　　光緒三十一年十二月二十八日（1906年1月22日）........ 308

二三八　恭請皇太后聖安摺

　　　　光緒三十一年（1905年）........ 309

二三九　恭賀皇太后萬壽摺

　　　　光緒三十一年（1905年）........ 309

光緒三十二年（1906）………………………………………………… 310

二四〇　謝賞福字荷包等項摺
　　　　光緒三十二年四月初三日（1906年4月26日）……………… 310

二四一　御賞福字壽字謝恩摺
　　　　光緒三十二年四月初三日（1906年4月26日）……………… 311

二四二　揀選伊犁舊滿營佐領員缺摺
　　　　光緒三十二年四月初三日（1906年4月26日）……………… 311

二四三　呈揀選舊滿營佐領員缺清單
　　　　光緒三十二年四月初三日（1906年4月26日）……………… 312

二四四　章京榮聯請敕部選用緣由片
　　　　光緒三十二年四月初三日（1906年4月26日）……………… 313

二四五　章京嵩林請敕部選用緣由片
　　　　光緒三十二年四月初三日（1906年4月26日）……………… 314

二四六　造報光緒三十一年收支數目摺
　　　　光緒三十二年四月初三日（1906年4月26日）……………… 315

二四七　呈光緒三十一年收支銀糧清單
　　　　光緒三十二年四月初三日（1906年4月26日）……………… 317

二四八　派員迎運德製槍礮情形片
　　　　光緒三十二年四月初三日（1906年4月26日）……………… 320

二四九　奏報俄屬牧夫馬匹出境日期片
　　　　光緒三十二年四月初三日（1906年4月26日）……………… 321

二五〇　奏報領隊恩祥因病出缺摺
　　　　光緒三十二年四月初三日（1906年4月26日）……………… 322

二五一　奏報大臣色普西賢因病出缺片
　　　　光緒三十二年四月初三日（1906年4月26日）……………… 322

二五二　恭賀太后聖安摺
　　　　光緒三十二年四月初三日（1906年4月26日）……………… 323

二五三　奏報循例呈進貢馬情形摺
　　　　光緒三十二年四月二十四日（1906年5月17日）………… 323

二五四　呈循例呈進貢馬清單

　　　　光緒三十二年四月二十四日（1906 年 5 月 17 日）············ 324

二五五　奏報領隊大臣隨進貢馬片

　　　　光緒三十二年四月二十四日（1906 年 5 月 17 日）············ 324

二五六　呈領隊大臣雖進貢馬清單

　　　　光緒三十二年四月二十四日（1906 年 5 月 17 日）············ 325

二五七　揀選額魯特營佐領等缺摺

　　　　光緒三十二年六月初二日（1906 年 7 月 22 日）················ 325

二五八　呈揀選額魯特營佐領等缺清單

　　　　光緒三十二年六月初二日（1906 年 7 月 22 日）················ 326

二五九　請將防禦精吉那開缺降補片

　　　　光緒三十二年六月初二日（1906 年 7 月 22 日）················ 327

二六〇　奏報土爾扈特盟長赴京值年片

　　　　光緒三十二年六月初二日（1906 年 7 月 22 日）················ 327

二六一　暫行督管哈薩處事務緣由片

　　　　光緒三十二年六月初二日（1906 年 7 月 22 日）················ 328

二六二　代奏領隊錫濟爾琿謝恩摺

　　　　光緒三十二年六月初二日（1906 年 7 月 22 日）················ 329

二六三　預估光緒三十三年新餉摺

　　　　光緒三十二年六月初二日（1906 年 7 月 22 日）················ 330

二六四　請獎勵督修路工各員片

　　　　光緒三十二年六月初二日（1906 年 7 月 22 日）················ 331

二六五　請添設哈薩克千戶長緣由片

　　　　光緒三十二年六月初二日（1906 年 7 月 22 日）················ 332

二六六　奏報副都統志銳北上日期片

　　　　光緒三十二年六月十三日（1906 年 8 月 2 日）·················· 333

二六七　領隊希賢接充學堂堂事官片

　　　　光緒三十二年六月十三日（1906 年 8 月 2 日）·················· 334

二六八	揀員調署協領員缺緣由片	
	光緒三十二年六月十三日（1906 年 8 月 2 日）⋯⋯⋯⋯ 334	
二六九	察哈爾營總管鄂裕泰等革查片	
	光緒三十二年六月十三日（1906 年 8 月 2 日）⋯⋯⋯⋯ 335	
二七〇	請賞還花沙布原官銜翎片	
	光緒三十二年六月十三日（1906 年 8 月 2 日）⋯⋯⋯⋯ 336	
二七一	揀選伊犁新滿營協領等缺摺	
	光緒三十二年六月十三日（1906 年 8 月 2 日）⋯⋯⋯⋯ 337	
二七二	呈伊犁新滿營協領等缺清單	
	光緒三十二年六月十三日（1906 年 8 月 2 日）⋯⋯⋯⋯ 338	
二七三	東省防務出力文職各員核獎摺	
	光緒三十二年六月十三日（1906 年 8 月 2 日）⋯⋯⋯⋯ 340	
二七四	核獎辦理防務武職緣由片	
	光緒三十二年六月十三日（1906 年 8 月 2 日）⋯⋯⋯⋯ 342	
二七五	請獎辦理防務文職各員片	
	光緒三十二年六月十三日（1906 年 8 月 2 日）⋯⋯⋯⋯ 343	
二七六	代奏領隊大臣希賢謝恩摺	
	光緒三十二年六月十三日（1906 年 8 月 2 日）⋯⋯⋯⋯ 344	
二七七	揀選伊犁察哈爾營佐領等缺摺	
	光緒三十二年九月二十五日（1906 年 11 月 11 日）⋯⋯⋯ 345	
二七八	呈揀選察哈爾營佐領等缺清單	
	光緒三十二年九月二十五日（1906 年 11 月 11 日）⋯⋯⋯ 346	
二七九	奏陳酌定就武陞途章程片	
	光緒三十二年九月二十五日（1906 年 11 月 11 日）⋯⋯⋯ 350	
二八〇	總管索托依請假修墓緣由片	
	光緒三十二年九月二十五日（1906 年 11 月 11 日）⋯⋯⋯ 351	
二八一	揀選伊犁索倫營驍騎校員缺摺	
	光緒三十二年九月二十五日（1906 年 11 月 11 日）⋯⋯⋯ 352	

二八二　呈揀選索倫營驍騎校員缺清單

　　　　光緒三十二年九月二十五日（1906年11月11日）………… 352

二八三　保舉俸滿協領博貴緣由片

　　　　光緒三十二年九月二十五日（1906年11月11日）………… 353

二八四　章京豐紳泰再留三年緣由片

　　　　光緒三十二年九月二十五日（1906年11月11日）………… 354

二八五　章京卓錦再留三年緣由片

　　　　光緒三十二年九月二十五日（1906年11月11日）………… 355

二八六　代奏領隊大臣榮昌謝恩摺

　　　　光緒三十二年九月二十五日（1906年11月11日）………… 355

二八七　請開復總管鄂裕泰等緣由片

　　　　光緒三十二年九月二十五日（1906年11月11日）………… 357

二八八　密陳伊犁邊界安靜情形片

　　　　光緒三十二年九月二十五日（1906年11月11日）………… 358

二八九　縣丞徐炳堃請革職緝辦緣由片

　　　　光緒三十二年九月二十五日（1906年11月11日）………… 359

二九〇　揀選伊犁舊滿營防禦等缺摺

　　　　光緒三十二年十一月十五日（1906年12月30日）………… 360

二九一　呈揀選伊犁舊滿營防禦等缺清單

　　　　光緒三十二年十一月十五日（1906年12月30日）………… 361

二九二　副將周玉魁暫緩送部引見片

　　　　光緒三十二年十一月十五日（1906年12月30日）………… 362

二九三　揀選察哈爾營驍騎校員缺摺

　　　　光緒三十二年十一月十五日（1906年12月30日）………… 362

二九四　呈揀選察哈爾營驍騎校清單

　　　　光緒三十二年十一月十五日（1906年12月30日）………… 363

二九五　驍騎校德勒格爾達賫原品休致片

　　　　光緒三十二年十一月十五日（1906年12月30日）………… 364

二九六	奏報交卸將軍篆務日期摺
	光緒三十二年十一月二十八日（1907 年 1 月 12 日）········ 364
二九七	奏報起程入都陛見日期摺
	光緒三十三年二月十三日（1907 年 3 月 26 日）············· 366
二九八	奏為賞福字謝恩摺
	光緒三十三年三月十八日（1907 年 4 月 30 日）············· 366
二九九	恩賞福字荷包等物謝恩摺
	光緒三十三年三月十八日（1907 年 4 月 30 日）············· 367
三〇〇	裁併新疆官缺兵額節餉練軍摺
	光緒三十四年七月十七日（1908 年 8 月 13 日）············· 368
三〇一	呈裁併新疆文武練兵清單
	光緒三十四年七月十七日（1908 年 8 月 13 日）············· 371
三〇二	裁撤旗兵撥地自耕辦理情形片
	光緒三十四年七月十七日（1908 年 8 月 13 日）············· 373
三〇三	謹擬吉林武備辦法以備採擇片
	光緒三十四年七月十七日（1908 年 8 月 13 日）············· 374
三〇四	奏報到任接印日期摺
	光緒三十四年十一月二十八日（1908 年 12 月 21 日）········ 377
三〇五	請補鑲白旗滿洲驍騎校等缺摺
	宣統元年二月二十八日（1909 年 3 月 19 日）··············· 378
三〇六	奏報成都駐防滿營馬匹摺
	宣統元年二月二十八日（1909 年 3 月 19 日）··············· 379
三〇七	請以清華擬補將軍衙門筆帖式片
	宣統元年二月二十八日（1909 年 3 月 19 日）··············· 380
三〇八	恩賞石印大清會典謝恩事
	宣統元年三月二十四日（1909 年 5 月 13 日）··············· 381
三〇九	查明川督趙爾豐被控各款摺
	宣統元年四月二十日（1909 年 6 月 7 日）·················· 382

三一〇　奏報成都駐防辦理禁煙摺
　　　　宣統元年七月初六日（1909 年 8 月 21 日）.......... 387

三一一　奏報成防練軍改編巡防隊摺
　　　　宣統元年七月初六日（1909 年 8 月 21 日）.......... 389

三一二　呈成防練軍改編巡防隊清單
　　　　宣統元年七月初六日（1909 年 8 月 21 日）.......... 392

三一三　患病未痊請假調理摺
　　　　宣統元年八月十三日（1909 年 9 月 26 日）.......... 395

中篇　電報　外交函牘 397

一　電　報 399

〇一　收伊犁將軍馬亮電
　　　光緒二十八年九月十五日（1902 年 10 月 16 日）.......... 399

〇二　發伊犁將軍馬亮電
　　　光緒二十八年九月十七日（1902 年 10 月 18 日）.......... 399

〇三　收伊犁將軍馬亮電
　　　光緒二十八年十一月十一日（1902 年 12 月 10 日）.......... 399

〇四　發伊犁將軍馬亮
　　　光緒二十八年十一月十二日（1902 年 12 月 11 日）.......... 400

〇五　發伊犁將軍馬亮
　　　光緒二十八年十一月十三日（1902 年 12 月 12 日）.......... 400

〇六　收伊犁將軍馬亮電
　　　光緒二十八年十一月十九日（1902 年 12 月 18 日）.......... 400

〇七　發伊犁將軍馬亮電
　　　光緒二十八年十二月十六日（1903 年 1 月 14 日）.......... 401

〇八　收伊犁將軍馬亮電
　　　光緒二十八年十二月二十四日（1903 年 1 月 22 日）.......... 401

〇九　發伊犁將軍馬亮電
　　　光緒二十八年十二月二十八日（1903 年 1 月 26 日）.......... 401

一〇　收伊犁將軍馬亮電

　　　光緒二十九年正月初二日（1903年1月30日）⋯⋯⋯⋯⋯⋯ 402

一一　收伊犁將軍馬亮代奏電

　　　光緒二十九年正月十三日（1903年2月10日）⋯⋯⋯⋯⋯⋯ 402

一二　收伊犁將軍馬亮電

　　　光緒二十九年正月二十七日（1903年2月24日）⋯⋯⋯⋯⋯⋯ 402

一三　收伊犁將軍馬亮電

　　　光緒二十九年四月十九日（1903年5月15日）⋯⋯⋯⋯⋯⋯ 403

一四　收伊犁將軍馬亮電

　　　光緒二十九年四月二十六日（1903年5月22日）⋯⋯⋯⋯⋯⋯ 403

一五　收伊犁將軍馬亮請代奏電

　　　光緒二十九年閏五月初一日（1903年6月25日）⋯⋯⋯⋯⋯⋯ 404

一六　收伊犁將軍馬亮電

　　　光緒二十九年閏五月初二日（1903年6月26日）⋯⋯⋯⋯⋯⋯ 404

一七　收伊犁將軍馬亮請代奏電

　　　光緒二十九年六月十六日（1903年8月8日）⋯⋯⋯⋯⋯⋯ 404

一八　收伊犁將軍馬亮電

　　　光緒二十九年八月初一日（1903年9月21日）⋯⋯⋯⋯⋯⋯ 405

一九　收伊犁將軍馬亮電

　　　光緒二十九年八月初五日（1903年9月25日）⋯⋯⋯⋯⋯⋯ 405

二〇　收伊犁將軍馬亮電

　　　光緒二十九年八月十四日（1903年10月4日）⋯⋯⋯⋯⋯⋯ 405

二一　收伊犁將軍馬亮電

　　　光緒二十九年八月十五日（1903年10月5日）⋯⋯⋯⋯⋯⋯ 406

二二　收伊犁將軍馬亮電

　　　光緒二十九年八月十九日（1903年10月9日）⋯⋯⋯⋯⋯⋯ 406

二三　收伊犁將軍馬亮電

　　　光緒二十九年八月二十日（1903年10月10日）⋯⋯⋯⋯⋯⋯ 407

二四　收伊犁將軍馬亮電

　　　　光緒二十九年九月二十六日（1903 年 11 月 14 日）………… 407

二五　收伊犁將軍馬亮電

　　　　光緒二十九年九月二十七日（1903 年 11 月 15 日）………… 407

二六　收伊犁將軍馬亮電

　　　　光緒二十九年十一月初五日（1903 年 12 月 23 日）………… 408

二七　收伊犁將軍馬亮電

　　　　光緒二十九年十一月初五日（1903 年 12 月 23 日）………… 408

二八　發伊犁將軍馬亮電

　　　　光緒二十九年十一月初六日（1903 年 12 月 24 日）………… 408

二九　收伊犁將軍馬亮電

　　　　光緒二十九年十一月十一日（1903 年 12 月 29 日）………… 409

三〇　收伊犁將軍馬亮電

　　　　光緒二十九年十一月十八日（1904 年 1 月 5 日）…………… 409

三一　發伊犁將軍馬亮

　　　　光緒三十年正月二十一日（1904 年 3 月 7 日）……………… 409

三二　發伊犁將軍馬亮

　　　　光緒三十年十二月初五日（1905 年 1 月 10 日）……………… 410

三三　發伊犁將軍馬亮

　　　　光緒三十一年十一月十五日（1905 年 12 月 11 日）………… 410

三四　發伊犁將軍馬亮電

　　　　光緒三十一年十二月初二日（1905 年 12 月 27 日）………… 410

三五　發伊犁將軍馬亮電

　　　　光緒三十一年十二月二十八日（1906 年 1 月 22 日）………… 411

三六　發伊犁將軍馬亮電

　　　　光緒三十一年十二月二十八日（1906 年 1 月 22 日）………… 411

三七　收伊犁將軍馬亮電

　　　　光緒三十二年二月初九日（1906 年 3 月 3 日）……………… 411

三八　收署伊犁將軍馬亮電

　　　光緒三十二年八月三十日（1906年10月17日）·················· 412

三九　收署伊犁將軍馬亮電

　　　光緒三十二年十月十六日（1906年12月1日）···················· 412

四〇　收署伊犁將軍馬亮電

　　　光緒三十二年十一月初九日（1906年12月24日）················ 412

四一　收成都將軍馬亮電

　　　光緒三十四年十一月二十六日（1908年12月19日）············· 413

四二　收成都將軍馬亮電

　　　光緒三十四年十二月二十三日（1909年1月14日）·············· 413

※ 致榮祿函

　　　光緒二十七年（1901年）·· 414

二　外交函牘 ·· 415

　〇一　咨復未奉有宙密本將來仍用洪密由

　　　　光緒二十八年十一月十四日（1902年12月13日）············ 415

　〇二　奏派採運晉茶一摺希將議復奏底抄送由

　　　　光緒二十九年五月初六日（1903年6月1日）·················· 415

　〇三　咨呈派員會同俄官查牌博一摺恭錄硃批知照由

　　　　光緒三十年正月二十五日（1904年03月11日）··············· 416

　〇四　邊界積案派員會同俄官清理一摺奉硃知照由

　　　　光緒三十年正月二十六日（1904年3月12日）················· 416

　〇五　俄借草場牧馬照案由卡倫放入並派官兵保護由

　　　　光緒三十年二月二十九日（1904年4月14日）················· 418

　〇六　咨送伊邊界輿圖由

　　　　光緒三十年二月二十九日（1904年4月14日）················· 419

　〇七　片奏前購德國槍礟被俄阻留奉旨知照由

　　　　光緒三十年七月二十一日（1904年8月31日）················· 419

　〇八　俄哈借地牧馬保護出境取有收據存案由

　　　　光緒三十年七月二十五日（1904年9月4日）··················· 420

〇九　附奏續購德國槍礮被俄境阻留一片抄稿咨呈由
　　　光緒三十年九月初九日（1904年10月17日）……………421

一〇　附奏俄哈入出境均安靜一片恭錄硃批咨呈由
　　　光緒三十年十二月初八日（1905年1月13日）……………422

一一　俄領援案請借塲牧放現已限滿護送出卡由
　　　光緒三十一年五月初一日（1905年6月3日）………………422

一二　奏報俄借牧限滿出境一片抄稿知照由
　　　光緒三十一年六月二十日（1905年7月22日）………………423

一三　具奏俄哈借牧草場出境一片錄旨知照由
　　　光緒三十一年九月十五日（1905年10月13日）……………424

一四　附奏遵旨派員迎護達賴喇嘛抄錄知照由
　　　光緒三十一年十二月二十六日（1906年1月20日）…………424

一五　前購德國槍礮短少子彈已電胡大臣向俄商賠由
　　　光緒三十二年二月初九日（1906年3月3日）…………………424

一六　俄擬在烏里雅蘇台添設領事是否相宜希核復由
　　　光緒三十二年三月十三日（1906年4月6日）…………………425

一七　具奏俄借草廠牧馬平安回國一片奉批咨行由
　　　光緒三十二年閏四月十九日（1906年6月10日）……………425

一八　俄擬在烏添設事一節已復該使從緩商議由
　　　光緒三十二年九月初七日（1906年10月24日）………………426

一九　附奏伊犁邊界安靜情形一片抄稿咨呈由
　　　光緒三十二年十二月十七日（1907年1月30日）……………426

二〇　趙大臣被控一案已派龍道等前往確查由
　　　光緒三十四年十二月二十二日（1909年1月13日）…………427

二一　俄使所送此項匯票應飭差弁赴部領取由
　　　宣統元年十月二十八日（1909年12月10日）…………………428

二二　承領俄國賠還礮彈價值銀兩由
　　　宣統二年四月二十四日（1910年6月1日）……………………429

二三　俄國賠償扣留軍火之款已交來弁領回由

　　　宣統二年四月二十五日（1910 年 6 月 2 日）……429

下篇　附　　錄 …… 431

一　馬亮被保及奏謝等摺件 …… 433

○一　代奏馬亮暫護領隊謝恩摺

　　　光緒二年八月十三日（1876 年 9 月 30 日）……433

○二　領隊馬亮患病懇請交卸摺

　　　光緒三年五月初二日（1877 年 6 月 13 日）……433

○三　馬亮仍留營中差委片（金順）

　　　光緒四年正月二十日（1878 年 2 月 21 日）……434

○四　馬亮歸正白旗漢軍檔片（金順）

　　　光緒六年五月初一日（1880 年 6 月 8 日）……435

○五　揀選馬亮擬補驍騎校片

　　　光緒七年正月二十日（1881 年 2 月 18 日）……436

○六　請以馬亮補授防禦片（金順）

　　　光緒九年十二月初十日（1884 年 1 月 7 日）……436

○七　請以馬亮等補授佐片（金順）

　　　光緒十年閏五月十一日（1884 年 7 月 3 日）……437

○八　請將馬亮留伊差委片（錫綸）

　　　光緒十三年十月十九日（1887 年 12 月 3 日）……438

○九　密保馬亮等材堪大用摺

　　　光緒十七年十二月十三日（1892 年 1 月 12 日）……438

一○　請敕馬亮回吉差遣片（將軍長順）

　　　光緒十八年八月二十四日（1892 年 10 月 9 日）……440

一一　馬亮暫緩飭回吉林片（長庚）

　　　光緒十九年三月十八日（1893 年 5 月 3 日）……441

一二　馬亮等署理提鎮員缺摺

　　　　　光緒二十一年正月二十五日（1895年2月18日）……442

　一三　代奏馬亮到任日期並謝恩摺
　　　　　光緒二十一年三月初六日（1895年3月31日）……443

　一四　將請馬亮交軍機處存記片（長庚）
　　　　　光緒二十一年十二月二十九日（1896年2月12日）……444

　一五　代奏馬亮交卸赴京起程日期片（長庚）
　　　　　光緒二十六年七月二十八日（1900年8月22日）……445

　一六　奏報馬亮晉京起程日期片（饒應祺）
　　　　　光緒二十六年閏八月十四日（1900年10月7日）……445

　一七　戶部為馬亮津貼事致軍機處咨呈
　　　　　光緒二十七年五月二十七日（1901年7月12日）……446

　一八　代奏將軍馬亮續假片（徐世昌）
　　　　　光緒三十四年三月二十二日（1908年4月22日）……447

二　馬亮被參之案……448

　〇一　奏聞職官訐告馬亮草菅人命摺
　　　　　光緒十三年十二月十二日（1888年1月24日）……448

　〇二　鈔錄縣丞馬瑞麟原呈
　　　　　光緒十三年十二月十二日（1888年1月24日）……449

　〇三　馬瑞麟控告馬亮之案請查辦摺
　　　　　光緒十三年十二月十二日（1888年1月24日）……452

　〇四　錄呈馬瑞麟控告侵冒軍餉等情片
　　　　　光緒十三年十二月十二日（1888年1月24日）……453

　〇五　照錄馬瑞麟續呈吉江官兵餉帳由
　　　　　光緒十三年十二月十二日（1888年1月24日）……453

　〇六　鈔錄縣丞馬瑞麟原呈
　　　　　光緒十三年十二月十二日（1888年1月24日）……455

　〇七　呈為查明吉江官兵歷年餉帳實情

光緒十三年十二月十二日（1888年1月24日）……458

○八　特參錫綸擅動軍餉交部議處徹查摺

　　　光緒十四年正月二十三日（1888年3月6日）……465

○九　會查職官呈控侵冒軍餉摺（色楞額等）

　　　光緒十五年十二月十七日（1890年1月7日）……468

參考文獻……479

跋……495

凡　例

一、底本與校本。本文以中國第一歷史檔案館藏《硃批奏摺》和《錄副奏摺》與臺北"故宮博物院"藏《軍機處摺件》和《宮中檔》為底本，以《清代新疆稀見奏牘彙編·伊犁將軍馬廣奏稿》（馬大正、吳豐培等編，新疆人民出版社，1996年版）為校本，並查照《上諭檔》、《清實錄》及《起居注》，採用對校、理校、補證及考辨之法，逐件逐字對照，相互校勘，以硃批原件為准。

二、標點。本書一律採用新式標點。

三、校勘。以校本校底本，採用校勘、補正及考辨之法，逐字校勘，並於頁腳出校。

四、補證。對折件所涉之事件或文獻，查找出處，並補錄，以資參考；重要人物予以注釋，相關館藏文獻全文照錄，以保證文獻的准確與完整。

五、為方便起見，本文按時間先後編排序號，並於標題下方附中、西日期，俾資查照。

六、凡會銜之作，即便非主稿者，亦一併錄入，俾期全面而資參觀。

七、本文引用縮略語如下：

1. 中國第一歷史檔案館藏《硃批奏摺（片）》和《錄副奏摺（片）》，正文部分一律簡稱"原件"和"錄副"，腳注一律用全稱。

2. 臺北"故宮博物院"藏《宮中檔》和《軍機處摺件》，統一簡稱為《軍機及宮中檔》。

篇　首
遺摺、賜卹上諭等

〇一　賜卹上諭
宣統元年十月初一日（1909年11月13日）

　　宣統元年十月初一日，內閣奉上諭：成都將軍馬亮由行伍隨同多隆阿①等，轉戰陝、甘、新疆等處，卓著戰功。旋經簡授密雲副都統，洊擢將軍，宣力有年，克勤厥職。茲聞溘逝，悼惜殊深！加恩著照將軍例賜卹。任內一切處分悉予開復；應得卹典，該衙門察例具奏；靈柩回旗時，沿途地方官妥為照料。伊子候選同知廣榮，著以知府分省補用，用示篤念藎臣至意。欽此。②

〇二　臨終遺摺
宣統元年九月初四日（1909年10月17日）

　　成都將軍奴才馬亮跪奏，為奴才病勢垂危，伏枕哀鳴，恭具遺摺，仰祈聖鑒事。
　　竊奴才於同治元年由吉林原旗奉調出征，隨同多隆阿、穆圖善③、

---

①　多隆阿（1818—1864），字禮堂，齊齊哈爾小巴旗屯胡拉特氏，隸正白旗。其父金格里以佐領從征青海，因功加副都統銜。咸豐三年（1853），多隆阿以驍騎校從曾格林沁出征，旋賞戴藍翎，遞補佐領。五年（1855），調湖北，充當營總。六年（1856），加副都統銜，旋補協領，充行營翼長。七年（1857），擢副都統。十一年（1861），調補福州副都統，幷幫辦湖廣總督官文、湖北巡撫胡林翼軍務。同年八月，因功賞雲騎尉世職。十月，補正紅旗蒙古都統，調補荊州將軍。同治元年（1862），賞騎都尉世職，督辦陝西軍務，後以戰功賞穿黃馬褂。九月，授欽差大臣，督辦陝西軍務。二年（1863），調任西安將軍。三年（1864），攻戰周至城，以身穿黃馬褂督戰，被槍擊右目，隕於軍中。清廷賜治喪銀千兩，贈太子太保，一等輕車都尉，入祀京師昭忠祠，謚忠勇。著有《易原》、《易圖說》、《易蠡》、《毛詩多識》、《慧珠閣詩鈔》、《慧珠閣文鈔》、《慧珠閣詩話》、《陽宅拾遺》、《地理一隅》等行世。
②　中國第一歷史檔案館編：《宣統朝上諭檔》，第一冊413頁。
③　穆圖善（1828—1886），字春岩，那拉搭氏，世居黑龍江齊齊哈爾，隸滿洲鑲黃旗。道光二十六年（1846），充驍騎校。咸豐三年（1853），補委參領。五年（1855），賞戴藍翎。六

都興阿①、左宗棠②、金順③，轉戰陝西、甘肅、新疆等處，洊保記名副都統，賞戴花翎頭品頂戴，並賞給哈豐阿巴圖魯名號。光緒二年，護理巴里坤領隊大臣。十七年，辦理伊犁軍標副將事務。二十一年，署理伊犁鎮總兵。二十六年五月，奉旨著來京當差，交卸鎮篆，兼程奔赴行在，蒙恩補授密雲副都統。旋擢授伊犁將軍，扈駕回京，隨觶赴任。三十一年，調補烏里雅蘇台將軍，陛見到京，蒙恩准歸入京城正白旗滿洲佐領下當差。三十四年五月，補授鑲黃旗漢軍都統。八月，奉旨補授成都將軍，是年十一月到任。

年（1856），賞換花翎。七年（1857），升防禦。八年（1858），授佐領。九年（1859），遷協領。十年（1860），加副都統銜。次年，加西林巴圖魯名號。同治元年（1862），補西安左翼副都統，晉都統銜。同治三年（1864），署欽差大臣，督辦關隴軍務。同年，調補荊州將軍。四年（1865），授寧夏將軍。六年（1867），兼署陝甘總督。十二年（1873），授雲騎尉。光緒元年（1875），署正白旗漢軍都統、吉林將軍。三年（1877），補青州副都統。是年，授察哈爾都統。五年（1879），調補福州將軍。十一年（1885），授欽差大臣，會辦東三省練兵事。十二年（1886），卒於軍。諡果勇。

① 都興阿（1818—1875），字直夫，滿洲正白旗人，蔭生，霍欽巴圖魯。道光九年（1829），襲三等侍衛。十七年（1837），擢二等侍衛。咸豐三年（1853），晉頭等侍衛。五年（1855），充乾清門行走，加副都統銜。是年，補京口副都統。八年（1858），遷荊州將軍。十一年（1861），調江甯將軍。同治三年（1864），調補西安將軍。同年，署陝甘總督。次年，調盛京將軍。七年（1868），授欽差大臣，管理神機營事務。光緒元年（1875），卒於任，賜恤，贈太子太保，諡清愨。有《都興阿奏稿》傳世。

② 左宗棠（1812—1885），字季高，一字樸存，號湘上農人。道光十二年（1832），中式舉人。十七年（1837），任教湖南醴陵淥江書院。咸豐元年（1851），入湘撫張亮基、駱秉章幕。咸豐六年（1856），升兵部郎中。十一年（1861），補太常寺卿。同治元年（1862），擢浙江巡撫，次年，升閩浙總督。三年（1864），加太子少保，封一等恪靖伯。五年（1866），創辦福州馬尾船廠、求是堂藝局。同年，創蘭州製造局。六年（1867），補授陝甘總督、欽差大臣督辦新疆軍務。次年，晉太子太保。九年（1870），賞騎都尉。十二年（1873），授協辦大學士，加一等輕車都尉。次年，授東閣大學士。光緒元年（1875），授欽差大臣陝甘總督督辦新疆軍務。光緒四年（1878），晉二等恪靖侯。光緒七年（1881），入職軍機大臣，管理兵部事務，旋改授兩江總督。十年（1884），任軍機大臣，管理神機營事務。是年，改任欽差大臣，督辦閩海軍務。十一年（1885），卒於福州，追贈太傅。諡文襄。著有《左文襄公全集》等行世。

③ 金順（1831—1886），伊犁將軍，伊爾根覺羅氏，字和甫。世居吉林，隸滿洲鑲藍旗。初從征山東，授驍騎校，升佐領，因功賜圖爾格齊巴圖魯名號。同治五年（1866），以署理甯夏將軍。九年（1870），下金積堡，平甯夏，擢烏里雅蘇台將軍。十三年（1874），幫辦新疆軍務。光緒二年（1876），升伊犁將軍。八年（1882），率兵進駐伊犁，十二年（1886），回京述職，病逝於途。追封太子太保，諡忠介。

伏念奴才一介武夫，渥承恩遇，雖捐糜頂踵，奚能稍酬萬一！溯自早歲從戎，在陝西殷家圍地方與賊接仗，曾受槍傷，嗣是馳驅隴塞，垂四十年，備歷艱險，病久伏於無形。庚子拳匪之亂，奉召進關，冒暑急馳，精力坐此益耗。前歲由伊犁入覲，蒙聖慈憫其久在邊陲，量移內地，方冀可資調攝，詎料泝江來蜀，舟次感受潮濕，行抵夔府，驚聞孝欽顯聖皇后、德宗景皇帝大行電信，一慟幾絕，輿疾晉省。履任後，見成防庶而不富，餬口維艱，歸農既乏閒田，服賈亦無貲本，迴憶陛辭時，面奉慈諭，諄諄以旗營生計為念。到此籌商至再，著手無從，年復一年，終難期其自立，何以副先朝屬望之殷！奴才前在伊犁，慮旗餉之不能久恃，凡滿營四愛曼屯牧諸務，曾經次第區畫，粗具規模，獨於成防生計則莫展寸籌，焦灼過深，以致牽動濕熱。夏間，久患腹泄，元氣大損，然猶力疾從公，如改練巡防，整頓警察，嚴申煙禁、選舉議員，均經辦理就緒。迨交秋令，咳嗽甚劇，痰凝氣逆，徹夜不能成寐，委頓異常。始於八月十三日，專摺奏懇賞假一箇月調理，多方醫治，迄未見效，更加嘔血、脇痛等證。據醫者云，係因元氣銷亡，致昔年得受傷疾盡行舉發，故血塊皆作黑色，非藥石所能療。近數日，益增危篤，微息僅存，餘生待盡，從此長辭聖世，不獲效力疆場，北望觚棱，肝腸寸裂！

奴才竊有請者，從來人生之壽考，關乎元氣；邦基之鞏固，則繫民心。我朝二百餘年，深仁厚澤，屢平大難，所恃者民心而已。即如庚子之變，勢岌岌矣，而卒能轉危為安，由於民心固結也。近年朝廷變法圖強，飭辦一切新政，無非為保民計，自不能不藉資民力，然成效未覩，羅掘已窮，排滿革命之風潮愈遏愈厲，猶幸民財雖匱，民心未離，及此撫綏，尚堪挽救，若再竭澤以漁，必至鋌而走險，不惟邪說易於煽動，外洋亦將乘隙覬覦。此最大局之可憂者！我皇上御極以來，力崇節儉，屢降恤民諭旨，讀者至於感泣！伏願聖主本視民如傷之心，宏執兩用中之道，新政固宜舉辦，而興利必以防弊為先；度支亟應清釐，而節流實較開源尤要。為小民多留一分財力，即國家多養一分元氣，邦本既固，然後富強之效可得言也。奴才受恩深重，未答涓埃，將死哀鳴，惟冀聖明採納。

奴才年六十五歲，現有五子：長子廣榮，候選同知，在京城地方審判廳行走。四子廣孝，一品廕生，留京寓讀書。惟第三子候選通盤廣杭暨幼子廣廥、廣怡，隨侍在署。奴才遺囑諸子，務須敦品勵學，以期仰報鴻施，補奴才平生未竟之志。成都駐防官兵類多勤樸，能耐勞苦，尚少旗營游惰氣習，果能教養兼籌，他日當不乏干城之選。此有望於天恩之俯為垂注者也。

除將成都將軍印信移送副都統鍾靈暫行收存外，謹具遺摺，瀝陳哀悃，曷勝依戀嗚咽之至！神恩昏迷，語無倫次，伏乞皇上聖鑒。謹奏。宣統元年九月初四日。①

〇三　奏報成都將軍馬亮因病出缺摺
宣統元年九月初八日（1909年10月21日）

尚書銜四川總督奴才趙爾巽②跪奏，為成都將軍因病出缺，代呈遺摺，由驛馳陳，恭摺仰祈聖鑒事。

---

① 臺北"故宮博物院"藏：《軍機及宮中檔》，文獻編號：181732。
② 趙爾巽（1844—1927），字公鑲，號次珊、旡補、無補、無補老人，遼寧奉天府鐵嶺人。同治六年（1867），以監生中丁卯科順天鄉試舉人。十三年（1874），中式進士，改庶吉士。光緒二年（1876），授翰林院編修。五年（1879），充湖北鄉試副考官。九年（1883），補福建道監察禦史。次年，充鑲白旗官學管學官，調廣東道監察禦史。十一年（1885），放貴州貴陽府石阡府知府。十九年（1893），升貴東道。次年，調補安徽按察使。二十四年（1898），補陝西按察使，遷甘肅新疆布政使。二十八年（1902），調補山西布政使，署山西巡撫。同年，遷湖南巡撫、湖廣總督。三十年（1904），擢戶部尚書。次年，任盛京將軍，兼管盛京五部事務。三十三年（1907），補授四川總督。宣統元年（1909），兼署成都將軍。三年（1911），任欽差大臣東三省總督，兼管東三省將軍事。民國元年（1912），任奉天省都督、保安會會長。三年（1914），任清史館總裁、清史館館長、參政院參政。六年（1917），任弼德院顧問大臣。十四年（1925），任善後會議會員、臨時參政院議長。十六年（1927），病逝。著述有《無補老人哀挽錄》《刑案新編》，主纂《清史稿》等。

竊成都將軍臣馬亮於宣統元年九月初五日因病出缺，當經奴才電奏在案。伏思該故將軍由吉林旗籍於同治元年奉調赴陝，當時督師諸臣如多隆阿、穆圖善、都興阿、左宗棠、金順，先後勘定西陲，多資其力；疊受重傷，幾於無役不從，由軍功洊升副都統。旋蒙先朝擢授伊犁將軍、烏里雅蘇臺將軍，調補成都將軍，在甘肅、新疆各省，歷年既久，建立尤多。其尤著者，如攻克肅州城一役，身先士卒，力拔堅城。及護理巴里坤領隊大臣，時烏魯木齊尚未克復，巴里坤為天山北路重鎮，該故將軍撫輯流亡，整飭武備。旋隨伊犁將軍金順攻克瑪納斯南城，天山北路始就肅清。其在伊犁將軍任內，近接俄鄰，交涉棘手，尤能不激不隨，從容應付，保持大體，邊塞賴以乂安。其餘如建立學堂，開墾荒地，於邊疆教養諸政，皆能盡心籌畫，兵民至今利賴。自調任成都將軍以來，每以旗營生計維艱，幾經擘畫，終因積重難返，成效未臻。雖在彌留之際，猶復以此為言，惓惓忠愛之忱，誠屬不可多得。

該故將軍氣體強壯，自上年入蜀之初，驚奉孝欽顯皇后、德宗景皇帝大行之電，哀痛失度，輿疾受任。本年夏秋之交，病勢增劇，請假調理。該故將軍雖在假期，猶復強起視事。屢經奴才前往看視，囑其稍節勞思，靜心調養。不意醫藥無效，竟於九月初五日出缺。臨終口授遺摺，命其家屬恭繕，請為代遞。猶能琅琅聆誦，神志不亂。其身後事宜，均經奴才與司道等商同該家屬，妥為料理。所有成都將軍因病出缺、代呈遺摺緣由，理合會同成都副都統奴才鍾靈①，恭摺由驛具陳。

再，該故將軍現有五子，長子廣榮，候選同知，在京城地方審判

---

① 鍾靈（1857—？），字秀之，正藍旗包衣滿洲，文生員。光緒元年（1875），中舉。三年（1877），取貢。六年（1880），中式進士，選庶吉士。九年（1883），充刑部行走。十二年（1886），補刑部湖廣司主事。十四年（1888），任刑部清檔房主事。十五年（1889），升刑部奉天司員外郎，補右庶子。同年，授日講起居注官。十六年（1890），充會試同考官。十八年（1892），補授左庶子、翰林院侍講學士。二十年（1894），選翰林院侍讀學士。同年，補詹事府詹事。二十一年（1895），遷內閣學士，兼禮部侍郎銜。二十二年（1896），擢盛京工部侍郎。三十年（1904），兼署盛京兵部侍郎。三十一年（1905），授正黃旗漢軍副都統。三十四年（1908），調補成都副都統。

廳行走；四子廣孝，一品廕生，在京寓讀書；三子廣杭，候選通判；廣膺、廣怡，均尚幼，隨任在署。合併陳明。伏乞皇上聖鑒。謹奏。九月初八日。

宣統元年十月初一日，奉硃批：另有旨。欽此。①

〇四　請建已故將軍專祠等由摺
宣統三年閏六月初八日（1911年8月2日）

臣廣福②跪奏，為已故將軍戰功卓著，遺愛在民，籲懇天恩俯准建立專祠，以彰忠藎而順輿情，恭摺仰祈聖鑒事。

竊據伊犁察哈爾營領隊大臣博貴、額魯特營領隊大臣穆特春、伊犁鎮總兵周玉魁、軍標中軍副將陳甲福，率同各旗營官弁並在籍紳耆候選知縣宋萼等呈稱：已故成都將軍馬亮，於同治元年由吉林原旗奏調出征，隨同多隆阿、穆圖善、都興阿、左宗棠、金順，轉戰陝西、甘肅、新疆等省，洊保花翎頭品頂戴、記名副都統，並賞給哈豐阿巴圖魯名號。光緒元年，護理巴里坤領隊大臣。十七年，辦理伊犁軍標副將事務。二十一年，署理伊犁鎮總兵。二十六年五月，奉旨著來京当差，馳赴行在，簡放密雲副都統，蒙擢授伊犁將軍，扈駕回京，二十八年到任。三十一年，調補烏里雅蘇臺將軍。陛見到京，蒙恩准歸入京城正白旗滿洲佐領下當差。三十四年五月，補授鑲黃旗漢軍都統。八月，奉旨補授成都將軍

---

① 臺北"故宮博物院"藏：《軍機及宮中檔》，文獻編號：181683—1。

② 廣福（？—1914），字介五，正藍旗蒙古麟昌佐領下人。同治元年（1862），入神機營當差，後隨同出征奉、直等省。十年（1871），赴伊犁，充洋操官並管帶伊犁滿營馬隊。光緒二十年（1894），充撫標教習。二十四年（1898），補伊犁漢隊營總。二十七年（1901），授拉禮副都統。同年，轉伊犁副都統，兼統錫伯、索倫、察哈爾、額魯特八旗練軍。三十四年（1908），奏請停辦養正學堂，改設興文學校。宣統元年（1909），署理伊犁將軍。次年，實授斯缺，設駐防滿營小學堂，奏派伊犁學生赴俄留學。三年（1911），調補杭州將軍。民國元年（1912），任伊犁鎮邊使。三年（1914），卒於任。

該故將軍天姿英邁，幼有膽略，善騎射，年十八，隸多隆阿部下，戰於汧、渭之間。同治四年，攻克蘇家溝、渭城灣等處出力，是為立功之始。明年，在殷家圍地方與髮逆接仗，左脅受鎗子傷，幾瀕於危，猶裹創力戰，遂破賊於西大峪口。將軍穆圖善偉之。旋隨將軍金順轉戰寧夏一帶，克復寧夏府城，截剿大股陝匪，河防解嚴。繼又攻克蘇家燒坊、王疃等處賊巢，殲擒首逆。復進剿西岸三縣回匪，一律蕩平。凡在寧夏八年，大小百餘戰，無不奮勇先驅，而尤以智略著。方王疃之未克也，黨悍巢堅，猝難得手。該故將軍單騎往來賊營，反覆勸導，賊多感悟，自拔來歸。又設間離其黨與，故元惡尋就翦除。雖在偏裨，而聲望已出諸將之右矣。十三年，隨同大軍克復肅州城垣。旋隨金順帶兵出關。

光緒元年，護理巴里坤領隊大臣。時新疆各城尚未收復，該處為天山北路重鎮，地本寒苦，且屢經賊擾，人民多避賊遷徙。該故將軍撫輯流亡，講求武備，後路賴以無梗。繼隨金順帶兵西進，總理糧務。關外土曠人稀，產糧本少，自經兵燹，軍食尤艱，加以戈壁風沙，車駝缺乏，運輸時虞不繼。該故將軍多方籌畫，輓粟飛芻，源源接濟，以利師行。金順一軍，剿賊新疆北路，迭克各城，實賴該故將軍轉餽之力居多。

光緒八年，收還伊犂時，該故將軍已充吉林、黑龍江馬隊暨強字等營統領。大軍初進伊犂，人心猶未大定。該故將軍搜剿竄匪，撲滅潰勇、游勇，彈壓巡防，地方賴以安堵。十四年，裁撤客軍，各營弁兵因索發欠餉，相聚譁噪，獨該故將軍勒率所部，申明約束，無一卒擅離營壘者。各營憚其威，遂不敢逞，消患無形，其所保全者甚大。十七年，任軍標副將。事屬草創，該故將軍經營擘畫，井井有條。二十一年，署伊犂鎮總兵。時河湟回氛不靖，游匪白彥虎餘黨暗通聲息，亦思勾結蠢動。該故將軍整飭操防，嚴密偵探，狡謀遂戢。二十四年，綏來回變，北路各城均密佈匪黨，伊犂回族尤多，有客回馬姓，捏造謠言，意圖煽搆。該故將軍密飭捕獲，交伊犂府訊明正法。眾心始安。

二十六年，拳匪肇釁，震動京畿。該故將軍忠義奮發，屢請率師入衛。前將軍長庚、撫臣饒應祺以邊事方亟，未及代奏。值駐伊犂俄領事調兵自衛，人心驚惶。該故將軍率師往阻，聞者咸謂必致決裂。

该故将军接见带兵俄官，力任保护，相约彼此勿扰，两国商民均获以安。其当机立决、应变之才，实有非常人所能及者。旋奉朝旨宣召赴京，中途闻两宫銮舆西幸，慷慨愤激，驰达行在。未几，简放密云副都统。旋奉补授伊犁将军之命，值款议已成，坚请暂缓西行，扈驾北上，蒙孝钦显皇后褒奖，谓有良心。陛辞出都，特赏路费千金并御书"虎"字一副，益邀慈圣眷顾之思至深且渥也。

到伊犁后，感激图报，锐意振兴诸务。特古斯塔柳地方原有前将军长庚所办屯田，该故将军复加推广，疏濬渠道，垦辟荒地，拨给旗丁，自耕自食，为满营预谋生计。边地风气闭塞，驻防各营旧有义学，徒有虚名。该故将军奏设养正学堂，延师课授清、汉文字，尤以经学为重，并挑选旗营聪颖子弟，派赴俄国留学，以期造就人才。察哈尔、额鲁特两营原有官立牧厂，日久弊生，蒙民不免苦累。该故将军为之釐定取孳章程，而蒙困以苏。伊犁五方杂处，中、俄所属哈萨克尤犷悍成性，肆出抢掠，习为故常。边界辽阔，道路纷歧，贼踪飘忽靡常，防营亦难周顾。该故将军另选哈萨克之良善健朴者，充当捕盗兵；捐廉助给口食，束以军法，令其昼夜梭巡，而盗风以戢。塔勒奇为伊犁后路要区，俗名菓子沟，乃东达精河至新疆省必由之道。该处山路崎岖险阻，每遇隆冬雪壅，车马难前，人畜多至陷毙，行道者莫不以为苦。该故将军慨捐钜资，大加修理，鑿石开道，架木为桥，化险为夷，至今行旅称便。

至于办理外夷，则坚守条约，刚柔互济，因应咸宜。伊犁交涉繁难，莫甚于民籍混杂。平时既难管束，遇有交涉，辗轕尤多。该故将军磋商领事，转达俄外部，改归中籍者三千馀户，地方赖以稍宁。当甲辰、乙巳间，日俄开衅，论者咸谓俄不得志于东，必取偿于西。该故将军从容坐镇，卒能甚图边防。

光绪三十二年冬间，因调补乌里雅苏台将军去任，员绅等正以无术攀留，相思时切，不料该故将军竟于宣统元年九月在成都将军任内，以忧劳触发旧伤，因病出缺。赐卹，予谥，饰终之典，已极优隆。惟是员绅等或追随戎马，夙仰英风；或生长边陲，同沾惠泽；缅怀功德，歷久難忘，彌殷報享之忱，尤切表揚之願。呈請奏懇恩施，准予在伊犁為該故將軍建立專祠，並將事跡宣付史館立傳，等情。前來。

臣惟已故將軍馬亮自幼隨同多隆阿、穆圖善、都興阿、左宗棠、金順，轉戰陝、甘、新疆等省，迭克堅城，屢殲巨憨，實屬著有勤勞。至先後在伊犁二十餘年，由統將洊膺疆寄，察姦禁暴，和眾安人，外捍強鄰，內修邊政，平生嘗以西域安危自任，蓋由賦性忠貞，而其智勇深沉，器識宏遠，又足以副之。論者謂中興以後西北將材，當推該故將軍首屈一指。及聞其病故，人多惜之。茲據該員紳等聯名呈請，合無仰懇天恩俯准，將該故將軍馬亮在伊犁建立專祠，並將事跡宣付史館立傳，以彰忠藎而順輿情之處，出自逾格鴻施！除飭取事實冊分咨外，謹恭摺具陳。伏乞皇上聖鑒訓示。謹奏。閏六月初八日。

宣統三年八月初二日，奉硃批：馬亮准其在伊犁建立專祠，並將戰功事跡宣付史館立傳。欽此。①

〇五　清國史·馬亮傳

馬亮，馬佳氏，滿洲正白旗人，原隸吉林烏鎗營漢軍正白旗。同治元年，調征甘肅回匪。

二年，隨攻蘇家溝、渭城灣出力，敘六品頂戴，並賞藍翎。

三年，攻克西大岭，保五品銜，並換花翎。五年，克復寧夏，保驍騎校。

八年，陝回大股竄入甘肅，截擊，破之。保加佐領銜。

九年，攻破蘇家燒坊賊巢，晉防禦，並加三品頂戴。

十年，攻毀王瞳賊巢，升佐領。

十二年，以剿辦寧夏西岸回匪功，擢協領，加副都統銜，並給哈

---

① 中國第一歷史檔案館藏：《錄副奏摺》，檔號：03-7488-020；03-7488-018。

豐阿巴圖魯名號。

十三年，官軍克肅州，關內肅清，詔以副都統記名簡放。

光緒元年，署巴里坤領隊大臣。

五年，克復瑪納斯南城，賞給頭品頂戴。

七年，補防禦。十月，補甯古塔佐領。

十一年，副都統萬陞所部兵變，回匪乘機搆煽，馬亮率隊躡追，急告新疆巡撫劉錦棠、署烏魯木齊副都統升泰、塔爾巴哈參贊大臣錫綸，使速為備。匪股分竄至松樹頭三臺，裹脅放馬弁勇二十餘人，為綏靖營官詹恩科截擊。適馬亮追至，前後夾攻，賊敗逋。其竄乾河子者，亦為馬亮等追擊，斬獲甚眾。餘匪入山，悉捕殲焉。

十四年，俄屬纏回與竄匪勾結，殺掠橫行。馬亮先後生獲郭瑞等誅之，匪遂斂迹，尋調補拉林佐領。

十六年，戶部發錫綸咨封得職員馬瑞麟揭呈馬亮侵吞軍餉等情，有旨交伊犁將軍色楞額、護理新疆巡撫魏光燾查奏，按驗不實，亦無馬瑞麟其人。

二十一年，署伊犁鎮總兵。

二十四年，綏來回判，密遣匪黨謠言煽動伊犁回族。馬亮捕誅其首，眾心以定。

二十六年五月，上命馬亮來京當差，行抵陝西，適兩宮西幸。十二月，補授密雲副都統，並敕暫留行在。

二十七年，補授伊犁將軍。

二十八年，命與甘肅新疆巡撫饒應祺、潘效蘇① 確查安插逃哈情

---

① 潘效蘇（1839—1913），號重賢，字少泉，效蘇為官名，湖南省湘鄉縣人，西林巴圖魯。同治二年（1863），加同知銜。同治八年（1869），授膚施縣知縣。九年（1870），調澄城縣知縣。十年（1871），署狄州知州。光緒五年（1879），署河州知州。八年（1882），補西寧府循化同知。九年（1883），調補迪化直隸州知州。十二年（1886），改和闐直隸州知州。十四年（1888），擢伊犁知府。十五年（1889），補授迪化府知府，旋加鹽運使銜。廿一年（1895），以道員歸甘肅新疆補用，入關總理行營勞務，賞戴花翎。廿二年（1896），鎮迪道尹兼按察使銜；廿三年（1897），擢補鎮迪道兼按察使銜。廿四年（1898），調補巴里坤道，署新疆藩司。廿七年（1901），補授甘肅臬司，旋升新疆藩司。廿八年（1902），擢新疆巡撫，賞加頭品頂戴，三十一年（1905），因案褫職。民國二年（1913），卒於里。

形,詳細妥籌,和衷商辦,以重邊務。

二十九年,以伊犁所屬黑宰、阿勒班兩部哈薩克生齒日繁,請添設千戶長、千戶長銜、副千戶長銜各一名,並於每千戶長屬下各設百戶長、五十戶長等頭目,藉資管束,得旨允行。

三十一年五月,馬亮以伊犁邊瘠,商務未立,蒙、哈所收皮毛外商多以茶、布、雜貨互易,重利盤剝,時受欺蒙,奏請官商集股立皮毛公司,設局收買,如法選製,發商民販運,將來收穫盈餘,除各股攤分并開支局費外,概儲備本處緩急之用,在蒙哈既免奸商之剝削,論商務並無碍督撫之權利,報聞。六月,調補烏里雅蘇台將軍。

三十三年九月,入覲。十月,命在紫禁城內騎馬。十二月,馬亮以久在軍營,原籍無家可歸,呈由正白旗滿洲都統援案奏請改隸京旗,允之。

三十四年四月,補鑲黃旗漢軍都統。七月,奏請裁併新疆文武員缺、旗、漢兵額,節出餉銀,改練新軍,並酌量就地籌款。得旨:會議政務處會同伊犁將軍、陝甘總督、新疆巡撫,迅即議奏。八月,授成都將軍。

宣統元年,卒。諭曰:成都將軍馬亮由行伍隨同多隆阿等轉戰陝、甘、新疆等處,卓著戰功。旋經簡授密雲副都統,洊擢將軍,宣力有年,克勤厥職。茲聞溘逝,悼惜殊深!加恩著照將軍例賜卹,任內一切處分悉予開復;應得卹典,該衙門查例具奏。靈柩回旗時,沿途地方官妥為照料。伊子候選同知廣榮,著以知府分省補用,用示篤念藎臣至意。尋賜祭葬,予諡勇僖。

宣統三年,伊犁將軍廣福據伊犁官紳察哈爾營領隊大臣博貴等呈述,馬亮先後在伊犁二十餘年,外捍強鄰,內修邊政,詰姦禁暴,遺愛在民,奏懇在伊犁建立專祠,並將事蹟宣付史館立傳,以彰忠藎而順輿情,允之。

子廣榮,特用知府;廣杭,候選通判;廣孝,廣膺,均頭品廕生;廣怡,閑散。①

---

① 《清國史·列傳·新辦大臣》,嘉業堂鈔本,第11冊,北京:中華書局1993年版,第498—499頁。

上篇 奏議

光緒二十七年（1901）

○○一　請給隨帶員弁車輛緣由摺
光緒二十七年十二月二十日（1902年1月29日）

伊犁將軍奴才馬亮跪奏，為隨帶員弁無力回防，懇恩飭部辦給勘牌、車輛，以利遄行而示體恤，恭摺具陳，仰祈聖鑒事。

竊奴才於上年七月間，准前將軍長庚飛咨，奉上諭：調署伊犁鎮總兵副都統馬亮，著即迅速來京，毋稍遲延。欽此。奴才聞命之下，當將印信卸交中軍遊擊陳甲福護理，刻日就道。所部武弁文員紛至沓來，均欲隨同效力。查新疆伊犁係邊陲重地，所有營隊固未便悉數使來，又不敢遏其忠義之氣，除副、參、遊等官仍飭照舊操防外，署右營千總段祝三、署中營把總朱貴、署城守營把總劉泰山、中營右旗把總張得勝、候補遊擊楊金彪、守備馬高陞、候補直隸州陳天祿、候選縣丞張世箴等，或請開缺，或請卸差，均係自備資斧，星夜隨同奴才前進。合計文武員弁官兵不下六十名，馳至西安，聞聖鑒業已出巡，該員弁等無不痛心疾首，恨未能戮力從事，藉報涓埃。

奴才蒙恩補授密雲副都統，奉旨暫留行在，該員弁等亦皆寄居客寓，當薪桂米珠之候，車馬服物典質一空，雖經奴才設法週給，而情形仍極困苦。奴才現又蒙恩補授伊犁將軍，自當到任力圖報稱，惟該員弁等上年於酷熱之際，戈壁長途，冒暑遄征，雖未盡力疆場，而血氣之誠，奔馳萬餘里而來，不辭勞瘁，今因資斧久竭，無力回防，情殊可憫！

奴才不揣冒昧，合無仰懇天恩俯念該員弁等報效微忱，飭下兵部照例給發奴才勘合，並另予該員弁等車輛，俾奴才逐一帶往關外，令其歸伍序補，以彰國恩而勵戎行。是否有當？伏乞皇太后、皇上聖鑒訓示。謹奏。光緒二十七年十二月二十日。①

---

① 臺北"故宮博物院"藏：《軍機及宮中檔》，文獻編號：146817。

【案】此奏於同日即得允行，《宫中檔》載曰：

　　軍機大臣面奉諭旨：本日伊犁將軍馬亮奏，隨帶員弁，請飭部發給車輛一摺，著兵部酌量發給。欽此。①

〇〇二　盤查伊塔道庫存餉銀兩片
光緒二十七年十二月二十八日（1902年2月6日）

　　再，查光緒十四、十五兩年，前將軍色楞額任內應行封儲伊塔道庫湘平銀十萬兩，經奴才長庚催追足數，於光緒二十三年六月初九日附片奏明，封儲惠遠城糧餉處銀庫，不准擅動，每年年底由將軍、副都統會同盤查，具奏結報一次，以昭慎重。業於光緒二十六年十二月二十九日將盤驗無虧緣由奏報在案。茲屆光緒二十七年年底盤查之期，據兼署糧餉章京主事職銜吉罕泰等出具印結，呈報前來。奴才等即於十二月二十八日親赴該庫查驗，所有前項封儲湘平銀十萬兩，均係實存在庫，並無虧短。除將印結加結送部查核外，理合附片陳明。伏乞聖鑒。謹奏。

　　（硃批）：戶部知道。②

---

① 臺北"故宫博物院"藏:《軍機及宮中檔》,文獻編號：146815。
② 中國第一歷史檔案館藏:《硃批奏片》,檔號：04-01-35-0845-070。

光緒二十八年（1902）

〇〇三　奏報行抵新疆省城日期摺
光緒二十八年七月初六日（1902年8月9日）

頭品頂戴伊犁將軍哈豐阿巴圖魯奴才馬亮跪奏，為恭報奴才行抵甘肅新疆省城日期，並遵諭旨會商甘肅新疆督、撫臣，妥籌練兵節餉各事宜，繕摺仰祈聖鑒事。

竊奴才渥荷鴻慈，簡擢伊犁將軍，當即繕摺叩謝天恩，仰蒙召見，訓誨周詳，並奉懿旨飭令於沿邊晤商甘肅新疆督、撫臣，妥籌練兵節餉事宜，等因。敬聆之下，感激莫名，旋即遵例馳驛，由京起程，沿途風雨，稍有耽延，於三月十六日始抵甘肅省城，會晤陝甘總督奴才崧蕃①，面商壹是。准崧蕃面稱：甘肅瘠苦甲於天下，歲收錢糧不及東南以大郡，額餉全恃協款接濟；轄境與蒙部、回番雜處，兵力單薄，難資彈壓。

光緒二十年，因倭人滋事，將河湟隊伍抽調赴北防，遂致回匪煽亂，重煩征剿，兵營勢難再行裁減。惟值時局艱難，賠款過鉅，凡事總須力求節省。正在圖維函商新疆、伊犁、塔城會同辦理，應俟將軍到任，會商妥貼，再行會銜具奏，等語。茲於六月二十四日行抵新疆省城，會晤新疆巡撫臣饒應祺②，面商壹是。准饒應祺面稱：新疆地

---

① 崧蕃（1837—1905），字錫侯，滿洲鑲藍旗人，廩生。咸豐五年（1855），中式乙卯科舉人。同治四年（1865），捐吏部候補員外郎。十年（1871），任吏部驗封司員外郎。十三年（1874），兼內務府銀庫員外郎。光緒四年（1878），補吏部考功司郎中。次年，調補四川鹽茶道。六年（1880），署四川按察使。十一年（1885），調補湖南按察使。次年，遷四川布政使。十七年（1891），升授貴州巡撫。二十年（1894），署理雲貴總督，兼雲南巡撫。二十一年（1895），實授雲貴總督，兼雲南巡撫。二十六年（1900），補授陝甘總督。三十一年（1905），調補閩浙總督，未及赴任，卒。追贈太子少保。有《貴州巡撫任奏稿存簿》（收於《續編清代稿鈔本》）。

② 饒應祺（1837—1903），字子維，號春山，湖北恩施人。幼穎悟好學，試作渾天儀，旋轉合度；入縣學，中秀才，選貢生，咸豐九年（1859），由候補訓導薦為國子監學正。同治元年（1862），中式舉人，任刑部江西司行走，授知縣。旋以丁父憂回鄉守制，後入湖廣總督李鴻章幕僚。同治六年（1877），至甘陝總督左宗棠軍中供職，隨左攻克金積堡、巴燕戎格等地，以軍

處極邊，週廻二萬餘里，昨就現有之軍遵旨分別籌改常備、續備、巡警各軍，分佈尚形不足，蓋西北陸地專恃兵力為強弱，兵多固耗國用，兵少又啟戎心。論者每以耗中事西為疑，然考昔賢精於地學者，其論方輿、形勢，視建都之地為重，輕我朝定鼎葉都。蒙古環衛北方，九邊皆成腹地；高宗削平准部，兼定回疆，重新疆所以保蒙古，保蒙古所以衛京師，指臂相連，形勢完整，是以近三百年永無烽燧之警，不似前代陝甘、山西各邊時有侵軼之虞，即直北。關山亦多震驚之患。新省邊防緊要，兵營勢難再減。道光年間，甘、新兩省每歲的餉五百餘萬，均係內地接濟。軍興以來，較前有減，近更時艱孔亟，敢不力顧大局！新疆無源可開，惟有節流一法，隨時斟酌會商，衷於至當，免至日後掣肘。一俟妥議，再行會奏，云云。

奴才伏思甘、新兩省，輔車相依，該督、撫等所稱各節本屬實在情形，伊犁則極邊地之區，與俄接壤，全在整飭戎行以杜外侮之心，滿、蒙兵丁萬無可裁，惟有提成發餉以資騰挪，亦非長久之計，應即隨時察酌情形，盡心經理，凡有可省之處極力撙節，以期仰體聖朝憂勤惕厲之懷，亦聊以紓各省關源源解濟之力。奴才馳赴伊犁接任後，應即盡心圖維，斟酌損益，會商陝甘總督、新疆巡撫，務期妥協，再行會奏，恭請訓示。

再。奴才經過地方山西春雨霑足，陝西風調雨順，可卜豐收。甘肅雨水亦足。新疆哈密、奇臺、烏垣一帶麥苗暢茂，雖間有蝗飛，尚不為害。各省民情均極安謐，足以仰慰宸廑。所有奴才行抵新疆省城日期及會商督、撫臣各情形，謹繕摺具陳。伏乞皇太后、皇上聖鑒。謹奏。光緒二十八年七月初六日。

功擢知府。光緒三年（1877），任同州（今陝西大荔）知府，興修水利。四年（1878），加鹽運使銜。十年（1884），授甘肅甘州（今甘肅張掖）知府，設紡織局、孤嫠所，捐廉俸購紡織機，州民穿用有餘。十一年（1885），升補蘭州道員，署按察使銜。十五年（1889），調補新疆喀什喝爾道員，後改鎮迪道，仍兼按察使銜。十七年（1891），署新疆藩司。十九年（1893），實授甘肅新疆布政使。二十一年（1895），以藩司署理甘肅新疆巡撫。二十二年（1896），擢新疆巡撫。二十八年（1902），調補安徽巡撫。次年，行抵哈密，因病出缺。賜恤如例。有《饒應祺文獻集成》存世。

（硃批）：知道了。仍著會商崧蕃、饒應祺，妥籌辦理，以圖邊疆。欽此。①

光緒二十八年八月初十日，奉硃批：知道了。仍著會商崧蕃、饒應祺，妥籌辦理，以圖邊疆。欽此②。

○○四　奏報辦理逃哈情形摺
光緒二十八年七月十四日（1902年8月17日）

頭品頂戴陝甘總督臣崧蕃、新授伊犁將軍臣馬亮、甘肅新疆巡撫臣饒應祺跪奏，為科、塔沿邊哈薩克民戶相率潛逃，分往南疆，現擬設法羈縻，以全遊牧而防外出生事，合詞恭摺具陳，仰祈聖鑒事。

竊查新疆西北一帶沿邊地方向極寬廣，各哈薩克種民遊牧，夏令在卡外逐水草、就樹林；冬則入卡，伴山岡插帳，以避風雪，歷經各參贊大臣管理在案。分界以來，卡外地段多半分屬俄境，比時議定各哈薩克願歸俄者即住俄境，願歸中者即入卡內遊牧。塔爾巴哈臺就近四部落哈薩克插帳地方水草暢茂，各戶尚屬安居樂業。其柯勒依哈眾舊住阿爾泰山，戶口繁多，前因借地未定，故未指名遊牧地段，該哈眾擅自投科布多，經科城安插，遂歸科屬。

近因二十年來科、塔哈眾生聚日多，勾引搬移，逃入奇臺、昌吉、綏來及喀喇峽一帶，或二百餘戶，或百數十戶，湊集人眾，相率潛牧，疊據蒙古漢民控其侵佔牧地。上年，臣應祺准塔城參贊大臣臣春滿咨：委員張仕林查收各處哈薩克回塔城原牧，請飭地方官幫同查辦。其初俱各遵依，惟潛往喀喇沙爾哈薩克四千餘人抗違不遵，張仕林回省請兵查辦，經臣應祺飭該處文武派撥勇役驅逐。行至迪化境地，該哈薩克頭目忽稱係科布多人，執有科布多中國所屬哈薩克頭目諭飭回

---

① 臺北"故宮博物院"藏：《軍機及宮中檔》，文獻編號：408004099。
② 臺北"故宮博物院"藏：《軍機及宮中檔》，文獻編號：148679。

牧文為據。復經臣應祺咨請科布多參贊大臣臣瑞洵①派員迎護接收，旋准瑞洵咨覆，科屬並無哈眾逃往他處情事。又經臣應祺改令仍由塔城派隊押送，交塔城委員張仕林接收轉解。該哈眾等行至呼圖壁地方，竟敢恃眾持槍，硬抗不回。比以嚴冬，該哈薩克人眾數千，牲畜過萬，水草不便，從寬准其暫留待春融再回原牧在案。

本年五月，准喀喇沙爾和碩特貝子牘稱：有哈薩克二百餘頂帳房，來他什河地方居住，牛羊馬匹蹧踐地畝，請飭驅逐出境。又據新平縣稟報：有哈薩克氈房數百頂逃往該處，至卡克里縣丞所屬屈莽山一帶遊牧，且有逃往他處者。臣應祺以該哈眾搶劫為生，恐其出境滋事，電商臣崧蕃設法安置。臣亮赴伊犁將軍新任，道過蘭州晤面，再四籌商。臣崧蕃查哈薩貪逐水草是其本性，且因科、塔爭地，牧場未定，彼得有詞，應俟臣亮到任，妥籌會商奏結，地界一定，遊牧相安，則逃亡自少，囑與臣應祺面商辦理。臣亮至新時，適接于闐縣稟報，該哈眾逃至卡牆買糧，據云原牧地方狹隘，特來和、于一帶遊牧。並准青海大臣咨稱：左翼噶斯地方新來異言服人眾，形勢兇猛，欺凌逼處，盤問不肯吐實，是否纏回，請查明驅逐，咨請招回原籍，勿任越界滋事。昨又據焉耆府劉守嘉德電稟：該哈眾二千餘人入境以來，染患時疫，傷亡甚多，牲畜倒斃殆盡，嗷嗷待哺，朝不謀夕。已飭署新平縣丞發糧五百石，以資口食，免致滋事。

臣亮在邊疆年久，稔知哈薩克狡悍成性，搶劫為能，非妥為撫綏，難資約束。其相率潛逃，亦由生齒日繁，原牧地段不敷插帳，係屬實在情形。倘必勒令回牧，則該哈薩克等已竄至新平及于闐一帶，

---

① 瑞洵（1858—1936），字信夫，號景蘇、井蘇，又號坦園，博爾濟吉特氏，滿洲正黃旗人，光緒元年（1875），取舉人，充戶部筆帖式。九年（1883），赴劉錦棠軍營差委。十二年（1886），中式進士，改庶吉士。十六年（1890），授翰林院編修，旋補右中允。二十年（1894），充國子監司業。二十三年（1897），升翰林院侍講學士。同年，充順天鄉試同考官，歷翰林院侍讀學士、日講起居注官、功臣館滿總纂、功臣館纂修、國史館協修、會典館漢文總校、會典館詳校、大學堂文案處總辦。二十五年（1899），擢科布多參贊大臣，兼伊犁副都統，加總理各國事務大臣銜。二十九年（1903），派辦阿爾臺山安輯事宜。後解職。晚年潛心修佛。民國二十五年（1936），卒。著有《犬羊集》《犬羊續集》《散木居奏稿》等行世。

該處東界青海，南界英境，恐逃竄外方，致滋口舌，且皆中國子民，應即設法安置，以免流離。臣應祺查該哈薩不回原牧，係因有冬窩而少夏場，貪逐水草，潛逃來新，已非一日。惟均在北路一帶，未踰天山，茲復不遠數千里逃往南路人眾數千，強佔居民牧場，不聽地方官管束，縱之不可，迫之生變，自非設法羈縻，不足以服人心而安邊圉，仍即咨商科、塔兩處，如能收回以實邊地，固為上策，否則惟於羅布淖爾及奇臺、鎮西空曠有水草之處，暫准分段遊牧，勉加約束，並禁止在塔哈眾，不准再行出境，以免邊界空虛，且防其逃出華界，轉貽外人口實。

至科塔借地之案，臣等既奉諭旨體察會辦，臣亮與臣應祺商擬，委員先赴阿爾泰山科、塔交界地段，查明牧場是否足敷安插哈眾，再行奏明辦理外，謹將哈眾現已逃赴新疆南路各處，設法羈縻，以防出境生事情形，合詞恭摺具陳。伏祈皇太后、皇上聖鑒訓示。再，此摺係臣亮與臣應祺主稿。合併聲明。謹奏。光緒二十八年七月十四日。

光緒二十八年八月十八日①，奉硃批：知道了。著即將該哈眾就地設法安插，毋任出境生事。②

〇〇五　恭報接印日期情形摺
光緒二十八年八月二十日（1902年9月21日）

奴才馬亮跪奏，為恭報奴才接印任事日期，並感激下忱，叩謝天恩，仰祈聖鑒事。

竊奴才蒙恩補授伊犁將軍③，陛辭出京，於本年六月二十四日行抵

---

① 此奉硃批日期，據《軍機處隨手登記檔》（檔案編號：03-0313-1-1228-219）校補。
② 臺北"故宮博物院"藏：《軍機及宮中檔》，文獻編號：408006439。
③ 光緒二十七年七月，清廷"命伊犁將軍長庚來京當差，以密雲副都統馬亮為伊犁將軍（《德宗景皇帝實錄（七）》，卷四百八十五，光緒二十七年七月，第410頁）"。

新疆省城，業經具摺奏報在案。七月十六日，由省起程而進，八月初七日，行抵伊犁。二十日，准前任將軍長庚①派委伊犁印務章京榮聯、軍標中軍副將周玉魁等，將同字第十四號伊犁將軍銀印一顆、令箭十二枝齎送前來。當即恭設香案，望闕叩頭，祇領任事訖。

伏念奴才漢軍世僕，知識庸愚，前在署伊犁鎮總兵任內奉旨調京，馳赴陝西行在，渥荷天恩簡放密雲副都統②，旋擢伊犁將軍。一年之間，疊承寵遇，受恩愈重，圖報愈難。查伊犁地處西陲，緊鄰俄境，幅員遼闊，種類繁多。當茲時局孔艱，將軍責任綦重，舉凡整軍經武，用人理財，外圖邦交，內綏藩部，興屯牧以圖富庶，恤商旅以廣招徠，在在均關緊要。如奴才樗昧，深懼弗勝，惟有隨時隨事，矢慎矢勤，以期仰答高厚鴻慈於萬一。所有奴才接印日期並感激下忱，謹繕摺具陳。伏乞皇太后、皇上聖鑒。謹奏。光緒二十八年八月二十日。

（硃批）：知道了。③

光緒二十八年十月十一日，奉硃批：知道了。欽此。④

---

① 長庚（1844—1914），字少白，伊爾根覺羅氏，滿洲正黃旗崇年佐領下人，監生。同治三年（1864），入烏魯木齊都統平瑞募。六年（1867），捐縣丞指分山西，旋保補缺後以知縣用。九年（1870），管解撥償俄國銀兩，加知州銜。次年，經伊犁將軍榮全奏調，充文案翼長，保山西知縣，賞戴花翎。十三年（1874），調金順軍營，總理營務。光緒元年（1875），經烏魯木齊都統景廉奏調，赴新疆軍營。二年（1876），保山西直隸州知州，晉知府銜。同年，保山西候補知府，升鹽運使銜。四年（1878），署伊犁巴彥岱領隊大臣。六年（1880），保升陝西題奏道員，加二品頂戴。七年（1881），補伊犁巴彥岱領隊大臣，加副都統銜。八年（1880），丁母憂，扶柩回旗安葬。十二年（1886），授伊犁副都統。十四年（1888），調補駐藏辦事大臣。十六年（1890），擢伊犁將軍。二十二年（1896），任鑲藍旗漢軍都統。翌年，調成都將軍。二十八年（1902），前往阿爾泰山，查勘科塔兩城借地。三十年（1904），遷兵部尚書。次年，充考驗改編三鎮新軍。宣統元年（1909），補授陝甘總督，兼會辦鹽政大臣。民國三年（1914），卒。諡恭厚。著《溫故錄》行世。

② 光緒二十六年十二月，清廷飭令馬亮任密雲副都統，《清實錄》："以密雲副都統信恪為江甯將軍，前伊犁副都統馬亮為密雲副都統（《德宗景皇帝實錄（七）》，卷四百七十六，光緒二十六年十二月上，第269頁）。"旋諭令馬亮暫留行在，派員先行護理，"戊申，諭軍機大臣等：信恪現已升補江甯將軍，所遺密雲副都統一缺，已有旨令馬亮補授矣。現在馬亮暫留行在，到任尚需時日，著信恪於該旗營協領中，揀派妥實之員，先行護理，以便交卸啟程。將此諭令知之（《德宗景皇帝實錄（七）》，卷四百七十六，光緒二十六年十二月上，第276頁）。"

③ 臺北"故宮博物院"藏：《軍機及宮中檔》，文獻編號：408004100。

④ 臺北"故宮博物院"藏：《軍機及宮中檔》，文獻編號：174311。

○○六　預估二十九年伊犁軍需數目摺
光緒二十八年九月二十五日（1902年10月26日）

　　奴才馬亮、廣福跪奏，為預估光緒二十九年分伊犁滿、蒙、標、練各營、旗、哨及軍臺、卡倫等一切支款實需餉銀數目，懇恩飭部照案指撥，以濟要需，恭摺仰祈聖鑒事。

　　竊查伊犁歲需新餉，經前將軍色楞額①會同前陝甘總督臣楊昌濬②、前護新疆巡撫臣魏光燾③，奏請每年分撥銀四十萬兩，定為常額，

---

①　色楞額（？—1890）字石友，滿洲正白旗人，六品廩生。咸豐六年（1856），充藍翎侍衛。九年（1859），隨叔父荊州將軍都興阿出兵江南，升三等侍衛。十一年（1861），加二等侍衛。同治三年（1864），隨都興阿出兵甘肅，晉頭等侍衛。四年（1865），加副都統銜。七年（1868），賞戴花翎。光緒元年（1875），署興京副都統。次年，實授斯缺。三年（1877），調成都副都統。五年（1879），調補駐藏幫辦大臣，旋授駐藏辦事大臣。九年（1883），補庫倫掌印辦事大臣。十二年（1886），擢伊犁將軍。十六年（1890），卒於任。

②　楊昌濬（1826—1897），湖南湘鄉人。咸豐二年（1852），從羅澤南練鄉勇。四年（1854），發布《討粵匪檄》。十年（1860），擢知縣。十二年（1862），隨左宗棠剿太平軍。同治三年（1864），遷浙江布政使。八年（1869），擢浙江巡撫。後因葛畢氏連身死案革職。十年（1871），赴甯波籌辦海防。光緒四年（1878），授甘肅布政使。九年（1883）補漕運總督，因中法戰爭爆發，旋幫辦福建軍務，任閩浙總督，兼署福建巡撫。十四年（1888），調補陝甘總督，旋署福州將軍、副都統，賞太子少保銜。二十年（1894），加太子太保。二十一年（1895），循化民變，以"措置乖方"革職留任。十月，開缺回籍。二十三年（1897），卒於長沙，著有《平浙經略》、《平定關隴紀略》、《學海堂課藝》、《五好山房詩稿》等存世。

③　魏光燾（1837—1916），字午莊，湖南邵陽人，魏源族孫。咸豐九年（1859），保以從九品選用。次年，保以縣丞不論雙單月選用，並賞戴藍翎。十一年（1861），保以知縣選用，加知州銜。同治二年（1863），保免選本班，以知縣儘先選用，旋保以同知留於浙江補用，加運同銜，賞戴花翎。次年，保免補本班，以知府仍留浙江遇缺即補。四年（1865），保以道員留於福建、浙江，遇缺即題奏，加揚勇巴圖魯勇號。五年（1866），加鹽運使銜。七年（1868），保以道員改留陝西，歸候補班儘先補用，旋改遇有陝西道員缺出，題奏補用，加西林巴圖魯勇號，並賞二品頂戴。次年，署甘肅平慶涇固道。光緒二年（1876），晉按察使銜。七年（1881），擢甘肅按察使。次年，署甘肅布政使。九年（1883）實授甘肅布政使。十年（1884），調補新疆首任布政使。十五年（1889），護理甘肅新疆巡撫。二十年（1894），隨幫辦軍務大臣湖南巡撫吳大澂赴遼東抗日，與日軍戰海城。二十一年（1895），擢雲南巡撫，同年，調陝西巡撫。二十五年（1899），署陝甘總督，次年（1900），實授陝甘總督。二十七年（1901），調雲貴總督。二十八年（1902），兼署雲南巡撫。十一月，調兩江總督。三十

经户部覈定，历年照数估拨在案。前届预估光绪二十九年分新饷之期，将军长庚因值交卸，未及奏估，电请陕甘督臣崧蕃汇办。奴才马亮到任，因未接准部覆，诚恐请拨逾期，于九月初七电请户部代奏，请照额定银四十万两之数指拨，亦在案。

兹准户部咨：令迅速奏估，以便汇总指拨，并饬查照户部前奏，将裁勇节饷办法专案声覆，等因。奴才等查近年时势艰难，饷源支绌，苟有可以裁减之处，自应力求撙节，以纾承协省分之力，而省部臣筹拨之难。惟伊犁地处极边，强邻紧逼，从前原定营制已属地广兵单，近又承准政务处咨令改练新军，款项尤虞不给。饬据粮饷处查明呈报：伊犁满、蒙各营官兵并练军马队、军标汉队以及蒙古王公、军台、卡伦、喇嘛等应支俸饷、盐粮、马干并一切杂支已经奏咨立案各款，岁共需银四十万两有零，此外尚有京员、副都统衔、章京等移任开支京职俸廉、米折、告休、世职各官俸银、孀妇、孤女养赡、致祭、蒙古王公羊、酒等项未能预计各款，亦皆由额饷内极力勻挪支给，并未另请拨给，支绌情形前于预估光绪二十八年新饷时，业经呈明奏报有案。现查各项支款仍属如旧，所有光绪二十九年分需用新饷，应请仍照原定银四十万两之数估拨，等情。呈请具奏前来。

奴才马亮甫经到任，察看情形，预为筹度，按现在支款皆系计口授食必所需，委实难于骤裁。即将来遵照政务处来咨办理，改练新军，亦全赖饷需充裕，俾士马得资饱腾，始足以固军心而支边局。奴才等思维再四，惟有徐图撙节，另案奏报。

其光绪二十九年伊犁需用新饷，合无仰恳天恩敕下户部，仍照原案四十万两指拨，以济要需。除分咨外，理合将预估光绪二十九年分新饷缘由恭折具陈。伏乞太后、皇上圣鉴，敕部覈议施行。谨奏。光绪二十八年九月二十五日。

年（1904），调闽浙总督。三十一年（1905），褫职。宣统三年（1911），补授湖广总督，以武昌兵变，未赴任。民国四年（1915），卒于里。曾出资刊印魏源《海国图志》。有《勘定新疆记》、《湖山老人自述》等存世。

（硃批）：戶部知道。①

光緒二十八年十一月十四日，奉硃批：戶部知道。欽此②。

〇〇七　請飭部換鑄關防圖記片
光緒二十八年九月二十五日（1902年10月26日）

再，查接管卷內，據辦理伊犁滿營事務檔房呈稱：竊查前任伊犁將軍金順於光緒十年初次規復伊犁滿營制時，曾經查照舊制奏請敕部頒發伊犁駐防惠遠城協領關防八顆、佐領圖記四十顆，分交該員等鈐用在案③。十五年，前任將軍色楞額遵照部議，將挑留錫伯歸入滿營官兵撥回原營，餘存舊滿營官兵分設左、右兩翼，編列八旗，設協領二員、佐領八員。十七年，前護將軍富勒銘額遵照部議，奏准挑留新滿營，分設左、右兩翼，編列八旗，設協領二員、佐領八員，均未另請鑄給關防、圖記，奏明即於前項部頒關防、圖記內，以鑲黃、正黃兩旗協領關防發交舊滿營左、右翼協領借用，以正白、正紅兩旗協領關防發

---

① 臺北"故宮博物院"藏：《軍機及宮中檔》，文獻編號：408004101。
② 臺北"故宮博物院"藏：《軍機及宮中檔》，文獻編號：151488。
③ 光緒十年十一月初一日，伊犁將軍金順請補鑄協領等官關防曰："幫辦軍務大臣革職留任伊犁將軍奴才金順跪奏，為伊犁駐防旗、綠各營現已整理規復舊制，請旨飭部補鑄協領、參將等官關防、圖記，以昭信守，恭摺仰祈聖鑒事。竊查伊犁惠遠城駐防滿營，舊設八旗協領八員、佐領四十員、綠營參將一員、遊擊二員、都司二員、守備五員，皆有部頒關防、圖記，以資辦公。自罷兵燹後，均已遺失無存。當規復舊制，整理營務，所有滿營協領、佐領、綠營參將、遊擊、都司、守備等缺，前已分別揀員奏補委署，先後奉旨允准在案。伏查旗綠各營職官，均由管兵之責，凡遇呈報公務，非有印信不足以昭慎重而垂久遠。茲據滿、綠營官員合詞稟請具奏前來。奴才覆核無異，相應請旨飭部將伊犁惠遠城駐防八旗協領關防八顆、佐領圖記四十顆、綠營參將關防一顆、遊擊關防二顆、都司關防二顆、守備關防五顆，照例補鑄頒發，由驛齎送前來，俾資祗領啟用，以昭信守。謹將應鑄關防、圖記分別開具旗佐營標，另繕清單，恭呈御覽。所有伊犁駐防旗綠各營現已整理規復舊制，請旨飭部補鑄協領、參將等官關防、圖記緣由，理合恭摺具奏。伏乞皇太后、皇上聖鑒訓示。謹奏。光緒十年十一月初一日（中國第一歷史檔案館藏：《硃批奏摺》，檔號：04-01-01-0951-015。）。光緒十年十二月十五日，軍機大臣奉旨：禮部知道，單併發。欽此（中國第一歷史檔案館藏：《錄副奏摺》，檔號：03-5830-035）。"

交新满营左、右翼协领借用，以八旗头牛彔佐领图记分发新满营八旗佐领借用。其余协领关防四颗、佐领之图记二十四颗，均饬交库封存，声明请俟更换时，再行一并缴销，等因。于光绪十七年十二月十三日附奏，奉硃批：该部知道。钦此。钦遵在案①。伏思旧、新两满营营制早经奏请改设，所有旧满营左、右两翼协领二员、佐领八员，新满营左、右两翼协领二员、佐领八员现在借用关防、图记，均系从前满营旧制，字样体制均与现在改设旧、新两满营八旗字样不合，自应呈请奏咨，另行更换，俾昭信守，等情。前来。

奴才等覆查无异，相应请旨敕部换铸伊犁驻防惠远城旧满营左翼协领关防一颗、右翼协领关防一颗、八旗佐领图记八颗，新满营左翼协领关防一颗、右翼协领关防一颗、八旗佐领图记八颗，以昭信守而垂久远。

理合附片具陈，伏乞圣鉴训示。其旧、新两满营左、右两翼协领、八旗佐领等现在借用并库存关防、图记，一俟换铸关防图记领发到日，再行饬令悉数送部销毁。合并陈明。谨奏。

---

① 光绪十七年十二月十三日（此片之具奏日期，录副署"光绪十八年正月二十七日"，即硃批时间，未确。兹据《军机处随手登记档》（档案编号：03-0272-1-1218-026）补证），护理伊犁将军富勒铭额奏请颁发惠远城满洲协领、佐领等官关防、图记，曰："再，查前任将军金顺于光绪十年十一月初一日查明旧制，奏请饬部颁发伊犁驻防惠远城满洲协领关防八颗、佐领图记四十颗，分交该员等钤用在案。嗣因前将军色楞额遵照部议将挑留锡伯营归入满营兵官兵三千二百员名拨回原营。其满营官兵仅有一千员名，分设左右两翼，编列八旗，拟请拣补协领二员、佐领、防御、骁骑校各八员，于光绪十五年十二月十九日具奏，奉旨允准，钦遵办理。当将前由部颁关防、图记，以镶黄旗协领关防一颗发交左翼协领，暂行备用；正黄旗协领关防一颗，发交右翼协领，暂行备用。八旗佐领即以各该旗头牛彔佐领图记八颗，发交祗领，暂行备用，俾昭信守。其余悉令呈缴存库。兹准兵部（咨）：议覆护理伊犁将军富勒铭额奏请挑留新满营官兵一千二百六员名，准其如数挑留。奴才遵将挑留新满营官兵分设左右两翼，编列下八旗，拟请拣补协领二员、佐领、防御、骁骑校各八员，于光绪十七年十一月十八日缮摺，具奏请补。所有新满营协领、佐领等官遇有公事，呈报无印，似不足以昭信守，拟将库存部颁满营正白、正红两旗协领关防二颗，发交新满营左右两翼协领祗领，暂行备用；满营八旗二牛彔佐领图记八颗，发交新满营下八旗佐领祗领，暂行备用，俾资呈报公事，俱有信守。其余协领关防四颗、佐领图记二十四颗，均饬交库封存，一俟另请更换时，再行一并缴销。除咨部备查外，理合附片具奏。伏乞圣鉴。谨奏。光绪十八年正月二十七日，奉硃批：该部知道。钦此（中国第一历史档案馆藏：《录副奏片》，档号：03-5885-065）。"

（硃批）：禮部知道。①

光緒二十八年十一月十四日，奉硃批：禮部知道。欽此②。

○○八　請賞給駐伊俄領事寶星摺
光緒二十八年十月二十九日（1902年11月28日）

奴才馬亮、廣福跪奏，為俄領事駐伊有年，辦事公允，守約敦睦，克顧邦交，據情籲懇天恩頒賞寶星，以示優異，恭摺仰祈聖鑒事。

竊維伊犁遠懸邊徼，緊接俄境。俄國向設領事官於寧遠城，專辦通商事務。自光緒八年收還伊犁後，纏回、哈薩克此逃彼越，混籍不清，遇有事故，則聳領事為護符，假俄籍以規避，以致大而命盜、搶劫、小而錢債、婚姻，紛至沓來，奸詭百出。辦理一切交涉事件，固賴中國官員勳中機宜，尤須該國領事守約持平，庶能稍息釁端，免滋口實。茲查俄領事斐多羅福，於光緒二十三年來駐伊犁，迄今已逾五載，每與中俄局會辦事務，無不化大為小，化小為無。前歲拳匪煽亂，奸徒生事造謠。其時，該領事先已請假回國，署領事博果牙楞調防護，人心因之驚惶，幾至釀成大禍。該領事斐多羅福聞信馳來，先即止兵續進，繼則輕騎減從入境，解釋辟疑，始得中外安堵。足見有膽有識，篤信邦交，非僅能遵守約章、辦事和好已也。

奴才到任，接准前將軍長庚移交，據署伊塔道黃丙焜③稟請，奏懇

---

①　臺北"故宮博物院"藏：《軍機及宮中檔》，文獻編號：408004101。
②　臺北"故宮博物院"藏：《軍機及宮中檔》，文獻編號：151489。
③　黃丙焜（1838—1919），字雲軒，湖南長沙縣人，附貢生。光緒二年（1876），隨前大學士左宗棠出關，歷保知州、直隸州知州。八年（1882），借補吐魯番同知。十二年（1886），調署疏勒直隸州知州。十五年（1889），調署迪化府知府。十七年（1891），升補伊犁府知府。十九年（1893），調署阿克蘇道。二十五年（1899），調署伊塔道。二十九年（1903），補阿克蘇道，調署鎮迪道兼按察使銜。經伊犁將軍長庚、馬亮兩次奏保，奉旨交軍機處記名，請咨併案送引。三十三年八月（1907），由吏部帶領引見，蒙恩召見一次。本年（1908）二月初九日，

賞賜寶星，等情。奴才查光緒二十二年總理衙門釐定寶星章程：各國總領事官准給二等第三等寶星。二十七、八兩年，駐塔城俄領事柏勒滿、駐喀什噶爾俄領事撒特羅富斯克，均經先後奏請，奉旨准其領賞有案。今該領事斐多羅富辦事公允，克顧邦交，既據伊塔道稟請前來，奴才前署伊犁總兵任內知之亦深，合無仰懇天恩領賞二等第三寶星佩帶，由外務部製造，備具執照，交奴才轉發伊塔道，齎送該領事祗領，以示優異。是否有當？除咨外務部外，謹會同前伊犁將軍奴才長庚、新疆撫臣饒應祺，恭摺具陳。伏乞皇太后、皇上聖鑒訓示，施行。謹奏。光緒二十八年十月二十九日。

（硃批）：著照所請，外務部知道。①

光緒二十八年十二月二十八日，奉硃批：著照所請，外務部知道。欽此②。

○○九　請賞俄回游生春等寶星片
光緒二十八年十月二十九日（1902年11月28日）

再，查移交卷內，據署伊塔道黃丙焜稟稱：伊犁自通商以來，俄商來此貿易者種類繁雜，稽查難周，兼之俄哈、俄纏語言文字皆與中國不通，遇事紛爭，有領事官所難周察者，全賴該國所派商約辦理息事。查有充當寧遠城總商約俄回游生春，綏定城商約俄回馬進財，心地明白，辦事持平，時或親往市面稽查，不憚煩勞；遇有爭斗事故，悉能秉公調處。十數年來，中俄人民均皆悅服。不獨該國領事官藉省繁難，即中國居民亦得以少受拖累。稟懇奏請賞賜寶星前來。

奉旨發交北洋大臣差遣委用。九月初三日，奉旨調補四川成棉龍茂道，蒙恩召見一次。九月二十七日，奉旨調補四川建昌道。辛亥後，去官，民國八年（1919），卒於里。

① 臺北"故宮博物院"藏：《軍機及宮中檔》，文獻編號：408004102。
② 臺北"故宮博物院"藏：《軍機及宮中檔》，文獻編號：153122。

奴才查光緒二十二年總理衙門釐定寶星章程：五等給各國工商人等。今該俄商約游生春、馬進財在伊十餘年，心地明白，遇事能排難解紛，實於中國地方有益。既據該署道稟請，相應仰懇天恩，各賞五等寶星，以示鼓勵。惟伊犁僻處邊陲，並無匠工製造，擬請由外務部代製，並發給關防執照，交奴才轉發祗領，以示獎勵。除咨外務部外，理合附片具陳。伏乞聖鑒訓示，施行。謹奏。

（硃批）：著照所請，外務部知道。①

光緒二十八年十二月二十八日，奉硃批：著照所請，外務部知道。欽此②。

○一○　擬派志銳接管哈薩克事務摺
光緒二十八年十月二十九日（1902年11月28日）

奴才馬亮跪奏，為伊犁內附哈薩克事務殷繁，原管額魯特領隊大臣因病辭卸，擬改派索倫營領隊大臣接管，以資鎮服而靜邊疆，恭摺仰祈聖鑒事。

竊查伊犁各種哈薩克承平時原住外卡倫之外，歸附近領隊大臣兼轄。兵燹以後，阿爾班及黑宰兩部哈薩克頭目各率部眾投誠內附。光緒八年，經前將軍金順奏明收撫，安插察哈爾、額魯特兩游牧地面附牧，派佐領等官管理。該哈薩克負性冥頑，習俗強悍，往往勾結俄哈，搶竊為能。光緒十五年，前將軍色楞額以前額魯特領隊大臣春滿③洞

---

① 臺北"故宮博物院"藏：《軍機及宮中檔》，文獻編號：408004103。
② 臺北"故宮博物院"藏：《軍機及宮中檔》，文獻編號：153124。
③ 春滿（1839—1905），字少珊，滿洲鑲白旗人，伊爾根覺羅氏，克勇巴圖魯。同治二年（1863），任吉林伊通驍騎校。三年（1864），調三姓正白旗防禦。四年（1865），擢吉林滿洲正黃旗佐領。七年（1868），調補烏拉正黃旗佐領、烏拉鑲白旗佐領。光緒三年（1877），加副都統銜。九年（1883），署理伊犁索倫領隊大臣，旋實授。十二年（1886），調入額魯特領隊大臣，署理塔爾巴哈臺參贊大臣。十九年（1893），調補察哈爾領隊大臣。二十三年（1897），任伊犁副都統。三十一年（1905），卒。

達邊情，奏請揀派管轄，以資駕馭，設哈薩克事務處，定筆帖式、毛拉、通事等津貼，均經奉旨允准。嗣額魯特領隊大臣英裕①接任，前將軍長庚因其在伊犁年久，於該部落情形較熟，即令接管。旋因戶口日增，事務日繁，於二十五年奏請添設千戶長二名，加增領隊大臣等津貼，欽奉硃批：著照所請。欽此。欽遵。亦在案。

近今以來，該兩部人眾漸就馴良，於游牧、緝捕等事尚能為我所用。惟種類不齊，約束匪易。額魯特領隊大臣英裕前因觸發舊疾，呈由前將軍長庚奏奉諭旨開缺，現在新授額魯特領隊大臣徐炘②尚未到伊，英裕因病體未痊，難以兼顧，咨呈奴才改委接辦，前來。奴才查辦理哈薩克事務，語言、文字均與滿、蒙、漢、回不同，非熟習該夷性情，則鈐束不能馴服，是以歷前任將軍均經奏明，須擇洞達邊情之員管轄，且本屬兼差，自應隨時揀員奏派。

茲查索倫營領隊大臣志銳③，到任兩年有餘，留心夷務，且其才具開展，辦事認真。本年會辦中俄積案，督率隨員人等，會議剖斷，事無鉅細，一律完結。該哈薩克之部眾交相悅服，即會辦俄官亦遇事就我範圍，曾經前將軍長庚奏明在案。該哈薩克部落平日與俄國交涉之事最多，改歸志銳兼管，於該處事務實有裨益。

---

① 英裕，生卒年不詳，正藍旗滿洲人，護軍。同治十年（1871），經神機營王大臣派赴伊犁，辦理營務。十六年（1890），充正藍旗護軍參領，保記名副都統。十九年（1893），署伊犁察哈爾領隊大臣，加副都統銜。是年，調伊犁額魯特領隊大臣。二十八年（1902），開缺。

② 徐炘（1840—？），正藍旗漢軍成瑞佐領下人。同治末，充印務筆帖式。十三年（1874），補驍騎校。光緒五年（1879），授印務章京。八年（1882），晉副參領。十六年（1890）升正藍旗漢軍參領。二十七年（1901），補印務參領。翌年，授伊犁額魯特領隊大臣，加副都統銜。三十年（1904），署塔爾巴哈臺參贊大臣。同年，署伊犁副都統。三十一年（1905），奏准回京當差。

③ 志銳（1852—1911），字伯愚、廓軒，號公穎、迂安、薑盦，滿洲正紅旗人。光緒二年（1876），鄉試中舉。六年（1880），中式進士，改翰林院庶吉士，散館，授編修，旋補翰林院侍讀。光緒十五年（1889），充詹事府詹事。二十年（1894），升禮部右侍郎，充會試朝考閱卷大臣。是年，調補烏里雅蘇台參贊大臣。二十五年（1899），轉伊犁領隊大臣。三十二年（1906），授甯夏副都統。宣統二年（1910），遷杭州將軍。翌年，調伊犁將軍，加太子少保。三年（1911），卒於任。著有《同聽秋聲館長短句》1卷、《廓軒竹枝詞百首》、《甯西藏賦》、《魁城賦》等行世。

奴才因照會該領隊大臣接管,以免貽誤而資鎮服。己據英裕將哈薩處文卷移交索倫營領隊大臣接辦。該游牧人眾現均安謐如常,洵堪仰慰宸廑。所有哈薩處事務現已改派接管緣由,是否有當?除咨理藩院及戶部外,理合恭摺具陳。伏乞皇太后、皇上訓示,施行。謹奏。光緒二十八年十月二十九日。

（硃批）：知道了。①

光緒二十八年十二月二十八日,奉硃批：知道了。欽此②。

【案】此摺之得允行,《清實錄》亦載之曰："甲寅,伊犁將軍馬亮奏,兩部哈薩克內附,事務殷繁,請改派索倫營領隊大臣接管,以資鎮服。允之。③"

〇一一　代奏領隊大臣徐炘謝恩摺
光緒二十八年十一月十六日（1902年12月15日）

奴才馬亮、廣福跪奏,為恭摺代奏,叩謝天恩事。

竊奴才等准新授額魯特領隊大臣徐炘咨呈：領隊接准兵部咨開：光緒二十八年二月十七日,內閣奏上諭：徐炘著賞給副都統銜,作為伊犁額魯特領隊大臣,照例馳驛前往。欽此。欽遵咨行前來。遵於四月初六日叩謝天恩,跪聆聖訓。陛辭後出都,於十一月初三日行抵伊犁。初八日,准前任額魯特領隊大臣英裕派員將光字五百六十二號額魯特領隊大臣銅質圖記一顆並卷宗移交領隊,當即恭設香案,望闕叩頭,恭謝天恩,祗領接辦訖。

伏思徐炘漢軍世僕,一介庸愚,毫無知識,仰蒙聖恩簡放斯缺。查伊犁額魯特安插蒙部,界接俄疆,卡倫之防守宜嚴,部眾之凋殘待

---

① 臺北"故宮博物院"藏：《軍機及宮中檔》,文獻編號：408004103。
② 臺北"故宮博物院"藏：《軍機及宮中檔》,文獻編號：153125。
③ 《德宗景皇帝實錄（七）》,卷五百十,光緒二十八年十二月下,第733頁。

撫，自維愚昧，深懼弗勝。惟有矢慎矢勤，於任內應辦一切事宜，隨同將軍、副都統竭力辦理，以期仰答高厚鴻慈於萬一。

所有到任日期並感激下忱，呈請代奏，等因。前來。理合恭摺代奏，伏乞皇太后、皇上聖鑒。謹奏。光緒二十八年十一月十六日。

硃批：知道了。①

光緒二十九年正月初九日，奉硃批：知道了。欽此②。

○一二　派員採運晉茶行銷伊犁各城摺
光緒二十八年十一月十六日（1902年12月15日）

奴才馬亮跪奏，為餉源支絀，擬請派員採運晉茶，行銷伊犁各城，便民裕課，以開利源而濟餉需，恭摺仰祈聖鑒事。

竊維伊犁僻處西陲，向無出產自然之利，是以歷年餉需全賴各省關協濟。近三、四年，欠解甚多，即設法借撥，散給各營官兵具領，而一切日用所需，採買價值，無不昂貴，故外來商民巧於謀利，本地官兵轉益困窮。奴才查《新疆識略》內載：伊犁承平時，綢緞調之江南，棉布調之和闐等處，茶葉調之陝甘，均各儲庫分買。現在額運章程早經停止，如綢布等類尚可從儉取用，惟茶葉一項則為居民日食所必需，伊犁各城從前本非湖茶引地，所食均悉內地商民販買，各色茶勷運伊行銷，定例官為設局，抽茶作稅，由伊犁將軍督察稽查，即以晉茶為大宗。迨收還伊犁後，始行改章，由甘肅招商給票，採運湖茶來伊發賣。雖經嚴禁晉茶不准入境，無如漢、蒙、纏、哈均不慣食，且因湖茶價昂，不如晉茶價賤，以致私茶不能禁止，湖茶不能暢行。上年茶商歇業，撤號去伊，私茶更行充斥。禁之則食茶無出，非所以厚民生；不禁則釐課虛懸，實無以裕國計。

---

① 臺北"故宮博物院"藏：《軍機及宮中檔》，文獻編號：408004104。
② 中國第一歷史檔案館藏：《錄副奏摺》，檔號：03-5419-002。

方今時事多艱，餉項日竭，苟可為國家開一分利源，即可為部臣省一分籌慮。況伊犁別無生財之道，全恃仰給於人，殊非經久之計。奴才愚昧，因思此項茶觔與其任聽奸商私販漁利，莫若官為採辦行銷，藉收什佰之利，且可規復承平年收茶搭餉舊例，較之抽釐納稅、偷漏中飽者，獲利較多。屢與所屬咨商，輿論悉合。第試辦之初，自應詳定章程，奏明請旨，庶免辦理掣肘，仍屬無補時艱。謹擬章程八條，另繕清單，恭呈御覽。仰懇天恩俯准試辦，一俟命下，即行咨請山西撫臣酌撥額餉，抵解伊犁新餉，由奴才派員分限具領，在於張家口、歸化城擇地設局，陸續採買需用各色茶觔，僱募民駄，由草地運回伊犁行銷。每年年終彙計收獲盈餘若干，開支局費、運價若干，據實造冊具報，將所收長餘銀數留抵次年額餉，於國計民生洵屬不無裨益。

奴才為餉項支絀、官兵交困、便民裕課、藉開利源起見，所有擬請派員試辦晉茶緣由，是否有當？除咨明戶部及陝甘督臣、山西、新疆各撫臣、綏遠城將軍、察哈爾都統、塔爾巴哈臺參贊大臣外，理合恭摺具陳。伏乞皇太后、皇上聖鑒訓示。謹奏。光緒二十八年十一月十六日。

（硃批）：該部議奏，單併發。①

光緒二十九年正月初九日，奉硃批：該部議奏，單併發。欽此②。

〇一三　呈採辦晉茶試辦章程清單
光緒二十八年十一月十六日（1902年12月15日）

謹擬派員採辦晉茶、運伊行銷、搭放俸餉、藉開利源試辦章程，繕具清單，恭呈御覽。

計開：一、籌備成本。查伊犁庫儲空虛，實少閒款提充茶本。惟前將軍長庚任內奏明，提存前將軍色楞額收款封儲銀十萬兩，現在別

---

① 臺北"故宮博物院"藏：《軍機及宮中檔》，文獻編號：408004105。
② 臺北"故宮博物院"藏：《軍機及宮中檔》，文獻編號：153302。

無撥用之處，擬請試辦之初，在於此款內先行借用銀五萬兩，以資採運。俟茶到行銷後，變出成本，即行歸還原款。然此舉不過目前取備急用，未便久挪。此次辦理本為搭放俸餉起見，惟有以每年應收之餉，採每年應用之茶。

查山西一省，近年歲蒙指撥協解甘、新、伊、塔新餉銀八十四萬兩，奴才現擬由張家口、歸化城擇地設局一處採茶，每年給咨出具兌票，派員就近在山西藩庫請領餉銀二十萬兩，歲分四季撥發，以備採茶成本。每遇撥發一批，即將奴才兌票咨報陝甘督臣一次，作為解到。仍由陝甘督臣飭司歸併各省協餉內，按照舊章，分攤扣抵伊犁應分新餉。如成本無須二十萬兩，即存不領，仍由山西逕解甘庫。似此辦理，於新餉並無滯礙，於茶本可資周轉，且亦稍省山西解銀之繁、運腳之費也。

一、設局用人。查此次運行官茶，原為開源濟餉。賈豎之事，不得已而改歸官為經理，自應力從撙節，以省浮費。擬在張家口或歸化城設一採辦局，新疆古城設一轉運局，伊犁惠遠城設一官茶局，各局需用委員、管賬、司事、跟丁、門丁、更夫、火夫諸人，並遇有裝箱捆馱事冗之時，隨時添僱零工幫作。一切薪水、局費、押運、川資細數，俟設定後，另擬章程，報明立案，即由收獲盈餘項下支用，按年造冊報銷，以免浮費。

一、給發票照。查戶部則例內載：商人行銷官引一通，照茶百觔；茶數不及引者，官給由帖以奇零引論。又，甘肅省每引照茶一百觔，按每茶一百觔准附帶茶十四觔，等語。迨兵燹後，甘肅行茶以票代引，每票一張，運正茶四千觔，附茶仍照例數佩帶，以備失耗。此次辦理，擬請仿照甘省茶票章程，飭令印房刊刷三連印票，每票一張額定工本辛紅銀一兩，發票時由奴才蓋印存根後，將執照、驗放二連發交採運委員，持票行運，將正、附茶數載入票內，以便經過古城稅釐局截驗放行。如果驗有茶票不符或票茶相離者，即以私茶論罪，以免私販夾帶之弊。

一、額定課釐。查戶部則例內載：伊犁地方茶觔，官為設局抽稅，委員經理，由伊犁將軍督察各官認真稽查。又，商民運茶到局，報明觔重數目，即抽茶作稅，每茶十分由局抽取一分五釐，所抽茶觔照例價搭放該處官兵俸餉，每年冬季預咨陝甘總督，於次年應解伊犁歲需茶觔內，如數扣除。又，內地販至伊犁各色茶觔，赴局報數，不論粗細，每百觔概征稅銀一兩，每年收稅銀若干，彙咨陝甘總督，於應伊犁兵餉內照扣，各等語。按此核計，每茶四千觔，祇應收稅銀四十兩，惟甘票章程每票征課釐銀二百二十二兩，每百觔合銀五兩五錢五分，現擬即按此數定額。除張家口或歸化城採辦稅課仍照各處行商完納外，其到伊犁行銷者，即由奴才提銀收充伊犁兵餉。經過新疆省城北路等廳縣並運赴塔城行銷者，即在行銷釐局照額繳完課釐，由各局報明該管上司存候撥用。至經過各處廳縣局卡並不落行銷票茶，概行驗票放行，避免重征稅釐，庶易稽查，而杜指勒中飽之弊。

一、採運價值。查伊犁行銷大小磚茶及米茶、紅茶，貨色不一，該處時價貴賤難齊。至官僱民馱運送，自張家口起，由小草地徑至古城，並不經過臺站，無里可計。及由古城至伊犁，均係計馱論價，駱駝起廠，如值水草茂盛，運價較低，倘遇水草乾枯之時，運價即漲。現在難於預定將來，惟有連應完課釐攤入成內科算，定價發銷，庶無虧累之患。

一、嚴禁私販。查此次試辦茶觔，雖為接濟伊犁各城民食起見，然新疆以北昌吉、綏來、庫爾喀喇烏蘇、精河以及塔爾巴哈臺等處，均與伊犁相距不遠。若不將伊犁運到官茶發銷，則私販易於侵越，官茶難期暢行。現在伊犁票茶在各該處行銷，既經照額在於該處完納課釐，擬即咨請新疆撫臣轉飭經過各廳、州、縣，並咨請塔城參贊轉行塔城廳各處稅局，分別查禁。如果甘票、湖茶仍願在省城北路行銷，亦聽其便，惟不准無票晉茶入境售賣。倘經查出，即將私茶充公，並治以應得之罪。

一、搭放俸餉。查戶部則例內載：搭放茶觔，例價每觔合銀一錢六分三釐二毫，現在額定應提課釐，每觔即須銀五分五釐五毫，採買地方繳稅尚不在內，加之成本有費，設局有費，運價有費，用人有費，例定價值斷難強合。擬俟將來運茶到局，核實攤定，總期較私茶價值減少，庶不失舉行始意。即搭放俸餉成數亦必須因地制宜，如察哈爾、喀魯特、土爾扈特各蒙部、普化寺各喇嘛，向以茶為養命之源，需食較多，擬按五成搭放舊、新兩滿營，錫伯營、索倫營成數次之，軍標又次之。所有收餉搭放數目，按季按月，由糧餉處會同官茶局辦理。其糧餉處需用辛紅、紙張等項較前加增，擬每月酌給銀十兩，由盈餘項下開支，以資津貼。至哈薩克及各城商鋪、居民買食數目多寡，聽其自便，均由官茶局一手經理，惟不得任聽收買私茶，致干查究。

一、分別勸懲。查此次採辦茶勴地方，相距數千里，往來營運，經寒冒暑，實屬不免辛勞，薪貲既難從優，責成又復綦重，必須勸懲昭著，庶用人之實可劾可收。擬由奴才於投効人員內，慎選老成諳練者，分別派委，如有舞弊營私、侵吞中飽者，查出實據，立即參追。如果辦有成效，每年收獲盈餘除課釐外，能存銀一萬兩以上者，於報銷時隨案奏請給獎。似此破格鼓勵，庶辦理可期踴躍矣。

以上八條，謹就奴才管見所及，繕具清單，陳請辦試。如有未及賅載者，容當續行立案辦理。合併聲明。

（硃批）：覽。①

【案】此摺清廷飭令戶部議奏，《清實錄》："乙丑，伊犁將軍馬亮奏，餉源支絀，請派員採辦晉茶，行銷伊犁各城，便民裕課，謹擬章程八條。下部議。②"

〇一四　揀選伊犁舊滿營協領等缺摺
光緒二十八年十二月二十七日（1903年1月25日）

奴才馬亮、廣福跪奏，為循例揀選伊犁舊滿營協領等缺，擬定正陪，恭摺仰祈聖鑒事。

---

① 臺北"故宮博物院"藏：《軍機及宮中檔》，文獻編號：153302—A。
② 《德宗景皇帝實錄（七）》，卷五百一十一，光緒二十九年正月，第740頁。

竊奴才等據辦理伊犁滿營事務檔房呈稱：舊滿營右翼協領庫普素琿於光緒二十八年十二月初六日病故，所遺協領等缺應請揀員補放，以資辦理旗務，等情。前來。奴才等當於該營應升人員內逐加考驗，庫普素琿遺出舊滿營右翼協領一缺，揀選得鑲黃旗佐領烏凌額堪以擬正，鑲白旗佐領布音多爾濟堪以擬陪。其烏凌額遞遺鑲黃旗佐領一缺，揀選得鑲紅旗襲騎都尉兼一雲騎尉烏勒西蘇堪以擬正，鑲藍旗防禦湍多圖堪以擬陪。謹將該員等履歷另繕清單，恭呈御覽，伏候欽定。

其請補協領、佐領一俟遇有差便，給咨送部，補行帶領引見，以符定制。所有揀選伊犁舊滿營協領等缺擬定正、陪緣由，理合恭摺具陳。伏乞皇太后、皇上聖鑒，訓示。謹奏。光緒二十八年十二月二十七日。

（硃批）：均著擬正之員補授，該衙門知道，單併發。①

光緒二十九年二月十二日，奉硃批：均著擬正之員補授，該衙門知道，單併發。欽此②。

○一五　呈揀選伊犁舊滿營協領等缺清單
光緒二十八年十二月二十七日（1903年1月25日）

謹將揀選伊犁舊滿營協領等缺擬定正、陪人員，繕具清單，恭呈御覽。

惠遠城舊滿營庫普素琿所出協領員缺。擬正之惠遠城舊滿營花翎儘先即補協領先換頂戴鑲黃旗佐領烏凌額，食俸餉四十六年，前在塔爾巴哈臺軍營當差，光緒二年克復瑪納斯南北兩城、六年勷辦陝回、

---

① 臺北"故宮博物院"藏：《軍機及宮中檔》，文獻編號：408004109。
② 中國第一歷史檔案館藏：《錄副奏摺》，檔號：03-5957-004。

八年收復伊犁各案內奮勉出力，疊經前將軍榮全①等奏保儘先即補協領先換頂戴，補缺後加副都統銜，並賞戴花翎。同治四年，補放經制筆帖式。光緒四年，補放防禦。十年，補放佐領，揀選協領擬陪一次，現年六十八歲。舊滿洲張依喇氏，馬步箭平等。

擬陪之惠遠城舊滿營花翎協領銜鑲白旗佐領布音多爾濟，食俸餉二十六年，前在庫爾喀喇烏蘇軍營當差，光緒三年屯種軍糧、六年勦辦陝回、八年收復伊犁、十七年搜勦竄匪各案內奮勉出力，疊經前任將軍金順等奏保補用佐領，加協領銜，並賞戴花翎。光緒八年，補放委筆帖式。十一年，補放防禦。二十三年，補放佐領，現年四十二歲。舊滿洲伊爾根覺羅氏，馬步箭平等。

擬補協領所遺佐領員缺。擬正之惠遠城舊滿營鑲紅旗世襲騎都尉兼一雲騎尉烏勒西蘇，食俸餉當差三十五年。光緒九年，承襲騎都尉，兼一雲騎尉兼。十八年，奏派查勘中俄界牌一次。二十二年，奉派巡查額魯特邊卡一次，揀選佐領擬陪二次，現年五十七歲。舊滿洲李佳氏，馬步箭平等。

擬陪之惠遠城舊滿營鑲藍旗藍翎世襲騎都尉加一雲騎尉防禦湍多圖，食俸餉四十四年，前在庫爾喀喇烏蘇軍營當差，光緒八年收復伊犁、十七年搜勦竄匪各案內出力，疊經前任將軍金順等奏保儘先即補驍騎校，並賞戴藍翎五品頂戴。光緒十一年，補放驍騎校。二十二年，承襲騎都尉加一雲騎尉。二十三年，補放防禦，現年六十三歲。舊滿洲伊爾根覺羅氏，馬步箭平等。

（硃批）：覽。②

---

① 榮全（？—1880），瓜爾佳氏，滿洲正黃旗人。咸豐元年（1851），承襲一等威勇侯。翌年，充二等侍衛、大門上行走。四年（1854），晉頭等侍衛。六年（1856），補乾清門侍衛。次年，任侍衛副班長。九年（1859），署尚茶正。十一年（1861），授塔爾巴哈臺額魯特部落領隊大臣，加副都統銜。同治三年（1864），調補喀拉沙爾辦事大臣，同年，轉伊犁額魯特領隊大臣。四年（1865），補伊犁參贊大臣。次年，兼署鑲紅旗蒙古副都統、伊犁將軍。六年（1867），調烏里雅蘇台參贊大臣。光緒四年（1878），補鑲紅旗蒙古副都統，兼鑲白旗護軍統領、右翼監督。五年（1879），補右翼前鋒統領，管理健銳營事務。同年，授三旗虎槍領。六年（1880），卒於任。

② 中國第一歷史檔案館藏：《單》，檔號：03-5957-005。

〇一六　揀選伊犁新滿營佐領等缺摺
光緒二十八年十二月二十七日（1903年1月25日）

奴才馬亮、廣福跪奏，為循例揀選伊犁新滿營佐領等缺，擬定正、陪，恭摺仰祈聖鑒事。

竊奴才等准接辦塔爾巴哈臺參贊大臣春滿咨稱：前由伊犁咨調塔爾巴哈臺差委署協領伊犁新滿營鑲紅旗佐領花沙布，於此次奏請實授塔爾巴哈臺新滿營大小官缺摺內擬補左翼協領，奉硃批：著照所請，該部知道。欽此。欽遵咨照前來。當即恭錄行知在案。茲據辦理伊犁滿營事務檔房呈稱：花沙布遞遺佐領等缺，應請揀員補放，以資辦理旗務，等情。前來。

奴才等當於該營應升人員內逐加考驗，花沙布遞遺新滿營右翼鑲紅旗佐領一缺，揀選得正白旗防禦烏爾固春堪以擬正，鑲白旗防禦額勒德合恩堪以擬陪。其烏爾固春遞遺正白旗防禦一缺，揀選得鑲白旗驍騎校圖瓦謙堪以擬正，鑲紅旗驍騎校伊綿布堪以擬陪。其圖瓦謙遞遺鑲白旗驍騎校一缺，揀選得鑲白旗年滿委華帖式塔奇本堪以擬正，正白旗委前鋒校伊伯蘇堪以擬陪。謹將該員等履歷另繕清單，恭呈御覽，伏候欽定。

其請補佐領一俟遇有差便，給咨送部，補行帶領引見，以符定制。所有揀選伊犁新滿營佐領等缺擬定正、陪緣由，理合恭摺具陳。伏乞皇太后、皇上聖鑒訓示。謹奏。光緒二十八年十二月二十七日。

（硃批）：均著擬正之員補授，該衙門知道，單併發。[①]

光緒二十九年二月十二日，奉硃批：均著擬正之員補授，該衙門知道，單併發。欽此[②]。

[①] 臺北"故宮博物院"藏：《軍機及宮中檔》，文獻編號：408004108。
[②] 中國第一歷史檔案館藏：《錄副奏摺》，檔號：03-5957-006。

〇一七　呈揀選新滿營佐領等缺清單
光緒二十八年十二月二十七日（1903年1月25日）

　　謹將揀選伊犁新滿營佐領等缺擬定正、陪人員，繕具清單，恭呈御覽。

　　惠遠城新滿營花沙布遺佐領員缺。擬正之惠遠城新滿營花翎佐領銜補用佐領正白旗防禦烏爾固春，食俸餉三十一年，前在塔爾巴哈臺當差，光緒二年克復瑪納斯南北城、六年勦辦陝回、八年收復伊犁、十七年搜剿窩匪各案內奮勉出力，疊經前任將軍金順等奏保補用佐領，並賞戴花翎，加佐領銜，赴京護送貢馬七次。光緒十八年，補放防禦，揀選佐領擬陪一次，現年五十歲。錫伯郭絡羅氏，馬步箭平等。

　　擬陪之惠遠城新滿營鑲白旗藍翎防禦額勒德合恩，食俸餉三十一年，前在塔爾巴哈臺軍營當差，光緒二年克復瑪納斯南北兩城、六年勦辦陝回各案內奮勉出力，疊經前任將軍金順奏保儘先即補驍騎校，並賞戴五品藍翎，赴京護送貢馬二次。光緒十八年，補放驍騎校。二十年，補放防禦，現年五十歲。錫伯永托哩氏，馬步箭平等。

　　擬補佐領所遺防禦員缺。擬正之惠遠城新滿營藍翎儘先即補防禦鑲白旗驍騎校圖瓦謙，食俸餉五十一年，咸豐九年派赴喀什噶爾換防一次、同治元年派赴博羅呼吉爾防堵一次、十三年赴塔爾巴哈臺軍營當差，是年派赴布倫托海防堵一次、光緒五、七兩年屯種軍糧各案內奮勉出力，疊經前將軍常清①等奏保儘先即補防禦，並賞戴藍翎，赴

---

① 常清（1801—1866），號靖亭，滿洲鑲藍旗人，愛新覺羅氏，又稱宗室常清。道光九年（1829），充三等侍衛。十七年（1837），升二等侍衛。二十一年（1841）晉頭等侍衛。二十三年（1843），授庫車辦事大臣。翌年，補正白旗蒙古副都統，旋署喀喇沙蘇辦事大臣。二十七年（1847），補烏什幫辦大臣。咸豐三年（1853），調補喀什噶爾辦事大臣。次年，遷葉爾羌參贊大臣。六年（1856），擢伊犁將軍、鑲白旗蒙古都統。八年（1858），調熱河都統。十年（1860），轉烏魯木齊都統。同年，任正白旗漢軍都統。同治四年（1865），加雲騎尉，授恩騎尉。五年（1866），卒於任。諡勤毅。

京護送貢馬二次。光緒十一年，補放防禦。十八年，改補委前鋒校。二十年，補放驍騎校，揀選防禦擬陪二次，現年六十七歲。錫伯伊爾根覺羅氏，馬步箭平等。

擬陪之惠遠城新滿營鑲紅旗五品藍翎驍騎校伊綿布，食俸餉當差三十三年，光緒八年，收復伊犁案內出力，經前任將軍金順奏保，賞戴五品藍翎。光緒十八年，補放驍騎校，現年五十四歲。錫伯瑚西哈哩氏，馬步箭平等。

擬補防禦所遺驍騎校員缺。擬正之惠遠城新滿營鑲白旗年滿委筆帖式塔奇本，食錢糧當差二十年。光緒十七年，搜勦竄匪單案內出力，經前護將軍富勒銘額①咨保六品頂戴。二十年，補放察哈爾營領隊檔房委筆帖式，揀選驍騎校擬陪一次，現年三十六歲。錫伯崇吉喇氏，馬步箭平等。

擬陪之惠遠城新滿營正白旗花翎佐領銜儘先即補防禦委前鋒校伊伯蘇，食錢糧三十一年，前在塔爾巴哈臺軍營當差，光緒二年克復瑪納斯南北兩城、六年勤辦陝回、八年收復伊犁各案內奮勉出力，疊經前將軍金順奏保儘先即補防禦，並賞戴花翎，加佐領銜，赴京護送貢馬五次。光緒十一年，補放驍騎校。十八年，改補委前鋒校。現年四十九歲。錫伯伊爾根覺羅氏，馬步箭平等。

（硃批）：覽。②

〇一八　揀選舊滿營驍騎校等缺摺
光緒二十八年十二月二十七日（1903年1月25日）

奴才馬亮、廣福跪奏，為循例揀選伊犁舊滿營驍騎校員缺，擬定

---

① 富勒銘額（？—1903），佚其氏，甘肅新疆古城人，隸滿洲鑲白旗。道光年間，任前鋒校。光緒九年（1883），署烏魯木齊滿營協領，兼署烏魯木齊領隊大臣。十二年（1886），署理烏魯木齊都統。十四年（1888），以都統恭鏜薦，遷伊犁副都統。十六年（1890），以伊犁副都統兼署伊犁將軍。十九年（1893），調補塔爾巴哈臺參贊大臣。二十三年（1897），乞歸。二十九年（1903），卒，恤如制。

② 中國第一歷史檔案館藏：《單》，檔號：03-5957-007。

正、陪，恭摺仰祈聖鑒事。

竊奴才等接辦塔爾巴哈臺參贊大臣春滿咨稱：前經奏請實授塔爾巴哈臺臺新滿營大小官缺摺內，將伊犁舊滿營鑲黃旗驍騎校巴圖那遜擬補正紅旗佐領，奉硃批：著照所請，該部知道。欽此。欽遵咨照前來。當即恭錄行知在案。茲據辦理伊犁滿營事務檔房呈稱：巴圖那遜遞遺驍騎校員缺，應請揀員補放，以資辦理旗務，等情。前來。

奴才等當於該營應升人員內逐加考驗，巴圖那遜遞遺舊滿營左翼鑲黃旗驍騎校一缺，揀選得鑲白旗委前鋒校珠爾杭阿堪以擬正，正黃旗委前鋒校巴圖魯堪以擬陪。謹將該員等履歷另繕清單，恭呈御覽，伏候欽定。

所有揀選伊犁舊滿營驍騎校員缺擬定正、陪緣由，理合恭摺具陳。伏乞皇太后、皇上聖鑒訓示。謹奏。光緒二十八年十二月二十七日。

（硃批）：著擬正之員補授，該衙門知道，單併發。①

光緒二十九年二月十二日，奉硃批：著擬正之員補授，該衙門知道，單併發。欽此②。

〇一九　呈揀選舊滿營驍騎校員缺清單
　　光緒二十八年十二月二十七日（1903 年 1 月 25 日）

謹將揀選伊犁舊滿營驍騎校員缺擬定正、陪人員，繕具清單，恭呈御覽。

惠遠城舊滿營巴圖那遜遞遺驍騎校員缺。擬正之惠遠城舊滿營鑲白旗委前鋒校珠爾杭阿，食錢糧當差十七年。光緒十七年，搜勦竄匪案內出力，經前護將軍富勒銘額咨保六品頂戴。光緒二十四年，由前

---

① 臺北"故宮博物院"藏：《軍機及宮中檔》，文獻編號：408004107。
② 中國第一歷史檔案館藏：《錄副奏摺》，檔號：03-5957-009。

鋒補放委前鋒校，現年三十一歲。舊滿洲格濟勒氏，馬步箭平等。

擬陪之惠遠城舊滿營正黃旗藍翎儘先即補驍騎校委前鋒校巴圖魯，食錢糧三十年，在庫爾喀喇烏蘇軍營當差。同治十三年，在軍營出隊打仗。光緒二年，克復瑪納斯南北兩城各案內奮勉出力，經前署將軍榮全等奏保儘先即補驍騎校，並賞戴藍翎。光緒二十七年，由前鋒校補放委前鋒校，現年五十一歲。舊滿洲烏佳氏，馬步箭平等。

覽。①

○二○　懇准章京吉罕泰留任片
光緒二十八年十二月二十七日（1903年1月25日）

再，查伊犁糧餉本處章京吉罕泰，前於光緒二十五年六月初四日兩次留辦期滿，經前任將軍長庚等以該員任事年久、款目素嫻，奏懇天恩准將該員吉罕泰再留三年，辦理糧餉事務②，光緒二十六年正月初二日，奉硃批：著照所請，該部知道。欽此。欽遵轉飭遵照在案。茲扣至光緒二十九年正月初二日，復居三年期滿。據該章京吉罕泰呈報前來。

奴才等查伊犁糧餉事務殷繁，又值奴才馬亮接任伊始，自未便遽

---

① 中國第一歷史檔案館藏：《單》，檔號：03-5957-008。

② 光緒二十五年十一月十六日，伊犁將軍長庚、副都統恩祥片奏曰："再，奴才等查伊犁糧餉本處章京一缺，前於光緒十四年十月經前任將軍色楞額等奏請，以經制筆帖式吉罕泰請補，經吏部議准覆奏，光緒十五年三月初八日奉旨：依議。欽此。欽遵咨行到伊，轉飭遵照在案。嗣因扣至光緒二十二年三月初八日七年限滿，經奴才查明該員吉罕泰辦事得力，援例奏懇天恩，准將該員吉罕泰再留三年，辦理糧餉事務，以資熟手。六月初四日奉旨：著照所請，該部知道。欽此。欽遵亦在案。茲扣至本年六月初四日止，復居三年期滿。據該糧餉章京吉罕泰呈報前來。奴才等查伊犁糧餉事務殷繁，現在清理歷年奏銷，尤未便遽易生手。該章京吉罕泰任事年久，款目素嫻，勾稽精熟，實為現辦糧餉必不可少之員。合無仰懇天恩俯念該章京吉罕泰經手辦理銷案未完，准其再留三年，辦理糧餉事務。如蒙允准，俟留辦期滿，再由奴才等照例辦理。除咨部外，理合附片陳明。伏乞聖鑒訓示。謹奏（中國第一歷史檔案館藏：《硃批奏片》，檔號：04-01-30-0079-007）。"

易生手。該章京吉罕泰辦理糧餉有年，素嫻款目，實為現辦糧餉必不可少之員。合無仰懇天恩俯准，將該員吉罕泰再留三年，仍令辦理糧餉事務，以資熟手。如蒙允准，俟留辦期滿，再由奴才等照例辦理。除咨部外，理合附片具陳。伏乞聖鑒訓示。謹奏。

（硃批）：著照所請，該部知道。①

光緒二十九年二月十二日，奉硃批：著照所請，該部知道。欽此②。

○二一　王保清委署中軍都司片
光緒二十八年十二月二十七日（1903年1月25日）

再，伊犁軍標中軍都司兼帶前旗馬隊馬得陞前請回籍修墓，經奴才查有署伊犁鎮標霍爾果斯營中軍守備即補參將王保清堪以署理，當即咨調該員改歸軍標，委署未到任以前，先行檄委中軍副將周玉魁兼理在案。現在王保清業已到標，除檄委署理並飭取該員履歷咨部留標外，理合附片具奏。伏乞聖鑒訓示。謹奏。

光緒二十九年二月十二日，奉硃批：兵部知道。欽此。③

○二二　土爾扈特南部盟長福晉病故致祭片
光緒二十八年十二月二十七日（1903年1月25日）

再，查接管卷內，據護理烏訥恩素珠克圖舊土爾扈特南部落盟長札薩克卓哩克圖汗布彥蒙庫之母福晉色哩特博勒噶丹呈稱：伊子汗布彥蒙庫之原配福晉德精羅勒莫於光緒二十七年二月初七日因病身故，

---

① 臺北"故宮博物院"藏：《軍機及宮中檔》，文獻編號：408004107-C。
② 中國第一歷史檔案館藏：《錄副奏片》，檔號：03-6166-001。
③ 臺北"故宮博物院"藏：《軍機及宮中檔》，文獻編號：154070。

等情。呈報前來。

奴才等伏查理藩院奏定章程：伊犁所屬蒙古汗王及福晉夫人病故，由將軍奏請致祭，有需用祭文者聲明，由院行文內閣撰擬滿、蒙祭文，由驛遞送至致祭官員，由將軍就近派員往祭，所需致祭物件價銀，即由公項銀內動用，咨部核銷，等因。歷經遵辦在案。

今烏訥恩素珠克圖舊土爾扈特南部落盟長札薩克卓哩汗布彥庫之福晉德精鄂羅勒莫病故，自應循例具奏。其應給滿、蒙祭文，一俟由理藩院行文內閣撰擬發交到日，奴才等再行派員齎赴該游牧，照例祭奠，以符定章。除咨明理藩院照例辦理外，理合附片具奏。伏乞聖鑒。謹奏。

光緒二十九年二月十二日①，奉硃批：該衙門知道。欽此。②

〇二三　土爾扈特貝子夫人病故致祭片
光緒二十八年十二月二十七日（1903年1月25日）

再，查接管卷內，據烏訥恩素珠克圖舊土爾扈特東部落盟長札薩克弼錫呼勒圖郡王帕勒塔呈稱：副盟長伊特格勒貝子德恩沁阿拉什之夫人里依札布，於光緒二十七年七月十一日因病身故，等情。呈報前來。奴才等伏查理藩院奏定章程：伊犁所屬蒙古汗王、貝勒、貝子福晉、夫人病故，由將軍奏請致祭。其應給祭文者，聲明由院行文內閣撰擬滿、蒙祭文，由驛遞送至致祭官員，由將軍就近派員往祭。所需致祭物件價銀，即由公項銀內動用，咨部核銷，等因。歷經遵辦在案。

今據烏訥恩素珠克圖舊土爾扈特東部落副盟長伊特格勒貝子德恩沁阿拉什之夫人里依札布病故，自應循例具奏。其應給滿、蒙祭文，一俟理藩院行文內閣撰擬發交到日，奴才等再行派員齎赴該游牧，照

---

① 此具奏日期刻本作"同日"，茲據上文同批摺件推補。
② 臺北"故宮博物院"藏：《軍機及宮中檔》，文獻編號：408004107-A。

例祭奠，以符定章。除咨明理藩院照例辦理外，理合附片具奏。伏乞聖鑒。謹奏。

（硃批）：該衙門知道。①

〇二四　特古斯塔柳兵屯獲糧數目摺
光緒二十八年十二月二十七日（1903年1月25日）

奴才馬亮、廣福跪奏，為恭報伊犁特古斯塔柳兵屯光緒二十八年分收穫糧石分數，繕具清單，恭摺仰祈聖鑒事。

竊查伊犁特古斯塔柳地方前於光緒二十二年開辦兵屯，派撥練軍兩旗官兵墾種，業經前將軍長庚將光緒二十七年收穫屯糧數目奏報在案②。本年春間，復經原撥練軍第一、第二兩旗分領種籽，乘時播種，

---

① 臺北"故宮博物院"藏：《軍機及宮中檔》，文獻編號：408004107-B。
② 光緒二十七年十二月二十八日，伊犁將軍長庚等奏報特古斯塔柳兵屯光緒二十七年分收穫糧石分數，曰："奴才長庚、廣福跪奏，為恭報伊犁特古斯塔柳兵屯光緒二十七年分收穫糧石分數，繕具清單，恭摺仰祈聖鑒事。竊查伊犁特古斯塔柳地方前於光緒二十二年開辦兵屯，派撥練軍兩旗官兵墾種，所有收成分數每年年底開單奏報一次。光緒二十六年收穫屯糧數目，業經具奏在案。本年春間，復經撥給籽種，撥補牛馬、農具，飭令乘時播種。計原撥練軍第一、第二兩旗，除營總、章京、筆帖式等或督催耕作、或經理錢糧未發種籽外，共兵二百四十名，每名原種地二十畝，內小麥地十一畝，青稞地一畝，大麥地一畝，均每畝給籽種一斗；穀子地七畝，每畝給籽種一升五合。統計種地四千八百畝，發給各色籽種三百三十七石二斗，由總理屯務委員錫伯營領隊大臣色普西賢暨第一旗營總錫伯營鑲紅旗佐領新泰、第二旗營總錫伯營鑲紅旗佐領或霍敏，督率各兵耕作。現據總理屯務委員將本年收穫粗糧數目具報前來。當飭糧餉處照章折合細糧，核算收成分數，計練軍第一旗種地一屯二分，收穫各色粗糧一千九百八十三石，折合細糧一千七百一十二石七斗三合五勺；練軍第二旗種地一屯二分，收穫各色粗糧一千九百九十石五斗，折合細糧一千七百一十八石三斗九升。每兵實交細糧十四石有奇，收成十四分以上。奴才等查光緒二十三年奏定屯田收穫分數功過章程內開：收穫細糧十二分者，功過相抵，等語。本年伊犁屯田應交糧石雖較上年略減，惟實因秋後陰雨太多，新糧甫經登場，不免潮濕發芽，以致收成稍歉。現據具報收成分數，覈較定額尚屬有盈無絀，所有在屯官兵合無仰懇天恩，俯准功過相抵，以符定章。除飭將收穫糧石運送惠遠城倉妥為存儲，并造冊咨部查核外，所有光緒二十七年分伊犁特古斯塔柳兵屯收穫糧石數目，理合繕具清單，恭呈御覽。伏乞皇太后、皇上聖鑒。謹奏。光緒二十七年十二月二十八日。光緒二十八年二月十五日，奉硃批：戶部知道，單併發。欽此（中國第一歷史檔案館藏：《錄副奏摺》，檔號：03-6731-051）。"【案】同日，長庚

除營總、章京、筆帖式等或督催耕作、或經理錢糧未發種籽外，共兵二百四十名，每名原種地二十畝，內小麥地十一畝，青稞地一畝，大麥地一畝，均每畝給籽種一斗；穀子地七畝，每畝給籽種一升五合。統計種地四千八百畝，發給各色籽種三百三十七石二斗，由總理屯務委員錫伯營領隊大臣色普西賢①暨第一旗營總錫伯營鑲紅旗佐領霍敏，督率各兵耕作。

茲屆秋成事竣，據該委員將收穫粗糧數目具報前來。當飭糧餉處照章折合細糧，核算分數，計練軍第一旗種地一屯二分，收穫各色粗糧二千八十六石，折合細糧一千八百石四斗二升五合二勺；練軍第二旗種地一屯二分，收穫各色粗糧二千八十六石五斗，折合細糧一千八百八石八升一合八勺。每兵實交細糧十五石有奇，收成十五分以上。奴才等查光緒二十三年奏定屯田收穫分數功過章程內開：收穫十五分，官員議敘，兵丁賞給一月鹽菜銀兩，等語。

本年收成覈計分數，實較定額有盈，在屯官兵終歲勤動，不無微勞，合無仰懇天恩俯准仍照定章分別議敘給賞，以示鼓勵。除飭將收

等又隨摺附呈清單一件，曰："謹將伊犁特古斯塔柳兵屯光緒二十七年分收穫各色糧石數目，核計分數，繕具清單，恭呈御覽。計開：練軍第一旗官兵光緒二十七年分收穫各色糧石，內小麥一千六百三十七石，每石按九斗，折合細糧一千四百七十三石三斗；青稞八十五石，每石按八斗七升五合，折合細糧七十石；大麥一百五石，每石按八斗四升六合七勺，折合細糧八十八石九斗三合五勺；穀子一百六十一石，每石按五斗，折合細糧八十石五斗。以上共收穫各色粗糧一千九百八十三石，折合細糧一千七百一十二石七斗三合五勺。練軍第二旗官兵光緒二十七年分收穫各色糧石，內小麥一千六百四十三石，每石按九斗，折合細糧一千四百七十八石七斗；青稞八十三石，每石按八斗七升五合，折合細糧七十一石；大麥一百一十五石，每石按八斗四升六合七勺，折合細糧八十五石九斗四升；穀子一百六十四石，每石按五斗，折合細糧八十二石。以上共收穫各色粗糧一千九百九十石五斗，折合細糧一千七百一十八石三斗九升。計兵一百二十名，每名合收細糧一十四石三斗一升九合九勺。通計二屯四分，共收穫粗糧三千九百七十三石五斗，折合細糧三千四百三十一石九斗三合五勺。核計收成分數在十四分以上。理合登明（中國第一歷史檔案館藏：《單》，檔號：03-6731-052）。"

① 色普西賢（1838—1906），伊犁駐防錫伯營，滿洲人。光緒二年（1876），經伊犁將軍榮全檄委，調赴塔爾巴哈臺行營管理錫伯營官兵。同年，出征瑪納斯。旋任錫伯營總管，賞頭品頂戴，加果勇巴圖魯。二十五年（1899），保記名副都統。翌年，護理伊犁錫伯營領隊大臣。二十七年（1901），晉副都統銜，遷伊犁西伯營領隊大臣。三十年（1904），開缺以原品休致。三十二年（1906），卒於旗籍。

穫糧石運送惠遠城倉妥為存儲，并造冊分咨戶部、兵部外，理合繕具清單，恭呈御覽。伏乞皇太后、皇上聖鑒。謹奏。光緒二十八年十二月二十七日。

（硃批）：著照所請，該部知道，單併發。①

光緒二十九年二月十二日，奉硃批：著照所請，該部知道，單併發。欽此②。

〇二五　呈特古斯塔柳兵屯收糧清單
光緒二十八年十二月二十七日（1903 年 1 月 25 日）

謹將伊犁特古斯塔柳兵屯光緒二十八年分收穫各色糧石數目，核計分數，繕具清單，恭呈御覽。

計開：練軍第一旗官兵光緒二十八年分收穫各色糧石，內小麥一千七百二十二石，每石按九斗，折合細糧一千五百四十九石八斗。

青稞八十五石，每石按八斗七升五合，折合細糧八十四石八斗七升五合。

大麥一百零四石，每石按八斗四升六合七勺，折合細糧八十八石五升六合八勺。

穀子一百五十四石五斗，每石按五斗，折合細糧七十七石二斗五升。

以上共收穫各色粗糧二千八十六石五斗，折合細糧一千八百八石八升一合八勺。

計兵一百二十名，每名合收細糧一十五石六升七合三勺四抄八撮。通計二屯四分，共收穫粗糧四千一百七十二石五斗，折合細糧

---

① 臺北"故宮博物院"藏：《軍機及宮中檔》，文獻編號：408004106。
② 臺北"故宮博物院"藏：《軍機及宮中檔》，文獻編號：154069。

三千六百八石五斗七合。核計收成分數在十五分以上。合併聲明。

（硃批）：覽。①

〇二六　盤查伊塔道庫存餉銀無誤片
光緒二十八年十二月二十七日（1903年1月25日）

再，查光緒十四、十五兩年，前將軍色楞額任內應行封儲伊塔道庫湘平銀十萬兩，經前將軍長庚催追足數，於光緒二十三年六月初九日附片奏明，封儲惠遠城糧餉處銀庫，不准擅動，每年年底由將軍、副都統會同盤查，具奏結報，以昭慎重②。所有光緒二十七年以前均經

---

① 臺北"故宮博物院"藏：《軍機及宮中檔》，文獻編號：154071-A。

② 光緒二十三年六月初九日，伊犁將軍長庚為奏報盤查庫銀，附片曰："再，光緒十四、十五兩年應存封儲銀十萬兩，前由新疆藩司解交伊犁，經前將軍色楞額任內收到後，並未發交伊塔道儲庫。據色楞額管餉委員定啟、王琢章呈稱：此項銀兩業經搭放兵餉，動用無存，色楞額正擬具奏，適值出缺，未及辦理，懇請代奏，等情。奴才以此銀係戶部奏明封儲、不准動用之款，未便率為奏請，當經批駁，勒令設法呈繳，始據定啟、王琢章將色楞額任內應收各項並各營局借欠之款開單，呈請催收抵交。經奴才極力清釐，疊次勒限嚴催，除病故各員無從著追外，但能設法催繳者，無不竭力催追。直至本年五月，始行收有成數，計收到數伊犁府知府潘效蘇虧折錢局成本籌還銀三萬六千七百六十六兩九錢一分六毫三絲；又收色楞額任內派弁赴京採辦軍裝、藥料繳回銀一萬一千七百兩；又收軍、鎮兩標各營旗官在色楞額任內借欠銀六千七百兩；又收到新疆藩司解還色楞額任內裁遣勇丁並解運軍火各項車價銀九千九百兩二錢九分七釐九毫。又，自光緒十八年以後，奴才陸續收到伊犁並綏撫客軍應分江西、四川補解光緒十一、十二兩年欠餉共五批，申合湘平銀三萬五千二百八十兩四錢六分二釐五毫八忽。奴才於每批解到時，飭令糧餉處另款封儲，現均實存在庫。查十一、十二兩年欠餉，係前將軍金順、錫綸任內應收之款，經錫綸列入交代案內移交色楞額，抵作未發欠餉，即為色楞額應收之款。十四、十五兩年封儲銀兩係色楞額任內應行提存之款，既經色楞額搭放兵餉無存，據定啟、王琢章呈請，以色楞額任內應收之項抵色楞額任內應存之款，應以封存庫儲為重，先儘此項銀兩提存足數，免致日久無著。以上各項共計收到銀十萬三百四十七兩五錢七分一釐三絲八忽。除將尾數三百餘兩歸入色楞額任內流存項下儲庫外，所有收回湘平銀十萬兩應作為光緒十四、十五兩年封儲銀十萬兩，專款封儲，以備緊要軍需之用。查光緒十六年以後伊塔道庫應儲銀兩，業經升任撫臣陶模奏明，改歸新疆藩庫封存，以昭妥慎。又，查戶部例則內載：烏魯木齊道庫備用銀十五萬餘兩，內提撥銀十萬兩，分儲伊犁永遠存庫，等語。伊犁距烏魯木齊千數百里，遇有緊要軍務，需餉在急，派員赴省請領，往返需時，倘一遲滯，即誤戎機。此次收回光緒十四、十五兩年封儲銀十萬兩，既毋庸封儲道庫，擬請照例封儲伊犁惠遠城糧餉處銀庫，永遠不准擅動，並遵照戶部光緒十三年奏案，

前將軍長庚等將盤驗無虧緣由奏報在案。茲居光緒二十八年年底盤查之期，據兼署糧餉章京主事銜吉罕泰等出具印結，呈報前來。

奴才等即於十二月二十五日親赴該庫查驗，前項封儲湘平銀十萬兩，均係實存在庫，並無虧短。除將印結送部查核外，理合附片陳明。伏乞聖鑒。謹奏。

（硃批）：戶部知道。①

光緒二十九年二月十二日，奉硃批：戶部知道。欽此②。

〇二七　密陳伊塔各領隊大臣考語摺
光緒二十八年十二月二十七日（1903年1月25日）

奴才馬亮跪奏，為循例密陳伊犁、塔爾巴哈臺各領隊大臣考語，恭摺仰祈聖鑒事。

竊照伊犁、塔爾巴哈臺各領隊大臣，例應由伊犁將軍於年終出具考語密奏一次。光緒二十七年以前，均經前任將軍長庚遵例開單奏陳在案。本年八月二十日奴才到任，因見伊犁地處極邊，強鄰緊逼，各營部落人眾自經兵燹，蕩析離居，迄今原氣未複，因與副都統暨各營領隊大臣勤求整頓，時籌強兵睦鄰、保固邊圉之方。幸各領隊大臣共相勉勵，各盡職守，邊境賴以乂安，堪紓宸廑。

現除額魯特領隊大臣徐炘到任未久例不出考外，所有錫伯、索倫、察哈爾、塔爾巴哈臺各領隊大臣，謹就奴才所見，加具切實考語，繕就清單，恭呈御覽。伏乞皇太后、皇上聖鑒。謹奏。光緒二十八年十二月二十七日。

必須遇有緊急軍需，奏明聽候覆准，方准動用。每年年底由將軍、副都統會同盤查，具奏結報一次，以昭慎重而備緩急。理合附片具陳。伏乞聖鑒訓示。謹奏。硃批：戶部知道（中國第一歷史檔案館藏：《硃批奏片》，檔號：04-01-36-0840-049）。

① 臺北"故宮博物院"藏：《軍機及宮中檔》，文獻編號：408004106-A。
② 臺北"故宮博物院"藏：《軍機及宮中檔》，文獻編號：154071。

（硃批）：知道了。單留中。①

光緒二十九年二月十二日，奉硃批：知道了，單留中。欽此②。

○二八　保舉署兵備道黃丙焜片
光緒二十八年十二月二十七日（1903年1月25日）

再，奴才恭膺簡命，駐防伊犁，本有節制鎮道之責，如遇有才堪擢用、為奴才素所深知者，自應據實保舉，以備聖朝採擇。茲查現署伊塔兵備道黃丙焜，才具開展，膽識兼優，由丞牧歷升伊犁府知府，以道員在任遇缺題奏，前署迪化府知府暨阿克蘇道篆，均著政聲。光緒二十一年到伊犁府知府任，迄今又逾八年，先後署理伊塔道篆二次。該員整躬率屬，矢勤矢慎，無苟無欺，屬僚均能奉公維謹，邊民賴以安全。前新疆撫臣饒應祺曾經舉薦，前將軍長庚亦經奏保，欽奉硃批：著交軍機處存記。欽此。欽遵在案。且該道與俄領事同駐一城，洋務交涉事務素繁。自該員接辦後，平時待之以禮，遇事則持正不阿，力顧國體，使領事心悅誠服；屢次會商案件，化有為無。

光緒二十六年聯軍入都，俄領事調兵來護伊犁，人心惶惑，風鶴頻驚。是時奴才署理伊犁總兵，審時度勢，不能不藉統兵拒阻之名鎮定中外謠諑；詢商同城文武，惟該員力舉剛柔互用，意見相同。前新疆撫臣饒應祺因聞俄兵藉地紮營，幾至決裂，邊境岌岌可危，電諭該員由府馳往，相機會議。該員開誠佈公，講信修睦，許洋商以保護，諭華民以自全，獨任其難，權宜因應，卒之群疑悉釋，不勞一兵，不費一餉，邊境得以安堵如常。

近年各省教案迭興，而伊犁緊逼強鄰，竟能毫無齟齬，使洋兵先

---

① 臺北"故宮博物院"藏：《軍機及宮中檔》，文獻編號：408004110。
② 臺北"故宮博物院"藏：《軍機及宮中檔》，文獻編號：154110。

後裁撤，堪以上紓聖主西顧之憂者，實得該員之力居多。奴才前與同城數年，知之有素。此次到任，察看該員勤求治理，始終如一。現當我國家佐治需人，求才若渴，敢據奴才所知，核實密舉，恭候天恩量材簡用，在朝廷既可收得人之效，該員亦可展報稱之忱矣。奴才為選舉賢能、整頓吏治起見，是否有當？理合附片密陳。伏乞聖鑒。謹奏。

（硃批）：黃丙焜著交軍機處存記。①

光緒二十九年二月十二日，奉硃批：黃丙焜著交軍機處存記。欽此②。

---

① 臺北"故宮博物院"藏：《軍機及宮中檔》，文獻編號：408004110-A。
② 臺北"故宮博物院"藏：《軍機及宮中檔》，文獻編號：154111。

光緒二十九年（1903）

○二九　自行派員請領的款以供支放摺
光緒二十九年正月二十日（1903年2月17日）

奴才馬亮、廣福跪奏，為擬請減成節餉，指撥的款，自行派員請領，以供支放，恭摺具陳，仰祈聖鑒事。

竊查接管卷內，光緒二十七年八月內曾准行在戶部咨：於援案預估光緒二十八年新餉案內附片具奏，請旨飭下伊犁將軍等悉心籌度，節省餉銀報部，等因。奉旨：依議。欽此。欽遵咨行到伊。前將軍長庚未及議辦卸事，奴才亮到任，接准移交。復准戶部咨催，當將甫經到任、未敢驟議更章情形於請估二十九年新餉摺內聲請展緩辦理在案。數月以來，多方籌畫，愧乏良謀，誠以伊犁滿、蒙、標、練各營官兵七千餘人，僅有額餉四十萬兩，蒙古王公、軍臺、卡倫、喇嘛人等一切雜支均在其內，況滿、蒙兵丁全賴錢粮養贍家口，裁退一兵，即窘一家之生計。近年各省協餉欠解甚鉅，前將軍長庚在任，多方挪借支放，業已極費經營。

奴才等自惟才力勿如，鎮茲邊局，不能藉此餉項羈縻人心。惟值此時局多艱，徒自坐食，不圖開源節流，亦實無以體部臣籌撥之艱，屢與各營領隊大臣暨寮屬籌商，於無可設法之中極力籌畫，惟有共相撙節，減成支領，庶兵不裁而餉可省。因即愷切開導，該兵勇等食毛踐土，均各具有天良，咸願遵照減成具領，俾資挹注。奴才等飭據粮餉處核計，每年按額撥新餉銀四十萬兩之數，一律減一成五發給，約可節省銀六萬兩，擬請即自光緒二十九年正月初一日起，將一切支款減成支放。本年額餉前經戶部奏准，伊犁仍照原案估撥銀四十萬兩，如能全數解到，自應將節省銀六萬兩另款封儲，存候撥用。第恐各省協解不及，債欠更多，伊犁極邊寒苦，別無可以籌濟之方，則奴才等失信兵勇，督率無方，深恐難支邊局。惟有請撥的餉，庶免貽誤事機。

奴才亮前於奏請試辦晉茶摺內，聲請於山西省協解甘肅新餉內分撥銀二十萬兩，由伊犁分期派員請領，作為成本，採茶搭餉。如蒙聖恩俯准，擬請敕部再於各省協解新餉內分撥銀十四萬兩，以足每年三十四萬兩之數，每年由伊犁派員分期請領清款，俾資勻挪支放。如將晉茶辦有成效，盈餘若干，仍可封存若干，據實報明，以裕帑項，斷不敢稍任冒濫，致令虛糜。其二十八年以前借用商民匯兑甘肅藩庫湘平銀，除已由甘發給外，計尚欠發銀十一萬兩餘，均經退回。現擬換票，仍飭該商赴甘請領。

又，截至二十八年底止，先後借用新疆藩庫湘平銀四十萬一千八百三十一兩有奇。請甘、新兩省催收二十八年以前欠餉，分別撥發收還，不由二十九年指撥餉內扣抵。奴才等為節省額餉、慎重度支起見，所擬減成節餉並請指撥的款自行請領緣由，除咨戶部外，理合恭摺具陳。伏乞皇太后、皇上聖鑒，訓示，敕部核覆。謹奏。光緒二十九年正月二十日。

（硃批）：戶部議奏。欽此。①

光緒二十九年三月十三日，奉硃批：戶部議奏。欽此②。

○三○　奏報裁勇改操並擬定營制餉章摺
光緒二十九年正月二十日（1903年2月17日）

奴才馬亮跪奏，為裁撤伊犁洋操漢隊，歸併軍標步隊，規復馬步勇額，改練新操，釐定營制、餉章，繕具清單，恭摺仰祈聖鑒事。

竊查伊犁軍標前經將軍色楞額、前護將軍富勒銘額先後奏請設立部隊一營、馬隊四旗、礮隊一哨，一切營制、餉章經戶、兵兩部議准

---

① 臺北"故宮博物院"藏：《軍機及宮中檔》，文獻編號：408004113。
② 臺北"故宮博物院"藏：《軍機及宮中檔》，文獻編號：155001。

有案。前將軍長庚因奏撥練軍經費，於光緒二十二年招募洋操步隊一營，教練洋操，居滿三年，經費停撥，籌餉維艱。二十五年二月內，奏請裁減軍標步隊勇夫四棚、馬隊勇夫八棚，節省餉銀及騎操倒馬例價，並提用租馬價銀，改練洋操漢隊，亦經奉准改練有案。迄今又屆四年，奴才到任親加校閱，其洋操漢隊弁勇技藝嫻熟者固不乏人，而習於懶惰者亦屬不少。況伊犁邊界遼闊，輪番梭巡，步隊不如馬隊便捷。自前次裁減馬隊八棚之後，誠如前將軍長庚所奏，分佈實屬難週。上年，承准政務處咨令改練新軍。前將軍長庚即擬將所練洋操漢隊挑選精壯，歸併軍標步隊，規復原裁勇額，未及辦理卸事，移交奴才。

　　數月以來，悉心籌盡，實宜斟酌損益，庶養一兵可得一兵之用。上年年底，飭令中軍副將詳加挑選，將軍標步隊及洋操漢隊各勇中老弱疲惰者全數裁汰，挑留洋操嫻熟各勇，歸併軍標步隊，以實營伍，規復原裁四棚勇額，除營哨、巡查各官已照額缺補署有人，擬請照章起支俸廉薪疏以及營書、火勇、私夫均不加增薪糧、口分外，其哨書、護兵、什長、親兵、正勇人等，新操較勞，擬請每名於原定口糧之外，月各加銀三錢，以示鼓勵。至新軍與防軍操演異式，動用新式槍械，亦宜隨時脩整，即將洋操漢隊所設總教習一名、小教習四名、脩槍匠一名挑留入伍，以資教練操演、脩整槍械，月支口分均照洋操漢隊原定銀數支給。洋操章程原設鼓號教習一名、鼓號兵六名，現在營制不同，人數即宜加增。惟餉項支絀，擬將原設鼓號教習一名裁去，於前、左、右、後四哨每哨各裁護兵二名，共挑留鼓號兵八名，按照原定護兵口糧，各月加銀三錢，以資挹注。

　　至軍標馬隊四旗原裁馬勇八棚，本為節省餉銀，撥充洋操漢隊勇餉。此次歸併軍標步隊，練習洋操，應請照章規復舊額，挑募精壯，飭令分紮要隘，勤慎巡防。應支月餉、馬乾、馬夫雜費等項，悉仍其舊。計規復馬步勇額、挑留教習人等、加增練餉，無閏之年共需銀一萬二千六百八十兩六錢，即以裁省洋操漢隊餉項銀一萬五千五百四十餘兩抵支，尚節省銀二千八百五十九兩六錢。

查二十五年前將軍長庚奏明改練洋操案內，裁省軍標勇餉並提用租馬變價，除支放洋操隊餉外，原長餘銀一千九百兩有奇，合之此次裁改，共餘銀四千七百餘兩，存備遇閏加增及添製衣褲、操靴、脩整槍礟、物料等款之用，尚屬有盈無絀。應請自光緒二十九年正月初一日起，分別裁撤、規復，認真操練巡防。所有裁撤洋操漢隊、歸併軍標步隊、規復馬步隊勇額、加增月餉、改練新操緣由，除咨部外，理合恭摺具陳。伏乞皇太后、皇上聖鑒訓示，敕部立案。謹奏。光緒二十九年正月二十日。

（硃批）：該部知道，單、片併發。①

光緒二十九年三月十三日，奉硃批：該部知道，單、片併發。欽此②。

〇三一 呈釐定伊犁營制章程清單
光緒二十九年正月二十日（1903年2月17日）

謹將裁撤伊犁洋操漢隊、歸併軍標步隊、規復馬步勇額、改練新操、釐定營制章程人數、銀數，繕具清單，恭呈御覽。

計開：裁省洋操漢隊員弁勇夫銀數：營官一員，月支薪水、公費銀一百兩；總教習一員，月支口分銀四十兩；排長即小教習三名，每名月支口分銀九兩；鼓號教習一名，月支口分銀九兩；鼓號兵六名，每名月支口分銀四兩五錢；親兵什長二名，每名月支口分銀四兩八錢；親兵十六名，每名月支口分銀四兩五錢；正哨官三員，每員月支口分銀十五兩；副哨官三員，每員月支口分銀九兩；哨書三名，每名月支口分銀四兩五錢；什長十八名，每名月支口分銀四兩八錢；正勇一百八十名，每名月支口分銀四兩二錢；火勇二十二名，每名月支口分

---
① 臺北"故宮博物院"藏：《軍機及宮中檔》，文獻編號：408004112。
② 臺北"故宮博物院"藏：《軍機及宮中檔》，文獻編號：155003。

分銀三兩三錢；脩槍匠一名，月支口分銀十兩。以上裁撤洋操漢隊，無閏之年共裁銀一萬五千五百四十一兩二錢。

規復原裁軍標馬步勇額，改習新操，酌加練餉銀數：軍標中軍步隊一營，原存副將一員，除俸廉外，仍照原定月支公費銀六十兩，不再加增。原存營書四名，每名仍照原定月支銀六兩，不再加增。原存哨官四員，每員原定月支銀七兩二錢，現擬照章支領俸廉，不支薪糧。原存巡查二員，每員原定月支銀四兩五錢，現擬照章支領俸廉，不支薪糧。原存哨書、護兵二十名，每名原定月支銀三兩九錢，現擬每哨裁減護兵二名，改補鼓號兵，均每月加增銀三錢。原存親兵什長六名，每名原定月支銀四兩五錢，現擬每名每月加增銀三錢。原存各哨什長二十八名，每名原定月支銀四兩二錢，現擬每名每月加增銀三錢。

規復原裁四棚什長四名，每名擬定月支銀四兩五錢。原存親兵六十六名，每名擬定月支銀三兩九錢，現擬每名每月加增銀三錢。原存正勇二百八十名，每名擬定月支銀三兩六錢，現擬每名每月加增銀三錢。原存正勇二百八十名，每名原定月支銀三兩六錢，現擬每名每月加增銀三錢。

規復原裁四棚正勇四十名，每名擬定月支銀三兩九錢。原存火勇三十九名，每名仍照原定月支銀三兩，不再加增。規復原裁四棚火勇四名，每月照章月支銀三兩。原存私夫二十八名，每名仍照原定月支銀二兩七錢，不再加增。挑留總教習一員，仍照洋操隊章程，月支銀四十兩。挑留小教習四名，仍照洋操隊章程，每名月支銀九兩。挑留脩槍匠一名，仍照洋操隊章程，月支銀十兩。

軍標前、左、右、後馬隊四旗，原裁馬勇八棚：規復領旗八名，每名照章月支餉乾、馬夫、雜費銀八兩八錢五分。規復馬勇七十二名，每名照章月支餉乾、馬夫、雜費銀七兩九錢五分。規復火勇八名，每名照章月支口分銀三兩。

以上規復馬步各勇並加增練餉，無閏之年共需銀一萬二千六百八十一兩六錢，遇閏增加小建，仍按舊章分別扣除。較之原裁洋操漢隊銀數，實節省銀二千八百五十九兩六錢，即請同二十五年奏明長餘銀一千九百餘兩，存備閏月開支，及添製衣褲、操靴並脩整槍礮、物料等項之用，均自光緒二十九年正月初一日起支，按年據實造報。合併聲明。

覽。①

○三二　奏請伊犁軍標擬准起支俸廉片
光緒二十九年正月二十日（1903年2月17日）

再，查伊犁軍標副將、都、守、千、把、外委各官額缺，自光緒十六年前護將軍富勒銘額奏請設立，議定例支俸廉、薪蔬、馬乾，咨部議准在案②。嗣因各官尚未全請補署，僅止副將一員、都司二員、守

---

① 臺北"故宮博物院"藏：《軍機及宮中檔》，文獻編號：155003-A。
② 光緒十六年十月十六日，護理伊犁將軍富勒銘額報明擬設軍標副將以下各官，並酌定兵額、餉章等事，奏請飭部議覆，曰："護理伊犁將軍副都統奴才富勒銘額跪奏，為擬設伊犁軍標副將以下等官，暨酌定兵額、餉章，謹開單恭摺具陳，仰祈聖鑒事。竊查伊犁漢隊改立標營，業經前將軍色楞額遵照辦理，分隸交割，並將餉項劃分清楚，先後奏明，奉旨允准在案。嗣色楞額以伊犁地方遼闊，非多設騎兵不可，仿照伊犁馬步各半成法，改設軍標步隊一營、左、右翼馬隊各一營、格林礮後堂開花礮隊一哨，計一千九十員名，額外私夫、伙夫並車馬各夫，照章設立，糧餉一切暨軍標統領、馬步營哨官月支薪水、公費等項，自十六年正月初一日起，均按坐糧章程支給。應設軍標副將以下等官，未及具奏，因病出缺。奴才接任後，體察刻下情形，若不多設騎兵，實屬萬難分布，現擬仍照馬步各半成法辦理。其軍標副將以下等官，亦應遵照新疆奏定章程議設。查惠遠城滿營兵力甚單，擬設副將一員，作為軍標統領，都司一員、守備二員、千總二員、把總七員、經制外委四員，步隊一營、馬隊二旗。至開花礮隊最易攻剿，邊防緊要，未便裁撤，擬於惠遠城北關仍設開花礮隊一哨。惠甯城距惠遠城七十里，東連寧遠，西接綏定，為往來衝要，實後路關鍵，擬設都司一員、守備一員、把總四員、經制外委二員，馬隊二旗。至千、把分汛處所，俟視道路遠近酌定，再行報部查核。以上各營均歸副將管轄。計設副將一員、都司二員、守備三員、千總二員、把總十一員、經制外委六員，共官二十五員，步隊一營一哨、馬隊四旗，共設正勇一千六十九名，額外私夫、伙夫並車馬各夫在外。總共軍標各營旗官弁廉俸、薪蔬、紙紅、馬乾、料草、本折等項，歲需銀六千三百二十六兩八錢七分、京斗料四百九十三石七斗五升一合二勺，折價銀五百九十二兩五錢一釐四毫四絲，草二萬三千四十束，折價銀三百四十五兩六錢。勇丁餉項照依撫標章程，歲需銀八萬五十兩五錢六分。倒馬照章支領，分別繕具清單，恭呈御覽，仰懇飭下戶、兵等部議覆遵行。其餘未盡事宜，仍俟陸續察酌，隨時奏

備二員，照例起支俸廉。其千總四員、把總七員、外委七員，均係按照坐糧章程支領哨官、巡查薪糧。現在各官弁額缺均已請補有人，據軍標副將呈請照例起支俸廉等款前來。

奴才查該官弁等例支俸廉等項額數既經戶部議准有案，現在各缺均已補署有人，擬請准其自光緒二十九年正月起停止薪糧，起支俸廉。除咨部外，理合附片陳明。伏乞聖鑒訓示。謹奏。

（硃批）：覽。①

光緒二十九年三月十三日，奉硃批：覽。欽此②。

〇三三　酌定常備續備等軍改習新操摺
光緒二十九年正月二十日（1903年2月17日）

奴才馬亮、廣福跪奏，為遵旨酌定常備、續備、巡警等軍一律改習新操大略情形，恭摺覆陳，仰祈聖鑒事。

奴才亮到任，案查接管奏內承准政務處咨：光緒二十七年七月三十日，內閣奉上諭：前因各省制兵、防勇積獘甚深，業經通諭各督撫認真裁節，另練有用之兵。因念練兵必先選將，而將才端由教育而成，自非廣建武備學堂、挑選練習，不足儲腹心干城之選。但學堂成效既非旦夕可期，其各省之設有學堂者，學成之員現尚不敷分調，惟有先就原有將弁，擇其樸實勤奮者，遴選擢用。著各省將軍、督撫將原有各營嚴行裁汰，精選若干營，分為常備、續備、巡警等軍，一律操

明辦理。除將未設副將各官以前開支坐糧章程咨部查核外，所有擬設伊犁軍標副將以下等官，暨酌定兵額、餉章緣由，謹會同陝甘督臣楊昌濬、護理新疆撫臣魏光燾，恭摺具奏。伏乞皇上聖鑒訓示。遵行。謹奏。光緒十六年十一月二十八日，奉硃批：該部議奏，單三件、片一件併發。欽此（中國第一歷史檔案館藏：《硃批奏摺》，檔號：04-01-03-0176-007。又《錄副奏摺》，檔號：03-9421-048）"。

① 臺北"故宮博物院"藏：《軍機及宮中檔》，文獻編號：408004112-A。
② 臺北"故宮博物院"藏：《軍機及宮中檔》，文獻編號：154991。

習新式槍礟，認真訓練，以成勁旅。仍隨時嚴切考校，如再沾染積習，窳惰廢弛，即行嚴參懲辦。朝廷振興戎政在此一舉，各該將軍、督撫務當實力整頓，加意餂明，期於日有起色，無負諄諄申儆之至意。所有改練章程如何更定餉章，著政務處咨行各省悉心核議，奏明辦理。將此通諭知之。欽此。欽遵行令將更定兵制、餉章詳細聲明，請旨辦理。各省駐防滿營官兵應如何革除舊習，改練新軍，或就旗營添設武備學堂，或挑選精壯附入各省學堂練習之處，一併認真辦理，限期覆奏，等因。當經分行各領隊大臣暨滿營軍標營務處等籌議去後。茲據先後呈覆前來。

奴才等詳加查核，竊以為伊犁原設舊、新滿營及四愛曼兵額六千八百名、軍標弁勇一千餘名，自前將軍長庚先後裁改挑練，共存滿、蒙、標、練兵勇六千二百餘名，祇因餉項不給，每歲僅儘額撥新餉銀四十萬兩，勻挪供支，是以不能一律練習新操。然舊、新兩滿營自光緒二十三年奏明設立威遠隊，每營各挑選官兵二百八十餘員名，共成一營，練習洋操。錫伯、素倫、察哈爾、額魯特四愛曼各視兵丁之強弱，挑選精壯，共練馬隊八旗。均各輪番更換，講求武備，皆能有勇知方，痛改舊習。惟漢隊祇於二十五年奏明挑留洋操漢隊官兵二百六十員名，均係客勇，並非土著，與軍標馬步礟隊各營、旗、哨營制既不一律，餉章又復不同，未能調換操習，故於新操之法，難使人人周知①。現在奉旨將原有各營改為常備、續備、巡警等軍，自應欽遵

---

① 光緒二十五年二月二十一日，伊犁將軍長庚奏報裁省伊犁軍標勇餉、提用租馬價銀、改練洋操漢隊等事，曰："奴才長庚跪奏，為欽遵諭旨節省伊犁軍標勇餉，提用租馬價銀，改練洋操漢隊，繕具營制、餉章清單，恭摺具陳，仰祈聖鑒事。竊奴才恭讀光緒二十四年五月初一日上諭：戶部、兵部會奏，遵議御史曾宗彥奏請精練陸軍，改為洋操，並將各省兵數、餉數開單呈覽一摺。今日時勢，練兵為第一大政，練洋操尤為練兵第一要著，惟須選教習以勤課訓，籌鉤力以籌軍實。各直省將軍、督撫統限六箇月內，將併釀練隊及分縶處所妥議覆奏，等因。欽此。奴才伏思伊犁強鄰逼處，轄境遼闊，除滿、蒙各營外，僅設軍標步隊一營、馬隊四旗、開花礟隊一哨，平時分布已屬難周，若遇有驚，實係不敷防剿。光緒十九年，經升任新疆撫臣陶模奏請每歲撥銀九萬二千兩，以充伊犁辦理屯田牧廠、添設練軍、講求洋操等項經費之用，經部議准，定以三年為期，尚未立案之先，即值甘肅回匪竄擾出關。奴才先其所急，電請總理各國事務衙門代奏，請募洋操步隊一營，奉旨：著照所請行，月餉准由屯牧練軍經費內支用。欽此。遵即派員就

辦理。第駐防滿營官兵本與防、綠各軍迥異，而武備學堂又復無款設立，惟有仍照前章，斟酌改易，調募教習，輪換訓練，庶餉無靡費而兵

地招募漢隊一營，於二十二年二月十三日成軍，遴選教習，督率訓練德國陸操之法，迄今屆滿三年，時加閱看，該營弁勇於分排走隊、左旋右旋、分合進退、疾徐疏數之節，已皆嫻熟；裝槍發槍，亦俱敏捷。若再精練勤習攻守諸法，不難即成勁旅。無如原估餉項僅祗三年，現在限期已滿，當茲籌餉萬分為難之際，奴才曷敢續請撥款，上煩宸廑！而熟籌時計，誠如聖諭"洋操尤為練兵要著，各直省均次第舉辦"。伊犁為俄人眈眈虎視之邦，關繫尤重，若將已經練熟之隊全行遣撤，前功盡棄，未免可惜。再四思維，惟有將該洋槍漢隊內挑選尤為精壯、練習已熟者，編為一隊，仿照湖廣督臣張之洞所立湖北洋操護軍營制，變通辦理。擬請設立親兵二棚、中左右步隊三哨，雖正副哨官、排長、鼓號教習、鼓號兵等名目與湖北相同，而每弁勇月支薪水、公費、餉銀較湖北減少，名曰：伊犁洋操漢隊，派員管帶，督率教習認真訓練，自二十五年二月十三日前練洋槍隊三年限滿之日起，即行裁改。除營官一員、正負哨長各三員、總教習一員、鼓號教習一名外，計排長、哨書、什長、鼓號兵、親兵、正勇、火勇共二百五十人，內親兵什長二名、親兵十六名、排長三名、鼓號兵六名、哨書三名、什長十八名、正勇一百八十名、火勇二十二名。其向章需用長夫暫可概行節省，如遇有事徵調，另行募補。餉章則仍照前次倣照湖北洋洋操章程，將營哨官薪公酌加增減。至該隊逐日操演，洋槍、機簧等項易於損壞，查前護將軍富勒銘額光緒十七年立案時所設修理洋槍匠役一名，月支銀十兩。伊犁滿、蒙各營皆用洋槍，以一人供各營修整之役，實係不敷，擬照湖北章程，再設修槍匠役一名，口分仍照伊犁成案，月支銀十兩，歸併該隊月餉款內，估計每大建月共估需薪公、月餉銀一千二百九十五兩一錢。無閏之年，歲共需銀一萬五千五百餘兩，應行加閏加建者，仍照定章辦理。其所需餉項本應欽遵併餉練隊諭旨，挹彼注茲，惟是伊犁轄境週迴數千里，軍標原設官兵僅一千數十員名，若裁減過多，不免太形單薄，擬於軍標中雜步隊前、左、右、後四哨內，每哨各裁一棚，計四棚，共裁勇夫四十八名歲共節省銀二千七十三兩六錢。又，軍標馬隊四旗額定各弁勇騎操馬五百一十二匹，現除裁減馬八十匹，尚應存額馬四百三十二匹，每年例倒馬一百二十九匹六分。開花礮隊一哨，額定車騾十六頭，每年例倒騾四頭八分，現已另案奏明改用馬匹駕車，便於戰陣。所有每年應補倒馬，擬一律改由備差馬廠撥補，將價扣存充餉，每歲共節省銀一千四十一兩六錢。統計各款，開支新練伊犁洋操漢隊月餉，每歲不敷銀數尚多。查伊犁別無可以裁併餉款，惟哈薩克租馬一項，近年生息漸蕃，業已另案奏請自光緒二十五年起增收租馬七百匹，連原收租馬三百匹共一千匹，全數變價。除開支哈薩克事務處應發各款外，無閏之年尚可餘銀六千二百兩有奇。此款係在常年入款之外，將其提充洋操隊餉項，尚於額餉無虧，共計每歲裁省軍標勇餉、倒馬價值及增收租馬變價，共銀一萬七千四百餘兩，以之撥發新練洋操漢隊餉銀，無閏之年尚可餘銀一千九百兩有奇。查洋操朝夕演練，勇丁衣褲、鞋靴實較別項防軍為最費，擬請倣照湖北章程，將所餘銀兩作為該洋操漢隊製購衣褲、鞋靴之用，每歲給發一次，以壯軍容而示體恤。其修整槍礮需用物料並鋤鍬、擦槍油等項，亦於此款開支，按年造報。其歲需操演軍火亦尚需款購辦，擬即歸併滿、蒙營操演軍火案內籌款製辦，以資練習。據營務、糧餉等處章京核議呈請前來。奴才覆核無異，除造具營制、餉章清冊咨部外，所有擬請裁省伊犁軍標勇餉、提用租馬價銀、改練洋操漢隊緣由，理合繕具清單，恭摺由驛具奏。伏乞皇太后、皇上聖鑒訓示，飭部立案施行。謹奏。光緒二十五年二月二十一日。光緒二十五年四月十一日，奉硃批：著照所請，即著該將軍認真訓練，核實支銷，以固邊疆而節糜費，單一件、片三件併發。欽此（中國第一歷史檔案館藏：《硃批奏摺》，檔號：04-01-18-0054-042。又，《錄副奏摺》，檔號：03-6152-061）。"

可精強。

　　查滿營官兵本係朝廷世僕，承平時給錢糧養贍家口，既未便遽行裁汰，絕其生計，自不能聽其懶惰，致失立法之初心。現已另案奏請裁退舊滿營老弱馬甲一百二十名，規復新滿營馬步甲兵二百四十名，除挑選新滿營馬步甲兵二百四十名力能負苦耕作者，前赴特古斯塔柳接辦屯田，兼資練習，以作該處屏蔽外，其餘兩滿營官兵仍留威遠隊一營，令其輪番更換，練習新操，常備駐防，務使人皆可用。其軍標馬步、礮隊一營四旗一哨，原為惠遠城守並分防各要隘而設，自光緒二十五年裁減馬步勇額一百三十餘名，節省餉糈，改練洋操，即覺不敷分佈，現亦另案奏請裁撤洋操漢隊，歸併馬步勇額，同習新操，以充續備之軍，用備隨時征調。至若巡警一軍，按政務處來咨，專為巡防警察之用，現已另案奏請將前任將軍長庚所挑蒙古練軍八旗裁去二旗，仍留錫伯營二旗、索倫營一旗、察哈爾營一旗、額魯特營二旗，改定餉章，認真訓練，分巡各營邊界卡倫；每年仍按舊章，更番挑換，俾均勞逸，人盡知兵，即定為巡警之軍，庶邊界巡防各有專責。

　　惟是伊犁邊地瘠苦，籌款為難，新式槍礮自前將軍長庚請撥練軍經費購買德國馬步毛瑟槍枝及過山快礮、槍彈，除已運回馬步槍各五百枝外，其二次續購槍礮因二十六年拳匪搆釁，尚經俄國阻留，限於本年八月始能解到。現在操演按照所練各營兵數核計，新式槍支尚屬不敷分發，況槍子不能自造，採買維艱。若令一概改習新式槍礮，則籌辦更難，擬將前購毛瑟馬步槍枝按營搭放，令其每期空演，各知新式利用。其演陣打靶仍用舊存來福槍練習，俾知准則而省靡費。

　　奴才等忝任疆圻，責無旁貸，仰承聖訓，敢不力圖整頓，以副朝廷振興戎政之至意！如蒙聖恩准如所擬辦理，萬不敢稍存姑息，聽其廢弛。如查有積習相沿、缺額侵蝕不肖營員，自當隨時嚴參懲辦，務期武備脩明，保茲邊局。所有伊犁改設常備、續備、巡警等軍，是否有當？除分咨外，理合恭摺具陳。伏乞皇太后、皇上聖鑒訓示。謹奏。光緒二十九年正月二十日。

（硃批）：著即認真訓練，期成勁旅，以固邊疆。①

光緒二十九年三月十三日，奉硃批：著即認真訓練，期成勁旅，以固邊疆。欽此②。

【案】此摺之得清廷允行，《清實錄》亦載曰"伊犁將軍馬亮等奏，現將常備各軍改練新操。得旨：著即認真訓練，期成勁旅，以固邊圉。③"

○三四　酌復滿營兵額改定練餉等由摺
光緒二十九年正月二十日（1903年2月17日）

奴才馬亮、廣福跪奏，為裁節舊滿營暨練軍銀糧，酌復新滿營四愛曼兵額，改定練餉，整頓屯田，擬就支款章程繕具清單，恭摺仰祈聖鑒事。

竊查伊犁自收還以後，光緒十六年，經前護將軍富勒銘額先後奏准，規復舊滿營錫伯、素倫兵額各一千名、察哈爾兵額一千三百名、額魯特兵額一千五百名，挑留新滿營兵額一千名，駐防邊徼④。光緒

---

① 臺北"故宫博物院"藏：《軍機及宫中檔》，文獻編號：408004114。
② 臺北"故宫博物院"藏：《軍機及宫中檔》，文獻編號：155006。
③ 《德宗景皇帝實錄（七）》，卷五百五十三，光緒二十九年三月，第778頁。
④ 光緒十六年八月二十八日，護理伊犁將軍富勒銘額以惠遠城滿營兵力單薄，奏請挑留新滿營官兵，曰："護理伊犁將軍副都統奴才富勒銘額跪奏，為伊犁惠遠城滿營兵單，仍請挑留新滿洲官兵一千員名，以厚兵力而固邊防，恭摺仰祈聖鑒事。竊查伊犁滿營官兵自兵燹後，死亡相繼，男婦丁口僅存一千三百有奇。光緒八年，原任將軍金順奏請由錫伯營挑選壯丁三千二百名，作為新滿洲，以補惠遠城滿營四千之額。光緒十四年，前將軍色楞額曾奏，擬請減為三千五百四員名。嗣經部議覆駁：伊犁滿營光緒十三年，據錫綸奏報僅存男婦一千三百有奇。今該將軍請設官兵三千五百四員名，計丁口三萬三千一百餘名，是所設官兵浮於所存男婦之數幾三十倍，實未便率准支給俸餉，等因。伏查伊犁舊滿營現存丁口一千三百餘名，金順奏請移撥錫伯新滿營九千五百餘名，合計新滿營丁口一萬有奇，並無三萬三千一百餘名之多。今部臣既經議駁，自應遵照辦理，惟滿營丁口僅存一千三百餘名，十六年正月起又陸續收回丁口三百餘名，以惠遠一城准定兵額一千名，不特勢顯空虛，即操防、巡邊、坐卡、差遣等事已實難於分布，勉強敷衍，設有貽誤，咎將誰歸！前撫臣劉錦棠等會議，奏請安設軍標馬步一千名，除填紮

二十一年，前將軍長庚因伊犁防務緊要，奏請減兵加餉，就餉練兵，裁退新滿營兵額三百六十名、錫伯營兵額二百名、索倫營兵額四百名、察哈爾兵額三百名、額魯特兵額五百名，節省銀糧，改設練軍八旗，以兩旗開墾屯田，以六旗分紮要隘操練。原議按年輪番更換，數年之後，一律練成勁旅，仍可規復原額。欽奉硃批：著照所請。欽此。欽遵在案。上年承准政務處奏咨，令各省改練新軍。前將軍長庚即擬酌量更章，因交卸在即，未及舉行。

奴才亮到任，接准移交，疊經調閱操演，各旗練軍官兵技藝、營規，均屬嫺熟，換回原營兵丁亦皆精銳可用。本應照章接續換操練，惟伊犁地方遼闊，緊逼強鄰，自裁兵額一千七百餘名之後，巡卡防邊，兵力究嫌單薄，而裁退甲兵各無錢糧可支，情形亦覺困苦，況新滿營額兵係由錫伯營挑設，當日並未撥有地畝，耕牧無資，尤屬無可謀生。疊據該營協領等呈懇，酌復舊額，撥地屯墾，以資效力，並准各營領隊大臣商請復額前來。奴才等詳加訪察，不能不審時度勢，挹彼注茲，汰老弱以節餉糈，選精壯以實武備。

查伊犁舊滿營自遭兵燹，孑遺僅存，近年生齒不繁，甲兵之內不無老弱充數之獘。飭據舊滿營協領等議於馬甲內挑選難資得力者，裁退一百二十名，截至光緒二十八年底止，停支錢糧，令其自耕自牧，以圖生業。該營向均分有旗地，不致無所依歸。所有節省銀糧合之原裁共銀五萬五千八百四十餘兩、糧九千四十餘石。即自二十九年正月

防邊而外，無餘兼顧。前將軍色楞額曾與奴才籌商滿營官兵擬設二千兵額，於舊滿營人數內挑足一千名，仍挑留錫伯新滿洲一千員名，共二千名，以資捍衛，未及具奏，因病出缺。奴才渥荷聖恩，護理斯篆，斷不敢畏難緘默，稍涉因循，現擬先就旗營力求整頓，以期漸復舊制，而滿營甚覺兵單，萬難分布，再四思維，惟有籲懇天恩，俯念邊防緊要，俯准照色楞額原議滿營定為二千兵額，仍挑留錫伯新滿洲一千員名，以備不足，實於邊防大有裨益。所需俸餉，撙節勻放，總不逾四十萬餉之數。如蒙俞允，再將官兵銜名暨餉章等項造冊，咨部查核。其餘未盡事宜，容俟查明，再行具奏。所有伊犁惠遠城滿營兵單仍請挑留新滿洲官兵一千員名，以厚兵力而固邊防緣由，謹會同護理新疆巡撫臣魏光燾，恭摺具陳。伏乞皇上聖鑒訓示。謹奏。光緒十六年八月二十八日（中國第一歷史檔案館藏：《硃批奏摺》，檔號：04-01-03-0176-006。又，《錄副奏摺》，檔號：03-6026-050）。"

初一日起，規復新滿營原裁馬甲二百名、匠役、養育兵四十名，照前定練軍章程，分為兩旗，每旗挑隊長十二名、隊兵一百八名，前赴特古斯塔柳官屯地方，接辦屯墾，照章支領原裁餉糈；設總理屯務委員一員，每旗設營總一員、帶隊章京二員、隊官二員、委筆帖式、教習各一員，參酌定例，按月給與鹽菜，飭令督率各兵，攜帶眷口，刻期駐屯，分定地畝，預備春融，修理渠道，乘時播種；農隙之時，仍勤操練。所撥兵丁如無事故，免其調換，俾得熟習屯務。該處地界向歸額魯特營管轄，現在頭道渠尚未修復，屯墾地畝僅借前次官為修復二道渠之水灌溉，是以額魯特沙畢那爾閑散皆在三道渠以北耕牧。三道渠南荒地尚多，棄置可惜，擬請將二道渠北至三道渠止，二道渠南至南山腳止，撥歸新滿營經管。如該營兵丁眷口閑散以及將來退甲兵丁家口力能開渠墾種者，聽其報明領地，自耕自食，一俟開闢漸廣，另行奏請設法添屯四愛曼兵額，同時各按前裁兵餉之半，挑復錫伯營披甲一百五十名、額魯特一兩披甲一百名、五錢披甲二百名，以資巡防邊界。

原設練軍八旗，撤回察哈爾、額魯特各一旗。仍留六旗內，錫伯營二旗係由屯田調回，同索倫營一旗、察哈爾一旗、額魯特二旗分佈各營駐紮要隘，照章認真操練。當此帑項支絀，公費、口分自應力從撙節。現與各營領隊大臣商定，自二十九年正月起，將統領二員、委筆帖式二員內各裁減一員，仍留統領一員、辦事委筆帖式一員。每旗隊官三員內各裁減一員。其餘官兵均照前次定額挑留，除底餉外，一律裁去口分，改支鹽菜、口糧。計加增各營兵額八百七十名，並改設滿蒙練軍八旗，無閏之年共需銀四萬六千六百三十三兩二錢八分、糧八千四百九十三石一斗三升六合。即將原裁、續裁銀兩抵支，尚餘銀九千二百八兩三錢二分、糧五百五十石三斗六升八合。似此極力勻挪，於兵額較前增多，於銀糧較前減少，節省銀糧即存備閏月加增支款並製造、每年更換帳房、旗幟、號衣、操演軍火、修整槍械之用，於邊局不無裨益。

除飭各營將復額兵丁花名造冊咨部立案外，理合將原裁、續裁兵額、銀糧暨現在規復兵額、改定練軍支款章程，繕具清單，恭摺具陳。

伏乞皇太后、皇上聖鑒訓示，飭部立案施行。再各營裁復兵額，本應俟奉旨允准後再飭舉行，惟需接辦屯墾，恐誤農時，展轉耽延，徒滋靡費，是以先已飭令分別辦理。合併聲明。謹奏。光緒二十九年正月二十日。

（硃批）：著照所請，該部知道。單片併發。欽此。[1]

光緒二十九年三月十三日，奉硃批：著照所請，該部知道。單片併發。欽此[2]。

○三五　呈改練兵額需用銀糧等項清單
光緒二十九年正月二十日（1903年2月17日）

謹將原裁、續裁各營兵餉、糧料、前練八旗旗應支口分、口糧並擬復額、改練兵額需用銀糧各數目，分晰開具清單，恭呈御覽。

計開：一、原裁新滿營四愛曼兵額節省糧餉數。新滿營原裁馬甲三百二十名，無閏之年，每名額餉銀二十四兩，每名家口米折銀二十三兩三錢一分二釐，每名料折銀一十四兩八錢一分二釐，每名草折銀一十二兩四錢七分四釐，每名本色小麥一十七石六斗四合，每名本色馬料二石三斗一升四合二勺。共銀二萬三千五百五十一兩三錢六分，共糧六千三百七十三石八斗二升四合。

新滿營原裁匠役、養育兵四十名，無閏之年，每名額餉十二兩，每名家口米折銀四兩四錢六分二釐，每名本色小麥三石五斗二升八勺，每名口糧小麥三石四斗六升六合六勺。共銀六百五十八兩四錢八分，共糧二百七十九石四斗九升六合。

錫伯營原裁披甲二百名，無閏之年，每名額餉銀二十四兩，共銀四千八百兩。

索倫營原裁披甲四百名，無閏之年，每名額餉銀二十四兩，共銀

---

[1] 臺北"故宮博物院"藏：《軍機及宮中檔》，文獻編號：408004111。
[2] 臺北"故宮博物院"藏：《軍機及宮中檔》，文獻編號：155000。

九千六百兩。

察哈爾營原裁披甲三百，無閏之年，每名額餉銀十二兩，共銀三千六百兩。

額魯特營原裁一兩披甲三百名，無閏之年，每名額餉銀十二兩，共銀三千六百兩。

額魯特營原裁五錢披甲二百名，無閏之年，每名額餉銀六兩，共銀一千二百兩。

統共原裁銀四萬七千九兩八錢四分，統共原裁糧六千六百五十三石三斗二升。

一、現擬續裁舊滿營馬甲兵額節省糧餉數。舊滿營續裁馬甲一百二十名，無閏之年，每名額餉銀二十四兩，每名家口米折銀二十二兩三錢一分二釐，每名料折銀一十四兩八錢一分二釐，每名草折銀一十二兩四錢七分四釐，每名小麥一十七石六斗四合，每名本色馬料二石三斗一升四合二勺。共續裁銀八千八百三十一兩七錢六分，共續裁糧二千三百九十石一斗八升四合。以上原裁、續裁共銀五萬五千八百四十一兩六錢，原裁、續裁共糧九千四十三石五斗四合。

一、光緒二十一年奏明練軍八旗開支銀糧數。統領二員，每員月支公費銀五十兩。辦事委員筆帖式二員，每員月支口分銀六兩、口糧麪九十觔。每旗營總一員，月支口分銀十六兩、口糧麪二百一十觔。每旗帶隊章京二員，每員月支口糧銀九兩、口糧麪一百五十觔。每旗隊官三員，每員月支口分銀六兩、口糧麪九十觔。每旗委筆帖式一員，月支口分銀六兩、口糧麪九十觔。每旗教習一員，月支口分銀四兩五錢、口糧麪四十五觔。每旗隊長十二名，每名月支口分銀三兩五錢、口糧麪四十五觔。每旗隊兵一百八名，每名月支口分銀三兩、口糧麪四十五觔。每旗月支心紅銀五兩。歲共支銀四萬二千九百六十兩，歲共支麪六十萬八千四百觔。每一百八觔合小麥一石，共合小麥五千六百三十三石三斗三升三合三勺。

一、現擬規復前裁新滿營馬甲二百名、匠役、養育兵四十名，分立練軍兩旗，接辦屯田，並規復四愛曼兵額，改留練軍六旗，需用糧餉、鹽菜、口糧數。規復前裁新滿營馬甲二百名，無閏之年，照額共需糧三千九百八十三石六斗四升，共需銀一萬四千七百一十九兩六錢。規復前裁新滿營匠役、養育兵四十名，無閏之年，照額共需銀六百五十八兩四錢八分，共需糧二百七十九石四斗九升六合。總理兩旗屯務委員協領一員，月支辦公費銀二十兩。每旗營總兼管屯務一員，月支本身及跟役鹽菜銀一十一兩二錢。每帶隊章京二員，每員月支本身及跟役鹽菜銀六兩。每旗旗官二員，每員月支本身及跟役鹽菜銀三兩。每旗委筆帖式一員，月支本身及跟役鹽菜銀三兩。每旗教習一員，月支本身及跟役鹽菜銀三兩。每旗月支心紅銀五兩。

以上除總理屯務委員一員外，每旗照前定練軍章程，裁減隊官一員，設官七員，參酌駐防官兵及西路屯田支領鹽菜、口糧定例，支給鹽菜。因有家口，本色不支口糧、䵷勠，照前章減省實多。所復兵額二百四十名，仍照章分為兩旗，每旗挑立隊長十二名、隊兵一百八名。因有例支糧餉，並不另支鹽菜、口糧。無閏之年，歲共需銀一萬六千五百八十二兩八錢八分、本色糧料四千二百六十三石一斗三升六合。農隙之時，定期操練。合併聲明。

規復前裁錫伯營披甲一百名，無閏之年，每名月支銀二兩，共需銀二千四百兩。規復前裁索倫營披甲二百名，無閏之年，每名月支銀二兩，共需銀四千八百兩。規復前裁察哈爾披甲一百五十名，無閏之年，每名月支銀一兩，共需銀一千八百兩。規復前裁額魯特一兩披甲一百名，無閏之年，每名月支銀一兩，共需銀一千二百兩。

規復前裁額魯特五錢披甲二百名，無閏之年，每名月支銀五錢，共需銀一千二百兩。以上按前裁四愛曼兵餉一半。規復兵額七百五十名，共需銀一萬一千四百兩。改挑練軍馬隊六旗，內錫伯營兩旗、索倫營一旗、察哈爾營一旗、額魯特營兩旗。統領一員，月支公費銀五十兩。統領處辦事委筆帖式一員，月支本身及跟役鹽菜銀三兩、口糧䵷九十勠。營總一員，月支本身及跟役鹽菜銀一十一兩二錢、口糧麨二百七十觔。帶隊章京二員，每員月支本身及跟役鹽菜銀六兩、口糧麨一百五十觔。隊官二員，每員月支本身及跟役鹽菜銀三兩、口糧麨九十觔。委筆帖式一員，月支本身及跟役鹽菜銀三兩、口糧麨九十觔。教習一員，月支本身及跟役鹽菜銀三兩、口糧麨九十觔。隊長十二名，每名月支本身及跟役鹽菜銀一兩七錢五分、口糧麨四十五觔。隊兵一百八名，每名月支本身及跟役鹽菜銀一兩七錢五分、口糧麨四十五觔。每旗月支心紅銀五兩。

以上每旗除統領處委筆帖式，歲需銀三千二兩四錢。六旗連統領委筆帖式共需一萬八千六百五十兩四錢。每旗除統領處委筆帖式，歲需麨七萬五千九百六十觔。六旗連統領處委筆帖式，共需麨四十五萬六千八百四十觔。按一百八觔合京斗小麥一石，共合小麥四千二百三十石。總共規復各營兵額、改設練軍八旗，歲共需銀四萬六千六百三十三兩二錢八分，均遇閏加增，照章分別扣建。

總共規復各營兵額、改設練軍八旗，歲共需小麥八千四百九十三石一斗三升六合，均遇閏加增，照章分別扣建。前件查前項規復兵額、改設練軍，較原額實節省銀九千二百八兩三錢二分，節省糧五百五十石三斗六升八合。現除屯田、練軍已經蓋有兵房外，其餘六旗練軍均須沿邊紮卡，應製帳房，擬請照章每年更換一次，以及每年更換旗幟、號衣並操演火藥、鉛丸、銅帽、皮紙、修整槍械等項，均無閑款製造。請將節省銀兩存備遇閏加增及各項製造之用。合併聲明。

覽。①

〇三六　補發裁退舊滿營馬甲糧料片
光緒二十九年正月二十日（1903年2月17日）

再，查伊犁滿營官兵應支家口本色糧料，經部議准由新疆省在於

---

① 臺北"故宮博物院"藏：《軍機及宮中檔》，文獻編號：155000-A。

各屬額徵糧內估撥供支。光緒十八年至二十一年應領本色糧料，因新疆撫臣每年僅止撥到一半，是以積欠，至今尚未撥給。此次裁退舊滿營馬甲一百二十名，均須各謀生業，據該裁兵等呈由該管協領等轉請補發，以清積欠而資餬口，前來。奴才等查前項欠糧，業經糧餉處在於各年報銷案內造冊報明，前將軍長庚奏咨，復經戶部議令新疆撫臣飭司補發，前將軍長庚迭經咨領，尚未撥到。除仍由奴才等咨商新疆撫臣籌發外，所有現裁舊滿營馬甲一百二十名應領欠糧，自應先籌補發，俾資養贍家口。

查光緒二十五、六兩年估撥舊、新兩滿營兵馬糧料，除支放外，共存截曠京斗糧二千四百餘石，二十七、八兩年亦存有截曠糧料，均據糧餉處於銷案內報明儲倉，以之發給該退甲兵丁，具領清欠，尚可移緩濟急。合無仰懇天恩俯念該兵丁應領此項本色欠發已久，現當裁退之時，准將截曠項下所存糧料如數補發、以示體恤之處，理合附片陳請。伏乞聖鑒訓示。謹奏。

（硃批）：覽。①

光緒二十九年三月十三日，奉硃批：覽。欽此②。

〇三七　奏陳屯田滿營練軍片
光緒二十九年正月二十日（1903年2月17日）

再，查特古斯塔柳屯田，每年應發籽種暨例補馬牛、農具，經前將軍長庚奏明照例覈發，奉部覆准有案。此次接辦均係率由舊章，勿庸另請立案。該派撥滿營兩旗練軍，現均攜眷赴屯，前已脩有營房可資棲止，如有不敷自行建造外，惟挑留四愛曼練軍六旗巡防邊界，並無一定住址，往來沙漠之中，時多風雨，每旗需用藍布夾帳房三頂、白布單帳房十二頂，最易損壞，應請照章每年更換一次。其八旗旗幟、

---

① 臺北"故宮博物院"藏：《軍機及宮中檔》，文獻編號：408004111-B。

② 臺北"故宮博物院"藏：《軍機及宮中檔》，文獻編號：154992。

號衣以及操演火藥、鉛丸、銅帽、皮紙、脩整槍械一切價值,均經前將軍長庚飭估、奏報有案。

此次應請豁免另行估報,嗣後開支即照前定價值,在於此次節省款內動用。製辦需用軍火,如有不敷,仍照前定章程,在於收廠變價款內撥補,按年據實造報請銷。除咨部外,理合附片陳明。伏乞聖鑒訓示。謹奏。

(硃批):該部知道。①

光緒二十九年三月十三日,奉硃批:該部知道。欽此②。

○三八　賞福字荷包等件謝恩摺
光緒二十九年三月十三日(1903年4月10日)

奴才馬亮、廣福等跪奏,為恭摺叩謝天恩,仰祈聖鑒事。

竊奴才等於光緒二十九年二月十二日承准軍機處咨開:由內交出恩賞伊犁將軍、大臣等福字荷包、銀錁、銀錢、食物等件,由驛齎送前來。奴才等當即恭設香案,望闕叩頭,謝恩祇領訖。伏念奴才等才識庸愚,涓埃未效,撫躬循省,正切悚惶。茲復仰蒙軫念邊陲,優加賞賚,拜殊恩之逾格,益感激以難名!奴才等惟有將邊防營伍暨各愛曼應辦一切事務認真整頓,和衷商辦,斷不敢稍涉疎懈,以期仰答高厚鴻慈於萬一。

所有奴才等感激下忱,謹恭摺叩謝天恩。伏乞皇太后、皇上聖鑒。謹奏。光緒二十九年三月十三日。奴才馬亮,奴才廣福,奴才色普西賢,奴才志銳,奴才恩祥③,奴才徐炘。

---

① 臺北"故宮博物院"藏:《軍機及宮中檔》,文獻編號:408004111-A。
② 臺北"故宮博物院"藏:《軍機及宮中檔》,文獻編號:155004。
③ 恩祥(?—1906),正紅旗滿洲人。同治十三年(1874),承襲雲騎尉世職,旋以功保即補防禦,加四品頂戴,並戴花翎。光緒十二年(1886),充伊犁協領。是年,保記名副都統,旋因案革職。十四年(1888),開復原官銜翎,補伊犁滿營右翼協領。二十三年(1897),遷察哈爾營領隊大臣。同年,署伊犁副都統。三十二年(1906),因病出缺。

（硃批）：知道了。①

光緒二十九年五月二十五日，奉硃批：知道了。欽此②。

〇三九　蒙賞福字謝恩摺
　　　　　光緒二十九年三月十三日（1903年4月10日）

奴才馬亮跪奏，為恭摺叩謝天恩，仰祈聖鑒事。

竊奴才於光緒二十九年三月初一日准兵部火票遞到軍機處交出特賞伊犁將軍馬亮福、壽字，由驛遞送前來。奴才當即恭設香案，望闕叩謝天恩，祇領訖。伏念奴才渥蒙聖恩，畀以疆寄，任事半載，未立寸功，自愧庸闇無才，莫克涓埃自效，乃前荷優加恩賚，已屬感激難名。茲復蒙特賞榮施，更當竭蹶圖報。奴才惟有將邊疆一切應辦事宜虛衷體察，極力振興，以求仰副高厚生成於萬一。

所有奴才感激下忱，謹恭摺叩謝天恩。伏乞皇太后、皇上聖鑒。謹奏。光緒二十九年三月十三日。

（硃批）：知道了。③

光緒二十九年五月二十四日，奉硃批：知道了。欽此④。

〇四〇　揀選舊滿營佐領等缺摺
　　　　　光緒二十九年三月二十七日（1903年4月24日）

奴才馬亮、廣福跪奏，為循例揀選伊犁舊滿營佐領等缺，擬定正、

---

① 臺北"故宫博物院"藏：《軍機及宫中檔》，文獻編號：408004115。
② 中國第一歷史檔案館藏：《錄副奏摺》，檔號：03-5957-032。
③ 臺北"故宫博物院"藏：《軍機及宫中檔》，文獻編號：408004116。
④ 中國第一歷史檔案館藏：《錄副奏摺》，檔號：03-5957-030。

陪，恭摺仰祈聖鑒事。

竊奴才等據辦理伊犁滿營事務檔房呈稱：舊滿營左翼正藍旗佐領訥勒和圖於光緒二十九年正月十九日病故，所遺佐領等缺應請揀員補放，以資辦理旗務，等情。前來。奴才等當於該營應升人員內逐加考驗，訥勒和圖遺出舊滿營左翼正藍旗佐領一缺，揀選得正白旗防禦烏勒木堪以擬正，鑲紅旗防禦塔奇本堪以擬陪。其烏勒本遞遺正白旗防禦一缺，揀選得鑲藍旗驍騎校伯奇春堪以擬正，正黃旗驍騎校訥爾特依堪以擬陪。其伯奇春遞遺鑲藍旗驍騎校一缺，揀選得正藍旗委催總唐武堪以擬正，鑲白旗委催總烏勒蘇堪以擬陪。謹將該員等履歷另繕清單，恭呈御覽，伏候欽定。

其請補佐領一俟遇有差便，給咨送部，補行引見，以符定制。所有揀選伊犁舊滿營佐領等缺擬定正、陪緣由，理合恭摺具陳。伏乞皇太后、皇上聖鑒，訓示。謹奏。光緒二十九年三月二十七日。

（硃批）：均著擬正之員補授，該衙門知道，單併發。①

光緒二十九年五月十二日，奉硃批：均著擬正之員補授，該衙門知道，單併發。欽此②。

〇四一　呈揀選伊犁舊滿營佐領等缺清單
光緒二十九年三月二十七日（1903年4月24日）

謹將揀選伊犁舊滿營佐領等缺擬定正、陪人員，繕具清單，恭呈御覽。

惠遠城舊滿營訥勒和圖所出佐領員缺。擬正之惠遠城舊滿營藍翎正白旗防禦烏勒本，食俸餉四十五年，前在庫爾喀喇烏蘇軍營當差，同治十二年隨隊勦賊、光緒元年在黃土岡地方打仗、二年克復瑪納斯

---

① 臺北"故宮博物院"藏：《軍機及宮中檔》，文獻編號：408004117。
② 中國第一歷史檔案館藏：《錄副奏摺》，檔號：03-5957-025。

南北兩城、六年勸辦陝回各案內奮勉出力，疊經前署將軍榮全等奏保儘先即補防禦，並賞戴藍翎。光緒十年，補放佐領。十六年，改補防禦，揀選佐領擬陪一次，現年六十七歲。舊滿洲關佳氏，馬步箭平等。

擬陪之惠遠城舊滿營花翎儘先即補佐領鑲紅旗防禦塔奇本，食餉俸二十七年，前在庫爾喀喇烏蘇軍營當差，光緒二年克復瑪納斯南城、六年勸辦陝回、二十年收還巴爾魯克山各案內奮勉出力，疊經前任將軍金順等奏保儘先即補佐領，並賞戴花翎，護送貢馬赴京三次。光緒二十三年，補放驍騎校。二十七年，補放防禦，現年四十八歲。舊滿洲白佳氏，馬步箭平等。

擬補佐領所遺防禦員缺。擬正之惠遠城舊滿營花翎補用佐領鑲藍旗驍騎校伯奇春，食俸三十七年，前在塔爾巴哈臺軍營當差，光緒二年克復瑪納斯南北兩城、五年屯種軍糧、六年勸辦陝回、八年收復伊犁、十七年搜剿竄匪各案內奮勉出力，疊經前任將軍金順等奏保補用佐領，先換頂戴，並賞戴花翎。光緒十六年，補放驍騎校，揀選防禦擬陪三次，現年五十五歲。舊滿洲馬佳氏，馬步箭平等。

擬陪之惠遠城舊滿營藍翎儘先即補防禦正黃旗驍騎校訥爾特依，食俸餉三十年，前在塔爾巴哈臺軍營當差，光緒六年勸辦陝回及屯種軍糧、八年收復伊犁各案內奮勉出力，疊經前任將軍金順奏保儘先即補防禦，並賞戴藍翎。光緒二十七年，由年滿委筆帖式補放驍騎校，現年四十五歲。舊滿洲鄂麴爾氏，馬步箭平等。

擬補防禦所遺驍騎校員缺。擬正之惠遠城舊滿營正藍旗花翎儘先即補防禦委催總唐武，食錢糧三十五年，前在庫爾喀喇烏蘇軍營當差，光緒二年克復瑪納斯南北兩城、六年勸辦陝回、八年收復伊犁各案內奮勉出力，疊經前任將軍金順奏保儘先即補防禦，並賞戴花翎。光緒二十二年，由領催補放委催總，揀選驍騎校擬陪一次，現年五十五歲。舊滿洲克木齊特氏，馬步箭平等。

擬陪之惠遠城舊滿營鑲白旗委催總烏勒蘇，食錢糧當差二十七年。光緒十七年，由領催補放委催總，現年五十七歲。舊滿洲博爾濟特氏，馬步箭平等。

覽。①

〇四二　揀選伊犁索倫營佐領等缺摺
光緒二十九年三月二十七日（1903 年 4 月 24 日）

奴才馬亮、廣福跪奏，為循例揀選伊犁索倫營佐領等缺，擬定正、陪，恭摺仰祈聖鑒事。

竊奴才等准伊犁索倫營領隊大臣志銳咨呈：索倫營鑲黃旗佐領阿勒泰於光緒二十九年正月初三日病故，所遺佐領等缺應請揀員補放，以資辦理旗務，等因。前來。奴才等當於該營應升之人員內逐加考驗，阿勒泰遺出索倫營鑲藍旗佐領一缺，揀選得正黃旗防禦薩勒噶蘇堪以擬正，鑲紅旗防禦業車本堪以擬陪。其薩勒噶蘇遞遺正黃旗防禦一缺，揀選得正紅旗驍騎校多倫布，堪以擬正，正白旗驍騎校額勒吉春堪以擬陪。其多倫布遞遺正紅旗驍騎校一缺，揀選得鑲紅旗空藍翎伊勒噶蘇，堪以擬正，正紅旗委前鋒校額爾格本堪以擬陪。謹將該員等履歷另繕清單，恭呈御覽，伏候欽定。

其請補佐領一俟遇有差便，給咨送部，補行引見，以符定制。所有揀選伊犁索倫營佐領等缺擬定正、陪緣由，理合恭摺具陳。伏乞皇太后、皇上聖鑒訓示。謹奏。光緒二十九年三月二十七日。

（硃批）：均著擬正之員補授，該員衙門知道。單併發。②

光緒二十九年五月十二日，奉硃批：均著擬正之員補授，該衙門知道。單併發。欽此③。

---

① 中國第一歷史檔案館藏：《單》，檔號：03-5957-011。
② 臺北"故宮博物院"藏：《軍機及宮中檔》，文獻編號：408004119。
③ 中國第一歷史檔案館藏：《錄副奏摺》，檔號：03-5957-022。

〇四三　呈揀選伊犁索倫應佐領等缺清單
光緒二十九年三月二十七日（1903年4月24日）

謹將揀選伊犁索倫應佐領等缺擬定正、陪人員，繕具清單，恭呈御覽。

索倫營阿勒泰所出佐領缺。擬正之索倫營正黃旗防禦薩勒噶蘇，食俸餉三十四年，前在塔爾巴哈臺軍營當差，光緒二年克復瑪納斯南北兩城、五年屯種軍糧、十七年搜勦竄匪各案內奮勉出力，疊經前將軍金順等奏保補用防禦，先換頂戴。光緒十八年，補放驍騎校。二十七年，補放防禦，揀選佐領擬陪一次，現年五十二歲。達乎爾敖拉氏，馬步箭平等。

擬陪之索倫營鑲紅旗防禦業車本，食俸餉當差二十四年，光緒十五年，補放伊犁印務委筆帖式。十七年搜勦竄匪案內出力，經前護將軍富勒銘額奏保儘先即補經制筆帖式。二十二年，補放印務經制筆帖式。二十七年，補放驍騎校。二十八年，補放防禦，現年四十五歲。錫伯瓜勒佳氏，馬步箭平等。

擬補佐領所遺防禦員缺。擬正之索倫營正紅旗藍翎佐領銜驍騎校多倫布，食俸餉四十三年，前在塔爾巴哈臺軍營當差，光緒二年克復瑪納斯南北兩城、六、七兩年屯種軍糧、八年收復伊犁、十七年搜勦竄匪各案內奮勉出力，疊經前任將軍金順等奏保補缺後以防禦儘先即補，並賞戴藍翎，加佐領銜。光緒二十年，補放驍騎校，揀選防禦擬陪二次，現年六十三歲。錫伯固爾佳氏，馬步箭平等。

擬陪之索倫營正白旗驍騎校額勒吉春，食俸餉二十九年，前在塔爾巴哈臺軍營當差，光緒十七年搜勦竄匪案內出力，經前護將軍富勒銘額奏保補用驍騎校，先換頂戴。光緒二十二年，補放驍騎校，揀選防禦擬陪二次，現年四十六歲。達呼爾鄂諾恩氏，馬步箭平等。

擬補防禦所遺驍騎校員缺。擬正之索倫營鑲紅旗空藍翎伊勒噶蘇，食錢糧當差十六年。光緒十七年，補放空藍翎，揀選驍騎校擬陪一次，現年三十二歲。錫伯烏札拉氏，馬步箭平等。

擬陪之索倫營正紅旗委前鋒校額爾格本，食錢糧當差二十一年。光緒十七年，由前鋒補放委前鋒校，現年四十九歲。錫伯固爾氏佳氏，馬步箭平等。

覽。①

〇四四　揀選額魯特營佐領等缺摺
光緒二十九年三月二十七日（1903年4月24日）

奴才馬亮、廣福跪奏，為循例揀選伊犁額魯特營沙畢那爾佐領等缺，擬定正、陪，恭摺仰祈聖鑒事。

竊奴才等准額魯特營領隊大臣徐炘咨呈：額魯特營左翼沙畢那爾正藍旗頭牛彔佐領車林於光緒二十八年八月初五日病故，所遺佐領等缺應請揀員補放，以資辦理旗務，等因。前來。奴才等當於該營應升人員內逐加考驗，車林遺出額魯特營左翼沙畢那爾正藍旗頭牛彔佐領一缺，揀選得正藍旗頭牛彔驍騎校穆克堪以擬正，正藍旗二牛彔驍騎校楚固拉堪以擬陪。其穆克遞遺正藍旗頭牛彔驍騎校一缺，揀選得鑲白旗二牛彔委筆帖式霍湍堪以擬正，鑲白旗二牛彔委官庫克新堪以擬陪。謹將該員等履歷另繕清單，恭呈御覽，伏候欽定。

其請補佐領一俟遇有差便，給咨送部，補行引見，以符定制。所有揀選伊犁額魯特營沙畢爾那佐領等缺擬定正、陪緣由，理合恭摺具陳。伏乞皇太后、皇上聖鑒訓示。謹奏。光緒二十九年三月二十七日。

---

① 中國第一歷史檔案館藏：《單》，檔號：03-5957-024。

（硃批）：均著擬正之員補授，該衙門知道，單併發。①

光緒二十九年五月十二日，奉硃批：均著擬正之員補授，該衙門知道，單併發。欽此②。

〇四五　呈揀選額魯特營佐領等缺清單
光緒二十九年三月二十七日（1903年4月24日）

謹將揀選伊犁額魯特營沙畢那爾佐領等缺擬定正、陪人員，繕具清單，恭呈御覽。

額魯特營沙畢那爾車林所出佐領員缺。擬正之額魯特營左翼沙畢那爾正藍旗頭牛彔驍騎校穆克，食俸餉當差二十年，光緒十七年搜勤竄匪案內出力，經前護將軍富勒銘額奏保以驍騎校補用。光緒二十二年，補放空藍翎。二十六年，補放驍騎校，揀選佐領擬陪一次，現年四十八歲。舊沙畢那爾馬步箭平等。

擬陪之額魯特營左翼沙畢那爾正藍旗二牛彔驍騎校楚固拉，食俸餉當差二十二年，光緒十七年搜勤竄匪案內出力，經前護將軍富勒額咨保以空藍翎補用，先換頂翎。光緒二十五年，補放驍騎校，現年四十八歲。舊沙畢那爾馬步箭平等。

擬補佐領所遺驍騎校員缺。擬正之額魯特營左翼沙畢那爾鑲白旗二牛彔委筆帖式霍湍，食錢糧當差二十三年，揀選驍騎校擬陪二次，現年四十四歲。舊沙畢那爾氏，馬步箭平等。

擬陪之額魯特營左翼沙畢那爾鑲白旗二牛彔儘先即補驍騎校委官庫克新，食錢糧二十八年，前在塔爾巴哈臺軍營當差，光緒六年勤辦陝回案內出力，經前任將軍金順奏保儘先即補驍騎校，進京護送貢馬二次、戰馬一次。光緒二十五年，由領催補放委官，揀選驍騎校擬陪

---

① 臺北"故宮博物院"藏：《軍機及宮中檔》，文獻編號：408004118。
② 中國第一歷史檔案館藏：《錄副奏摺》，檔號：03-5957-026。

三次，現年四十六歲。舊沙畢那爾馬步箭平等。

覽。①

○四六　錫拉蘇留伊犁改就武職片
光緒二十九年三月二十七日（1903年4月24日）

再，奴才等據開缺昌西陵禮部員外郎錫拉蘇稟稱：竊錫拉蘇前於光緒二十六年三月在員外郎任內，援例呈請本衙門咨准吏部，給假四箇月，回伊犁脩墓，於閏八月十一日行抵伊犁。因祖塋坍塌，工程甚大，恐誤假期，稟請咨部開缺在案。嗣因祖塋尚未一律脩竣，兼以需費甚鉅，籌措維艱，伊犁距京窵遠，無力起程，呈經前伊犁將軍長庚奏留伊犁差遣，旋奉札知：光緒二十七年四月十九日，奉硃批：著照所請，吏部知道。欽此②。並准吏部咨開：查昌西陵禮部員外郎錫拉蘇，於光緒十九年十月二十日六年期滿，例應以京缺調補之員，前因告假回伊犁脩墓，尚未脩竣，呈請開缺。

今據伊犁將軍奏請留於伊犁差遣，按照本部奏定章程，應以此次奉旨之日停止銓選，俟差竣咨報赴部時，即以差竣赴部之日再與同班年滿人員比較日期先後，按班銓選，調補京缺。再，該員係奏留

---

① 中國第一歷史檔案館藏：《單》，檔號：03-5957-023。
② 光緒二十七年三月十二日，伊犁將軍長庚等奏請准開缺昌西陵禮部員外郎錫拉蘇留伊犁差遣，曰："再，奴才等據開缺昌西陵禮部員外郎錫拉蘇呈稱：竊錫拉蘇前於光緒二十六年三月在昌西陵禮部員外郎任內，援例呈請本衙門咨准吏部，除去往返程途，給假四箇月，回伊犁修墓。旋於二十六年閏八月十一日行抵伊犁，查看各處祖塋，因年久失修，被水沖刷坍塌，工程甚大，修理需時，恐誤假期，復經稟請轉咨吏部，將昌西陵禮部員外郎缺先行開去在案。茲查前項祖塋尚未一律修竣，兼以需費甚鉅，資斧早經告竭，籌措維艱。伊犁距京窵遠，實在無力起程。伏思錫拉蘇原係伊犁駐防，可否仰懇就近留於伊犁當差，以圖報效，等情。呈請奏咨前來。奴才等覆查該員所呈各節，均係實情。現在伊犁邊防緊要，差遣需員，該員錫拉蘇原係伊犁駐防，可否仰懇天恩俯准，敕部將開缺昌西陵禮部員外郎錫拉蘇就近留於伊犁差遣之處，出自逾格鴻慈。除咨明吏部外，理合附片具陳。伏乞聖鑒訓示。謹奏。光緒二十七年四月十九日，奉硃批：著照所請，吏部知道。欽此（中國第一歷史檔案館藏：《錄副奏片》，檔號：03-5950-054）。"

差委之員，不准干預地方事件。除入冊外，相應知照，等因。轉行遵照。奉此，理應遵章俟差竣請咨赴部，歸班銓選。無如伊犁距京萬里，資斧難籌，現實無力起程。伏思錫拉蘇原係伊犁駐防，自幼承襲世職，習武時多，在禮部員外郎任內一十四年，自維愚拙於文職，禮儀、吏治均未敢自信稱職。現既無力進京，情願歸旗就武當差，以圖報效。理合稟懇據情奏請將錫拉蘇改就武職，仍歸伊犁滿營當差，等情。前來。

奴才等覆查該員錫拉蘇原係伊犁駐防，自幼文武兼習，雖該員自稱前在員外郎任內未敢自信稱職，而清、回文理均屬明白，於馬步騎射尤為嫻熟，自經奏留派委各項差使，洵能踴躍從事。現在奴才等擬開設學堂，伊犁邊地，延師頗難，該員既願就武職，合無仰懇天恩俯准該員改就武職，免其赴部候選，仍歸伊犁滿營當差，以資委用。惟該員錫拉蘇原係開缺員外郎兼雲騎尉世職，此次呈請改就武職，如蒙俞允，應以本旗何官補用之處，相應請旨敕部覈覆，以便飭遵。理合附片具陳，伏乞聖鑒訓示。謹奏。

（硃批）：該部議奏。欽此。①

光緒二十九年五月十二日，奉硃批：該部議奏。欽此②。

〇四七　代奏潘特索福謝賞寶星片
光緒二十九年三月二十七日（1903年4月24日）

再，查光緒二十八年，前將軍長庚會同新疆撫臣等附奏，俄員藩特索福辦理邊界交涉疊著勤勞，請賞給二等第三寶星一片，光緒二十八年九月十七日，奉硃批：著照所請，外務部知道。欽此③。旋准

---

① 臺北"故宮博物院"藏：《軍機及宮中檔》，文獻編號：408004118。
② 臺北"故宮博物院"藏：《軍機及宮中檔》，文獻編號：156435。
③ 光緒二十八年八月初一日，伊犁將軍長庚會同新疆巡撫饒應祺附奏曰："再，奴才長庚

外務部製造寶星一座,並繕就執照一張,咨送前來。奴才當即發交署伊塔道黃丙焜,照送俄領事斐多羅福轉交該參議官潘特索福,祇領佩帶去後。茲據伊塔道詳:據該俄官潘特索福敬謹祇領,呈請代謝天恩前來。理合附片代陳。伏乞聖鑒。謹奏。

(硃批):知道了。①

光緒二十九年五月十二日,奉硃批:知道了。欽此②。

〇四八　俄屬哈薩克借地牧馬安靜回俄片
光緒二十九年三月二十七日(1903年4月24日)

再,奴才前於光緒二十八年九月內,據署伊塔道黃丙焜詳稱:准

前准俄國七河巡撫伊完諾伏咨稱:該巡撫參議官潘特索福前交還伊犁時即辦交涉事務,並與中國官員分界,及兩次辦理司牙孜。此二十餘年內,該員辦理伊犁邊界各事,皆身歷其難,應請貴將軍查照,等情。彼時,奴才長庚未敢遽行陳奏。本年曾辦俄積案事竣,復准索倫營領隊大臣志銳咨呈:潘特索福辦理交涉之事,知重邦交,能顧大局,剖斷公允,請為嘉獎,等因。前來。查俄員潘特索福前於光緒八年隨俄國七河巡撫斐里德來伊犁,辦理交還事務,奴才長庚隨同前任將軍金順接收伊犁,曾與晤面。嗣該俄員隨同斐里德與前辦勘分中俄邊界事務大臣升泰、長順等辦理分界事務屬實。迨後該俄員於光緒十三年會同前護巴彥岱領隊大臣德克津布辦理司牙孜一次。奴才長庚到任後,該俄員於光緒二十三年又會同中國官員辦理司牙孜一次。二十六年,會同中國官員查勘中俄邊界牌博一次。本年,又辦司牙孜一次。該俄員人本明白,因辦理邊界事務年久,熟悉情形,故於會辦中俄積案不存偏見,能顧大體,一切商同中國官員准情,酌量秉公剖斷,兩國人民亦均悅服,遵依完結,洵屬兩得其平。其歷年辦理伊犁邊界交涉各事,亦屬疊著勤勞。既經俄國七河巡撫及索倫營領隊大臣志銳先後呈請,應請量予獎勵,以示優異而昭觀感。查光緒二十二年總理各國事務衙門釐定寶星章程:各國頭等參贊准二等第三寶星。茲俄國七河巡撫參議官潘特索福,可否仰懇天恩俯准賞給二等第三寶星佩藏,由外務部代製,備具執照,寄交伊犁,轉送七河巡撫發交該俄員潘特索福,祇領佩用,出自鴻施。除咨外務部外,理合附片具陳。伏乞聖鑒訓示。謹奏。光緒二十八年九月十七日,奉硃批:著照所請,外務部知道。欽此(臺北"故宮博物院"藏:《軍機及宮中檔》,文獻編號:149819)。"

① 臺北"故宮博物院"藏:《軍機及宮中檔》,文獻編號:408004118-A。

② 臺北"故宮博物院"藏:《軍機及宮中檔》,文獻編號:156436。案,此奏片具奏日期未確,據硃批日期"光緒二十九年五月十二日",查《軍機處隨手登記檔》(檔案編號:03-0316-2-1229-128),署有"報馬遞,三月二十七日自伊犁發"等字樣,由此,具奏日期應為"光緒二十九年三月二十七日"。茲據校正。

駐伊犁俄領事斐多羅福照會：請租索倫營所管地，自霍爾果斯至阿克蘇止長五十里，牧放馬羊三年，等情。當經奴才以索倫廠地窄狹，實無餘地可租，批飭伊塔道轉覆領事去後。旋據伊塔道覆稱：該領事援照二十七年借廠成案，聲稱該國哈薩因無草廠過冬，倒斃甚多，指借穆胡爾莫敦地方，放馬一萬匹，蘇勒臺地方放羊二萬五千隻。經該部再三商卻，該領事復事堅請，奴才因現在邦交為重，當飭議定借給穆胡爾莫敦牧地，祇准放馬一萬匹，限以六箇月，滿期仍須追還。一切章程悉照二十七年所定，會立合同。

因時居隆冬，一面照會額魯特領隊大臣徐炘，轉飭總管派委員弁，管帶兵丁保護。於二十八年十二月十二日，據俄哈阿依特博羅斯管帶牧馬哈薩克一百名，由那林郭勒卡倫放入馬一萬匹。經佐領哈爾蓋朝喀等督飭兵丁點驗，人馬數目相符，即將該哈薩馬群安插穆胡爾莫敦地方牧放，業將辦理情形先後電請外務部代奏在案。茲據額魯特領隊大臣咨呈：轉據該總管等呈報：該俄哈因雪消凍解，辭回該國，業經佐領哈爾蓋等護送該哈馬群於二十九年二月十六日由莫霍爾托羅海卡倫過界，交給俄官頗莫什克禮罕諾福點收清楚，取有俄官印收，轉報前來。

奴才查此次俄屬哈薩克借地牧放馬匹，尚屬安靜，期限未滿，即行出境，亦能遵守約章，洵堪上慰宸廑。除咨明軍機處暨外務部外，所有俄屬哈薩克借地牧馬現已安靜回俄緣由，理合附片陳明。伏乞聖鑒。謹奏。

（硃批）：外務部知道。①

光緒二十九年五月十二日，奉硃批：外務部知道。欽此②。

【案】此件之得獲允行，《清實錄》載之曰："伊犁將軍馬亮等奏，俄屬哈薩克借地牧馬，現已安靜回俄。下外務部知之。③"

---

① 臺北"故宮博物院"藏：《軍機及宮中檔》，文獻編號：408004118-C。
② 臺北"故宮博物院"藏：《軍機及宮中檔》，文獻編號：156437。
③ 《德宗景皇帝實錄（七）》，卷五百十五，光緒二十九年五月上，第803頁。

○四九　奏報循例呈進貢馬摺
光緒二十九年五月初一日（1903 年 5 月 27 日）

奴才馬亮、廣福跪奏，為循例呈進貢馬，恭摺具陳，仰祈聖鑒事。竊維伊犁係產馬之區，自收還以來，歷年挑選馴良馬匹，呈進御用。茲居光緒二十九年應進貢馬之期，奴才馬亮謹選得騸馬八匹，奴才廣福謹選得騸馬四匹，調習試驗，骨相雖非駿異，步驟尚屬安詳，專派防禦塔奇本、精吉那、驍騎校哲陳泰等帶領弁兵，於本年五月初一日由伊犁起程，照章取道草地行走。飭令攜帶䵷料，沿途小心牧放餵養，護送進京，呈遞上駟院驗收試騎，敬備御用。

除咨行科布多、烏里雅蘇台將軍、參贊大臣、察哈爾都統等轉飭經過地方一體照料前進、以昭慎重外，謹將所有正貢、備貢馬匹數目、毛色、口齒、腳步另繕清單，恭呈御覽。懇恩賞收，以遂奴才等敬獻微忱。理合恭摺具陳，伏乞皇太后、皇上聖鑒訓示。謹奏。光緒二十九年五月初一日。

（硃批）：知道了。[1]

光緒二十九年九月初七日，奉硃批：知道了。欽此[2]。

○五〇　呈正貢備貢馬四匹清單
光緒二十九年五月初一日（1903 年 5 月 27 日）

奴才馬亮謹呈正貢馬四匹：黑馬，小走，八歲口。黑馬，小走，八歲口。黑鬃黃馬，小走，八歲口。黑鬃黃馬，小走，八歲口。備貢

---

[1] 臺北"故宮博物院"藏：《軍機及宮中檔》，文獻編號：408004120。
[2] 中國第一歷史檔案館藏：《錄副奏摺》，檔號：03-5569-050。

馬四匹：海騮馬，小走，七歲口。海騮馬，小走，七歲口。煙熏棗騮馬，小走，七歲口。煙熏棗騮馬，小走，七歲口。

奴才廣福謹呈正貢二匹：棗騮馬，小走，八歲口。玉頂棗騮馬，小走，八歲口。備貢馬二匹：棗騮馬，小走，七歲口。玉頂棗騮馬，小走，七歲口。

覽。①

〇五一　領隊大臣遵例隨同呈進貢馬片
　　　　光緒二十九年五月十一日（1903年6月6日）

再，據錫伯營領隊大臣色普西賢、索倫營領隊大臣志銳、察哈爾營領隊大臣恩祥、額魯特營領隊大臣徐炘，各選得騙馬二匹，呈請隨同呈進前來。除飭委員防禦塔奇本等一體護送上駟院驗收外，謹將馬匹數目、毛色、口齒、腳步另繕清單，恭呈御覽。伏乞天恩一併賞收。所有領隊大臣遵例隨同呈進貢馬緣由，理合附片陳明。伏乞聖鑒。謹奏。

（硃批）：知道了。②

光緒二十九年九月初七日，奉硃批：知道了。欽此③。

〇五二　呈正貢備貢馬四匹清單
　　　　光緒二十九年五月十一日（1903年6月6日）

奴才色普西賢謹呈正貢馬一匹，黑鬃黃馬小走，八歲口。備貢馬

---

① 中國第一歷史檔案館藏：《單》，檔號：03-5569-051。又，此單呈報日期誤為硃批日期，茲據校正。
② 臺北"故宮博物院"藏：《軍機及宮中檔》，文獻編號：408004120-A。
③ 中國第一歷史檔案館藏：《錄副奏片》，檔號：03-5742-041。

一匹，黑鬃黃馬小走，七歲口。

奴才志銳謹呈正貢馬一匹，黑馬小走，八歲口。備貢馬一匹，黑馬小走，七歲口。

奴才恩祥謹呈正貢馬一匹，黑馬小走，八歲口。備貢馬一匹，黑馬小走，七歲口。

奴才徐炘正貢馬一匹，棗騮馬小走，八歲口。備貢馬一匹，棗騮馬小走，七歲口。

覽。①

〇五三　揀選伊犁察哈爾營佐領等缺摺
光緒二十九年五月十一日（1903年6月6日）

奴才馬亮、廣福跪奏，為循例揀選伊犁察哈爾營佐領等缺，擬定正、陪，恭摺仰祈聖鑒事。

竊奴才等准察哈爾營領隊大臣恩祥咨呈：察哈爾右翼正黃旗頭牛彔佐領鄂奇爾於光緒二十九年二月二十二日病故，所遺佐領等缺應請揀員補放，以資辦理旗務，等因。前來。奴才等當於該營應升人員內逐加考驗，鄂奇爾遺缺察哈爾營右翼正黃旗頭牛彔佐領一缺，揀選得鑲紅旗頭牛彔驍騎校鄂勒墜布彥堪以擬正，鑲藍旗頭牛彔驍騎校克達爾堪以擬陪。遞遺驍騎校一缺，揀選得鑲紅旗頭牛彔空藍翎吉克米特堪以擬正，正紅旗頭牛彔委筆帖式烏圖那遜堪以擬陪。謹將該員等履歷另繕清單，恭呈御覽，伏候欽定。

其請補佐領一俟遇有差便，給資送部，補行引見，以符定制。所有揀選伊犁察哈爾營佐領等缺擬定正、陪緣由，理合恭摺具陳。伏乞

---

① 此清單據原稿補。再，此"覽"字據《軍機處隨手登記檔》（檔案編號：03-0317-1-1229-269）校補。

皇太后、皇上聖鑒訓示。謹奏。光緒二十九年五月十一日。

（硃批）：均著擬正之員補授，該衙門知道，單併發。①

光緒二十九年六月初三日，奉硃批：均著擬正之員補授，該衙門知道，單併發。欽此②。

〇五四　呈揀選察哈爾營佐領等缺清單
光緒二十九年五月十一日（1903年6月6日）

謹將揀選伊犁察哈爾營佐領等缺擬定正、陪人員，繕具清單，恭呈御覽。

察哈爾營鄂奇爾所出佐領一缺。擬正之察哈爾營右翼鑲紅旗頭牛彔驍騎校鄂勒墜布彥，食俸餉當差十九年，光緒十七年搜勦竄匪案內出力，經前護將軍富勒銘額咨保六品頂戴。二十六年，由委官補放驍騎校，現年三十七歲。察哈爾蒙古馬步箭平等。

擬陪之察哈爾營右翼鑲藍旗頭牛彔驍騎校察克達爾，食俸餉三十九年，前在庫爾喀喇烏蘇軍營當差。光緒二年，克復瑪納斯南城案內出力，經前任將軍金順奏保儘先即補驍騎校，並賞戴五品花翎。光緒十二年，補放驍騎校，揀選佐領擬陪一次，現年五十四歲。察哈爾蒙古馬步箭平等。

擬補佐領所遺驍騎校員缺。擬正之察哈爾營右翼鑲紅旗頭牛彔空藍翎吉克米特，食錢糧當差十七年。光緒二十六年，補放空藍翎，揀選驍騎校擬陪一次，現年三十一歲。察哈爾蒙古馬步箭平等。

擬陪之察哈爾營右翼正紅旗頭牛彔委筆帖式烏圖那遜，食錢糧當差十三年。光緒十七年搜勦竄匪案內出力，經前護將軍富勒銘額

---

① 臺北"故宮博物院"藏：《軍機及宮中檔》，文獻編號：408004125。

② 中國第一歷史檔案館藏：《錄副奏摺》，檔號：03-5957-042。

咨保六品頂戴。二十六年，補放領隊檔房委筆帖式，揀選驍騎校擬陪一次，現年三十三歲。察哈爾蒙古馬步箭平等。光緒二十九年五月十一日。

覽。①

○五五　土爾扈特東部落盟長赴京片
光緒二十九年五月十一日（1903年6月6日）

再，准烏訥恩素克圖舊土爾扈特東部落盟長札薩克弼錫呼勒圖郡王帕勒塔咨呈：案准將軍照會：准理藩院咨開：柔遠司案呈：准軍機處交出軍機大臣面奉諭旨：九月十七日，據馬亮電稱：土爾扈特郡王帕勒塔奉調該值年班，因路遠限迫，呈請乘坐臺輪入都，等語。已有旨飭令毋庸前來，俟下屆再行來京。嗣後蒙古王公等年班屆期，著理藩院提前行文知照，以免遲誤。欽此。欽遵交出到院。相應咨行伊犁將軍，轉飭土爾扈特郡王帕勒塔遵照下屆來京補班，毋得遺誤可也，等因。照會前來。

伏思郡王仰荷天恩，賞襲郡王爵秩，久欲瞻仰天顏，曾於光緒二十七年呈經前將軍長庚轉咨理藩院覈准，俟恭值年班之期，赴京瞻覲。上年因班期迫，未遂依戀之忱。茲准前因，自應早為起程，赴京引見，聽候調補。年班現擬定於五月內擇期起程，所有正盟長印信，擬請將軍派員護理。其扎薩克之印信，移交管旗章京普爾布暫行代理，等情。呈請奏咨前來。

奴才等覆查該郡王帕勒塔呈請瞻仰天顏出於至誠，自應准其前往。除照覆將正盟長印信呈交管旗章京普爾布暫行代理，並咨明理藩院查覈外，理合附片陳明。伏乞聖鑒。謹奏。

---

① 中國第一歷史檔案館藏：《單》，檔號：03-5957-010。

硃批：該衙門知道。①

同日，奉硃批：該衙門知道。欽此②。

〇五六　新滿營驍騎校芬陳開缺休致片
光緒二十九年五月十一日（1903年6月6日）

再，據辦理伊犁滿營事務檔房呈：據新滿營左翼協領錫濟爾琿呈：據正藍旗佐領蒙庫泰呈：據本旗驍騎校芬陳呈稱：竊芬陳現年六十五歲，前在塔爾巴哈臺軍營當差年久，身受潮濕，腰骸疼痛，時發時愈，現在年逾六旬，血氣漸衰，舊病復發，步履維艱，若不呈明告退，誠恐貽誤公差，理合呈請原品休致，等情。由該管協領等加結轉呈前來。

奴才等覆查無異，合無仰懇天恩俯准，將伊犁新滿營正藍旗驍騎校芬陳開去驍騎校員缺，以原品休致之處，出自鴻慈。除將該員履歷清冊咨部查覈外，理合附片具陳。伏乞聖鑒訓示。謹奏。

硃批：著照所請，兵部知道。③

光緒二十九年六月初三日，奉硃批：著照所請，兵部知道。欽此④。

〇五七　錫伯營防禦富善開缺休致片
光緒二十九年五月十一日（1903年6月6日）

再，准錫伯營領隊大臣色普西賢咨呈：據錫伯營總管富勒祜倫等

---

① 臺北"故宮博物院"藏：《軍機及宮中檔》，文獻編號：408004125-B。
② 此奉硃批日與內容，據稿本補。
③ 臺北"故宮博物院"藏：《軍機及宮中檔》，文獻編號：408004125-C。
④ 中國第一歷史檔案館藏：《錄副奏片》，檔號：03-5957-043。又，此錄副未署具奏者，茲據底本、原件判斷，應為馬亮等所奏之件。

呈：據正白旗防禦富善呈稱：竊富善現年五十歲，前在塔爾巴哈臺、庫爾喀喇烏蘇軍營當差年久，身受潮濕，現因感受風寒，致患半身不遂之症，實難騎馬當差，理合呈請原品休致，等因。由該管領隊轉呈前來。

奴才等覈查無異，合無仰懇天恩俯准，將伊犁錫伯營正白旗防禦富善開去防禦員缺，以原品休致之處，出自鴻慈。除將該員履歷清冊咨部查覈外，理合附片具陳。伏乞聖鑒訓示。謹奏。

（硃批）：著照所請，兵部知道。①

光緒二十九年六月初三日，奉硃批：著照所請，兵部知道。欽此②。

○五八　擬設養正學堂酌議試辦章程摺
光緒二十九年五月十一日（1903年6月6日）

奴才馬亮跪奏，為擬設伊犁養正學堂，並派學生出洋肄業，就地儲才備用，酌議章程，繕具清單，恭摺仰祈聖鑒事。

竊以振興政教，首重人才；培養人才，端資學校。近年以來，欽惟我皇上更定科制，廣建學堂，頒發各等章程，兼講中外教法。凡此更新圖治之盛謨，興學作人之雅化，薄海臣民宜如何鼓舞，幾研精學術，以求治本。查伊犁承平後，士風諝陋，師道寢微，滿營辦事人員通曉滿、漢、蒙、回文意者固不乏人，然兼通俄國語言文字、熟習交涉事務者，究難其選。現設義學所教子弟亦僅粗知滿、漢文義，未能會通中外文學，若不開通風氣、培養才能，誠恐繼起無人。邊遠旗僕近接俄鄰，平時即未備通才，臨事更何資肆應？上年索倫營領隊大臣志銳於會辦司牙孜時，曾與俄參議官潘特索福商擬，派生出洋肄業，雖據覆文照辦，旋因前任將軍長庚交卸，尚未奏請舉行。

① 臺北"故宮博物院"藏：《軍機及宮中檔》，文獻編號：408004125-A。
② 中國第一歷史檔案館藏：《錄副奏片》，檔號：03-5957-044。又，此錄副未署具奏者，茲據底本、原件判斷，應為馬亮等所奏之件。

奴才到任後，查度咨詢，僉以肄業洋學、開設學堂，事可並行，勢難再緩，當飭滿漢營務處妥議舉辦。茲據酌擬章程呈覆前來。奴才查核所擬十條，尚能仰體欽定蒙學堂章程意旨，並於因地因時制宜辦法可以次第推行。所議學生出洋擬在距伊一千八百里之阿拉穆圖地方俄堂肄業，取其就近，易於詢察。學無上進者，隨時調回另派，不致靡款曠時。其洋學以十人更番往返，以三年為卒業。本地學堂挑選滿、蒙子弟四十人入堂肄業，定以四年為期，按班挑換。除學堂房屋由滿、蒙各官自行捐建外，初辦之年購買書籍，製辦器具，出洋川資，約估需銀二千數百兩，額支束脩、膏火、獎賞等項經費，無閏之年約估需銀七千五百餘兩。

奴才詳加酌核，所定各款亦屬力從撙節，惟現在庫款支絀，請款為難。就地設籌，惟有牧廠孳生羊隻變價一款尚可動用，以之開支此項經費，尚屬有盈無絀。如蒙允准，擬俟奉旨後，即於滿、蒙官員及投效人員內，擇其品學兼優者，考充各項教習，並請旨即派索倫營領隊大臣志銳兼充總理堂事官。其副理各員即由滿、漢官員內擇其通文敬事者，分任其事。堂名即擬顏曰"養正"，以示蒙學之義。一切章程均照所擬十條，核實辦理，數年之後，於伊犁辦理中外交涉事宜冀可先收實效。如將來諸生有志上進，願赴京外各學堂以及各國游學者，准其隨時呈明，奏請咨送，俾諸生勉加上乘之功，得備匡時之選，以仰副朝廷培養人才之意於萬一。

所有擬設伊犁養正學堂、酌議試辦章程，除咨外務部、大學堂暨戶、兵、工部外，理合繕具清單，恭摺具陳。伏乞皇太后、皇上聖鑒訓示，敕部立案。謹奏。光緒二十九年五月十一日。

（硃批）：著照所請，該衙門知道，單併發。①

光緒二十九年六月初三日，奉硃批：著照所請，該衙門知道，單併發。欽此②。

---

① 臺北"故宮博物院"藏：《軍機及宮中檔》，文獻編號：408004124。
② 臺北"故宮博物院"藏：《軍機及宮中檔》，文獻編號：157796。

〇五九　呈養正學堂出洋肄業章程清單
光緒二十九年五月十一日（1903年6月6日）

謹將擬設伊犁養正學堂并派生出洋肄業，酌定章程，籌備經費數目，繕具清單，恭呈御覽。

計開：一、立學綱目擬因地制宜也。查伊犁僻處西陲，文教不講，軍民繁雜，有滿、漢、蒙、哈、纏回之分，密邇俄鄰，尤多交涉。自光緒八年收還以後，求其能於各種文字、語言全行通識者，實無幾人，是以此次立學有必須仿照內地各學章程變通辦理者，擬於各營義學學生內挑選清、漢文義通順者十人，咨送俄國肄業；另選兩滿營四愛曼聰穎子弟，年過十五歲，曾讀清、漢小學及四子書者四十人入堂，兼習清、漢、蒙、回文字，俟造就有成，按班挑派出洋學習，以期儲才備用。

一、出洋回國宜甄別錄用也。查現在中俄交涉事繁，熟習洋務情形人少，初年擬由兩滿營內挑選文理通順子弟十人，按名發給川資、膏火，送赴俄國學堂肄業，定限三年卒業，須將俄國語言文字學習精通，採訪俄國風土人情、輿地、算法，如能兼習英、法、德、美諸國文字者，更為優等。三年之後，志高向上或願再留學習一、二年，或願分赴各國游學增長功業者，臨時加給盤費。第一班回堂後，再選本堂生四年卒業之考列超等者，挑派十人作為第二班出洋，以後按班挑派。其由俄回國者，考驗功業果能出眾，事體果能明達，或選充本堂教習，或請補防、驍等官，兼派中俄局提調、繙譯等項差使，補缺時聲明洋學熟習，破格錄用，以期策勵，庶人皆奮學，易得成材。

一、教習員役擬酌定額數也。查本堂學生擬定四十，功課擬分四項。現在本地教習即難得各種文義全通之人，因地延請，語音又多不合。現擬分設清文教習兩人、漢文教習兩人、蒙文教習一人、回文教習一人，即由各營人員及投效人員內詳加考驗，擇其品學素優、能兼通兩種文字者，入堂教習。設總理堂事官一員，總理全堂事務；副總理官二員，一監督堂規，每日稽查功課，並經理月考、年考，登記分數；一專司全堂出入款項，存發書籍，照料什物。書識一名，貼寫一名，值日丁役十名，廚丁二名，大夫一名，更夫一名，掃夫一名，門丁二名，以備差遣之用。

一、學生功課宜循序漸近也。查此次挑選義學子第入學，智愚不一，各項教習先宜量其資質，分別教授。所有脩身、字課、習字、讀經、史學、輿地、算學、體操諸階級，均按頒發蒙學堂章程分年定課外，每日分定時刻，由漢文教習專授漢文，清、蒙、回文各教習各專授以清、蒙、回文，並講求洋文字母拼法及清、蒙文連字之法，繙譯文字，學習語言，毋期融會貫通，毋事貪多騖得。

一、考試章程宜分定期限也。查頒發蒙學堂章程，原有考驗積分之法，現擬分別日考、月考、年考，每日由各教習訂立考課簿，於背誦講解時考驗功課，每生名下註明分數，間三日比較一次，隨時戒勉。每月月考一次，由總理堂事官入堂考驗，一二年內大建月從二十八日起，小建月從二十七日起，以二日分考，所習各課以一百分為合格。三四年內大建月從二十七日起，小建月從二十六日起，以三日分考，所習各課以一百四十分為合格。將各生分數及日考簿比較，及分數者分別列等第給獎，如三次不及分數者戒飭，考畢准令回家休息一日。每年考一次，自臘月初十日停學開考，分五日考畢，亦照積分之法比較等第，及分數者獎賞從優。五日考畢，散學回家度歲。三考之外，每年不拘時令，仍由奴才調齊各生堂考一次，以昭核實。

一、勸懲諸生宜明定賞罰也。查選生入學原為培植人才，諸生年幼無知，全賴父兄勗勉，考驗各生，除每月月考超等五名，每名賞銀一兩；特等十名，每名賞銀八錢；一等十名，每名賞銀五錢。年考超等十名，每名賞銀四兩；特等十名，每名賞銀三兩；一等十名，每名賞銀一兩五錢外，如堂考查有資質聰敏、用功勤奮者，除分別等第捐給獎賞外，仍飭營務處記名，挑補甲缺錢糧，以為將來出身之階。如有始勤終墮者，仍行革退。儻有父兄縱容偷閑廢學、肆行犯規、希圖革退者，一經查出，即行將縱容之父兄官則記過革差，兵則罰停錢糧，庶免姑息而冀交相勸勉。

一、堂規、禮儀宜互相稽察也。查堂規、禮儀以及休假期限，除按照頒發蒙學堂章程釐定外，惟此設立教習六人，學分四項，更番教習。各教習務宜互相稽察，如有違犯堂規、錯亂禮儀者，輕則戒飭，重則革退出堂，各教習不得互相推諉。

一、學堂房屋擬捐資建造也。查此次設立學堂，堂屋擬容七十人，地位中設講堂、食堂各一所、教習住房六間、學生書房十間、藏書房、儲物房四間、體操場一所、丁役住房四間、廚役兩間、廁房兩間、門房兩間、頭門一座，現已勘定惠遠城西大街地址一處，址基寬爽，地方清靜，甚為合宜。傳匠估計需用銀兩，舊、新兩滿營及四愛曼各官情願自行捐建，不動公款，邀免造報。

一、書籍、器具擬官為購辦也。查伊犁地居邊界，全無書籍可購。各生平日讀本及所需一切書籍並紙筆、墨硯、算盤，算籌，均尌酌多寡，派員前赴京城及上海一帶採辦，回伊備用。其各堂房屋內需用几案、桌椅、簾帳、廚房器皿，均在本地製辦，需用價值細數未能預定，擬俟辦竣，核實造報請銷。

一、常年經費擬就地籌備也。查此次開創設立學堂，規模一新。除學堂房屋擬由各營捐建毋庸核計經費外，初辦之年購買書籍、紙筆、墨硯等項，約需湘平銀一千餘兩；製辦器具、什物等項，約需湘平銀一千餘兩；出洋學生十人，約共發給往返川資三百餘兩。共需用湘平銀二千數百兩。常年漢文教習二人，每人月支束脩銀三十兩；清文教習二人，每人月支束脩銀二十兩；蒙文教習一人，每月支束脩銀十五兩；回文教習一人，月支束脩銀十五兩；總理管事官一員，月支薪水銀四十兩；副總理官二員，每月支薪水銀二十兩；書識、貼寫各一名，每名月支工食銀六兩；各項丁役十七名，每名月支工食銀三兩；辛紅、油燭月支銀三十兩；火食每日三餐，每餐六簋，月支銀一百八十兩；月考獎賞月支銀十八兩，年考獎賞一次支銀八十五兩；春、冬二季烤炭銀四百五十兩，出洋學生膏火每年需銀一千兩。無閏之年額支統共估需銀七千五百四十七兩，連購買書籍、製辦器具、出洋川資約估銀二千餘兩。初辦之年約需銀一萬兩上下，以後則額支七千五百餘兩之數尚敷支用，遇閏加增，不扣平建。現在庫款難籌，擬即由牧廠孳生羊隻變價款內動支，按年造報請銷，如有此次未經估計或有加增之款，俟續行估計，再行咨明立案。四年卒業之後，接續辦理，如有更改，屆時另行奏報。

以上各條，謹據滿、漢營務處等所擬，酌加釐定。如有未經賅載者，臨時斟酌損益，再行奏請辦理。合併聲明。①

○六○　試辦官茶以濟民食而顧國課摺
光緒二十九年五月十一日（1903 年 6 月 6 日）

奴才馬亮跪奏，為遵旨議覆，先行派員設局，試辦官茶，嚴禁私茶，以濟民食而顧國課，仍一面咨商會奏，恭摺仰祈聖鑒事。

竊奴才前以餉源支絀，於光緒二十八年十一月十六日擬定章程八條，奏請派員採運晉茶，行銷伊犁各城，便民裕課，以開利源而濟餉需，業經欽奉硃批：該部議奏，單併發。欽此。欽遵在案。茲准戶部議覆，以於西北路茶務大局攸關，請旨飭下奴才會同陝甘總督、新疆巡撫、駐塔爾巴哈臺伊犁副都統，體察情形，公同商酌，一俟議定，即行奏明請撥餉項試辦，等因。光緒二十九年二月二十日，奉旨：依議。欽此。欽遵鈔稿咨行到伊。在部臣未能洞悉邊地情形，以為茶務改章關係大局，自不能不詳慎從事。而奴才身膺邊寄，審時度勢，苟有礙

---

① 臺北"故宮博物院"藏：《軍機及宮中檔》，文獻編號：157796-A。

於大局，亦何敢冒昧舉行！此次奉到諭旨，本應會商定議再行奏請試辦，無如官茶久已停運，私茶各處暢行，念國課之攸關，則私茶不能不立時嚴禁；計民食所需用，則官茶不能不亟於舉行。若再待往返會商定議始行試辦，誠恐迂緩稽延，於國計民生均無裨益，思維再四，惟有將奴才所應覆者先行酌擬覆陳，一面派員採運行銷，一面咨商再行會奏，請旨辦理。

據戶部原奏內稱：封儲銀兩係奏明不准挪移之款，原單所稱借用五萬兩以資採運，俟茶到行銷歸還原款，必須確有把握一節。奴才查茶為民食所必需，現在湖茶不來，私茶宜禁，即無實在把握，民食所關，亦不能畏葸不辦，況前此迭經訪查伊犁茶價，除去採運成本及沿途運價、應繳課釐、開支局費，尚有盈餘。是辦理並非毫無把握也。惟封儲銀兩既難挪移，擬即就地籌借商款，先行派員赴張家口採茶，運伊接濟，定於五月內起程，由俄臺前往，明春當可辦茶到伊，獲有餘利，仍行報明充公。如成本有虧，即由奴才賠償。俟辦有成效，另行撥款。

原奏又稱：俸餉搭放茶觔，舊例久未舉行。所稱分成搭放，群情是否允洽一節。查伊犁改行湖茶，價值昂貴，且該官兵因其色味不合，遂多買食私茶，以至官商折本，撤號去伊。前此擬辦官茶時，咨詢各營，皆稱採辦晉茶，搭放俸餉，官兵均便。因於單內分定成數議請。是群情於改行湖茶多不願食、搭放晉茶尚無不允洽也。

原奏又稱：以票代引，歷有年所，改行晉茶，歸官試辦，甘商少此銷路，課釐亦恐減收一節。查伊犁地面甘商早經撤號，近年亦無一葉湖茶來伊。此次官辦晉茶，並不侵佔甘商銷路，即不能任聽甘商求減課釐，況奴才前奏曾經聲明甘商如願來伊，仍准其照舊行銷湖茶。是亦無慮甘商藉口請減課釐也。又，原奏內稱：甘票章程每票徵課釐二百二十二兩，出口之茶另於邊境設局，加完釐一次，原單未將加釐一項併計在內一節。查甘票章程：商運湖茶係在湖南採辦，由內地行走，沿途經過局卡甚多，概不完納釐稅，僅由甘肅總收，是以每票定課釐銀二百二十二兩，出口經過哈密始有加釐，落地行銷，概無釐稅。

此次試辦晉茶，擬在張家口採辦，由口外草地行走，沿途本無經過局卡應完稅釐，且原單議請起運時仍在張家口照各處行商完納出口課釐，行銷時仍在各處銷地面完納落地釐稅。在部臣統收併計，當知較甘票出口所收課釐數目已屬有增，而變出盈餘仍擬提充正餉，應請不再加釐，以昭公允也。

原奏又稱：新疆北路遼闊，若伊票晉茶與甘票湖茶一路行銷，則頭緒繁多，私販侵越，尤多不免，應如何查禁一節。查新疆北路昌吉、綏來、庫爾喀喇烏蘇、精河、塔爾巴哈臺一帶，久為私茶佔銷，伊犁運茶又須由昌吉一帶行走，若能一律改行晉茶，仍在各該處完納釐課，各地方官稽查私販必能認真。是於不分畛域之中仍寓互相查察之意，並非與甘票湖茶一路行銷，爭此微利。今部議既慮官辦反不免有私販侵越，擬即將伊票晉茶逕運伊犁、綏定、寧遠、惠遠各城行銷，經過局卡，驗票放行，概不完納釐稅。行銷地面即由奴才派員認真緝私。其省城以北、精河以南並塔爾巴哈臺等處，即由新疆撫臣及塔城伊犁副都統轉飭甘商，運茶接濟，嚴禁私販，不得入境。如有私販故違不遵，或伊犁官茶有沿途洒賣者，無論何處查出，即將私茶充公，並治以應得之罪。如部臣及撫臣等仍准伊票晉茶通行新疆北路一帶，俟會商定議，再行奏明辦理。

原奏又稱用人一節。查伊票晉茶係由奴才創議試辦，委派經理之人更屬責無旁貸，自當謹遵部議，慎選老成諳練之員辦理，以免中飽虧挪。

以上各節係就伊犁現在情形，熟思詳度。竊慮甘肅督臣、新疆撫臣既不知奴才是否確有把握，又難定群情是否盡能允洽，反覆咨商，徒延時日。滿、蒙各營，部落人眾，日食所需，難於久待，是以詳細陳請。除茶務大局有無窒礙仍俟咨商妥確、另案會奏，請旨撥款外，現在辦理既不挪移封儲公款，又未侵佔甘肅銷路，伏乞聖明獨斷，俯念邊地籌餉維艱，需茶孔急，准由奴才自行籌款，派員前赴張家口，先行試辦，免致坐失機宜，庶裕課便民，得以稍補時艱於萬一。所有遵旨議覆現已籌借商款，先行派員試辦官茶，嚴禁私茶，仍一面咨商會奏緣由，理合恭摺具陳。伏乞皇太后、皇上聖鑒訓示。謹奏。光緒二十九年五月十一日。

（硃批）：仍著會商崧蕃、潘效蘇，妥籌辦理。①

光緒二十九年六月初三日：奉硃批：仍著會商崧蕃、潘效蘇，妥籌辦理。欽此②。

【案】此摺於十年六月初三日得允行，《清實錄》："將軍馬亮奏請設局試辦官茶，嚴禁私茶，以濟民食而顧國課。得旨：仍著會商崧蕃、潘效蘇、妥籌辦理。③"

○六一　黑宰哈薩克臺吉次子承襲摺
光緒二十九年五月十一日（1903年6月6日）

奴才馬亮跪奏，為伊犁黑宰哈薩克臺吉病故，所遺臺吉一缺據情仰懇天恩，准其次子承襲，恭摺仰祈聖鑒事。

竊查哈薩克向分左、右、西三部，乾隆中戡定伊犁，遂成內附。各部設有汗王、公、臺吉等管理人眾，永作藩籬。同治年間，兵燹驟興，該部游牧地方多為俄國佔住。光緒八年，收還伊犁，黑宰哈薩克臺吉胡岱們都率所部眾投誠，經前將軍金順奏明，安插額魯特、察哈爾兩游牧境內。光緒十五年，前將軍色楞額於奏請額魯特領隊大臣春滿管理該哈薩克事務摺內，以該臺吉職分較崇，責成較重，請將該臺吉一名仿照回子伯克之例，歲給銀二百兩。嗣因原擬銀數較多，復經前護將軍富勒銘額於奏請歲收租馬案內，議定歲給該臺吉津貼銀一百

---

① 臺北"故宮博物院"藏：《軍機及宮中檔》，文獻編號：408004123。
② 臺北"故宮博物院"藏：《軍機及宮中檔》，文獻編號：157781。
③ 《德宗景皇帝實錄（七）》，卷五百十八，光緒二十九年六月，第838頁。

兩。該部人眾約束有人，獷悍性情漸能變化。

光緒二十七年六月二十六日，臺吉胡岱們都因病出缺。據管理哈薩事務額魯特領隊大臣英裕轉據哈薩克千戶長等呈請，將胡岱們都次子阿喇巴特承襲。前將軍長庚因查胡岱們都長子空古爾郭勒佳雖已早故，尚有長孫阿布勒堪例應承襲，飭令查覆，未及辦理卸事。茲據管理哈薩克事務索倫營領隊大臣志銳呈：據胡岱們都長孫百戶長阿布勒堪呈稱：伊父早故，自幼蒙胞叔阿喇巴特撫養成人，為立室家。今祖父胡岱們都病故，百戶長年少無知，不能管束游牧人眾，情願讓與胞叔阿喇巴特承襲臺吉。又據千戶長等五名聯銜呈稱：阿喇巴特充當千千戶長有年，向隨臺吉胡岱們都在游牧辦事，明白公允，能服眾情，現在胡岱們都病故，辦事無人，情願公舉阿喇巴特承襲臺吉，各等語。

查承襲爵職，例應長子，長子已故，例及長孫。今黑宰哈薩克臺吉胡岱們都病故，尚有長孫阿布勒堪，自應令其承襲。惟哈薩克性情、風俗難與拘論例章，既據該千戶長等公舉胡岱們都次子阿喇巴特承襲臺吉，又據阿布勒堪情願讓其胞叔，不若因勢利導，以資約束部眾。呈請奏明，請旨定奪，等情。前來。奴才查黑宰哈薩克部落人眾，全賴辦事能幹、為眾悅服之人管理，庶足以資鈐而就範圍。

茲據查明阿喇巴特為眾悅服，堪以承襲，合無仰懇天恩，俯念管理哈薩克部眾全賴擇人，准將已故黑宰哈薩克臺吉胡岱們都所遺臺吉一缺給予阿喇巴特承襲之處，出自逾格鴻施。除飭取該哈薩克臺吉三代宗圖冊結咨送理藩院外，所有伊犁黑宰哈薩克臺吉病故遺缺懇給伊次子承襲緣由，是否有當，理合恭摺具陳。伏乞皇太后、皇上聖鑒訓示。謹奏。光緒二十九年五月十一日。

（硃批）：著照所請，該衙門知道。①

光緒二十九年六月初三日，奉硃批：著照所請，該衙門知道。欽此②。

---

① 臺北"故宮博物院"藏：《軍機及宮中檔》，文獻編號：408004121。
② 臺北"故宮博物院"藏：《軍機及宮中檔》，文獻編號：157782。

〇六二　牧廠老羊照額變價等事摺
光緒二十九年五月十一日（1903年6月6日）

奴才馬亮跪奏，為伊犁牧廠孳生羊隻漸多，草場窄狹，請將口老羊隻遞年挑出變賣，將價存儲備用，整頓牧務，以杜虧累，恭摺仰祈聖鑒事。

竊查伊犁牧場自前將軍長庚奏請經費，於光緒二十二年購買兒騍馬四千匹、羝乳羊二萬四千隻。二十六年，復購買羝乳羊一萬六千隻。歸併以前，捐辦馬牛羊隻，興復孳生廠，照例取孳。二十四年，奏請分設備差廠，挑選不能取孳馬牛羊隻，撥廠備用，均經按年分案造報在案。上年奴才到任，接准移交，派員分赴各游牧查點。現據駝馬主事等取具察哈爾、額魯特各部落總管等結報：除二十八年例應取孳倒斃各數目另案辦理外，截至光緒二十七年底止，計存孳生廠大小馬五千七百二十四匹，備差廠騸馬五百九十匹，孳生廠大小牛二百二十六隻，備差廠犍牛四十一隻，孳生廠大小羊八萬二千九百二十隻，備差廠羯羊二萬三千四百四十六隻。因歷年孳生蕃庶，該游牧草廠窄狹，其兵丁、閑散等全賴牧養為生，私立牲畜，漸有擁擠之勢，況孳生各廠照例不准報倒，按年均須計數。取孳馬、牛二項，原購數目不多，較羊隻尚能耐老，少免賠累。惟羊隻一項自光緒十四年捐辦起，迄今已十五年，即二十二年購買發廠者，亦屆七年之久。歷年孳上取孳，數已增至十萬餘隻。口齒老者，不獨不能孳生，亦且時有倒斃。該經收官兵深恐虧短、難以賠累，呈請挑選變賣。其從前發給裁缺兵丁每名孳生羊三十隻，現在該裁兵等存者已能各自謀生，故者無人經管，誠恐年久孳多無著，並請收回，發交現食錢糧兵丁，隨缺經管，各等情。前來。

奴才查前將軍長庚在任時，亦曾將孳生羊隻於光緒二十四、五、

六、七等年陸續挑選口老殘疾，每隻照章變價銀六錢，造冊具報，並於奏估屯牧練軍經費案內聲明，將此項變價銀兩提充常年購製、操演、軍火等項之用，各在案。惟因所牧羊隻設廠未久，是以挑變數目無多，現據該總管等呈請各節，查屬實在情形，自不能不因時制宜，預防其漸。擬請自光緒二十九年起，將二十八年應取孳生羊隻照章收廠，按照新收羊數，挑出口老之羝羊、乳羊，照章每隻變價銀六錢，每年即以光緒二十七年孳生廠存羊數，定額取孳，以免年久倒斃，而省經牧官兵賠累，備差羊廠留存一年，應撥羊隻備用，將舊存羯羊全數按原購價值每隻變銀一兩，以免徒佔草場。所收價銀儲庫造報，存候撥用。嗣後按年照章挑變一次，庶於整頓牧務之中仍寓體恤經管官兵之意。

其裁缺兵丁原領羊隻，飭令收回，分發有缺各兵，隨缺牧放，以便稽查而免虧短。除咨明戶部外，所有牧廠口老羊隻擬請定章按年照額變價，並將原發羊隻改歸隨缺兵丁牧放各緣由，理合恭摺具陳。伏乞皇太后、皇上聖鑒訓示，敕部立案。謹奏。光緒二十九年五月十一日。

（硃批）：該部知道。①

光緒二十九年六月初三日，奉硃批：該部知道。欽此②。

〇六三　代奏俄領事謝恩片
光緒二十九年五月十一日（1903年6月6日）

再，查光緒二十八年十月二十九日，奴才會同前伊犁將軍長庚、新疆撫臣饒應祺，具奏駐伊俄領事斐多羅福辦事公允，克顧邦交，懇恩賞給二等第三寶星，以示優異一摺，光緒二十八年十二月二十八日，奉硃批：著照所請，外務部知道。欽此。又附奏俄商約游生春、馬進財，心地明白，辦事持平，懇恩各賞給五等寶星，以示鼓勵一片。同

---

① 臺北"故宮博物院"藏：《軍機及宮中檔》，文獻編號：408004122。
② 臺北"故宮博物院"藏：《軍機及宮中檔》，文獻編號：157783。

日奉硃批：著照所請，外務部知道。欽此。旋准外務部製造二等第三寶星一座、五等寶星二座，並繕就執照，咨送到伊。奴才當即發交署伊塔道黃丙焜轉交俄領事斐多羅福等祇領去後。茲據伊塔道詳：據俄領事斐多羅福等敬謹祇領，呈請代謝天恩前來。理合附片具陳。伏乞聖鑒。謹奏。

（硃批）：知道了。①

光緒二十九年六月初三日，硃批：知道了②。

〇六四　委員接署守備員缺片
光緒二十九年五月十一日（1903年6月6日）

再，查接管卷內，伊犁分防守備兼帶後旗馬隊張德霖，經前將軍長庚於伊犁歷年防戍案內奏保開缺，當經檄委管帶洋操漢隊營官即補守備李德山署理，未及奏報卸事。奴才當即檄委伊犁鎮標拔補千總張得勝接署。除咨部外，理合附片具陳。伏乞聖鑒。謹奏。

（硃批）：兵部知道。③

光緒二十九年六月初三日，奉硃批：兵部知道。欽此④。

〇六五　揀補糧餉印務等處章京摺
光緒二十九年七月初六日（1903年8月28日）

奴才馬亮、廣福跪奏，為揀員請補伊犁糧餉、印務等處章京主事

---

① 臺北"故宮博物院"藏：《軍機及宮中檔》，文獻編號：408004122-A。
② 此奉旨日期與內容，據《軍機處隨手登記檔》（檔案編號：03-0316-2-1229-177）校補。
③ 臺北"故宮博物院"藏：《軍機及宮中檔》，文獻編號：408004122-B。
④ 臺北"故宮博物院"藏：《軍機及宮中檔》，文獻編號：157784。

职衔各缺，恭摺具陈，仰祈圣鉴事。

　　窃奴才等据伊犁粮饷、印务嵩林①等呈称：伊犁粮饷本处章京主事职衔吉罕泰于光绪二十九年六月初六日因病身故，所遗之缺呈请拣员补放，前来。奴才查定例：伊犁粮饷章京四缺，一用京员，一用本处人员，二缺用在京废员，各按底缺更换。如系本处之缺，由该大臣于本处笔帖士拣选，奏请赏衔顶补，七年期满更换。如不得人，仍请以京员更换。又，例载：七年期满之员，又经该处大臣以办事得力奏请再留三年者，俟留办期满，果能始终奋勉，再行送部引见，各等语。伊犁自收还以后，粮饷章京四缺经前将军色楞额奏请裁去二缺，酌留二缺，一用京员，一用本处人员②。光绪二十七年，前将军长庚以粮饷事务渐繁奏请酌复一缺，声明京员到此，额支不敷，人地生疏，难期熟

---

①　嵩林，生卒年未详，字中崖，号峻卿，满洲镶黄旗人，廕生。同治年间，任户部郎中。光绪元年（1875），补湖广道监察御史。八年（1882），升兵科给事中。次年，放热河承德府。十年（1884），护理热河道篆务。十二年（1886），兼护热河道。同年，被参革职。二十八年（1902），补伊犁粮饷处章京。

②　光绪十四年十月初一日，伊犁将军色楞额等奏请拟补伊犁印务章京等缺，曰："奴才色楞额、富勒铭额跪奏，为遵旨查明伊犁额设印务等处章京，酌觌裁留，拟援案拣员请补，以期渐复旧制，恭摺覆陈，仰祈圣鉴事。窃于本年四月十三日准吏部咨：议覆伊犁将军请补印房京缺主事等官，应令酌觌情形，再行奏明办理，遵旨覆奏一摺，于光绪十四年二月二十四日具奏，奉旨：依议。钦此。粘单钞录原奏知照前来。查原奏内称：内阁钞出署伊犁将军锡纶奏，伊犁旗队现经奏明挑练，所有额设印务、粮饷、驼马、营务、满营档房等处主事、笔帖式各员缺，拟将现在行营当差各营人员先行请补数员，以期渐复旧制，其余委笔帖式、经书等照例咨部办理。如蒙俞允，均请仍由营暂食行营口分，等因。于光绪十三年十二月十六日奉硃批：该部议奏。钦此。钦遵钞出到部。查定例：伊犁章京印务二缺，一用京员，一用本处人员；粮饷四缺，一用京员，一用本处人员，二缺用在京废员；驼马二缺，一用在京废员，一用本处人员。各按缺底更换。如系京员之缺，由吏部于各衙门笔帖式内引见派往，作为委署主事。如系废员之缺，由军机处请旨派往。如废员无人，由军机处知照吏部于各衙门笔帖式引见派往。均三年期满更换。如系本处之缺，由该大臣于本处笔帖士拣选，奏请赏衔顶补，七年期满更换。如不得人，仍请以京员更换。又，本处驻防笔帖式内如有才具可以造就者，遇有相当缺出，亦准各该处大臣保奏，请旨赏给主事职衔，办理章京事务，七年期满，送部引见。又，由废员赏给主事、小京官等职衔派往办事并发往效力人员奏请赏衔顶补者，三年期满，该管大臣专摺具奏，吏部无论从前公私情罪将该员革职原案详叙事由，带领引见，恭候钦定，各等语。臣等查伊犁额设章京、笔帖式等缺，前于同治七年八月十九日据军机处咨称：新疆军务未竣，各城额设章京之缺均应暂停简派，俟军务肃清，再行请旨办理，等因。又，光绪十三年八月初八日，臣等会同兵部、户部议覆陕甘总督谭钟麟奏请裁撤伊犁、塔尔巴哈台粮局、粮员摺内，声明伊犁粮员应准其裁撤。至所请裁撤塔

爾巴哈臺糧員是否即係糧餉章京，並伊犁額設糧餉章京是否一律裁撤，應令該督撫等分晰查明，再行辦理，等因。奏准咨行在案。今據署伊犁將軍錫綸奏稱，額設印房、糧餉、駝馬、營務、滿營檔房等處主事、筆帖式各員缺，擬將現在行營當差人員先行請補數員，以期漸復舊制。查印房京缺主事一缺，現有即選主事鍾齡擬補；糧餉處京缺主事一缺，現有即選主事廣恩擬補；印房本處主事職銜一缺，查有主事職銜作為部缺筆帖式景惠擬補；經制筆帖式二缺，查有儘先即補防禦卓錦、景秀擬補；糧餉處主事職銜一缺，查有主事職銜經制筆帖式吉罕泰擬補；經制筆帖式一缺，查有即補經制筆帖式富里善擬補；駝馬處主事職銜一缺，查有作為部缺筆帖式圖伽本擬補；經制筆帖式一缺，查有即補經制筆帖式豐紳泰擬補。其餘委筆帖式、經書等照例咨部辦理，等語。欽奉硃批，交部議奏。臣等查伊犁額設印務、糧餉、駝馬章京等缺，例應由在京現任筆帖式並廢員及本處筆帖式各按缺底充補，由筆帖式派往者，作為委署主事；由廢員派往者，賞給主事、小京官等職銜；由本處筆帖式充補者，賞給主事職銜，辦理章京事務。是例內只設有印務、糧餉、駝馬章京缺分，並非設有主事額缺。如謂印房、糧餉、駝馬、營務、滿營檔房主事即係額設章京，伊犁舊制又無營務、滿營檔房章京缺額，均查與定例未符。至伊犁裁撤糧員，是否將額設糧餉章京一律裁撤，現在亦未據陝甘總督等聲覆到部。所有該將軍奏請先行變通請補之處，臣部礙難核議，應請旨飭下該署將軍詳細查明，仍會同陝甘總督，酌核情形，再行奏明辦理。在部臣慎重名器，體制不容稍率；而奴才等參酌時宜辦理，尤期歸於當。伏查伊犁將軍衙門駐防旗營舊制，額設印務章京二缺，一用京員，一用本處人員，辦理印房事務，又設本處經制筆帖式二員、委筆帖式二員、經書五名以襄之。糧餉章京四缺，一用京員，一用本處人員，二用在京廢員，辦理糧餉事務，又設本處經制筆帖式一員、委筆帖式一員、經書八名以襄之。駝馬章京二缺，一用在京廢員，一用本處人員，辦理駝馬事務，又設本處經制筆帖式一員、委筆帖式一員、經書一名以襄之。其營務處額設委筆帖式二員、滿營檔房委筆帖式二員，亦係本處之缺，向由該將軍、大臣連上項經、委各缺，隨時揀選頂補。部臣原奏謂伊犁舊制無營務、滿營檔房章京缺額，蓋即此耳。伊犁承平年間滿、蒙旗丁不下十萬人、額兵一萬五千餘名。兵燹之後，丁口尚有五萬三千餘眾。現經臣等奏請酌設兵額八千人，係於萬難減少之中，遵照戶部增兵不增餉定章，體察情形，詳覈定擬。從前糧餉一處額設章京四缺，諒因兵額較多，事務較繁，用人自不能過少。今議設兵額八千，若仍照舊額派委章京，未免人浮於事，擬請將糧餉章京裁去二缺，酌留二缺，仍一用京員，一用本處人員，足資辦理。其印務、駝馬兩處章京仍請照舊額設復，以專責成而免貽誤。同治七年八月，吏部曾據軍機處咨稱：新疆軍務未竣，各城額設章京之缺均應暫停簡派，俟軍務肅清，再行請旨辦理，等語。現在全疆底定，軍務早經告藏，旗營、兵制亦已漸就規模，所有額設章京、筆帖式等缺，自應及時分別請補，惟營制甫經整頓，事多創始，必須當差有年、熟悉伊犁情形之員，方期勝任。奴才等詳加區畫，擬援照吉林章程由外揀補一次，以後即遵舊制辦理。茲請將緊要缺分先行酌補，用期漸復舊制。至經制筆帖式各缺相當人員現尚不敷揀選，擬由即補防、校人員內，擇其通曉文義、當差勤慎者，酌量變通擬補。伊犁印務處京員章京一缺，查有行營供差之藍翎先換頂戴選缺後儘先即補員外即選主事鍾齡，勤慎有為，堪以擬補。本處章京一缺，查有伊犁主事職銜作為部缺筆帖式景惠，老成歷練，堪以擬補。經制筆帖式二缺，查有花翎儘先即補防禦卓錦、藍翎儘先即補防禦景秀，堪以擬補。糧餉處京員章京一缺，查有行營供差之藍翎六部遇缺儘先前即選主事補缺後儘先即選員外郎廣恩，前銀錫綸奏請擬補，茲查該員現有經手事件，例得聲明扣除。伊犁現無相當京員，應即請旨簡派。本處章京一缺，查有藍翎主事職銜經制筆帖式吉罕泰，小心謹慎，堪以擬補。經制筆帖式一缺，查有藍翎六品頂戴即補經制筆帖式富里善，堪以擬補。駝馬處京員章京一缺，伊犁現無相當京員，應即請旨悉，懇照錄用本處人員之例，由本處經制筆帖士內揀員，奏請賞銜頂補，均奉敕部議准在案①。

簡派。本處章京一缺，查有藍翎主事職銜作為部缺筆帖式圖伽本，樸實耐勞，堪以擬補。經制筆帖式一缺，查有六品藍翎即補經制筆帖式豐紳泰，堪以擬補。其餘委筆帖式、經書等缺，仍照例咨部核辦。如蒙俞允，均請暫食行營口分，一俟規復旗營兵制、餉額，奉准部覆，再按各缺支食俸糧、鹽菜。經此次由外揀補後，三年期滿更換。如京缺章京係筆帖式充補者，仍照舊例作為委署主事。廢員充補者，請賞給主事、小京官等職銜。本處筆帖式充補者，賞給主事職銜，由吏部、軍機處分別請旨定奪。本處各缺章京及經、委筆帖式仍隨時由伊犁將軍照例辦理。所有查明伊犁額設印務等處章京，酌覈裁留，擬援案揀員請補緣由，是否有當？謹會同陝甘督臣譚鍾麟，合詞恭摺覆陳。伏乞皇太后、皇上聖鑒，敕部核議施行。謹奏（中國第一歷史檔案館藏：《硃批奏摺》，檔號：04-01-12-0544-108。又，《錄副奏摺》，檔號：03-5241-074）。"

① 光緒二十七年三月十二日，伊犁將軍長庚等以伊犁糧餉事務漸繁，奏請酌復糧餉章京等缺，曰："奴才長庚、拉禮跪奏，為伊犁糧餉事務漸繁，擬請酌復章京額缺，以資分理，恭摺具陳，仰祈聖鑒事。竊查伊犁舊制：額設糧餉處掌關防司員一員、幫辦三員，專管錢糧支發，並關涉戶、工二部稿件，並未管理倉庫。其倉庫專歸惠遠城糧員管理，而巴彥岱、固勒札、綏定、塔勒奇等四城仍各設管倉糧員一員。自新疆改設行省，糧員俱未設復，其糧餉章京四缺，前伊犁將軍色楞額等因營制初復，兵勇皆在行營駐紮，當時收支糧餉皆由行營餉局經理一切，未能悉按舊章，且屯田未曾舉辦，兵糧全未估撥，是以將額設章京四缺裁去二缺，奏奉諭旨，飭部議准。雖經請補，而緊要事件仍係行營人員辦理。奴才等自移入惠遠城後，建立銀庫，添蓋倉廒，興辦屯田，清釐積案。所有管理倉庫收支軍餉、收發官兵糧石、經管儲倉屯糧、稽查出入款目、覈算銷冊，在在需員，是昔年糧員、倉員承辦之事，今已概歸糧餉處一處辦理。該處前設章京二員，實係不能兼顧，擬請於前裁章京二缺內酌復一缺，以之辦理糧餉，庶免顧此失彼之虞。查定例：伊犁糧餉章京四缺，一用京員，一用本處人員，二缺用在京廢員。前此酌留二缺，原請一用京員、一用本處人員。其京員章京一缺，經部議定，先由在京筆帖式補放一次，次由軍機處於在京廢員補放一次。此次請復一缺，本應咨呈軍機處請指派用廢員，惟伊犁距京寫遠，京員到此三年期滿，照例即須更換，不獨每年額支鹽菜等項僅止三百數十金，往返川資以及辦公經費勢難敷用，而考察例案、勾稽款目，亦非素習者不能。且人地生疏，與錫伯、索倫、察哈爾、額魯特等營，未能通其語言，情形即難熟悉。縱使明幹之員補放斯缺，令其留心學習，於職事甫能粗知，即已瓜代及期。查例載：本處駐防筆帖式內如有才具可以造就者，遇有相當缺出，亦准各該大臣保奏，請旨賞給主事職銜，辦理章京事務，七年期滿，送部引見，等語。此次請復缺額，本為辦事需人起見，擬懇天恩俯准將酌復糧餉處章京一缺，按照錄用本處人員之例，由本處經制筆帖式內揀員，奏請賞給主事職銜頂補，辦理章京事務，七年期滿更換。如蒙俞允，現在伊犁糧餉處筆帖式中積年學習，尚有堪以委用之人，俟奉諭旨後，奴才等即由本處現任經制筆帖式內揀員請補，以資熟辦。至該章京每月額支鹽菜銀十五兩、加增銀十兩、口糧麵二百一十觔、歲額俸銀六十兩，擬請悉照舊章支給，無閏之年需銀三百六十兩，遇閏照加，擬由額餉內勻挪支給，毋須另行籌款。歲需口糧二千五百二十觔，加閏扣建，照章按年咨由新疆撫臣飭司撥發，以資辦公。所有擬請酌復糧餉章京額缺緣由，理合恭摺具陳。伏乞皇太后、皇上聖鑒，敕部核覆施行。謹奏。光緒二十七年三月十二日（中國第一歷史檔案館藏：《硃批奏摺》，檔號：04-01-12-0602-021。又，《錄副奏摺》，檔號：03-6162-049）。"

今糧餉本處章京吉罕泰出缺，例應由本處筆帖士揀員請補，惟各處筆帖式非歷俸未滿，即款目未熟，若請以京員更換，則人地生疎，辦事尤難得力。查伊犁印務本處章京主事職銜卓錦，自光緒二十二年六月初四日奉旨補放伊犁印務章京，扣至本年六月初四日，業已七年期滿。該員操守謹廉，辦事勤慎，以之調補糧餉本處章京，銜缺相當，辦事必能勝任。擬請比照七年期滿再留三年之例，仰懇天恩俯准，將印務本處章京卓錦調補糧餉本處章京，俟三年期滿，果能始終奮勉，再行送部引見。如蒙俞允，所遺印務章京一缺，查有歸部即選主事伊犁印務經制筆帖式伯奇善，辦事勤能，熟悉繙譯，擬請照例賞銜頂補。

除飭取各該員等履歷清冊咨部查照，並將遞遺經制筆帖士各缺照例揀補咨部註冊外，所有揀員請補伊犁糧餉、印務等處章京各缺緣由，理合恭摺具陳。伏乞皇太后、皇上聖鑒訓示。謹奏。光緒二十九年七月初六日。

（硃批）：著照所請，該部知道。①

光緒二十九年八月二十三日，奉硃批：著照所請，該部知道。欽此②。

〇六六　請留豐紳泰辦理駝馬處事務片
光緒二十九年七月初六日（1903年8月28日）

再，奴才等據伊犁駝馬章京豐紳泰呈稱：於光緒二十二年五月間，經前伊犁將軍長庚等奏請補放伊犁駝馬本處章京主事職銜員缺，於六月初四奉硃批：著照所請，該部知道。欽此。欽遵在案③。計自光

---

① 臺北"故宮博物院"藏：《軍機及宮中檔》，文獻編號：408004126。
② 中國第一歷史檔案館藏：《錄副奏摺》，檔號：03-5422-050。
③ 光緒二十二年五月初二日，伊犁將軍長庚等奏請以卓錦、豐紳泰補授章京，曰："奴才長庚、鍾亮跪奏，為伊犁印務、駝馬等處章京年滿，額缺循例揀員請補，恭摺仰祈聖鑒事。竊

绪二十二年六月初四日补缺之日起，扣至光绪二十九年六月初四日七年期满，理合照例报满，等情。奴才等伏查前伊犁将军色楞额等奏请拟补伊犁印务等处章京各缺，准吏部议覆：伊犁驼马章京二缺，一用在京废员，一用本处人员。如系本处章京之缺，由本处笔帖式奏请赏衔顶补，七年期满更换。

又，本处驻防笔帖式内如有才具可以造就者，遇有相当缺出，亦准各该处大臣保奏，请旨赏给主事职衔，办理章京事务，七年期满送部引见。如七年期满之员又经该处大臣以办事得力奏请再留三年者，系留办期满，果能始终奋勉，再行送部引见，请补主事实缺，等语。该章京丰绅泰现居七年期满，自应送部引见，惟伊犁现当整顿牧务之时，孳生、备差各项牲畜全赖经理得人，该章京在驼马处供差有年，办理牧厂事务深资得力，未便遽易生手。

合无仰恳天恩俯准将伊犁驼马章京丰绅泰再留三年办理驼马处事务，以资熟手。如蒙愈允，俟留办期满，再由奴才等照例办理。谨附

奴才等据伊犁印务章京京惠、驼马处章京图伽本呈称：窃章京等于光绪十四年十月间经前任将军色楞额等奏请，补放伊犁印务、驼马等处章京员缺。嗣准吏部议覆：印务本处章京一缺，将主事职衔作为部缺笔帖式景惠拟补；驼马本处章京一缺，将主事职衔作为部缺笔帖式图伽本拟补。应准其补放，等因。于光绪十五年三月初八日具奏，奉旨：依议。钦此。钦遵在案。计自光绪十五年三月初八日补缺之日起，扣至二十二年三月初八日，七年期满，自应照例请咨，归部学习。惟章京等家素贫寒，实系无力赴京，拟请归旗就武，等情。奴才等伏查前任将军色楞额等奏请补放伊犁印务、粮饷、驼马等处章京各缺，准吏部咨开：伊犁印务章京二缺，一用京员，一用本处人员；驼马章京二缺，一用在京废员，一用本处人员。如系本处章京之缺，由本处笔帖式拣选，奏请赏衔顶补，七年期满更换。又，本处驻防笔帖式内如有才具可以造就出，亦准各该处大臣保奏，请旨赏给主事职衔，办理章京事务，七年期满，送部引见，等语。该章京景惠、图伽本现居七年期满，自应照例办理，惟该员等无力赴京，拟请就武。查伊犁印务、粮饷、驼马等处本处章京各缺，年满后无力赴京者，请归原旗就武，以防御补用，历经办理有案，应如所请办理。所出印务、驼马等本处章京之缺，奴才等于各该处应升人员内逐加拣选，印务章京一缺，查有主事职衔该处经制笔帖式卓锦，当差年久，熟悉公事，堪以拟补。驼马处章京一缺，查有该处经制笔帖式丰绅泰，当差勤慎，办事明敏，堪以拟补。其遗遗经制笔帖式各缺，照例拣补，咨部注册。合无仰恳天恩准将伊犁印务章京一缺以笔帖式卓锦补放，驼马处章京一缺以笔帖式丰绅泰补放，并请赏给主事职衔，以便办理章京事务。除饬取各该员等履历清册咨部查核外，所有拣补伊犁印务等处章京各缺缘由，谨恭摺具陈。伏乞皇上圣鉴训示。谨奏。光绪二十二年五月初二日（中国第一历史档案馆藏《硃批奏摺》，档号：04-01-12-0574-001。又，《录副奏摺》，档号：03-5342-010）。"

片具陳。伏乞聖鑒訓示。謹奏。

（硃批）：著照所請，該部知道。①

光緒二十九年八月二十三日，奉硃批：著照所請，該部知道。欽此②。

○六七　預估歲需新餉懇恩援案指撥摺
光緒二十九年七月初六日（1903年8月23日）

奴才馬亮、廣福跪奏，為預估伊犁歲需新餉，懇恩敕部准照減定成數援案指撥，以濟要需，恭摺仰祈聖鑒事。

竊查伊犁滿、蒙標練各營官兵俸餉以及一切雜支各款，歷經各前將軍覈實裁減，歲定額支銀四十五萬兩，按年奏請估撥在案。奴才亮到任後，檢查接管卷內，迭准戶部咨令節省。仰體時局多艱，於無可撙節之中議將原定額支各款一律覈減一成五發給，約計歲省銀六萬兩，請自光緒二十九年正月初一日起，每年按三十四萬兩之數指撥的款，以供支放；並請催收二十八年以前欠餉，撥還二十八年以前借用甘、新兩省欠款，以清轇轕，於光緒二十九年正月二十日具奏在案。原慮協餉省分籌解為難，積久不清，有名無實，貽誤邊局，責任匪輕。嗣奉部議，以指款還欠未便過於軒輊，行令陝甘督臣、新疆撫臣會商奏覆，再行核辦。

除俟咨商定議再行會奏外，茲屆預估光緒三十年新餉之期，查伊犁境接俄鄰，地方遼闊，原設滿、蒙標、練各營官兵，現已不敷分佈，既難再事裁撤，俸餉業已減成支放，又復無可再裁。據糧餉處覈實估計，呈請仍照本年正月奏請減定銀三十四萬兩之數奏撥前來。

相應籲懇天恩，俯念邊防緊要，需餉孔殷，敕部准照減定銀

---

① 臺北"故宮博物院"藏：《軍機及宮中檔》，文獻編號：408004126-A。
② 中國第一歷史檔案館藏：《錄副奏片》，檔號：03-5422-051。

三十四萬兩之數，援案指撥的款，以濟要需而顧邊局。除咨部外，所有預估光緒三十年伊犁餉數緣由，理合恭摺具陳。伏乞皇太后、皇上聖鑒訓示。謹奏。光緒二十九年七月初六日。

　　硃批：戶部知道。①

　　光緒二十九年八月二十三日，奉硃批：戶部知道。欽此②。

〇六八　請敕各省關補解歷欠新餉片
光緒二十九年七月初六日（1903年8月23日）

　　再，查伊犁餉項，奴才於上年八月到任，接准前任將軍長庚移交，截至光緒二十八年六月止，各省歷年欠解新餉共已積至四十一萬七千餘兩之多，歷年支款無出，借欠甘、新兩省亦不下四十萬三千餘兩。前因歷年新餉向由甘肅統收分撥，各省欠餉未便逕行咨催，而甘、新借款積數過多，亦不能不設法清償，是以本年正月於議請減餉摺內有指撥的餉並由甘、新兩省催收欠餉、扣抵借款之請。原冀清從前之欠而杜後此之虧，未蒙部臣議准，本不應再行瑣瀆，第伊犁地處極邊，自新疆改設行省以後，事權不屬，欲自圖立，苦於無源可開。前請試辦官茶，圖獲盈餘，稍濟餉源之不給，而成效尚難預期，此外則興屯辦牧，值此時勢，經費無出，開廣亦難，仰食於人，支持甚屬不易。

　　現在時逾半載，據甘肅咨報：各省關解到新餉應分撥伊犁之數，尚止五萬餘兩。奴才等派員請領新餉，雖經新疆撫臣顧全大局，多方湊墊，撥發銀十萬兩，祇足敷春季開支，而以前借銀四十餘萬，現尚無可撥還，以後更不堪設想。睹此邊軍嗷嗷待哺，既經減成支領，又令懸釜待炊，雖明知協餉各省籌解為艱，然邊疆將士枵腹從公，奴才等責有攸歸，實未敢再事緘默，致誤事機。惟有仰懇天恩敕部咨催協

---

① 臺北"故宮博物院"藏：《軍機及宮中檔》，文獻編號：408004127。
② 中國第一歷史檔案館藏：《錄副奏片》，檔號：03-6166-040。

饷各省关，将历年已拨未解新饷源源补解，俾支边局，地方幸甚！所有各省历年欠解新饷过多，拟请勅部分别催补缘由，理合附片陈请。伏乞圣鉴训示。谨奏。

硃批：户部知道。①

光绪二十九年八月二十三日，奉硃批：户部知道。钦此②。

〇六九　奏报遣送长子广荣赴俄游学片
光绪二十九年七月初六日（1903年8月23日）

再，查光绪二十七年八月初五日钦奉上谕：造就人才实为当今要务，前据湖南、湖北、四川等省选派学生出洋游学，用意甚善，著各省督抚一律仿照办理。其游学经费著各省妥筹发给，准其作正开销。如有自备旅资出洋游学者，著各省督抚咨明该出使大臣，随时照料。如果学成得有优等凭照回华，准照派出学生一体考验奖励，以备任用而资鼓舞。钦此。奴才现已奏请筹备经费，选派伊犁满、蒙各营子弟十人，按班赴俄国之阿拉穆图地方肄业在案。

查奴才长子广荣，现年二十二岁，曾于新海防捐案内报捐分发试用通判，上年随来伊犁，在奴才任内读书。因边地明师难得，现拟自备旅资，饬令前往俄都游学，倘能造就有成，俟将来领有凭照回华，再行咨送大学堂考验，求赏差使，以图报效。除咨请俄国出使大臣照料并咨明外务部、大学堂外，谨将遣子赴俄游学缘由附片具奏。伏乞圣鉴。谨奏。

（硃批）：知道了。③

光绪二十九年八月二十三日，奉硃批：知道了。钦此④。

---

① 臺北"故宫博物院"藏：《军机及宫中档》，文献编号：408004127-B。
② 中国第一历史档案馆藏：《录副奏片》，档号：03-6657-090。
③ 臺北"故宫博物院"藏：《军机及宫中档》，文献编号：408004127-A。
④ 中国第一历史档案馆藏：《录副奏片》，档号：03-7224-015。

〇七〇　奏報巡閱伊犁東南邊界摺
光緒二十九年七月十六日（1903年9月8日）

奴才馬亮跪奏，為巡閱伊犁東南邊界情形，恭摺仰祈聖鑒事。

竊奴才前於閏五月初七日出巡額魯特等邊界，於六月十一日回署，業經先後電請軍機大臣代奏在案。查伊犁境宇遼闊，自各城改設縣治之後，其隸歸奴才所轄者，錫伯、索倫、察哈爾、額魯特四愛曼以及土爾扈特，地方綿延數千里，其中土爾扈特各部落均有盟長分部其眾，尚能安靜如常。錫伯、索倫、察哈爾三營雖各有毗連俄境卡倫，近年來交涉案件尚少，惟額魯特一部界鄰俄境之處最多，自哈薩克內附安插該營附近，而俄哈出沒無常，內外勾結，以致交涉之案日漸加多。

奴才因會同管理哈薩事務索倫營領隊大臣志銳，於閏五月初七日由巴彥岱出關里沁，過哈什河，直抵額魯特十蘇木游牧查看。該十蘇木在伊犁河北岸，形勢寬平，惟游牧內之阿布喇勒山、都圖嶺、呢勒哈庫森什克河等處，均有哈薩克駐牧。旋登烏圖、達坂、南望崆谷斯河、昌曼河、西南特克斯河，均匯入為伊犁大河；東北抵精河一帶南山之陽，正東、東南抵珠爾都斯，那拉特大山與土爾扈特連界，南山之北，地勢平曠，水草茂盛。折回過伊犁河南，越南山，至額魯特四蘇木、六蘇木之地。其間附近伊犁河南岸之察布察爾山、阿坦山，在在均係哈薩克與蒙古雜處，種類各異，積不相能，爭奪牧廠、偷劫牲畜之案幾於無日不有。

奴才與管哈薩大臣志銳熟商，惟有將額魯特六蘇木向東遷移，駐牧於崆谷斯河、哈什河上游，與四蘇木、十蘇木聯為一氣，與土爾扈特、蒙古亦能聲息相通，騰出特克斯川南北兩岸為哈薩克駐牧之所，則蒙古在內、哈薩在外，不獨交界可清，而特克斯一帶令哈薩駐牧嚴密，亦可免每年俄人借佔。已飭各營總管等熟商，奴才再與各領隊酌辦，必使有利無弊，再行另案奏明，請旨辦理。

至過伊犂河南，曾繞道赴特古斯塔柳官屯，詳細履勘，渠道齊整，屯堡、倉厫尚稱堅固。抵格登山，恭謁高宗純皇帝御碑，石質現均完潔，文字亦皆完好。惟停柱傾圮，雖經前將軍長庚勘估，奏請重修，因值交卸，未及修理①。查彼處山高風勁，亭以木修總難經久，奴才派員趕緊購辦物料，以備擇期興工，通用磚石嵌砌，工竣核實開報，較原估尚可節省。隨復歷閱額魯特沿邊卡倫，堡卡均屬堅固，第邊界延長，匪人處處可以踰越，實屬防不勝防。已諭飭駐卡官兵等傳籌會哨，勤走開齊，不准稍懈。回道巡查錫伯營，各牛彔人口繁庶，地土亦均肥沃。該營兵丁、閑散能耐辛勞，種植得法。

各旗練軍隨地調操，人馬精壯，步武亦極嫻熟。六月十一日，渡河回署，檢查案牘，並無積壓。現在地方安靜如常，堪以仰慰宸廑。所有奴才巡閱伊犂東南邊界情形，理合恭摺具陳。伏乞皇太后、皇上

---

① 光緒二十六年三月十二日，伊犂將軍長庚等以格登山御碑破敗附奏曰："再，准額魯特領隊大臣英裕咨呈：據左翼總管博泰、副總管庫克呈稱：轉據格登山卡倫委官烏魯布吉爾報稱：上年冬季風雪過大，格登山上原建御碑亭被風吹倒，柱頭與檁木交榫處業已損壞，全亭向東南斜欹，傾圮堪虞，理合報明，候示辦理，等情。除飭先用大木數根撐撐以免傾圮外，擬請派員勘修，等因。前來。奴才等恭查乾隆年間，高宗純皇帝平定准噶爾，禦製勒銘碑，立於格登山嶺。光緒八年收還伊犂時，經勘分邊界大臣長順會閱輿圖，此山業已劃歸俄境，遂與俄官佛哩德據碑力爭，始以格登山西蘇木拜水為界，格登山仍屬中土。因碑亭無存，經前任將軍金順派員建修，於光緒十年六月工竣，先後均經奏報有案。伏讀碑文，不惟高宗純皇帝耆定武功，天章炳煥，足以昭垂億禩，且威靈所聾，疆索攸關。現據金順前修年分已逾保固例限，自應敬謹修理、守護，以昭慎重。黨派索倫營總管札拉豐阿前往，會同額魯特左翼總管博泰等勘驗估計。旋據覆稱：該處地勢高曠，風力尤勁，原建係四面起角明亭，有檻無壁，易於受風。該員等詳加履勘，與原報情形相符，且格登山本為天山疊嶂中特起之一峰，又與冰嶺相近，積雪素多，常年秋冬落雪，春暮夏初始能消化。碑亭處積雪之中，恒經數月濕氣所蒸，柱根俱已糟朽，堦石走錯，間有泐損磚瓦被風雪漬離酥，不堪復用。今擬將碑亭基座添用石條，加寬修砌，亭身四面添砌磚牆，前留門戶出入，周圍出廊，以資捍蔽。其餘頂蓋、檻檻俱照舊式建造。所需料物除木料、石條、石灰採自霍諾海山內，其餘磚瓦、鐵釘、顏料、桐油並攜帶食糧，均係由惠遠城採辦運往，渡伊犂河，踰索果爾嶺，由霍諾海軍臺分路向西北，運至格登山麓，搬運山上。計工料、腳費食糧等項，共估需銀一千四百兩。奴才等覆查所擬工程做法，自係為周密鞏固起見，估需銀兩亦屬無浮，擬請由伊犂裁存兵餉銀兩項下照數提撥，發交額魯特領隊大臣英裕，督飭該營總管、副總管敬謹修理，工竣核實銷算。除將估冊咨部查核外，所有擬請重修格登山碑亭緣由，理合附片陳明。伏乞聖鑒訓示，飭部立案施行。謹奏（中國第一歷史檔案館藏：《硃批奏片》，檔號：04-01-37-0144-034。又，《錄副奏片》，檔號：03-7164-041）。"

聖鑒。謹奏。光緒二十九年七月十六日①。

珠批：知道了。②

光緒二十九年九月初八日，奉珠批：知道了。欽此③。

【案】此摺之允行，《清實錄》亦記之曰：

又奏，巡閱巡閱東南邊界，籌移額魯特、六蘇木駐牧於腔谷斯、哈什兩河上游，以免爭奪牧廠、偷劫牲畜之案，並籌修格登山高宗純皇帝碑亭。報聞。④

〇七一　請獎赴陝護送鑾輿回京員弁片
光緒二十九年七月二十六日（1903年9月18日）

再，奴才前於光緒二十六年七月間在署伊犁鎮任奉旨調京，維時正聞拳匪滋事，京畿戒嚴，舊部文武莫不義憤同深，或請卸差，或請開缺，咸願自備資斧，隨行效力。奴才未便遏其忠誠，當即選帶文武員弁五十九員，兼程馳抵陝西。恭逢聖駕西巡，奴才渥蒙聖恩，補授密雲副都統，奉旨暫留行在。因值直隸、山西兵禍未息，秦隴一帶荒旱侵頻，匪類飢民，深虞滋擾。該員弁隨行奴才在陝，亟思竭力圖效，幸賴天威遠播，旋即轉危而安。二十七年七月，奴才復蒙聖恩補授伊犁將軍，當經奏請護送鑾輿回京，該員弁仍隨奴才，於沿宿尖途各站盡夜巡警，無敢稍懈。二十七年十二月，奉旨飭赴新任，業將隨帶員弁無力回防情形奏奉諭旨，飭部酌發車輛，俾得仍回伊犁，留營效力。

伏思該員弁駐陝經年，馳驅遠道，正當米珠薪桂之日，不避衝寒

---

① 此具奏日期，稿本作"光緒二十九年七月二十六日"，原件、錄副及《隨手檔》均作"光緒二十九年七月十六日"，底本誤無疑。茲據校正。
② 臺北"故宮博物院"藏：《軍機及宮中檔》，文獻編號：408004128。
③ 中國第一歷史檔案館藏：《錄副奏片》，檔號：03-6038-031。
④ 《德宗景皇帝實錄（七）》，卷五百二十一，光緒二十九年九月，第882頁。

冒暑之勞，雖困苦艱難，為臣民職分所宜盡，而忠誠勇往，該員弁心跡實可嘉。此次隨扈各軍皆蒙特恩，准照異常勞績獎敘。該員弁等雖未敢妄冀與隨扈將士同膺懋賞，惟前曾在伊防戍出力有年，祇以仗義急公辭卸差缺，隨赴行在，轉未得列入邊防案內請獎，奴才目擊該員弁往返奔馳，勤勞奮勉，實較防戍出力為優。合無仰懇天恩，俯准將藍翎同知銜儘先選用知縣陳天禄，免選知縣，以直隸州知州不論雙單月歸部即選；儘先前即選縣丞張世箴，免選縣丞，以知縣不論雙單月歸部即選；六品頂戴升缺用儘先選用從九品文炳章，免選本班，以縣主簿不論雙單月歸部選用；附生李治江以縣丞不論雙單月歸部選用；即補都司雲騎尉世職王金樞，免補都司，以遊擊儘先即補；花翎三品頂戴儘先選用衛守備段祝三，免選衛守備，以營都司儘先補用；藍翎補缺後補用都司儘先補用守備王占元，免補守備，以都司儘先補用；藍翎守備銜拔補千總張得勝，免補千總，以守備即補；藍翎守備銜拔補把總朱貴，免補把總，以千總儘先拔補；六品軍功黃春、德赫、松亭、李沛、李富貴，均以把總儘先拔補；出自逾格鴻施。除將該員等履歷造冊分咨吏部、兵部外，理合附片陳請。伏乞聖鑒訓示。謹奏。

（硃批）：該部議奏。[①]

光緒二十九年九月初八日，奉硃批：該部議奏。欽此[②]。

〇七二　添設哈薩克部落千戶長等目片
光緒二十九年七月十六日（1903年9月7日）

再，查伊犁所屬黑宰、阿勒班兩部哈薩克，自光緒八年接收伊犁時，由臺吉胡岱們都頭目薩三帶領三千餘戶投誠，經前將軍金順奏請，

---

① 臺北"故宮博物院"藏：《軍機及宮中檔》，文獻編號：408004130-A。
② 中國第一歷史檔案館藏：《錄副奏片》，檔號：03-5958-077。

准其內附，設立頭目三名，放為阿哈拉克齊，並請賞戴三品頂翎，於光緒九年七月二十八日奉旨：著照所請，該衙門知道。欽此。前署將軍錫綸將阿哈拉克齊名目改為千戶長名目，經前護將軍富勒銘額奏明，請將臺吉、千戶長每年酌給津貼，於歲收租馬變賣項下開支，經部覆准有案。光緒二十五年，前將軍長庚查明，該黑宰哈薩克生齒日繁，僅止千戶長三名，管轄難期周密，奏請添設千戶長二名，並添設辦事筆帖式毛拉等，各照章給予津貼、工食銀兩，由租馬項下支給，於二月二十一日具奏，四月十一日奉硃批：著照所請，該衙門知道，單併發。欽此。欽遵辦理在案。迄今又已五年，該兩部哈薩克生息日益繁庶。

前准管理哈薩克事務索倫營領隊大臣志銳咨呈：據該千戶長等呈稱：戶口眾多，稽查難周，請添設千百戶長，以咨分管。此次奴才於巡閱邊卡之便，復偕該管大臣就近勘明，該兩部哈薩克共有八千九百餘戶，丁口至四萬五千餘名。據稱黑宰一部除已有千戶長五名外，應請再添設千戶長三名，每千戶長屬下應有百戶長、五十戶長等，均請照章添派。其臺吉阿勒巴特原有焉耆戶口四百餘戶，現已奏請承襲，應將焉耆戶口撥出，令其自行管轄外，有百戶長昆布拉特一名，前因自帶四百餘戶由俄國投出，經俄皇准其作為中民，應賞給千戶長銜，令其管轄投出之戶。其阿勒班一部亦增有四百餘戶，原祇設百戶長一名，難資約束，應請賞給副千戶長銜，以便總理該部游牧事務，並添設百戶長三名，以資分管。至所添千戶長三名，應請照章每名歲支津貼銀六十兩；所添千戶長銜一名、副千戶長銜一名，辦公需資，擬請比照千戶長津貼之數酌減，千戶長銜歲支津貼銀五十兩，副千戶長銜歲支津貼銀四十兩，均由徵收該哈薩克租馬變賣項下支給，不另請款。

奴才查哈薩克性情獷悍，全賴責成大小頭目嚴加約束，俾知守法，就我範圍。現在休養生息，既增繁庶，原設千戶長五名稽查難周，均屬實情，既據呈請分別添設，惟有仰懇天恩准其添設千戶長三名、千戶長銜一名、副千戶長銜一名，並於每千戶長屬下各添設百戶長、五十戶長等頭目，責令遞相管束，俾各遵守法度；歲支津貼銀兩亦請准其於歲收租馬變賣項下支給。如蒙俞允，俟奉旨後，即當轉飭揀選充補，撥戶妥為分管。所支津貼按年照章造報請銷。除分咨部、院外，理合附片具陳。伏乞聖鑒訓示。謹奏。

（硃批）：著照所請，該衙門知道。①

仝日，奉硃批：著照所請，該衙門知道。欽此②。

【案】此片於十年九月初八日得允行，《清實錄》亦載之曰：

添設伊犁黑宰、阿勒班兩部哈薩克千戶長三名、千戶長銜一名、副千戶長銜一名。從伊犁將軍馬亮請也。③

〇七三　歷年防戍出力武職各員覈獎摺
光緒二十九年七月十六日（1903年9月7日）

奴才馬亮、廣福跪奏，為覆覈伊犁歷年防戍出力武職各員，仰懇天恩俯准給獎，敕部註冊，以示鼓勵，恭摺具陳，仰祈聖鑒事。

竊奴才等於光緒二十九年四月初三日接准兵部咨開：議奏前伊犁將軍長庚等奏保伊犁邊防出力員弁④，欽奉硃批：該部議奏。臣等

---

① 臺北"故宮博物院"藏：《軍機及宮中檔》，文獻編號：408004128-A。
② 此奉硃批日期等，據稿本校補。
③ 《德宗景皇帝實錄（七）》，卷五百二十一，光緒二十九年九月，第882頁。
④ 光緒二十八年八月初六日，伊犁將軍長庚會銜伊犁副都統廣福，具摺奏保伊犁歷年防戍出力文武員弁，曰："奴才長庚、廣福跪奏，為遵旨酌保伊犁歷年防戍出力文武員弁，分別勞績等次，繕具清單，懇恩獎敘，以示鼓勵，恭摺仰祈聖鑒事。竊奴才等前因伊犁滿、蒙標練各營防戍歷年既久，奏請將出力文武員弁併案給獎。本年七月初九日，准兵部遞回原摺，五月十二日，奉硃批：准其擇尤酌保，毋許冒濫。欽此。仰見我皇太后、皇上於慎重名器之中，仍寓激厲戎行之意。當即恭錄、分行遵照去後。茲據各營將出力文武員弁先後開單，呈請奏咨給獎，前來。奴才等竊維懋賞勤功，朝廷以此獎勵群丁，微勞必錄，邊疆即藉此鼓舞軍心。伊犁地處極邊，強鄰接壤，自收還後，滿、蒙各營營制初復，生計未饒；漢隊皆前將軍金順舊部，籍隸楚、皖等省，由秦隴轉戰出關，離家萬里，久役遠陲，又值餉項艱難，邊地諸物昂貴，兵丁艱苦，迥與內地不同。伊犁土回、纏回皆昔年被誘為亂之人，俄國前收白燕虎餘黨及投俄哈薩克、纏回，

悉心詳查，此次奏保武職至一百七十餘員之多，咨保外獎弁兵勇丁亦不下八百餘員，覈與奏定新章有逾限制，應請將全案駁回，令該將軍查照臣部奏定章程，按營聲明員數，覈實保獎，俟奏明後再行覈辦，等因。光緒二十八年十二月初二日具奏，奉旨：依議。欽此。等因。咨行前來。

奴才等查兵部光緒二十八年五月內奏定章程內開：邊防保獎應令於保獎時聲明防營若干，向章五百人為一營，每營准保五人，等語。原議並未議定年限，其平時遇有緝捕獲匪及外國交涉、保護地方各案著有勞績者，仍另有酌保之條。此案前伊犁將軍長庚以滿、蒙標練各營官兵防戍出力，自前護將軍富勒銘額請獎之後至今越十餘年，前於光緒二十三年四月十六日奏請獎敘，欽奉硃批：准其擇尤酌保，毋許冒濫。欽此。旋因外中多事，未及辦理。去歲又屆五年，復經奏請併案辦理，加以二十一年防堵甘肅河湟回匪、二十五年防勦新疆綏來回匪、二十六年拏辦天津拳匪，均未隨時請獎，是以前此併案列保，不免人數稍多。然按新疆塔城均已兩次請獎先後出力人數合計，實尚未敢冒濫，況伊犁原定滿、蒙軍標官兵額數本有八千餘人，繼又添募洋操漢隊一營，續練滿營、威遠隊兩營，挑練四愛曼練軍八旗，加之節

環處邊界，不時潛入搶劫。其服色、語言與中屬回哈無異，混跡俄人商販之中，盤詰甚難；執持俄國快礮，動輒拒捕傷人，擒獲尤屬不易。且沿邊卡倫四十餘處，在平原者沙磧乏水，在險隘者冰雪盈山。卡兵逐日登樓瞭望，並至兩卡適中處所會哨換籌，風雨無間，瞥有賊蹤，即一面跟蹤捕捉，一面知會各營。各營聞信，立即派隊馳往，或追擒於嚴寒酷暑之時，或搜剿於叢棘深林之地。奴才等目睹艱辛，惟有時時宣布皇仁，策勵將士，訓以忠義，勖以功名。幸各將士咸知感激，莫不奮勉出力，迄今十有餘年，巡防緝捕，始終未敢稍懈。其曾經奏報有案者，如拏送俄屬逃犯一千餘名，捕斬造謠生事莠回以及疊次扼守要隘，防堵河湟、綏來等處竄回，未致蔓延勾結，並拏辦傳習邪教拳匪，均足保全地方，維持遠局。其平時竭慮殫謀，臨事審機應變，使內憂外患消弭無形，實非尋常勞績可比，所有在事出力各弁均經隨時分別存記。今蒙恩准擇尤酌保，在防將士無不欽感同深。奴才等將各處開呈清單覆加詳覈，固不敢稍涉冒濫，亦不忍稍有偏枯。謹就該文武員弁等平日所著勞績，分別尤為出力、其次出力，按照定章准保層次，酌擬請獎，繕具清單，恭呈御覽。合無仰懇天恩俯准如擬獎敘，以示激勵，出自逾格鴻慈。其餘應行咨獎、外獎出力各弁兵勇丁等，仍另行造冊，咨送兵部核辦，以昭公允。除飭取各員弁履歷分咨吏部、兵部外，所有遵旨酌保伊犁歷年防戍出力文武弁緣由，理合恭摺具陳。伏乞皇太后、皇上聖鑒訓示。謹奏。光緒二十八年八月初六日（中國第一歷史檔案館藏：《硃批奏摺》，檔號：04-01-16-0274-033。又，臺北"故宮博物院"藏：《軍機及宮中檔》，文獻編號：150181）。

制鎮標各營旗以及軍臺、卡倫巡防官兵、滿漢營務、糧餉、印房、奏摺文案、駝馬各局處辦事官弁、護勇等，遇有勞績，均需酌籲請獎。若令按營聲明額定員數請獎，則有功者不無隅向，無功者轉得濫廥，似未足以彰公道而昭激勵。

惟既奉部議行令覈實保獎，奴才等覆加刪減，將原請未合定章者斟酌覈改，除外獎各兵勇已由前將軍長庚發給功牌及奏咨案內已經覈刪者不計外，現查尤為出力應請獎者三十四員，其次出力應請獎者九十三員，應行咨獎者六十員，共奏保、咨保一百八十七員，相應籲懇天恩俯念該員弁等極邊防戍，出力有年，素著辛勞，久冀仰邀曠典，以圖效力，將來特沛鴻施，准予飭部一律註冊，則邊疆將士愈加奮勉，奴才等激勵有資，亦可收得人之效矣。

除將咨保各員造冊送部覈辦外，所有奴才等覆覈伊犁歷年防戍出力應行奏請給獎武職各員緣由，理合繕具清單，恭摺具陳。伏乞皇太后、皇上聖鑒訓示。謹奏。光緒二十九年七月十六日。

（硃批）：該部議奏，單二件併發。①

光緒二十九年九月初八日，奉硃批：該部議奏，單二件併發。欽此②。

〇七四　呈歷年防戍尤為出力武職清單
光緒二十九年七月十六日（1903年9月7日）

謹將酌保伊犁歷年防戍在事尤為出力武職各員，繕具清單，恭呈御覽。

計開：記名副都統花翎二品頂戴伊犁新滿營左翼協領錫濟爾琿，擬請遇有副都統缺出，開列在前，請旨簡放。

---

① 臺北"故宮博物院"藏：《軍機及宮中檔》，文獻編號：408004130。
② 中國第一歷史檔案館藏：《錄副奏片》，檔號：03-5958-078。

花翎二品頂戴世襲雲騎尉伊犁舊滿營左翼協領博貴、花翎伊犁索倫營總管札拉豐阿①、花翎副都統銜即補協領伊犁新滿營正藍旗佐領蒙庫泰，以上三員，均擬請以副都統記名簡放。

　　花翎總兵銜伊犁軍標中軍副將穆特恩巴圖魯周王魁、總兵銜補用副將儘先即補參將伊犁鎮標中營遊擊彥勇巴圖魯陳甲福，以上三員，均擬請以總兵記名簡放。

　　花翎協領銜伊犁舊滿營鑲白旗佐領布音多爾濟、花翎協領銜舊滿營鑲紅旗佐領穆特春、花翎協領銜新滿營正白旗佐領郭勒明，以上三員，均擬請以協領即補，俟補協領後，賞加二品頂戴。

　　花翎伊犁新滿營正黃旗佐領賽沙春，擬請賞加協領銜。

　　花翎補用佐領新滿營伊犁正白旗防禦烏爾固春，擬請俟補佐領後，以協領補用，先換頂戴。

　　花翎主事職銜伊犁印務本處章京儘先即補防禦卓錦、藍翎補用佐領儘先即補防禦伊犁錫伯營鑲藍旗驍騎校尼克端，以上二員，均擬請免補防禦，以佐領補用，並賞加三品頂戴。

　　藍翎四品頂戴伊犁新滿營鑲藍旗防禦額勒德春、伊犁索倫營鑲紅旗防禦業車本，以上二員，均擬請以佐領即補，俟補佐領後，賞加總管銜。

　　藍翎主事職銜伊犁糧餉處本處章京富里善、主事職銜伊犁駝馬處本處章京豐紳泰，以上二員，均擬請以防禦即補，並賞加四品頂戴。

　　花翎補缺後總兵銜副將用儘先補用參將借補伊犁軍標左營都司揆勇巴圖魯向得紅、花翎副將銜補缺後副將儘先即補參將借補伊犁鎮屬

---

① 札拉豐阿（1858—1910），異名扎拉豐阿，伊犁駐防索倫營鑲藍旗人，光緒十年（1884），由領催補驍騎校，加佐領銜，戴花翎。十二年（1886），派辦捕盜官兵糧餉事務。同年，派中俄局差使。十六年（1890），升正黃旗防禦，同年，遷正紅旗佐領。十七年（1891），加三品銜。十八年（1892），署索倫營總管。二十三年（1897），補伊犁索倫營總管。二十八年（1902），派辦營務處義事務，晉二品頂戴。三十年（1904），隨往阿爾泰地方差委，同年，擢伊犁索倫營領隊大臣。同年，補授塔爾巴哈臺領隊大臣，兼副都統銜。三十三年（1907），補伊犁副都統，兼塔爾巴哈臺參贊大臣。三十四年（1908），兼署塔爾巴哈臺領隊大臣。宣統二年（1910），卒於任。

霍爾果斯營左旗馬隊中軍守備王保清，以上二員，均擬請免補參將，以副將補用。

　　花翎遊擊銜即補都司署伊犁軍標分防守備周壽山、花翎副將銜遊擊用儘先即補都司軍標開花礮隊千總謝興有、署伊犁鎮標右營中軍馬隊左哨把總補缺後遊擊陝甘即補都司周元、遊擊用儘先即補都司軍標左旗左哨千總楊玉清、署軍標左旗右哨把總李萬年，以上五員，均擬請免補都司，以遊擊補用。

　　藍翎屬伊犁軍標左營分防守備張德霖，擬請免補守備，以都司補用，並賞加三品頂戴。

　　花翎游擊銜都司用儘先即補守備軍標中營前哨千總王青龍、軍標後旗左哨把總魏得勝、軍標後旗左哨外委莊建魁、署伊犁鎮標中營右旗馬隊左哨把總都司用儘先補用守備廖丙午、鎮標差遣委員花翎留甘肅新疆補用守備馬高陞，以上五員，均擬請免補守備，以都司補用。

　　拔補千總借補伊犁軍標開花礮隊把總榮金魁、花翎都司銜守備用儘先拔補千總軍標中營巡查外委孫開學、花翎都司銜守備用儘先拔補千總借補軍標中營右哨把總陳光生，以上三員擬均請免補千總，以守備補用，榮金魁並請賞加都司銜。

　　軍標差遣委員守備銜儘先拔補把總李毓榮，擬請免補把總，以千總拔補，並賞加四品頂戴。

　　覽。①

〇七五　呈歷年防戍其次出力武職清單
光緒二十九年七月十六日（1903年9月7日）

　　謹將酌保伊犁歷年防戍在事其次出力武職各員繕具清單，恭呈

---

① 中國第一歷史檔案館藏：《單》，檔號：03—5958—079。

御覽。

　　計開：花翎二品銜伊犁錫伯營總管富勒祜倫，擬請賞給二品封典。

　　花翎儘先即補總管伊犁索倫營副總管伊勒噶春，擬請賞加二品銜。

　　伊犁察哈爾營右翼副總管索托依，擬請以總管即補，先換頂戴。

　　花翎儘先即補協領伊犁舊滿營正紅旗佐領穆特春、花翎儘先即補協領伊犁舊滿營鑲藍旗佐領德克吉圖，以上二員，均擬請俟補協領後，賞加二品銜。

　　花翎補用總管伊犁錫伯營鑲紅旗佐領愛新泰，擬請俟補總管後，賞加二品銜。

　　花翎伊犁新滿營鑲白旗佐領札隆阿、伊犁新滿營鑲藍旗佐領內根泰，以上二員，均擬請以協領即補，先換頂戴。

　　花翎伊犁錫伯營鑲黃旗佐領圖瓦恰那、花翎錫伯營正黃旗佐領薩拉蘇、藍翎錫伯營正白旗佐領霍敏、錫伯營鑲白旗佐領勒登泰、藍翎錫伯營鑲藍旗佐領訥墨春、伊犁額魯特左翼鑲黃旗二牛彔佐領朝喀、額魯特左翼鑲白旗頭牛彔佐領巴圖蒙庫、額魯特右翼正黃旗頭牛彔佐領綽吉普、額魯特右翼正紅旗二牛彔佐領布拉，以上九員，均擬請以總管即補，先換頂戴。

　　補用佐領伊犁錫伯營正紅旗防禦訥依勒春，擬請賞加總管銜。

　　花翎補用佐領伊犁舊滿營正藍旗防禦達春，擬請俟補佐領後，以協領補用。

　　世襲雲騎尉伊犁舊滿營鑲黃旗防禦景惠、花翎舊滿營鑲白旗防禦色勒特依、藍翎舊滿營正黃旗防禦精吉那、花翎伊犁新滿營鑲黃旗防禦吉拉敏、藍翎新滿營鑲白旗防禦額勒德合恩、花翎新滿營正紅旗防禦西林泰，以上六員，均擬請以佐領即補，先換頂戴。

　　藍翎伊犁舊滿營正紅旗世襲騎都尉景秀，擬請俟補佐領後，賞加協領銜。

　　藍翎儘先補用防禦伊犁舊滿營鑲紅旗驍騎校蘇勒春、花翎儘先即補防禦伊犁新滿營正黃旗驍騎校尚安泰、即補防禦索倫營鑲藍旗驍騎校德舍春，以上三員，均擬請俟補防禦後，以佐領補用，先換頂戴。

伊犁舊滿營正白旗驍騎校巴彥烏圖、新滿營正紅旗驍騎校貴達春、藍翎五品頂戴新滿營鑲紅旗驍騎校伊綿布、新滿營鑲藍旗驍騎校國西春、藍翎伊犁錫伯營正藍旗驍騎校佛羅春、伊犁索倫營鑲黃旗驍騎校烏爾滾泰、索倫營正藍旗驍騎校齊克塔善、索倫營鑲紅旗驍騎校業陳泰，以上八員，均擬請以防禦補用。

察哈爾營左翼鑲黃旗頭牛彔驍校騎圖爾固特，擬請以佐領即補。

六品藍翎儘先即補驍騎校伊犁舊滿營正白旗前鋒莫羅錦、儘先即補驍騎校伊舊滿營正紅旗前鋒校郭勒敏、儘先即補驍騎校伊犁錫伯營鑲白旗委筆帖式錫拉繃阿、藍翎儘先即補驍騎校錫伯營正紅旗委官固崇阿，以上四員，均擬請俟補驍騎校後，以防禦補用，先換頂戴。

伊犁舊滿營正紅旗世襲雲騎尉景和、鑲紅旗藍翎世襲雲騎尉滿忠、鑲藍旗世襲雲騎尉策林多爾濟、伊博泰，以上四員，均擬請賞給四品頂戴。

六品頂戴伊犁印房經制筆帖式文明、六品藍翎伊犁駝馬處經制筆帖式尚阿春、六品頂戴伊犁營務處委筆帖式業車春、烏勒喜春，六品頂戴伊犁滿營檔房委筆帖式安福西喇布、伊犁錫伯營領隊檔房委筆帖式齊克騰額、永謙，六品頂戴伊犁察哈爾營領隊檔房委筆帖式舒津烏圖那遜、錫伯營鑲黃旗委官班吉素、六品頂戴錫伯營鑲紅旗委官烏勒吉巴圖、六品頂戴錫伯營鑲藍旗委官依勒春、索倫營正白旗委官巴圖鄂奇爾、額魯特左翼鑲黃旗二牛彔委官諾斯圖、額魯特左翼正白旗二牛彔委官布噶、額魯特左翼沙畢納爾、鑲白旗二牛彔委官庫克信、六品藍翎額魯特左翼沙畢納爾正藍旗頭牛彔委官碩拉克、舊滿營鑲白旗催總烏勒蘇、正紅旗催總札拉豐阿、六品藍翎舊滿營鑲紅旗催總三音布拉克、新滿營鑲藍旗催總舒里春、六品頂戴舊滿營鑲黃旗領催那彥吉爾噶勒、六品頂戴舊滿營正白旗領催富勒渾、六品頂戴新滿營正黃旗領催通吉善、錫伯營鑲黃旗前鋒校巴爾本泰、索倫營正紅旗前鋒校額爾格本、業陳布、錫伯營正紅旗空藍翎倭西本、索倫營鑲白旗空藍翎韓克巴圖、索倫營鑲藍旗空藍翎富珠隆阿、察哈爾營左翼已裁正藍旗二牛彔空藍翎圖依哀、額魯特左翼正藍旗二牛彔空藍翎巴達瑪，以上三十三員，均擬請以驍騎校即補，並請賞給五品頂戴。

  軍標差遣委員花翎湖廣督標補用都司胡家學、花翎遊擊銜山西撫標儘先補用都司張有才，以上二員，均擬請俟補都司後，以遊擊補用，胡家學並請先換頂戴。

  洋操漢隊哨長花翎都司銜補用守備孫德輝、花翎都司銜補用守備借伊犁軍標中軍左哨千總張兆杰、花翎都司銜補用守備請補伊犁軍標中營左哨把總朱得元、軍標稽查委員花翎留甘肅新疆儘先補用守備何得仁、藍翎補用守備周有鈞、儘先補用守備孫佩元，以上六員，均擬請俟補守備後，以都司補用，何得仁、周有鈞、孫佩元並請先換頂戴。

  花翎四品頂戴儘先即補千總譚光前，擬請俟補千總後，以守備補用。

  伊犁軍標右旗馬隊左哨把總阮光福，擬請以千總儘先拔補，並賞加守備銜。

  五品花翎儘先拔補把總稽查委員徐桂芳、藍翎拔補把總借補伊犁軍標右旗馬隊右哨外委余啟發、六品藍翎儘先拔補把總借補伊犁軍標後旗馬隊巡查額外外委楊文華，以上三員，均擬請俟補把總後，以千總拔補，並賞加守備銜。

  藍翎五品頂戴儘先拔補把總沈喜，擬請賞給五品封典。
  覽。①

○七六　派員會同俄官查勘沿邊牌博摺
光緒二十九年七月十六日（1903年9月7日）

  奴才馬亮、廣福跪奏，為照約派員會同俄官查勘伊犁沿邊牌博事

---

① 中國第一歷史檔案館藏：《單》，檔號：03-5958-060。

竣，恭摺具陳，仰祈聖鑒事。

竊查伊犁於光緒八年與俄人分界，南至那林哈勒噶山口起，北至喀喇達坂止，共設界牌、鄂博三十三處，議定條約三年各派官員會查一次，如有損壞，妥為補脩，歷經照約辦理、隨時奏報在案。計上屆光緒二十六年查勘後，至今光緒二十九年復屆會查之期，當即飭由伊塔道照會俄領事，知照該國七河巡撫，互相訂定派員會面處所及起查日期。隨經奴才等照章分派察哈爾營領隊大臣恩祥、錫伯營總管富勒祜倫，各帶官兵、通事人等，購備脩補牌樁物料，支給鹽菜、口糧，分別會查去後。

旋據先後呈復：錫伯營總管富勒祜倫於五月二十八日馳抵邊界那林勒噶地方，與俄國查界官潘圖索福會面，即於是日自南段那林哈勒噶山口第一界牌查起，至伊犁河南岸第二十五界牌止，內有三處界牌樁木俱經朽壞。又，察哈爾營領隊大臣恩祥接查北段，於閏五月十一日在邊界別琛島山，與俄官潘圖索福會面，自喀三達坂第二十六界牌起，至喀喇達阪第三十三界牌止，共計八處牌樁亦均糟朽。所有朽壞之處，該員等將備帶牌樁眼同俄官，在原立處所更換修補，各照舊式書寫清、漢、俄文三體字樣，註明牌數、地名、脩補年月，加蓋桐油，以資經久。其餘牌博並無損壞，亦無更改挪動情弊。與俄官互換約結各一紙，並飭沿邊卡倫官兵用心防守巡查。呈請奏咨前來。

奴才等覆查無異，除將互換結約照鈔咨呈外務部外，理合恭摺具陳。伏乞皇太后、皇上聖鑒。謹奏。光緒二十九年七月十六日。

（硃批）：外務部知道。①

光緒二十九年九月初八日，奉硃批：外務部知道。欽此②。

【案】此摺於是年九月初八日下部知之，《清實錄》："伊犁將軍馬亮等奏，恭報照約派員會同俄官查勘伊犁沿邊牌博事竣。下部知之。③"

---

① 臺北"故宮博物院"藏：《軍機及宮中檔》，文獻編號：408004129。

② 此奉硃批日期等，據稿本補。

③ 《德宗景皇帝實錄（七）》，卷五百二十一，光緒二十九年九月，第882頁。

○七七　會查牌博經費請飭照案報銷片
光緒二十九年七月十六日（1903年9月7日）

再，查會查伊犂沿邊牌博應需官兵鹽糧及各項經費，每屆酌定銀三百兩，前曾咨報立案，經戶部核准照辦，歷屆均經查照開支奏明在案。本年派出察哈爾營領隊大臣恩祥、錫伯營總管富勒祜倫，分查南北兩段牌博，當經奴才等仍照向章發給湘平銀三百兩，行令該員等撙節支用。所有用過銀數應由糧餉處歸入光緒二十九年支款奏銷冊內，彙造請銷。除咨明戶部外，理合附片具陳。伏乞聖鑒。謹奏。

（硃批）：戶部知道。①

光緒二十九年九月初八日，奉硃批：戶部知道。欽此②。

○七八　揀選伊犂錫伯營副總管等缺摺
光緒二十九年九月二十八日（1903年11月16日）

奴才馬亮、廣福奏，為循例揀選伊犂錫伯營副總管等缺，擬定正、陪，恭摺仰祈聖鑒事。

竊奴才等准錫伯營領隊大臣色普西賢咨呈：錫伯營副總管葉普春泰於本年六月二十七日因病身故，所遺副總管等缺應請揀員補放，以資辦理營務，等因。前來。奴才當於該營應升人員內逐加考驗，葉普春泰遺出錫伯營副總管一缺，揀選得花翎補用總管先換頂戴鑲紅旗佐領愛新泰堪以擬正，藍翎鑲藍旗佐領訥墨春堪以擬陪。遞遺佐領一

---
① 臺北"故宮博物院"藏：《軍機及宮中檔》，文獻編號：408004129-A。
② 中國第一歷史檔案館：《錄副奏片》，檔號：03-6166-051。

缺，揀選得藍翎鑲黃旗防禦伊伯訥堪以擬正，補用佐領先換頂戴正紅旗防禦訥依勒春堪以擬陪。

遞遺防禦一缺，揀選得藍翎補用佐領先換頂戴鑲藍旗驍騎校尼克湍堪以擬正，花翎五品頂戴鑲黃旗驍騎校塔蘭泰堪以擬陪。遞遺驍騎校一缺，揀選得鑲白旗空藍翎巴哈春堪以擬正，鑲藍旗前鋒校固爾加善堪以擬陪。謹將該員等履歷另繕清單，恭呈御覽，伏候欽定。

其請補副總管、佐領，一俟遇有差便，給咨送部，補行引見，以符定制。所有揀選伊犁錫伯營副總管等缺擬定正、陪緣由，理合恭摺具奏。伏乞皇太后、皇上聖鑒訓示。謹奏。光緒二十九年九月二十八日。

（硃批）：均著擬正之員補授，該衙門知道，單併發。①

光緒二十九年十一月二十日，奉硃批：均著擬正之員補授，該衙門知道，單併發。欽此②。

〇七九　呈揀選錫伯營副總管等缺清單
光緒二十九年九月二十八日（1903年11月16日）

謹將揀選伊犁錫伯營副總管等缺擬定正、陪人員繕具清單，恭呈御覽。

錫伯營葉普春泰遺出副總管一缺。擬正之錫伯營花翎補用總管先換頂戴鑲紅旗佐領愛新泰，食奉餉三十五年，前在塔爾巴哈臺軍營當差，光緒二年克復瑪納斯南北兩城、五年、六年、七年三屆屯種軍糧、八年收復伊犁、十七年搜剿竄匪各案內均屬奮勉出力，疊經前將軍金順等奏保補用總管，先換頂戴，並賞戴花翎。光緒十年三月，補放驍

---

① 臺北"故宮博物院"藏：《軍機及宮中檔》，文獻編號：408004133。
② 中國第一歷史檔案館藏：《錄副奏摺》，檔號：03-5960-038。

骑校。是年十二月，补放佐领，拣选总管拟陪一次，现年五十四岁。锡伯瓜勒佳氏，马步箭平等。

拟陪之锡伯营蓝翎镶蓝旗佐领讷墨春，食俸饷四十三年。光绪八年收复伊犁案内出力，经前将军金顺奏保儘先即补骁骑校，并赏戴蓝翎。光绪十年，补放骁骑校。十三年，补放防御。二十三年，补放佐领，现年六十三岁。锡伯石佳氏，马步箭平等。

拟补副总管所遗佐领员缺。拟正之锡伯营蓝翎镶黄旗防御伊伯讷，食俸饷三十三年，前在塔尔巴哈台军营当差，光绪六年、七年两届屯种军粮、八年收复伊犁各案内均属奋勉出力，叠经前将军金顺奏保儘先即补骁骑校，并赏戴五品蓝翎。光绪十三年，补放骁骑校。二十七年，补放防御，拣选佐领拟陪一次，现年六十三岁。锡伯固尔佳氏，马步箭平等。

拟陪之锡伯营补用佐领先换顶戴正红旗防御讷依勒春，食俸饷二十八年，前在塔尔巴哈台军营当差，光绪六、七两年防勦窜匪、十二年屯种军粮各案内均属奋勉出力，叠经前塔尔巴哈台参赞大臣锡纶奏保补用佐领，先换顶戴。光绪十二年，补放骁骑校。二十七年，补放防御，现年四十八岁。锡伯科罗特氏，马步箭平等。

拟补佐领所遗防御员缺。拟正之锡伯营蓝翎补用佐领先换顶戴镶蓝旗骁骑校尼克湍，食俸饷三十六年，前在库尔喀喇乌苏军营当差，光绪二年克复玛纳斯南北两城、三年、五年两届屯种军粮、八年收复伊犁、十七年搜勦窜匪各案内均属奋勉出力，叠经前将军金顺等奏保儘先即补防御，补用佐领，先换顶戴，并赏戴蓝翎。光绪二十七年，补放骁骑校，现年五十一岁。锡伯瓜勒佳氏，马步箭平等。

拟陪之锡伯营花翎五品顶戴镶黄旗骁骑校塔兰泰，食俸饷四十二年，前在塔尔巴哈台军营当差，光绪六年剿办陕回、七年屯种军粮、八年收复伊犁各案内均属奋勉出力，叠经前将军金顺奏保儘先即补骁骑校，并赏戴花翎五品顶戴。光绪二十六，补放骁骑校，现年六十一岁。锡伯赫叶勒氏，马步箭平等。

擬補防禦所遺驍騎校員缺。擬正之錫伯營鑲白旗六品頂戴空藍翎巴哈春，食錢糧當差三十九年，光緒十七年搜勦竄匪案內出力，經前護將軍富勒銘額咨保六品頂戴。光緒二十四年，由領催補放空藍翎，揀選驍騎校擬陪一次，現年六十歲。錫伯巴雅拉氏，馬步箭平等。

擬陪之錫伯營鑲藍旗前鋒校固爾加善，食錢糧當差三十二年。光緒十二年，由前鋒補放前鋒校，現年四十九歲。錫伯固爾佳氏，馬步箭平等。

覽。①

○八○ 揀選伊犁錫伯營驍騎校員缺摺
光緒二十九年九月二十八日（1903年11月16日）

奴才馬亮、廣福跪奏，為循例揀選伊犁錫伯營驍騎校員缺，擬定正、陪，恭摺具陳，仰祈聖鑒事。

竊奴才等准錫伯營領隊大臣色普西賢咨呈：錫伯營正白旗驍騎校色普奇春於本年九月初六日因病身故，所出驍騎校員缺應請揀員補放，以資辦理營務，等因。前來。奴才等當於該營應升人員內逐加考驗，色普奇春所遺錫伯營正白旗驍騎校一缺，揀選得正紅旗空藍翎伊爾格春堪以擬正，正紅旗領催伯慶額堪以擬陪。謹將該員等履歷另繕清單，恭呈御覽，伏候欽定。

所有揀選伊犁錫伯營驍騎校員缺擬定正、陪緣由，理合恭摺具陳。伏乞皇太后、皇上聖鑒，訓示。謹奏。光緒二十九年九月二十八日。

（硃批）：均著擬正之員補授，該衙門知道，單併發。②

光緒二十九年十一月二十日，奉硃批：均著擬正之員補授，該衙門知道，單併發。欽此③。

---

① 中國第一歷史檔案館藏：《單》，檔號：03-5960-042。
② 臺北"故宮博物院"藏：《軍機及宮中檔》，文獻編號：408004131。
③ 中國第一歷史檔案館藏：《錄副奏摺》，檔號：03-5960-038。

〇八一　呈揀選錫伯營驍騎校員缺清單
光緒二十九年九月二十八日（1903年11月16日）

　　謹將揀選伊犁錫伯營驍騎校員缺擬定正、陪人員，繕具清單，恭呈御覽。

　　錫伯營色普奇春所遺出驍騎校員缺。擬正之錫伯營花翎儘先即補防禦正紅旗空藍翎伊爾格春，食錢糧三十二年，前在塔爾巴哈臺軍營當差。光緒二年，克復輯懷、烏魯木齊等城、是年九月克復瑪納斯南城各案內均屬奮勉出力，疊經前將軍金順奏保免補驍騎校、儘先即補防禦，並賞戴花翎。護送貢馬赴京五次。光緒二十一年，由前鋒補放空藍翎，現年五十二歲。錫伯富察氏，馬步箭平等。

　　擬陪之錫伯營藍翎儘先即補防禦正紅旗領催伯慶額，食錢糧二十二年，前在庫爾喀喇烏蘇軍營當差，光緒六年屯種軍糧、八年收復伊犁各案內均屬奮勉出力，疊經前將軍金順奏保免補驍騎校、儘先即補防禦，並賞戴藍翎。護送貢馬赴京一次。光緒二十一年，補放領催，現年四十歲。錫伯瓜勒佳氏，馬步箭平等。

　　覽。①

〇八二　索倫營總管札拉豐阿請咨赴部片
光緒二十九年九月二十八日（1903年11月16日）

　　再，前准兵部咨：各省協領、總管等六年任滿、並無事故者，出

---

①　中國第一歷史檔案館藏：《單》，檔號：03-5959-036。又，此單日期目錄署為"光緒二十九年十月二十日"，既非呈報日期，亦非硃批日期，誤。茲據原件、錄副應為"光緒二十九年九月二十八日"。

具考語，送部考驗，帶領引見，恭候欽定。其記名之員遇有應陞副都統缺出，照例開列，等因。當即行查去後。茲准伊犁索倫營領隊大臣志銳咨呈：據花翎二品頂戴索倫營總管札拉豐阿呈稱：自光緒二十三年補缺起，扣至本年九月，業已六年俸滿，任內並無降革、罰俸處分，現在總管奉派前赴俄都，領取二十六年阻留購買德國槍礮，并購辦割麥等項機器，可否就此差便請給咨文送部帶領引見之處，造具履歷，轉呈給咨前來。

奴才等查伊犁距京窵遠，向章總管等官補缺後，遇有差便給咨赴部，帶領補行引見，歷經辦理有案。此次因伊犁購買德國槍礮，於光緒二十六年阻留俄境，業已兩年限滿，派委伊犁索倫營總管札拉豐阿前往領取，並購辦割麥等項機器。據該總管呈報六年俸滿，請於差便，給咨赴引。由該管領隊大臣轉呈前來。奴才等查該總管札拉豐阿留心邊務，明幹有為，現因差便請咨赴引，覈與例章相符。昨准出使俄國大臣胡惟德①電稱：被阻槍礮已經該總管到俄、會商俄外部議允，放入中境。該總管電稱機器亦已辦妥。

除由奴才等另行派員迎運外，擬令該總管即取道西比里雅，由東三省赴京，呈請兵部引見，藉資閱歷，擴充見聞。除分咨部、旗查照外，理合附片陳明。伏乞聖鑒。謹奏。

（硃批）：該衙門知道。②

光緒二十九年十一月二十日，奉硃批：該衙門知道。欽此③。

---

① 胡惟德（1863—1933），字馨吾、恭甫，浙江歸安縣人。光緒十四年（1888），中式舉人。十九年（1893），充駐英隨員內閣中書。二十二年（1896），任駐俄國使館參贊。翌年，授出使俄國大臣，加三品卿銜。三十三年（1907），補外務部右丞。次年，授出使日本國大臣。宣統二年（1910），遷外務部左、右侍郎，兼稅務處幫辦大臣。三年（1911），授外務部副大臣。同年，署外務部大臣。民國元年（1912），任稅務處督辦、外交部次長。同年，任法國公使兼駐西班牙、葡萄牙全權公使。三年（1914），授駐法國公使。九年（1920），調補日本公使。十一年（1922），免職回國，旋改任外交部太平洋會議善後委員會理事。十五年（1926），補內閣外交部總長，兼關稅特別會議全權代表。同年，兼署國務總理並攝行臨時執政。十六年（1927），任內閣內務部總長。同年，代理國務總理。是年，任平政院院長及高等文官懲戒委員會委員長。曾連任海牙國際法院常設仲裁法院仲裁員。二十二年（1933），卒於北平。

② 臺北"故宮博物院"藏：《軍機及宮中檔》，文獻編號：408004135-A。

③ 中國第一歷史檔案館藏：《錄副奏摺》，檔號：03-5960-048。

〇八三　揀員接署伊犁印務章京片
　　光緒二十九年九月二十八日（1903年11月16日）

　　再，據伊犁印房呈：據印務章京榮聯遺丁具呈：光緒二十九年八月二十四日，接到京寓來信，知章京之父文貴於二十八年十二月十四日在京旗病故。章京係屬親子，例應丁憂穿孝。懇請轉呈賞假，並請分咨部、旗查考，等情。轉呈奏咨前來。

　　奴才等查例載：伊犁章京印務二缺，一用京員，一用本處人員，如係京員之缺，由吏部於各衙門筆帖式內引見派往，作為委署主事，等語。今伊犁印務章京榮聯具報丁親父憂，例應飭令開缺回旗守制。所遺京員之缺，應由吏部照例揀員，請旨簡派。其未經請旨簡派以前，亟應先行派員接署，以重職守。查有留營之候補內閣中書祺源，辦事勤謹，堪以署理。除給委並分咨部、旗外，理合附片具陳。伏乞聖鑒訓示。謹奏。

　　（硃批）：該衙門知道。①

　　光緒二十九年十一月二十日，奉硃批：該衙門知道。欽此②。

〇八四　揀選伊犁錫伯營防禦等缺摺
　　光緒二十九年九月二十八日（1903年11月16日）

　　奴才馬亮、廣福跪奏，為循例揀選伊犁錫伯營防禦等缺，擬定正、陪，恭摺仰祈聖鑒事。

---

① 臺北"故宮博物院"藏：《軍機及宮中檔》，文獻編號：408004132-A。
② 中國第一歷史檔案館藏：《錄副奏摺》，檔號：03-5426-101。再，此片錄副未署具奏者，茲據底本、原件可知，實屬馬亮等所奏之件。

竊查伊犁錫伯營正白旗防禦富善，前因患病呈請原品休致，經奴才等附片奏奉硃批：著照所請，兵部知道。欽此。欽遵恭錄行知在案。茲准錫伯營領隊大臣色普西賢咨呈：富善所遺防禦等缺，應請揀員補放，以資辦理旗務，等因。前來。奴才等當於該營應升人員內逐加考驗，富善所遺錫伯營正白旗防禦一缺，揀選得正黃旗驍騎校德壽堪以擬正，鑲紅旗驍騎校達哈春堪以擬陪。遞遺驍騎校一缺，揀選得鑲藍旗空藍翎喀拉布堪以擬正，正藍旗委官德敏泰堪以擬陪。謹將該員等履歷另繕清單，恭呈御覽，伏候欽定。

所有揀選伊犁錫伯營防禦等缺、擬定正、陪緣由，理合恭摺具陳。伏乞皇太后、皇上聖鑒訓示。謹奏。光緒二十九年九月二十八日。

（硃批）：均著擬正之員補授，該衙門知道，單併發。[①]

光緒二十九年十一月二十日，奉硃批：均著擬正之員補授，該衙門知道，單併發。欽此[②]。

〇八五　呈揀選錫伯營防禦等缺清單
光緒二十九年九月二十八日（1903年11月16日）

謹將揀選伊犁錫伯營防禦等缺、擬定正、陪人員繕具清單，恭呈御覽。

錫伯營富善所出防禦員缺。擬正之錫伯營藍翎五品頂戴正黃旗驍騎校德壽，食俸餉當差三十二年，光緒六年勦辦陝回、八年收復伊犁各案內各案均屬奮勉出力，疊經前將軍金順奏保儘先即補驍騎校，並賞戴藍翎五品頂戴。光緒二十六年，補放驍騎校，現年四十八歲。錫

---

① 臺北"故宮博物院"藏：《軍機及宮中檔》，文獻編號：408004132。
② 中國第一歷史檔案館藏：《錄副奏摺》，檔號：03-5960-043。

伯伊拉哩氏，馬步箭平等。

擬陪之錫伯營藍翎補用防禦鑲紅旗驍騎校達哈春，食俸餉當差二十五年，光緒六年屯種軍糧、八年收復伊犁、十七年搜勦竄匪各案內均屬奮勉出力，疊經前將軍金順等奏保補用防禦，並賞戴藍翎。光緒二十四年，補放驍騎校，現年四十四歲。錫伯伊爾根覺羅氏，馬步箭平等。

擬補防禦所遺驍騎校員缺。擬正之錫伯營花翎四品頂戴儘先即補驍騎校鑲藍旗空藍翎喀拉布，食錢糧當差二十六年，光緒六年勦辦陝回、八年收復伊犁、十七年搜勦竄匪各案內均屬奮勉出力，疊經前將軍金順等奏保儘先即補驍騎校，並賞戴花翎四品頂戴。光緒二十六年，補放空藍翎，揀選驍騎校擬陪一次，現年四十五歲。錫伯石佳氏，馬步箭平等。

擬陪之錫伯營藍翎五品頂戴儘先即補驍騎校正藍旗委德敏泰，食錢糧三十一年，前在庫爾喀喇烏蘇軍營當差，光緒二年克復瑪納斯南北兩城、五年、六年兩屆屯種軍糧、八年收復伊犁各案內均屬奮勉出力，疊經前將軍金順奏保儘先即補驍騎校，並賞戴藍翎五品頂戴。光緒二十三年補放委官，現年五十六歲。錫伯瓜勒佳氏，馬步箭平等。

覽。①

○八六　揀選伊犁新滿營驍騎校員缺摺
光緒二十九年九月二十八日（1903年11月16日）

奴才馬亮、廣福跪奏，為循例揀選伊犁新滿營驍騎校員缺，擬定正、陪，恭摺仰祈聖鑒事。

竊查伊犁新滿營左翼正藍旗驍騎校芬陳，前因患病呈請原品休

---

① 中國第一歷史檔案館藏：《單》，檔號：03-5960-046。

致，經奴才等附片奏奉硃批：著照所請，兵部知道。欽此。欽遵恭錄行知在案。茲據辦理伊犁滿營事務檔房呈稱：芬陳所出驍騎校員缺，應請揀員補放，以資辦理旗務，等情。前來。奴才等當於該營應升人員內逐加考驗，芬陳所遺新滿營左翼正藍旗驍騎校一缺，揀選得鑲藍旗委催總舒里春堪以擬正，正紅旗委催總札勒幹泰堪以擬陪。謹將該員等履歷另繕清單，恭呈御覽，伏候欽定。

所有揀選伊犁新滿營驍騎校員缺、擬定正、陪緣由，理合恭摺具陳。伏乞皇太后、皇上聖鑒訓示。謹奏。光緒二十九年九月二十八日。

（硃批）：著擬正之員補授，該衙門知道，單併發。①

光緒二十九年十一月二十日，奉硃批：著擬正之員補授，該衙門知道，單併發。欽此②。

○八七　呈揀選新滿營驍騎校員缺清單
光緒二十九年九月二十八日（1903年11月16日）

謹將揀選伊犁新滿營驍騎校員缺、擬定正、陪人員繕具清單，恭呈御覽。

惠遠城新滿營芬陳所出驍騎校員缺。擬正之惠遠城新滿營鑲藍旗委催總舒里春，食錢糧當差十三年。光緒十七年，補放前鋒。二十四年，補放領催。二十六年，補放委催總，現年三十一歲。錫伯伊爾根覺羅氏，馬步箭平等。

擬陪之惠遠城新滿營正紅旗委催總札勒幹泰，食錢糧當差十三年。光緒十九年收還巴爾魯克山案內出力，經前將軍長庚咨保額外前鋒。二十年，補放前鋒。二十一年，調補領催。二十八年，補放委催

---

① 臺北"故宮博物院"藏：《軍機及宮中檔》，文獻編號：408004135。
② 中國第一歷史檔案館藏：《錄副奏摺》，檔號：03-5960-041。

總,現年四十九歲。錫伯伊爾根覺羅氏,馬步箭平等。

覽。①

〇八八　選送幼童赴俄肄業請議給經費片
光緒二十九年九月二十八日(1903年11月16日)

　　再,查伊犁挑選滿、蒙幼童十名,派由索倫營領隊大臣志銳於八月二十一日帶領,前往俄國七河省學堂肄業,面訂功課,前已電請外務部代奏在案。茲於九月二十日志銳業已回國,具文咨呈:前帶幼童十名已於八月二十九日行抵俄國七河省,面見俄七河巡撫伊阿諾夫,將各幼童安置潘習溫,即俄幼童學堂,先學語言文字,以後按照該國功課章程,循序漸進;議定學生十名,每月束脩需俄銀五十盧布,共歲需六百盧布;住居俄員舍巴林家,每月每名房、飯、衣服需俄銀十八盧布,十名共歲需二千一百六十盧布;帶領幼童佐領一員、大學生二名、跟役一名,四人共需俄銀二百盧布。統共歲需俄銀二千九百六十盧布,隨時按照市價折合中銀付給。現在該學生尚能勤奮,似尚易於教習,等情。呈請奏報前來。

　　奴才查伊犁附近俄邦,時有交涉,全賴熟習該國文字語言,庶幾遇事不致隔閡。此次商據俄官議允,挑選幼童十名,均在十歲以下,資質尚屬聰穎,因慮無人照料,揀派通曉俄文之新滿營正紅旗佐領伊勒噶春,並隨帶大學生二名、跟役一名,駐俄照料,令其於各幼童學習俄文之暇,仍復講究滿、漢文義,俾其融會中俄文字,不忘上音。如能有成,則數年之後,自相傳教,人人皆知俄國情形。惟原奏估報出洋肄業經費僅需千金,現除往返川資、製辦行裝及購買書籍、筆墨、紙張外,歲需俄銀二千九百六十盧布,每兩盧布合銀一兩,按現時市

---

① 中國第一歷史檔案館藏:《單》,檔號:03-5960-044。

估易換中國市銀，尚需加水六錢，約須湘平銀二千三百六十八兩，較原估增逾一倍。

惟既需培植人才，亦萬難吝惜小費，請仍由伊犁牧廠變賣款內設法勻挪，據實造報請銷，不另請款。所有領隊大臣選送幼童赴俄肄業、業已回國面訂功課及議給經費各緣由，除分咨大學堂、外務部、戶部備案外，理合附片具陳。伏乞聖鑒訓示。謹奏。

（硃批）：該衙門知道。①

光緒二十九年十一月二十日，奉硃批：該衙門知道。欽此②。

〇八九　柴天祿等留於伊犁軍標補用片
光緒二十九年九月二十八日（1903年11月16日）

再，伊犁地處極邊，防務緊要，軍標漢隊各營、旗、哨補署需員，迭經前將軍長庚揀員奏留。現因陸續請假，不敷差遣，亟應揀選留營，以備委用。查有副將銜儘先即補參將柴天祿、留新疆遇缺儘先補用都司雲騎尉世職王金樞、花翎三品頂戴不論雙單月歸部即選衛守備段祝三、花翎留新疆儘先補用守備馬高陞、花翎儘先補用守備臧永順。

以上五員均在邊疆效力有年，熟習行伍，合無仰懇天恩俯准，將該員等留於伊犁軍標委用之處，出自鴻慈。除飭取該員等履歷咨送兵部外，理合附片陳請。伏乞聖鑒訓示。謹奏。

（硃批）：著照所請，兵部知道。③

光緒二十九年十一月二十日，奉硃批：著照所請，兵部知道。欽此④。

---

① 臺北"故宮博物院"藏：《軍機及宮中檔》，文獻編號：408004132-B。
② 中國第一歷史檔案館藏：《錄副奏摺》，檔號：03-7205-126。再，此片錄副未署具奏者，具奏日期亦未確。茲據底本、原件可知，實屬馬亮等所奏之件。
③ 臺北"故宮博物院"藏：《軍機及宮中檔》，文獻編號：408004135-B。
④ 中國第一歷史檔案館藏：《錄副奏摺》，檔號：03-5960-047。

〇九〇　查覆伊犁防戍出力請獎等情摺
光緒二十九年九月二十八日（1903年11月16日）

奴才馬亮、廣福跪奏，為聲覆部查伊犁防戍出力請獎文職各員捐案及更正底衘，分晰繕具清單，仰懇天恩飭部照准註冊，以示鼓勵，恭摺具陳，仰祈聖鑒事。

竊奴才等於光緒二十九年四月二十五日接准吏部咨開：所有調任四川成都將軍前伊犁將軍長庚等奏保伊犁歷年防戍出力員弁請獎遵旨議奏一摺，於光緒二十九年二月二十八日具奏，奉旨：依議，欽此。粘單咨行到伊。除照准各員已由奴才等分行飭知外，查清單內開：選用縣丞劉華濬，查該員之從九品底衘無案及後次之縣丞班次不符，應令查明覆奏，再行覈辦。

又，江西候補知縣賀家棟、分省試用縣丞庹聯鑣、州同職衘鄭秉彝、雙月選用府經歷安履泰、鹽大使職衘焦沛南、譚嶽琳、黃錫慶、徐臻惠、雲漢、縣丞職衘錢體乾、陸繼昌、藍翎分省試用府經歷鄭丙昌、不論雙單月選用州判許熙霖、不論雙單月選用巡檢朱大華等十四員，或查戶部捐案因兵燹被焚無案，或因捐案覈准在後，令將原捐執照送部，再行覈辦，等因。當即分別行查去後。除鄭丙昌一員現已病故應毋庸議外，其劉華濬等十四員各將保札、捐照呈驗，均屬相符。

奴才等查伊犁地處極邊，強鄰接壤，歷年防戍，與內地情形迥不相同。該員等十餘年來分途防守，盡夜辛勤，始終奮勉，地方賴以乂安，實屬異常出力。前將軍長庚分別異常、尋常擇尤請獎，並未過優。捐納各員係遵新例報捐，領有執照、實收，均已到營呈驗。其戶部捐案雖被焚失，而該員捐照實有可憑。至捐案覈准在後，委因伊犁距京萬餘里之遙，未能依限赴部驗照，且外省報捐或局中收款錯誤，或造冊彙報遲延，實非該員等延誤之咎。若因戶部捐案被焚或捐案覈准在後不能仰邀獎敘，未免向隅。其劉華潯一員兩次保案均呈有保札查驗，前由文童得獎從九品一案，實係克復金陵省城陸軍出力，經前兩江督臣曾國藩①奏保，於同治三年八月二十一日奉旨允准。今部單內開：查攻克江甯出力案內並無該員之名，或係克復金陵省城陸軍與攻克江甯出力另有一案，是以查無其名，否則克復漳州等處續得保案即不能以從九品底銜例保也。

至克復漳州等處、肅清全閩出力案內經前閩浙督臣左宗棠奏保，於同治五年十月初七日奉上諭：著以縣丞歸部，遇缺即選。欽此。前次履歷漏敘"歸部遇缺"字樣，致奉行查，既據該員等先後呈覆繳到照札查驗，並請更正底銜，前來。

奴才等覆查防守各處，勤辦賊匪，論功行賞，實與軍功勞績無異。所有該員等原請獎敘，惟有仰懇天恩飭部一律照准註冊，出自格外恩施。除將該員等原捐執照送部外，所有奴才等聲覆部查伊犁防戍出力請獎文職各員捐案及更正底銜緣由，理合繕具清單，恭摺具陳。伏乞皇太后、皇上聖鑒訓示。謹奏。光緒二十九年九月二十八日。

（硃批）：該部議奏，單併發。②

光緒二十九年十一月二十日，奉硃批：該部議奏，單併發。欽此③。

---

① 曾國藩（1811—1872），初名子城、子成、子誠，字居武、伯涵、滌生，湖南長沙府湘鄉縣人。道光十四年（1834），中舉人。十八年（1838），中式第三甲第42名進士，改庶吉士。二十年（1840），授檢討。二十三年（1843），任試講，充四川鄉試正考官，補文淵閣校理。次年，授侍讀。二十五年（1845），任左、右庶子，充會試同考官、侍講學士、日講起居注官。次年，任文淵閣直閣事。二十七年（1847），授內閣學士，兼禮部侍郎銜。次年，任稽察中書科事務。二十九年（1849），調禮部右侍郎，署兵部左侍郎。次年，兼署工部左侍郎。咸豐元年（1851），署刑部右侍郎，充順天武鄉試正考官。次年，兼署吏部左侍郎，充江西鄉試正考官。是年，丁母憂。四年（1854），賞三品頂戴，旋晉二品頂戴，並賞戴花翎，以兵部右侍郎署湖北巡撫。七年（1857），丁父憂。次年，辦理浙江軍務。十年（1860），署兩江總督，加兵部尚書銜。同年，旋授欽差大臣、兩江總督。十一年（1861），封太子少保。同治元年（1862），擢協辦大學士。三年（1864），晉太子太保，封一等毅勇侯。五年（1866），補授兩江總督。次年，遷大學士，轉體仁閣大學士，賞雲騎尉。七年（1868），調武英殿大學士、直隸總督管巡撫事。九年（1870），以兩江總督充任辦理南洋通商事務大臣。十三年（1874），薨於位。贈太傅，諡文正。著有《曾文正公全集》行世。

② 臺北"故宮博物院"藏：《軍機及宮中檔》，文獻編號：408004134。

③ 中國第一歷史檔案館藏：《錄副奏摺》，檔號：03-5960-113。

○九一　呈防戍出力文職各員捐案清單
光緒二十九年九月二十八日（1903年11月16日）

謹將核覆吏部行查伊犁防戍出力保獎文職各員捐案及更正底銜，繕具清單，恭呈御覽。

計開：尤為出力者。一、部單內開：選用縣丞劉華濬，查該員之從九品底銜無案及後次之縣丞班次不符，是否聲敘舛錯，抑或另案保獎，應令該將軍查明覆奏，再行核辦，等語。飭據該員呈覆：係由文童於克復金陵省城陸軍出力，經前兩江督臣曾國藩會同前湖廣督臣官文①奏保，於同治三年八月二十一日奉上諭：著以從九品不論單雙月遇缺儘先選用，並賞戴藍翎。欽此。履歷內漏敘"省城""陸軍"及"遇缺儘先"字樣。今部單係檢查江甯出力保案，是以無名。又，於克復漳州等處、肅清全閩案內出力，經前閩浙督臣左宗棠奏保，同治五年十月初七日，奉上諭：著以縣丞歸部遇缺即選。欽此。履歷內漏敘"遇缺"等字樣，以致部查班次不符，應請更正，等情。前來。當即調驗兩案行知，均屬相符，應請將底銜更正，仍照前請免選縣丞，以知縣不論雙單月選用。

一、部單內開：江西候補知縣賀家棟由縣丞報捐指分江西試用捐

---

① 官文（1798—1871），字秀峰，王佳氏，內務府漢軍正白旗人。由拜唐阿補藍翎侍衛，累擢頭等侍衛。道光十八年（1838），加頭等侍衛。二十年（1840），兼管理養狗處養狗使。二十一年（1841年），出任廣州漢軍副都統。二十七年（1847），調荆州右翼副都統。咸豐四年（1854），補荆州將軍。五年（1855），補授湖廣總督。次年，督師再克漢陽。八年（1858），調補湖廣總督，升協力大學士，加太子少保銜。十一年（1861），拜文淵閣大學士，仍留總督任。同治元年（1862），晉文華殿大學士。三年（1864），賜封一等果威伯，升入滿洲正白旗。四年（1865），坐剿捻不力，革職留任。次年，坐動撥款，解除總督，仍留大學士、伯爵、罰伯爵俸十年。召還京，管理刑部，兼正白旗蒙古都統。年底，署直隸總督。六年（1867），任玉牒館總裁。八年（1869），召京，管戶部三庫，授內大臣。九年（1870），任崇文門正監督。十年（1871），病卒。贈太子太保，諡文恭。有《蕩平髮逆附記》存世。

案，查據戶部覆稱：因兵燹被焚，無從查復，應將原捐執照送部，再行核辦，等語。飭據該員將原由縣丞報捐指分江西試用實收呈驗，實係光緒二十一年十一月初十日在新疆藩庫遵新海防例報捐，因江西停止分發，經戶部於二十二年八月十四日議復具奏，應俟限滿，再行核辦，復經該員呈明、新疆撫臣咨覆有案。且報捐後光緒二十二年於會勦甘肅北大通窨匪、連克十大回莊案內在事出力，經前陝甘督臣陶模①奏保免補本班，以知縣仍留原省，歸候補班補用。十月初五日，欽奉諭旨允准，奉發行知，亦有案。核與准保之例相符，未便因前此捐案被焚，致令向隅，應仍照前請俟補缺後以直隸州知州補用，先換頂戴。

一、部單內開：分省試用縣丞庹聯鑣報捐縣丞分發捐案，查據戶部覆稱：因兵燹被焚，無從查覆，應將該員原捐執照送部，再行核辦，等語。飭據該員將原捐執照呈驗屬實，未便捐因案被焚，致令向隅，應仍照前請免補縣丞，以知縣仍分發補用。

一、部單內開：州同職銜鄭秉彝捐案，查據戶部覆稱：因兵燹被焚，無從查覆，應將該員原捐執照送部，再行核辦，等語。飭據該員將原捐執照呈驗屬實，未便因捐案被焚，致令向隅，應仍照前請以州同歸部，不論雙單月選用。

其次出力單內。一、部單內開：雙月選用府經歷安履泰，鹽大使銜焦沛南、譚嶽琳、黃錫慶、徐臻惠、雲漢，縣丞職銜錢體乾、陸繼昌。以上八員捐納之案，查據戶部覆稱：或因兵燹被焚，或按照聲叙

---

① 陶模（1835—1902），字方之，一字子方，浙江秀水（今嘉興）人。同治七年（1868），中式進士，改翰林院庶起士。十年（1871），授甘肅文縣知縣。十二年（1873），補甘肅皋蘭縣知縣。光緒元年（1875），升甘肅秦州直隸州知州。五年（1879），署甘州府知府，調甘肅迪化州知州。六年（1880），加鹽運使銜。七年（1881），擢甘肅甯夏府知府。八年（1882），任甘肅鄉試內監試。九年（1883），署蘭州府知府，遷甘肅蘭州道。十年（1884），署甘按察使，旋調補直隸按察使。十四年（1888），升補陝西布政使，護理陝西巡撫。十七年（1891），升授甘肅新疆巡撫。二十一年（1895），署陝甘總督。次年，實授陝甘總督。二十六年（1900），調補兩廣總督。二十八年（1902），卒於廣州行館。謚勤肅，贈太子少保。有《陶勤肅公奏議遺稿》12卷、《養樹山房遺稿》2卷存世。

檢查並無其名，應將該員等原捐執照送部，再行核辦，等語。查安履泰一員，據稱所得捐案係該員之父綏定縣如縣安允升認繳股票銀兩移獎，已列入新疆第三次請獎案內由縣主薄移獎雙月選用府經歷，奉新疆藩司行知有案，未蒙發給執照，應仍請查新疆股票捐案辦理。其焦沛南、譚嶽琳、黃錫慶、徐臻惠、雲漢、錢體乾、陸繼昌七員，各將原捐執照呈繳前來。當即查驗屬實。是各該員捐案均確有可憑，應請仍照原請將雙月選用府經歷安履泰仍以府經歷不論雙單月即選；鹽大使職銜焦沛南、譚嶽琳、黃錫慶、徐臻惠、雲漢均以鹽大使歸部選用；縣丞職銜錢體乾、陸繼昌均以縣丞不論雙單月選用。

一、部單內開：不論雙單選用州判許熙霖、不論雙單月選用巡檢朱大華，查許熙霖捐案尚未核准，朱大華捐案核准日期係在保案奉旨交議之後，應毋庸議，等語。飭據該員等呈覆，均係二十七年遵奏晉賑捐例，在新疆藩庫上兑，距保案具奏之日早踰一年。該員許霖熙欠繳捐項係捐局核算錯誤，並非該員遲延未交。現在捐項早經補足，且已准補庫車直隸州廳照磨；朱大華捐案上兑日期實在保案未經請旨以前。現在捐案業經議准，且該員等極邊防戍，均屬異常出力，所保並未過優，應請將許熙霖改為知縣在任候補，朱大華仍請賞加六品銜。

以上十四員，均擬仰懇天恩，飭部照准註冊。合併聲明。

覽。①

〇九二　請將汪步端等十四員核實給獎片
光緒二十九年九月二十八日（1903年11月16日）

再，奴才等接准吏部咨開：議覆調任四川成都將軍前伊犁將軍長庚等奏保伊犁防戍出力請獎一摺，清單內開不論雙單月選用同知汪步

---

① 中國第一歷史檔案館藏：《單》，檔號：03-5426-114。

端等十四員，查光緒二十七年，經陝甘督臣崧蕃等於新疆七載防戍出力案內列保，今復由伊犁將軍長庚等於伊犁歷年防戍出力案內列保，雖事隔兩省，同一防務係屬重復，所請獎敘應毋庸議，等因。於光緒二十九年二月二十八日具奏，於四月二十五日咨行到伊。奴才等查請將軍長庚等原奏內稱：伊犁與新疆塔城事同一律，自西陲戡定以來，新疆塔城防軍均已兩次請獎，惟伊犁各營將士前因防戍十二年出力，蒙奏恩准酌保，衹以逾限，未能保奏。

此次又屆五年，籲懇併案列保，奉旨：准其擇尤酌保，毋許冒濫。欽此。是在伊犁出力各員業已十餘年之久，奉有恩旨准其併案保獎。此次部駁重保各員，在部臣慎重名器，以為同一防務即不應兩處列保，然該員等極邊防戍，年分各有先後之殊，在事出力勞績亦有差等之別。現查各員內除常永慶省保已准，又經自行報捐免補；李宗嶽出力係在七載之後，省保已准；熊鶴年應歸省保核辦，均應毋庸議外，其餘汪步端等十一員，伊犁防戍均在七載之前，與新疆出力勞績不同，較之重復列保者即屬迥異，況新疆防戍案內該員等雖經列保，或因捐案調照並未核准，或因尋常勞績獎勵未得從優。若以新疆列保有名，伊犁之案即行刪除，是該員等有因兩處效力轉未沐一案之酬，庸有因新疆僅保尋常轉不獲伊犁異常之獎敘，則原請併案列保徒有其名，尚不如一處出力者猶能仰邀曠典。據該員等分別繳驗捐照，呈請將新疆保奏咨銷前來。

奴才等身膺疆寄，辦事需人，獎前功即所以勵後進，既經核實查明均在應保之列，惟有仰懇天恩俯准，飭部一律照准給獎，出自逾格鴻施。除分咨陝甘督臣、新疆撫臣並將捐照咨送吏部外，理合恭繕清單，附片陳請。伏乞聖鑒，訓示。謹奏。

（硃批）：該部議奏。①

光緒二十九年十一月二十日，奉硃批：該部議奏。欽此②。

---

① 臺北"故宮博物院"藏：《軍機及宮中檔》，文獻編號：408004134-A。
② 中國第一歷史檔案館藏：《錄副奏摺》，檔號：03-5960-039。

○九三　呈防戍出力與重保文職各員清單
光緒二十九年九月二十八日（1903年11月16日）

謹將議覆吏部駁伊犁歷年防戍出力與新疆重保文職各員，分別擬獎，仍請照准，繕具清單，恭呈御覽。

計開：尤為出力單內。

一、部單內開：不論單雙月選用同知汪步端、藍翎鹽提舉銜不論雙單月選用通判方鋆、同知銜新疆候補知縣魯鼎緒、花翎同知銜伊犁府綏定縣知縣安允升、分省試用縣丞楊文濬、不論雙單月儘先選用訓導常永慶。以上六員，查光緒二十七年新疆七載防戍出力案內列保，今復由伊犁歷年防戍案內列保係屬重復，所請獎敘，應毋庸議，等語。奴才當即分別詳查，除常永慶一員省保已准現已自行報銷免補本班、應毋庸議外，查不論雙單月選用同知汪步端一員，伊犁出力係在七載之前，事隔兩省，勞績不同，且該員於新疆七載防戍案內係照尋常列保，經部臣議令呈驗捐照，再行覈辦。現據該員呈請，將捐照查驗屬實，並稱不敢重邀新疆保獎，前來。是該員並未重保，應請仍照原請免選同知，以知府不論雙單月選用。

查藍翎鹽提舉銜不論雙單月選用通判方鋆一員，伊犁出力係在七載之前，事隔兩省，勞績不同，且該員於新疆七載防戍案內雖經列保，經部臣以該員所開坐銜不符，議令查明覆令奏，再行覈辦。現據該員呈稱：不敢仰邀新疆保獎，伊犁原保底銜與履歷並無不符，呈請覆奏前來。是該員並未重保，應請仍照原請免選通判，以同知不論雙單月選用。查同知銜新疆候補知縣魯鼎緒一員，伊犁出力係在七載之前，事隔兩省，勞績不同，新疆保案係屬尋常、伊犁出力實在異常之列。前按該員底銜照異常勞績請獎，並未於新疆所保之項加保，實與重保不同，應請仍照原請免補本班，以直隸州知州仍留原省補用。

查花翎同知銜綏定縣知縣安允升一員，伊犁出力係在七載之前，事隔兩省，勞績不同，新疆保案係保尋常、伊犁出力實在異常之列。前按該員底銜照異常勞績列保，並未於新疆所保之項加保，實與重保不同，應請仍照原請以直隸州知州在任候補，並賞加四品銜。查分省試用縣丞楊文濬一員，伊犁出力係在七載之前，事隔兩省，勞績不同，且該員於新疆七載防戍案內係照尋常列保，經部臣議令呈驗捐照，再行覈辦。現據該員呈請將捐照查驗屬實，並稱不敢重邀新疆保獎前來。是該員並未重保，應請仍照原請免補縣丞，以知縣仍分省補用。

其次出力單內。

一、部單內開：鹽運使銜道員用新疆候補知府潘震、花翎知府銜不論雙單月選用直隸州知州李宗嶽、同知銜留甘補用知縣陶甄、同知銜不論雙單月選用知縣羅俊傑、開缺伊犁府經歷候補知縣鴻勳、州同銜不論雙單月選用府經歷熊鶴年、不論雙單月選用縣丞成道乾、殷壽球。以上八員，查光緒二十七年新疆七載防戍出力案內列保，今復由伊犁歷年防戍出力案內列保，係屬重複，所請獎敘，應毋庸議，等語。

奴才當即分別詳查，除李宗嶽一員伊犁勞績係在七載之後，且新疆列保相同，已邀覈准，熊鶴年一員應歸省保核辦，均行刪除外，查鹽運使銜道員用新疆候補知府潘震一員，伊犁出力係在七載之前，事隔兩省，勞績不同。若因新疆奏保與伊犁奏保之案相距經年議以重復，即將其後保之案刪除，實不足以示鼓勵，應請改俟歸道員班後，賞加二品頂戴。

查同知銜留甘補用知縣陶甄一員，伊犁出力係在七載之前，事隔兩省，勞績不同。前按該員底銜列保，實與重保不同。若因新疆奏保與伊犁奏保之案相距經年議以重復，即將其後保之案刪除，實不足以示鼓勵，應請仍照原請俟得缺後，以直隸州知州補用。

查藍翎同知銜不論雙單月選用知縣羅俊傑一員，伊犁出力係在七載之前，事隔兩省，勞績不同，且該員於新疆七載防戍案內雖經列保，經部臣議令呈驗捐照，再行覈辦。現據該員呈請將前照查驗屬實，並稱不敢重邀新疆保獎前來。是該員並未重保，應請仍照原請俟得缺後，以直隸州知州補用。

　　查開缺伊犁府經歷後候補知縣鴻勛一員，伊犁出力係在七載之前，事隔兩省，勞績不同。前按該員底衔開列，並未於新疆所保之項加保，實與重保不同。若因新疆奏保與伊犁奏保之案相距經年議以重復，即將其後保之案刪除，實不足以示鼓勵，應請仍照原請俟得缺後，以直隸州知州補用。

　　查不論雙單月選用縣丞成道乾一員，伊犁出力係在七載之前，事隔兩省，勞績不同。若因新疆奏保與伊犁奏保之案相距經年議以重復，即將其後保之案刪除，實不足以示鼓勵。惟新疆列保已准其俟得缺後以知縣用，與伊犁擬獎相同，應請改俟歸知縣班後，以隸州知州補用。

　　查不論雙單月選用縣丞殷壽球一員，伊犁出力係在七載之前，事隔兩省，勞績不同。若因新疆奏保與伊犁奏保之案相距經年議以重復，即將其後保之案刪除，實不足以示鼓勵。惟新疆保案已請俟得缺後以知縣用，與伊犁擬獎相同。新疆保案已奉部臣議准，調驗捐照，再行覈辦。經該員將捐照呈由撫臣咨部查驗，應請改俟歸知縣班後，以直隸州知州補用。

　　以上十一員，均擬仰懇天恩，飭部照准註冊。合併聲明。
　　覽。①

○九四　奏報派員會辦中俄積案緣由摺
光緒二十九年十二月十七日（1904年2月2日）

　　伊犁將軍臣馬亮、甘肅新疆巡撫西林巴圖魯臣潘效蘇跪奏，為喀什噶爾邊界中俄積案歷年未辦，擬照伊犁、塔城會辦司牙孜成案，選派大員會同俄官清理，以重交涉，恭摺仰祈聖鑒事。

---

①　中國第一歷史檔案館藏：《單》，檔號：03-5426-115。

竊查新疆北路伊犁、塔城、南路喀什噶爾沿邊一帶，均與俄境毗連，兩國交界人民錯處，種類龐雜，獷悍成性，互相劫殺，習為故常。兼以訂約通商、往來貿易之人既多，雀角鼠牙，無時不有。彼此互控，兩國官員展轉行查，動輒累月經年，不能了結。伊、塔兩處積案經前署伊犁將軍錫綸奏定，每屆三年，派員會同俄官清理一次。俄語譯為司牙孜，即猶華言"清理積案"。其法先由兩國邊界官員將未結各案事由及原、被人証姓名，彙造清冊，彼此互換，預定日期，擇中俄交界水草兩便地方，設立會所，兩國另派妥員，各帶辦事人等，屆期同赴會所，傳集案內人証，秉公持平剖斷，不用中、俄法律，各隨其俗，察酌案情大小，或罰或賠，或令入誓理處，一經斷結，兩造不得再有翻異，實於息事寧人、安邊睦鄰，均有裨益。歷經會辦有案。

喀什自設道通商以來，將近二十年，並未辦過司牙孜，以致兩國民人互控未結之案積壓甚多，上則官長徒滋文牘之煩，下則邊氓難免拖累之苦。當此時局艱危，交涉之事日繁一日，因應之機亦日難一日，前項積案若再遲延时日，轇轕不清，不獨將來愈難辦理，且恐因此另生枝節。臣效蘇正擬飭喀什噶爾道與駐喀俄領事商辦間，茲據該道袁鴻祐詳：准俄領事照會，亦因積案終無了期，擬照伊、塔成案，由兩國派員，定於明年俄曆六月二十日，即中曆五月二十日，在喀什所屬奇木霍爾罕地方會同辦理。適與臣效蘇意見相同，業經批准照辦，以清積牘而重交涉。惟初次開辦，情形未熟，意見難融，得其人則措施得當，固可化有為無；不得其人則區處失宜，亦虞釀小成大。出好興戎，關係匪淺，必須一洞達邊情之員前往督辦，庶可隱消邊釁，益固邦交。

臣效蘇與臣亮往復籌商，惟有伊犁索倫營領隊大臣志銳，勤能敏練，聲望素孚，蒞任以來，於伊犁邊界諸事與調任將軍長庚及臣亮，均能和衷商辦，力任其艱，中外人民咸深信服。上年伊犁會辦中俄積案，該大臣總司其事，悉協機宜，一月之間，結案一千七百餘件，實為歷此辦理所無，經長庚奏明在案。本年臣亮奏派學生赴俄肄業，該大臣親自送往，措置諸臻妥協，於俄國政治、民情實能留心體察。此次喀什清理中俄積案，若令與俄官會商一切，必能使彼悅服，就我範圍。相應仰懇天恩俯准，即派該大臣前往督辦。如蒙俞允，再由臣等照會該大臣酌帶員弁，馳赴喀什，與俄官會辦，以昭慎重。

至會辦積案應需各項經費，擬請照伊犁成案，在於新疆善後項下作正開銷，由喀什道領支造報。其辦事人員，伊塔道定章每屆准照尋常勞績，酌保文職二員、武職四員。此次司牙孜歷年既久，隨帶人員稍多，事竣後擬由臣效蘇援案擇尤酌保數員，以示鼓勵。

是否有當？理合恭摺具陳。伏乞皇太后、皇上聖鑒訓示。再此摺係臣效蘇主稿。合併聲明。謹奏。光緒二十九年十二月十七日。①

光緒三十年正月二十六日，奉硃批：著照所請。欽此②。

〇九五　恭報兵屯二十九年收糧分數摺
光緒二十九年十二月二十七日（1904年2月12日）

奴才馬亮、廣福跪奏，為恭報伊犁特古斯塔柳兵屯光緒二十九年分收糧分數，繕具清單，恭摺仰祈聖鑒事。

竊查伊犁特古斯塔柳地方，前於光緒二十二年開辦兵屯，派撥練軍兩旗官兵墾種，所有歷年收成分數均經分年奏報在案。二十九年正月，因裁節舊滿營暨練軍銀糧，酌復新滿營四愛兵額，曾經奏明規復新滿營馬甲二百名、匠役、養育兵四十名，按照練軍章程分為兩旗，設立營總、帶隊章京等官，派新滿營協領諾呢春總理屯務，帶赴特古斯塔柳官屯地方，接辦屯墾；分領籽種，乘時播種。除營總、章京、隊官、筆帖式、教習或督催耕作，或經理錢糧未發籽種外，共兵二百四十名，每名額定地二十畝，內小麥地十一畝、青稞

---

① 臺北"中研院"近史所藏：《外交檔案》，館藏號：02-10-019-01-018。
② 此奉旨日期與內容，據《軍機處隨手登記檔》（檔案編號：03-0318-1-1230-025）校補。

地一畝、大麥地一畝，均每畝給籽種一斗；穀子地七畝，每畝給籽種一升五合。統計籽種地四千八百畝，發給各色籽種糧三百三十七石二斗，由總理屯務委員新滿營右翼協領諾呢春，暨第一旗營總正黃旗佐領賽沙春、第二旗營總鑲藍旗佐領內根泰，督率各兵耕作。茲居秋成事竣，據該員等將收穫粗糧數目具報前來。當飭糧餉處照章折合細糧，覈算分數，計兵二百四十名，合種地二屯四分，收穫各色粗糧三千四百八十五石一斗，折合細糧三千八十三石七斗六升六合三勺。每兵實交細糧十二石、十三石以上不等，收成在十二分以上。

奴才等查光緒二十二年前將軍長庚奏定屯田收穫分數功過章程內開：十二分功過相抵，等語。本年收成覈計分數在十二分以上。查詢該屯總理委員，據稱各兵丁初年奉調到屯，地方土性尚未熟習，是以種植未能如法，等語。奴才等查核收分雖較上年減少，而照章功過尚能相抵，應請免其置議；來年仍即督飭認真耕作，不准稍有怠玩。除飭將收穫糧石運送惠遠城倉妥為存儲，並飭造收支糧數清冊分咨戶部、兵部外，理合繕具清單，恭呈御覽。伏乞皇太后、皇上聖鑒訓示，謹奏。光緒二十九年十二月二十七日。

（硃批）：該部知道，單併發。①

光緒三十年二月二十三日，奉硃批：該部知道，單併發。欽此②。

〇九六　呈伊犁屯兵二十九年收穫糧石清單
光緒二十九年十二月二十七日（1904年2月12日）

謹將伊犁特古斯塔柳屯兵光緒二十九年分收穫各色糧石數目，計分數，繕具清單，恭呈御覽。

計開：新滿營練軍第一旗官兵光緒二十九年分收穫各色糧石內：

---

① 臺北"故宮博物院"藏：《軍機及宮中檔》，文獻編號：408004138。
② 臺北"故宮博物院"藏：《軍機及宮中檔》，文獻編號：158965。

小麥一千四百九十石，每石按九斗折合細糧一千三百四十一石。

青稞一千石，每石按八斗七升五合折合細糧九十六石二斗五升。大麥一百二十二石，每石按八斗四升六合七勺折合細糧一百三石二斗九升七合四勺。

穀子四十二石三斗，每石按五斗折合細糧二十石六斗五升。

以上共收穫各色粗糧一千七百六十三石三斗，折合細糧一千五百六十一石一斗九升七合四勺。計兵一百二十名，每名合收細糧一十三石九合九勺七抄八撮。

新滿營練軍第二旗官兵光緒二十九年分收穫各色糧石內：小麥一千四百二十餘石，每石按九斗折合細糧一千二百七十八石。

青稞一百一十八石五斗，每石按八斗七升五合折合細糧一百三石六斗八升七合五勺。大麥一百四十六石，每石按八斗四升六合七勺折合細糧一百二十石二斗三升一合四勺。

穀子四十一石三斗，每石按五斗折合細糧二十石六斗五升。以上共收穫各色粗糧一千七百二十一石三斗，折合細糧一千五百二十二石五斗六升八合九勺。計兵一百二十名，每名合收細糧一十二石六斗八升八合零七抄八撮。

通計二屯四分共收穫粗糧三千四百八十五石一斗，折合細糧三千八十三石七斗六升六合二勺，覈計分數在十二分以上。

覽。①

〇九七　奏陳兵屯租糧折價繳銀片
　　光緒二十九年十二月二十七日（1904年2月12日）

再，查特古斯塔柳屯兵自光緒二十二年開辦以來，歷年收穫各粗

---

① 臺北"故宮博物院"藏：《軍機及宮中檔》，文獻編號：158965-A。

糧已有三萬七千七百石有零，陳陳相因，日久恐有霉變，且原建倉廠無多，分年分色收存，漸至無倉儲積，擬於來春青黃不接之時，擇其先年所存者，發給各營兵丁領食，按照估撥糧折價，繳銀儲庫，以後按年出陳易新，庶糧無紅朽之虞，而兵亦不致食貴矣。除咨各部外，理合附片陳明。伏乞聖鑒訓示。謹奏。

（硃批）：該部知道。①

光緒三十年二月二十三日，奉硃批：該部知道。欽此②。

〇九八　奏報伊塔道庫封儲湘平銀兩片
光緒二十九年十二月二十七日（1904年2月12日）

再，查光緒十四年、十五年前將軍色楞額任內，應行封儲伊塔道庫湘平銀十萬兩，經前將軍長庚催追足數，於光緒二十三年六月初九日附片奏明，封儲惠遠城糧餉處銀庫，不准擅動。每年年底由將軍、副都統會同盤查，具奏結報一次，以昭慎重，業於光緒二十八年底將盤驗無虧緣由奏報在案。茲屆光緒二十九年盤查之期，據伊犁糧餉章京嵩林等出具印結具報前來。

奴才等即於十二月二十六日，親赴該庫查驗，所有前項封儲湘平銀十萬兩均實存在庫，並無虧短。除將印加各結送部查覈外，理合附片陳明。伏乞聖鑒。謹奏。

（硃批）：戶部知道。③

光緒三十年二月二十三日，奉硃批：戶部知道。欽此④。

---

① 臺北"故宮博物院"藏：《軍機及宮中檔》，文獻編號：408004138-C。
② 臺北"故宮博物院"藏：《軍機及宮中檔》，文獻編號：158951。
③ 臺北"故宮博物院"藏：《軍機及宮中檔》，文獻編號：408004138-B。
④ 臺北"故宮博物院"藏：《軍機及宮中檔》，文獻編號：158944。

〇九九　變賣伊犁牧廠馬羊價銀挪墊正餉摺
光緒二十九年十二月二十七日（1904年2月12日）

奴才馬亮跪奏，為變賣牧廠馬羊收穫價銀，挪墊正餉，恭摺仰祈聖鑒事。

竊查伊犁牧廠自前將軍長庚奏請採買馬羊，設廠牧放，歷年孳生，漸見蕃庶。上年因孳生羊廠病斃甚多，照例不准報銷，兵丁賠累堪憐，當即飭令挑選口老殘廢羝乳羊六千七百三十隻，變價儲庫。本年春夏之交，倒斃更甚。據駝馬處呈報：草廠窄狹，難於牧放，等情。前來。奴才當於五月內將伊犁牧廠孳生羊隻漸多、草廠窄狹、請將口老羊隻變價存儲各情具奏，六月初二日，奉硃批：該部知道。欽此。欽遵當復飭令挑出孳生廠口老殘疾羝乳羊六千三百七十三隻，備差廠羯羊三萬四千六百六十二隻，發給各營官兵領買，照常繳價，共計先後收穫湘平銀四萬二千五百二十三兩八錢。

又，孳生馬廠先後挑賣口老殘疾不能孳生兒騍馬九百四十五匹，備差馬廠因各營本年改設常備、續備、巡警等軍，需用馬匹，將廠存騸馬六百三十八匹一律發給各營官兵領買，按照例價共計收穫湘平銀一萬二千六百六十四兩，連舊存牛羊變價兩款銀二百八十八兩六錢七分一釐，共存銀五萬五千四百七十六兩四錢七分一釐。除備差牛廠存牛不敷撥用、採買犍牛一百隻、照例價提用銀四百四十兩外，下剩銀兩因各省協餉歷年欠解甚多，冬餉萬分緊逼，電明戶部暫行挪墊正餉五萬五千兩，一俟各省協餉解到，仍行撥還歸款。

除飭將各處馬牛羊隻孳生、撥用、倒斃、變價各數目並收支價銀照章分別造冊咨部外，所有牧廠馬牛羊隻變收價銀、挪墊正餉緣由，理合恭摺具陳。伏乞皇太后、皇上聖鑒訓示。謹奏。光緒二十九年十二月二十七日。

（硃批）：該部知道。①

光緒三十年二月二十三日，奉硃批：該部知道。欽此②。

一〇〇　奏請伊犁茶務改章開辦片
光緒二十九年十二月二十七日（1904年2月12日）

再，查伊犁滿蒙標練各營官兵以及蒙古王公、喇嘛、軍臺、卡倫歲額應支各款，全賴各省關協濟。自遭庚子之變，各省協餉歷年欠解。上年奴才到任，接准前將軍長庚移交，總計各年欠收餉數已有四十餘萬兩，幸賴借用新省銀二十六萬七千餘兩，匯借甘庫銀一十三萬六千餘兩，尚足以支持邊局。奴才因見各省賠款加增，協餉解難足額，本年奏請將應支各款酌減成半支放，原冀部臣指撥的餉得以自行派員請領，不致有欠解之虞，不意未蒙議准。復經奏請試辦官茶，以開利源，雖經欽奉諭旨飭令督臣、撫臣會同議奏，而督臣未悉邊地情形，至今未能商議畫一，徒事仰給於人，殊屬一籌莫展。前因本年新餉尚祇分撥銀十萬七千餘兩，又復撥還前任兌款銀三萬兩，開支萬分不敷，迭經咨請撫臣潘效蘇借墊。而司庫以前任借款過多，庫儲亦復告竭，極力設法，始為籌墊銀十萬兩。

查各營官兵俸餉，皆為計口授食之需。本年既經減成，又復欠發，嗷嗷待哺，實萬難以謀生，因即電請樞臣、部臣代奏，請將庫存封儲道庫銀十萬兩暫行挪借，得軍機處覆電：奉旨：戶部知道。欽此。正擬提用間，復奉戶部電開：以封儲銀兩，不准擅動。當又電請戶部將牧廠變價及二分減平等款暫為挪用，嗣接覆電允准。茲將牧廠馬羊變價銀五萬五千兩、二分減平銀二萬兩、前任將軍、領隊及蒙古王公等歸還部庫借款銀一萬一千兩、哈薩克馬租銀四千兩，共計提用湘平

---

① 臺北"故宮博物院"藏：《軍機及宮中檔》，文獻編號：408004137。
② 臺北"故宮博物院"藏：《軍機及宮中檔》，文獻編號：158963。

銀九萬兩，支發各營餉款。

惟奴才身膺邊寄，目擊時艱，竊慮徒資協餉於鄰封終非善策，與其拘守成法，坐用堪虞，何如量為變通，俾得稍開利源，藉紓餉力！仰懇敕下戶部、商部，將伊犁茶務能否改章開辦，妥議具奏，以便切實舉行。愚昧之見，理合附片陳明。伏乞聖鑒訓示。謹奏。

（硃批）：該部議奏。①

光緒三十年二月二十三日，奉硃批：該部議奏。欽此②。

一〇一 補鑄察哈爾營鑲黃旗員缺圖記片
光緒二十九年十二月二十七日（1904年2月12日）

再，查伊犁察哈爾營鑲黃旗頭牛彔佐領圖記，因兵燹遺失，經前將軍金順暫刻木質圖記一顆，發交鈐用。前准部咨於造送印模清冊案內曾經聲明在案。茲准該營領隊大臣恩祥呈請奏咨補鑄前來。奴才等覆查無異，相應請旨敕部補鑄伊犁察哈爾營左翼鑲黃旗頭牛彔佐領圖記一顆，以昭信守而垂久遠。理合附片具陳。伏乞聖鑒訓示。謹奏。

（硃批）：禮部知道。③

光緒三十年二月二十三日，奉硃批：禮部知道。欽此④。

一〇二 代奏舊土爾扈特盟長謝恩片
光緒二十九年十二月二十七日（1904年2月12日）

再，舊土爾扈特南部落盟長汗布彥蒙庫之福晉德精鄂羅勒莫病

---

① 臺北"故宮博物院"藏：《軍機及宮中檔》，文獻編號：408004137-A。
② 臺北"故宮博物院"藏：《軍機及宮中檔》，文獻編號：158961。
③ 臺北"故宮博物院"藏：《軍機及宮中檔》，文獻編號：408004137-B。
④ 臺北"故宮博物院"藏：《軍機及宮中檔》，文獻編號：158946。

故，經奴才等循例具奏，聲明應用祭文一俟內閣撰擬發交到日，再行派員前往該游牧，照例祭奠，以符定章，等因。於光緒二十九年二月十二日奉硃批：該衙門知道。欽此。欽遵在案。嗣經內閣擬就滿蒙祭文一道，由理藩院於本年六月初十日咨送到伊。

當經奴才等揀派舊滿營正白旗佐領穆克得春，恭齎祭文，照例備帶祭品前往祭奠。茲據穆克德春呈報：行抵喀喇沙爾土爾扈特汗游牧，諏吉前赴該故福晉德精鄂羅勒莫壟前，宣讀祭文，遵照祭奠訖。並據土爾扈特汗布彥蒙庫呈稱，以該汗襲爵以來毫無報稱，今其福晉故後，復蒙聖恩賜祭，惶悚感激，存歿同深，當即望闕叩謝天恩。所有感激下忱呈請代奏前來。奴才等覆查無異，理合附片代奏。伏乞聖鑒。謹奏。

（硃批）：知道了。①

光緒三十年二月二十三日，奉硃批：知道了。欽此②。

一〇三　密陳伊塔領隊各大臣考語摺
光緒二十九年十二月二十七日（1904年2月12日）

奴才馬亮跪奏，為循例密陳伊犁、塔爾巴哈臺各領隊大臣考語，繕具清單，恭摺仰祈聖鑒事。

竊照伊犁、塔爾巴哈臺各領隊大臣例應由伊犁將軍於年終出具考語，密奏一次。光緒二十八年，業經奴才遵例開單奏陳在案。茲屆二十九年出考之期，奴才查伊犁錫伯、索倫、察哈爾、額魯特各營處處與俄接壤，塔城相距窵遠，巡防尤關緊要，保固邊圉，全賴相助得人，本年又復裁練減餉，辦理更屬匪易，因與伊犁副都統廣福、塔爾巴哈臺參贊大臣伊犁副都統春滿暨各營領隊大臣，力求自強之道、睦

---

① 臺北"故宮博物院"藏：《軍機及宮中檔》，文獻編號：408004138-A。
② 臺北"故宮博物院"藏：《軍機及宮中檔》，文獻編號：158953。

鄰之方，幸各領隊大臣均能仰體時艱，恪供厥職，督率部屬，寬猛相資，邊境賴以乂安，官兵亦皆得力，堪以仰慰聖念。

所有各營領隊謹就奴才管見所及，加具切實考語，繕就清單，循例具陳。伏乞皇太后、皇上聖鑒。謹奏。光緒二十九年十二月二十七日。

（硃批）：知道了，單留中。①

光緒三十年二月二十三日，奉硃批：知道了，單留中。欽此②。

一〇四　呈伊塔領隊各大臣考語清單
光緒二十九年十二月二十七日（1904年2月12日）

謹將伊犁、塔爾巴哈臺各領隊大臣出具切實考語，繕具清單，恭呈御覽。

計開：伊犁錫伯營領隊大臣色普希賢，伊犁錫伯營鑲紅旗愛新泰佐領下人，年六十六歲，由空藍翎濟升錫伯營總管，保至記名副都統。光緒二十六年，護理錫伯營領隊大臣。二十七年七月二十八日，奉旨：賞給副都統銜，作為錫伯營領隊大臣。欽此。奴才查看得該員辦事安詳，老成持重。

伊犁索倫營領隊大臣志銳，京城鑲紅旗滿洲第十三佐領下人，年五十一歲，由頭品廕生籤分太僕寺員外郎。丙子科中式舉人，庚辰中式貢士，改庶吉士。光緒九年，授職編修。歷升至烏里雅蘇台參贊大臣，兩次署理定邊左副將軍。二十五年九月，奉旨：伊犁索倫領隊大臣著志銳調補。欽此。二十六年十一月初三日到任。奴才查看得該員才長心細，明幹有為。

伊犁察哈爾領隊大臣恩祥，伊犁舊滿營正紅旗穆特春佐領下人，

---

①　臺北"故宮博物院"藏：《軍機及宮中檔》，檔號：408004136。
②　臺北"故宮博物院"藏：《軍機及宮中檔》，檔號：158952。

年六十二歲，由披甲歷升至伊犁惠遠城舊滿營協領。光緒二十三年，奉旨補授察哈爾領隊大臣，十月二十八日接印。十二月初十日，署理伊犁副都統。二十五年十二月初九日，交卸副都統事務，仍回本任。二十六年七月十六日，兼署索倫營領隊大臣印務。十一月初六日，交卸索倫營領隊印務，現供今職。奴才查看得該員旗務熟習，辦事穩練。

伊犁額魯特領隊大臣徐炘，京城正藍旗漢軍成瑞佐領下人，現年六十四歲，由本旗印務筆帖式歷升至印務參領。光緒二十八年二月十七日，奉旨：賞給副都統銜，作為伊犁額魯特領隊大臣。欽此。於十一月初八日到任。奴才查看得該員心氣和平，辦事謹慎。

塔爾巴哈臺領隊大臣圖瓦強阿，伊犁索倫營正藍旗薩爾噶春佐領下人，年七十三歲，由空藍翎洊升本營總管，因打仗出力，保至記名副都統。光緒七年八月，奉上諭：副都統銜索倫營總管圖瓦強阿，著作為塔爾巴哈臺領隊大臣。欽此。於是年十月到任。奴才查看得該員精力尚健，辦事老成。①

一〇五　請以周玉魁簡放總兵片
　　光緒二十九年十二月二十七日（1904年2月12日）

再，查伊犁軍標中軍副將周玉魁，隨同前將軍金順轉戰秦隴，歷著戰功，洊保至花翎副將，並蒙賞給穆特恩巴圖魯勇號，經前將軍長庚奏請補授伊犁軍標中軍副將。在任數年，督率馬步各營、旗、哨弁兵操防一切，皆能認真，而於整頓營制亦洵實事求是，前將軍長庚業於歷年防戍出力案內將該員奏保，請以總兵記名簡放。奴才到任，察看該員勇敢有為，因前保之案兵部尚未覈議准駁，仍照原保奏請以總兵記名簡放在案。

---

① 中國第一歷史檔案館藏：《單》，檔號：04-01-17-0170-007。

当此整军经武需人，奴才既知该员才堪大用，未便知而不举，合无仰恳天恩破格录用，准将该副将以总兵记名简放，俾该员得以乘时自效，于戎行不无裨益。理合附片陈明。伏乞圣鉴。谨奏。

（硃批）：著照所请。①

光绪三十年二月二十三日，奉硃批：著照所请。钦此②。

---

① 臺北"故宮博物院"藏：《軍機及宮中檔》，檔號：408004136-A。
② 臺北"故宮博物院"藏：《軍機及宮中檔》，檔號：158957。

光緒三十年（1904）

一〇六　哈薩克臺吉等報效學堂經費摺
光緒三十年三月十八日（1904年5月3日）

奴才馬亮跪奏，為哈薩克臺吉等報效伊犁養正學堂經費，擬請准其按年呈交，以備支用，邀免造報，恭摺仰祈聖鑒事。

竊奴才前於光緒二十九年五月十一日奏請設立伊犁養正學堂，原估常年經費，無閏之年需銀七千五百四十餘兩，請由牧廠孳生羊隻變價款內動支，欽奉硃批：著照所請。欽此。欽遵在案。旋准戶部咨：查伊犁奏設學堂，誠為儲才要務，每年所需經費擬由牧廠孳生羊隻變價款內開支，惟設立學堂嗣後勢難中止，所稱此項經費有盈無拙，是否年年實有此數，務當確有把握，免致將來籌款為難，等因。又經奴才將所收價銀撙節開支、尚足敷學堂經費用項情形咨覆在案。

嗣因各省協餉欠解甚多，二十九年各營應支餉項年近歲逼，無款開支，惟時學堂尚未開辦，不得不移緩就急，復經電請戶部代奏，將收存牧廠變價銀兩等款挪墊正餉，原冀協餉解到即可歸還，不料各省協餉仍復遷延，現值開辦學堂，正在度支奇絀，據索倫營領隊大員志銳咨呈：據黑宰阿爾班兩部哈薩克臺吉及各千戶長等呈稱：該部落人眾自歸內附以來，借地牧放牲畜，蒙定每年額取租馬一千匹，折交價銀八千兩，現在牲畜漸多，踐土食毛，情殷報效，因聞開設學堂，需款動用，自願於額定租馬之外，每年捐繳銀八千兩，自光緒三十年起，報效四年，俟學堂學生卒業之後，即行停繳，務求允准，並不敢仰邀獎勵，等情。由該大臣咨呈前來。

奴才查該哈薩克等沐化多年，一切差徭並無徵派。此次踴躍輸將，集款報效，不敢仰邀獎勵，係屬出於至誠，自應准其報捐，按年呈繳。查學堂經費，原估無閏之年需銀七千五百餘兩，現計該哈薩克每年報效銀八千兩，以之添補閏月開支及原來估計學堂房屋歲脩等費，尚足敷用，四年之內即可無需提用牧廠變價銀兩。此案係以本地捐款辦本地公用，並請免其造冊報銷，以省案牘之繁。四年後如需動用牧廠變價，俟屆時再行奏明辦理。

所有哈薩克臺吉等報效伊犁養正學堂四年經費，擬請准其按年呈繳，以備支用，邀免造報緣由，除分咨戶部及大學堂外，理合恭摺具陳。伏乞皇太后、皇上聖鑒訓示。謹奏。光緒三十年三月十八日。

（硃批）：該衙門知道。[1]

光緒三十年五月初九日，奉硃批：該衙門知道。欽此[2]。

一〇七　伊犁養正學堂開設日期片
光緒三十年三月十八日（1904年5月3日）

再，奴才前於光緒二十九年五月十一日具奏擬設伊犁養正學堂，並派學生出洋肄業，就地儲才備用，於六月初三日欽奉硃批：著照所請，該衙門知道，單併發。欽此。當即選派幼童，於八月二十一日交索倫營領隊大臣志銳，送赴俄國七河省學堂肄業，於九月二十八日附片奏明在案。茲因脩建學堂工程完竣，按照前次奏定章程，委派各項教習，挑選滿、蒙各營子弟四十人，於三十年二月初二日開學。除隨時督令認真學習並分咨外，所有設立伊犁養正學堂開設日期，理合附片陳明。伏乞聖鑒。謹奏。

（硃批）：該衙門知道。[3]

光緒三十年五月初九日，奉硃批：該衙門知道。欽此[4]。

---

[1]　臺北"故宮博物院"藏：《軍機及宮中檔》，文獻編號：408004139。
[2]　臺北"故宮博物院"藏：《軍機及宮中檔》，文獻編號：160487。
[3]　臺北"故宮博物院"藏：《軍機及宮中檔》，文獻編號：408004139-A。
[4]　臺北"故宮博物院"藏：《軍機及宮中檔》，文獻編號：160501。

一〇八　揀選察哈爾營總管等缺摺
光緒三十年三月十八日（1904年5月3日）

奴才馬亮、廣福跪奏，為循例揀選伊犁察哈爾營總管等缺，擬定正陪，恭摺仰祈聖鑒事。

竊奴才等准察哈爾營領隊大臣恩祥咨呈：察哈爾營右翼總管沙爾托勒海於光緒二十九年十二月二十日因病身故，所遺總管等缺，應請揀員補放，以資辦理營務，等因。前來。奴才等當於該營應升人員內逐加考驗，沙爾托勒海遺出察哈爾營右翼總管一缺，揀選得本翼副總管索托依堪以擬正，正黃旗二牛彔藍翎佐領哈達堪以擬陪。遞遺副總管一缺，揀選得鑲藍旗頭牛彔佐領巴哲依堪以擬正，正紅旗頭牛彔佐領巴達瑪堪以擬陪。遞遺佐領一缺，揀選得正紅旗頭牛彔驍騎校薩賽堪以擬正，鑲紅旗頭牛彔驍騎校吉克米特堪以擬陪。

遞遺驍騎校一缺，揀選得察哈爾營領隊檔房委筆帖式烏圖那遜堪以擬正，鑲藍旗頭牛彔委官巴彥察幹堪以擬陪。謹將該員等履歷另繕清單，恭呈御覽，伏候欽定。

其請補總管、副總管、佐領等，一俟遇有差便，給咨送部，補行引見，以符定制。所有揀選伊犁察哈爾營總管等缺、擬定正陪緣由，理合恭摺具奏。伏乞皇太后、皇上聖鑒訓示。謹奏。光緒三十年三月十八日。

（硃批）：均著擬正之員補授，該衙門知道，單併發。①

光緒三十年五月初九日，奉硃批：均著擬正之員補授，該衙門知道，單併發。欽此②。

---

① 臺北"故宮博物院"藏：《軍機及宮中檔》，文獻編號：408004141。
② 中國第一歷史檔案館藏：《錄副奏摺》，檔號：03-5962-085。

一〇九　呈察哈爾營總管等缺清單
光緒三十年三月十八日（1904年5月3日）

謹將揀選伊犁察哈爾營總管等缺擬定正陪人員，繕具清單，恭呈御覽。

察哈爾營沙爾托勒海遺出總管一缺。擬正之察哈爾營右翼副總管索托依，食俸餉二十八年，前在庫爾喀喇烏蘇軍營當差。光緒六年屯種軍糧、十七年搜勦竄匪各案內出力，經前任將軍金順等奏保補用驍騎校，先換頂戴。光緒十六年，補驍騎校。二十七年，補放佐領。二十八年，補放副總管，現年四十二歲。察哈爾蒙古馬步箭平等。

擬陪之察哈爾營右翼正黃旗二牛彔藍翎佐領哈達，食俸餉當差三十年。光緒八年收復伊犁、十七年搜勦竄匪各案內出力，經前任將軍金順等奏保補用副總管，並賞戴藍翎。光緒十年，補放驍騎校。十二年，補放佐領。揀選副總管擬陪一次，現年四十七歲。察哈爾蒙古馬步箭平等。

擬補總管所遺副總管員缺。擬正之察哈爾營右翼鑲藍旗頭牛彔佐領巴哲依，食俸餉當差二十二年。光緒二十年，補放驍騎校。二十八年，補放佐領，現年四十歲。察哈爾蒙古馬步箭平等。

擬陪之察哈爾營右翼正紅旗頭牛彔佐領巴達瑪，食俸餉三十一年，前在庫爾喀喇烏蘇軍營當差。光緒二年克復瑪納斯南北兩城、六年勦辦陝回各案內出力，經前任將軍金順奏保免補驍騎校儘先即補佐領。光緒十三年，補放佐領，現年四十九歲。察哈爾蒙古馬步箭平等。

擬補副總管所遺佐領員缺。擬正之察哈爾營右翼正紅旗頭牛彔驍騎校薩賽，食俸餉四十四年，前在庫爾喀喇烏蘇軍營當差。光緒二年克復瑪納斯南北兩城案內出力，經前任將軍金順奏保五品頂戴。光緒二十年，補放驍騎校。揀選佐領擬陪一次，現年六十五歲。察哈爾蒙古馬步箭平等。

擬陪之察哈爾右翼鑲紅旗頭牛彔驍騎校吉克米特，食俸餉當差十六年。光緒二十九年，由空藍翎補放驍騎，現年三十二歲，察哈爾蒙古馬步箭平等。

擬補佐領所遺驍騎校員缺。擬正之察哈爾營領隊檔房委筆帖式烏圖那遜，食錢粮當差十四年。光緒十七年搜剿竄匪案內出力，經前護將軍富勒銘額咨保六品頂戴。二十六年，補筆帖式，揀選驍騎校擬陪一次，現年三十四歲。察哈爾蒙古馬步箭平等。

擬陪之察哈爾營右翼鑲藍旗頭牛彔委官巴彥察幹，食錢糧當差二十年。光緒二十八年，由領催補放委官，現年三十歲。察哈爾蒙古馬步箭平等。

覽。①

一一〇　揀選伊犁新滿營防禦等缺摺
光緒三十年三月十八日（1904年5月3日）

奴才馬亮、廣福跪奏，為循例揀選伊犁新滿營防禦等缺，擬定正、陪，恭摺具陳，仰祈聖鑒事。

竊奴才等據辦理伊犁滿蒙事務檔房呈稱：新滿營左翼鑲黃旗防禦吉拉敏於本年二月初五日病故，所遺防禦等缺，應請揀員補放，以資辦理旗務，等情。前來。奴才等當於該營應升人員內逐加考驗，吉拉敏遺出新滿營左翼鑲黃旗防禦一缺，揀選得鑲紅旗驍騎校伊綿布堪以擬正，鑲藍旗驍騎校國西春堪以擬陪。遞遺驍騎校一缺，揀選得鑲白旗委催總吉忠堪以擬正，正藍旗委催總那都堪以擬陪。

---

① 中國第一歷史檔案館藏：《單》，檔號：03-5962-086。

謹將該員等履歷另繕清單，恭呈御覽，伏侯欽定。所有揀選伊犁新滿營防禦等缺，擬定正陪緣由，理合恭摺具陳。伏乞皇太后、皇上聖鑒訓示。謹奏。光緒三十年三月十八日。

（硃批）：均著擬正之員補授，該衙門知道，單併發。①

光緒三十年五月初九日，奉硃批：均著擬正之員補授，該衙門知道，單併發。欽此②。

一一一　呈揀選新滿營防禦等缺清單
光緒三十年三月十八日（1904年5月3日）

謹將揀選伊犁新滿營防禦等缺擬定正陪人員，繕具清單，恭呈御覽。

惠遠城新滿營吉拉敏遺出防禦員缺。擬正之惠遠城新滿營五品藍翎鑲紅旗驍騎校伊綿布，食俸餉當差三十五年。光緒八年收復伊犁案內出力，經前任將軍金順奏保，賞戴五品藍翎。光緒十八年，補放驍騎校，揀選防禦擬陪一次，現年五十六歲。錫伯瑚西哈哩氏，馬步箭平等。

擬陪之惠遠城新滿營鑲藍旗驍騎校國西春，食俸餉當差二十二年。光緒十七年，因搜剿竄匪案內出力，經前護將軍富勒銘額咨保六品頂戴。二十七年，由年滿委筆帖式補放驍騎校，現年三十九歲。錫伯鄂托氏，馬步箭平等。

擬補防禦所遺驍騎校員缺。擬正之惠遠城新滿營鑲白旗五品藍翎儘先即補驍騎校委催總吉忠，食錢糧三十二年，前在庫爾喀喇烏蘇軍營當差。光緒二年克復瑪納斯南北兩城、六年剿辦陝回各案內出力，經前任將軍金順奏保儘先即補驍騎校，並賞戴五品藍翎，護送貢馬赴

---

① 臺北"故宮博物院"藏：《軍機及宮中檔》，文獻編號：408004140。
② 中國第一歷史檔案館藏：《錄副奏摺》，檔號：03-5962-084。

京一次。光緒二十七年，由領催補放委催總，現年六十歲。錫伯兀札拉氏，馬步箭平等。

擬陪之惠遠城新滿營正藍旗花翎儘先即補防禦委催總都那，食錢糧二十九年，前在庫爾喀喇烏蘇軍營當差。光緒二年克復瑪納斯南北兩城、五年、六年兩屆屯種軍糧、六年剿辦陝回、八年收復伊犁各案內均屬奮勉出力，疊經前往將軍金順奏保儘先即補防禦，並賞戴花翎。光緒二十年，由領催補放委催總，現年四十八歲。錫伯瓜勒佳氏，馬步箭平等。

覽。①

一一二　右翼總管蒙克原品休致片
光緒三十年三月十八日（1904年5月3日）

再，准額魯特營領隊大臣徐炘咨呈：據右翼總管蒙克呈稱：竊蒙克現年六十九歲，前在軍營當差。光緒二年，克復瑪納斯南北兩城，出征打仗，嗣又搜剿窺匪。在軍營年久，身受潮濕，現在年逾六旬，精力已衰，致患半身不遂，步履維艱，實難辦理旗務。若不呈明告退，誠恐貽誤公事，理合呈請原品休致，等情。由該管領隊大臣轉呈前來。

奴才等覆查無異，合無仰懇天恩俯准將伊犁額魯特營右翼總管蒙克開去總管，以原品休致之處，出自逾格鴻慈。除將該員履歷清冊咨部查覈外，理合附片具陳。伏乞聖鑒訓示。謹奏。

（硃批）：著照所請，該衙門知道。②

光緒三十年五月初九日，奉硃批：著照所請，該衙門知道。欽此③。

---

① 中國第一歷史檔案館藏：《單》，檔號：03-5964-026。
② 臺北"故宮博物院"藏：《軍機及宮中檔》，文獻編號：408004140-A。
③ 中國第一歷史檔案館藏：《錄副奏摺》，檔號：03-5962-083。

一一三　奏報循例呈進貢馬情形摺
光緒三十年四月初七日（1904年5月21日）

奴才馬亮、廣福跪奏，為循例呈進貢馬，恭摺具陳，仰祈聖鑒事。

竊維伊犁係產馬之區，自收還以來，歷年挑選馴良馬匹呈進禦用。茲屆光緒三十年應進貢馬之期，奴才馬亮謹選得騙馬八匹，奴才廣福謹選得騙馬四匹，調習試驗，骨相雖非駿異，步驟尚屬安詳，專派佐領烏爾固春、穆特春等帶領弁兵，於本年四月初七日由伊犁起程，照章取道草地行走，飭令攜帶麩料，沿途小心牧放餧養，護送進京，呈遞上駟院驗收試騎，敬備御用。

除咨行料布多、烏里雅蘇台將軍、參贊大臣、察哈爾都統等轉飭經過地方一體照料前進，以昭慎重外，謹將所有正貢、備貢馬匹毛色、口齒、腳步另繕清單，恭呈御覽，懇恩賞收，以遂奴才等敬獻微忱。理合恭摺具陳。伏乞皇太后、皇上聖鑒訓示。謹奏。光緒三十年四月初七日。

（硃批）：知道了。[①]

光緒三十年九月十三日，奉硃批：知道了。欽此[②]。

一一四　呈循例進貢馬匹毛色等項清單
光緒三十年四月初七日（1904年5月21日）

奴才馬亮謹呈正貢馬四匹：黑鬃黃馬，小走，八歲口。棗騮馬，小走，八歲口。黑馬，小走，八歲口。海騮馬，小走，八歲口。備貢

---

① 臺北"故宮博物院"藏：《軍機及宮中檔》，文獻編號：408004142。
② 臺北"故宮博物院"藏：《軍機及宮中檔》，文獻編號：163529。

馬四匹：黑鬃黃馬，小走，七歲口。棗騮馬，小走，七歲口。黑馬，小走，七歲口。海騮馬，小走，七歲口。

奴才廣福謹呈正貢馬二匹：棗騮馬，小走，八歲口。棗騮馬，小走，八歲口。備貢馬二匹：棗騮馬，小走，七歲口。棗騮馬，小走，七歲口。覽。①

一一五　錫伯等營領隊各呈貢馬片
光緒三十年四月初七日（1904 年 5 月 21 日）

再，據錫伯營領隊大臣色普西賢、索倫營領隊大臣志銳、察哈爾營領隊大臣恩祥、額魯特營領隊大臣徐炘，各選得騸馬二匹，呈請隨同呈進前來。除飭委員佐領烏爾固春等一體護送上駟院驗收外，謹將馬匹數目、毛色、口齒、腳步另繕清單，恭呈御覽，伏乞天恩一併賞收。所有領隊大臣遵例隨同呈進貢馬緣由，理合附片陳明。伏乞聖鑒。謹奏。

（硃批）：知道了。②

光緒三十年九月十三日，奉硃批：知道了。欽此③。

一一六　呈領隊大臣各呈貢馬清單
光緒三十年四月初七日（1904 年 5 月 21 日）

奴才色普西賢謹呈正貢馬一匹，棗騮馬，小走，八歲口。備貢馬一匹，棗騮馬，小走，七歲口。

---

① 臺北"故宮博物院"藏：《軍機及宮中檔》，文獻編號：163529-A。
② 臺北"故宮博物院"藏：《軍機及宮中檔》，文獻編號：408004142-A。
③ 臺北"故宮博物院"藏：《軍機及宮中檔》，文獻編號：163530。

奴才志銳謹呈正貢馬一匹，棗騮馬，小走，八歲口。備貢馬一匹，棗騮馬，小走，七歲口。

奴才恩祥謹呈正貢馬一匹，粉嘴棗騮馬，小走，八歲口。備贡馬一匹，粉嘴棗騮馬，小走，八歲口。

奴才徐炘謹呈正贡馬一匹，棗騮馬，小走，八歲口。備贡馬一匹，棗騮馬，小走，七歲口。

覽。①

一一七　賞賜福字荷包等件謝恩摺
光緒三十年四月初七日（1904年5月21日）

奴才馬亮、廣福等跪奏，爲恭摺叩謝天恩，仰祈聖鑒事。

竊奴才等於光緒三十年二月十二日承准軍機處咨開：由內閣交出恩賞伊犁將軍、大臣等福字、荷包、銀錁、銀錢、食物等件，由驛賫送前來。奴才等當即恭設香案，望闕叩頭謝恩，祗領訖。伏思奴才等才識庸愚，涓埃未效，撫躬循省，正切悚惶。茲復仰蒙軫念邊陲，優加賞賚，拜殊恩之逾格，益感激以難名。奴才等惟有將邊防、營伍暨各愛曼應辦一切事宜，認真整頓，和衷商辦，斷不敢稍涉疎懈，以期仰答高厚鴻慈於萬一。

所有奴才等感激下忱，謹恭摺叩謝天恩。伏乞皇太后、皇上聖鑒。謹奏。光緒三十年四月初七日。奴才馬亮、奴才廣福、奴才色普西賢、奴才志銳、奴才恩祥、奴才徐炘。

（硃批）：知道了。②

光緒三十年六月十四日，奉硃批：知道了。欽此③。

---

① 臺北"故宮博物院"藏：《軍機及宮中檔》，文獻編號：163530-A。
② 臺北"故宮博物院"藏：《軍機及宮中檔》，文獻編號：408004143。
③ 此奉旨日期據稿本及同批錄副（檔號：03-5962-100）校補。

一一八　奏為特賞福字壽字謝恩摺
光緒三十年四月初七日（1904年5月21日）

奴才馬亮跪奏，爲恭摺叩謝天恩，仰祈聖鑒事。

竊奴才等於光緒三十年三月初三日承准兵部火票遞到軍機處交出特賞伊犁將軍馬亮"福"、"壽"字，由驛遞送前來。奴才當即恭設香案，望闕叩謝天恩，祗領訖。伏思奴才渥蒙聖恩，畀以疆寄，任事二載，未立寸功，自愧庸闇無才，莫克涓埃自效，乃前荷優加恩賚，已屬感激難名，茲復蒙特賞榮施，更當竭蹶圖報。奴才惟有將邊疆一切應辦事宜虛衷體察，極力振興，以求仰副高厚生成於萬一。

所有奴才等感激下忱，謹恭摺叩謝天恩。伏乞皇太后、皇上聖鑒。謹奏。光緒三十年四月初七日。

（硃批）：知道了。①

光緒三十年六月十四日，奉硃批：知道了。欽此②。

一一九　揀選額魯特營驍騎校員缺摺
光緒三十年六月初四日（1904年7月16日）

奴才馬亮、廣福跪奏，為循例揀選伊犁額魯特營左翼沙畢那爾驍騎校員缺，擬定正、陪，恭摺仰祈聖鑒事。

竊奴才等准額魯特營領隊大臣徐炘咨呈：本營左翼沙畢那爾正藍旗頭牛彔驍騎校霍湍，於光緒二十九年十一月初二日病故，所遺驍騎校員缺，應請揀員補放，以資辦理旗務，等因。前來。奴才等當於該

---

① 臺北"故宮博物院"藏：《軍機及宮中檔》，文獻編號：408004144。
② 中國第一歷史檔案館藏：《錄副奏摺》，檔號：03-5962-100。

營應升人員內逐加考驗，霍淌遺出額魯特營左翼沙畢那爾正藍旗頭牛彔驍騎校一缺，揀選得鑲白旗二牛彔委官庫克新堪以擬正，正藍旗二牛彔委官鄂拜堪以擬陪。

謹將該員等履歷另繕清單，恭呈御覽，伏候欽定。所有揀選伊犁額魯特營左翼沙畢那爾驍騎校員缺，擬定正、陪緣由，理合恭摺具陳。伏乞皇太后、皇上聖鑒訓示。謹奏。光緒三十年六月初四日。

（硃批）：著擬正之員補授，該衙門知道，單併發。①

光緒三十年七月二十一日，奉硃批：著擬正之員補授，該衙門知道，單併發。欽此②。

一二〇　呈揀選額魯特營驍騎校清單
　　光緒三十年六月初四日（1904年7月16日）

謹將揀選伊犁額魯特營左翼沙畢那爾驍騎校員缺擬定正、陪人員，繕具清單，恭呈御覽。

額魯特營左翼沙畢那爾霍淌遺出驍騎校一缺，擬正之額魯特營左翼鑲白旗二牛彔儘先即補驍騎校委官庫克新，食餉二十九年，前在庫爾喀喇烏蘇軍營當差。光緒六年勦辦陝回案內出力，經前任將軍金順奏保儘先即補驍騎校，護送貢馬赴京一次，護送戰馬赴京一次。十五年，由領催補放委官，揀選驍騎校擬陪三次，現年四十九歲。舊沙畢那爾馬步箭平等。

擬陪之額魯特營左翼正藍旗二牛彔委官鄂拜，食餉當差十八年。光緒二十九年，由領催補放委官，現年三十六歲。舊沙畢那爾馬步箭平等。③

---

① 臺北"故宮博物院"藏：《軍機及宮中檔》，文獻編號：408004146。
② 中國第一歷史檔案館藏：《錄副奏摺》，檔號：03-5962-112。
③ 中國第一歷史檔案館藏：《單》，檔號：03-5962-113。

一二一　請准仍照原賜佑安寺名片
光緒三十年六月初四日（1904年7月16日）

再，准土爾扈特汗布彥蒙庫牘稱：承平時，本游牧內建有寺院一處，曾經奏蒙賜名佑安寺，以為各項喇嘛諷經誦典之所。同治間毀於兵燹，僅有石碑一塊，上刊滿、蒙、漢、唐古忒四體字，至今尚存。現在本游牧人眾自願捐資，在巴勒噶泰河地方重修新寺業已落成，聚集喇嘛，諷經誦典，祷祝聖主萬壽無疆，并藉以撫綏部眾。鈔摹石碑字跡，呈請代奏前來。

奴才等伏查該汗布彥蒙庫所呈，重修新寺業已落成，聚集喇嘛，諷誦經典，係為撫綏部眾赴見。鈔呈碑刊寺名，查驗屬實，相應據情代奏，可否仰懇天恩俯准，仍照御賜佑安寺原名敬謹供奉之處，出自逾格鴻慈。除咨理藩院外，理合附片具陳。伏乞聖覽訓示。謹奏。

（硃批）：著照所請，該衙門知道。①

光緒三十年七月二十一日，奉硃批：著照所請，該衙門知道。欽此②。

一二二　奏報札拉豐阿回伊犂日期片
光緒三十年六月初四日（1904年7月16日）

再，伊犂索倫營總管札拉豐阿，前因六年俸滿任內並無降等、罰俸處分，經奴才等循例出具考語，給咨赴部帶領補行引見，並附片陳明在案。茲該總管札拉豐阿引見事竣，於光緒三十年四月初八日旋回伊犂原營。除飭令該總管照舊供差外，理合附片具奏。伏乞聖覽。謹奏。

---

① 臺北"故宫博物院"藏：《軍機及宫中檔》，文獻編號：408004146-A。
② 臺北"故宫博物院"藏：《軍機及宫中檔》，文獻編號：162163。

（硃批）：知道了。①

光緒三十年七月二十一日，奉硃批：知道了。欽此②。

一二三　奏報領隊大臣因公出境緣由片
　　光緒三十年六月初四日（1904年7月16日）

　　再，索倫營領隊大臣志銳，前經奴才會同新疆撫臣潘效蘇奏請派赴喀什噶爾，辦理中俄積案，業經欽奉諭旨允准欽遵轉行知照去後。因俄官照請展限，未及前往。茲據俄官來報，定於光緒三十年七月初一日開辦，等因。當即照會志銳，於五月十八日帶領辦事員役等啟程，取道俄境，前赴喀什噶爾。所有索倫營及兼管哈薩處應辦日行事件，已由志銳札委該營總管札拉豐阿代拆代行。呈請代奏前來。

　　除由奴才隨時督飭該總管妥為經理，並咨明撫臣轉飭喀什噶爾道知照外，所有索倫營領隊大臣因公出境啟程日期，理合附片陳明。伏乞聖鑒訓示。謹奏。

　　（硃批）：知道了。③

　　光緒三十年七月二十一日，奉硃批：知道了。欽此④。

一二四　揀補伊犁軍標都司等員缺摺
　　光緒三十年六月初四日（1904年7月16日）

　　奴才馬亮跪奏，為揀員請補伊犁軍標都司、守備員缺，以重職守

---

① 臺北"故宮博物院"藏：《軍機及宮中檔》，文獻編號：408004146-B。
② 臺北"故宮博物院"藏：《軍機及宮中檔》，文獻編號：162158。
③ 臺北"故宮博物院"藏：《軍機及宮中檔》，文獻編號：408004146-C。
④ 臺北"故宮博物院"藏：《軍機及宮中檔》，文獻編號：162156。

而裨操防，恭摺仰祈聖鑒事。

竊查伊犁軍標設立中軍都司一員，兼帶前旗馬隊；中軍分防守備一員，兼帶右旗馬隊；左營分防守備一員，兼帶後旗馬隊；均係題補之缺，由外揀員請補，五年俸滿，保題升用。自光緒十八年奏准設立之後，其中軍都司一缺，中軍分防守備一缺，均係委員署理，尚未請補有人。左營分防守備一缺，雖經前將軍長庚於光緒二十六年三月奏請以留標儘先補用守備張德霖補授，因未奉准部覆，旋將該員列入伊犁歷年邊防案內保陞開缺，至今亦係委員署理。當此整頓營伍之時，迭奉部咨，令揀合例人員請補。

奴才查伊犁軍標中軍都司一缺，現有署理中軍都司王保清，年五十四歲，由軍功歷保至花翎儘先即補參將，補缺後以副將留陝甘儘先補用。光緒二十八年，經前新疆撫臣饒應祺奏請，借補伊犁霍爾果斯營中軍守備。是年十二月，經奴才調署伊犁軍標中軍都司。該員久歷戎行，諳習營伍。自調署以來，深資得力，以之借補斯缺，人地實屬相宜。該員係參將借補都司，與新疆借補章程亦屬相符。

又，中軍分防守備一缺，查有現署守備周壽山，年五十三歲，由軍功歷保至花翎遊擊銜，歸湖北督標儘先即補都司。光緒二十八年，前將軍長庚奏留伊犁軍標差遣。是年四月，委署中軍分防守備。伊犁歷年防戍案內，保准補都司後以遊擊補用。該員年富力強，邊情熟習，以之借補斯缺，人地亦極相宜；以都司借補守備，與新疆借補章程亦合。

又，左營分防守備一缺，查有留伊犁軍標補用守備馬高陞，現年四十八歲，由軍功歷保至花翎留甘肅新疆補用守備，補守備後以都司補用。光緒二十九年，奏留伊犁軍標差遣。該員留心戎政，明幹有為，以之請補斯缺，洵堪勝任，銜缺亦屬相當。

以上三員，現在均無別項事故，亦無在別省參革、朦保情弊，合無仰懇天恩俯准，以儘先即補參將王保清借補伊犁軍標中軍都司、即補都司周壽山借補伊犁中軍分防守備、補用守備馬高陞補授伊犁左營分防守備。如蒙俞允，並墾敕部先行發給剳付。王保清一員俟防務大定，即行給咨送部引見。

其周壽山、馬高陞二員，應請援照伊犁、烏魯木齊補放守備、毋庸送部之例，免其送部引見，以符定制。除飭取該員等履歷清冊咨部查核外，謹會同陝甘督臣崧蕃、新疆撫臣潘效蘇，恭摺具陳。伏乞皇太后、皇上聖鑒訓示。謹奏。光緒三十年六月初四日。

（硃批）：兵部議奏。①

光緒三十年九月十六日接到，七月二十一日，奉硃批：兵部議奏。欽此②。

一二五　奏為隨扈出力各武職請獎片
光緒三十年六月初四日（1904年7月16日）

再，奴才前於光緒二十九年七月十六日附奏伊犁文武員弁辭卸差委，隨同護送鑾輿回京，未得列入邊防案內請獎，請將尤為出力之儘先選用知縣陳天祿等文武員弁酌給獎勵，欽奉硃批：該部議奏。欽此。所有擬保文職各員，業蒙吏部查與例章相符，全案核准，奏奉諭旨：依議。欽此。欽遵咨行轉飭遵照在案。惟擬保武職各員接准兵部咨送奏稿內稱，此案武職隨同護送出力，自應隨時奏明。今事隔三年始行請獎，並先期又未立案，臣部礙難議准，按照定章，應請全案駁回，等語。於光緒二十九年十月二十八日具奏，奉旨：依議。欽此。欽遵鈔咨前來。

奴才查兵部原奏援引部章"無論何項保獎，必於事前將該員弁姓名咨部立案，不得開保時隨案咨部"等語，係指平時例保而言。此次隨扈出力並非事所常有，自難於事前立案，況奴才前此護送鑾輿到京，

---

① 臺北"故宮博物院"藏：《軍機及宮中檔》，文獻編號：408004145。
② 臺北"故宮博物院"藏：《軍機及宮中檔》，文獻編號：162174。

光緒二十七年十二月奉旨飭赴伊犁將軍新任時，曾將隨帶員弁無力回防情形奏奉諭旨，飭部酌發車輛，俾資回營。原奏業經聲敘明晰，並非事前未將隨帶員弁奏明，且此案武職雖因隨扈出力，亦並因其在伊防戍出力有年，卸差隨扈，未得列入邊防請獎，是以前於登覆部駁伊犁邊防案內附片陳請天恩獎勵。邊防請保之案，已經前將軍長庚奏准。

此案即與先期未經立案不同，今文職各員已經吏部議覆，奏蒙鴻施，照准獎勵。武職各員出力相等，事同一律，兵部將其全案駁回，未免向隅，可否仰懇特沛恩施，俯准仍照原請，將即補都司雲騎尉世職王金樞免補都司，以遊擊儘先補用；花翎三品頂戴儘先選用衛守備段祝三免選衛守備，以營都司儘先補用；藍翎補缺後補用都司儘先補用守備王占元免補守備，以都司儘先補用；藍翎守備銜拔補千總張得勝免補千總，以守備即補；藍翎守備銜拔補把總朱貴免補把總，以千總儘先拔補；六品軍功黃春德、赫松亭、李沛、李富貴均以把總儘先拔補之處，出自逾格鴻慈。除該員等履歷前已咨送兵部外，理合附片陳請。伏乞聖鑒訓示。謹奏。

（硃批）：著照所請，兵部知道。①

光緒三十年七月二十一日，奉硃批：著照所請，兵部知道。欽此②。

一二六　俄屬哈薩克借廠牧馬情形片
光緒三十年六月初四日（1904 年 7 月 16 日）

再，奴才於光緒二十九年十一月初八日，據署伊塔道黃丙焜申稱：准駐伊俄領事科洛特科福照會：俄屬阿依托伏斯克博羅斯屬下哈薩克請照前二年成案，借給牧廠過冬，等情。經奴才飭令駁覆去後。旋因該哈薩克馬群業已趕到邊境，現在中俄邦交甚篤，勢難禁止，申

---

① 臺北"故宮博物院"藏：《軍機及宮中檔》，文獻編號：408004145-A。
② 臺北"故宮博物院"藏：《軍機及宮中檔》，文獻編號：162166。

请准其借牧前来。當即一面電請外務部代奏，一面札飭伊塔道黃丙琨，並照會額魯特領隊大臣徐炘，選派官兵前赴那林郭勒卡倫，按照二十八年借廠辦法，與該哈薩克等照舊書立合約十一款，蓋戳簽名，驗明俄官執照所載人、畜數目，指定借地界址，妥為保護。十一月二十二日，經該俄哈派牧夫一百名，管馬一萬匹，由那林郭勒卡倫入境，在於額魯特所屬之木胡爾莫敦地方借給草廠牧放，於光緒三十年正月二十八日出境，仍回俄國，人、畜均屬平安。據額魯特領隊大臣徐炘轉據總管等，取具俄博羅斯收條、印據呈報前來。

奴才伏查屬實，堪以上紓宸廑。除咨明軍機處、外務部外，所有俄屬哈薩克借廠牧放馬匹入境出境均屬安靜緣由，理合附片陳明。伏乞聖鑒。謹奏。

（硃批）：外務部知道。①

光緒三十年七月二十一日，奉硃批：外務部知道。欽此②。

一二七　續購槍礮復被俄人阻留片
光緒三十年六月初四日（1904年7月16日）

再，查光緒二十四年，前將軍長庚奏請續購德國克勞司毛瑟槍一千枝、槍彈一百一十萬顆、克魯伯過山快礮二尊、礮彈二千顆，假道俄境，運赴伊犁。二十六年六月，行至俄屬距薩瑪爾不遠之阿勒坦額粒地方，適值東省拳匪滋事，俄國禁止軍器出境，將前項槍礮解回庫庫烏蘇扣留，業經前將軍長庚奏明在案。奴才到任，接准移交。上年，因原議禁限兩年期滿，咨請駐俄出使大臣胡惟德，轉商俄外部議允歸還，當即派員前赴阿拉穆圖，經俄七河巡撫將前項槍礮點交，雇車領運，詎料行至俄屬薩瑪爾地方，又值東三省日俄開釁，俄稅局以

---

① 臺北"故宮博物院"藏：《軍機及宮中檔》，文獻編號：408004145-C。
② 臺北"故宮博物院"藏：《軍機及宮中檔》，文獻編號：162157。

一切軍器均應禁止出境，仍復阻留，疊經奴才咨請出使大臣胡惟德，復商俄外、兵等部。堅持前議，不允放行。

奴才竊思日俄戰事尚無已時，徒令委員坐守鄰邦，不獨徒靡費用，槍礟重件且恐別生意外之虞，致啟外人口實，衹得商令俄七河巡撫派人點驗，接收管理，取其收據在案。容俟日俄息戰，再行領運回伊，將前後運價彙報請銷分咨立案外，所有續購槍礟復被俄境阻留情形，理合附片奏明。伏乞聖鑒。謹奏。光緒三十年六月初四日。

（硃批）：該部知道。①

光緒三十年七月二十一日，奉硃批：該部知道。欽此②。

一二八　恭賀太后萬壽摺
光緒三十年七月十六日（1904年8月26日）

奴才馬亮、廣福等跪，叩賀慈禧端佑康頤昭豫莊誠壽恭欽獻崇熙皇太后萬壽聖節鴻禧！伊犁將軍奴才馬亮，伊犁副都統奴才廣福，錫伯營領隊大臣奴才色普西賢，索倫營領隊大臣奴才志銳，察哈爾營領隊大臣奴才恩祥，魯特營領隊大臣奴才徐炘。③

一二九　奏為加級封廕謝恩摺
光緒三十年七月十六日（1904年8月26日）

奴才馬亮、廣福等跪奏，為恭逢恩詔，叩謝天恩，仰祈聖鑒事。

竊奴才等於光緒三十年六月二十六日接准兵部由驛咨送本年恭逢

---

① 臺北"故宮博物院"藏：《軍機及宮中檔》，文獻編號：408004145-B。
② 臺北"故宮博物院"藏：《軍機及宮中檔》，文獻編號：162155。
③ 此件錄自稿本。

慈禧端佑康頤昭豫莊誠壽恭欽獻崇熙皇太后七旬萬壽慶典頒發恩詔到伊，當即率領文武僚屬，恭設香案，跪迎宣讀，仰沐迭沛鴻施，給予加級封廕。跪聆之下，敬謹望闕叩頭謝恩訖。伏念奴才等渥荷生成，同膺邊任，自愧毫無報稱，方期共矢慎勤，茲復欣逢皇太后萬壽慶典，我皇上尊養孝隆，顯揚立極，特頒恩詔，遍及臣民。聞命自天，感激無地！

奴才等惟有同加奮勉，殫竭愚忱，遇有邊防應辦一切事宜，必當共體時艱，和衷商辦，內修政理，矢志以期自強；外守約章，講信而敦睦誼，藉以仰答高原鴻慈於萬一！所有奴才等感激下忱，謹合詞恭摺，叩謝天恩。伏乞皇太后、皇上聖鑒。謹奏。光緒三十年七月十六日。

伊犁將軍奴才馬亮，伊犁副都統奴才廣福，錫伯營領隊大臣奴才色普西賢，索倫營領隊大臣奴才志銳，察哈爾營領隊大臣奴才恩祥，魯特營領隊大臣奴才徐炘。

（硃批）：知道了。①

光緒三十年九月十四日，奉硃批：知道了。欽此②。

一三〇　代奏領隊色普西賢告休摺
光緒三十年八月初七日（1904年9月16日）

奴才馬亮、廣福跪奏，為領隊大臣呈請告休，據情代奏，恭摺具陳，仰祈聖鑒事。

竊奴才等准頭品頂戴副都統銜伊犁錫伯營領隊大臣果勇巴圖魯色普西賢咨呈：領隊現年六十七歲，光緒二年經前署將軍榮全調赴塔爾巴哈臺行營，檄委管帶錫伯營官兵，在瑪納斯一帶出征一次，隨隊克復瑪納斯南北兩城，剿辦陝回，收復伊犁，歷保頭品頂戴、巴圖魯名

---

① 臺北"故宮博物院"藏：《軍機及宮中檔》，文獻編號：408004147。
② 中國第一歷史檔案館藏：《錄副奏摺》，檔號：03-5571-023。

號，洊擢總管，於光緒二十七年七月二十八日奉旨賞給副都統銜，作為錫伯營領隊大臣。領隊自顧何人，受茲恩遇！自應黽勉供職，力圖報效。無如前在軍營染受潮濕，得患咳嗽之症，雖經服藥療治，時發時愈，病根迄未全除。茲因年逾六旬，精力漸衰，自上年入冬以來，感受風寒，舊疾復發，兼之氣促心跳，步履維艱，節次延醫調治，病未少痊。伏思領隊病勢既已至此，若以年邁殘軀遷延戀棧，不特撫衷難安，誠恐貽誤公事，辜恩愈甚。再四思維，惟有呈請據情代奏，籲懇天恩俯准致仕，俾得回旗安心調養，實荷聖慈矜全，等情。呈請代奏前來。

查該領隊大臣到任以來，辦理該營一切公事，悉臻妥善，洵屬歷練老成，深資得力。惟因年邁力衰，加以宿疾復發，步履艱難，係屬實在情形，可否仰懇天恩俯准伊犁錫伯營領隊大臣色普西賢開缺，以原品休致之處，出自高厚鴻慈。所有領隊大臣呈請告休、據情代奏緣由，理合恭摺具陳。伏乞皇太后、皇上聖鑒訓示。謹奏。光緒三十年八月初七日。

（硃批）：另有旨。①

光緒三十年九月二十六日，奉硃批：另有旨。欽此②。

【案】此案於是年九月二十六日得允行。《清實錄》："伊犁錫伯營領隊大臣色普西賢，因病解職。③"

一三一　協領錫濟爾琿暫緩引見緣由片
光緒三十年八月初七日（1904年9月16日）

再，查前准兵部咨：各省協領等任滿並無事故者，出具考語，送

---

① 臺北"故宮博物院"藏：《軍機及宮中檔》，文獻編號：408004150。
② 臺北"故宮博物院"藏：《軍機及宮中檔》，文獻編號：163788。
③ 《德宗景皇帝實錄（八）》，卷五百三十五，光緒三十年九月，第128頁。

部考驗，帶領引見，恭候欽定。其記名之員遇有副都統缺出，照例開列，等因。咨行遵照在案。茲據滿營檔房呈稱：伊犁新滿營左翼協領錫濟爾琿，前於光緒十年二月補授惠遠城正藍旗協領，扣至光緒十八年閏六月，在任已逾八年。又，自光緒十八年閏六月改補新滿營左翼協領起，扣至光緒二十四年六月，歷俸已滿六年，前後共計十四年期滿，業經造具履冊，呈請送部，並蒙前將軍長庚奏請暫緩引見在案①。茲自二十四年六月二次俸滿起，扣至三十年六月，三次六年俸滿，造具履冊，呈請給咨前來。

奴才等查新滿營左翼協領錫濟爾琿，老成練達，辦事勤能，前因收還伊犁、勦辦竄匪案內出力，經前將軍金順於光緒十年十二月保奏，以副都統記名簡放，奉旨允准在案。嗣因協領二次俸滿，經前將軍長庚於光緒二十四年七月初七日奏請仍以副都統記名，遇有應升缺出，照例開列，請旨簡放，並請暫緩引見，欽奉硃批：著照所請，兵部知道。欽此。欽遵亦在案。

茲屆該協領三次俸滿，共計前後供職已二十年，本應循例送部引見，俾得早沐恩施，量予遷擢。惟該員現兼營務、摺奏、印務各項差使，辦事多年，一切情形悉臻諳練，正資得力，未便遽易生手，且伊犁

---

① 光緒二十四年七月，伊犁將軍長庚附奏曰："再，准兵部咨：各省協領等任滿並無事故者，出具考語，送部考驗，帶領引見，恭候欽定。其記名之員，遇有副都統缺出，照例開列，等因。咨行遵照在案。茲據滿營檔房呈稱：協領錫濟爾琿自光緒十年二月補授惠遠城正藍旗協領起，扣至光緒十八年閏六月，在任已逾八年。又自光緒十八年閏六月改補新滿營左翼協領起，扣至光緒二十四年六月，歷俸前後共計十四年期滿，造具履歷冊籍，呈請給咨前來。奴才等查新滿營左翼協領錫濟爾琿，精詳穩慎，辦事實心，堪勝副都統之任。前因收還伊犁、勦辦竄匪案內出力，經前將軍金順於光緒十年十二月保奏，以副都統記名簡放，奉旨允准在案。其補授協領之缺，前後已歷十四年，任內並無降革處分，核與送部引見之例相符。惟念伊犁新滿營營制初設，凡整頓旗務，訓練兵丁，在在均關緊要。該員熟悉情形，深資得力，未便遽易生手，合無仰懇天恩俯准，將伊犁新滿營左翼協領錫濟爾琿仍以副都統記名，遇有應升缺出，照例開列，請旨簡放，並准其暫緩引見之處，出自逾格鴻慈。除將履歷咨部查核外，理合附片具陳。伏乞聖鑒訓示。謹奏。光緒二十四年八月二十五日，奉硃批：著照所請，兵部知道。欽此（中國第一歷史檔案館藏：《錄副奏片》，檔號：03-5927-064）。"

地處西陲，距京窵遠，往返經年，凡於整頓旗務，訓練士卒，尤屬臂助乏人，合無仰懇天恩俯准，將該協領暫緩送部引見，仍以副都統記名，遇有伊犁各營應升缺出，開列在前，破格錄用之處，出自鴻施。除將履歷咨部查核外，理合附片陳請。伏乞聖鑒訓示。謹奏。

（硃批）：著照所請，兵部知道。①

光緒三十年九月二十六日，奉硃批：著照所請，兵部知道。欽此②。

一三二　請將佐領達岱即行革職片
光緒三十年八月初七日（1904年9月16日）

再，查察哈爾營鑲黃旗頭牛彔佐領達岱，上年派令帶領額兵，駐紮固爾班畢勒奇爾卡倫防守。本年夏季，經察哈爾左翼總管鄂裕泰巡卡查知，該佐領達岱業已擅離汛守，私回游牧，經該總管呈報察哈爾領隊大臣恩祥傳查屬實，轉呈請參前來。

奴才等覆查固爾班畢勒奇爾卡倫係中俄交界要隘，該佐領達岱竟敢擅離汛守，廢弛巡哨，既經該管領隊查明請參，應請將察哈爾營鑲黃旗頭牛彔佐領達岱即行革職，以肅卡政而示懲儆。除咨部外，理合附片陳請伏乞聖鑒訓示。謹奏。

（硃批）：著照所請，該衙門知道。③

光緒三十年九月二十六日，奉硃批：著照所請，該衙門知道。欽此④。

---

① 臺北"故宮博物院"藏：《軍機及宮中檔》，文獻編號：408004150-A。
② 臺北"故宮博物院"藏：《軍機及宮中檔》，文獻編號：163793。
③ 臺北"故宮博物院"藏：《軍機及宮中檔》，文獻編號：408004149-A。
④ 臺北"故宮博物院"藏：《軍機及宮中檔》，文獻編號：163789。

一三三　預估伊犁光緒三十一年新餉摺
光緒三十年八月初七日（1904年9月16日）

奴才馬亮、廣福跪奏，為預估伊犁光緒三十一年新餉，懇恩敕部准照減定成數，援案指撥，以濟要需，恭摺仰祈聖鑒事。

竊查伊犁滿蒙標練各營官兵俸餉以及一切雜支各款，歷經各前將軍核實裁減，歲定額支銀四十萬兩，按年奏請估撥在案。奴才等仰體時局艱難，於無可撙節之中，議將原定額支各款一律核減一成五發給，約計歲省銀六萬兩。請自光緒二十九年正月起，每年按三十四萬兩之數，指撥的款，以供支放，於光緒二十九年正月二十日奏具在案。二十九年，雖經部臣仍按四十萬兩指撥，各省關顧全大局，源源批解，甘省藩庫統收分撥，然核計伊犁收到銀數，按減成三十四萬之數，仍屬不能足額，加以歷年舊欠找解無多，前任借欠甘、新兩省餉銀又需由分到新餉內扣還，以致邊局支持拮据更甚於昔。

伊犁界連俄境，幅員遼闊，防守宜嚴，節餉裁兵既難冒昧從事，奴才等虛名坐擁，舉凡農、工、商務，一經奏請試辦，即屬格於成法，興利亦復無權。目擊邊軍仰食於人，嗷嗷待哺，實屬寢饋難安！茲屆預估光緒三十一年新餉之期，前已電請陝甘督臣、新疆撫臣會銜奏請，仍照奴才等上年奏減成數，請撥銀三十四萬兩在案。旋據糧餉處轉據各營官兵呈請，仍復四十萬兩舊額奏估前來。

奴才等以現在庫儲未裕，再三開導，該官兵咸允遵照上年奏減成數請撥，惟有仰懇天恩俯念邊疆要地，待餉孔殷，敕部將伊犁來年新餉按照減定銀三十四萬之數，援案指撥的款，以濟要需而維邊局。除咨部外，所有預估光緒三十一年伊犁餉數緣由，理合恭摺具陳。伏乞皇太后、皇上聖鑒訓示。謹奏。光緒三十年八月初七日。

（硃批）：戶部知道。①

光緒三十年九月二十六日，奉硃批：戶部知道。欽此②。

一三四　請將本年取孳羊羔概予蠲免片
光緒三十年八月初七日（1904年9月16日）

再，查伊犁牧廠，自前將軍長庚任內奏請經費，於光緒二十二年購買兒騾馬四千匹、羝乳羊二萬四千隻。二十六年，復購羝乳羊一萬六千隻，歸併以前捐辦馬牛羊隻，興復孳生廠，照例取孳。二十四年，奏請分設備差廠，挑選不能取孳之馬牛羊隻，撥廠備用，均經按年分案造報在案。奴才到任後，查明各廠孳生日漸蕃庶，兵丁閑散，私立牲畜亦多，草場窄狹，牲畜擁擠，擬請以光緒二十七年孳生廠存羊數，定額取孳，按年挑出口老羝羊乳羊以及備差羯羊，照章變價，存候撥用，於光緒二十九年五月奏准，亦在案。

自上年挑變以後，羊隻改歸隨缺兵丁牧放，倒斃漸少，民累稍紓，方冀牧務可興，蒙部生計充裕，詎因去冬雪小，本年春夏之交，天氣亢旱，牧場水草枯乾，各廠馬牛設法移牧，受傷尚屬無多。惟羊隻一項，正當孳生之時，水草不旺，不獨羔羊缺乳，十難存一，即乳羊倒斃亦多。據承牧之官兵等報由各營總管呈報前來。奴才當即委派駝馬章京等分途馳往各游牧，切實勘驗，官私各廠羊隻均屬相同。該蒙古官兵專賴牲畜為養命之源，值此天災，困苦情形，實難言狀。若不蠲免取孳、稍示矜卹，蒙民實難謀生。

惟查定例向無牧廠被旱、孳生牲畜如何賑卹蠲免明文，奴才當即仰體皇仁，飭令傳諭被災各戶，將倒斃羊隻皮毛趕緊變價，收穫銀兩，購買乳羊，補還倒斃額數。其額魯特之十蘇木被災較重，大羊倒斃尤

---
① 臺北"故宮博物院"藏：《軍機及宮中檔》，文獻編號：408004149。
② 臺北"故宮博物院"藏：《軍機及宮中檔》，文獻編號：163801。

多，不敷之數，由奴才籌借羊本，以資購足，限期即行繳還。所幸六月中旬得沾透雨，近日草場滋榮，蒙部人心借以安定。惟是孳生業已逾期，本年應收羊羔萬難責令賠繳，可否仰懇天恩俯念草場被旱、孳生羊羔受災，特沛鴻施，將本年應行取孳羊羔概予蠲免，以示矜卹而廣皇仁之處，理合附片陳請。伏乞聖鑒訓示。謹奏。

（硃批）：著照所請，該衙門知道。①

光緒三十年九月二十六日，奉硃批：著照所請，該衙門知道。欽此②。

一三五　揀選伊犁額魯特營總管等缺摺
光緒三十年九月二十一日（1904年10月29日）

奴才馬亮、廣福等跪奏，為循例揀選伊犁額魯特營總管等缺，擬定正、陪，恭摺仰祈聖鑒事。

竊查伊犁額魯特營右翼總管蒙克，前因年老呈請原品休致，經奴才等附片奏奉硃批：著照所請，該衙門知道。欽此。欽遵恭錄行知在案。茲准該營領隊大臣徐炘咨呈：蒙克所遺總管等缺，應請揀員補放，以資辦理旗務，等因。前來。

奴才等當於該營應升人員內逐加考驗，蒙克所遺額魯特營右翼總管一缺，揀選得右翼副總管綽依敦堪以擬正，正紅旗二牛彔佐領布拉堪以擬陪。遞遺副總管一缺，揀選得鑲紅旗二牛彔佐領巴圖那遜堪以擬正，鑲紅旗頭牛彔佐領多爾吉堪以擬陪。遞遺佐領一缺，揀選得鑲藍旗二牛彔驍騎校巴圖伯勒克堪以擬正，鑲紅旗頭牛彔驍騎校阿拉什堪以擬陪。遞遺驍騎校一缺，揀選得正黃旗二牛彔委官鄂里巴堪以擬正，正黃旗頭牛彔空藍翎圖魯蒙庫堪以擬陪。謹將該員等履歷另繕清

---

① 臺北"故宮博物院"藏：《軍機及宮中檔》，文獻編號：408004149-B。
② 臺北"故宮博物院"藏：《軍機及宮中檔》，文獻編號：163803。

單，恭呈御覽，伏候欽定。

其請補總管、副總管、佐領，一俟遇有差弁，給咨送部補行引見，以符定制。所有揀選伊犁額魯特營總管等缺擬定正、陪緣由，理合恭摺具奏。伏乞皇太后、皇上聖鑒訓示。謹奏。光緒三十年九月二十一日。

（硃批）：均著擬正之員補授，該衙門知道，單併發。①

光緒三十年十一月十一日，奉硃批：均著擬正之員補授，該衙門知道，單併發。欽此②。

一三六　呈揀選額魯特營總管等缺清單
光緒三十年九月二十一日（1904年10月29日）

謹將揀選伊犁額魯特營總管等缺擬定正陪人員，繕具清單，恭呈御覽。

額魯特營蒙克所出總管員缺。擬正之額魯特營右翼副總管綽依敦，食俸餉當差三十五年。光緒十七年搜剿竄匪案內出力，經前護將軍富勒銘額奏保補用防禦。十四年，補放驍騎校。二十一年，補放佐領。二十八年，補放副總管。現年五十五歲。舊額魯特馬步箭平等。

擬陪之額魯特右翼正紅旗二牛彔藍翎候補副總管後以總管補用佐領布拉，食俸餉二十四年，前在塔爾巴哈臺軍營當差。光緒八年收復伊犁、十七年搜剿竄匪、二十八年伊犁歷年防戍各案內均屬奮勉出力，疊經前將軍金順等奏保，補副總管後以總管補用，並賞戴藍翎。十六年，補放驍騎校。二十七年，補放佐領。現年四十三歲。舊額魯特馬步箭平等。

---

① 臺北"故宮博物院"藏：《軍機及宮中檔》，文獻編號：408004151。
② 中國第一歷史檔案館藏：《錄副奏摺》，檔號：03-5963-026。

擬補總管遞遺副總管員缺。擬正之額魯特營右翼鑲紅旗二牛彔藍翎佐領巴圖那遜，食俸餉三十年，前在塔爾巴哈臺軍營當差。光緒八年收復伊犁案內出力，經前將軍金順奏保，賞戴藍翎。十三年，補放驍騎校。十五年，補放佐領。揀選總管擬陪一次，現年五十歲。舊額魯特馬步箭平等。

擬陪之額魯特營右翼鑲紅旗頭牛彔藍翎佐領多爾吉，食俸餉二十七年，前在塔爾巴哈臺軍營當差。光緒二年克復瑪納斯南北兩城、六年剿辦陝回各案內均屬奮勉出力，經前將軍金順奏保，賞戴藍翎。十三年，補放驍騎校。二十四年，補放佐領。現年四十八歲。舊額魯特馬步箭平等。

擬補副總管遞遺佐領員缺。擬正之額魯特營右翼鑲藍旗二牛彔驍騎校巴圖伯勒克，食俸餉當差二十五年。光緒十七年搜剿竄匪案內出力，經前護將軍富勒銘額咨保，以空藍翎補用。二十七年，補放驍騎校，揀選佐領擬陪一次，現年四十八歲。舊額魯特馬步箭平等。

擬陪之額魯特營右翼鑲紅旗頭牛彔五品藍翎驍騎校阿拉什，食俸餉二十三年，前在庫爾喀喇烏蘇軍營當差。光緒八年收復伊犁、十七年搜剿竄匪各案內均屬奮勉出力，疊經前將軍金順等保奏，賞戴五品藍翎。二十四年，補放驍騎校，揀選佐領擬陪一次，現年四十一歲。舊額魯特馬步箭平等。

擬補佐領遞遺驍騎校員缺。擬正之額魯特營右翼正黃旗二牛彔委官鄂里巴，食錢糧當差三十一年。光緒十七年搜剿竄匪案內出力，經前護將軍富勒銘額咨保六品頂戴。二十九年，由領催補放委官，現年五十三歲。舊額魯特馬步箭平等。

擬陪之額魯特營右翼正黃旗頭牛彔空藍翎圖魯蒙庫，食錢糧當差十五年。光緒二十五年，由委領催補放空藍翎，現年五十三歲。舊額魯特馬步箭平等。①

---

① 中國第一歷史檔案館藏：《單》，檔號：03-5963-050。

一三七　揀選額魯特營左翼佐領等缺摺
光緒三十年九月二十一日（1904年10月29日）

奴才馬亮、廣福跪奏，為循例揀選伊犁額魯特營左翼沙畢那爾佐領等缺，擬定正、陪，恭摺仰祈聖鑒事。

竊奴才等准額魯特營領隊大臣徐炘咨呈：本營左翼沙畢那爾正藍旗二牛彔佐領綽固拉於本年六月初二日因病出缺，左翼鑲黃旗頭牛彔驍騎校瑪什於本年四月十九日因病出缺。所遺佐領等缺，應請揀員補放，以資辦理旗務，等因。前來。奴才等當於該營應升人員內逐加考驗，綽固拉遺出額魯特營左翼沙畢那爾正藍旗二牛彔佐領一缺，揀選得本牛彔驍騎校楚固拉堪以擬正，左翼沙畢那爾鑲白旗二牛彔驍騎校達巴堪以擬陪。遞遺驍騎校一缺，揀選得左翼沙畢那爾正藍旗二牛彔委官鄂拜堪以擬正，左翼沙畢那爾正藍旗頭牛彔委官額勒得依堪以擬陪。

又，馬什遺出左翼鑲黃旗頭牛彔驍騎校一缺，揀選得鑲黃旗二牛彔補用驍騎校委官諾斯圖堪以擬正，鑲黃旗二牛彔領催圖魯巴圖堪以擬陪。謹將該員等履歷另繕清單，恭呈御覽，伏候欽定。其請補佐領，一俟遇有差便，給咨送部補行引見，以符定制。所有揀選伊犁額魯特營左翼沙畢那爾佐領等缺擬定正、陪緣由，理合恭摺具奏。伏乞皇太后、皇上聖鑒訓示。謹奏。光緒二十九年九月二十一日。

（硃批）：均著擬正之員補授，該衙門知道，單併發。①

光緒三十年十一月十一日，奉硃批：均著擬正之員補授，該衙門知道，單併發。欽此②。

---

① 臺北"故宮博物院"藏：《軍機及宮中檔》，文獻編號：408004148。
② 中國第一歷史檔案館藏：《錄副奏摺》，檔號：03-5963-023。

一三八　呈揀選額魯特營佐領等缺清單
光緒三十年九月二十一日（1904年10月29日）

謹將揀選伊犁額魯特營沙畢那爾佐領等缺擬定正陪人員，繕具清單，恭呈御覽。

額魯特營左翼綽固拉遺出佐領員缺。擬正之額魯特營左翼沙畢那爾正藍旗二牛彔驍騎校楚固拉，食俸餉當差二十九年。光緒十七年搜剿竄匪案內出力，經前護將軍富勒銘額奏保，以空藍翎補用。二十五年，補放驍騎校。揀選佐領擬陪一次，現年五十一歲。舊沙畢那爾馬步箭平等。

擬陪之額魯特營左翼沙畢那爾鑲白旗二牛彔驍騎校達巴，食俸餉當差三十五年。光緒二十五年，補放驍騎校。現年六十九歲。舊沙畢那爾馬步箭平等。

擬補佐領遞遺驍騎校員缺。擬正之額魯特營左翼沙畢那爾正藍旗二牛彔委官鄂拜，食錢糧當差二十七年。光緒二十九年，由領催補放委官。揀選驍騎校擬陪一次，現年四十一歲。舊沙畢那爾馬步箭平等。

擬陪之額魯特營左翼沙畢那爾正藍旗頭牛彔委官額勒得依，食錢糧當差二十六年。光緒三十年，由領催補放委官。現年四十九歲。舊沙畢那爾馬步箭平等。

額魯特營左翼鑲黃旗頭牛彔馬什遺出驍騎校員缺。擬正之額魯特營左翼鑲黃旗二牛彔補用驍騎校委官諾斯圖，食錢糧當差三十二年。光緒十七年搜剿竄匪、二十八年伊犁歷年防戍各案內奮勉出力，經前護將軍富勒銘額等奏保，以驍騎校補用。二十三年，由領催補放委官。揀選驍騎校擬陪二次，現年五十三歲。舊額魯特馬步箭平等。

擬陪之額魯特營左翼鑲黃旗二牛彔領催圖魯巴圖，食錢糧當差二十五年。光緒十四年，補放領催。揀選驍騎校擬陪一次，現年四十四歲。舊額魯特馬步箭平等。

覽。①

一三九　奏報重修御碑亭工竣緣由片
光緒三十年九月二十一日（1904年10月29日）

再，查伊犁格登山上原建御碑亭，係乾隆年間高宗純皇帝平定准噶爾御制勒銘碑，立於山巔。光緒八年，收還伊犁，經前將軍金順查明碑亭無存，派員修建，光緒十年六月工竣，曾經奏報在案②。嗣因年久風雪漂零，磚木糟朽，經前將軍長庚派員勘估重修，約需經費銀

---

① 中國第一歷史檔案館藏：《單》，檔號：03-5964-131。

② 光緒九年五月二十八日，伊犁將軍金順附奏曰："再，上年勘分伊犁中段界務，已將格登山畫隸中國界內，山巔舊有乾隆二十年高宗純皇帝平定准部御製碑銘□□，碑臺坍塌，亟應興修，以昭慎重。擬於今年天暖雪消，鳩工重建，曾經奏明在案。茲當山雪融化，奴才隨派額魯特領隊大臣依楞額率領工匠人等前往，敬謹重修，已於本年五月十六日開工，俾廟謨丕顯，永□山河。惟格登山距綏定城，計路途三百餘里，中隔大河，且山路崎嶇，車不能行，所需木料自四臺運赴山頂，想去百五十里。其餘磚瓦、石灰、人工、口食等項，皆由綏定城採辦，雇腳運去，以資應用。除將估計工料清冊咨部查核外，所有開工日期，附片馳陳。伏乞聖鑒。謹奏。光緒九年七月初七日，軍機大臣奉旨：知道了。欽此（中國第一歷史檔案館藏：《錄副奏片》，檔號：03-6018-040）。"

【案】光緒十年七月十六日，伊犁將軍金順奏報重修碑亭工竣情形，曰："幫辦軍務大臣革職留任伊犁將軍奴才金順謹跪奏，為重修碑亭工竣，造冊報銷，恭摺仰祈聖鑒事。竊據委辦伊犁善後局候補直隸州知州游春澤、總兵劉宏發呈稱：伊犁格登山御製碑應行重修碑亭工程曾奉奏明，派額魯特領隊大臣依楞額前往，敬謹重修在案。嗣因該領隊巡查卡倫，履勘游牧，未能兼顧，當經呈請加派即補遊擊邢長春，幫同監修，於光緒九年五月十六日開工，已於六月二十八日一律完竣。計共用工料銀二千一百九十八兩五錢七分四毫五絲一微，開造做法並工料銀數清冊，取具保固印結呈送，等情。前來。奴才當即委員赴工勘驗，均係工堅料實，並無草率偷減情弊。覆核用過銀數，尚無浮冒。除將冊結咨送工部查覈外，理合恭摺具陳。伏乞皇太后、皇上聖鑒，敕部覈銷施行。謹奏。光緒十年七月十六日（中國第一歷史檔案館藏：《硃批奏摺》，檔號：04-01-35-0986-016）。"

一千四百兩。光緒二十六年三月，奏請在伊犁裁存兵餉項下動發銀兩，發交前額魯特領隊大臣英裕，督飭該營總管等鳩工購料，擇吉興工，欽奉硃批：著照所請，該部知道。欽此。上年，奴才巡閱東南邊界，親登格登山，恭謁高宗純皇帝御碑，石質現均完潔，文字亦皆完好，惟因地鄰俄境，詢據該副總管庫克聲稱，該處距城窵遠，且連年積雪甚深，運料不易，以致尚未興工。

奴才因見該處山高風勁，亭以未修，勢難經久，當飭趕緊購辦物料，通用磚石嵌砌，於光緒二十九年七月奏報巡閱邊界情形摺內聲明，亦在案。迨將磚石辦齊，山巔復經積雪。本年夏間，雪消冰化，始行恭詣興工重建。現據額魯特營副總管庫克具報：工程完竣，動用工料較原估有減無增。奴才復委舊滿營協領博貴，親往查勘，委屬工堅料實。除飭取保固、造具工料銀兩細數清冊，歸併新餉銷案送部核銷外，所有重修御碑亭工竣緣由，理合附片陳明。伏乞聖鑒。謹奏。

（硃批）：該部知道。①

光緒三十年十一月十一日，奉硃批：該部知道。欽此②。

一四〇　驍騎校巴圖吉爾噶勒開缺休致片
光緒三十年九月二十一日（1904年10月29日）

再，准額魯特營領隊大臣徐炘咨呈：據左翼總管博泰等呈：據鑲黃旗二牛彔驍騎校巴圖吉爾噶勒呈稱：竊巴圖吉爾噶勒現年七十二歲，當差年久，身受潮濕，腰骸疼痛，步履維艱，實難騎馬當差。若不呈明告退，誠恐貽誤公事，理合呈請原品休致，等情。由該管領隊大臣轉呈前來。

奴才等復查無異，合無仰懇天恩俯准，將伊犁額魯特營左翼鑲黃

---

① 臺北"故宮博物院"藏：《軍機及宮中檔》，文獻編號：408004148-A。
② 中國第一歷史檔案館藏：《錄副奏摺》，檔號：03-7166-003。

旗二牛彔驍騎校巴圖吉爾噶勒開去驍騎校員缺，以原品休致之處，出自鴻慈。除將該員履歷清冊咨部查覈外，理合附片具陳。伏乞聖鑒訓示。謹奏。

硃批：著照所請，該衙門知道。①

光緒三十年十一月十一日，奉硃批：著照所請，該衙門知道。欽此②。

一四一　請將防禦西林泰等互相調補片
光緒三十年九月二十一日（1904年10月29日）

再，據伊犁滿營檔房呈：據新滿營左翼協領錫濟爾琿、右翼協領諾呢春呈稱：竊查新滿營正紅旗防禦西林泰、驍騎校貴達春均係正紅旗人，鑲藍旗防禦額勒德春係鑲藍旗人，鑲白旗驍騎校塔奇本係鑲白旗人，以本旗人辦本旗事，諸多掣肘，請將該員等互相對調，等情。由該檔房轉呈前來。

奴才等覆查，該防禦、驍騎校等以本旗人辦本旗事，諸多掣肘，均屬實情，合無仰懇天恩俯准，將伊犁新滿營正紅旗防禦西林泰、鑲藍旗防禦額勒德春互相調補，正紅旗驍騎校貴達春、鑲白旗驍騎校塔奇本互相調補，俾資辦理旗務之處，出自鴻慈。除咨部外，理合附片具陳。伏乞聖鑒訓示。謹奏。

（硃批）：著照所請，該衙門知道。③

光緒三十年十一月十一日，奉硃批：著照所請，該衙門知道。欽此④。

---

①　臺北"故宮博物院"藏：《軍機及宮中檔》，文獻編號：408004148-C。
②　中國第一歷史檔案館藏：《錄副奏摺》，檔號：03-5963-024。【案】此片未署具奏者，茲據內容判定。
③　臺北"故宮博物院"藏：《軍機及宮中檔》，文獻編號：408004148-B。
④　中國第一歷史檔案館藏：《錄副奏摺》，檔號：03-5763-131。

一四二　奏爲遵旨會議籌防事宜摺
光緒三十年九月二十一日（1904年10月29日）

　　兵部侍郎甘肅新疆巡撫臣潘效蘇、頭品頂戴伊犁將軍臣馬亮、駐塔爾巴哈臺伊犁副都統臣春滿跪奏，爲遵旨會議具奏事。

　　竊臣等承准軍機大臣字寄：光緒三十年四月二十四日，奉上諭：瑞洵奏，邊備宜嚴，請加意布置一摺①。西北一帶，毗連俄界，自應嚴密防維，慎固封守。現在確守局外中立之例，尤當加意彈壓，不涉張

---

①　光緒三十年三月二十一日，科布多參贊大臣瑞洵具奏曰："奴才瑞洵奏，爲俄情叵測，邊備宜嚴，遵旨加意布置，情形緊要，辦理竭蹶，懇飭戶部速籌接濟，撥給庫款，俾重要而免疏虞，繕摺馳陳，仰祈聖鑒事。竊奴才於光緒三十年正月十六日接奉諭旨：現在日俄兩國失和，非與中國開釁，京外各處地方均應照常安堵。本日業經降諭旨，按照局外中立之例辦理。所有各省及沿邊各地方，著該將軍、督撫等加意密防，慎固封守，凡有通商口岸及各國人民財產、教堂，一體認真保護，隨時防範，等因。欽此。並先後准外務部密電，以西北一帶處處毗連俄界，俄人往來境內，蒙漢錯雜，恐滋事端，應嚴密防維，隨時稽查彈壓，務令照常相安，勿稍生事，總期邊界靖謐，毋使外人乘機藉口，致生他變，是爲至要！又，各省及沿邊內外蒙古，均按照局外中立例辦理，兩國兵隊勿少侵越。儻闌入疆內，中國自當攔阻，各等因。奴才於未經奉旨之先查閱中外報章，知日俄相持甚急，勢將交綏，盱衡時局，控摶鄰交，實已默籌防範。及恭奉諭旨，奴才已在行次，隨經飛咨幫辦英秀，轉飭蒙古各旗盟長、札薩克散秩大臣、總管及哈薩克頭目、總管等，各飭所屬，凡遇外人前來，無論經商、游歷，務須照常相待，加意保護，毋稍滋事，並嚴札各卡倫侍衛，督率卡兵，密事巡邏，勿得稍露張皇、傳駭眾聽，以冀稍紓朝廷北顧之憂，勉副部臣綏邊至計，顧無米之炊，巧婦所難；空拳徒張，志士所噉。現有迫不待請業已舉辦及必須舉辦，應請敕下部臣速籌的款接濟者，擇其要端，敬爲皇太后、皇上覼縷陳之。科布多轄境，自昌吉斯臺至瑪呢圖噶圖勒幹八卡倫，及兼管烏里雅蘇台之索果克罕、達蓋圖等十六卡倫，統計與俄接壤不下三千餘里，沿邊苦寒，蒙部相率內徙，每卡倫守兵不過四十名，少止十名，此外絕匙人踪。轉視彼界，則隨在屯防，設備整嚴，疏密相形，大相懸絕，況彼在我各游牧內收販駝絨、羊毛以營生者，踵趾相錯。其於我之虛實久已瞭若指掌，至纖至悉。藩籬薄弱，易啟敵心，儻有數十騎託故涉境，我即無方阻禁。凡此情形，聖慈明燭萬里，無待喋陳。惟強鄰偪處，邊境綿延，彼則窺伺已深，我是鞭長莫及。徹桑之計，何可再涉緩圖！不得已將科布多所管八卡倫每各添派蒙兵馬隊一百五十名，扼要填紮，密加巡防，以杜侵軼。明知械敵兵單，難當大敵，要未便視若無睹，不備不虞，約計月需員弁兵丁薪公、口分、軍火、氈房等項，每月只需銀五千餘兩。此不得不勞部臣力籌接濟者也。阿勒臺山、額爾齊斯河，凡山之陰面、水之下游，悉爲俄境。其地土脈衍沃，水草豐饒，材木、魚鹽甲於西北諸部，久爲彼族所歆羨。現在貿易往來業已走成熟路，河內時有小輪游弋。前年，俄人在克色勒烏雍克地方，潛來燒房割草，派隊駐紮。上年復來度

皇，務令一切照常相安，毋滋口實。茲據瑞洵所奏各節，著馬亮、春滿、潘效蘇會商，悉心統籌，妥議具奏。將此各諭令知之。欽此。遵旨寄信前來。等因。承准此，臣等正咨商間，適准瑞洵咨稱，該大臣前因科布多轄境綿遠，迤北一帶處處與俄接壤，蒙、哈雜處，守衛空虛，儻有事端，無法彈壓，必至不能相安，滋人口實。抑或外兵闌入，無從禁阻，均為有背中立之條，必須預事綢繆，稍厚兵力，俾知早有

地建房，並擬築城，雖經行文派員詰阻，暫允停工待勘。究其大欲，有加無已。彼國之齊桑斯克距阿勒臺之哈巴河僅百數十里。其斜米省距齊桑亦止七日程，形勢岌岌，萬不容再有袖視。現在促辦交收，且議設官分治，刻已咨商會奏。山河襟帶，自宜羅設大防，徐圖整理。然當接收以後、未經設官以前，何可不謀暫時防守之策？儻仍稍存得過且過之心，互相推諉，必有如長庚所言「恐一置之度外，後將補救無及」者。現擬酌委文武人員，權令暫駐該處，管理蒙哈及營務、交涉事宜。此次即由新疆招練壯勇二百名，遴員管帶，擇要屯紮，少張聲勢，以待後圖，庶不致留此大縣大卻，致生覬覦。計採購馬匹、槍枝、藥彈，計需銀一萬八千餘兩。其營務、文案、營哨各員弁薪水、辦公經費、勇丁口糧、製辦氈房、操衣、鞾袴等項，每月約需銀二千餘兩，此更不得不勞部臣力籌接濟者也。以上兩端，一為現可阻截設謀，一為將來布置張本，要皆盡我修備之實，以禦外侮，不為敷衍，不尚鋪張。本屬邊方應辦之事，即日俄未嘗開釁，亦應及早舉行。今則時異事殊，稍縱即逝，更不能再事稽緩。說者謂北路邊防相安已久，或無意外之虞，不知自同治八年分界，將阿勒臺山西北數千里地劃入俄界。光緒九年，重訂阿拉克別克界約，則浸淫又及山南矣。現方薦食未已，烏可以乾隆、嘉慶軍威正盛時相提並論。或又謂此次戰務，中國方自居局外中立，若遽添兵防卡，似涉張皇，恐貽外人口實，不知中國得設兵防堵本國疆界，不得視為失和。此條久經宣示，況此次日俄交戰，歐洲各國尚且整軍經武，以備非常。而我壤地與之相連，且素為彼所注意者，詎可轉忘戒備！查伊犁、塔爾巴哈臺，均歲撥鉅款，悉力經營，而科布多形勝，實為新疆鎖鑰，本不宜視同甌脫。第常年經費止五萬餘兩，毫無餘蓄閒款可以騰挪。往者內省撥解偶延，輒須向市商通融告貸。奴才到任，適逢庚子辦防，復經借墊商款，迄今尚欠銀四萬九千餘兩，無力籌還。近因開辦屯田，收撫哈眾，又疊向挪借銀兩、茶、畜。科布多城商鋪無多，一再籌借，已同悉索。該商等雖尚曉急公，然每以成本有限、難資周轉為言，自係實情。此後不但無法再借，並須設法歸還，方足以昭大信而示體恤。奴才忝竊邊符，愧無績效，連年抱病，心力已虧，極應早干罷斥，以免貽誤。茲復蒙恩賞假，實荷逾格優容，然疆場之事瞬息萬變，一日當為百年之計，何敢偷安視息，冀省事而墮狡謀！惟兵械餉糈不能應手，雖有智者，亦將坐以待困，況奴才才力淺短，百不如人，此所以激切征營不得不呼天請命也。查防卡蒙兵，應俟時局大定，即當遣撤。所支口分等項，須按一年核算。阿勒臺暫防經費則應先以一年計，但止權顧一隅，尚容通籌詳擬，會摺陳奏。凡此皆一定機宜、刻不容緩之需。科布多財殫力竭，迴與鄰省他城不同，實已無從籌措，伏求聖慈俯念邊鎖重要，敕下部臣統籌接濟，無論如何為難，即行撥給庫款十萬兩，電知奴才派員，派員星馳赴領，速解濟急，邊局幸甚！奴才幸甚！奴才志切憂時，非並不知惜費，顧念方域綦嚴，蕃衛太疏，我不預防，彼將乘隙，實不能不稍為規畫，聊固吾圉。當與英秀往返函商，意見相同，謹將俄情叵測，邊備宜嚴，遵旨加意佈置，情形緊要，辦理竭蹶，懇飭戶部速籌接濟，撥給庫款，俾重邊要而免疏虞各緣由，繕摺馳陳，是否有當？伏乞皇太后、皇上聖鑒訓示，敕部施行。謹奏。光緒三十年三月二十一日（臺北"故宮博物院"藏：《軍機及宮中檔》，文獻編號：160177）。"

戒備，方足在以杜窺伺，是必無實力充足，却有以自立而後可保中立。事關大局，詎容稍涉懈馳！爰將所屬昌吉斯臺、瑪尼圖嘎圖幹等八卡趕緊加派蒙兵，扼要川駐，遵旨加意嚴防，以期慎固封守。惟倉卒集事，經費無著，不得已竭蹶經營，挪擋挪湊，計員弁兵丁薪公、口分、軍火、氈房等項，月已需銀五千餘兩，自二月初一日起支，仍先借貸墊辦，一面專摺馳奏，請部接濟。此本自陳科防辦法，並非條奏鄰省防務。茲奉寄諭，仰見朝廷慎重邊要至意，欽佩難名！

至防勒臺防費，原為接收以後、未經派員以前暫支一時之需要，當時以地尚未收，款亦無從再措，尚在候旨遵行，今該處已特簡大員駐辦，該大臣復經電奏，應俟錫恒①到彼，竟行管理科城，毋庸再辦接收。其防費自應由錫恒查照長庚原奏，歸於全案估請。惟錫恒到任需時，究當如何辦理，因由臣等通籌妥議覆奏，等因。咨行前來。

臣等覆查瑞洵原奏，本係自陳科防辦法，因地制宜。臣等均相距窵遠，勢難懸揣代謀，況現在已欽奉特旨簡派錫恒駐紮該處，相機因應。即瑞洵所奏各節，將來錫恒到彼，亦難無免更章。若再由臣等參議其間，轉恐謀夫孔多，事無專責，擬懇天恩飭令錫恒到任後，會同瑞洵和衷商辦，以一事權而重邊寄。所有遵旨會議緣由，是否有當？謹合詞恭摺具陳。伏乞皇太后、皇上聖鑒訓示。再此摺係臣馬亮主稿。合併陳明。謹奏。光緒三十年九月二十一日。

欽命新疆甘肅巡撫部院潘效蘇，欽命總統伊犁等處將軍馬亮，欽命接辦塔爾巴哈臺參贊大臣事務伊犁副都統春滿。

（硃批）：俟錫恒到任後，仍著會商妥籌辦理，片併發。②

---

① 錫恒（1857—1910），字遠齋，內務府漢軍鑲黃旗人，貢生。光緒二年（1876），由議敘筆帖式充堂筆帖式。七年（1881），加委護軍參領銜。十年（1884），保員外郎。十二年（1886），升補員外郎。十三年（1887），考署奏事官。十五年（1889），賞戴花翎。十六年（1890），實授奏事官。翌年，題升郎中，仍充奏事官。二十年（1894），晉四品銜。二十五年（1899），京察一等。二十六年（1900），放直隸承德府知府。三十年（1904），擢科布多辦事大臣。宣統二年（1910），署塔爾巴哈臺參贊大臣。同年，卒於任。

② 臺北"故宮博物院"藏：《軍機及宮中檔》，文獻編號：408004152。

光緒三十年十一月十一日，奉硃批：俟錫恒到任後，仍著會商妥籌辦理，片併發。欽此①。

一四三　遵議科布多邊備事宜片
光緒三十年九月二十一日（1904年10月29日）

再，正繕摺間，承准軍機大臣字寄：光緒三十年七月十七日，奉上諭：前據瑞洵奏邊備布置事宜，當經諭令馬亮等妥籌具奏，茲復據該大臣奏稱，卡倫增兵，未便遽撤，等語。著馬亮等歸入前摺，一併妥議具奏，等因。欽此。臣等查瑞洵此次奏陳各節，與前咨臣等之意大致相同。此案現經臣等會商，以該大臣係自陳科防辦法，勢難懸揣代謀，擬請由該大臣自行商辦，以一事權。所有卡倫增兵既據奏稱而未便遽撤，該大臣身在局中，所見自較真切，所籌自屬周詳。誠如原奏云"有非鄰省可盡明者"，自可毋庸再由臣等擬議。其增兵應需經費，該大臣原請由戶部籌濟，應仍請旨飭下戶部覈議，以昭慎重。

至阿勒臺山借地，現在科城尚未接收，自應仍由春滿照舊管理，固不敢稍涉張皇、轉生枝節，亦不敢故存推諉、致昧機宜，仍俟錫恒到任後再行移交，以符原案。該大臣原擬募勇二百，本爲暫駐阿勒臺起見。該處借地現尚未辦接收，既據奏稱以無款尚未舉辦，請即暫從緩議。所有遵旨續議科布多邊備事宜緣由，是否有當？謹合詞附片具陳。伏乞聖鑒訓示。謹奏。

（硃批）：覽。②

光緒三十年十一月十一日，奉硃批：覽。欽此③。

---

① 中國第一歷史檔案館藏：《錄副奏摺》，檔號：03-6039-020。
② 臺北"故宮博物院"藏：《軍機及宮中檔》，文獻編號：408004152-A。
③ 中國第一歷史檔案館藏：《錄副奏摺》，檔號：03-6039-021。

一四四　代奏札拉豐阿署任領隊謝恩摺
光緒三十年十月二十六日（1904年12月2日）

奴才馬亮跪奏，為恭摺代奏叩謝天恩，仰祈聖鑒事。

竊奴才准新授塔爾巴哈臺領隊大臣札拉豐阿咨呈：接奉將軍照會：光緒三十年十月十二日，承准軍機大臣電寄奉旨：索倫營總管札拉豐阿昨已有旨，作爲塔爾巴哈臺領隊大臣，著賞給副都統銜。欽此。欽遵照會前來。當即恭設香案，望闕碰頭，叩謝天恩訖。

伏思札拉豐阿一介庸愚，知識譾陋。光緒二十三年，渥蒙聖恩，洊擢總管，方愧涓埃未效，撫躬循省，正切悚惶！茲復仰蒙鴻施，賞給副都統銜，作爲塔爾巴哈臺領隊大臣，自天開命，伏地感懟！札拉豐阿擬俟交卸後由伊犂起程，前往到任，將營務、操防、訓練一切竭盡駑駘，遇事稟承伊犂將軍、塔爾巴哈臺參贊大臣，妥爲辦理，以期仰答高厚鴻慈於萬一。

所有感激下忱，呈請代奏叩謝天恩，等情。前來。奴才理合恭摺代奏。伏乞皇太后、皇上聖鑒。謹奏。光緒三十年十月二十六日。

（硃批）：知道了。①

光緒三十年十二月二十四日，奉硃批：知道了。欽此②。

一四五　代奏錫濟爾琿署任領隊謝恩摺
光緒三十年十月二十六日（1904年12月2日）

奴才馬亮跪奏，為恭摺代奏叩謝天恩，仰祈聖鑒事。

---

① 臺北"故宫博物院"藏：《軍機及宮中檔》，文獻編號：408004154。
② 中國第一歷史檔案館藏：《錄副奏摺》，檔號：03-5964-101。

竊奴才准署額魯特營領隊大臣錫濟爾琿呈稱：接奉將軍照會：光緒三十年十月十九日，承准軍機大臣電寄奉旨：馬亮電奏悉。額魯特領隊大臣著錫濟爾琿署理。欽此。欽遵恭錄照會，並准徐炘將額魯特領隊大臣圖記移交前來。當即恭設香案，望闕叩謝天恩，祇領任事訖。伏思錫濟爾琿一介庸愚，毫無知識，前此渥荷聖恩，補授協領，以副都統記名。方愧涓埃未報，茲復仰蒙恩施，署理額魯特領隊大臣，聞命自天，感激無地！

查額魯特游牧為伊犁西南屏蔽，緊接俄境，凡整頓營務，訓練士卒，在在均關緊要！惟有矢勤矢慎，勉竭駑駘，遇事稟承將軍，妥為辦理，以期仰答高厚鴻慈於萬一。所有感激下忱，懇請代奏叩謝天恩，等情。前來。奴才理合恭摺代奏。伏乞皇太后、皇上聖鑒。謹奏。光緒三十年十月二十六日。

（硃批）：知道了。①

光緒三十年十二月二十四日，奉硃批：知道了。欽此②。

一四六　揀選額魯特營右翼佐領等缺摺
光緒三十年十一月二十八日（1905年1月3日）

奴才馬亮、廣福跪奏，為循例揀選伊犁額魯特營右翼佐領等缺，擬定正、陪，恭摺具陳，仰祈聖鑒事。

竊奴才等准伊犁額魯特營領隊大臣徐炘咨呈：額魯特營右翼鑲藍旗二牛彔佐領蒙庫那遜奉派護送貢馬，於光緒三十年四月二十四日差次，因病出缺。又，右翼正黃旗頭牛彔佐領綽濟普，於光緒三十年九月初二日因病出缺。所遺佐領等缺，應請揀員補放，以資辦理旗務，

---

① 臺北"故宮博物院"藏：《軍機及宮中檔》，文獻編號：408004153。
② 中國第一歷史檔案館藏：《錄副奏摺》，檔號：03-5964-100。

等因。前來。

奴才等當於該營應升人員內逐加考驗，蒙庫那遜遺出佐領一缺，揀選得鑲紅旗二牛彔驍騎校車林堪以擬正，正紅旗二牛彔驍騎校那遜巴圖堪以擬陪。遞遺驍騎一缺，揀選得鑲藍旗二牛彔委官巴圖蒙庫堪以擬正，鑲藍旗頭牛彔委官阿里巴堪以擬陪。綽濟普遺出左領一缺，揀選得正黃旗頭牛彔驍騎校車訥依堪以擬正，鑲藍旗頭牛彔驍騎校達巴車林堪以擬陪。遞遺驍騎校一缺，揀選得正紅旗二牛彔空藍翎那遜堪以擬正，鑲藍旗二牛彔空藍翎蒙庫布林堪以擬陪。謹將該員等履歷另繕清單，恭呈御覽，伏候欽定。

其請補佐領，一俟遇有差便，給咨送部補行引見，以符定制。所有揀選伊犁額魯特營右翼佐領等缺擬定正、陪緣由，理合恭摺具陳。伏乞皇太后、皇上聖鑒訓示。謹奏。光緒三十年十一月二十八日。

（硃批）：均著擬正之員補授，該衙門知道，單併發。①

光緒三十一年正月二十七日，奉硃批：……，單併發。欽此②。

一四七　呈揀選額魯特右翼佐領等缺清單
光緒三十年十一月二十八日（1905年1月3日）

謹將揀選伊犁額魯特營右翼佐領等缺，擬定正、陪人員，繕具清單，恭呈御覽。

額魯特營右翼蒙庫那遜遺出佐領一缺。擬正之額魯特營右翼鑲紅旗二牛彔驍騎校車林，食奉餉當差二十五年。光緒二十八年，補驍騎校。現年五十四歲，舊額魯特馬步箭平等。

擬陪之額魯特營右翼正紅旗二牛彔驍騎校那遜巴圖，食俸餉當差

---

① 臺北"故宮博物院"藏：《軍機及宮中檔》，文獻編號：408004155。
② 中國第一歷史檔案館藏：《錄副奏摺》，檔號：03-6001-022。

二十六年。光緒二十八年，補驍騎校。現年四十九歲，舊額魯特馬步箭平等。

擬補佐領遞遺驍騎校一缺。擬正之額魯特營右翼鑲藍旗二牛彔委官巴圖蒙庫，食錢糧當差十六年。光緒二十九年，由領催補放委官。現年二十九歲，舊額魯特馬步箭平等。

擬陪之額魯特營右翼鑲藍旗頭牛彔委官阿里巴，食錢糧當差二十二年。光緒十七年搜勦竄匪案內出力，經前護伊犁將軍富勒銘額咨保，給予六品頂戴。三十年，由領催補放委官。現三十八歲，舊額魯特馬步箭平等。

額魯特營右翼綽濟普遺出佐領一缺。擬正之額魯特營右翼正黃旗頭牛彔驍騎校車訥依，食俸餉當差二十三年。光緒二十八年，補放驍騎校。現年四十三歲。舊額魯特馬步箭平等。

擬陪之額魯特營右翼鑲藍旗頭牛彔驍騎校達巴車林，食俸餉當差十五年。光緒十七年搜勦竄匪案內出力，經前護伊犁將軍富勒銘額咨保，給予六品頂戴。二十七年，補放驍騎校。現年二十九歲。舊額魯特馬步箭平等。

擬補佐領遺出驍騎校一缺。擬正之額魯特營右翼正紅旗二牛彔空藍翎納遜，食錢糧當差二十一年。光緒十七年搜勦竄匪案內出力，經前護伊犁將軍富勒銘額咨保，給予六品頂戴。二十七年，由委領催補放空藍翎，揀選驍騎校擬陪一次。現年三十八歲。舊額魯特馬步箭平等。

擬陪之額魯特營右翼鑲藍旗二牛彔空藍翎蒙庫布林，食俸餉當差八年。光緒二十八年，由委領催補放空藍翎。現年二十三歲，舊額魯特馬步箭平等。

覽。①

---

① 中國第一歷史檔案館藏：《單》，檔號：03-6002-066。

一四八　揀選伊犁舊滿營防禦員缺摺
光緒三十年十一月二十八日（1905年1月3日）

奴才馬亮、廣福跪奏，為循例揀選伊犁舊滿營防禦員缺，擬定正、陪，恭摺具陳，仰祈聖鑒事。

竊奴才等據滿營檔房呈稱：舊滿營右翼鑲藍旗防禦世襲騎都尉加一雲騎尉湍多圖，於本年九月二十八日因病出缺。所遺防禦員缺，應請揀員補放，以資辦理旗務，等情。前來。奴才等當於該營應升人員內逐加考驗，湍多圖遺出防禦一缺，揀選得鑲紅旗世襲雲騎尉錫拉蘇堪以擬正，鑲藍旗世襲雲騎尉伊博泰堪以擬陪。

謹將該員等履歷另繕清單，恭呈御覽，伏候欽定。所有揀選伊犁舊滿營防禦員缺擬定正、陪緣由，理合恭摺具陳。伏乞皇太后、皇上聖鑒訓示。謹奏。光緒三十年十一月二十八日。

（硃批）：均著擬正之員補授，該衙門知道，單併發。①

光緒三十一年正月二十七日，奉硃批：……，單併發。欽此②。

一四九　呈揀選舊滿營防禦員缺清單
光緒三十年十一月二十八日（1905年1月3日）

謹將揀選伊犁舊滿營防禦員缺擬定正、陪人員繕具清單，恭呈御覽。

惠遠城舊滿營湍多圖遺出防禦員缺，擬正之惠遠城舊滿營鑲紅旗花翎世襲雲騎尉錫拉蘇，食俸餉三十一年，前在塔爾巴哈臺軍營當差。

---

① 臺北"故宮博物院"藏：《軍機及宮中檔》，文獻編號：408004156。
② 中國第一歷史檔案館藏：《錄副奏摺》，檔號：03-6001-023。

光緒二年克復瑪納斯南北兩城、五年屯種軍糧、六年勦辦陝回、八年收復伊犁各案內，均屬奮勉出力，疊經前將軍金順奏保免選主事以員外郎儘先前即選，並賞戴花翎。八年，承襲雲騎尉。十三年，補授員外郎。二十七年，奏請開缺留伊犁差遣。二十九年，奏請改就武職，經吏部、兵部先後覆准以防禦對品補用，現年四十九歲。舊滿洲李佳氏，馬步箭平等。

擬陪之惠遠城舊滿營鑲藍旗四品頂戴世襲雲騎尉伊博泰，食俸餉當差十二年。二十二年，承襲雲騎尉。二十八年，伊犁歷年防戍案內出力，經前將軍長庚奏保四品頂戴，現年三十一歲。舊滿洲李佳氏，馬步箭平等。

（御批）：覽。①

一五〇　揀選伊犁錫伯營防禦等缺
光緒三十年十一月二十八日（1905年1月3日）

奴才馬亮廣、福跪奏，為循例揀選伊犁錫伯營防禦等缺，擬定正、陪，恭摺具陳，仰祈聖鑒事。

竊奴才等准錫伯營領隊大臣色普希賢咨呈：錫伯營正黃旗防禦塔奇賢於本年九月十一日因病出缺，所遺防禦等缺，應請揀員補放，以資辦理旗務，等因。前來。

奴才等當於該營應升人員內逐加考驗，塔奇賢遺出防禦一缺，揀選得鑲黃旗驍騎校塔蘭泰堪以擬正，正紅旗驍騎校邁拉遜堪以擬陪。遞遺驍騎校一缺，揀選得正藍旗委官德敏泰堪以擬正，鑲黃旗前鋒校巴爾本泰堪以擬陪。

謹將該員等履歷另繕清單，恭呈御覽，伏候欽定。所有揀選伊犁

---

① 中國第一歷史檔案館藏：《單》，檔號：03-6002-068。

錫伯營防禦等缺擬定正、陪緣由，理合恭摺具陳。伏乞皇太后、皇上聖鑒訓示。謹奏。光緒三十年十一月二十八日。

（硃批）：均著擬正之員補授，該衙門知道，單併發。①

光緒三十一年正月二十七日，奉硃批：……，單併發。欽此②。

一五一　呈揀選錫伯營防禦等缺清單
光緒三十年十一月二十八日（1905年1月3日）

謹將揀選伊犁錫伯營防禦等缺擬定正、陪人員繕具清單，恭呈御覽。

錫伯營塔爾賢遺出防禦一缺，擬正之錫伯營花翎五品頂戴鑲黃旗驍騎校塔蘭泰，食俸餉四十一年，前在庫爾喀喇烏蘇軍營當差。光緒六年勦辦陝回、七年屯種軍糧、八年收復伊犁各案內，均屬奮勉出力，疊經前將軍金順奏保賞戴五品花翎。二十六年，補放驍騎校，揀選防禦擬陪一次。現年六十二歲。錫伯赫葉勒氏，馬步箭平等。

擬陪之錫伯營藍翎儘先即補防禦正紅旗驍騎校邁拉遜，食俸餉三十九年，前在庫爾哈喇烏蘇軍營當差。光緒六年、七年兩屆屯種軍糧、八年收復伊犁各案內，均屬奮勉出力，疊經前將軍金順奏保儘先即補防禦，並賞戴藍翎。二十四年，補放驍騎校，揀選防禦擬陪一次。現年五十四歲。錫伯周爾佳氏，馬步箭平等。

擬補防禦遞遺驍騎校一缺，擬正之錫伯營藍翎五品頂戴儘先即補驍騎校正藍旗委官德敏泰，食錢糧三十二年，前在庫爾喀喇烏蘇軍營當差。光緒二年克復瑪納斯南北兩城、五年、六年兩屆屯種軍糧、八年收復伊犁各案內，均屬奮勉出力，疊經前將軍金順奏保儘先即補驍

---

① 臺北"故宮博物院"藏：《軍機及宮中檔》，文獻編號：408004157。
② 中國第一歷史檔案館藏：《錄副奏摺》，檔號：03-6001-024。

騎校，並賞戴五品藍翎。二十二年，由領催補放委官，揀選驍騎校擬陪一次。現年五十七歲。錫伯營瓜勒佳氏，馬步箭平等。

擬陪之錫伯營補用驍騎校鑲黃旗前鋒校巴爾本泰，食錢糧當差十七年。光緒二十七年，由前鋒補放前鋒校。二十八伊犁歷年防戍案內出力，經前將軍長庚奏保補用驍騎校。現年四十四。歲錫伯佟佳氏，馬步箭平等。①

一五二　特古斯塔柳兵屯三十年收成摺
光緒三十年十二月二十六日（1905年1月31日）

奴才馬亮、廣福跪奏，為恭報伊犁特古斯塔柳兵屯光緒三十年收成分數，繕具清單，恭摺仰祈聖鑒事。

竊查特古斯塔柳地方前於光緒二十二年經前大臣將軍長庚請撥經費，修復渠道，開辦兵屯，派撥練軍兩旗官兵墾種。二十九年正月，奴才等復經奏明規復新滿營馬甲二百名、匠役、養育兵四十名，按照練軍章程，設立營總、帶隊章京等官，分為兩旗，接辦屯墾，所有收成分數業經按年奏報在案。本年春間，改派新滿營正藍旗佐領蒙庫泰總理屯務，照章發給籽種，撥補馬牛，飭令乘時播種。除營總、章京、隊官、筆帖式、教習或督催耕作，或經理錢糧、未發籽種外，共兵二百四十名，每名額定二十畝內，小麥地十一畝、青稞地一畝、大麥一畝，均每畝給籽種一斗；穀子地七畝，每畝給籽種七升五合。統計種地四千八百畝，發給各色籽種糧三百三十七石二斗，由總理屯務新滿營佐領蒙庫泰，暨第一旗營總賽沙春、第二旗營總內根泰督率各兵耕作。茲居秋成事竣，據該員等將收穫粗糧數目具報前來。

當飭糧餉處照章折合細糧，核算分數，計兵二百四十名，合

---

① 中國第一歷史檔案館藏：《單》，檔號：03-6002-067。

種地二屯四分，收穫各色粗糧三千五百八十五石一斗，折合細糧三千一百六十六石四斗五升三勺。每兵約交細糧十三石零，收成在十三分以上。奴才等查光緒二十三年前將軍長庚奏定屯田分數功過章程：十二分至十五分功過相抵，等語。本年收成核計在十三分以上，應請免其置議。

除飭將收穫糧石暫存屯倉，並將來年辦理情形另片奏報，飭造清冊分咨戶、兵部外，所有光緒三十年收穫屯糧分數，理合繕具清單，恭摺具陳。伏乞皇太后、皇上聖鑒。謹奏。光緒三十年十二月二十六日。

（硃批）：該部知道，單併發。①

光緒三十一年二月二十二日，奉硃批：該部知道。單併發。欽此②。

一五三　呈特古斯塔柳兵屯收成分數清單
光緒三十年十二月二十六日（1905年1月31日）

謹將伊犂特古斯塔柳兵屯光緒三十年分收穫各色糧石統計分數，繕具清單，恭呈御覽。

計開：新滿營練軍第一旗官兵光緒三十年分收穫各色糧石內，小麥一千五百一十石，每石按九斗折合細糧一千三百五十九石。青稞一百一十五石，每石按八斗七升五合折合細糧一百石六斗二升五合。大麥一百三十七石，每石按八斗四升六合七勺折合細糧一百一十五斗九升七合九勺。穀子五十一石三斗，每石按五斗折合細糧二十五石六斗五升。

以上共收穫各色粗糧一千八百一十三石三斗，折合細糧一千六百一石二斗七升二合九勺。計兵一百二十名，每名合收細糧一十三石三斗四升三合九勺四抄。

---

① 臺北"故宫博物院"藏：《軍機及宫中檔》，檔號：408004158。
② 中國第一歷史檔案館：《錄副奏摺》，檔號：03-6734-016。

新滿營練軍第二旗官兵光緒三十年分收穫各色糧石內，小麥一千四百五十五石，每石按九斗折合細糧一千三百九石五斗。青稞一百二十三石五斗，每石按八斗七升五合折合細糧一百八石六升二合五勺。大麥一百四十七石，每石按八斗四升六合七勺折合細糧一百二十四石四斗六升四合九勺。穀子四十六石三斗，每石按五斗折合細糧二十三石一斗五升。

以上共收穫各色粗糧一千七百七十一石八斗，折合細糧一千五百六十五石一斗七升七合四勺。計兵一百二十名，每名合收細糧一十三石四升三合一勺四抄五撮。

通計二屯四分共收穫粗糧三千五百八十五石一斗，折合細糧三千一百六十六石四斗五升三勺，核計分數在十三分以上。理合登明。覽。①

一五四　密陳各領隊大臣考語摺
光緒三十年十二月二十六日（1905年1月31日）

奴才馬亮、廣福跪奏，為循例密陳伊犁各營領隊大臣考語，繕具清單，恭摺仰祈聖鑒事。

竊查伊犁、塔爾巴哈臺各領隊大臣，向例應由伊犁將軍於年終出具考語密奏一次。光緒二十九年業經奴才遵例開單奏陳在案。茲屆三十年出考之期，奴才查伊犁錫伯、索倫、察哈爾、額魯特、塔爾巴哈臺僻處邊疆，強鄰緊逼，撫綏屬部，巡防邊卡，全賴相助得人，庶臻治理。本年俄日構釁，遵守局外中立，一切交涉尤貴因應咸宜，因與伊犁副都統廣福、塔爾巴哈臺參贊大臣春滿暨各營領隊大臣勤求治理，幸各營領隊大臣皆能和衷共事，恪供職守，督率所屬，力圖自強，官

---

① 中國第一歷史檔案館藏：《單》，檔號：03-6734-017。

兵各能勤奮操防，境宇亦皆安靜如舊，洵堪上慰宸念。

謹就奴才管見所及，加具切實考語，繕就清單，循例具陳。伏乞皇太后、皇上聖鑒。謹奏。光緒三十年十二月二十六日。

光緒三十一年二月二十二日①，（硃批）：知道了，單留中。②

一五五　呈伊犁各領隊大臣考語清單
　　　　光緒三十年十二月二十六日（1905年1月31日）

謹將伊犁各營領隊大臣出居考語繕具清單，恭呈御覽。

計開：伊犁錫伯營領隊大臣色普西賢，呈請休致，邀免出考。

伊犁索倫營領隊大臣志銳，才優學富，辦事精明。

伊犁察哈爾營領隊大臣恩祥，年力精強，旗務熟習。

署伊犁額魯特營領隊大臣伊犁新滿營左翼協領錫濟爾琿，到任未滿三月，例不出考。

塔爾巴哈臺領隊大臣圖瓦強阿，承准休致，邀免出考。③

一五六　薦舉賢員陳甲福等請旨恩施片
　　　　光緒三十年十二月二十六日（1905年1月31日）

再，奴才仰荷聖恩，膺茲疆寄，當此整軍經武之際，舉賢薦能，責無旁貸。查伊犁鎮標中營遊擊陳甲福，自同治三年隨同前寧夏將軍穆圖善、前伊犁將軍金順轉戰秦隴，歷著戰功，洊保至花翎總兵銜補用副將，並蒙賞給彥勇巴圖魯名號。其為人果敢有為，奴才前在金軍，

---

① 此奉旨日期據《軍機處隨手登記檔》（檔案編號：03-0320-1-1231-050）校補。
② 臺北"故宮博物院"藏：《軍機及宮中檔》，文獻編號：408004160。
③ 中國第一歷史檔案館藏：《單》，檔號：04-01-17-0171-011。

知之最稔。光緒二十一年，該員由伊犂鎮標左營遊擊調署中營遊擊。二十九年，調補斯缺，在任已及十年，督率馬步各營旗弁兵操防一切，實屬有勇知方。奴才前署伊犂鎮任，亦深資其臂助。二十六年，京津拳匪滋事，伊犂謠傳緊急，俄領事博果牙楞調兵自衛，經奴才派令該遊擊單騎阻之於三道河地方，與俄方分統潘科伏申定約章，力矢保護，遂使外人信服，內匪亦無從造謠，不勞一兵，不費一餉，潛弭邊衅，曾經前將軍長庚奏明有案。

二十八年，長庚於歷年防戌案內將該員奏保請以總兵記名簡放，部臣因保獎人多，全案駁回。奴才到任，復將原保案內其次出力各員大加刪減，將該員奏請仍照長庚原保獎敘。嗣經兵部覈議，僅將該員按尋常勞績改為議敘給予加一級。在部臣慎重名器，覈駁不能不嚴，而疆臣鼓勵人材，選舉惟求其當。奴才既知該員宣力戎行，先後已四十年，老成持重，且其勞勩實異尋常，惟有仰懇聖恩俯准將花翎總兵銜補用副將伊犂鎮標中營遊擊陳甲福，交軍機處以總兵記名簡放，俾該員得以愈加奮勉。

又，伊犂錫伯營總管富勒祜倫，於同治十二年投營，隨同前將軍榮全、前將軍金順攻克瑪納斯城，及收還伊犂、屯種軍糧各案出力，歷保至二品銜補用總管。光緒二十七年，經前將軍長庚奏准補授錫伯營總管。歷年以來，該員督率各官兵整頓旗務，巡防邊卡，無不井井有條。上年，法國教士雷濟華等前赴該營強行傳教，因人心不服，幾至釀成事端，曾經奴才電咨外務部有案。該員相機因應，彈壓有方，卒能化有為無，消患無跡，供給教士安居，經年自行引去，既不啟外人口實，且能使闔營無一習教之人。其才具之開展、辦事之穩練，兩年以來，留心察看，實為邊地、旗營不可多得之員，擬懇天恩准將花翎二品銜伊犂錫伯營總管富勒祜倫以副都統記名簡放，俾邊疆將士觀感有資。

以上所舉二員，係為朝廷儲才、激勵邊將起見，可否逾格恩施、准如所請之處？理合附片奏請。伏乞聖鑒訓示。謹奏。

（硃批）：陳甲福等均著交軍機處存記。①

光緒三十一年二月二十二日，奉硃批：陳甲福等均著交軍機處存記。欽此②。

一五七　請專案撥銀歸還墊款片
光緒三十年十二月二十六日（1905 年 1 月 31 日）

再，奴才亮自光緒二十八年八月到任，接准前將軍長庚移交庫儲，除應行封存各款外，新餉一項因各省關歷年積欠未解銀四十三萬八千六百八十一兩有奇，滿、蒙、標、練各營俸餉無款給領，不能不設法供支，陸續借用新疆藩庫銀二十六萬七千二百八十兩三錢五分，兌借甘肅藩庫銀一十三萬六千七百兩，庫內僅存支賸流存湘平銀二萬九千九百三十餘兩，均於二十八年八月內造冊報銷，奏咨有案。雖經戶部咨覆甘肅、新疆，借墊銀兩俟收到各年欠餉，即由甘、新劃扣歸款。各省一日不解，則甘、新欠款一日不清，舊欠積久不清，新餉不能如期解到，告貸更難啟齒。

奴才等身膺疆寄，蒿目時艱，念自新疆改設行省之後，伊犁各城膏腴地土，漢、纏人民均已悉數分隸地方廳縣管轄，錢糧、稅課、釐毫無從徵收，縱令近年勉強辦牧興屯，稍收河海細流，然款應專儲，非奏明不敢擅動，此外別無生財之道，勢不能不仰給於人。防此數千里邊疆，統此七千餘士卒，加以各營官兵家室之累，並有蒙部、卡倫雜支之繁，欲為教養撫綏，非先有以果其腹而贍其家，辦理殊不易易。

二十九年正月，奴才等因仰體各省協解維艱，奏請將伊犁新餉覈減一成五籌撥，開導各營官兵節省支用，原冀各省挪新補舊，欠餉從

---

① 臺北"故宮博物院"藏：《軍機及宮中檔》，文獻編號：408004160-A。
② 中國第一歷史檔案館藏：《錄副奏片》，檔號：03-5965-050；03-5965-053。

茲解清，早償甘、新兩省之借墊，不意新餉則已經減成，舊欠則仍多無著，甘、新兩庫同一支絀，借墊款鉅，不得不扣伊犁新餉，稍事補苴。伊犁瘠苦之區，餉源愈竭，遂至窮困愈增，術乏點金，不得已於上年冬間電請部臣代為奏請，提借牧廠變價等款銀九萬兩，分散各營人眾，藉免凍餒而資鎮定；一面咨商甘省督臣，飭司將前任兌借之款除已先後由解到新餉內扣還銀七萬四千二百兩外，下餘借墊、兌款銀六萬二千五百兩，無論舊欠能否解到，均自三十年冬季起，由伊犁應分新餉分限三年扣還。其新省藩庫墊發前任之款，雖已咨明撫臣飭司議定，先儘二十八年以前解到欠餉歸還，然現在截至三十年冬季止，除已扣外，約僅欠新庫銀二十七萬八千九百一十兩有奇。兩款併計，共欠甘、新兩省銀三十四萬一千餘兩，是較前任原借銀四十萬三千餘兩之數，實已還過六萬餘兩。而各省欠解伊犁新餉，截至三十年已收第三批止，尚有欠餉五十七萬六千餘兩未經解到，較前任移交欠數，又約增銀十三萬八千兩有零。此兩年餘竭蹶情形，原不應上瀆宸聰，惟是甘、新之借墊，久假不能不歸；邊軍之計授，匱乏不能不慮。

奴才等處此時勢，實不敢緘默不言，況部臣前已指明，應俟收到欠餉，再行歸還借墊。今既扣新餉清償前債，將來報銷，亦難免不干部詰。若不極早陳請，預為籌撥，設來年新省於新挪墊無可墊，於前欠全須扣還，加以甘肅借款並難違限，勢成坐困，大局實難設想！思維再四，惟有仰懇聖恩飭令戶部將二十九年以前欠解新餉銀三十萬八千餘兩內指撥七成五銀二十九萬兩，咨催積欠協餉各省惠顧邊局，於來年春間專案解交甘肅藩庫，勻還甘、新借墊、前任欠款，庶以後緩急有可周轉而邊地軍心得保堅定矣。

所有伊犁未收欠餉過多，擬請部臣專案指撥銀二十九萬兩，以便歸還甘、新墊款緣由，除咨明戶部外，理合附片陳明。奴才等不勝迫切待命之至。伏乞聖鑒訓示。謹奏。

（硃批）：戶部知道。①

光緒三十一年二月二十二日，奉硃批：戶部知道。欽此②。

一五八　薦舉能員博貴等請旨恩施片
光緒三十年十二月二十六日（1905年1月31日）

再，查伊犁舊滿營自遭兵燹，孑遺僅存，自光緒十五年復設營制之後，休養生息，漸臻蕃庶。然各官兵每多狃於積習，不知圖謀生計，當此時事多艱，全賴協、佐領等督率教訓，以圖自強之基。奴才到任以來，時相朂勉，查有舊滿營左翼協領博貴，才具開展，心地明白，辦事練達，任怨任勞。光緒二十六年，經前將軍長庚奏請補授舊滿營左翼協領③，於旗務、操防均能認真整頓。該協領因慮餉源不濟，督率兵丁、閑散力務墾牧，為閤營籌備公款，成效以收。

上年，奴才開辦養正學堂，派令該協領副理堂事。該協領布置一切，井井有條。稽查課程，非其專責，該協領亦能以公事為己任，學

---

① 臺北"故宮博物院"藏：《軍機及宮中檔》，文獻編號：408004160-B。
② 中國第一歷史檔案館藏：《錄副奏片》，檔號：03-6700-042。
③ 光緒二十六年六月二十一日，伊犁將軍長庚奏請以博貴補授舊滿營左翼協領，曰："奴才長庚、拉禮跪奏，為循例揀選伊犁滿營協領等缺，擬定正、陪，恭摺仰祈聖鑒事。竊查舊滿營左翼協領和陳泰，於光緒二十五年十二月十五日因病出缺，當經奴才等附奏請以右翼協領庫普素琿暫行兼署等因一片，奉硃批：著照所請，該衙門知道。欽此。欽遵恭錄行知在案。茲據辦理伊犁滿營事務檔房呈稱：和陳泰所遺協領等缺，應請揀員補放，以資辦理旗務，等情。前來。奴才等當於該營應升人員內逐加考驗，和陳泰遺出舊滿營左翼協領一缺，揀選得正紅旗佐領博貴堪以擬正，鑲黃旗佐領烏淩阿堪以擬陪。其博貴遺出正紅旗佐領一缺，揀選得正黃旗防禦穆特春堪以擬正，鑲紅旗世襲騎都尉兼一雲騎尉烏勒西蘇堪以擬陪。其穆特春遺遺正黃旗防禦一缺，揀選得正藍旗驍騎校精吉那堪以擬正，鑲藍旗驍騎校伯奇春堪以擬陪。其精吉那遺遺正藍旗驍騎校一缺，揀選得正紅旗委催總海志堪以擬正，正黃旗委催總巴彥烏圖堪以擬陪。謹將該員等履歷另繕清單，恭呈御覽，伏候欽定。其請補協領、佐領一俟遇有差便，給咨送部補行引見，以符定制。所有揀選伊犁舊滿營協領等缺，擬定正、陪緣由，謹恭摺具陳。伏乞皇太后、皇上聖鑒訓示。謹奏。光緒二十六年六月二十一日。（硃批）：均著擬正之員補授。餘依議，單併發（中國第一歷史檔案館藏：《錄副奏摺》，檔號：03-5942-091）"。

規為之一肅。本年，因滿營旗地窄狹，復請撥給特古斯塔柳荒廢渠地，由該協領籌款修復開闢，為闔營將來衣食之資，估計經費數逾萬金，而能仰體時艱，不肯請款，毅然自任，不為眾論阻撓，實屬滿營中不可多得之員。光緒二十八年，前將軍長庚於邊防案內將該員列入異常勞績，請獎以副都統記名簡放，經部臣以尋常保案章程相繩駁，僅議給予加一級，殊屬棄置可惜。

又，舊滿營鑲紅旗佐領穆特春，年富力強，勇於任事，現隨協領博貴辦理屯牧，亦能勤慎耐勞。前於邊防案內，經前將軍長庚列入異常勞績，請以協領即補，並賞給二品頂戴，經部臣按照尋常勞績駁改，以協領補用，其二品頂戴應毋庸議。

奴才竊維方今人才難得，身膺疆寄，知而不舉，則朝廷無委用之人；舉而不用，則疆臣無激勵之具。合無仰懇天恩鴻施逾格，准其將花翎二品頂戴伊犁舊滿營左翼協領博貴以副都統記名簡放，遇有副都統缺出，開列在前；將伊犁舊滿營鑲紅旗佐領補用協領穆特春賞給副都統銜，俾該員等得以愈加奮勉，而奴才亦可激勵其餘矣。愚昧之見，是否有當？理合附片陳明。伏乞聖鑒訓示。謹奏。

（硃批）：博貴等均著交軍機處存記。①

光緒三十一年二月二十二日，奉硃批：博貴等均著交軍機處存記。欽此②。

一五九　奏請規復旗佐等官並裁兵抵餉摺
光緒三十年十二月二十六日（1905年1月31日）

奴才馬亮廣、福跪奏，為伊犁察哈爾前裁四牛彔於營制、操防諸

---

① 臺北"故宮博物院"藏：《軍機及宮中檔》，文獻編號：408004160-C。
② 中國第一歷史檔案館藏：《錄副奏片》，檔號：03-5965-049；03-5965-051；03-5965-052。

多不便，據情籲懇天恩准其規復旗佐等官，並裁兵抵餉，恭摺仰祈聖鑒事。

竊查伊犁察哈爾營於乾隆年間由張家口攜眷駐防伊犁，安置博羅塔拉、哈布塔海、塞里木淖爾一帶地方，設立左、右兩翼，每翼設總管、副總管各一員，管轄四旗，共八旗。每旗設立頭、二兩牛彔，共十六牛彔。設佐領、驍騎校各十六員，領催、披甲共一千八百名，分地游牧，各守疆土。同治年間，驟遭兵燹，營制蕩然。光緒八年，前將軍金順收還伊犁，流亡復業。光緒十四年八月，前將軍色楞額奏請規復舊制①，因節省俸餉，裁去左翼鑲白旗二牛彔、正藍旗二牛

---

① 光緒十四年八月二十八日，伊犁將軍等奏報規復營制，請敕部預撥的款等情，曰："奴才色楞額、富勒銘額跪奏，為瀝陳伊犁滿、蒙駐防艱苦情形，現擬規復營制，酌減兵額、餉額，並籌練軍口分，彙繕清單，請旨敕部按年預撥的款，以資久遠而實邊防，仰祈聖鑒事。竊維伊犁地處西陲，形勝四塞，輯懷蒙部，控制回疆，內撫種夷，外隣強虜，毗連塔爾巴哈臺，為全疆屏藩，極邊重鎮，舍軍府之制，難語治安。高宗純皇帝聖謨廣運，勘定之後，分建九城，調集旗、綠官兵，歸將軍統轄鎮撫，誠萬世不易之規。所需歲餉除就地徵收稅租並緞布、馬羊價等銀七萬數千餘兩留抵搭放外，實由甘肅藩庫撥解銀六十一萬兩，合計銀六十八萬八千九百餘兩、糧一十三萬五千餘石，遇閏冬、春月加調銀五萬餘兩，夏、秋加調銀四萬餘兩。除敷一年之用，尚有搭放制錢，節省正餉，餘銀覈計九千三百餘兩，以備不時之需。此載列《新疆識略》，亦遵行之久而無弊者。兵燹已（以）來，俄夷佔據近二十年，客、土人民逃亡殆盡。伊犁滿洲官兵或臨陣捐軀，或守城殉難，死亡相繼，幾致靡有孑遺，大率滿營死事慘烈者，以惠寧城為最，惠遠次之，索倫又次之。錫伯、察哈爾、額魯特仰賴皇威，幸皆無大傷損。光緒八年，伊犁收還，原任將軍金順奏請由錫伯營挑選壯丁三千二百名，作為新滿洲，以補惠遠城滿營四千之額，而於惠寧城滿營、錫伯、索倫、察哈爾、額魯特未議也。新疆撫臣劉錦棠奏請移撥烏魯木齊各城旗丁，合伊犁之錫伯、索倫、察哈爾、額魯特各營，挑選三千人作為旗兵，而於惠遠、惠寧兩滿營未議也。嗣金順以伊犁邊防緊要，三千人不敷分布，滿洲、錫伯、索倫、察哈爾、額魯特五營尚存五萬餘丁口，奏請兵額遵舊制辦理，又請留勇營萬人，經部飭駁，而營制之議遂寢。六七年間，迄未舉辦，以致旗營異常困苦，直若無告之民，目擊耳聞，不堪言狀。在部臣之所議駁者，以金順擬餉過多故耳。不知耗餉在勇營、不在旗營，勇營月餉步隊每名四兩二錢，馬隊七兩五錢；滿滿馬甲每月餉銀二兩、糧料歲折銀三十七兩一錢二分八釐；錫伯、索倫兩營甲兵每月餉銀二兩，察哈爾、額魯特兩營甲兵，每月餉銀一兩，或五錢不等，均無糧料折色。金順原擬伊犁滿、蒙官兵一萬五千人，每年需銀五十五萬餘兩，而勇營萬人，每年即需銀九十餘萬兩之多。其明證也。前准戶部咨，以錫綸報部兵勇餉數及雜支章程前後歧異，令由奴才色楞額務須酌定兵額，究竟未挑練旗、錄官兵若干，現應挑練若干，勇數若干，總共歲需兵勇餉並雜項若干，以及一切如何辦理之處，詳細開具章程報部，以憑覈辦，等因。准此，伏查伊犁自還隸版章，已閱六七年矣。金順帶兵到此籌邊，防設、夷務，百事叢雜，旗營未暇規復。錫綸履任，接辦一切，又多力疾從公。上年奏請挑選滿、蒙練軍，尚屬因時制宜之舉，而規復旗營舊制，仍未辦有端倪。奴才色楞額受事

以來，正擬及時舉辦，適准撫臣咨稱，伊犁、塔爾巴哈臺改設道府以下等官，經部覆准，亟應委員署理，將地方應辦事宜次第舉辦；又稱督臣譚鍾麟原奏伊、塔等處滿營兵餉、廉費，每歲應給若干，應視弁兵人數多寡，以定額餉，經部議由該大臣等會商統籌，分別酌定額餉，詳細報部覆辦，等語。是餉數當以人數為準。又稱查戶部光緒十年九月原奏內稱，伊犁舊案每年估調俸餉經費銀六十六萬餘兩，除覈減折放留抵外，實需銀二十一萬餘兩；塔爾巴哈臺舊案，每年估調俸餉經費銀五萬餘兩，除覈減折放留抵外，實需銀二萬餘兩，現擬撥銀共一百二十萬兩，較之道光以前舊案幾加一倍，較之咸豐年間成案已逾四倍，不為不優。該將軍請撥伊犁一處軍餉，已擬一百四十萬兩之多，為數過鉅，實無力措撥，未便率准，等語。是人數又當以餉數為衡。伊犁、塔爾巴哈臺自光緒十一年起，原撥歲餉銀九十四萬兩，添製軍裝銀十萬兩，伊犁奏准漢隊四千人，應分歲餉、軍裝銀四十一萬六千兩；塔爾巴哈臺漢隊二千人，應分銀二十萬八千兩，自應照此分別奏咨立案。旗營雖經奏准伊犁以三千人為額，塔爾巴哈臺以一千人為額，然積以數年生聚，應否加增，該撫無從查悉，請由奴才與額爾慶額體察情形，酌量具奏，等因。咨會前來。在撫臣全局統籌，營制與地方並重；而體察當前要務，邊防與兵餉居先。查道光以前舊案，即承平時估撥六十餘萬兩之款。若咸豐年間南省軍務繁興，新疆額餉未能如數解齊。八年以後，捻、回疊起，餉項更不能絲毫出關。伊犁八年之久無餉接濟，終於淪陷，未可引為常例也。伊犁、塔爾巴哈臺兩處原撥銀一百二十萬兩，內除善後經費銀一十六萬兩，軍裝、歲餉銀一百四萬兩，今照撫臣來咨，伊犁漢隊四千，分銀四十一萬六千兩，塔城漢隊二千，分銀二十萬八千兩，所存四十一萬六千兩，蓋即伊、塔兩處旗隊四千人之款也。若按股攤分，塔城旗隊一千，又分銀一十萬四千兩，伊犁旗隊三千，僅存銀三十一萬二千兩，再除錫綸任內部咨裁減長夫口分約銀四萬餘兩。撫臣奏准古城旗營經費十萬兩，擬由歲撥四百八十萬兩勻攤，約銀一萬七千餘兩，合計五萬七八千兩，伊犁實賸銀二十五萬四千餘兩。若仍除軍裝銀七萬，僅存正餉銀一十八萬餘兩。兵制、餉額、邊防生計，一時之利鈍，百年之休戚繫之！奴才等周諮博訪，早夜思維，查照部咨，參酌時事，若照原定三千人規復整頓，有礙者八，敬為我皇太后、皇上臚陳之。伊犁為南北扼要之區，從前距俄境尚遠，外有哈薩克、布魯特種人為我藩籬，內有萬八千兵以駐守之，防維偶疏，猶有逆回之變。今則各部落多歸俄屬，險要悉為俄據，屏衛全無，沿邊三十餘卡倫處處皆壤地相接，鈴柝相聞，舉足即可越界，若無重兵防守，設有意外，為患何窮！一也。伊犁綠營官兵原額三千人，撫臣奏定四千，較承平時尚多一千。滿、蒙旗營原額一萬五千餘人，撫臣僅定三千，較承平時竟少一萬二千人，即較現定綠營亦少一千，似有顛倒輕重之失。果如原議辦理，非特旗丁生路斷絕不至，餓斃不止，且恐失朝廷百數十年經營邊徼之良法！二也。伊犁地大物博，向稱繁庶，糧價極賤，物價極廉。旗營人口十萬，額兵一萬五千餘人，餉按月支，毫無短缺，猶不免因苦艱難、食指浩繁之慮。今亂後田土荒蕪，百物昂貴，而以遺存五萬餘之丁口仰給於三千名之額餉，誠恐生計日蹙，流落逃亡，將不知伊於胡底！三也。伊犁始遭回亂，纏頭繼之，旋即為俄所有。旗營人丁或逃或赴塔城，或受俄逼遷，又或在南、北兩路陷於賊，流離瑣尾，艱苦備嘗。嗣塔城為榮全收集，餘皆經金順、錫綸先後招撫，莫不襁負來歸。其遷往俄國之人，渥荷聖恩，亦均發款贖回安插。今旗丁喘息甫定，瘡痍未復，再不代謀生計，是雖出水火之中，仍不免終填溝壑！四也。謹按《新疆識略》開載乾隆五十五年軍機大臣議覆伊犁將軍保寧條奏，以惠遠城滿營官兵駐箚年久，現在增添十六歲以上壯丁、幼丁二千名，雖有步甲缺六百分，因係養贍伊等家口，遇有缺出，並不論身材、年歲，不擇步射、騎射，惟以人口眾多，無餉之人得給，等情。得旨允行。仰見高厚鴻慈，體恤旗僕，至渥且周！承平年分尚委曲以贍其身家，亂後餘生反節嗇而窘其事畜，在聖明恐有所不忍，在撫馭亦何以為情！五也。金順收取伊犁客馬、步萬餘人，類多四方精悍之士，氣質本不馴良，充當兵勇，猶可以軍令約束。其責革出營及資遣回籍，逗留而未去者，無業遊蕩，涸迹飄流，遏制稍嚴，則鋌而走險；稽查或懈，則聚而為非。皆緣俄人逋逃有藪，先已納我判回，盤踞羅霍濟爾、薩瑪爾一帶，近在肘腋，往來句結，無異嗾犬教猱。金順任內兩次勇潰，大西溝收撫匪徒，足為前鑒。非得我滿、蒙子弟戈戟同袍，未免主客異勢！六也。伊犁舊滿營現存丁口一千三百餘名，金順奏請移撥錫伯、新滿營九千五百餘名，合計錫伯、索倫、察哈爾、額魯特，尚不下五萬三千餘眾。撫臣原奏擬由各城旗丁挑選三千人，作為旗兵，蓋未深悉伊犁滿、蒙人數耳。今以五萬餘眾，若僅定兵額三千，姑無論他日之訓練如何，生聚如何，即現在各該營操防、屯牧，以及巡邊、坐卡、差遣等事，已實難於分布，設使勉強敷衍，貽誤咎將誰歸！七也。朝廷設官，事權所屬，經制有常，在內地已明辨等威，在邊疆尤每從優異，所以尊崇國體，控馭殊方也。今以一鎮轄兵四千，而將軍、副都統與四領隊乃以三千人畀之分治，縱奴才等不存旗、綠之見，不著攔勸之心，幸得事少偷安，能禁異族之不旁觀，竊計相視太輕乎！八也。以上諸端，略陳大概，其餘事體窒礙尤多，奴才等知識庸愚，不能援古證今，心竊知不可，故於詳籌餉額、兵制一事，幾無從定議上言。惟卷查金順於光緒十年籌餉額兵制一摺，經戶部議覆：光緒十四年以後伊犁兵餉額數，能如該將軍所奏，只需銀五十五萬餘兩，彼時即使增兵在萬人以外，臣部即按五十五萬餘兩供支，亦屬可行。細繹部臣用意，是餉雖不能多加，而兵原可增補耳。奴才等忝膺閫寄，渥荷厚恩，當此國計艱難，餉源支絀，固不敢拘執成法，妄議更張，亦不敢見好旗丁，稍滋糜費，更不敢因循遷就，憚繁重而誤邊極。僅就今日之事局，計部准之餉額，仿當年之舊制，揆旗營現有之丁口，與各領隊大臣反復參商，詳加覈度，除巴彥岱領隊一缺前已裁撤、毋庸置議外，伊犁惠遠、惠寧兩城滿洲官兵，舊額七千一百九十員名，擬請減為三千五百四員名；錫伯營官兵一千三百二十二員名，減為一千二十二員名；索倫官兵一千三百六十四員名，減為一千二十四員名；察哈爾官兵一千八百三十八員名，減為一千三百三十員名；額魯特官兵三千四百三十員名，減為一千五百三十六員名。以上除減去舊額不計外，共新設官二百二十四員、兵八千名、養育兵一百九十二名，每歲估需俸餉銀二十九萬五千六百八十三兩一錢四分四釐。除綠營由撫臣酌定並旗營歲需雜款未能預計外，即此兵數、餉數較昔年節省已有二十四五萬兩，若再事覈減，其勢恐有所不能。此外將軍以下文武各官廉俸、蒙古汗王、貝勒、貝子俸緞、喇嘛錢糧、軍臺、卡倫鹽菜，約估需銀三萬五千四百三十五兩二錢二分四釐，合計三十三萬一千一十八兩三錢六分八釐，均係按照舊章覈算，尚未因關外稍從寬裕。此籌議規復旗營兵制、酌定俸餉之實在情形也。旗制若定，所有客軍將來或盡數遣撤，或裁歸綠營。本年為日無多，恐不能措置悉當，擬於明年一年內酌量情形，辦理完竣，已由奴才色楞額函商督臣譚鍾麟，奏請將伊犁軍餉再撥一年，以期從容藏事。惟伊犁收復以來，搜勦、巡防，專賴客軍之力，一旦驟少行隊，邊防處處空虛，非仿照東三省就地練兵，無以安內而攘外。查滿、蒙旗丁自乾隆中葉移駐此地，百有餘年，生長邊陲，山川形勢，道路險隘，以及夷情、語言，靡不洞悉，即槍箭、火器亦皆習之有素。在今日固根本，圖自強，斷非練兵不可。滿營官兵雖近與將軍同城，而錫伯、索倫、察哈爾、額魯特則遠在數十里、百餘里，或三五百里不等，所挑兵丁訓練之勤惰、技藝之生熟，更恐未能一致。邊疆不可一日無兵，際此營伍未復，客軍漸裁，非旗兵調集前來，部勒成隊，勤加校閱，精益求精，設有緩急，何以應變！上年錫綸所挑練軍已成之局，不可竟廢，原奏謂於勇營未撤之先，挑練滿、蒙官兵，以冀漸裁客軍，為可大可久之圖，誠為確論。奴才等參商至再，擬將原挑三千人作為行隊，補足馬隊，繕治器械，務期操縱隨心，化虛糜而為實用。惟兵制一定，前挑練軍滿、蒙額數，即未允協，謹量為變通，滿營挑足一千人，錫伯、索倫、察哈爾、額魯特四營分別增減各足五百人，連官統計三千一百七十二彔、右翼鑲紅旗二牛彔、鑲藍旗二牛彔，共四牛彔，將該裁旗官兵等戶口、旗佐地方分隸已復之十二牛彔、佐領管轄，僅復佐領、驍騎校各十二員，委官十二名，領催三十六名，空金頂委領催十二名，披甲一千二百四十名。光緒二十一年，經前將軍長庚於減兵加餉、就餉練兵摺內奏請裁退披甲三百名①。旋即迭據該裁旗官兵等呈懇仍照承平時員名，仍在八千兵額之內，萬不敢妄增一人。每歲應需練餉二十六萬八千四百八十八兩，內除底營應得銀一十六萬三千五百一十二兩六分不計外，實需銀一十五萬四千九百七十五兩九錢四分，亦不敢於行糧之外重支坐糧，致多一番靡費。前後統計，歲需銀四十八萬六千九十四兩三錢八釐，遇閏加增，俸廉不計。部議金順額餉五十五萬兩，以無閏年分攤之，尚可存銀六萬三千九百五兩六錢九分二釐，遇閏則僅存二萬三千五百六兩一錢六分六釐四毫，然以五年再閏比例牽算搭放，足可存銀二十三萬八千五百一十二兩零。所有滿、蒙五營制兵五年應需馬匹、軍裝、無額雜款、練兵鍋帳、器械並添補馬匹等項，即於存餉內撙節動支，按年據實造報，不准稍涉含混，致干例議。所餘多寡，作為留存款目，仍儲之以備急需，擬俟五年之後，規模畢具，再行覈實妥議章程，另定餉額。此次所定兵八千人，以三千為練軍行隊，分明地段，擇要扼箚防邊，遇有緊急軍情，隨時調遣，作往來援應之計；以五千駐本旗，專司差操暨巡邊、坐卡等事，可期並行不悖。此項練軍應令統管各官照行營章程，勤加操演，一俟陣式純熟，技藝精嫻，再由原營更番挑練，期以五年如果士馬一律精強，即撤去練軍名目，裁去練餉，各歸原營，仍飭加意訓練，俾成勁旅。較外來客兵，既無徵調之費，又省遣撤之資，一舉而兩得之，庶兵歸實用，餉不虛靡，以期仰酬聖主軫念邊隅、有備無患之至意。近日，內外諸臣均汲汲於理財節用。奴才等非不共體時艱，但邊務攸關，竊欲以數年之耗費，為後日之永圖，而出此萬不得已之瀆請，撫衷循省，負疚滋深！惟冀日月照臨，恕其愚昧，實為萬幸！至官兵、旗佐、銜名，一俟成營，造冊咨部覈辦。其餘未盡事宜，俟詳細妥籌，隨時酌量請旨辦理。謹將酌併減官制、兵額、歲需俸餉、正雜款目、練軍口分彙繕清單，恭呈御覽。除練軍本年應需口分暫由軍餉內勻挪支放外，相應籲懇天恩俯念編計至重，旗丁命脈相關，准以滿、蒙制、練各兵歲需俸餉銀五十五萬兩為額，先撥五年，由奴才等力圖規復，五年以後再行覈實妥議章程，另定餉額，接連辦理。如蒙俞允，請自光緒十五年為始，敕部立案，援照先年估撥舊章，按年預撥的款，以免遲誤，出自逾格鴻慈。至客軍如何裁留，綠營應否加練，並塔城兵制有無改議，另行咨商辦理外，所有瀝陳伊犁滿、蒙駐防艱苦情形，現擬規復營制，酌減兵額、餉額，並籌練軍口分，彙繕清單，請旨敕部按年預撥的款，以資久遠而實邊防各緣由，是否有當？謹合詞恭摺具陳。伏乞皇太后、皇上聖鑒訓示。謹奏。光緒十四年八月二十八日。(硃批)：該部議奏，單併發（中國第一歷史檔案館藏：《硃批奏摺》，檔號：04-01-30-0214-020）"。

① 光緒二十一年九月十四日，伊犁將軍長庚等為現籌減兵加餉改設練軍具摺曰："奴才長庚、鍾亮跪奏，為伊犁邊防緊要，現籌減兵加餉，改設練軍，以資防守，恭摺仰祈聖鑒事。竊奴才長庚於光緒十八年到任後，查看錫伯、索倫、察哈爾、額魯特等營官兵散居各屯牧，遠近不一，兵多餉薄，不能調練。又前護將軍富勒銘額由錫伯營挑壯丁一千名，編為新滿營，費餉較多。奴才長庚反覆籌思，與其兵多糜餉，不能訓練，曷若減兵加餉，就餉練兵，以免虛靡而求實濟，曾於光緒十八年八月二十九日估餉摺內奏明在案。又，各該營皆亂後孑遺，既擬減兵，仍非興屯舉牧不足以資生計，事體艱難，未敢輕易舉辦，亦於光緒十八年八月二十九日附片奏明在案。查伊犁錫伯、索倫營每兵月支錢糧銀二兩，察哈爾、額魯特每兵月支錢糧銀一兩，猶有

舊制，將所裁四牛彔規復。因輾轉行查，未及辦理卸事。

奴才亮到任，接准移交，察看該營裁缺兵丁，情形困苦，無計謀生，於二十九年正月奏請酌復新滿營四愛曼兵額摺內請復察哈爾披甲一百五十名。三月十三日，欽奉硃批：著照所請。欽此。欽遵轉飭在案。茲復准察哈爾營領隊大臣恩祥據該營總管等轉據該裁旗官兵等詳敘旗佐不復，營制不全，督率操防，諸多未便，呈懇覈辦前來。奴才等詳加訪查，其不便之處有五，不得不為我皇太后、皇上據實陳明。

查蒙古人眾向以游牧為生，牧廠所在即其生計之所在。察哈爾

五錢者，皆係半耕半牧之兵，素未講求操演。錫伯、索倫分駐各屯，近者三四十里，遠者八九十里；察哈爾、額魯特逐水草游牧，近者二三百里，遠者六七百里。今欲調集來城紮營，常川訓練，其月餉較微，以之購買口糧，餧養馬匹，實屬不敷，勢須籌給練餉，俾無身家之慮，始能專心勤練，以資得力。伊犁額餉無餘，不惟練餉無可抱注，即軍裝、器械、子藥歲所必需之款，原案亦均漏估，左支右絀，籌辦為難。奴才等與各領隊大臣再三商議，舍減兵加餉，就餉練兵，別無自強之策。然該官兵等皆患難餘生，自同治三年遭兵燹後，連年困苦，不堪言狀。今幸規復營制，甫得仰食月餉，而驟議裁減，裁一兵之錢糧，即窘一兵之生計，又不能不勉籌撫恤。新滿營、錫伯、索倫擬每裁一兵，給牛具、籽種銀二十兩，令其耕種；察哈爾、額魯特擬每裁一兵，給羊三十隻，令其孳牧，飭各協領、總管等妥為開導，告以邊防緊要，不得不併餉練兵，為思患預防之計。該官兵等知裁去各兵之錢糧仍歸練兵加餉之用，已各遵從，於是陸續裁減，計新滿營裁兵三百六十名，錫伯營裁兵二百名，索倫營裁兵四百名，察哈爾裁兵三百名，額魯特裁兵五百名，共裁兵一千七百六十名，歲共裁出銀四萬六千餘兩。即以裁出之餉改設練軍，於四愛曼內挑選年力精壯實在、樸誠勇敢者，分為八旗，每旗官兵一百二十八員名，內營總一員、帶隊章京二員、隊官三員、筆帖式一員、教習一員、隊長十二名、隊兵一百八名。共設八旗，官兵一千二十四員名。擬派錫伯營領隊大臣德克津布、察哈爾領隊大臣春滿，督率操練，作為統領。每統領給委筆帖式一員。所有練軍口分，因餉項不敷，撙節支放，比照前署將軍榮全所定章程，酌減給發，計每歲共需練軍餉銀四萬二千九百餘兩，以裁存兵餉抵放，約餘銀三千餘兩，即以作閏月加餉及軍火、子藥之用。此項練軍擬以六旗操練、兩旗屯田。其六旗分紮伊犁河南北岸，並霍爾果斯河各要隘，按照行營壁壘，擇地屯紮，官兵悉居營壘之中，逐日早晚認真訓練，教以營規，講求操法，使其心志齊一，力藝精強。其屯兵兩旗派赴額魯特游牧內特古斯塔柳地方，興辦兵屯，以備邊儲。所有八旗練軍，擬按一年一班，輪番更換，舊兵操練精熟，發回各營巡邊、坐卡，以資防守，再將新兵如前調練，數年之後，冀得一律練成勁旅，俟邊防完固，各營兵丁全數練齊，仍可歸復原額。茲於九月十一日已將練軍八旗一律挑齊，由奴才等督率該管統領等切實訓練，以期日進有功，戎行得力，仰副我皇上整軍經武、綏靖邊陲之至意。謹將伊犁現籌減兵加餉、改設練軍各緣由，恭摺具陳，並繕具練軍餉章清單，恭呈御覽。伏乞皇上聖鑒訓示。施行。謹奏。光緒二十一年九月十四日。（硃批）：著照所請，該部知道，單併發（中國第一歷史檔案館藏：《硃批奏摺》，檔號：04-01-01-1005-027）"。

蒙古自乾隆年間遷駐伊犁，編設佐領，分立牧廠，各有界址，世守其業。自裁撤四牛彔後，將所裁各牛彔人眾分隸各旗。該蒙古人等勢不能不棄其原有牧地，另由新附之牛彔撥地安置，新附牛彔屬下之人，業各有主斷，難將水草茂盛地方讓給新附人眾，是該蒙古生計因之日窘。不便一也。察哈爾營所屬邊界緊與俄境毗連，中外哈薩克沿邊錯處，時出搶掠偷竊，全賴該營官兵等巡查防範，用戢盜風。原裁四牛彔地方既經劃歸現存之十二牛彔分管，不獨各旗官兵以地係分撥，遇有事故，不免意存推諉，即有認真辦事之員，亦因轄境窎遠，照料有時難周，實於邊防有礙。不便二也。察哈爾官兵駐防伊犁休養生息，百有餘年。前經兵燹，蕩析離居。收復後還定安集，方幸各得其所。今各旗牛彔人眾均各室家聚處，獨該四牛彔因裁旗之故，將戶口撥歸各佐領管轄，或一家分隸數處，或親戚各散一方，彼此相形，輿情未順。不便三也。旗營官兵額缺，向例遇有缺出，即由本旗官兵挑補推陞，裁旗之人不得入選。所裁各牛彔官兵非無得力可用之人，棄之則人材可惜，即令破格錄用，不免意嫌佔缺，辦事不能相和。不便四也。蒙古性情愚鈍，全賴官為督率管理。前此規復營制，人數尚少，近則相距又十六年，戶口日增蕃庶，若不規復佐領等官管束，則地方遼闊，稽查為難，深虞滋事。不便五也。

　　奴才等審時度勢，惟有規復旗佐，庶足以整頓營制，保固邊防，合無仰懇天恩俯准規復察哈爾原裁左翼鑲白旗二牛彔、正藍旗二牛彔、右翼鑲紅旗二牛彔、鑲藍旗二牛彔，以符舊制。飭據營務處覈議，計復四牛彔牧地，則照承平時原定界址分管；官制則照舊制，每牛彔設佐領、驍騎校各一員；兵額則將現有委官、領催、披甲一千一百五十名內，裁去披甲三十名，按照規復十二牛彔之案，每牛彔設委官一名、領催三名、空金頂委領催一名、披甲六十五名，共委官、領催、披甲一千一百二十名。飭據糧餉處覈計歲額新增俸餉，佐領四員，每員歲支俸銀一百五兩；驍騎校四員，每員歲支俸銀六十兩；委官四名、領催十二名，每名歲支錢糧銀二十四兩；空金頂委領催四名，每名歲支錢糧銀十二兩。每歲共增銀一千九十一兩，除以此次裁兵三十名、節省錢糧銀三百六十兩作抵外，歲增俸餉銀七百三十二兩。當此帑項支絀，自難另行請款。

查該營尚有前裁未復兵額一百五十名，節省餉銀一千八百兩，按現定八成五支放章程，勻挪支給，於正餉尚屬有盈，於巡邊、辦牧均實可期得力。擬俟奉到諭旨後，再行轉飭遵照，分別辦理，並將佐領、驍騎校各缺揀員奏請補放，以重職守而專責成。除咨戶、兵部外，所有擬請復設伊犁察哈爾營原裁四牛彔、旗佐各官，並裁兵抵餉緣由，理合恭摺具陳。伏乞皇太后、皇上聖鑒訓示。謹奏。光緒三十年十二月二十六日。

（硃批）：兵部議奏。①

光緒三十一年二月二十二日，奉硃批：兵部議奏。欽此②。

一六〇　陳盤查伊塔道庫無虧片
光緒三十年十二月二十六日（1905年1月31日）

再，查光緒十四、十五兩年，前將軍色楞額任內，應行封儲伊塔道庫湘平銀十萬兩，經前將軍長庚催追足數，於光緒二十三年六月初九日附片奏明封儲惠遠城糧餉處銀庫，不准擅動，每年年底由將軍、副都統會同盤查，具奏結報一次，以昭慎重，業於光緒二十九年底將盤驗無虧緣由奏報在案。茲居光緒三十年盤查之期，據伊犁糧餉章京嵩林等出具印結，具報前來。奴才等即於十二月二十四日親赴該庫查驗，所有前項封儲湘平銀十萬兩，均係實存在庫，並無虧短。除將印、加各結送部外，理合附片陳明。伏乞聖鑒。謹奏。

① 臺北"故宮博物院"藏：《軍機及宮中檔》，文獻編號：408004159。
② 中國第一歷史檔案館藏：《錄副奏摺》，檔號：03-5764-008。

（硃批）：戶部知道。①

光緒三十一年二月二十二日，奉硃批：戶部知道。欽此②。

一六一　請將官屯改為私屯由片
　　光緒三十年十二月二十六日（1905年1月31日）

　　再，查特古斯塔柳地方，自光緒二十二年前將軍長庚請撥經費，修復二道渠，派撥練軍兩旗種地二屯四分，下餘可耕地畝尚屬不少，祇因經費不敷，農具、籽種在在難籌，致未推廣。奴才亮到任接辦，因見前派屯田練軍隨時調換，該官兵等視同官差，難期得力，是以於二十九年正月奏請規復新滿營兵額二百四十名接辦屯墾，飭令攜帶眷口駐屯，以免其調換；聲明如該營兵丁、眷口、閑散以及將來退甲兵丁家口力能開渠墾種者，聽其報明領地，自耕自食，等因。欽奉硃批：著照所請，該部知道。欽此。欽遵轉飭遵辦在案。

　　兩年以來，在屯兵丁皆能勤苦力作，即閑散家口亦皆耳濡目染，熟習農物，若趁此時分撥開墾，屯務可望起色。惟當此時艱餉絀，若照上年挑復甲缺，派種官屯，不獨餉項難籌，亦且所入不敷所出。若分給地畝，令其自種，閑散眷口無非兵丁家屬，合種則公地與私地難分，分種則兵丁與家室難散。據新滿營左翼協領錫濟爾琿、右翼協領諾呢春轉據總理屯務佐領蒙庫泰呈請將官屯改為私屯，將此二道渠以北地畝作為該營世守之業，按該營兵丁家口之多寡，均勻劃撥，每年不領修理農具銀兩，自備籽種、馬、牛，由該兵丁帶同眷口，各籌墾本，築堡分居，推廣開闢。嗣後每年照本年收穫分數，永為定額，呈繳細糧三千一百六十六石四斗五升三勺，仍照伊犂本色折價每石均折

---

① 臺北"故宮博物院"藏：《軍機及宮中檔》，文獻編號：408004159-A。
② 中國第一歷史檔案館藏：《錄副奏片》，檔號：03-6585-016。

銀七錢，共折銀二千二百一十六兩五錢一分五釐，庶新滿營官兵可期自謀生計，不致遊惰無業，等情。呈請酌定前來。

奴才等查所擬辦法係為闔營兵丁家口籌謀生計起見，所繳糧數仍按常年分數定額，於公家既無所虧，不領籽種、農具、馬、牛，於出款亦節省不少，且該營兵丁家口咸知地為自有之業，均肯勤奮謀生。該處地方毘連喀喇沙爾蒙部遊牧，境宇遼闊，兵力本單，將來滿營閑散遷駐較多，築堡屯兵，不費帑財而地成重鎮，實一舉而數善備。合無仰懇聖恩准如所請，敕部立案。除咨明戶、兵部外，理合附片陳明。伏乞聖鑒訓示。謹奏。

（硃批）：該部知道。①

光緒三十一年二月二十二日，奉硃批：該部知道。欽此②。

一六二　舊滿營呈請修渠築堡片
光緒三十年十二月二十六日（1905年1月31日）

再，查特古斯塔柳地方遼闊，舊有水渠三道，歸額魯特蒙部管理，自遭兵燹，孑遺僅存，地畝荒蕪，渠道淤塞，龍口亦皆毀壞。額魯特蒙民向以遊牧為生，不諳耕作，僅將三道渠道修復，渠身不長，墾地有限。光緒二十二年，前將軍長庚撥發經費，將二道渠修復，調撥練軍，興辦屯務，歷年已著成效。惟頭道渠工大費鉅，修復維艱，渠北地畝荒蕪甚多，若不早籌興修，無水灌溉，殊屬棄置可惜。二十九年正月，奴才等於奏請酌復新滿營兵額、整頓屯田摺內曾經聲明二道渠南至南山腳止，撥歸新滿營經管，如該營兵丁力能開渠墾種，聽其報明領地，等因。欽奉硃批：著照所請，該部知道。欽此。

---

① 臺北"故宮博物院"藏：《軍機及宮中檔》，文獻編號：408004159-B。
② 中國第一歷史檔案館藏：《錄副奏片》，檔號：03-6734-019。

钦遵在案。

现查二道渠以北地亩归新满营兵丁屯种尚属有余，业已另片奏请改官屯为私屯，归新满营广为开闢。惟旧满营原拨巴彦岱一带旗地无多，近年生齿渐繁。上年节省饟糈，又复奏明裁退马甲一百二十名，均须拨地安插，庶可自谋生计。据该旧满营协领博贵等呈请，将特古斯塔柳头道渠迤北至二道渠止，迤南至南山脚止荒废地亩，拨给该营设法开垦。查明该处地亩向由头道渠引用特克斯河水灌溉，勘估修渠经费以及建筑屯堡，制购马牛、农具，约需银一万余两。当此库藏空虚，万难请领公款，如蒙准其拨地，情愿阖营等借公款，于来年春暖冰消，即行分拨退甲兵丁及闲散人等，购办物料，募雇匠夫，分工修作，乘时兴屯。惟该处离城窎远，初年兴办，匠夫、牛马、需用粮料，无处购办，拟请将新满营官屯本年收获各色粮食，就近拨发该营领用，按照新疆折发估拨粮料价值，如数缴银还库，等情。前来。

奴才等查旧满营兵丁向恃钱粮为养命之源，不谙农业，上年因节省新饟，奏明将官兵钱粮减成支放，两年以来，各官兵养赡家口，颇觉不支，近来各省协饟欠解，每难足额。倘不绸缪未雨，以后支绌情形殊难设想。该协领博贵独能仰体时艰，筹措经费，修渠筑堡，请地兴屯，不仅为阖营谋衣食之资，亦可为边地开通风气，将来迁驻操防，与新满营屯田兵丁及额鲁特种地蒙民互相联络，声威渐壮，则特克斯河边地一带亦可稍厚兵力，拟恳圣恩俯如所请，敕部立案，俾得认真筹办。除分咨户、兵部外，理合附片陈明。伏乞圣鉴训示。谨奏。

（硃批）：该部知道。①

光绪三十一年二月二十二日，奉硃批：该部知道。钦此②。

---

① 台北"故宫博物院"藏：《军机及宫中档》，文献编号：408004159-C。
② 中国第一历史档案馆藏：《录副奏片》，档号：03-6734-018。

一六三　恭賀皇太后新年鴻禧摺
光緒三十年（1904年）

　　奴才馬亮、廣福等跪叩，賀慈禧端佑康頤昭豫莊誠壽恭欽獻崇熙皇太后新年鴻禧！伊犁將軍奴才馬亮，伊犁副都統奴才廣福，錫伯營領隊大臣奴才色普西賢，索倫營領隊大臣奴才志銳，察哈爾營領隊大臣奴才恩祥，魯特營領隊大臣奴才徐炘。①

---

　　① 此件原件、錄副查無下落，茲據稿本補。

光緒三十一年（1905）

一六四　揀選伊犁索倫營總管等缺摺
光緒三十一年二月初一日（1905年3月6日）

奴才馬亮、廣福跪奏，為循例揀選伊犁索倫營總管等缺，擬定正、陪，恭摺具陳，仰祈聖鑒事。

竊奴才等准索倫營領隊大臣志銳咨呈：查本營總管札拉豐阿於光緒三十年十月初七日奉旨：伊犁索倫營總管扎拉豐阿，著作為塔爾巴哈臺領隊大臣，照例馳驛前往。欽此。又，正黃旗防禦多倫布於光緒三十年十一月二十七日因病出缺。所遺總管、防禦等缺，應請揀員補放，以資辦理營務，等因。前來。

奴才當於該營應升之人員內逐加考驗，扎拉豐阿升遺索倫營總管一缺，揀選得副總管伊勒噶春堪以擬正，鑲紅旗佐領德里春堪以擬陪。遞遺副總管一缺，揀選得正藍旗佐領福善堪以擬正，正黃旗佐領尚安泰堪以擬陪。遞遺佐領一缺，揀選得鑲紅旗防禦業車本堪以擬正，正白旗防禦伊爾格本堪以擬陪。遞遺防禦一缺，揀選得正白旗驍騎校額勒吉春堪以擬正，鑲紅旗驍騎校業陳泰堪以擬陪。遞遺驍騎校一缺，揀選得正紅旗前鋒校額爾格本堪以擬正，正藍旗委官賽沙春堪以擬陪。多倫布遺出防禦一缺，揀選得鑲黃旗驍騎校烏爾滾泰堪以擬正，鑲藍旗驍騎校德舍春堪以擬陪。遞遺驍騎校一缺，揀選得鑲紅旗空藍翎慶壽堪以擬正，鑲藍旗領催富津泰堪以擬陪。謹將該員等履歷另繕清單，恭呈御覽，伏候欽定。

其請補總管、副總管、佐領，一俟遇有差便，給咨送部補行引見，以符定制。所有揀選伊犁索倫營總管等缺擬定正、陪緣由，理合恭摺具陳。伏乞皇太后、皇上聖鑒訓示。謹奏。光緒三十一年二月初一日。

（硃批）：均著擬正之員補授，該衙門知道，單併發。①

光緒三十一年四月初一日，奉硃批：均著擬正之員補授，該衙門知道，單併發。欽此②。

一六五　呈揀選索倫營總管等缺清單
光緒三十一年二月初一日（1905年3月6日）

謹將揀選伊犁索倫營總管等缺擬定正、陪人員，繕具清單，恭呈御覽。

索倫營扎拉豐阿升遺總管員缺。擬正之索倫營副總管伊勒噶春，食俸餉三十六年，前在塔爾巴哈臺軍營當差。光緒二年克復瑪納斯南北兩城、六年勦辦陝回、十七年搜勦竄匪各案內，均屬奮勉出力，疊經前將軍金順等奏保補用總管，先換頂戴，並賞戴花翎。光緒七年，補放驍騎校。二十七年正月，補授防禦。是年四月，補授佐領。二十八年，補授副總管，現年四十九歲。錫伯兀拉札氏，馬步箭平等。

擬陪之索倫營鑲紅旗佐領德里春，食俸餉當差五十二年。光緒八年收復伊犁、十七年搜勦竄匪各案內，均屬奮勉出力，疊經前將軍金順等奏保補用佐領，並賞戴花翎。光緒十八年，補放驍騎校。二十三年，補授防禦。二十五年，補授佐領，揀選副總管擬陪一次，現年六十七歲。錫伯伊爾根覺羅氏，馬步箭平等。

擬補總管所副總管員缺。擬正之索倫營正藍旗佐領福善，食俸餉二十五年。光緒八年，經幫辦軍務廣東陸路提督張曜③調赴喀什噶爾

---

① 臺北"故宮博物院"藏：《軍機及宮中檔》，文獻編號：408004161。
② 中國第一歷史檔案館藏：《錄副奏摺》，檔號：03-5966-001。
③ 張曜（1832—1891），字亮臣，號朗齋，直隸大興人，原籍錢塘。咸豐初，以縣丞留河南補用。四年（1854），請假回籍。五年（1855），保知縣，加同知銜。次年，署固始縣知縣。七年（1857），保直隸州知州，賞換花翎，加霍欽巴圖魯名號。八年（1858），保知府，加道銜。九年（1859），署光州直隸州知州。次年，丁母憂，保道員，晉按察使銜。同年，丁父憂。

行營，充當繙譯委員，復經喀什噶爾道調充通商局繙譯委員，六載邊防、光緒十八年新疆邊防、二十八年伊犁辦理中俄積案各案內，均屬奮勉出力，疊經前督辦新疆軍務大臣劉錦棠①、陝甘總督楊昌濬②、伊犁

十一年（1861），遷河南布政使，旋以"目不識丁"被劾。同治元年（1862），改保總兵。二年（1863），盡提督銜。四年（1865），乞假葬親。六年（1867），保提督，加騎都尉。九年（1870），補授廣東陸路提督，加騎都尉兼一雲騎尉，賞雙眼花翎。光緒二年（1876），隨左宗棠入疆，收復伊犁。三年（1877），晉一等輕車都尉兼一雲騎尉。六年（1880），署幫辦新疆軍務。十年（1884），加巡撫銜、頭品頂戴。次年，補廣西巡撫，晉兵部尚書銜。十二年（1886），調補山東巡撫。十五年（1889），晉太子少保。十七年（1891），卒於任。贈太子太保，諡勤果。前被劾後致力學業，工詩善書，兼通六法，有《河聲岳色樓集》行世。

① 劉錦棠（1844—1894），字毅齋，湖南湘鄉人，其父親劉厚榮戰歿於岳州，以報其父仇，隨其叔父劉松山轉戰於江西、安徽、陝西等地，成爲老湘軍中後起的年青將領。同治三年（1864），幫辦老湘軍營務，遵例遵例棠報捐縣丞。四年（1865），以軍功賞戴藍翎，擢知縣，加同知銜，旋賞換花翎。五年（1866），以同知直隸州遇缺即選。六年（1867），奉旨以知府遇缺即選，旋以道員遇缺儘先即選，加按察使、布政使銜，加法福靈阿巴圖魯勇號。同治九年（1870），其叔父廣東陸路提督劉松山陣亡，經陝甘總督左宗棠舉薦，加三品卿銜，總統劉松山舊部。十年（1871），破金積堡，捕殺馬化龍，得賞穿黃馬褂、雲騎尉世職。十三年（1874），署甘肅西甯兵備道。光緒元年（1875），升補甘肅甘涼道員，調甘肅西甯道。二年（1876），率部攻克烏魯木齊，殲滅天山北路的妥明等部，封騎都尉世職。三年（1877），攻占達阪、托克遜等城，迫使阿古柏懼罪自殺。隨後乘勝追殲阿古柏殘部，攻克庫車、拜城、喀什噶爾等地，賞雙眼花翎，以三品京堂候補。四年（1878），晉二等男爵，擢太常寺卿，授通政使司通政使。六年（1880），始幫辦新疆軍務，旋以左宗棠奉詔晉京，飭賞欽差大臣督辦新疆軍務，統哈密及鎮迪道所屬文武地方官。七年（1881），擢欽差大臣督辦新疆軍務。八年（1882），收復伊犁，提出新疆建省方案。九年（1883），補授兵部右侍郎。十年（1884），清廷批准新疆建省，授首任新疆巡撫，加尚書銜，仍以欽差大臣督辦新疆事宜。擔任巡撫期間，執行左宗棠建設新疆的規劃，在修水利、獎勵農桑、改革軍事和田賦制度、修治驛道和城池等方面做出了重大貢獻。十三年（1887），署伊犁將軍。十五年（1889），回籍侍養，加太子少保銜。次年，晉太子太保。二十年（1894），晉一等男爵，贈太子太傅。未幾，卒於里。諡襄勤，予建祠。有《劉襄勤公奏稿》存世。

② 楊昌濬（1827—1897），字石泉，湖南湘鄉人，附生。咸豐二年（1852），從羅澤南練鄉勇，會集湘潭，出《討粵匪檄》，後隨湘軍進剿太平軍。四年（1854），選訓導。九年（1859），充教授。十年（1860），補知縣，並賞戴花翎。同治元年（1862），保同知。同年，補浙江衢州府知府。二年（1863），授浙江糧儲道。三年（1864），任浙江鹽運使，加按察使銜。同年，遷浙江按察使，署浙江布政使。五年（1866），升補浙江布政使。八年（1869），署浙江巡撫。次年，實授浙江巡撫。光緒二年（1876），因楊乃武案革職。四年（1878），赴陝甘，賞給四品頂戴。五年（1879），署甘肅布政使，加二品頂戴。六年（1880）晉頭品頂戴，護理陝甘總督。七年（1881），授甘肅布政使。九年（1883），遷漕運總督。十年（1884），幫辦福建軍務。同年，補授閩浙總督。十一年（1885），兼署福建巡撫。十四年（1888），調補陝甘總督。翌年，監臨鄉試。後因回民暴動革職。二十年（1894），加太子太保銜。二十三年（1897），卒於籍。著有《平浙紀略》、《平定關隴紀略》、《學海堂課藝》、《五好山房詩稿》等存世。

將軍長庚等先後奏保總管銜,並賞戴藍翎。光緒二十三年,補放驍騎校。二十五年,補授防禦。二十六年,補授佐領。現年四十五歲。錫伯安佳氏,馬步箭平等。

擬陪之索倫營正黃旗佐領尚安泰,食俸餉三十二年,前在塔爾巴哈臺軍營當差。光緒五年屯種軍糧、六年勦辦陝回、八年收復伊犂各案內,均屬奮勉出力,疊經前將軍金順奏保儘先即補防禦,並賞戴四品藍翎。光緒十六年,補放驍騎校。十八年,補授防禦。二十三年,補授佐領。現年五十三歲。錫伯瑚西哈哩氏,馬步箭平等。

擬補副總管遞遺佐領員缺。擬正之索倫營鑲紅旗防禦業車本,食俸餉當差二十六年。光緒十五年,補放伊犂印務委筆帖式。二十二年,補放印務經制筆帖式。二十七年,補放驍騎校。二十八年,補授防禦。是年伊犂歷年防戍案內出力,經前將軍長庚奏保以佐領補用。三十年,川賑案內遵例報捐花翎,揀選佐領擬陪一次,現年四十七歲。錫伯爪勒佳氏,馬步箭平等。

擬陪之索倫營正白旗防禦伊爾格本,食俸餉三十三年,前在塔爾巴哈臺軍營當差。光緒二年克復瑪納斯南北兩城、六年勦辦陝回案內,均屬奮勉出力,疊經前將軍金順奏保儘先即補防禦,並賞戴花翎。光緒十八年,補放驍騎校。二十四年,補授防禦,現年五十六歲。達呼爾鄂諾恩氏,馬步箭平等。

擬補佐領遞遺防禦員缺。擬正之索倫營正白旗驍騎校額勒吉春,食俸餉三十一年,前在塔爾巴哈臺軍營當差。光緒十七年搜勦竄匪案內出力,經前護將軍富勒銘額奏保補用驍騎校。光緒二十二年,補放驍騎校,揀選防禦擬陪三次,現年四十八歲。達呼爾鄂諾恩氏,馬步箭平等。

擬陪之索倫營鑲紅旗驍騎校業陳泰,食俸餉當差二十二年。光緒二十八年,補放驍騎校,現年四十二歲。錫伯爪勒佳氏,馬步箭平等。

擬補防禦遞遺驍騎校員缺。擬正之索倫營正紅旗前鋒校額爾格本,食錢糧當差三十二年。光緒十七年,由前鋒補放前鋒校,揀選驍騎校擬陪一次,現年四十九歲。錫伯瓜勒佳氏,馬步箭平等。

擬陪之索倫營正藍旗委官賽沙春，食錢糧三十四年，前在塔爾巴哈臺軍營當差。光緒二十八年，由領催補放委官，現年五十二歲。達呼爾鄂諾恩氏，馬步箭平等。

　　多倫布遺出防禦員缺。擬正之索倫營鑲黃旗驍騎校烏爾袞泰，食俸餉當差二十三年。光緒十七年搜剿竄匪案內出力，經前護將軍富勒銘額奏保補用驍騎校。光緒二十四年，補放驍騎校。現年六十一歲。錫伯兀拉札氏，馬步箭平等。

　　擬陪之索倫營鑲藍旗驍騎校德舍春，食俸餉三十五年，前在塔爾巴哈臺軍營當差。光緒五年、六年兩屯種軍糧各案內奮勉出力，疊經前將軍金順奏保補缺後即補防禦。光緒二十五年，補放驍騎校，現年五十六歲。錫伯郭爾佳氏，馬步箭平等。

　　擬補防禦遞遺驍騎校員缺。擬正之索倫營鑲紅旗空藍翎慶壽，食錢糧當差三十六年。光緒二十九年，補放空藍翎，現年五十四歲。錫伯葛爾濟勒氏，馬步箭平等。

　　擬陪之索倫營鑲藍旗領催富津泰，食錢糧當差十八年。光緒二十八年，補放領催，現年三十五歲。錫伯安佳氏，馬步箭平等。

　　覽。①

一六六　奏報學堂改設俄文教習緣由片
光緒三十一年二月初一日（1905年3月6日）

　　再，奴才前以伊犁邊瘠，文教宜興，且境接俄鄰，尤需會通中外文學，庶平時得通才之備，臨事有肆應之資，曾於光緒二十九年五月十一日議擬章程，奏請設立養正學堂，並派學生赴俄肄業。六月初三日，欽奉硃批：著照所請，該衙門知道，單併發。欽此。欽遵辦理在

---

① 中國第一歷史檔案館藏：《單》，檔號：03-5966-002。

案。旋於上年八月挑選滿、蒙大學生二名、幼童十名，派佐領伊勒噶春管領，由索倫營領隊大臣志銳帶赴俄國之阿拉穆圖，安置潘習溫，即俄幼童學堂，學習語言文字，並於本年二月將伊犁養正學堂房舍修理工竣，挑選滿、蒙學生四十名，委派各項教習，分堂開學教課，於二十九年九月二十八日及三十年三月十八日先後附片奏明在案。茲查赴俄肄業學生十二名，經志銳前赴喀什噶爾辦理積案之便，道過俄阿拉穆圖學堂，考究該學生功課，內有六名資質聰敏，學業亦有進境，已照俄國章程提入俄官學肄業，束修等項亦照該國所定加給；其餘六名俟造就有成，再行撥學。

至伊犁養正學堂原定額缺，係學生四十名，清、漢文教習各二人，蒙、回文教習各一人。開學之時，因學生工課尚少，回文學生無人，僅設清文教習一人，派新滿營佐領札隆阿充當；蒙文教習一人，派新滿營協領諾呢春充當；漢文教習二人，派新疆候補知縣陸雲錦、候選訓導李溶充當；改回文為俄文，調俄教習伊斯哈吉管理。旋以學生投學者多，未便阻其上進之志，先後共收學生九十二名。茲當卒歲會考放學，內除蒙文學生九名、俄文學生二十三名，工夫較少，每學教習一人，暫可無須加增外，其原設清文教習一人、漢文教習二人，因學生人眾，工課加增，漸有難於兼顧之勢，現已挑選清文學生三十名、漢文學生三十名，分為清學兩堂、漢學兩堂，每堂以十五名為定額，於來年正月加委清文教習一人，以期認真教課。

查有塔城新滿營左翼協領花沙布，前於八月十六日經塔爾巴哈臺參贊大臣春滿以塔城新滿營兵丁與哈薩克爭水滋事，將其附片奏參革職，現已咨送回旗。奴才察看該革員學問尚優，清文明白，正值學堂清文教習難得其人，已委該革員補充清文教習，所加清文教習束修，照原定額數，由哈薩克報效經費款內每月勻挪支給銀二十兩，不必另行籌款。除咨明大學堂外，所有出洋學生考選、撥學並養正學堂改設俄文教習、添設清文教習、限定學額緣由，理合附片陳明。伏乞聖鑒。謹奏。

（硃批）：該衙門知道。①

光緒三十一年二月二十二日，奉硃批：該衙門知道。欽此②。

一六七　奏報志銳赴俄辦案回任緣由片
　　　　光緒三十一年二月初一日（1905 年 3 月 6 日）

　　再，伊犁索倫領隊大臣志銳，前經奴才會同新疆撫臣潘效蘇奏請派赴喀什噶爾辦理中俄積案，業經欽奉硃批：著照所請。欽此。欽遵轉行去後。當據志銳將索倫營領隊大臣及兼管哈薩克處應辦事務，札委該營總管扎拉豐阿代折代行，定於光緒三十年五月十八日取道俄境，前往會所，呈請代奏等情，亦經奴才於六月初四日附片奏報在案。

　　現在該大臣會同俄官在喀什噶爾之克孜瑪依拉克地方，將歷年交涉未結積案辦竣，將各案文冊交代清楚，於十二月十一日由新疆省城旋回伊犁索倫營領隊大臣任所，照舊視事。具文呈報前來。除咨部外，理合附片陳明。伏乞聖鑒。謹奏。

　　（硃批）：知道了。③

　　光緒三十一年二月二十二日，硃批：知道了。④。

一六八　奏報長子由俄因病回伊犁片
　　　　光緒三十一年二月初一日（1905 年 3 月 6 日）

　　再，奴才因長子廣榮隨任讀書，邊地明師難得，於光緒二十九年

---

① 臺北"故宮博物院"藏：《軍機及宮中檔》，文獻編號：408004161-A。
② 中國第一歷史檔案館藏：《錄副奏片》，檔號：03-7214-023。
③ 臺北"故宮博物院"藏：《軍機及宮中檔》，文獻編號：408004161-B。
④ 此奉旨日期與內容，據《軍機處隨手登記檔》（檔案編號：03-0320-1-1231-050）及同批摺件校補。

七月初六日附片奏明,自備資斧,遣令前往俄都遊學在案。詎料到俄數月,水土不合,疾病旋生。奴才聞信,令其仍回伊犁就醫。考其所學,於文字、語言雖能粗知梗概,然各科課程尚未得悉深徹,擬俟病體調養就痊,再行飭令前往日本學習。除俟起程再行奏報外,所有奴才長子廣榮遊學俄都、因病回伊緣由,理合附片陳明。伏祈聖鑒。謹奏。

(硃批):知道了。①

光緒三十一年二月二十二日,奉硃批:知道了。欽此②。

一六九　揀員調署錫伯營事務緣由片
光緒三十一年二月初一日(1905年3月6日)

再,伊犁錫伯營領隊大臣色普西賢前因患病,呈由奴才代奏懇恩原品休致,光緒三十年九月二十六日,奉硃批:另有旨。欽此。同日,奉上諭:馬亮奏,領隊大臣因病懇請休致一摺。錫伯營領隊大臣色普西賢,著准其開缺,以原品休致。欽此。嗣於光緒三十年九月二十七日奉旨:希賢著賞給二等侍衛,作為伊犁錫伯營領隊大臣,照例馳驛前往。欽此。均經欽遵轉行在案。現在希賢到任尚屬無期,據色普西賢以病勢加劇,呈請派員接署前來。

奴才查錫伯營事務緊要,自應先行派員署理,查有現任索倫營領隊大臣志銳,聲望素著,堪以調署。所遺索倫營領隊大臣篆務,查有滿營左翼協領博貴,才具有為,堪以兼署。除檄委並分咨外,理合附片陳明。伏乞聖鑒。謹奏。

(硃批):知道了。③

光緒三十一年四月初一日,奉硃批:知道了。欽此④。

---

① 臺北"故宮博物院"藏:《軍機及宮中檔》,文獻編號:408004161-C。
② 中國第一歷史檔案館藏:《錄副奏片》,檔號:03-7214-022。
③ 臺北"故宮博物院"藏:《軍機及宮中檔》,文獻編號:408004161-D。
④ 中國第一歷史檔案館藏:《錄副奏摺》,檔號:03-5966-003。

一七〇　賞食色普西賢全俸緣由片
　　　　　光緒三十一年二月初一日（1905年3月6日）

　　再，頭品頂戴副都統銜伊犁錫伯營領隊大臣果勇巴圖魯色普西賢，前因患病呈由奴才代奏，懇恩原品休致。光緒三十年九月二十六日，奉上諭：馬亮奏，領隊大臣因病懇恩請休致一摺。錫伯營領隊大臣色普西賢，著准其開缺，以原品休致。欽此。業經欽遵恭錄轉行在案。

　　奴才伏查該休致大臣曾經前將軍榮全帶隊出征瑪納斯等處，打仗殺賊，著有戰功，合無仰懇天恩俯念該大臣年老因病開缺，可否賞食副都統銜全俸、以示體恤之處，出自逾格鴻慈。除將該休致大臣履歷清冊咨部查覈外，理合附片具陳。伏乞聖鑒訓示。謹奏。

　　（硃批）：著照所請，兵部知道。①

　　光緒三十一年四月初一日，奉硃批：著照所請，兵部知道。欽此②。

一七一　代奏札拉豐阿赴任日期片
　　　　　光緒三十一年二月初一日（1905年3月6日）

　　再，准新授塔爾巴哈臺領隊大臣札拉豐阿咨呈：承准照會：轉咨兵部咨：內閣鈔出光緒三十年十月初七日奉旨：伊犁索倫營總管札拉豐阿，著作為塔爾巴哈臺領隊大臣，照例馳驛前往。欽此。欽遵咨行到伊，轉行遵照，等因。札拉豐阿於光緒三十年十二月十九日已將總

---

①　臺北"故宮博物院"藏：《軍機及宮中檔》，文獻編號：408004161-E。
②　中國第一歷史檔案館藏：《錄副奏摺》，檔號：03-5966-004。

管事務交代清楚，本應遵旨馳赴新任，惟因冬雪封山，未能隨時赴任。現在春融雪消，山路開通，定於本年正月十八日束裝，由伊犁起程赴任。所有起程赴任日期，理合呈請代奏，等情。前來。奴才理合附片陳明。伏乞聖鑒。謹奏。

（硃批）：知道了。①

光緒三十一年四月初一日，奉硃批：知道了。欽此②。

一七二　恩賞福壽字等項謝恩摺
光緒三十一年二月十九日（1905年3月24日）

奴才馬亮跪奏，為恭摺叩謝天恩，仰祈聖鑒事。

竊於光緒三十一年二月初五日，摺弁齎到由內交出恩賞"福、壽"字各一方、嵌玉如意一柄、刻絲蟒袍料一件，當即恭設香案，望闕叩頭祇領訖。伏念奴才渥蒙聖恩，畀以疆寄，任事三載，未立寸功，方愧庸陋無才，莫可涓埃自效，乃蒙溫綸特沛，優賚榮施，荷寵命於九天，實滋慚於五夜！

奴才處強鄰緊逼之地，值東省有事之秋，惟有外顧邦交，內修治理，督率寅屬，勉竭駑駘，遇事振興，相機慎守，以求仰副高厚生成於萬一。所有奴才感激下忱，謹恭摺叩謝天恩。伏乞皇太后、皇上聖鑒。謹奏。光緒三十一年二月十九日。

（硃批）：知道了。③

光緒三十一年四月二十三日，奉硃批：知道了。欽此④。

---

① 臺北"故宮博物院"藏：《軍機及宮中檔》，文獻編號：408004161-F。
② 中國第一歷史檔案館藏：《錄副奏摺》，檔號：03-5966-005。
③ 臺北"故宮博物院"藏：《軍機及宮中檔》，文獻編號：408004162。
④ 中國第一歷史檔案館藏：《錄副奏摺》，檔號：03-5966-052。

一七三　揀選察哈爾營佐領等缺摺
　　光緒三十一年三月十五日（1905年4月19日）

　　奴才馬亮、廣福跪奏，為循例揀選伊犁察哈爾營佐領等缺，擬定正、陪，恭摺具陳，仰祈聖鑒事。

　　竊查察哈爾營左翼鑲黃旗頭牛彔佐領達岱，前經奴才等因案奏參革職，奉硃批：著照所請，該衙門知道。欽此。欽遵恭錄照會在案。茲准該營領隊大臣恩祥咨呈：達岱遺出左領等缺，應請揀員補放，以資辦理旗務，等因。咨呈前來。奴才等當於該營應升人員內逐加考驗，達岱遺出佐領一缺，揀選得鑲黃旗頭牛彔驍騎校圖爾固特堪以擬正，正白旗頭牛彔驍騎校車伯克達什堪以擬陪。遞遺驍騎校一缺，揀選得鑲白旗頭牛彔空藍翎碩布蓋堪以擬正，正藍旗頭牛彔空藍翎圖依棍堪以擬陪。謹將該員等履歷另繕清單，恭呈御覽，伏候欽定。

　　其請補佐領，一俟遇有差便，給咨送部補行引見，以符定制。所有揀選伊犁察哈爾營佐領等缺擬定正、陪緣由，理合恭摺具陳。伏乞皇太后、皇上聖鑒訓示。謹奏。光緒三十一年三月十五日。

　　（硃批）：均著擬正之員補授，該衙門知道。單併發。①

　　光緒三十一年五月初二日，奉硃批：均著擬正之員補授，該衙門知道。單併發。欽此②。

一七四　呈揀選察哈爾營佐領等缺清單
　　光緒三十一年三月十五日（1905年4月19日）

　　謹將揀選伊犁察哈爾營左翼佐領等缺擬定正、陪人員，繕具清

---

① 臺北"故宮博物院"藏：《軍機及宮中檔》，文獻編號：408004164。
② 中國第一歷史檔案館藏：《錄副奏摺》，檔號：03-5966-056。

單，恭呈御覽。

察哈爾營達岱遺出佐領一缺。擬正之察哈爾營左翼鑲黃旗頭牛彔驍騎校圖爾固特，食俸餉當差十九年。光緒二十八年伊犁歷年防戍案內出力，經前將軍長庚等奏保補用佐領。二十四年，補放驍騎校。現年三十七歲。察哈爾蒙古馬步箭平等。

擬陪之察哈爾營左翼正白旗頭牛彔驍騎校車伯克達什，食俸餉當差二十八年。光緒二十七年，補放驍騎校。現年四十八歲。察哈爾蒙古馬步箭平等。

擬補佐領遞遺驍騎校一缺。擬正之察哈爾營左翼鑲白旗頭牛彔空藍翎碩布蓋，食錢糧當差十九年。光緒二十四，補放空藍翎。現年三十四歲。察哈爾蒙古馬步箭平等。

擬陪之察哈爾營左翼正藍旗頭牛彔空藍翎圖依棍，食錢糧二十九年。光緒二十八年伊犁歷年防戍案內出力，經前將軍長庚等奏保補用驍騎校。二十七年，補放空藍翎。揀選驍騎校擬陪一次，現年四十六歲。察哈爾蒙古馬步箭平等。

覽。①

一七五　揀員對調佐領等缺緣由片
光緒三十一年三月十五日（1905年4月19日）

再，准調署伊犁錫伯營領隊大臣索倫營領隊大臣志銳咨呈：據總管富勒祜倫等呈稱：竊查錫伯營正黃旗佐領薩拉蘇、防禦塔蘭泰、正藍旗佐領巴西哩、鑲黃旗防禦尼克湍等四員，人地均不甚相宜，請將該員等互相對調，以資辦理旗務，等情。呈請核辦前來。

奴才等覆查屬實，合無仰懇天恩俯准，將伊犁錫伯營正黃旗佐領

---

① 中國第一歷史檔案館藏：《單》，檔號：03-5966-057。

薩拉蘇、正藍旗佐領巴西哩互相調補，鑲黃旗防禦尼克湍、正黃旗防禦塔蘭泰互相調補，俾資辦理旗務之處，出自鴻慈。除咨部外，理合附片具陳。伏乞聖鑒訓示。謹奏。

（硃批）：著照所請，該衙門知道。①

光緒三十一年五月初二日，奉硃批：著照所請，該衙門知道。欽此②。

一七六　奏報俄哈借廠牧馬情形片
光緒三十一年三月十五日（1905年4月19日）

再，奴才前於光緒三十年十月內據伊塔道申稱：准駐伊俄領事斐多羅福照會：俄屬阿依托伏斯克博羅斯屬下哈薩克請照上三年成案，借給牧廠過冬，等情。前來。奴才當因該俄哈歷年借廠尚屬相安，近來邦交益篤，未便禁阻，當即電請外務部代奏，一面札飭伊塔道，並照會署額魯特領隊大臣錫濟爾琿，選派官兵前赴那林郭勒卡倫，按照以前辦法，與該國哈薩克等書立合約十一款，蓋戳籤名，驗明俄官執照所載人畜數目，指給借地界址，妥為保護，於十月二十九日，據派俄哈薩克牧夫七十名，趕來馬一萬匹，由那林郭勒卡倫入境，在於額魯特所屬之木胡爾莫敦地方借給草場牧放，茲於光緒三十一年正月二十九日出境，仍回俄國，人畜均屬平安。據該署領隊大臣錫濟爾琿轉據總管等，取具博羅斯收條、印據呈報前來。

奴才伏查屬實，除咨明外務部外，所有俄屬哈薩克借廠牧放馬匹，入境、出境均屬安靜緣由外，理合附片陳明。伏乞聖鑒。謹奏。

---

① 臺北"故宮博物院"藏：《軍機及宮中檔》，文獻編號：408004164-A。
② 中國第一歷史檔案館藏：《錄副奏摺》，檔號：03-5966-060。

（硃批）：外務部知道。①

光緒三十一年五月初二日②，奉硃批：外務部知道。欽此。

一七七　揀選額魯特營驍騎校員缺摺
光緒三十一年三月十五日（1905 年 4 月 19 日）

奴才馬亮、廣福跪奏，為循例揀選伊犁額魯特營驍騎校員缺，擬定正、陪，恭摺具陳，仰祈聖鑒事。

竊查額魯特營左翼鑲黃旗二牛彔驍騎校巴圖吉爾噶勒前因年老患病乞休，經奴才等奏奉硃批：著照所請，該衙門知道。欽此。欽遵恭錄照會在案。茲准署理額魯特營領隊大臣錫濟爾琿咨呈：額魯特右翼正紅旗二牛彔驍騎校那遜巴圖，於光緒三十年十二月十八日因病出缺。所遺驍騎校二缺，應請揀員補放，以資辦理旗務，等因。咨呈前來。

奴才等當於該營應升人員內逐加考驗，巴圖吉爾噶勒遺出驍騎校一缺，揀選得鑲黃旗二牛彔領催圖魯巴圖堪以擬正，正白旗二牛彔委官布噶堪以擬陪。那遜巴圖遺出驍騎校一缺，揀選得正黃旗頭牛彔空藍翎吐魯蒙庫堪以擬正，鑲紅旗二牛彔委官蒙庫那遜堪以擬陪。

謹將該員等履歷另繕清單，恭呈御覽，伏候欽定。所有揀選伊犁額魯特營驍騎校員缺擬定正、陪緣由，理合恭摺具陳。伏乞皇太后、皇上聖鑒訓示。謹奏。光緒三十一年三月十五日。

（硃批）：均著擬正之員補授，該衙門知道，單併發。③

光緒三十一年五月初二日，奉硃批：均著擬正之員補授，該衙門知道，單併發。欽此④。

---

① 臺北"故宮博物院"藏：《軍機及宮中檔》，文獻編號：408004164-B。
② 此奉硃批日期，據稿本校補。
③ 臺北"故宮博物院"藏：《軍機及宮中檔》，文獻編號：408004163。
④ 中國第一歷史檔案館藏：《錄副奏摺》，檔號：03-5966-058。

一七八　呈揀選額魯特營驍騎校員缺清單
光緒三十一年三月十五日（1905年4月19日）

　　謹將揀選伊犁額魯特營驍騎校員缺擬定正、陪人員，繕具清單，恭呈御覽。

　　額魯特營左翼巴圖吉爾噶勒遺出驍騎校一缺。擬正之額魯特營左翼鑲黃旗二牛彔領催圖魯巴圖，食錢糧當差二十六年。光緒十四年，補放領催。揀選驍騎校擬陪二次，現年四十五歲。舊額魯特馬步箭平等。

　　擬陪之額魯特營左翼正白旗二牛彔委官布噶，食錢糧三十三年，前在庫爾喀喇烏蘇軍營當差。光緒二十八年伊犁歷年防戍案內出力，經前將軍長庚奏保補用驍騎校。二十五年，由領催補放委官。揀選驍騎校擬陪一次，現年五十一歲。舊額魯特馬步箭平等。

　　額魯特營右翼那遜巴圖遺出驍騎校一缺。擬正之額魯特營右翼正黃旗頭牛彔空藍翎魯蒙庫，食錢糧當差二十八年。光緒二十五年，由領催補放空藍翎。揀選驍騎校擬陪一次，現年三十六歲。舊額魯特馬步箭平等。

　　擬陪之額魯特營右翼鑲紅旗二牛彔委官蒙庫那遜，食錢糧三十一年，前在庫爾喀喇烏蘇軍營當差。光緒六年、七年兩屆屯種軍糧、十七年搜剿竄匪各案內均屬奮勉出力，疊經前將軍金順等奏保儘先即補驍騎校，補防禦後補用佐領，護送貢馬赴京三次。三十年，由領催補放委官，現年四十七歲。舊額魯特馬步箭平等。

　　覽。①

---

①　中國第一歷史檔案館藏：《單》，檔號：03-5966-059。

一七九　奏報伊犁茶局現籌停辦緣由片
光緒三十一年三月十五日（1905年4月19日）

再，奴才前因伊犁茶商撤號，私茶充斥，於光緒二十八年十一月十六日，奏請採辦官茶，行銷伊犁各城，便民裕課，以開利源而濟餉需，欽奉硃批：該部議奏。欽此。經戶部議覆，以於西北路茶務大局攸關，請旨飭下奴才會同陝甘督臣、新疆撫臣等，公同商酌議定，奏明試辦，奉旨：依議。欽此。欽遵咨行到伊。正咨商間，接准督臣崧蕃來咨，已到撫臣潘效蘇銜名奏請停辦。

奴才查督臣原奏，似尚未知伊犁茶商早經撤號情形。當因伊犁地面私茶不能不禁，民食不能無茶，復經奏請一面先行派員設局試辦官茶，一面咨商會奏，於光緒二十九年六月初三日奉硃批：仍著會商崧蕃、潘效蘇，妥籌辦理。欽此。當即欽遵諭旨，電函互商。先接崧蕃電稱：甘肅茶票尚懸九十餘張，擬將甘肅應銷伊塔茶票若干張分撥官運，代為融銷，照完課稅，以杜南商之口。經奴才復允伊犁一處代為融銷四十票茶觔，照章認繳課釐，以復引額。繼又接准崧蕃電覆：甘商自願改辦晉茶三十票，運赴伊、塔兩處復引。其晉茶未到以前，即儘伊犁官茶行銷。奴才因念茶務係歸督臣主政，茶商認票既不如伊犁官運之多，銷路又復佔伊塔兩處之廣，得失既判，不能不代為設籌，因復電商督臣，令其飭諭甘商將所辦三十票引茶專銷塔城一路，存此伊犁一隅之地歸官試辦。督臣未允，奴才亦未便強爭。意見不同，以致不能會銜奏覆。第商茶未到，私茶民食，未便置若罔聞。

查私商歷年運到之茶，雖無甘省官票，均在古城完過稅銀，既未便遽行充公，亦難任私銷不禁，因即派員設局，籌借成本，按照該商等販運成本，發價收私，以免私商賠累。並派員前赴張家口採茶運伊，以資接濟民食。計自光緒三十年二月開局起至年底至，私茶業已收盡，官茶業已暢行。除開支局費及成本認息外，實獲餘利銀一萬二百餘兩。現在甘肅茶商已經運茶到伊設號，惟查所辦之茶僅止川塊一色，尚缺紅梅、米心、觔磚等茶。伊犁滿、蒙、漢、纏以及哈薩、俄商等種類不齊，食茶向均不一，茶色若不齊備，私販必將復來。所幸奴才茶局前收私茶及派員由張家口採運在途之茶尚屬不少，現已咨明督臣、撫臣，請其飭令甘商措繳成本，將局存茶勷領去銷售，以歸一手經理而免茶色不全，一俟本繳茶完，茶局即行停撤。如果甘商不願承領，即須存茶銷竣，再行報明撤局。約按市價發賣，將來尚可收穫餘利萬金上下。擬於截數後，將款存庫，以備另案奏撥。皮毛公司股分，除分咨督臣、撫臣及戶部、商部外，所有甘肅茶商來伊復引，伊犁茶局現籌停辦，暨收穫餘利銀數提充公用緣由，是否有當？理合附片具陳。伏乞聖鑒訓示。謹奏。

（硃批）：著升允①查酌辦理。②

光緒三十一年五月初二日，奉硃批：著升允查酌辦理。欽此③。

一八〇　奏請招商集股設立皮毛公司片
光緒三十一年三月十五日（1905年4月19日）

再，奴才前因伊犁邊瘠，頻年用款全賴仰給於人，亟思籌開本地利源，借紓各省協濟之力，是以於光緒二十九年奏請試辦官茶，以濟

---

① 升允（1858—1931），字吉甫，號素庵，蒙古鑲黃旗人。光緒八年（1882），中式舉人。十二年（1886），補總理各國事務衙門章京。十六年（1890），充出使俄國參贊。十八年（1892），報捐知府。二十年（1894），加布政使銜。二十四年（1898），署陝安道。二十五年（1899），授陝西督糧道。同年，遷陝西布政使。二十六年（1900），補山西按察使。同年，授甘肅布政使。是年，回任山西布政使。二十七年（1901），調補陝西布政使。同年，擢陝西巡撫。三十年（1904），調補江西巡撫。同年，授察哈爾都統。三十一年（1905），升授陝甘總督。民國二十年（1931），卒於津。贈諡文忠。

② 臺北"故宮博物院"藏：《軍機及宮中檔》，文獻編號：408004163-A。

③ 中國第一歷史檔案館藏：《錄副奏摺》，檔號：03-6515-046.03-7132-008。

民食而裕國課。原冀甘商撤號已久，無礙茶務、課釐，由此設法興商，必能增籌公款，詎意甫經辦有成效，督臣崧蕃仍飭甘商來伊，以致事廢半途，貽譏商賈，莫由報效，愧怍滋深！因不敢畛域稍分，現已另案奏明撤局。第當此時勢艱窘，若不早思變計，徒拘成法，萬難自強。不獨邊地兵民遇有緩急立見坐困，抑且迭奉諭旨振興商務，亦復成為具文。

奴才仰荷聖恩，膺茲疆寄，素餐尸位，心實難安！念自新疆改設行省以來，土地、人民，概歸巡撫管轄；興利除弊，自有撫臣設籌。其奴才所轄滿、蒙各營，沿邊數千里，苟有出產，亦足生財。查伊犁滿蒙各營，比較各省駐防迥別，閑散人等向以耕牧為生。近來牧廠、兵屯業已逐漸開辦，惟商務未立，利權不免外移。奴才派員查察蒙古、哈薩牧放馬牛羊隻歷年所收皮毛兩項，向均售與外來商民。每年外來商人前赴游牧收買，多以茶、布、雜貨互相易換，重利盤剝，蒙、哈愚蠢，時受欺朦。商人購獲各項皮毛，轉售俄商出卡貿易，得利較厚，計不若官為設局，興立皮毛公司，招商集股，由奴才派委熟悉蒙、哈情形之員，總司其事。蒙古部落即選總管、佐領老成穩練者，分旗發價收買。哈薩部落即選千、百戶長殷實可靠者，分部發價收買，定期交局，如法選製，轉發商民販運售賣，約計每年出產皮毛值價不下數十萬金。現在籌款維艱，擬先招商集湊股本銀十萬兩，公中即以茶價所獲餘利二萬金收入股本，開局試辦，以辦茶之餘利作公司之本金，於公款無慮有虧，將來收穫盈餘，除各股主攤分並開支局費外，其餘概行按年報明，儲備本處緩急之用。

似此辦理，在蒙、哈既免受奸商之剝削，論商務並無礙督撫之利權。商人販運總歸公司發賣，隨時公議定價，亦無壟斷之虞，風氣既開，地方可因利而利，盈餘較厚，稅課亦不征自征。如蒙聖恩准其試辦，即請敕下部臣議覆，一俟奉到諭旨，再將一切章程另擬具陳，以免徒託空談，致蹈辦茶覆轍。奴才為振興商務、廣開利源起見，並非好為苟難，是否可行？理合附片奏請。伏乞聖鑒訓示。謹奏。

（硃批）：該部議奏。①

光緒三十一年五月初二日，奉硃批：該部議奏。欽此②。

【案】光緒三十一年六月初二日，商部尚書載振等具奏曰：

御前大臣商部尚書固山貝子銜鎮国將軍臣載振等跪奏，為遵旨會議具奏，仰祈聖鑒事。

光緒三十一年五月初二日，軍機處片交伊犁將軍馬亮奏，招商集股，設立皮毛公司等因一片，奉硃批：該部議奏。欽此。欽遵傳知到部。據原奏內稱，蒙古、哈薩牧放馬牛羊隻歷年所收皮毛兩項，均係外來商人前赴游牧收買，以茶、布、雜貨互相易換，重利盤剝。蒙哈愚蠢，時受欺朦。商人購獲皮毛，轉售俄商，獲利較厚。計不若官為設局，興立皮毛公司，派委熟悉蒙哈情形之員，總司其事。蒙古部落即選總管、佐領老成穩練者，分旗發價收買。哈薩部落即選千、百戶長殷實可靠者，分部發價收買，定期交局，如法選製，轉發商民販運售賣，約計每年出產皮毛值價不下數十萬金。現在籌款維艱，擬先招商集湊股本銀十萬兩，公中即以茶價所獲餘利二萬金收入股本，開局試辦。將來收穫盈餘，除各股主攤分並開支局費外，其餘概行按年報明，儲備本處緩急之用，等語。臣等查伊犁僻處西陲，俗尚樸僿，土產惟牲畜為大宗，歷年所出皮毛皆係外商收買，販運出邊，獲利甚厚。蒙哈愚蠢，不免受人盤剝，自失利權。該將軍擬湊集官商股本，設立皮毛公司，講求選製，發商販售，果能經營得宜，亦足藉開風氣。惟事歸官辦，重在得人，應慎選才守明潔、熟悉商務之員，總司其事，收支必求核實，交易尤貴公平。一切規則均按照奏定商律辦理，力除官場積習，事歸核實，款不虛糜，庶足開闢利源，蒙、商兩便。

至該公司所獲盈餘，除各股主攤分並開支局費外，其餘應酌定成數，專款存儲，以備擴充之用。至公司開辦之先，並應由該將軍妥定派員招股、辦事各章程，詳細奏咨立案，並遵章赴商部註冊，以便隨時查核。抑

---

① 臺北"故宮博物院"藏：《軍機及宮中檔》，文獻編號：408004163-B。
② 中國第一歷史檔案館藏：《錄副奏摺》，檔號：03-6515-047.03-7132-007。

臣等更有進者，自來富國之原，畜牧與農桑並重。西人講求牧務，不遺餘力，北美、南澳用此富饒。即骨角、皮毛亦為製造必須之品。本年三月間，商部據出使俄國大臣胡惟德來咨，籌議仿織獸毛，抵制洋貨，等因。當經通行各省將軍、督撫酌度籌辦在案。天山北路自古為游牧行圍，沙土廣衍，水草肥饒，亟宜廣興牧政，為工商之基礎。即皮毛兩項產額亦可驟增，將來辦有成效，再將該公司所獲盈餘除擴充各項實業，在公中不必別籌鉅款，而要正可次第設施，且以商家之款專辦商務，於事理亦屬相合。如蒙俞允，當由臣部咨行該將軍體察情形，飭屬認真舉辦，以興商業而擴利源。所有臣等會議緣由，理合恭摺具奏。伏乞皇太后、皇上聖鑒訓示。

再，此摺係商部主稿，會同戶部辦理，合併聲明。謹奏。光緒三十一年六月初二日。御前大臣商部尚書固山貝子銜鎮国將軍臣載振（留署），商部左侍郎臣陳璧，商部左侍郎臣顧肇新（留署），經筵講官太子少保大學士管理戶部事務臣王文韶，經筵講官戶部尚書臣榮慶，經筵講官戶部尚書臣張百熙，頭品頂戴戶部左侍郎臣景澧，戶部左侍郎臣陳邦瑞，戶部右侍郎臣鐵良，戶部右侍郎臣戴鴻慈。①

一八一　奏報循例呈進貢馬情形摺
光緒三十一年三月二十四日（1905年4月28日）

奴才馬亮、廣福跪奏，為循例呈進貢馬，恭摺具陳，仰祈聖鑒事。

竊維伊犁係產馬之區，自收還以來，歷年挑選馴良馬匹呈進御用。茲屆光緒三十一年應進貢馬之期，奴才馬亮謹選得騸馬八匹，奴才廣福謹選得騸馬四匹，調習試驗，骨相雖非駿異，步驟尚屬安詳，專派防禦塔奇本、額勒得合恩、驍騎校哲陳泰等，帶領弁兵，於本年三月二十四日，由伊犁起程，照章取道草地行走，飭令攜帶穀料，沿途小心牧放餵養，護送進京，呈遞上駟院驗收試騎，敬備御用。

---

① 中國第一歷史檔案館藏：《錄副奏摺》，檔號：03-6171-007。

除咨行科布多、烏里雅蘇台將軍、參贊大臣、察哈爾都統等轉飭經過地方一體照料前進，以昭慎重外，謹將所有正貢、備貢馬匹毛色、口齒、腳步，另繕清單，恭呈御覽，懇恩賞收，以遂奴才等敬獻微忱。理合恭摺具陳。伏乞皇太后、皇上聖鑒訓示。謹奏。光緒三十一年三月二十四日。

（硃批）：知道了。①

光緒三十一年九月初七日，奉硃批：知道了。欽此②。

一八二　呈正貢備貢馬匹情形清單
光緒三十一年三月二十四日（1905年4月28日）

奴才馬亮謹呈正貢馬四匹：黑鬃黃馬，小走，八歲口。黑馬，小走，八歲口。海騮馬，小走，八歲口。棗騮馬，小走，八歲口。備貢馬四匹：黑鬃黃馬，小走，七歲口。黑馬，小走，八歲口。海騮馬，小走，七歲口。棗騮馬，小走，七歲口。

奴才廣福謹呈正貢馬二匹：黑鬃黃馬，小走，八歲口。黑馬，小走，八歲口。備貢馬二匹：黑鬃黃馬，小走，七歲口。黑馬，小走，七歲口。覽。③

一八三　領隊大臣遵例隨同呈進貢馬片
光緒三十一年三月二十四日（1905年4月28日）

再，據署理錫伯營領隊大臣索倫營領隊大臣志銳、察哈爾營領隊

---

① 臺北"故宮博物院"藏：《軍機及宮中檔》，文獻編號：408004165。
② 中國第一歷史檔案館藏：《錄副奏摺》，檔號：03-5573-032。
③ 中國第一歷史檔案館藏：《單》，檔號：03-5573-034。

大臣恩祥，各選得騸馬二匹，呈請隨同呈進前來。除飭委員塔奇本、額勒得合恩等一體護送上駰院驗收外，謹將馬匹數目、毛色、口齒、腳步另繕清單，恭呈御覽，伏乞天恩一併賞收。所有領隊大臣遵例隨同呈進貢馬緣由，理合附片陳明。伏乞聖鑒。謹奏。

（硃批）：知道了。①

光緒三十一年九月初七日，奉硃批：知道了。欽此②。

一八四　呈領隊大臣遵例呈進貢馬清單
　　　光緒三十一年三月二十四日（1905年4月28日）

奴才志銳謹呈正貢馬一匹，黑馬，小走，八歲口。備貢馬一匹，黑馬，小走，七歲口。

奴才恩祥謹呈正貢馬一匹，粉嘴、黑棗騸馬，小走，八歲口。備貢馬一匹，粉嘴、黑棗騸馬，小走，八歲口。

覽。③

一八五　奏聞賞福壽字謝恩摺
　　　光緒三十一年四月十一日（1905年5月14日）

奴才馬亮跪奏，為恭摺叩謝天恩，仰祈聖鑒事。

竊奴才於光緒三十一年三月初五日，准兵部火票遞到軍機處交出特賞伊犁將軍馬亮"福、壽"字，由驛遞送前來。奴才當即恭設香案，望闕叩謝天恩祇領訖。

---

① 臺北"故宮博物院"藏：《軍機及宮中檔》，文獻編號：408004165-A。
② 中國第一歷史檔案館藏：《錄副奏片》，檔號：03-5573-033。
③ 中國第一歷史檔案館藏：《單》，檔號：03-5573-035。

伏念奴才漢軍世僕，吉省庸材，濫列戎行，未諳韜略，謬邀擢薦，愧乏功勳，渥蒙聖主特達之知，重畀奴才疆寄之任。權篆已逾兩載，報稱毫无，賞賫復永特頒，感慚交集，戴高厚生成之大德，非捐靡頂踵所能酬！奴才惟有益殫血誠，勉盡力心，務整軍經武之實濟，佐安內和外之聖謨，將邊疆事宜虛衷體察，隨時振興，以期仰答鴻慈於萬一。

所有奴才感激下忱，謹恭摺叩謝天恩。伏乞皇太后、皇上聖鑒。謹奏。光緒三十一年四月十一日。

（硃批）：知道了。①

光緒三十一年六月十七日，奉硃批：知道了。欽此②。

一八六　新餉缺絀請飭催各省關先行補解摺
光緒三十一年三月二十四日（1905年4月28日）

署理塔爾巴哈臺參贊大臣臣徐炘、陝甘總督臣崧蕃、伊犁將軍臣馬亮、甘肅新疆巡撫臣潘效蘇跪奏，為新疆餉源短絀，日漸難支，籲懇天恩飭部分催各省關迅將歷年欠餉先行補解三成，以資接濟而維邊局，恭摺仰祈聖鑒事。

竊各省關應協新餉自光緒十一年起經戶部議定章程，按年指撥，歷係清年款。庚子以後積欠甚鉅，按戶部上年二月片奏，截至二十八年止，計山西欠解銀七十五萬二千八百兩，湖北欠解銀三十七萬兩，兩淮欠解銀十四萬五百九十五兩，四川欠解銀四十六萬兩，閩海關欠解銀六十萬兩，河南欠解銀一百二十萬七千兩，共欠解銀三百五十三萬三百餘兩。除上年春滿交卸因欠發塔城兵餉，奏經戶部議由四川、湖北各撥銀二萬兩，山西撥銀三萬兩，實共欠銀三百四十六萬三百餘

---

① 臺北"故宮博物院"藏：《軍機及宮中檔》，文獻編號：408004168。
② 此奉硃批日期與內容，據稿本校補。

兩，二十九年以後未解之數尚不在內。

查前項欠餉雖經戶部奏明自三十年起分作四年帶解，迄今日久，除四川、湖北、山西補解塔城銀七萬兩外，其餘並未補解分釐。臣等非不知時局艱難，各省同一支絀，歷年欠餉亦因一時不能兼顧，並非無故宕延。惟是西陲物力遠遜東南，全恃德鄰為之協助。歲額新餉，自二十七年起，每年應扣甘省認攤賠款三十萬兩，新省認攤賠款銀四十萬兩，二十九年又復奏減銀四十萬兩，入款頓少，出款頓增，挖肉醫瘡，時形竭蹶。各軍荷戈萬里，多係鋒鏑餘生，邊地食用昂貴，平時餉項充裕，猶恐不敷養贍，難資飽騰。今忽併此，計口授食之需，亦多懸欠，更難維繫其心。

二十八年冬間，臣效蘇到任之時，各兵勇因前撫臣饒應祺交卸進關，環索欠餉，勢甚洶洶，經臣效蘇凱切開導，並許補發欠餉，始就安帖。嗣查明前任歷年欠餉已積至一百二十餘萬，因恐愈累愈多，不得已議將各營旗汰弱留強，騰出新餉，勻發舊欠。無如年久數鉅，存營之勇，積欠仍不能清。去冬，省城勇丁又有聚眾索餉之事，雖經臣效蘇將該營哨官分別摘頂撤委、鎮壓無事，然此僅能暫顧一時，非可長恃之道。飢軍待哺情急，若欠餉日久不發，究難保其始終帖然。當此時事阽危，人心不靖，外而強鄰逼處，內而伏莽未消，設使邊軍因飢譁潰，後患何堪設想！況伊犁、塔城歲餉向均由新疆總收分撥，截至三十年止，業經墊撥不少，庫儲羅掘已空。若分年帶解欠餉之議竟成畫餅，則新疆已墊鉅款無從扣還，以後伊塔餉需亦難再籌接濟，水盡山窮，勢必均成坐困！

臣等忝膺邊寄，處此窮鄉，萬不敢於已經認賠之款復請議減，亦不敢於已經奏減之款再請加增。惟餉源短絀，日漸難支，勢不能不靠此歷年欠餉以應然眉之急。查塔城欠餉前因春滿交卸奏催，業經戶部指明補撥。甘、新、伊犁事同一律，且轄境尤寬，欠數尤鉅，待餉之人較眾，需餉之事甚殷，自應援照辦理。臣等往復籌商，二十八年以前欠餉實共銀三百四十六萬三百餘兩，照戶部原議分四年帶解攤算，計

三十、三十一年兩年本應補解銀一百七十三萬一百餘兩，茲擬請由欠餉各省關按實欠銀數，先行補解三成實銀一百三萬八千餘兩，下餘欠餉二百四十二萬二千餘兩，再行展緩，分年帶解。如此辦理，所解三成實銀，較之兩年應解之數尚屬減少，各省分籌既易為力，邊疆得此的款，亦可勉將舊欠分別清釐，免致徒受虛名，反無實惠，於大局不無裨益。

所有餉源短絀，懇恩飭部分催各省關先行補解三成欠餉以資接濟而維邊局各緣由，是否有當？謹合詞恭摺具陳。伏乞皇太后、皇上聖鑒訓示。再，此摺係臣效蘇主稿。合併陳明。謹奏。光緒三十一年三月二十四日。

（硃批）：著戶部分別飭催。①

光緒三十一年五月初二日，奉硃批：著戶部分別飭催。欽此②。

一八七　賞賜福字荷包等件謝恩摺
　　光緒三十一年四月十一日（1905年5月14日）

奴才馬亮、廣福等跪奏，為恭摺叩謝天恩，仰乞聖鑒事。

竊奴才等於本年二月十五日承准軍機處咨開：由內交出恩賞伊犁將軍、大臣等福字荷包、銀錁、銀錢、食物等件，由驛齎送前來。除將額魯特領隊大臣徐炘應得恩賞轉送塔爾巴哈臺外，奴才等當即恭設香案，望闕叩頭，謝恩祗領訖。

伏念奴才等才識庸愚，涓埃未效，撫躬循省，正切悚惶！茲復仰蒙軫念邊陲，優加賞齎，拜殊恩之逾格，益感激以難名！奴才等惟有將邊防、營務暨各愛曼應辦一切事宜認真整頓，和衷商辦，斷不敢稍涉疎懈，以期仰答高厚鴻慈於萬一。

---

① 中國第一歷史檔案館藏：《硃批奏摺》，檔號：04-01-01-1073-059。
② 中國第一歷史檔案館藏：《錄副奏摺》，檔號：03-6170-103。

所有奴才等感激下忱，謹恭摺叩謝天恩。伏乞皇太后、皇上聖鑒。謹奏。光緒三十一年四月十一日。伊犁將軍奴才馬亮、伊犁副都統奴才廣福、索倫營領隊大臣奴才志銳、察哈爾領隊大臣奴才恩祥。

（硃批）：知道了。①

光緒三十一年六月十七日，奉硃批：知道了。欽此②。

一八八　恩賞長子二品蔭生謝恩摺
光緒三十一年四月十一日（1905年5月14日）

奴才廣福跪奏，為恭謝天恩，仰祈聖鑒事。

竊奴才長子恩秀於光緒三十年經兵部於第五次彙奏，給予二品蔭生。十二月初三日，兵部帶領引見，奉旨：著以藍翎侍衛用。欽此。聞命之下，感激莫名！當即恭設香案，闕叩謝天恩訖。

伏念奴才蒙古世僕，知識庸愚，荷蒙高厚殊榮，畀副邊疆重任，既愧涓埃未效，祇凜析薪；尤慚家學无傳，敢云式穀！恭承丹詔，得邀任子之恩；入對彤廷，渥被重申之命！奴才已懍非分，在長子更切悚惶。奴才惟有矢志忠誠，以身作則，寓書訓誡，圖報將來，以求仰副鴻慈於萬一。

所有奴才感激下忱、叩謝天恩緣由，謹恭摺具陳。伏乞皇太后、皇上聖鑒。謹奏。光緒三十一年四月十一日。

（硃批）：知道了。③

光緒三十一年六月十七日，奉硃批：知道了。欽此④。

---

① 臺北"故宮博物院"藏：《軍機及宮中檔》，文獻編號：408004166。
② 此奉硃批日期與內容，據稿本校補。
③ 臺北"故宮博物院"藏：《軍機及宮中檔》，文獻編號：408004166。
④ 中國第一歷史檔案館藏：《錄副奏摺》，檔號：03–5966–147。

一八九　代奏領隊博貴署任謝恩摺
光緒三十一年七月初一日（1905年8月1日）

奴才馬亮跪奏，為恭摺代奏叩謝天恩，仰祈聖鑒事。

竊准兼署索倫營領隊大臣舊滿營左翼協領博貴呈稱：前准照會：奏請兼署索倫營領隊大臣，到任以來，竭力圖報。茲復奉照會：光緒三十一年五月二十一日，准兵部遞回原片，於四月初一日奉硃批：知道了。欽此。欽遵轉行知照前來。當即恭設香案，望闕叩謝天恩訖。

伏思博貴一介愚庸，毫無知識，自光緒二十六年渥荷聖恩，補授協領權篆，已逾四載，職守未展一籌。上年既承保奏請以副都統記名，欽奉恩旨著交軍機處存記，方愧涓埃未報，茲復仰蒙恩命，兼署索倫營領隊大臣。聞命自天，感激無地！惟有益加謹慎，勉竭駑駘，遇有任內應辦一切事宜，隨時稟呈將軍，勤求治理，以期仰答高厚鴻慈於萬一。

所有感激下忱緣由，呈請代奏叩謝天恩，等情。前來。奴才理合恭摺代奏。伏乞皇太后、皇上聖鑒。謹奏。光緒三十一年七月初一日。

（硃批）：知道了。①

光緒三十一年八月二十八日，奉硃批：知道了。欽此②。

一九〇　據情代志銳轉遞謝摺緣由片
光緒三十一年七月初一日（1905年8月1日）

再，准署伊犁錫伯營領隊大臣索倫營領隊大臣志銳齎到叩謝天恩

---

① 臺北"故宮博物院"藏：《軍機及宮中檔》，文獻編號：408004171。
② 中國第一歷史檔案館藏：《錄副奏摺》，檔號：03-5967-118。

摺一封①，懇請附入夾板轉遞前來。奴才即應敬謹代遞。理合附片陳明。謹奏。

（硃批）：知道了。②

光緒三十一年八月二十八日，奉硃批：知道了。欽此③。

一九一　飭交接辦盟長印務緣由片
光緒三十一年七月初一日（1905年8月1日）

再，查舊土爾扈特西部落盟長札薩克濟爾噶朗貝勒諾爾博三丕勒，前於光緒二十八年前將軍長庚奏准襲爵，因該貝勒年未及歲，派委該盟二等臺吉巴圖博羅特護理貝勒盟長印務在案。本年四月間，准護理盟長咨呈：竊巴圖博羅特自二月起患得心神昏迷之症，多方調治，難以速痊。現在貝勒諾爾博三丕勒年已及歲，請將盟長札薩克印務飭交接辦，則本盟人眾亦甚悅服，等情。奴才等當經覆准移交接辦，並派該盟閒散四等臺吉巴雅爾蒙庫幫同辦理去後。茲准貝勒諾爾博三丕勒咨呈，於本年六月初二日接辦盟長印務等情，前來。除咨理藩院外，理合附片陳明。伏乞聖鑒。謹奏。

（硃批）：該衙門知道。④

---

① 光緒三十一年六月二十二日，索倫營領隊大臣志銳奏為交部議敘謝恩，曰："奴才志銳跪奏，為叩謝天恩，仰祈聖鑒事。竊奴才奉到伊犁將軍照會，內開光緒三十年辦理喀什中俄積案，奴才蒙恩交部議敘加一級，奉旨：依議。欽此。又，奴才近接家信，胞姪源繽以廕生引見，蒙賞文職，籤分兵部學習。凡此隆施之駢及，均非始願所敢期！伏念奴才樗櫟庸才，屢叨雨露，通籍已二十六年，愧乏涓埃之報；守邊逾一十二載，時深依戀之私！值時事之多艱，努竭寡獻；仰軍門於萬里，葵藿時傾！惟有力矢夫慎勤，藉以仰酬乎高厚！所有奴才感激下忱，理合繕摺循例封交伊犁將軍，藉差轉奏叩謝天恩。伏乞皇太后、皇上聖鑒。謹奏。（硃批）：知道了（臺北"故宮博物院"藏：《軍機及宮中檔》，文獻編號：408004169）。

② 臺北"故宮博物院"藏：《軍機及宮中檔》，文獻編號：408004171-A。

③ 中國第一歷史檔案館藏：《錄副奏摺》，檔號：03-5967-122。

④ 臺北"故宮博物院"藏：《軍機及宮中檔》，文獻編號：408004171-B。

一九二　來年新餉請照減成指撥摺
光緒三十一年七月初一日（1905年8月1日）

奴才馬亮、廣福跪奏，為預估光緒三十二年新餉，懇恩敕部准照減定成數，援案指撥的款，以濟要需，恭摺仰祈聖鑒事。

竊查伊犁滿蒙標練各營官兵俸餉，以及一切難支各款，歷經各前將軍核實裁減，歲定額支銀四十萬兩，按年奏請估撥在案。光緒二十九年，奴才等於無可撙節之中又復劃切開導，各營官兵再為減支，每年議定銀三十四萬兩，奏明請撥。旋於光緒三十年、三十一年兩次援案奏請，均蒙聖恩敕部議准，照章由甘省藩庫總收分撥，具領供支，亦在案。無如伊犁邊瘠，百物價昂，俸餉減成，在各官兵拮据情形已甚於昔，而各省關應協餉銀不能如數解足，舊欠墊款既當設法勻還，新欠餉銀又需力籌挪借。

奴才等籌邊乏術，實屬寢饋難安。茲居預估光緒三十二年新餉之期，據糧餉處呈請援案仍照上年請撥成數，奏撥銀三十四萬兩，以供支放。前來。已電請陝甘督臣、新疆撫臣會銜彙奏。合無仰懇天恩俯念邊疆要地，待餉孔殷，敕部將伊犁三十二年新餉，按照減定銀三十四萬兩之數，援案指撥的款，如數解到，以濟要需。

除咨部外，所有預估光緒三十二年伊犁餉數緣由，理合恭摺具奏。伏乞皇太后、皇上聖鑒訓示。謹奏。光緒三十一年七月初一日。

（硃批）：戶部知道。①

光緒三十一年八月二十八日，奉硃批：戶部知道。欽此②。

---

① 臺北"故宮博物院"藏：《軍機及宮中檔》，文獻編號：408004170。
② 中國第一歷史檔案館藏：《錄副奏摺》，檔號：03-6171-085。

一九三　捐款興修菓子溝情形片
光緒三十一年七月初一日（1905年8月1日）

再，查伊犁菓子溝為新疆省城北通伊犁最要門戶，距伊犁惠遠城百二十里，在塔勒奇山之中，兩山夾峙，險峻如關。自松樹頭至山南出口，計程約八十里，林木茂密，溝水迴環，轉運餉糈，馳遞文報，以及行旅往來，皆由此經過。自收還伊犁以後，前將軍金順派員建設橋梁二十六道，開山鑿石，以利行人。每年冰雪融化，水沖橋塌，山圮道梗，無不籌款隨時修理。迨新疆改設行省，該處道路劃歸地方官經管。

光緒十五年，前將軍色楞額因溝道壅塞，車馬難行，奏請每年由善後項下動款歲修①，經戶部議覆：伊犁已設道、府、廳、縣，業經新疆巡

---

① 光緒十五年七月十二日，伊犁將軍色楞額以伊犁菓子溝山水漲發，橋梁斷塌，奏請趕修舊道，曰："奴才色楞額跪奏，為伊犁菓子溝山水漲發，衝斷橋梁，道路阻隔難行，先已設法開闢闢里沁小徑，暫通往來，仍趕修菓子溝舊道，謹陳大概情形，仰祈聖鑒事。竊伊犁地方自精河大河沿西來，向以菓子溝為孔道，所有轉饋餉械、馳遞文報以及商旅往來，無一不由此行走。菓子溝即塔勒奇山自松樹頭以達溝口，計程約六十里許，兩山夾束，一徑中通，險峻如關；林木茂密，嶺竇湧泉多處，益以雪水匯為溝流，廣仁、綏定一帶地畝資其灌溉。百餘年來，獲利良非淺鮮。兵燹之後，伊犁收還，該處建木橋二十六道，遇有毀壞，隨時設法籌款補修，並未照工程估報。詎去歲伊犁冬雪甚大，菓子溝嘗深至丈餘，道途為之壅塞，雖派有營兵推剷，奈竭數日之工力，不及頃刻之彌漫。溝內兩山壁削，嚴若列屏，雪積一厚，輒自崩摧，長至百數十丈不等，多年老樹，隨雪擁倒。中僅一線官路，時被堆壓，行走頗不易易。今年春雪較上冬尤甚，入夏以來，繼以連日傾盆大雨，天暖雪融，四山積水漲發，陡於五月初六、十三等日，破溝而出，橋梁全行拉毀，竟乏寸椽；道路悉被刷衝，直成巨壑。車馬雖通，徒步者亦無處繞越。詢諸父老，為曠世未有之險工。月餘之久，大雨時行，積雪日化，水勢未能稍減，人力實無法可施。菓子溝以東西要道，現在饋運阻隔，商旅斷絕，遣撤勇隊，亦未能起程。驛路不可一日不通，如此情形，非趕緊另行設法，誠恐貽誤時局，所關匪細。伏查闢里沁溝東出登努斯口，直達精河，山行約三四站，遠比菓子溝尚覺便捷，略加修治，來往可通。惟中有數段地形低陷如釜，冬令積雪過深，斷難掃除，似非菓子溝衹數十里程途稍易為力。且闢里沁相距精河明較菓子溝為近，昔人舍近求遠，煞費經營。揆勢度時，良有一番深意。奴才以井蛙之見，成規舊制，何敢率事更張！遂揀派署瞻德城營參將賈逢寅，帶領匠夫，星夜先往闢里沁，相度路徑、形勢，趕速設法開辦。高阜者略剷平之；有溝壑者，支木為渡，餉項由此西來，撤勇由此東去，客商、人民藉此亦暫通來往。原因菓子溝工程浩大，非旦夕所能奏功，不得不作權宜之舉，一俟水勢稍退，坑塹涸乾，即便修復故途，為久遠計。現據稟報，闢里沁業已工竣。適菓子溝水亦漸消，當經批令該署參將，

撫陸續奏報委員署理，所有地方修補橋梁等事，自應歸該管地方官查明，稟由新疆巡撫奏明辦理；一面在於本地征款項下籌修，不得仍照從前一切動用善後款項，行令新疆巡撫查明，報部核辦。嗣後撫臣如何咨覆，伊犁無案可稽。惟歷年並未動款修理，僅止鎮標派令營勇伐木，脩搭橋梁，因無經費，未能大修，以致山路愈圮，愈形窄狹；溝道愈壅，愈覺不通。每遇雪消冰化之時，山水泛漲，橋梁被冲，往來行車延累，殊難言狀！間有冒險繞越者，傾車淹馬，層見疊出，聞之尤屬堪憐！

本年五月，奴才電商撫臣及藩司，奏明籌款大修，接准覆電，以款項難籌，致未奏辦。奴才近在咫尺，明知該處為伊犁緊要險隘，路難劃歸地方官經管，地實居索倫、察哈爾、額魯特交界之中，未便任其梗阻，致令行旅難通。商之滿、蒙寅僚，咸願公同捐款，購辦食、羊、麪麴、鹽、茶及開山鐵器。當即電知撫臣，調派鎮標中營游擊陳甲福，選派勇丁入山，砍伐木料，並調蒙古、哈薩克四百名，派令軍標中軍都司王保清管帶，並雇木石鐵匠，自六月初一日起，督同分段興工。現經奴才輕騎減從，前往履勘。其中險阻有應改道開鑿之處，約計三箇月可以蔵事，需用經費銀六七千兩，已經與各官公同捐助，具

趕將前項匠夫人等移往菓子溝，會同署鎮標左營遊擊陳甲福所帶工役，建造橋梁，修治道路，併力合作，務令悉成坦途。其有應添橋道，四處亦須相度形勢，一律加修。此次山水陡發，既大且久。其衝刷者，非深澗長溝，即懸崖絕壁，為工不易，所費尤多。奴才再四籌度，惟有飭派妥員，按照定例工程丈尺、做法，切實撙節，估計石木匠作，約需四千五六百工，日各給銀二錢五分；壯夫六萬二千餘工，日各給銀二錢。加以灰料、木石、器具、運腳等項，各計銀一萬六千數百兩。闢里沁工雖甫竣，所用款目尚未據詳細具報，約略計之，亦在二千兩上下。東西山口長二百五六十里，均擇其緊要處修治，暫利往來，聊顧目前之急，難期經久。若必一勞永逸，為數當更為不資。以上兩款，明知乃意外所需，而反覆詳籌，萬難再事覈減。菓子溝為自古衝途，驛遞與餉運攸緊，此次修竣後，一年之中，橋梁、道路，駝馬踏損，車輛碾磨及一切不及料之微工，時所必有，甚或兵丁冬令掃雪，墮指裂膚，情殊可憫！尤須籌以犒賞之資，惠以禦寒之具。通盤合算，擬儲歲修銀八百兩，暫由善後款內按年提用，俟地方稍形富庶，再行另籌。除分別造具估冊咨部外，相應一併籲懇天恩，敕部立案，由善後項下如數動用，俟前項工程完竣，併案報銷，斷不任承辦人員稍涉欺冒，致滋虛糜，以仰副朝廷眷恤邊域、慎重庫儲之至意。所有伊犁菓子溝山水漲發，衝斷橋梁，道路阻隔難行，現已設法開闢闢里沁小徑，暫通往來，仍趕修菓子溝舊道緣由，是否有當？理合恭摺具奏。伏乞皇上聖鑒訓示。謹奏。七月十二日（中國第一歷史檔案館藏：《錄副奏摺》，檔號：03-7081-027）。"

有端倪。即使稍有不敷，將來由奴才再行捐廉，以成此舉，斷不敢分釐取之兵民，工竣亦不敢仰邀議叙。除俟大工告成再行奏報外，理合附片陳明。伏乞聖鑒。謹奏。

（硃批）：知道了。①

光緒三十一年八月二十八日，奉硃批：知道了。欽此②。

一九四　請准王金樞暫緩送引緣由片
光緒三十一年七月初一日（1905年8月1日）

再，查前准新疆撫臣潘效蘇咨：准兵部議覆撫臣奏補伊犁鎮属寧遠營中軍守備員缺，請以留新儘先都司雲騎尉王金樞借補一案③。據兵

---

① 臺北"故宮博物院"藏：《軍機及宮中檔》，文獻編號：408004172-A。
② 中國第一歷史檔案館藏：《錄副奏片》，檔號：03-7169-047。
③ 光緒三十年二月初十日，新疆巡撫潘效蘇奏請以王金樞借補寧遠營守備，曰："甘肅新疆巡撫西林巴圖魯臣潘效蘇跪奏，為揀員借補守備員缺，以重邊防，恭摺仰祈聖鑒事。竊照新疆伊犁鎮属寧遠營中軍守備殷明請假回籍，業經臣奏明開缺在案。茲查該守備員缺係邊遠題補要缺，亟應揀員請補，以專責成。臣於儘先合例人員內逐加揀選，查有留新疆儘先補用都司雲騎尉世職王金樞，年富力強，熟悉營務，以之借補斯缺，洵堪勝任，人地亦極相宜。合無仰懇天恩俯准以該員王金樞借補伊犁鎮属寧遠營中軍守備員缺，以重邊防。如蒙俞允，並懇飭部發給劄付。王金樞應照烏魯木齊補放守備例，毋庸送部引見，以符定制。除飭取該員履歷清冊咨部查照外，謹會同伊犁將軍臣馬亮、陝甘總督臣崧蕃、喀什噶爾提督臣焦大聚，恭摺具陳。伏乞皇太后、皇上聖鑒訓示。謹奏（中國第一歷史檔案館藏：《硃批奏摺》，檔號：04-01-16-0281-022）。"
【案】光緒三十年十一月初十日，新撫潘效蘇仍請以王金樞揀補寧遠營守備，曰："甘肅新疆巡撫西林巴圖魯臣潘效蘇跪奏，為守備員缺緊要，請仍以原揀之員准補，恭摺具陳，仰祈聖鑒事。竊臣前因伊犁鎮属寧遠營中軍守備員缺，奏請以新疆儘先補用都司雲騎尉王金樞借補，經兵部議覆，以該員原保都可以俟雲騎期滿引見後，再歸都司班序補。今以未歸都司班之雲騎尉借補守備，與例不符，仍另揀合例人員請補，等因。於光緒三十年五月十六日具奏，奉旨：依議。欽此。欽遵咨行前來。查部臣以該員王金樞未歸都司班借補守備與例不符，係指該員應俟雲騎尉學習期滿引見後方准以都司留新疆儘先即補而言。惟世職雲騎尉照例到營學習期滿，原准以守備補用。該員王金樞經前撫臣陶模咨部新疆，歸巴里坤鎮標差遣，於光緒十八年六月十三班日到標，扣算留營學習之期早經屆滿，即未得保都司，以雲騎尉請補守備，本與定例相符，銜缺亦屬相當。若因其續著戰功請獎升階未及過班不准請補守備，反不足以昭激勵，況該員曾於光緒二十九年經伊犁將軍馬亮奏請，留於伊犁軍標差遣，欽奉硃批：著照所請。欽此。俟准兵部咨覆，應俟引見後歸班註冊。經馬亮以該員在營年久，現充要差，既經欽奉硃批照准，請

部奏稱：查該員本係應行引見人員，仰蒙俞允俟補缺後再行送部，是以准其免先赴引即歸都司班。今以之借補守備，尚無不合，自應准其以儘先都司借補伊犁鎮屬寧遠營中軍守備。惟查臣部原奏業經聲明俟補缺時即行送部，該撫所請先給劄付俟有差便再行送引之處，礙難照准。恭候命下，臣部即行文該撫按照原奏，即行送部帶領引見後，再行給與劄付，以昭慎重，等語。咨令轉飭遵照前來。

奴才伏查該員王金樞，現留伊犁軍標差遣，尚稱得力，一時難以驟易生手。除俟選擇替人再將該員送部帶領引見、祗領劄付外，所有該員王金樞在伊犁軍標供差得力，辦事需人，擬請暫緩送引緣由，除咨部外，理合附片陳請。伏乞聖鑒訓示。謹奏。

（硃批）：著照所請，兵部知道。①

光緒三十一年八月二十八日，奉硃批：著照所請，兵部知道。欽此②。

一九五　補授烏里雅蘇台將軍謝恩摺
光緒三十一年七月十一日（1905年8月11日）

奴才馬亮跪奏，為恭摺叩謝天恩，仰祈聖鑒事。竊奴才恭閱電鈔：於光緒三十一年六月初八日奉上諭：奎順③著留京當差。烏里雅

照新疆變通章程，准其先行歸班註冊，咨覆在案。實與無故未經赴引者有間，且伊犁駐防世職雲騎尉因程途窵遠，無力赴京，歷經前任將軍咨部免其送部有案。又，伊犁、烏魯木齊等處補放守備，照例毋庸送部，該員事同一律。若必俟引見后始准補缺，亦非朝廷體恤藎臣後嗣之意。合無仰懇天恩俯念極邊員缺緊要，與內地情形不同，該員王金樞在邊年久，熟悉情形，揀補伊犁鎮屬寧遠營守備，人地亦極相宜，飭部仍照原案核准，並先行發給劄付，俟有差便，再行給咨送部引見，以符定制。是否有當？謹會同伊犁將軍臣馬亮、陝甘總督臣崧蕃、喀什噶爾提督臣焦大聚，恭摺具陳。伏乞皇太后、皇上聖鑒訓示。謹奏。光緒三十年十一月初十日（中國第一歷史檔案館藏：《硃批奏摺》，檔號：04-01-16-0283-071）。"

①　臺北"故宮博物院"藏：《軍機及宮中檔》，文獻編號：408004172-B。
②　中國第一歷史檔案館藏：《錄副奏片》，檔號：03-5967-119。
③　奎順（1846—？），滿洲正藍旗人，監生，捐納貢生。同治九年（1870），再捐筆帖式。次年，保主事、員外郎。十二年（1873），籤分戶部員外郎。光緒元年（1875），監修普祥峪工程。三年（1877），補戶部員外郎，加四品銜。五年（1879），升補戶部郎中。九年（1883），

蘇臺將軍著馬亮調補。欽此。同日，又奉上諭：伊犁將軍著長庚補授。欽此。聞命自天，感愧無地！當即恭設香案，望闕叩謝天恩訖。

伏念奴才漢軍世僕，知識庸愚，四十載荷戈從戎，素鮮經世之略；萬餘里督師破虜，惟憑勇往之誠。迺蒙聖主特達殊恩，簡授伊犁疆寄。自光緒二十七年護駕入都，叩辭就道，到任三載，未立寸功。茲復仰荷優容，重申調補烏里雅蘇台將軍之命，自顧何人，膺茲寵遇！撫躬循省，感激涕零。惟有將任內經手事件趕緊清釐，恭候命下，一俟長庚到任，即行交卸起程，馳詣闕廷，面聆聖訓，以盡奴才依戀之忱！所有奴才叩謝天恩並請陛見緣由，理合恭摺具陳。伏乞皇太后，皇上聖鑒訓示。謹奏。光緒三十一年七月十一日。

（硃批）：著来见。①

光緒三十一年八月二十日，奉硃批：著来见。欽此②。

一九六　奏為給予臣子蔭生謝恩摺
光緒三十一年七月十一日（1905年8月11日）

馬亮跪奏，為恭謝天恩，仰祈聖鑒事。

竊奴才接准兵部咨開：本部第七次彙奏，伊犁將軍馬亮之嫡子馬廣孝等共三十員給予蔭生一摺，光緒三十一年三月初五日，奉旨：依議。欽此。計單內開：伊犁將軍馬亮，吉林正白旗漢軍人，長子、三子均有職，次子早故。嫡四子馬廣孝十一歲，應給予一品蔭生，等因。

充捐納房幫辦，調戶部江南司郎中。十一年（1885），放甘肅甘涼道。十三年（1887），署西甯辦事大臣。十八年（1892），遷西甯辦事大臣，加副都統銜。二十五年（1899），遷正黃旗漢軍副都統、馬蘭鎮總兵官兼總管內務府大臣。二十六年（1900），調鑲白旗漢軍副都統。同年，授察哈爾都統。三十年（1904），補烏里雅蘇台將軍。三十一年（1905），調補正藍旗漢軍都統。

① 臺北"故宮博物院"藏：《軍機及宮中檔》，文獻編號：408004174。
② 中國第一歷史檔案館藏：《錄副奏片》，檔號：03-5967-096。

欽遵咨行到伊。當即恭設香案，望闕叩頭謝恩訖。

伏念奴才起自戎行，迭邀拔擢，既愧官箴忝竊，尤慚家學無傳！自問疆寄謬膺，在奴才已逾非分；迺承恩綸迭沛，在童子更屬無知。現在四子廣孝隨任讀書，奴才惟有教以忠誠，勉其造就，以仰副聖主恩榮後裔之至意。

除將四子廣孝名字應行更正緣由咨部辦理外，所有奴才感激下忱，謹繕摺叩謝天恩。伏乞皇太后、皇上聖鑒訓示。謹奏。光緒三十一年七月十一日。

（硃批）：知道了。①

光緒三十一年八月二十日：奉硃批：知道了。欽此②。

一九七　揀選額魯特營佐領員缺摺
光緒三十一年七月初一日（1905年8月1日）

奴才馬亮、廣福跪奏，為循例揀選伊犁額魯特營佐領等缺，擬定正、陪，恭摺具陳，仰祈聖鑒事。

竊奴才等准署伊犁額魯特營領隊大臣錫濟爾琿咨呈：額魯特右翼正黃旗二牛彔佐領恩克哈拉於本年四月初十日因病出缺，所遺佐領等缺應請揀員補放，以資辦理旗務，等因。咨呈前來。奴才等當於該營應升人員內逐加考驗，恩克哈拉遺出佐領一缺，揀選得鑲藍旗頭牛彔驍騎校達巴車林堪以擬正，正黃旗頭牛彔驍騎校那遜堪以擬陪。遞遺驍騎校一缺，揀選得鑲藍旗二牛彔空藍翎蒙庫布林堪以擬正，鑲藍旗頭牛彔委官阿里巴堪以擬陪。謹將該員等履歷另繕清單，恭呈御覽，伏候欽定。

其請補佐領一俟遇有差便，給咨送部補行引見，以符定制。所有揀選伊犁額魯特營佐領等缺擬定正、陪緣由，理合恭摺具陳。伏乞皇

---

① 臺北"故宮博物院"藏：《軍機及宮中檔》，文獻編號：408004173。
② 中國第一歷史檔案館藏：《錄副奏片》，檔號：03-5967-095。

太后、皇上聖鑒訓示。謹奏。光緒三十一年七月初一日。

（硃批）：均著擬正之員補授，該衙門知道，單併發。①

光緒三十一年八月二十日：奉硃批：均著擬正之員補授，該衙門知道，單併發。欽此②。

一九八　呈揀選額魯特營佐領等缺清單
光緒三十一年七月初一日（1905年8月1日）

謹將揀選伊犁額魯特營佐領等缺擬定正、陪人員繕具清單，恭呈御覽。

額魯特營恩克哈拉遺出佐領一缺。擬正之額魯特營右翼鑲藍旗頭牛彔驍騎校達巴車林，食俸餉當差十六年。光緒二十七年，補放驍騎校，揀選佐領擬陪一次。現年三十歲。舊額魯特馬步箭平等。

擬陪之額魯特營右翼正黃旗頭牛彔驍騎校那遜，食俸餉當差二十二年。光緒三十一年，補放驍騎校，現年四十一歲。舊額魯特馬步箭平等。

擬補佐領遞遺驍騎校一缺。擬正之額魯特營右翼鑲藍旗二牛彔空藍翎蒙庫布林，食錢糧當差九年。光緒二十八年，補放空藍翎，揀選驍騎校擬陪一次。現年二十四歲。舊額魯特馬步箭平等。

擬陪之額魯特營右翼鑲藍旗頭牛彔委官阿里巴，食錢糧當差二十三年。光緒十七年，搜勦竄匪案內出力，經前護將軍富勒銘額咨保給予六品頂戴。三十年，由領催補放委官。揀選驍騎校擬陪一次。現年三十九歲。舊額魯特馬步箭平等。

（硃批）：覽。③

---

① 臺北"故宮博物院"藏：《軍機及宮中檔》，文獻編號：408004172。
② 中國第一歷史檔案館藏：《錄副奏摺》，檔號：03-5967-120。
③ 中國第一歷史檔案館藏：《單》，檔號：03-5966-032。

一九九　懇恩賞假回籍修墓緣由片
光緒三十一年七月十一日（1905年8月11日）

　　再，奴才自同治元年由吉林原旗奉派出征，維時奴才父母在堂，當牽衣泣別之時，領移孝作忠之訓。及至轉戰秦、隴，正當髮、回各逆猖狂，勉竭馳驅，學習軍旅，先後接到家書，知父母相繼棄養，雖私心痛苦，幾不欲生，迭經稟求給假回旗終制，祇以軍務倥傯，未蒙批准。迨隨前伊犁將軍金順出關，離家愈遠，回旗愈難。收還伊犁以後，奴才所統吉江各起馬隊官兵均已遣撤回旗，獨奴才一人。蒙前署將軍錫綸仍令留營差遣，未得一返故鄉。奴才因念邊疆多故，身受聖恩，不敢遽萌歸志；以身許國，曾未計及生入玉關。

　　光緒二十六年春，奉旨調京，行抵中途，適聞拳匪滋事，聖駕西巡。奴才晝夜兼程，馳詣行在，展覲天顏，仰沐恩綸，先授密雲副都統，復蒙擢授伊犁將軍。受寵榮於無極，思圖報為尤難！二十七年，護送鑾輿回京，私心自揣，行近梓桑，可以乞假回旗省墓，稍盡人子之心。無如畿輔甫安，邊寄任重，復未敢因私廢公、冒昧陳情，僅遣長子廣榮回吉，覓認先塋，代為祭奠。據長子到署陳述，歷代先人墳墓因就近無人管理，坍塌甚多。奴才默計自隨軍以迄服官，離家已四十餘載，授室生子，現尚無家可歸！雖國爾忘家，不應以兒女私情上瀆天聽，然誰無父母？自念子職一日未盡，即臣道一日有虧。

　　現幸仰沐聖恩，調補烏里雅蘇台將軍，又值蒙藩安靜，業經奏請陛見，擬俟交代清楚、到京叩謝天恩後，籲懇賞假，俾得便道迤返吉林原旗，將先人塋墓妥為脩理，安定家室，逢時拜掃，稍報劬勞。奴才假滿即行馳詣闕廷請訓銷假，趕速遵旨赴任，斷不敢稍耽安逸、自外生成。所有奴才擬俟交卸到京後仰懇天恩賞假回旗脩墓緣由，理合附片陳請。伏乞聖鑒訓示。謹奏。

光緒三十一年八月二十日，奉硃批：留中。欽此①。

二〇〇　揀選伊犁錫伯營防禦等缺摺
光緒三十一年七月二十一日（1905年8月21日）

奴才馬亮、廣福跪奏，為循例揀選伊犁錫伯營防禦等缺，擬定正、陪，恭摺具陳，仰祈聖鑒事。

竊奴才等准署伊犁錫伯營領隊大臣志鋭咨呈：錫伯營鑲黃旗防禦塔蘭泰於光緒三十一年五月二十四日因病出缺，所遺防禦等缺，應請揀員補放，以資辦理旗務，等因。咨呈前來。奴才等當於該營應升人員内逐加考驗，塔蘭泰遺出防禦一缺，揀選得鑲紅旗驍騎校達哈春堪以擬正，正藍旗驍騎校佛羅春堪以擬陪。遞遺驍騎校一缺，揀選得正紅旗領催伯慶額堪以擬正，正紅旗委官固崇阿堪以擬陪。

謹將該員等履歷另繕清單，恭呈御覽，伏候欽定。所有揀選伊犁錫伯營防禦等缺擬定正、陪緣由，理合恭摺具陳。伏乞皇太后、皇上聖鑒訓示。謹奏。光緒三十一年七月二十一日。

（硃批）：均著擬正之員補授，該衙門知道，單併發。②

光緒三十一年九月初九日，奉硃批：均著擬正之員補授，該衙門知道，單併發。欽此③。

二〇一　呈揀選錫伯營防禦等缺清單
光緒三十一年七月二十一日（1905年8月21日）

謹將揀選伊犁錫伯營防禦等缺擬定正、陪人員，繕具清單，恭呈

---

① 中國第一歷史檔案館藏：《錄副奏片》，檔號：03-5969-118。
② 臺北"故宮博物院"藏：《軍機及宮中檔》，文獻編號：408004175。
③ 中國第一歷史檔案館藏：《錄副奏摺》，檔號：03-5968-037。

御覽。

　　錫伯營塔蘭泰遺出防禦一缺。擬正之錫伯營藍翎補用防禦鑲紅旗驍騎校達哈春，食俸餉二十七年，前在庫爾喀喇烏蘇軍營當。光緒六年屯種軍糧、八年收復伊犁、十七年搜剿竄匪各案內均屬奮勉出力，疊經前將軍金順等奏保補用防禦，並賞戴藍翎。二十四年，補放驍騎校。揀選防禦擬陪一次，現年四十六歲。錫伯伊爾根覺羅氏，馬步箭平等。

　　擬陪之錫伯營藍翎補用防禦正藍旗驍騎校佛羅春，食俸餉二十八年，前在塔爾巴哈臺軍營當差。光緒五、六兩年兩屆屯種軍糧、八年收復伊犁、二十八年伊犁歷年防戍各案內均屬奮勉出力，疊經前將軍金順等奏保補用防禦，並賞戴藍翎。二十七年，補放驍騎校，現年四十四歲。錫伯春吉爾氏，馬步箭平等。

　　擬補防禦遞遺驍騎校一缺。擬正之錫伯營藍翎儘先即補防禦正紅旗領催伯慶額，食錢糧二十四年，前在庫爾喀喇烏蘇軍營當差。光緒六年屯種軍糧、八年收復伊犁各案內均屬奮勉出力，疊經前將軍金順奏保儘先即補防禦，並賞戴藍翎。護送貢馬赴京一次。二十一年，補放領催。揀選驍騎校擬陪一次，現年四十三歲。錫伯瓜勒佳氏，馬步箭平等。

　　擬陪之錫伯營藍翎補缺後補用防禦正紅旗委官固崇阿，食錢糧當差三十九年。光緒八年收復伊犁、二十八年伊犁歷年防戍各案內均屬奮勉出力，疊經前將軍金順等奏保補缺後補用防禦，並賞戴藍翎。十九年，補放委官。現年五十七歲。錫伯伊爾根覺羅氏，馬步箭平等。

　　覽。①

二〇二　酌保歷年尤為出力員弁緣由摺
光緒三十一年七月二十一日（1905年8月21日）

　　奴才馬亮、廣福跪奏，為東省日俄搆釁，伊犁防務加嚴，所有歷

---

① 中國第一歷史檔案館藏：《單》，檔號：03-6002-067。

年在事出力文武員弁,籲懇天恩准其從優保獎,以示鼓勵,恭摺仰祈聖鑒事。

竊維伊犁孤懸西域,緊鄰俄疆,沿邊一千數百里,地廣兵單。伊犁河、特克斯河兩川,一望平原,無險可守。俄屬哈薩克各部環居邊界,平時常入中境搶刼,防不勝防。又有從前投俄逆回白彥虎餘黨在俄境薩瑪爾一帶,獷悍成性,即俄官烏牙孜約束,亦復冥頑梗化,往往勾結伊犁土回,往來滋事。歷年籌辦邊務,全賴各文武奮勉出力。光緒二十九年,日俄在東省旅順一帶構釁,奴才等欽奉諭旨,嚴守局外中立。維時俄國官兵赴調東行,近邊俄回時有蠢動之謠,伊犁人心惶惑,防守日益加嚴。狡焉思逞匪徒,時虞擾我邊境。加以內地土回半多昔年叛逆未受懲創,一被勾結,輒易聽從,尤賴滿蒙標練各營晝夜巡緝,慎固防守。無如俄屬為匪回、哈皆用快馬利槍,此追彼竄,出沒無常。上年時有臨敵格殺者,俄官反多藉口齟齬,致令交涉繁難,往復磋磨,始得帖然了結,邊畔藉弭。各營武弁走奔於沙漠險阻之途,饑餐露宿,較之行營馳驟,出力有加。供差文員審慎乎權宜詐偽之情,舌敝唇焦,較之案牘勞形,用心尤苦!所幸奴才等於光緒二十九年正月奏明改設常備、續備、巡警等軍,各有專責,隨時撥調,先事預防,尚不致顧此失彼。

該文武員弁咸能相機因應,無敢憚勞。數年以來,足能使外侮無由相侵,內奸因而斂戢,邊境安堵,交涉一切,消患無形。其勞績似較戰功為優。況伊犁地處極邊,諸物昂貴,額支俸餉原定本與內地無增,自二十九年節省餉需,俸餉等項又經奴才等核減一成五支發,與新疆塔城各處官兵支款比較,實不無相形見絀之譏。加以各省關協餉解不足額,即減成領款亦難如期。奴才等處此時艱,膺茲邊寄,既無利權以隆懋賞,惟有餌以好爵,時以奮跡功名相勗使。各員弁遠役萬里,仰冀天恩,勉圖進取,藉得振興士氣。現在日俄戰事已得外務部電報,和局將成。然邊界巡防正賴邊軍同心竭力,必宜有以償其前勞,始足以勉其後效。

奴才亮已蒙恩命調授烏里雅蘇台將軍,既曾勉勵於前,尤當踐言於后，庶有勞必錄，功賞維昭。查新疆塔城辦理邊防，每屆數年即請保獎。近今辦理洋務，又復奏明每屆三年，酌保一次，均經奉旨允准在案。伊犁自前將軍長庚於光緒二十八年四月因欽奉上諭去任有期，曾經將歷年防戍出力各員奏蒙聖慈准其酌保一次，今計前次保獎之後復已四年，況值東省多事之秋，伊犁防務更形加緊。

奴才亮卸任在即，自應將歷年存記出力各員請獎，以示鼓勵，是以不揣冒昧，籲懇天恩俯念伊犁邊瘠，各營文武員弁歷年辦理防務均屬異常出力，特沛鴻施，准其酌保。如蒙俞允，俟奉到諭旨，即當擇其尤為出力各員，分別異常、尋常勞績等次，開單彙奏，斷不敢稍涉冒濫，致負鴻慈。所有伊犁防守出力文武員弁懇恩准其從優給獎緣由，理合恭摺具奏。伏乞皇太后、皇上聖鑒訓示。謹奏。光緒三十一年七月二十一日。

（硃批）：著准其分別酌保數員，毋許冒濫。①

光緒三十一年九月初九日，奉硃批：著准其分別酌保數員，毋許冒濫。欽此②。

二〇三　請賞俄領事官斐多羅福寶星片
光緒三十一年七月二十一日（1905年8月21日）

再，查駐伊犁俄領事官斐多羅福，前在伊犁辦理中俄交涉，遇事公允，克顧邦交。光緒二十八年，奴才到任，接准前將軍長庚移交。據署伊塔道黃丙焜稟請，奏懇賞賜寶星，曾經會同長庚、饒應（祺）奏蒙天恩，頒賞二等第三寶星。俄領事官斐多羅福欽奉御賜寶星，當即敬謹袛領，呈由奴才代奏叩謝天恩，欽奉硃批：知道了。欽此。欽遵轉行知照在案。嗣后斐多羅福因事回國，接署領事官辦理一切，非分吹求，諸形棘手。

---

① 臺北"故宮博物院"藏：《軍機及宮中檔》，文獻編號：408004177。

② 此奉硃批日期與內容，據稿本校補。

奴才因慮遇事齟齬、致啟邊畔，曾經電請外務部商之俄國駐京公使，並電請出使俄國大臣胡惟德商之外部，飭派斐多羅福仍回伊犁，以資熟手而全邦交。斐多羅福聞信馳來，凡有以前領事辦理未能允協事務悉皆平反，歷年辦事和好，遵守約章，不獨中外商民逐漸感化，消去猜嫌，即辦理交涉之文武員弁亦省繁難，易於因應，是皆仰賴我朝廷恩施遠錫，遂足使外邦臣下感戴寵榮。現在俄屬回哈往來愈多，交涉案件辦理愈雜，加以新疆興辦稅務，中屬之奸商猾賈每多請領洋票，藉為護符，欺隱釐稅。該領事不僅處事公直，且能約束俄國商賈，不准包庇華商。據伊塔道慶秀呈請奏明獎勵前來。

奴才查該領事官前此仰蒙賞賚，頗能就我範圍，若再特沛優榮，更當感激圖報。查光緒二十二年總理各國事務衙門奏定寶星章程：各國總稅務司准給二等第二寶星。今伊犁正當設立稅務司之時，又值中俄通商之地，全賴俄領事極力維持，方免俄商護庇偷漏。所有駐伊俄領事官斐多羅福辦理通商、交涉、稅務一切頗資得力，擬倣稅務司章程，仰懇天恩賞給二等第二寶星佩帶，由外務部製造，備具執照，交奴才轉交伊塔道齊送該領事官祇領，以示優異，是否有當？除咨外務部外，理合會同新疆巡臣潘效蘇，附片陳請。伏乞聖鑒訓示。謹奏。

（硃批）：外務部議奏。①

光緒三十一年九月初九日，奉硃批：外務部議奏。欽此②。

二〇四　代色普西賢賞食全俸謝恩摺
光緒三十一年七月二十一日（1905年8月21日）

奴才馬亮跪奏，為恭摺代奏叩謝天恩，仰祈聖鑒事。

竊准原品休致伊犁錫伯營領隊大臣色普西賢呈稱：接奉將軍照

---

① 臺北"故宮博物院"藏：《軍機及宮中檔》，文獻編號：408004177-A。

② 此奉硃批日期與內容，據稿本校補。

會：於光緒三十一年二月初一日附奏，錫伯營領隊大臣色普西賢原品休致，懇恩賞食全俸以示體恤一片，接到兵部火票遞回原片，於四月初一日奉硃批：著照所請，兵部知道。欽此。欽遵恭錄照會前來。色普西賢當即恭設香案，望闕叩謝天恩訖。

伏思色普西賢錫伯世僕，才識庸愚，渥承恩命，洊擢領隊大臣。任事以來，報稱毫無。前因年老患病，已沐鴻施俯准原品休致，茲復仰荷聖恩賞食全俸，跪聆之下，感激涕零！色普西賢自顧何人，受此寵賚！撫躬循省，寢饋難安。此後有生之日，悉皆戴德之年，惟有訓戒子孫勤慎供差，報效朝廷，以補衰朽愚昧之所不及。所有感激下忱緣由，呈請代奏叩謝天恩，等情。前來。奴才理合恭摺代奏。伏乞太后、皇上聖鑒。謹奏。光緒三十一年七月二十一日。

（硃批）：知道了。①

光緒三十一年九月初九日，奉硃批：知道了。欽此②。

二〇五　代奏副將周玉魁謝恩緣由片
光緒三十一年七月二十一日（1905年8月21日）

再，據伊犁軍標中軍副將周玉魁呈稱：奉奴才札飭，准兵部咨開：本部第七次彙奏給予廕生一摺，光緒三十一年三月初五日，奉旨：依議。欽此。計單內開：伊犁軍標副將周玉魁，江蘇山陽人，嫡子周樹瓊年十二歲，應給二品廕生，等因。當即恭設香案，望闕叩謝天恩訖。

伏思副將一介武夫，謬擢今職，韜鈐少習，尸素滋慚，家學無傳，淵源莫溯。荷聖恩之給廕，益感激以悚惶！現在嫡子周樹瓊隨任讀書，惟有教以義方、勉以忠勇，以圖報答高厚鴻慈於異日。所有副將

---

① 臺北"故宮博物院"藏：《軍機及宮中檔》，文獻編號：408004176。
② 中國第一歷史檔案館藏：《錄副奏摺》，檔號：03-5968-039。

感激下忱、叩謝天恩緣由，呈請代奏前來。理合附片代奏。伏乞聖鑒。謹奏。

（硃批）：知道了。①

光緒三十一年九月初九日，奉硃批：知道了。欽此②。

二〇六　核銷二十八年下半年收支摺
光緒三十一年十月初七日（1905年11月3日）

奴才馬亮、廣福跪奏，為伊犁糧餉處造報光緒二十八年七月起至十二月底止收支銀糧數目，繕具清單，懇恩敕部照案准銷，恭摺仰祈聖鑒事。

竊查伊犁歷年收支銀糧數目，業經截至光緒二十八年六月底止造報，奏咨請銷在案。所有光緒二十八年七月以後應造報銷，經奴才亮接准前將軍長庚移交，將一切數目分任截清。現飭糧餉處截至二十八年十二月底止，造冊呈齎前來。

奴才等覆加查核，計舊管項下，共存各款湘平銀一十五萬九千二百九十七兩七錢八分三釐，共存京斗糧料一萬九千四十八石四斗八合四勺。其餘欠收借欠銀糧各數，均與上案實在項下列報數目相符。

新收項下，共收各款湘平銀二十二萬三千四百八十二兩六錢六分四釐，京斗糧料四千二百九十六石七升五合九勺七抄。

開除項下，共撥發湘平銀二十四萬七千九百九十八兩七錢三釐，內除撥發上案銷冊列報兌借甘肅藩庫湘平銀五萬三千九百三十七兩五錢外，本案實請銷湘平銀一十九萬四千六十一兩二錢三釐，又請銷京斗糧一萬八千六百五十六石六升四合一勺，均係照額支放，並無浮冒。

---

① 臺北"故宮博物院"藏：《軍機及宮中檔》，文獻編號：408004175。
② 中國第一歷史檔案館藏：《錄副奏片》，檔號：03-5968-040。

其第二十四款所列漢洋操隊支數，上案係跟接屯牧、練軍經費銷案造報，歸入另案請銷。此案因所用銀兩內有動用裁省軍標勇餉應歸新疆開支，是以將提用馬租價銀收入此案辦理，以歸一律而免紛歧。

實在項下，除借發未還各款均經奏明有案，應俟扣收還款再行列存外，共實存各款湘平銀一十三萬四千七百八十一兩七錢四分四釐。其餘歷年欠收新餉各款，共湘平銀四十二萬四千七百三兩六錢一分一釐，借兌甘、新兩省藩庫湘平銀三十五萬四十二兩八錢五分，將來收清欠餉抵還借款，尚屬有盈無絀。共欠收欠發京斗糧料九萬七千八十石九斗二升五合八抄，已由新疆減成補撥散放。擬與此案共應存京斗糧料四千六百八十八石四斗二升二合七抄，歸入下案辦理。

其前項各款存銀，現均實儲在庫。覈計本案應銷銀糧數目，較之原估定額，有減無增，委係撙節開支，核實造報。相應仰懇天恩敕部照案核銷，以清款目。除將詳細總、散清冊咨部外，理合繕具簡明清單，恭呈御覽。伏乞皇太后、皇上聖鑒訓示。謹奏。光緒三十一年十月初七日。

（硃批）：該部知道，單併發。①

光緒三十一年十一月二十六日，奉硃批：該部知道，單併發。欽此②。

二〇七　呈二十八年下半年收支清單
光緒三十一年十月初七日（1905年11月3日）

謹將伊犁糧餉處造報光緒二十八年七月起至年底止伊犁歲額收支銀糧各款請銷數目，繕具清單，恭呈御覽。

計開：上案截至光緒二十八年六月底止。舊管：一、存光緒

---

① 臺北"故宮博物院"藏：《軍機及宮中檔》，文獻編號：408004181。
② 中國第一歷史檔案館藏：《錄副奏摺，檔號：03-6172-071。

十四、十五兩年提存封儲湘平銀一十萬兩。

一、存扣收二分減平湘平銀二萬二千三十二兩五分錢七分三釐。

一、存扣收一分平餘湘平銀八百三十八兩四錢七分一釐。

一、存扣還土爾扈特汗王等歸還部庫借款湘平銀六千二百八十一兩四錢。

一、存扣收將軍、副都統、各領隊大臣、章京歸還部庫借款湘平銀四千八百七十六兩三錢三分三釐。

一、存支賸流存湘平銀二萬五千二百六十九兩六釐。

以上各款共存湘平銀一十五萬九千二百九十七兩七錢八分三釐。

一、欠收光緒二十五年第十批止應分新餉湘平銀七千九百七十七兩九分二釐。

一、欠收光緒二十六年第六批止應分新餉湘平銀十萬六千九百二十五兩八錢一分一釐。

一、欠收光緒二十七年第六批止應分新餉湘平銀一十六萬七千二百四十一兩二錢六分八釐。

一、欠收光緒二十八年六箇月第二批止應分新餉湘平銀一十三萬五千八百一十三兩九錢二分一釐。

一、欠收陝西賑款攤借湘平銀一萬九千五百五十五兩二錢五分七釐。

一、欠收索倫營借脩兵房未扣銀三千五百兩。

一、欠收屯牧練軍經費借用銀一千一百六十七兩六錢六分一釐八毫。

一、長任銷案借用新疆藩庫湘平銀二十六萬七千二百八十兩三錢五分。

一、長任銷案兌借甘肅藩庫湘平銀一十三萬六千七百兩。

以上共借用湘平銀四十萬三千九百八十兩三錢五分。

一、富任銷案欠收欠發京斗糧料二萬四千六百五十九石五斗六升五勺。

一、長任銷案欠收欠發京斗糧料九萬七千八十石九斗二升五合八抄。

一、光緒二十五、六兩年銷案應存六斗糧料二千四百八石九斗五升五合八勺。

一、光緒二十八年六月以前銷案，應存京斗糧料一萬六千六百三十九石四斗五升二合六勺。以上共存京斗量料一萬九千四十八石四斗八合四勺。

新收：一、收光緒二十六年實撥到新餉湘平銀一千二百七十七兩四錢三分四釐。

一、收光緒二十七年第六批止實撥到新餉湘平銀一萬七千八百一兩四錢五分。

一、收光緒二十八年第六批止實撥到新餉湘平銀一十九萬七千三百九十八兩五錢一分六釐。

一、收上案兵部駁造運餉腳價扣回支賸銀一百八十一兩九錢八分七釐。

一、收本案各散冊內收回二分減平銀二千七百一十六兩九錢一分三釐。

一、收本案收回一分平餘銀八兩一錢八分四釐，內除上案運餉腳價多扣銀一兩八錢二分，實收銀六兩三錢六分四釐。

一、收扣回索倫營歸還借脩兵房銀一千兩。

一、收提用租馬變款湘平銀三千一百兩。

一、收寧遠縣撥供京斗小麥四千二百九十六石七升五合九勺七抄。

以上共收湘平銀二十二萬三千四百八十二兩六錢六分四釐，又收京斗糧四千二百九十六石七升五合九勺七抄。

開除：一、撥發第一冊將軍、副都統、各領隊大臣支款湘平銀五千九百七十六兩一錢二分九釐，共京斗糧料一百八十一石七斗六升九合七勺。

一、撥發第二冊印房等五處支款湘平銀三千一百七十三兩一錢七分四釐，又京斗糧料一百二石一斗一合三勺。

一、撥發第三冊舊滿營官兵支款湘平銀三萬六千九十九兩二釐，又京斗糧料九千二百一十七石五斗四勺。

一、撥發第四冊新滿營官兵支款湘平銀二萬三千九百九十一兩三錢一釐，又京斗糧料五千九百二十二石一升九勺。

一、撥發第五冊錫伯營官兵支款湘平銀一萬九百一十一兩一錢一分，又京斗糧八石三斗三升四合八勺。

一、撥發第六冊索倫營官兵支款湘平銀八千五百七十九兩三分三釐，又京斗糧一十二石五斗二合二勺。

一、撥發第七冊察哈爾營官兵支款湘平銀七千五百六十八兩六錢三分三釐，又京斗糧十二石五斗二合二勺。

一、撥發第八冊額魯特營官兵支款湘平銀七千一百七十五兩九錢二分，又京斗糧一十二石五斗二合二勺。

一、撥發第九冊滿營世職告休各官支款湘平銀一千一百一十五兩七錢三分二釐，又京斗糧六十九石六斗四升八合。

一、撥發第十冊滿營孀歸孤女支款湘平銀一百四十四兩，又京斗糧六十六石六斗六升六合二勺。

一、撥發第十一冊普化寺喇嘛支款湘平銀六百二十二兩三分一釐，又京斗糧二百二十九石六斗四升五合四勺。

一、撥發第十二冊練軍馬隊支款湘平銀二萬一千八百八十兩，又京斗糧二千八百一十六石六斗六升六合六勺。

一、撥發第十四冊軍標馬步各營旗哨支款湘平銀三萬六千七百二十七兩四錢。

一、撥發第十五冊軍標行營各局處支款湘平銀六千四百五十兩八分五釐。

一、撥發第十六冊軍臺支款湘平銀七百五十八兩四錢。

一、撥發第十七冊沿邊卡倫支款湘平銀九千八百二十一兩七錢。

一、撥發第十八冊分查卡倫支款湘平銀二百八兩三錢三分四釐。

一、撥發第十九冊官醫生支款湘平銀三十兩，又京斗糧四石二斗一升四合二勺。

一、撥發第二十冊軍器局等處支款湘平銀一百四兩三錢三分三釐。

一、撥發第二十一冊蒙、哈、回、俄通事支款湘平銀一百四十四兩。

一、撥發第二十二冊歲修倉庫等支款湘平銀二百七十五兩。

一、撥發第二十三冊運餉腳價支款湘平銀四百四十三兩三錢八分一釐。

一、撥發第二十四冊漢洋操隊支款湘平銀七千七百一兩四錢六分。

一、撥發第二十五冊滿營威遠隊支款湘平銀二千五百五十四兩九錢二分。

以上二十五款，共開除湘平銀一十九萬四千六十一兩二錢三釐，內應請戶部准銷銀一十九萬三千二百四十四兩八錢二分二釐，又應請兵部准銷運餉腳費銀四百四十三兩三錢八分一釐，又應請工部准銷歲修倉庫等銀三百七十五兩。理合登明。共開除京斗糧料一萬八千六百五十六石六升四合一勺，應請戶部准銷。理合登明。

又撥還上案兌借甘肅藩庫湘平銀五萬三十九百三十七兩五錢。統計此冊共開除湘平銀二十四萬七千九百九十八兩七錢二釐。

實在：一、存光緒十四、十五兩年提存封儲銀十萬兩。

一、存新舊扣收二分減平，除撥發威遠隊外，實存湘平銀二萬二千一百九十四兩五錢六釐六分。

一、存新舊扣收一分平餘湘平銀八百四十四兩八錢三分五釐。

一、存原存土爾扈特汗王等歸還部庫借款湘平銀六千二百八十一兩四錢。

一、存原存扣收將軍、領隊大臣、章京歸還部庫借款湘平銀四千八百七十六兩三錢三分三釐。

一、存支賸流存湘平銀五百八十四兩六錢一分。

前件查前款上案冊報，尚有索倫營借修衙署、兵房銀三千五百兩，除本案收回銀一千兩列入新收外，下存未收銀兩千五百兩，容俟收清，歸入下案收報。又，上案屯牧練軍銷案借用銀一千一百六十七兩六錢六分二釐，容俟經費解到，歸入下案收還。聲合登明。

以上共實存湘平銀一十三萬四千七百八十一兩七錢四分四釐。

一、欠收光緒二十五年第十批止應分新餉湘平銀七千九百七十七兩九分二釐。

一、欠收光緒二十六年第七批止應分新餉湘平銀一十萬五千六百四十八兩三錢七分七釐。

一、欠收光緒二十七年第八批止應分新餉湘平銀十四萬九千四百三十九兩八錢一分八釐。

一、欠收光緒二十八年應分新餉湘平銀一十三萬八千四百一十五兩四錢五釐。

一、欠收陝西賑款攤借湘平銀一萬九千五百五十五兩二錢五分七釐。

一、欠收索倫銀借修兵房銀二千五百兩。

一、欠收屯牧練軍經費銷案借用湘平銀一千一百六十七兩六錢六分二釐。以上共欠收湘平銀四十二萬四千七百三兩六錢一分一釐。

一、上案借用新疆藩庫湘平銀二十六萬七千二百八十兩三錢五分。

一、上案兌借甘肅藩庫除本案撥發還外，尚借用銀八萬二千七百六十二兩五錢。

以上共借用湘平銀三十五萬四十二兩八錢五分。

一、富任銷案內欠收欠發京斗糧料二萬四千六百五十九石五斗六升五勺。

一、長任銷案內欠收欠發京斗糧料七萬二千四百二十一石三斗六升五勺八抄。

以上共欠收、欠發京斗糧料九萬七千八十石九斗二升五合八抄。

一、光緒二十五、六兩年銷案應存京斗糧料二千四百八石九斗五升五合八勺。

一、本案應存京斗糧料二千二百七十九石四斗六升四合四勺七抄。

以上共存京斗糧料四千六百八十八石四斗二升二勺七抄。

覽。①

二〇八　揀選伊犁舊滿營佐領等缺摺
光緒三十一年十月初七日（1905年11月3日）

奴才馬亮、廣福跪奏，為循例揀選伊犁舊滿營佐領等缺，擬定正、陪，恭摺具陳，仰祈聖鑒事。

竊奴才等據辦理伊犁舊滿營事務檔房呈稱：舊滿營右翼正紅旗左領穆特春，前於光緒三十年奉派呈進貢馬，差竣旋回，於十一月二十七日行抵甘肅涇州，在店居住，夜間自縊身死。經正差官新滿營佐領烏爾固春報由涇州直隸州知州鄧喬榮，驗係自縊身死，訊無別故，稟蒙行知該佐領家屬在案。所遺佐領等缺，應請揀員補放，以資辦理旗務，等情。前來。

奴才等當於該營應升人員內逐加考驗，穆特春遺出右翼正紅旗佐領一缺，揀選得花翎補用佐領正藍旗防禦達春堪以擬正，花翎儘先補用佐領鑲紅旗防禦塔奇本堪以擬陪。遞遺防禦一缺，揀選得四品頂戴鑲藍旗雲騎尉伊博泰堪以擬正，鑲黃旗驍騎校珠爾杭阿堪以擬陪。謹將該員等履歷另繕清單，恭呈御覽，伏候欽定。

其請補佐領一俟遇有差便，給咨送部補行帶領引見，以符定制。所有揀選伊犁舊滿營佐領等缺、擬定正、陪緣由，理合恭摺具奏。伏乞皇太后、皇上聖鑒訓示。謹奏。光緒三十一年十月初七日。

（硃批）：均著擬正之員補授，該衙門知道，單併發。②

---

① 中國第一歷史檔案館藏：《單》，檔號：03-6172-072。
② 臺北"故宮博物院"藏：《軍機及宮中檔》，文獻編號：408004179。

光緒三十一年十一月二十六日，奉硃批：均著擬正之員補授，該衙門知道，單併發。欽此①。

二〇九　呈揀選舊滿營佐領等缺清單
光緒三十一年十月初七日（1905 年 11 月 3 日）

謹將揀選伊犁舊滿營佐領等缺擬定正、陪人員，繕具清單，恭呈御覽。

惠遠城舊滿營穆特春遺出佐領員缺。擬正之惠遠城舊滿營正藍旗遠達春，食俸餉四十五年，前在庫爾喀特烏蘇軍營當差。同治九年，在庫爾喀特烏蘇出隊打仗。光緒二年克復瑪納斯南北兩城、五年屯種軍糧、六年剿辦陝回、十七年搜剿竄匪各案內均屬奮勉出力，疊經前署將軍榮全等奏保補用佐領，并賞戴花翎。光緒十五年，補放驍騎校。十六年，補放防禦。護送貢馬赴京五次，護送戰馬赴京一次，現年六十六歲。舊滿洲富察氏，馬步箭平等。

擬陪之惠遠城舊滿營鑲紅旗防禦塔奇本，食俸餉二十八年，前在庫爾喀喇烏蘇軍營當差。光緒二年克復瑪納斯南北兩城、六年剿辦陝回、二十年收還巴爾魯克山各案內均屬奮勉出力，疊經前將軍金順等奏保儘先即補佐領，并賞戴花翎。光緒二十三年，補放驍騎校。二十七年，補放防禦。護送貢馬赴京三次，揀選佐領擬陪一次，現年四十八歲。舊滿洲白佳氏，馬步箭平等。

擬補佐領遞遺防禦員缺。擬正之惠遠城舊滿營世襲雲騎尉伊博泰，食俸餉當差十三年，光緒二十二年，承襲雲騎尉。二十八年，伊犁歷年防戍案內出力，經前將軍金順奏保四品頂戴，揀選防禦擬陪一次，現年三十二歲。舊滿洲李佳氏，馬步箭平等。

---

① 中國第一歷史檔案館藏：《錄副奏摺》，檔號：03-5968-186。

擬陪之惠城鑲黃旗驍騎校珠爾杭阿，食俸餉當差十九年。光緒十七年，搜勦竄匪案內出力，經前護將軍富勒銘額咨保六品頂戴。光緒二十八年，由委前鋒校補放驍騎校，現年三十四歲。舊滿洲葛濟勒氏，馬步箭平等。

覽。①

二一〇　奏明佐領穆特春自縊身死片
光緒三十一年十月初七日（1905 年 11 月 3 日）

再，查舊滿營佐領穆特春，於光緒三十年委派呈進貢馬，差竣旋回。十一月二十七日，行至甘肅涇州住店，自縊身死，曾據涇州直隸州知州鄧喬榮稟報勘驗情形，實係自縊身死。提訊店戶及隨行兵丁人等，僉稱該佐領是日宿店並無別故，實係心迷自縊，等語。當經行知該旗轉飭家屬，俟屍棺到日再行查辦，並電請陝甘督臣撥墊川資，飭令正差官佐領烏爾固春妥為照料回旗在案。

現在該佐領屍棺業已解回，經奴才等派令舊、新兩滿營協領公同查訊，據隨行兵丁富勒和恩等均稱，該佐領自到京呈進貢馬之後，語言恍惚，似患心迷，沿途留心防範，先幸安靜。迨至涇州，因店內房間窄小，穆特春一人住宿一房，不料夜間乘人不防，悄用絪被蔴繩懸樑，自縊身死，等語。研詰至再，各供僉同。據該協領等呈覆前來。

奴才等查該佐領穆特春無故自縊，實屬與人無尤，應請毋庸置議。除飭屬將屍棺妥為領埋並咨部外，理合附片陳明。伏乞聖鑒。謹奏。

（硃批）：知道了。②

光緒三十一年十一月二十六日，奉硃批：知道了。欽此③

---

① 中國第一歷史檔案館藏：《單》，檔號：03-5969-113。
② 臺北"故宮博物院"藏：《軍機及宮中檔》，文獻編號：408004178-A。
③ 中國第一歷史檔案館藏：《錄副奏片》，檔號：03-5573-102。

二一一　孳生羊隻折價收繳以抒蒙困摺
光緒三十一年十月初七日（1905年11月3日）

　　奴才馬亮跪奏，為蒙民生計貧乏，草廠窄狹，官牧受累，擬請將每年孳生羊隻定章折價收繳，以抒蒙困而廣皇仁，恭摺具陳，仰祈聖鑒事。

　　竊伊犁自乾隆、嘉慶間設立牧廠，官中馬駝牛羊均交察哈爾、額魯特兩部落蒙古官兵，分廠牧放，例定馬駝牛隻均齊限遠，取孳無多，管廠官兵尚無賠累。惟牛羊一項按年均齊，應交孳生數鉅，每遇冬間雪大，羊羔凍斃，常至不敷交官。定例不准報倒，應交羊隻每有購買交納者，官兵賠累無窮，是以《新疆識略》內載前將軍松筠[①]有察哈爾、額魯特生計貧乏，請將應交孳生每隻折交銀三錢，

---

①　松筠（1754—1835），字湘浦，號百二老人，瑪拉特氏，蒙古正藍旗人，翻譯生員。乾隆三十七年（1772），考取理藩院筆帖式。四十年（1775），充軍機章京。四十二年（1777），選主事。次年，升員外郎。四十四年（1779），任三座塔理事司員。次年，轉戶部銀庫員外郎。四十八年（1783），遷內閣學士兼禮部侍郎銜。同年，授鑲黃旗蒙古副都統。次年，補正紅旗滿洲副都統。五十年（1785），授庫倫辦事大臣，翌年，調戶部右侍郎。五十六年（1791），轉工部左侍郎、正白旗滿洲副都統。五十七年（1792），署刑部右侍郎，補戶部左侍郎。同年，充蒙古繙譯考試官。五十八年（1793），授崇文門副監督、御前侍衛、內務府大臣。同年，擢軍機大臣、國史館副總裁。五十九年（1794），署吉林將軍，補工部尚書、鑲白旗漢軍都統。同年，授駐藏辦事大臣。嘉慶四年（1799），補授戶部尚書。同年，調補陝甘總督，加太子少保銜。五年（1800），授伊犁將軍（未赴任），署湖廣總督。同年，以忤旨降副都統銜，充伊犁領隊大臣。七年（1802），授伊犁將軍，加頭等侍衛。十三年（1808），以擅殺降喀什噶爾參贊大臣。十四年（1809），調補兩江總督。次年，署江南河道總督。十六年（1811），補授兩廣總督，擢協辦大學士。同年，任內大臣、吏部尚書。翌年，授國史館正總裁，管理武英殿、御書處、雍和宮、理藩院事務。十八年（1813），充御前大臣，升東閣大學士。同年，晉太子太保。十九年（1814），授武英殿大學士。二十一年（1816），任御前大臣上行走，總理諳達處，管理吏部事務。是年，補鑲藍旗滿洲都統，授崇文門正監督，管理健銳營事務，兼署兩江總督。二十二年（1817），補察哈爾八旗都統。二十三年（1818），調正白旗漢軍都統，署綏遠城將軍、兵部尚書。同年，調補禮部尚書，管理樂部、太常寺、鴻臚寺事務。二十四年（1819），署理藩院尚書，充繙譯會試正考官、總理工程值年大臣，調補兵部尚書，總理行營事務。同年，授盛京將軍。二十五年（1820），以兵部遺失行印，降山海關副都統。複迭降驍騎校。是年，補左副都禦

以裕蒙民生计之奏，钦奉谕旨允准①。迨遭兵燹，牧厂尽废。光绪二十二年及二十六年，前将军长庚奏明，先后购买牸乳羊四万只，发给察哈尔、额鲁特两部落官兵牧放，兴复牧政。创办之初，水草茂盛，孳生较繁，蒙古官兵尚无苦累。近年来，蒙民生齿渐庶，全赖牧畜以谋生，草场既不如前，加以内附哈萨克安插两部落内，所占草场又去十成之五，牧厂更属无余，私立牲畜与官厂牲畜无已有加，遂致牧放愈形拥挤，冬窝夏窝无处可以移牧，羊只时形倒毙，蒙民即日见穷困。

奴才到任以来，察看该蒙民贫乏情形，曾于光绪二十九年五月

史，擢左都御史，授热河都统。道光元年（1821），补授吏部尚书、会典馆副总裁、正黄旗汉军都统、镶黄旗蒙古都统、实录馆正总裁。二年（1822），充阅兵大臣，管总理行营大臣事务，署直隶总督。同年，被劾，降六部员外郎，寻授光禄寺卿，迁左都御史。三年（1823），补盛京将军，署正红旗蒙古都统。四年（1824），署镶红旗蒙古都统，充繙译笔帖式考试官、八旗值年大臣。五年（1825），署兵部尚书、乌里雅苏台将军。六年（1826），署正蓝旗满洲都统、镶黄旗汉军都统。同年，授礼部尚书，署左都御史。七年（1827），补经筵讲官，充玉牒馆副总裁，署镶白旗汉军都统。八年（1828），署热河都统。次年，署吏部尚书。十年（1830），署正黄旗满洲都统。十一年（1831），署镶白旗蒙古都统。同年，补镶白旗汉军都统。旋因案罢职。十二年（1832），复头品顶戴，署正黄旗汉军副都统。同年，授理藩院侍郎。十三年（1833），进正黄旗蒙古都统。十四年（1834），以都统衔休致。十五年（1835），卒。赠太子太保，谥文清。著述有《新疆识略》、《西陲总统事略》、《绥服纪略》、《台规》等。

① 嘉庆十四年二月十五日，伊犁将军松筠具奏曰："奴才松筠跪奏，为请旨事。伏查伊犁察哈尔、额鲁特两营官兵，原领孳生本羊共一十四万零六百九十五只，每一年本羊十只取孳三只，统计一年共取孳生一岁羊羔四万二千二百一十一只，俱系随年搭放官兵口食，报部核销。后于乾隆五十三年，将军保宁因按年所取孳生羊羔不堪搭放官兵口食，当曾奏明以另厂牧放之原买哈萨克大羊，于乾隆五十四、五十五、八等年，代察哈尔、额鲁特搭放过两城满营官兵，共哈萨克羊八万六千三百四十五只。此项羊只系察哈尔、额鲁特两营官兵应还之项。兹据察哈尔、额鲁特两营总管、佐领等禀称：前项应还羊只俱系官兵分牧，年久恐多倒毙，恳乞按照例价每只折交官银四钱，即于该官兵俸饷内分年坐扣归款，等情。经该管领队大臣色尔观、杨桑阿具报前来。查此项代放大羊，本系应还之项，所有搭放大羊八万六千三百四十三只内，察哈尔官兵应还羊三万二千五百七十四只，额鲁特官兵应还羊五万三千七百六十九只。两营按照例价四钱一只，通共应交价银三万四千五百三十七两二钱。两营官兵每年换防坐卡，差使繁多，此项应还羊只，与我分牧年久徒滋倒毙，莫若折价归款，以资实用。如蒙皇上恩允，其察哈尔、额鲁特两营官兵共应交银三万四千五百三十七两零，可否分限五年，各于俸饷坐扣贮库归款之处，恭候命下遵办。为此，缮摺请旨，是否有当？伏乞皇上圣鉴训示。谨奏。二月十五日（中国第一历史档案馆藏：《录副奏摺》，档号：03-1704-025）。"

十一日奏明羊隻漸多，草場窄狹，請將口老羊隻遞年挑出變賣，並將備差廠不能取孳之羯羊按年變價，儲庫報撥，以杜虧累。嗣於光緒二十九年十二月二十七日奏報變賣牧廠馬羊、收獲價銀挪墊正餉摺內，亦經聲明兵丁賠累堪憐情形，均經先後欽奉硃批：該部知道。欽此。欽遵在案。光緒三十年，因羊廠被災，復於三十年八月初七日附片奏請蠲免一年孳生，欽奉硃批：著照所請，該衙門知道。欽此。欽遵行令駝馬處轉飭知照去後。詎自被災以後，孳生羊羔雖免收取，而該蒙民原氣未復，生計益窮。訪聞本年收取孳生羊隻，甚至有鬻賣子女購羊呈交者。奴才身膺邊寄，去任有期，目擊情形，深為憫惻，當飭展緩，設法交收。現據駝馬處轉據該察哈爾、額魯特總管等呈明以上困苦各情，請將羊廠每年應繳孳生羊隻改章折價呈交，以除積累。前來。

奴才查前將軍長庚原發庫帑四萬兩，購買羊四萬隻，設廠孳生，歷年變賣，先後收回價銀五萬八千餘兩，已逾原本銀數，而存廠羊隻截至光緒三十一年止，核計連應取孳生羊羔，尚有八萬三千餘隻之多，是以後每年之孳生已屬利中取利。邊疆瘠苦，極待撫綏，體蒙部困乏之情，寓藏富於民之意，應請准其按年計孳繳價，以廣皇仁而紓民力。

惟現在時局艱難，折交羊隻若如《新疆識略》內載"每隻定銀三錢"，則辦公之資又無從出，惟有按照《户部則例》內載"塔爾巴哈臺餘剩好羊，每隻價銀六錢，收銀儲庫"，尚屬酌中。擬令承牧官兵嗣後將每年應交孳生羊每隻按六錢價銀呈交，如蒙聖慈俯念蒙民困苦，特沛鴻施俞允，當即飭令自光緒三十一年起，除去應用祭祀、賞需羊隻外，餘均如數照價呈交，倘有虧短，即由該承牧官兵等應領俸餉內坐扣，庶該蒙民生計得以饒裕，而牧政亦不致廢弛矣。是否有當？理合恭摺具陳。伏乞皇太后、皇上聖鑒訓示，敕部立案。謹奏。光緒三十一年十月初七日。

（硃批）：著長庚到任後，體察情形，奏明辦理。①

光緒三十一年十一月二十六日，奉硃批：著長庚到任後，體察情形，奏明辦理。欽此②。

二一二 揀選伊犁察哈爾營佐領等缺摺
光緒三十一年十月初七日（1905年11月3日）

奴才馬亮、廣福跪奏，為循例揀選伊犁察哈爾營佐領等缺，擬定正、陪，恭摺仰祈聖鑒事。

竊奴才等准察哈爾營領隊大臣恩祥咨呈：察哈爾營右翼正紅旗二牛彔佐領巴彥於光緒三十一年三月初二日因病出缺，所遺佐領等缺，應請揀員補放，以資辦理旗務，等因。前來。奴才等當於該營應升人員內逐加考驗，巴彥遺出佐領一缺，揀選得正紅旗二牛彔驍騎校達西堪以擬正，鑲紅旗頭牛彔驍騎校吉米特堪以擬陪。遞遺驍騎校一缺，揀選得鑲藍旗頭牛彔委官巴彥察幹堪以擬正，正黃旗頭牛彔空藍翎巴圖那遜堪以擬陪。謹將該員等履歷另繕清單，恭呈御覽，伏候欽定。

其請補佐領一俟遇有差便，給咨送部補行引見，以符定制。所有揀選伊犁察哈爾營佐領等缺，擬定正、陪緣由，理合恭摺具陳。伏乞皇太后、皇上聖鑒訓示。謹奏。光緒三十一年十月初七日。

（硃批）：均著擬正之員補授，該衙門知道，單併發。③

光緒三十一年十一月二十六日，奉硃批：均著擬正之員補授，該衙門知道，單併發。欽此④。

---

① 臺北"故宮博物院"藏：《軍機及宮中檔》，文獻編號：408004180。
② 中國第一歷史檔案館藏：《錄副奏摺》，檔號：03-6053-106。
③ 臺北"故宮博物院"藏：《軍機及宮中檔》，文獻編號：408004178。
④ 中國第一歷史檔案館藏：《錄副奏摺》，檔號：03-5968-185。

二一三　呈揀選察哈爾營佐領等缺清單
光緒三十一年十月初七日（1905 年 11 月 3 日）

謹將揀選伊犁察哈爾營佐領等缺擬正、陪人員，繕具清單，恭呈御覽。

察哈爾營巴彥所出佐領員缺。擬正之察哈爾營右翼正紅旗二牛彔驍騎校達西，食俸餉當差二十四年。光緒二十八年，補放驍騎校。揀選佐領擬陪一次，現年四十五歲。察哈爾蒙古馬步箭平等。

擬陪之察哈爾營右翼鑲紅旗頭牛彔驍騎校吉克米特，食俸餉當差十九年。光緒二十九年，補放驍騎校。揀選佐領擬陪一次，現年三十五歲。察哈爾蒙古馬步箭平等。

擬補佐領遺驍騎校一缺。擬正之察哈爾營右翼鑲藍旗頭牛彔委官巴彥察幹，食錢糧當差二十五年。光緒二十八，由領催補放委官。揀選驍騎校擬陪一次，現年四十歲。察哈爾蒙古馬步箭平等。

擬陪之察哈爾營右翼正黃旗頭牛彔空藍翎巴圖那遜，食錢糧當差十七年。光緒二十八年，由披甲補放空藍翎。現年三十五歲。察哈爾蒙古馬步箭平等。

覽。①

二一四　佐領烏勒本原品休致緣由片
光緒三十一年十月初七日（1905 年 11 月 3 日）

再，據伊犁滿營檔房呈稱：舊滿營左翼協領博貴呈：據正藍旗

---

① 中國第一歷史檔案館藏：《單》，檔號：03-5969-114。

佐領烏勒本呈稱：竊烏勒本現年六十九歲，前在庫爾喀喇烏蘇軍營當差年久，身受潮濕，腰骻疼痛，步履艱難。現在年愈六旬，氣血俱衰，加以喘促，誠恐貽誤公事，理合呈請原品休致，等情。由該檔房轉呈前來。

奴才等覆查無異，合無仰懇天恩俯准將伊犁舊滿營正藍旗佐領烏勒木開缺，以原品休致之處，出自鴻慈。除將該員履歷清冊咨部查覈外，理合附片具陳。伏乞聖鑒訓示。謹奏。

（硃批）：著照所請，兵部知道。①

光緒三十一年十一月二十六日，奉硃批：著照所請，兵部知道。欽此②。

二一五　造報二十九及三十兩年收支摺
光緒三十一年十月初七日（1905年11月3日）

奴才馬亮、廣福跪奏，為糧餉處造報光緒二十九、三十兩年收支銀糧數目，繕具清單，籲懇天恩敕部准銷，恭摺仰祈聖鑒事。

竊查伊犁歷年收支銀糧，業經截至光緒二十八年底止造報在案。所有光緒二十九年以後收支銀糧各數，業經奴才等於光緒二十九年正月二十日奏明減成節餉摺內，擬請按照舊額減爲八成五支放，每年指撥的款，以供支放。其滿蒙標練各營因遵旨酌定常備、續備巡警等軍，亦經奴才等同日奏明將洋操漢隊裁撤，規復軍標馬步勇額，並分別裁復滿蒙兵額，改定練餉，前已將人數、餉數開單，恭呈御覽，欽奉諭旨允准，欽遵辦理在案。現經飭令糧餉處將光緒二十九、三十兩年收支銀糧數目造冊，呈齎前來。

奴才等覆加查核，計舊管項下，共存各款湘平銀一十三萬

---

① 臺北"故宮博物院"藏：《軍機及宮中檔》，文獻編號：408004178-A。
② 中國第一歷史檔案館藏：《錄副奏片》，檔號：03-5968-187。

四千七百八十一兩七錢四分四釐,共存京斗糧料四千六百八十八石四斗二升二勺七抄。其欠收、欠借銀糧各數,均與光緒二十八年底止冊報實在列報數目符合。新收項下,共收各款湘平銀七十八萬四千五百二十兩九錢二分五釐,京斗糧料一十一萬五千四百三十四石八斗三升二合九勺七抄。開除項下,共撥發湘平銀七十九萬九千一百八十九兩四錢四釐,內除第三十款解過各部書吏核銷飯食,並歸還舊管借用甘、新兩省藩庫共三款湘平銀一十萬二千八百四十四兩五錢一分五釐外,本案實請銷湘平銀六十九萬六千三百四十四兩八錢八分九釐,又請銷京斗糧一十一萬八千五百六十九石五斗四升五合八勺七抄,均係照額減成支放,極力撙節,祇以各省協餉愈欠愈多,甘、新借款催還甚急,各營官兵七千餘眾,枵腹從公,計授無出,不得已於光緒二十九年十二月二十七日,奏請變賣牧場馬羊,收獲價銀,並設法勻挪庫儲二分減平等款共銀九萬兩,借墊正餉,稍資挹注,應俟收到欠餉再行歸還。

實在項下,共計實存湘平銀一十二萬一百一十三兩二錢六分五釐,實存京斗糧料一千五百五十三石七斗七合三勺七抄,折合價銀均經實存在庫。其歷年欠收新餉銀四十六萬七百七兩二錢二分二釐,舊欠甘、新借款未還銀二十四萬九千三百一十一兩七錢六分七釐,容俟收獲欠餉,歸還借墊,歸入下屆列報。

核計本案應報銷銀糧數目,均悉核實動支,委無浮冒,合無仰懇天恩敕部照案准銷,以清款目。除將詳細總、散清冊分別咨部外,理合繕具清單,恭呈御覽。伏乞皇太后、皇上聖鑒訓示。謹奏。光緒三十一年十月初七日。

(硃批):該部知道,單併發。①

光緒三十一年十一月二十六日,奉硃批:該部知道,單併發。欽此②。

---

① 臺北"故宮博物院"藏:《軍機及宮中檔》,文獻編號:408004182。
② 中國第一歷史檔案館藏:《錄副奏摺》,檔號:03-6172-069。

二一六　呈二十九及三十兩年收支清單
光緒三十一年十月初七日（1905年11月3日）

謹將伊犁糧餉處造報光緒二十九年正月起至三十年底止收支銀糧各款請銷數目，繕具清單，恭呈御覽。

計開：上案截止光緒二十六年底止，舊管：一、存光緒十四、五兩年提存封儲湘平銀一十萬兩。

一、存扣收二分減平湘平銀二萬二千一百九十四兩五錢六分六釐。

一、存扣收一分平餘湘平銀八百四十四兩八錢三分五釐。

一、存土爾扈特汗王等歸還部庫借款湘平銀六千二百八十一兩四錢。

一、存扣收將軍、領隊大臣、章京等歸還部庫借款湘平銀四千八百七十六兩三錢三分三釐。

一、存支賸流存湘平銀五百八十四兩六錢一分。

以上共舊存湘平銀一十三萬四千七百八十一兩七錢四分四釐。

一、欠收光緒二十五年第十批止應分新餉湘平銀七千九百七十七兩九分二釐。

一、欠收光緒二十六年第七批止應分新餉湘平銀一十萬五千六百四十八兩三錢七分七釐。

一、欠收光緒二十七年第八批止應分新餉湘平銀一十四萬九千四百三十九兩八錢一分八釐。

一、欠收光緒二十八年第六批止應分新餉湘平銀一十三萬八千四百一十五兩四錢五釐。

一、欠收陝西賑款借新餉湘平銀一萬九千五百五十五兩二錢五分五釐。

一、欠收索倫營借修兵房銀二千五百兩。

一、欠收屯牧、練軍經費銷案借用湘平銀一千一百六十七兩六錢六分六釐。

以上舊管共欠收湘平銀四十二萬四千七百三兩六錢一分一釐。

一、長任銷案借用新疆藩庫湘平銀二十六萬七千二百八十兩三錢五分。

一、長任銷案兌借用甘肅藩庫短還湘平銀八萬二千七百六十二兩五錢。

以上舊管共借用湘平銀三十五萬四十二兩八錢五分。

一、富任銷案內欠收錢、欠發京斗糧料二萬四千六百五十九石五斗六升五勺。

一、長任銷案內欠收、欠發錢發京斗糧料七萬二千四百二十一石三斗六升四合五勺八抄。

以上舊管共欠收、欠發京斗糧料九萬七千八十石九斗二升五合八抄。

一、光緒二十五、六兩年銷案應存京斗糧料二千四百八石九斗五升五合八勺。

一、上案支存京斗糧料二千二百七十九石四斗六升四合四勺七抄。

以上共舊存京斗糧料四千六百八十八石四斗二升二勺七抄。

新收：一、收光緒二十八年實撥到新餉湘平銀六萬九千三百二十八兩五錢三分一釐。

一、收光緒二十九年實撥到新餉湘平銀三十四萬九千九百六十六兩八錢一分七釐。

一、收光緒三十年實撥到新餉湘平銀二十六萬二千六百四十五兩七錢八分四釐。

一、收陝西賑款歸還借用新餉湘平銀一萬九千五百五十五兩二錢五分七釐。

一、收扣收領隊大臣、章京等歸還部庫借款湘平銀一千三百三十八兩七錢七分。

一、收本案各散册內扣回二分減平湘平銀九千七百三十二兩三錢九分三釐。

一、收本案各散册內扣回一分平餘湘平銀一百三十九兩一錢七分三釐。

一、收索倫營歸還借修兵房湘平銀兩二千五百兩。

一、收提用光緒二十九、三十兩年馬租變價款湘平銀一萬三百一十四兩二錢。

一、收奏明借用庫儲各款湘平銀五萬九千兩。

以上共收湘平銀七十八萬四千五百二十兩九錢二分五釐。

一、收光緒二十九年連閏一歲新疆省撥發本色糧料折價湘平銀二萬三千四百八十兩，按小麥一石折價七錢，抵支京斗小麥三萬八百石；包穀一石折價六錢，抵支京斗包穀三千二百石。又由寧遠縣撥供本色京斗小麥七千一百三十八石七斗五升七合，共收京斗糧料四萬一千一百三十八石七斗五升七合。

一、收光緒三十年一歲新疆省撥發本色糧料折價湘平銀二萬三千四百八十兩，按小麥一石折價七錢，折支京斗小麥三萬八百石；包穀一石折價六錢，抵支京斗包穀三千二百石。又由甯遠縣撥供本色京斗小麥四千二百九十六石七升五合九勺七抄，共收京斗糧料三萬八千二百九十六石七升五合九勺七抄。

一、收新疆省補撥前任銷案造報歷年欠糧折價銀二萬五千二百兩，按小麥一石折價七錢，抵支京斗小麥三萬六千石。

以上共收京斗糧料一十一萬五千四百三十四石八斗三升二合九勺七抄。

開除：一、撥發第一冊將軍、副都統、各領隊大臣支款湘平銀二萬一千二百七十八兩一錢九分七釐，又京斗糧料七百四十二石六斗七升四合三勺。

一、撥發第二冊印房等五處支款湘平銀一萬一千四百八兩五錢一分六釐，又京斗糧料四百二十石三斗六升九合一勺。

一、撥發第三冊土爾扈特蒙古汗、王公、扎薩克等支款湘平銀一萬五千三百兩。

一、撥發第四冊舊滿營官兵等支款湘平銀一十萬九千五百八十六兩一錢五分，又京斗糧料三萬三千九十三石四斗九升五合。

一、撥發第五冊新滿營官兵等支款湘平銀一十萬九千五百六十兩六錢三分二釐，又京斗糧料三萬三千九十四石三斗二合四勺。

一、撥發第六冊錫伯營官兵支款湘平銀四萬二千四百五十七兩四錢七分三釐，又京斗糧三十四石五斗九合八勺。

一、撥發第七冊索倫營官兵支款湘平銀三萬八千三百九十三兩七錢六分四釐，又京斗糧五十一石七斗六升四合六勺。

一、撥發第九冊額魯特營官兵支款湘平銀二萬九千七百二十二兩四錢八分七釐，又京斗糧五十一石七斗六升四合六勺。

一、撥發第十冊滿營世職、休各官支款湘平銀三千二百五十五兩三錢六分五釐，又京斗糧二百五十五石二斗一升四合二勺。

一、撥發第十一冊滿營孀婦孤女支款湘平銀六百三十二兩六錢一分八釐，又京斗糧二百九十四石三斗二升七合八勺。

一、撥發第十二冊普化寺嘛喇支款湘平銀二千二百一十二兩五錢五分，又京斗糧九百六十一石五斗八升二合四勺。

一、撥發第十三冊練軍馬隊支款湘平銀三萬五千一百六十兩二錢五分，又京斗量八千八百一十二石五斗。

一、撥發第十四冊軍標副將、都、守、千、把、外委支款湘平銀一萬一千一百一十三兩三錢一分。

一、撥發第十五冊軍標馬步各營、旗、哨支款湘平銀一十四萬八千五百九十一兩七錢八分一釐。

一、撥發十六冊軍標行營各局、處支款湘平銀二萬二千八百七十三兩三錢九分八釐。

一、撥發第十七冊軍臺支款湘平銀二千六百五十八兩八錢。

一、撥發第十八冊沿邊卡倫支款湘平銀三萬四千四百五十七兩五錢一分二釐。

一、撥發第十九册分查卡倫支款湘平銀七百八兩三錢三分六釐。

一、撥發第二十册辦解貢馬官兵支款湘平銀一千一百九千兩。

一、撥發第二十一册官醫生支款湘平銀一百二兩，又京斗糧一千六石八斗五升六合八勺。

一、撥發第二十二册蒙、哈、回、俄通事支款湘平銀五百一十兩。

一、撥發第二十三册軍器局等處支款湘平銀三百六十六兩六分七釐。

一、撥發第二十四册歲修倉庫等支款湘平銀一千五百兩。

一、撥發第二十五册運餉脚價支款湘平銀一千五百三十二兩七錢四分七釐。

一、撥發第二十六册會查牌博支款湘平銀二百五十五兩。

一、撥發第二十七册滿營威遠隊支款湘平銀九千四兩九錢二分六釐。

一、撥發第二十八册製購火藥、青鉛、皮紙支款湘平銀一萬二千五百一十五兩七錢七分七釐。

一、撥發第二十九册補發各營官兵歷年欠支糧料四萬六百八十八石四斗二升三勺七抄。

以上共支湘平銀六十九萬六千三百四十四兩八錢八分九釐，內應請戶部准銷銀六十八萬七百九十六兩三錢六分七釐，應請兵部准銷運餉、運鉛脚價銀二千三百二十一兩九錢七分二釐，應請工部准銷歲修倉庫、製購軍火銀一萬三千二百二十六兩五錢五分；共支京斗糧料一十一萬八千五百六十九石五斗四升五合八勺七抄，應請戶部准銷。理合登明。

一、撥發第三十册解過核銷飯食湘平銀二千一百十三兩四錢三分二釐，又撥還長任銷案兌借甘肅藩庫湘平銀四萬一千九百四十五兩一錢四分三釐。統計此案共開除湘平銀七十九萬九千一百八十九兩四錢四釐。

實在：一、存光緒十四年、十五年提存封儲銀一十萬兩。

一、存新舊扣收二分減平，除撥發威遠隊及借墊正餉二款外，實存湘平銀二千九百二十二兩三分三釐。

一、存新舊扣收一分平餘湘平銀九百八十四兩八釐。

一、存新舊扣收將軍、領隊大臣、章京等歸還部庫借款，除借墊正餉外，實存湘平銀一千四百九十六兩五錢三釐。

一、存支剩流存湘平銀一萬四千七百一十兩七錢二分一釐。

以上共實存湘平銀一十二萬一百一十三兩二錢六分五釐。

一、欠收光緒二十五年第十批止應分新餉湘平銀七千九百七十七兩九分二釐。

一、欠收光緒二十六年第七批止應分新餉湘平銀一萬五千六百四十八兩三錢七分七釐。

一、欠收光緒二十七年第八批止應分新餉湘平銀一十四萬九千四百三十九兩八錢一分八釐。

一、欠收光緒二十八年第八批止應分新餉湘平銀六萬九千八十六兩八錢七分四釐。

一、欠收光緒二十九年第八批止應分新餉湘平銀五萬三十三兩一錢八分三釐。

一、欠收光緒三十年第九批止應分新餉湘平銀七萬七千三百五十四兩二錢一分六釐。

一、欠收屯牧、練軍經費湘平銀一千一百六十七兩六錢六分二釐。

以上共欠收湘平銀四十六萬七百七兩二錢二分二釐。

一、長任銷案借用新疆藩庫除本案撥還外，尚欠未還湘平銀二十萬八千四百九十四兩四錢七釐。

一、長任銷案兌借甘肅藩庫除本案撥還外，尚欠還湘平銀四萬八百一十七兩三錢六分。

以上共借用湘平銀二十四萬九千三百一十一兩七錢六分七釐。

一、本案應存京斗糧料一千五百五十三石七斗七合三勺七抄。

覽。①

---

① 中國第一歷史檔案館藏：《單》，檔號：03-6172-070。

二一七　酌保伊犁四載邊防出力員弁摺
光緒三十一年十一月二十七日（1905年12月23日）

　　奴才馬亮、廣福跪奏，爲遵旨酌保伊犁四載邊防出力文武員弁，分別勞績等次，繕具清單，懇恩獎敘，以示鼓勵，恭摺仰祈聖鑒事。

　　竊奴才等前因東省日俄搆釁，伊犁防務加嚴，自光緒二十八年前將軍長庚將防戍出力人員奏請給獎之後復已四年，於三十一年七月二十一日奏懇天恩，將邊防出力員弁分別獎勵，本年十一月初八日，准兵部遞回原摺，光緒三十一年九月初九日，奉硃批：著准其分別保酌數員，毋許冒濫。欽此。仰見我皇太后、皇上維繫邊軍，慎重名器。跪聆之下，欽惕莫名！

　　查光緒十九年九月初八日吏、兵兩部奏定各省勞績請獎章程摺內聲明：凡奉旨准其分別酌保數員之案，每案文武各計至多不得過十員。倘所保已逾十員之數，即將名次開列在後之員隨案撤銷。又，二十八年兵部奏定章程內開：除軍營戰功外，其各項異常如有保至三四十員者，不得概照異常請獎。又，各省邊防保獎員數，應令各省督撫、將軍於保獎時聲明防營若干，向章五百人爲一營，每營祇准保五員，各等語。吏部章程於邊防保獎之案未經議定每案文職准保若干員數，良以用人本難一律，若必限定員數，非虞濫竽，即有向隅。

　　因查前將軍長庚於光緒二十八年請保防戍出力人員案內奏保文職共係九十餘員，奏保武職共係一百七十餘員，咨保武職共係八百餘員。此次伊犁辦理邊防業已四年之久，雖比光緒二十年請獎之案年限較少，然正值新軍改練之時、邊疆多事之日，前此東省有事，伊犁緊與俄鄰，風鶴頻驚，防務較前更重，加以時艱餉絀，俸餉減成，當其裁減餉額之時，竊慮人多觖望，無非縻以好爵，俾文武員弁咸思奮勉，以待恩賚優加。今幸上叨聖主福庇，數年來沿邊一帶得以安堵無驚者，無非藉資群力，遂於辦理交涉、緝捕盜匪、籌撥餉糈、整頓屯牧以及練軍、巡卡，辦理一切皆能不辭勞瘁，協力同心，毫無遺誤。雖係該員等職分所宜盡，然辦事既各有專責，褒榮即宜令均沾，在朝廷定例酬庸，有功必賞，惟奴才等平日未敢瑣瀆陳請，原擬隨時存記，一俟三載考績可爲彙入邊防，同膺懋賞，祇以前摺未經聲明防營人數，遂似應保員弁無多，欽奉硃批准其分別酌保數員。若在緘然不爲詳細陳明，不獨該員弁不得共邀曠典，即奴才等亦殊失信屬僚，況奴才等疆寄謬膺，事繁任重，沿邊相距數千里，分途辦事，實非數員所能勝。

現在俄屬內變，俄邊環居回哈時虞擾我邊疆，密爲籌防，在在需員佐理。西陲極苦，得人甚難，賞不偏施，固無以獎其前勞，即無以勉其後效。籌思再四，與其獎勵難以公允，不足以固將士之心，莫若再懇天恩，重申前奏之未明，著定勞績之應獎。茲謹擇其勤勞最著者，文職則按上案所保員數約減一半，酌保四十三員；武職則按兵部定章每五百人准獎五人之數，於所轄伊犁各營七千餘人內奏保四十三員，咨保三十二員，均未敢稍涉冒濫，以仰副聖慈諄諄告誡之至意。所保文武員弁，仍分別尤爲出力、其次出力，查明定章准保層次，酌擬請獎，繕具清單，恭呈御覽。

合無仰懇天恩俯准如擬給獎，以示鼓勵，出自高厚鴻施。除將擬請咨獎弁兵開單咨送兵部核辦，並飭取文武各員履歷分咨吏部、兵部查核外，所有遵旨酌保伊犁四載邊防出力文武各員緣由，是否有當？理合恭摺具陳。伏乞皇太后、皇上聖鑒訓示。謹奏。光緒三十一年十一月二十七日。

（硃批）：該部議奏，單四件、片二件併發。①

光緒三十二年正月二十九日，奉硃批：該部議奏，單四件、片二件併發。欽此②。

---

① 臺北"故宮博物院"藏：《軍機及宮中檔》，文獻編號：408004183。
② 中國第一歷史檔案館藏：《錄副奏摺》，檔號：03-5970-037。

二一八　呈在事尤為出力文職各員清單
光緒三十一年十一月二十七日（1905年12月23日）

謹將酌保伊犁四載邊防在事尤爲出力文職各員，繕具清單，恭呈御覽。

計開：不論雙單月選用知州曹維周、馬枝瀚、花翎不論雙單月選用知州賀著謙。以上三員，均擬請免選知州，以直隸州知州遇缺即選。

花翎員外郎銜即選主事伊犁印務章京伯奇善，擬請免選主事，以直隸州知州遇缺即選。內閣候補中書祺源，擬請免補中書，以同知遇缺即選。

補用筆帖式鍾福，擬請免補筆帖式，以通判遇缺即選。分省試用州判楊恒祥，擬請免補州判，以知縣仍分省補用。分省試用縣丞曾一鶚、金震春、徐炳堃、賀家梁、王際昭。以上五員，均擬請免補縣丞，以知縣仍分省候補。

不論雙單月選用縣丞李治江、文建猷、雙月選用縣丞王祥炳。以上三員，均擬請免選縣丞，以知縣不論雙單月選用。

指分陝西試用縣丞陳永平，擬請免補本班，以知縣仍留原省補用。

六品頂戴選用主簿文炳章、選用主簿韓昌熾。以上二員，均擬請免選主簿，以州判遇缺即選。府經歷職銜廖焱，擬請以府經歷不論雙單月，遇缺即選。

俊秀王杰、苗殿富。以上二員，均擬請以巡檢不論雙單月，遇缺即選。

覽。①

---

① 中國第一歷史檔案館藏：《單》，檔號：03-5454-136。

二一九　呈在事其次出力文職各員清單
光緒三十一年十一月二十七日（1905年12月23日）

謹將酌保伊犁四載邊防在事其次出力文職各員，繕具清單，恭呈御覽。

計開：花翎知府銜分省補用同知黃樹菜，擬請俟補同知後以知府用。

藍翎分省試用州判徐兆莖，擬請俟補州判後，以知縣歸候補班補用。

不論雙單月選用縣丞黃熙正、何士董。以上二員，均擬請俟補缺後以知縣用。

府經歷職銜賀家模、王進德。以上二員，均擬請以府經歷不論雙單月，遇缺即選。

縣丞職銜姜富學，擬請以縣丞不論雙單月即選。

鹽大使職銜黃森懋，擬請以鹽大使歸部即選。

附生高杞年、王佐廷，均擬請縣丞歸部即選。

伊犁印務章京吏部筆帖式榮聊、伊犁駝馬章京戶部筆帖式聊奎、舊滿營即補經制筆帖式奎亮。以上三員，均擬請賞加五品銜。

監生鍾釗，擬請以筆帖式即選。

選用未入流王宗瀚，擬請賞加六品銜。

俊秀蕭永華、王遐齡、張遇澤、郭振家、沈曜鎔、蕭泰階、王履謙。以上七員，均請以從九品歸部，不論雙單月選用。

覽。①

---

① 中國第一歷史檔案館藏：《單》，檔號：03-5970-040。

二二〇　呈在事尤爲出力武職各員清單
光緒三十一年十一月二十七日（1905年12月23日）

謹將酌保伊犁四載邊防在事尤爲出力武職各員，繕具清單，恭呈御覽。

計開：花翎補用總管錫伯營副總管愛新泰，擬請賞加副都統銜。

花翎補用協領舊滿營鑲白旗佐領布音多爾濟、花翎補用協領新滿營正白旗佐領世襲雲騎尉郭勒明阿。以上二員，均擬請賞加二品銜。

藍翎補副總管後補用總管錫伯營鑲藍旗佐領訥墨春，擬請賞加二品頂戴。

新疆儘先補用游擊准補伊犁寧遠營中軍守備世襲雲騎尉王金樞，擬請賞戴花翎，加副將銜。

花翎補缺後補用佐領伊犁糧餉章京卓錦，請賞加三品銜。

藍翎補用防禦伊犁糧餉章京富里善、藍翎補用防禦伊犁駝馬章京豐紳泰。以上二員，擬請免補防禦，以佐領補用。

花翎都司用即補守備軍標左營分防兼後旗左哨把總魏德勝，擬請免補守備，以都司補用。

藍翎都司銜拔補千總萬禧、藍翎守備銜拔補千總朱貴、藍翎守備銜拔補千總劉成宗。以上三員，均請免補千總，以守備補用。

吉林打牲烏拉總管衙門採珠鑲白旗翼領下珠軒達桂麟，擬請以驍騎校即補。

覽。①

---

① 中國第一歷史檔案館藏：《單》，檔號：03-5970-039。

二二一　呈在事其次出力武職各員清單
光緒三十一年十一月二十七日（1905年12月23日）

謹將酌保伊犁四載邊防在事其次出力武職各員，繕具清單，恭呈御覽。

計開：花翎補協領後加副都統銜新滿營正紅旗佐領伊勒噶春，擬請先換副都統銜頂戴。

花翎補用協領新滿營鑲白旗佐領札隆阿、藍翎總管銜索倫營副總管福善、察哈爾營左翼總管鄂玉泰、察哈爾營右翼總管索扎依、額魯特營右翼總管綽依敦、額魯特營左翼副總管庫克、花翎借備伊犁軍標中軍分防守備補用遊擊周壽山。以上七員，均擬請賞加二品頂戴。

補副總管後補用總管錫伯營鑲白旗佐領額勒登泰、藍翎補副總管後補用總管錫伯營正白旗佐領霍敏。以上二員，擬請先換總管頂戴。

花翎三品頂戴盡先補用都司段祝三，擬請俟補用都司後，以遊擊補用。

舊滿營鑲黃旗佐領烏勒西蘇、舊滿營正紅旗藍翎世襲騎都尉景秀、錫伯營佐領巴西里、花翎索倫營正藍旗佐領業車本。以上四員，均擬請賞加三品銜。

花翎補用都司軍標左營分防守備馬高陞，擬請俟補都司後，以遊擊補用。

遊擊用即補都司軍標左營右哨把總李萬年，擬請先換遊擊頂戴。

花翎升用都司補用守備軍標中軍兼前旗左哨千總張兆杰，擬請賞加三品頂戴。

藍翎准補伊犁霍爾果斯營守備張得勝，擬請以都司即補。

藍翎新滿營鑲黃旗防禦伊棉布，擬請以佐領即補。

花翎儘先補用守備臧永順、補用守備儘先拔補千總施占元。以上二員，均擬請賞加都司銜。

補用防禦索倫營鑲紅旗驍騎校業陳泰，擬請賞加佐領銜。

守備銜拔補千總軍標中軍兼前旗馬隊右哨把總夏錫宣、守備銜伊犁鎮標右營經制外委補缺後拔補千總王宏福、守備銜補缺後拔補千總伊犁軍標中軍兼前旗巡查經制外委劉傳征，補用千總軍標中軍分防兼右旗佐領把總阮光福。以上四員，均擬請以守備補用。

藍翎補把總後補用千總軍標中軍分防兼右旗右哨外委余啟發、藍翎守備銜補缺後千總儘先拔補把總張啟森。以上二員，均擬請俟補千總後，以守備補用。

花翎防禦職銜錫伯營鑲紅旗空藍翎伊林扎布，擬請以防禦即補。

新滿營正藍旗驍騎校舒里春，擬請賞加防禦銜。

覽。①

二二二　奏請獎勵防戌出力人員緣由片
光緒三十一年十一月二十七日（1905年12月23日）

再，查光緒二十八年前將軍長庚奏請將伊犁歷年防戌出力人員分別獎勵，業經部臣分別准駁行查，奏奉諭旨咨行奴才等覆奏，並將行查各員捐照咨送吏部查驗在案。旋准吏部咨覆：查明各員內有捐案核准日期在保案奉旨交議之後、核與尋常勞績章程不符者，有捐案到部尚未核准者，均令毋庸置議。旋據該員等呈懇復爲奏請，因礙於定章，未敢瑣瀆。現除已經卸差各員未敢復行聲請外，其仍在伊犁供差人員，內有雙月選用府經歷安履泰一員，係由保舉選缺後補用縣主薄遇缺儘先前即選從九品，在新疆各官報效股票銀兩，按照新海防例請

---

① 中國第一歷史檔案館藏：《單》，檔號：03-5970-038。

獎第三次案內捐銀，請以府經歷雙月選用，因新疆藩庫未給印收呈繳，以致捐案未邀核准。今復在伊犁出力四年，兩案並計，實屬異常出力，擬請將該員安履泰免選府經歷，以知縣即選。

又，鹽大使職銜惠雲漢、譚嶽琳、黃錫慶，均由後秀在新疆勸辦陝西賑捐請獎案內捐銀，請作監生，給予鹽大使職銜。又，縣丞職銜陸繼昌係由俊秀在新疆勸辦陝西賑捐請獎案內捐銀，請作監生，給予縣丞職銜。

該員等上兌報捐本在保案未經出奏兩年之前，因新疆省造報捐案遲延，致戶部核准已在保案奉旨交議之後，均奉駁刪，未得同膺懋賞。今復在伊犁供差四年，均屬異常出力，兩案並計，擬請將鹽大使職銜惠雲漢、譚嶽琳、黃錫慶三員均以鹽大使不論雙月單月即選，縣丞職銜陸繼昌以縣丞不論雙單月即選，俾資鼓勵，恩賚均沾。除飭取該員等履歷送部查核外，理合附片陳請。伏乞聖鑒訓示。謹奏。

（硃批）：覽。①

光緒三十二年正月二十九日，奉硃批：覽。欽此②。

二二三　請獎餉所出力各員緣由片
光緒三十一年十一月二十七日（1905年12月23日）

再，伊犁地方極苦，百物昂貴，所有文武各官弁及兵勇俸餉，自減成支領後，本已時形支絀，復以各省歷年協餉積欠至四十餘萬兩之多，遂致計授所需更形困乏。奴才等利權不屬，無術點金，全賴新省撫臣、藩司及餉所諸員先行借墊。數年來，每遇新省庫儲告竭，餉所辦事委員極力羅掘，時為代假商款以應急需，俾奴才等辦事從容，得免遺誤，實屬該員等不分畛域，顧全邊疆。從前歷屆邊防所有餉所出

---

① 臺北"故宮博物院"藏：《軍機及宮中檔》，文獻編號：408004183-B。
② 中國第一歷史檔案館藏：《錄副奏片》，檔號：03-5970-041。

力人员，均係彙入伊犁文職單內酌保，迭經仰邀聖恩獎敘。本屆論功行賞，既經欽奉諭旨飭令分別酌保，自應欽遵另案籲懇恩施。

現經奴才等咨請新疆撫臣將出力人員咨送前來。所有尤爲出力之儘先選用直隸州知州車玉衡，擬請免選直隸州知州，以知府儘先選用。其次出力之三品銜新疆候補知府甘曜湘，擬請俟補知府後，以道員用。鹽提舉銜新疆候補通判朱瑞墀，擬請俟得缺後，以同知補用。補缺後補用知縣蕭學琛，擬請俟補知縣後，以直隸州知州補用。均出自逾格鴻施。除飭取履歷送部外，理合附片陳請。伏乞聖鑒訓示。謹奏。

（硃批）：覽。①

光緒三十二年正月二十九日，奉硃批：覽。欽此②。

二二四　揀選伊犁索倫營防禦等缺摺
光緒三十一年十一月二十七日（1905年12月23日）

奴才馬亮、廣福跪奏，為循例揀選伊犁索倫營防禦等缺，擬定正、陪，恭摺具陳，仰祈聖鑒事。

竊奴才等准兼署索倫營領隊大臣博貴咨呈：索倫營鑲紅旗防禦額勒吉春於光緒三十一年八月十四日因病出缺，所遺防禦等缺，應請揀員補放，以資辦理旗務，等因。咨呈前來。

奴才等當於該營應升人員內逐加考驗，額勒吉春遺出防禦一缺，揀選得鑲黃旗驍騎校慶壽堪以擬正，鑲紅旗驍騎校業陳泰堪以擬陪。遞遺驍騎校一缺，揀選得正藍旗委官賽沙春堪以擬正，正白旗委官巴圖鄂齊爾堪以擬陪。謹將該員等履歷另繕清單，恭呈御覽，伏候欽定。

---

① 臺北"故宮博物院"藏：《軍機及宮中檔》，文獻編號：408004183-A。
② 中國第一歷史檔案館藏：《錄副奏片》，檔號：03-5970-042。

所有揀選伊犁索倫營防禦等缺擬定正、陪緣由，理合恭摺具陳。伏乞皇太后、皇上聖鑒訓示。謹奏。光緒三十一年十一月二十七日。

（硃批）：均著擬正之員補授，該衙門知道，單併發。①

光緒正月二十九日，奉硃批：均著擬正之員補授，該衙門知道，單併發。欽此②。

二二五　呈揀選索倫營防禦等缺清單

謹將揀選伊犁索倫營防禦等缺擬定正陪人員，繕具清單，恭呈御覽。

索倫營額勒吉春所出防禦員缺。擬正之索倫營鑲黃旗驍騎校慶壽，食俸餉三十七年，前在庫爾喀喇烏蘇軍營當差。光緒三十一年，補放驍騎校，現年五十六歲。錫伯葛濟勒氏，馬步箭平等。

擬陪之索倫營鑲紅旗驍騎校業陳泰，食俸餉當差二十二年。光緒二十七年，補放驍騎校，揀選防禦擬陪一次，現年四十四歲。錫伯瓜勒佳氏，馬步箭平等。

擬補防禦遞遺驍騎校員缺。擬正之索倫營正藍旗委官賽沙春，食錢糧當差三十五年。光緒二十八年，由領催補放委官，現年五十三歲。達呼爾鄂諾恩氏，馬步箭平等。

擬陪之索倫營正白旗委官巴圖鄂齊爾，食錢糧當差二十九年。光緒二十四年，由前鋒補放委官，現年四十四歲。達呼爾鄂諾恩氏，馬步箭平等。

覽。③

---

① 臺北"故宮博物院"藏：《軍機及宮中檔》，文獻編號：408004184。
② 中國第一歷史檔案館藏：《錄副奏摺》，檔號：03-5454-134。又，此錄副具奏日期未確，茲據原件校正。
③ 中國第一歷史檔案館藏：《單》，檔號：03-5473-078。

二二六　奏陳守備馬高陞接事日期片
　　　　光緒三十一年十一月二十七日（1905 年 12 月 23 日）

　　再，查伊犁軍標左營分防守備兼代後旗馬隊員缺，前經奴才奏請以花翎補用都司留新疆補用守備馬高陞補授，旋經兵部議准發給劄付，當即飭令該守備赴任，以專責成。茲據軍標副將周玉魁具報，該守備已於本年十月初九日接事前來。除咨部外，理合附片具奏。伏乞聖鑒。謹奏。
　　（硃批）：兵部知道。①
　　光緒三十二年正月二十九日，奉硃批：兵部知道。欽此②。

二二七　代奏領隊大臣恩祥因賞謝恩摺
　　　　光緒三十一年十二月二十八日（1906 年 1 月 22 日）

　　奴才馬亮跪奏，為恭摺代奏叩謝天恩，仰祈聖鑒事。
　　竊奴才准伊犁察哈爾營領隊大臣恩祥咨呈：承准兵部咨：本部第七次彙奏給予蔭生一摺，光緒三十一年三月初五，奉旨：依議。欽此。計單內開：伊犁察哈爾營領隊大臣恩祥，滿洲正紅旗人，長子德存，年二十一歲，應給予二品蔭生，等因。承准此，當即恭設香案，望闕叩謝天恩，訖。
　　伏思恩祥滿洲世僕，知識庸愚，荷蒙聖恩涒擢今職，愧官箴之忝竊，憨家學之無傳！茲復仰懇恩綸，榮及後裔，惟有訓誡長子勉力當差，務抒忠悃，以期仰答高厚鴻慈於萬一。所有感激下忱叩謝天恩緣由，呈請代奏。伏乞皇太后、皇上聖鑒。謹奏。光緒三十一年十二月二十八日。

---

① 臺北"故宮博物院"藏：《軍機及宮中檔》，文獻編號：408004184-A。
② 中國第一歷史檔案館藏：《錄副奏片》，檔號：03-5454-135。

（硃批）：知道了。①

光緒三十二年二月二十九日，奉硃批：知道了。欽此②。

二二八　奏報盤查伊塔道庫無虧片
　　　　光緒三十一年十二月二十八日（1906年1月22日）

再，查光緒十四、十五兩年，前將軍色楞額任內應行封儲伊塔道庫湘平銀十萬兩，經前將軍長庚追催足數，於光緒二十三年六月初九日奏明封儲惠遠城糧餉處銀庫，不准擅動，每年年底由將軍、副都統會同盤查、具奏報結一次，以昭慎重，業於光緒三十年底將盤查無虧緣由奏報在案。茲屆三十一年盤查之期，據伊犁糧餉章京嵩林等出具印結具報前來。

奴才等即於十二月二十七日親赴該庫查驗，所有前項封儲湘平銀一十萬兩，均係實存在庫，並無虧短。除將印、加各結送部查核外，理合附片陳明。伏乞聖鑒。謹奏。

（硃批）：戶部知道。③

光緒三十二年二月二十九日，奉硃批：戶部知道。欽此④。

二二九　代奏俄領事斐多羅福謝賞寶星片
　　　　光緒三十一年十二月二十八日（1906年1月22日）

再，查光緒三十一年七月，奴才附奏駐伊俄領事官辦理通商、交

---

① 臺北"故宮博物院"藏：《軍機及宮中檔》，文獻編號：408004188。
② 中國第一歷史檔案館藏：《錄副奏摺》，檔號：03-5970-120。
③ 臺北"故宮博物院"藏：《軍機及宮中檔》，文獻編號：408004187-A。
④ 中國第一歷史檔案館藏：《錄副奏片》，檔號：03-6587-050。

涉、稅務一切得力，仰懇天恩賞給二等第二寶星一片，光緒三十一年九月初九日，奉硃批：外務部議奏。欽此。旋准外務部製造二等第二寶星一座、佩帶一根，並繕就執照一張，咨送前來。

奴才當即發交伊塔道慶秀送俄領事官斐多羅福祗領佩帶去後。茲據伊塔道詳：據該領事官斐多羅福敬謹祗領，呈懇代謝天恩前來。理合具陳。伏乞聖鑒。謹奏。

（硃批）：知道了。

光緒三十二年二月二十九日，奉硃批：知道了。欽此①。

二三〇　監生孝昌請留伊犁差遣緣由片
光緒三十一年十二月二十八日（1906年1月22日）

再，前伊犁將軍錫綸之次子監生孝昌，年二十二歲，係正藍旗滿洲頭甲喇英魁佐領下人。當錫綸病故時，該監生年甫三齡，隨柩回旗，尚未當差。因其生母靈柩在伊，該監生去年跟隨貢馬回差來伊省墓，因行期迫促，未及報明本旗。到伊後，奴才察其年力精壯，有志向上，挑入養正學堂肄業。半年以來，頗知自愛，實為可造之才。據該監生呈請，情願在伊當差。查已故大員子弟在京、在外同一效力，擬即留於伊犁差遣。除咨部、旗外，理合附片陳明。伏乞聖鑒。謹奏。

（硃批）：該衙門知道。②

光緒三十二年二月二十九日，奉硃批：該衙門知道。欽此③。

---

① 此奉硃批日期與內容，據稿本及《軍機處隨手登記檔》（檔案編號：03-0322-1-1232-054）校補。

② 臺北"故宮博物院"藏：《軍機及宮中檔》，文獻編號：408004186-A。

③ 中國第一歷史檔案館藏：《錄副奏片》，檔號：03-5970-118。

二三一　密陳俄情並密為設防情形片
光緒三十一年十二月二十八日（1906年1月22日）

　　再，伊犁一帶沿途數千里，緊與俄國毗連，回、哈、布魯特環繞而居，獷悍成性。平時俄國官兵能以鈐制約束，尤復時出搶劫，擾我邊界。自東省日俄搆釁，俄國兵力不能西顧，該處匪徒聲勢漸大。奴才堅持中立，在在設防幸，兩年以來每遇小醜，登時獲辦。本年日俄和義已成，俄屬兵民因傷亡眾多，加以苛派各費過重，怨謗群興，以致激而生變，鄰伊一帶風鶴頻驚。

　　奴才當即督率各營將弁密為嚴防，因恐遠道謠傳上煩慈廑，曾經先後電請軍機大臣及外務部等代奏，欽奉諭旨：著隨時妥籌防範，以靖邊疆。欽此。旋即一面派員前赴俄國之阿拉穆圖，借查出洋肄業學生之名，探其虛實；一面會索倫營領隊大臣志銳，巡閱索倫邊界卡倫，並勘設圍場，圍獵數日，親訪該國邊地情形。適有俄國殷實商民偉里聞信，渡河來營請見。奴才如禮接待，詢悉該國兵士各立黨羽，約計人心悲怨，思圖革命者居多。該商住薩瑪爾地方，相距俄都較遠，因電報臺車近多阻隔，祇聞森彼堡已有官兵在莫斯科克瓦開仗，互有傷亡，究亦未得確實。旋據委赴偵探之索倫營副總管福善由俄國回，據稱該員前抵阿拉穆圖，查看學堂之肄業學生功課，均尚發憤有進；會晤該國官長，查詢民變情形，各皆含糊對答。惟在外探訪及往來中途察看情形，實有民不畏官、兵不畏將之勢，大都因苛斂刻扣、積怨使無，等語。

　　奴才伏思鄰邦多故，邊防宜嚴，庶免彼匪竄擾。第當此庫款奇絀，不能加餉增兵，惟有就近有各營酌量抽撥，於臨邊要隘密為設防。幸數月以來鄰匪尚無擾越，地方民心均各安堵如常，差堪上慰宸廑。理合附片密陳。伏乞聖鑒。謹奏。

同日，奉旨：留中。欽此。①

二三二　密陳伊犁各營領隊大臣考語摺
光緒三十一年十二月二十八日（1906年1月22日）

奴才馬亮跪奏爲循例密陳伊犁各營領隊大臣考語，繕具清單，恭摺仰祈聖鑒事。

竊查伊犁及塔爾巴哈臺各營領隊大臣，向例應由伊犁將軍出具考語密奏一次，光緒三十年，業經奴才遵例開單奏陳在案。茲屆三十一年考核之期，奴才查伊犁錫伯、索倫、察哈爾、額魯特、塔爾巴哈臺，僻處西塞，緊逼強鄰，巡卡防邊，以及撫綏部眾，在在需人相助爲理。近年政治更新，洋務尤重，交涉一切，因應愈難。

奴才與伊犁副都統廣福及塔城參贊大臣並各營領隊大臣，相機妥籌，幸各營領隊大臣皆能和衷共事，督率將士，力勤職守，邊境賴以乂安，洵堪仰慰聖念。謹就奴才管見所及，加具切實考語，繕就清單，循例具陳。伏乞皇太后、皇上聖鑒。謹奏。光緒三十一年十二月二十八日。

（硃批）：知道了，單留中。②

光緒三十二年二月二十九日，奉硃批：知道了，單留中。欽此③。

二三三　呈伊犁各領隊大臣考語清單
光緒三十一年十二月二十八日（1906年1月22日）

謹將伊犁各營領隊大臣出具考語，繕具清單，恭呈御覽。

---

① 此奏片錄自稿本，原件、錄副均查無下落，待考。
② 臺北"故宮博物院"藏：《軍機及宮中檔》，文獻編號：408004186。
③ 中國第一歷史檔案館藏：《錄副奏摺》，檔號：03-5970-117。

计开：伊犁锡伯营领队大臣希贤，到任未满三月，例不出考。伊犁索伦营领队大臣志锐、伊犁察哈尔营领队大臣恩祥、署伊犁额鲁特营领队大臣锡济尔珲、伊犁塔尔巴哈台领队大臣札拉丰阿。①

二三四　代奏领队大臣希贤谢恩摺
光绪三十一年十二月二十八日（1906年1月22日）

奴才马亮跪奏，为恭摺代奏叩谢天恩，仰祈圣鉴事。

窃奴才准新授伊犁锡伯营领队大臣希贤咨呈：光绪三十年九月二十七日，奉上谕：希贤著赏给二等侍卫，作为锡伯营领队大臣，照例驰驿前往。钦此。钦遵当即恭摺叩谢天恩请训，仰蒙召见一次。陛辞后，于三十一年三月初三日由京起程，因沿途风雨阻滞，至十一月二十七日行抵伊犁。同日，准署锡伯营领队大臣志锐派委笔帖式永谦，将锡伯营领队大臣图记一颗并案卷一并移交前来。当即恭设香案，望阙叩头，祗领任事讫。

伏思希贤蒙古世仆，一介庸愚，毫无知识，兹蒙圣恩简授新缺，闻命自天，感激无地！查伊犁锡伯营地当西南要冲，近邻俄界，巡防守卡，在在均关紧要。希贤惟有矢慎矢勤，勉图报称，稍赎前愆，以冀仰答高厚生成于万一。

所有感激下忱叩谢天恩缘由，呈请代奏前来。奴才理合恭摺代奏。伏乞皇太后、皇上圣鉴。谨奏。光绪三十一年十二月二十八日。

（硃批）：知道了。②

光绪三十二年二月二十九日，奉硃批：知道了。钦此。③

---

① 此清单录自稿本，显属残缺，原件查无下落。
② 台北"故宫博物院"藏：《军机及宫中档》，文献编号：408004187。
③ 中国第一历史档案馆藏：《录副奏摺》，档号：03-5970-121。

二三五　奏報署領隊大臣交卸日期片
　　　　光緒三十一年十二月二十八日（1906年1月22日）

　　再，查伊犁錫伯營領隊大臣色普西賢前因老病乞休，新授錫伯營領隊大臣希賢到任尚需時日，當以營務緊要，曾經奴才奏派索倫營領隊大臣志銳署理錫伯營領隊大臣，以舊滿營左翼協領博貴兼署索倫營領隊大臣在案。現在新任錫伯營領隊大臣希賢①到任，業已另摺奏報在案。茲准志銳咨呈：已於光緒三十一年十一月二十七日將錫伯營領隊大臣圖記一顆，派員送交希賢接收訖。准兼署領隊大臣博貴同日派員將索倫營領隊大臣圖記移送前來。領隊即於是日仍回本任視事，呈請奏報，等因。並准博貴呈明交卸署任前來。理合附片陳明。伏乞聖鑒。謹奏。

　　（硃批）：知道了。②

　　光緒三十二年二月二十九日，奉硃批：知道了。欽此③。

二三六　代遞領隊大臣奏摺片
　　　　光緒三十一年十二月二十八日（1906年1月22日）

　　再，准伊犁索倫營領隊大臣志銳齎到奏事摺一封④，懇請附入夾板

---

　　① 希賢（1850—？），伍彌特氏，正黃旗蒙古恩恒佐領下人，一品蔭生。光緒二年（1876），補刑部員外郎。十年（1884），升掌安徽司印鑰。十三年（1887），調掌貴州司印。十五年（1889），放奉天錦州府知府。十七年（1891），署山海關道。二十七年（1901），遷廣西按察使。同年，署廣西布政使。二十九年（1903），經兩廣總督岑春煊奏參革職。三十年（1904），賞給二等侍衛，作為伊犁錫伯營領隊大臣。三十一年（1905），授伊犁錫伯營領隊大臣。宣統二年（1910），補授伊犁副都統。

　　② 臺北"故宮博物院"藏：《軍機及宮中檔》，文獻編號：408004187-B。

　　③ 中國第一歷史檔案館藏：《錄副奏片》，檔號：03-5970-119。

　　④ 光緒三十一年十二月二十四日，志銳以身患疾病具摺奏請開缺回籍，曰："奴才志銳跪

轉遞前來。即應敬謹代遞，理合附片陳明。伏乞聖鑒。謹奏。

（硃批）：知道了。①

光緒三十二年二月二十九日，奉硃批：知道了。欽此②。

二三七　請准希賢全支養廉緣由片
光緒三十一年十二月二十八日（1906年1月22日）

再，伊犁僻在西陲，距京一萬餘里，各營領隊大臣奉旨補授後，挈眷西行，因遠道川資無出，不得不向部庫挪借廉銀，以資成行，中途用費不敷，又不能不節節支借，所虧之款全指到任支得養廉分期扣還。其實各領隊大臣每員每歲原額養廉七百兩，加增養廉二百兩，共祇得銀九百兩。遇有賞給副都統銜補放者，每年將京職俸廉隨甲移任，關支極力撙節，尚可免困乏之虞。若由革職效力人員初次錄用賞給侍衛，其馬錢及本任養廉均祇准減半支領者。在伊犁食用，百物昂貴，歷任領隊大臣即無論如何清儉自矢，終不免饔飧莫繼，況今昔情形迥異，俸餉減成，半廉之中復有核扣，每歲領款謹祇三百餘金，更屬支絀難堪！奴才前以伊犁四愛曼每營均有總管、副總管督率佐領人等辦理營務，擬將領隊大臣一缺奏

奏，為叩懇天恩俯准開缺回旗修墓，就便調治病軀，恭摺仰祈聖鑒事。竊奴才自光緒二十年蒙恩簡放烏里雅蘇台參贊。二十五年，又調任伊犁索倫營領隊大臣，北橄西陲，瞬過十載。奴才出京時因奴才之妻李氏蒙皇太后恩施，不時進宮當差，未能隨任，京寓皆其料理。自李氏物故，二十六年又逢拳匪之變，京寓乏人，受禍尤烈，墳塋則蹂躪殆遍，室家則搶掠一空，實係家無立錐，墓多宿草。每一思及，徬徨終夜！且奴才在烏里雅蘇台時，雪窖冰天，嚴寒侵骨，乘虛而入，受病已深。去年又奉命往喀什噶爾，辦理中俄交涉，炎天烈日之中，奔馳萬有餘里，寒暑交侵，疾病遂作，動輒氣喘，手足不仁。現在挽弓不能用強，馳馬未堪行遠，守邊職要，貽誤堪虞。左右思維，惟有仰乞天恩俯准開缺回旗修墓，就便調治病軀。現值時事多艱，奴才年甫五十有二，倘邀福庇，幸獲安痊，報國之日方長，何敢遽萌退志！屆時必當泥首宮門，靜候鞭策，斷不敢自耽安逸，有外生成。所有奴才叩懇天恩俯准開缺各下情，理合繕摺循例封交伊犁將軍，藉差轉奏，仰候恩施。伏乞皇太后、皇上聖鑒。謹奏。光緒三十一年十二月二十四日。（硃批）：著賞假兩箇月，毋庸開缺（臺北"故宮博物院"藏：《軍機及宮中檔》，文獻編號：408004185）。"

① 臺北"故宮博物院"藏：《軍機及宮中檔》，文獻編號：408004187-C。
② 中國第一歷史檔案館藏：《錄副奏片》，檔號：03-5970-119。

請作爲裁缺以節冗員，而省各領隊大臣遠來苦累，祇以奴才奉命交卸有期，未及辦理。此次伊犁錫伯營領隊大臣希賢欽奉諭旨，賞給二等侍衛，起用來伊。據糧餉章京等援引定例，呈請核示該大臣支款前來。

奴才查該大臣希賢係革職人員，初次賞銜錄用，若照定例僅支領本任半廉減成銀三百兩餘，不獨無以辦公，亦且難資養贍，擬懇天恩俯准，敕部准其全支養廉、馬錢。如蒙俞允，嗣後如有革職人員初次賞銜派往伊犁之各領隊大臣，可否一律均准全支養廉以示體恤之處，出自逾格鴻施。除咨戶部外，理合附片具奏。伏乞聖鑒訓示。謹奏。

（硃批）：戶部議奏。①

同日，奉硃批：戶部議奏。欽此②。

二三八　恭請皇太后聖安摺
光緒三十一年（1905年）

奴才馬亮、廣福跪請，慈禧端佑康頤昭豫莊誠壽恭欽獻崇熙皇太后聖安！

二三九　恭賀皇太后萬壽摺
光緒三十一年（1905年）

奴才馬亮、廣福等跪，叩賀慈禧端佑康頤昭豫莊誠壽恭欽獻崇熙皇太后，萬壽聖節鴻禧！伊犁將軍奴才馬亮，伊犁副都統奴才廣福，署錫伯營領隊大臣奴才志銳，署索倫營領隊大臣奴才博貴，察哈爾營領隊大臣奴才恩祥，署額魯特營領隊大臣奴才錫濟爾琿。③

---

① 臺北"故宮博物院"藏：《軍機及宮中檔》，文獻編號：408004188-B。
② 此奉硃批日期等，據稿本校補。
③ 此件據稿本校補。

光緒三十二年（1906）

二四〇　謝賞福字荷包等項摺
光緒三十二年四月初三日（1906年4月26日）

奴才馬亮、廣福跪奏，為恭摺叩謝天恩，仰祈聖鑒事。

竊奴才等於光緒三十二年二月三十日承准軍機處咨開：由內交出恩賞伊犁將軍、大臣等福字荷包、銀錢、銀錁、食物等項，由驛齎送前來。除將新授伊犁將軍長庚、額魯特營領隊大臣榮昌應得恩賞敬謹收存，俟該將軍、大臣到任分別齎交外，奴才馬亮並准暫護烏里雅蘇台將軍奎順①將恩賞奴才馬亮福字荷包等件咨送到伊。奴才等當即恭設香案，望闕叩頭謝恩祇領，訖。

伏念奴才等渥蒙聖恩，同膺重任，自維知識譾陋，莫克報效涓埃，正悚惕之不遑，感優容之深厚！茲蒙溫綸下錫，賞齎榮施，拜寵於九天，尤抱慚於五夜！奴才等惟有將邊疆營務暨所管之部落一切事宜，和衷商辦，斷不敢稍涉疎懈，以期仰答高厚鴻慈於萬一。

所有奴才等感激下忱，謹恭摺叩謝天恩。伏乞皇太后、皇上聖鑒。謹奏。光緒三十二年四月初三日。調補烏里雅蘇台將軍伊犁將軍奴才馬亮，伊犁副都統奴才廣福，錫伯營領隊大臣奴才希賢，索倫營領隊大臣奴才志銳。

（硃批）：知道了。②

---

① 奎順（1846—？），滿洲正藍旗人，監生，捐納貢生。同治九年（1870），再捐筆帖式。次年，保主事、員外郎。十二年（1873），籤分戶部員外郎。光緒元年（1875），監修普祥峪工程。三年（1877），補戶部員外郎，加四品銜。五年（1879），升補戶部郎中。九年（1883），充捐納房幫辦，調戶部江南司郎中。十一年（1885），放甘肅甘涼道。十三年（1887），署西甯辦事大臣。十八年（1892），遷西甯辦事大臣，加副都統銜。二十五年（1899），任正黃旗漢軍副都統、馬蘭鎮總兵官兼總管內務府大臣。次年，調鑲白旗漢軍副都統。同年，授察哈爾都統。三十年（1904），補烏里雅蘇台將軍。三十一年（1905），調補正藍旗漢軍都統。

② 臺北"故宮博物院"藏：《軍機及宮中檔》，文獻編號：408004193。

光緒三十二年五月初九日，奉硃批：知道了。欽此①。

二四一　御賞福字壽字謝恩摺
光緒三十二年四月初三日（1906年4月26日）

奴才馬亮跪奏，為恭摺叩謝天恩，仰祈聖鑒事。

竊奴才於光緒三十二年三月初八日准兵部火票遞到軍機處交出特賞烏里雅蘇台將軍馬亮"福、壽"字各一方，由驛齎送前來。奴才當即恭設香案，望闕叩謝天恩祇領，訖。

伏念奴才漢軍世僕，吉省庸材，蒙聖主特達殊恩，畀奴才疆寄重任，權篆五載，未立寸功。上年仰沐鴻恩調授烏里雅蘇台將軍，羈遲尚未赴任，乃荷特賞優頒，叩領之餘，感懃交集，戴高厚生成之大德，非捐靡頂踵所能酬！奴才惟有益殫血誠，勉盡心力，務整軍經武之實濟，佐安內和外之聖謨，將應辦事宜虛衷體察，隨時振興，以期仰答高厚鴻慈於萬一。

所有奴才感激下忱，謹恭摺叩謝天恩。伏乞皇太后、皇上聖鑒。謹奏。光緒三十二年四月初三日。

（硃批）：知道了。欽此。②

光緒三十二年五月初九日，奉硃批：知道了。欽此③。

二四二　揀選伊犁舊滿營佐領員缺摺
光緒三十二年四月初三日（1906年4月26日）

奴才馬亮、廣福跪奏，為循例揀選伊犁舊滿營佐領員缺，擬定正、

---

① 中國第一歷史檔案館藏：《錄副奏摺》，檔號：03-5460-064。
② 臺北"故宮博物院"藏：《軍機及宮中檔》，文獻編號：408004192。
③ 中國第一歷史檔案館藏：《錄副奏摺》，檔號：03-5971-135。

陪，恭摺仰祈聖鑒事。

竊查舊滿營左翼正藍旗佐領烏勒本，前因年老患病呈請原品休致，經奴才等附片奏奉硃批：著照所請，兵部知道。欽此。欽遵恭錄行知在案。茲據滿營檔房呈請將烏勒本所以佐領員缺另行揀員補放，以資辦理旗務，等情。前來。

奴才等當於該營應升人員內逐加考驗，烏勒本遺出正藍旗佐領一缺，揀選得正白旗花翎儘先即補協領德克吉本堪以擬正，鑲紅旗防禦塔奇本堪以擬陪。謹將該員等履歷另繕清單，恭呈御覽，伏候欽定。

其請補佐領，一俟遇有差便，再行給咨送部補行帶領引見，以符定制。所有揀選伊犁舊滿營佐領員缺、擬定正、陪緣由，理合恭摺具陳。伏乞皇太后、皇上聖鑒訓示。謹奏。光緒三十二年四月初三日。

（硃批）：著擬正之員補授，該衙門知道，單併發。①

光緒三十二年閏四月十九日，奉硃批：著擬正之員補授，該衙門知道，單併發。欽此②。

二四三　呈揀選舊滿營佐領員缺清單
光緒三十二年四月初三日（1906年4月26日）

惠遠城舊滿營烏勒本所出佐領員缺。

擬正之惠遠城舊滿營正白旗花翎儘先即補協領德克吉本，食俸餉三十五年，光緒三年，投入湘軍軍營，效力當差。四年克復南路西四城、七年新疆五次剿平邊寇、十年新疆底定搜捕餘匪、十八年新疆防戍各案內均屬奮勉出力，疊經前督辦新疆軍務大臣左宗棠等奏保儘先即補協領，並賞戴花翎，補缺後加二品頂戴。十六年，經前護甘肅新疆巡撫魏光燾奏補古城滿營蒙古旗佐領。二十四年，經前甘肅新疆巡撫饒

---

① 臺北"故宮博物院"藏：《軍機及宮中檔》，文獻編號：408004189。
② 中國第一歷史檔案館藏：《錄副奏摺》，檔號：03-5971-094。

應祺奏護古城城守尉。二十八年，交卸護篆。是年，呈蒙奏請開缺，仍回伊犁原營當差，現年六十歲。舊滿洲伊爾根覺羅氏，馬步箭平等。

擬陪之惠遠城舊滿營鑲紅旗防禦塔奇本，食俸餉二十九年，前在庫爾喀喇烏蘇軍營當差。光緒二年克復瑪納斯南北兩城、六年剿辦陝回、二十年收還巴爾魯克山各案內均屬奮勉出力，疊經前將軍金順等奏保儘先即補佐領，並賞戴花翎。二十三年，補放驍騎校。二十七年，補放防禦，護送貢馬赴京四次，揀選佐領擬陪二次，現年四十九歲。舊滿洲白佳氏，馬步箭平等。①

二四四　章京榮聯請敕部選用緣由片
光緒三十二年四月初三日（1906 年 4 月 26 日）

再，據伊犁印務章京榮聯呈稱：竊章京由吏部筆帖式經吏部帶領引見，奉旨：伊犁印務章京著榮聯去。欽此。遵即領照起程，於光緒二十八年五月十二日行抵伊犁，接辦印房事務。二十九年八月二十四日，聞訃丁父憂，出署差缺。三十年八月，接奉行知，准吏部咨覆：伊犁至京遙遠，往返不易，差缺未便久署，令其毋庸回旗，百日孝滿後，仍回差所任事。俟扣滿年限，再行更換回京，等因。遵於十年八月初四日仍回差所任事，前後接計，連閏扣至三十二年三月二十二日止，三年期滿，呈請照例更換，等情。前來。

查定例：新疆章京專用京員之缺，由各衙門現任筆帖式帶領引見，作為委署主事，其筆帖式毋庸開缺。到任後三年期滿，如果得力出色，經該處大臣奏明咨部以主簿歸部即選者，歸於奉旨即用班內升用。遇有主事缺出，照例具題補授，即照升任食俸升轉，其兵差原缺另行奏請更換，仍俟新任人員更替到日交代清楚，再將年滿之員給咨回京，補行帶領引見。如係平等之員，咨回原衙門供職，等語。茲據

---

① 此情單原件查無下落，待考。

該章京呈報年滿，所遺伊犁印務京員章京一缺，相應請旨簡放，以重職守。

查該章京榮聯，係由吏部筆帖式奉旨補授伊犁印務章京，到任以來已歷三載，辦事勤慎，毫無貽誤，可否仰懇天恩敕部照例選用之處，出自高厚鴻施。除俟更替之員到日再行給咨送部帶領引見外，理合附片具陳。伏乞聖鑒訓示。謹奏。

（硃批）：吏部知道。①

光緒三十二年閏四月十九日，奉硃批：吏部知道。欽此②。

二四五　章京嵩林請敕部選用緣由片
光緒三十二年四月初三日（1906年4月26日）

再，據伊犁糧餉處章京嵩林呈稱：竊章京前由廢員奉旨起用，經軍機大臣榮祿③等奏請給予員外郎職銜，咨赴伊犁坐補糧餉章京，光

---

① 臺北"故宮博物院"藏：《軍機及宮中檔》，文獻編號：408004189-B。
② 中國第一歷史檔案館藏：《錄副奏片》，檔號：03-5971-092。
③ 榮祿（1836—1903），字仲華，號略園，滿洲正白旗人。咸豐二年（1852），封騎都尉，兼雲騎尉。八年（1858），充工部主事，轉員外郎。次年，任戶部銀庫員外郎。十年（1860），補道員。十一年（1861），任神機營大臣。次年，補文案處翼長。同治三年（1864），拔營翼長。次年，授神機健銳兩營馬隊專操大臣、神機營威遠隊專操大臣，管理健銳營事務，加副都統銜。五年（1866），署正藍旗蒙古副都統，充正藍旗專操大臣。同年，實授正藍旗蒙古副都統，轉鑲白旗滿洲副都統。七年（1868），補左翼總兵。同年，管理溝渠河道事務。十年（1871），署工部左侍郎，改工部右侍郎，兼管錢法堂事務。十二年（1873），調戶部左侍郎管理三庫事務，兼署吏部左侍郎。十三年（1874），補授正藍旗護軍統領、左翼監督、總管內務府大臣。光緒元年（1875），兼署步軍統領、鑲藍旗蒙古副都統。三年（1877），授步軍統領、鑲黃旗護軍統領。次年，充紫禁城值年大臣、都察院左都禦史。同年，遷工部尚書。十三年（1887），補鑲藍旗蒙古都統。次年，任領侍衛內大臣，兼署鑲藍旗漢軍都統。十五年（1889），任扈從鳳輿大臣、專操大臣、稽查內七倉大臣、管理右翼幼官學大臣，署鑲紅旗漢軍都統。十七年（1891），調西安將軍。二十年（1894），任步軍統領。次年，轉兵部尚書。二十二年（1896），擢協辦大學士、玉牒館副總裁。次年，任經筵講官。二十四年（1898），補文淵閣大學士，管理戶部事務。同年，署直隸總督兼辦理通商事務大臣、北洋大臣。同年，兼任軍機大臣上行走、管理兵部事務。二十五年（1899），任文淵閣領閣事，充正藍旗滿洲都統，兼崇文門正監督。次年，任內大

緒二十八年四月十三日，奉旨：依議。欽此。遵即領照起程，於光緒二十九年三月二十一日行抵伊犁接辦糧餉事務起，扣至三十二年三月二十一日止，三年期滿，呈請照例更換，等情。前來。

查吏部奏定章程：糧餉京員章京一缺，先由在京筆帖式補放一次，由吏部知照軍機處於在京廢員補放一次，各按底缺更換。又，廢員賞給主事、小京官等職銜派往者，三年期滿，該管大臣專摺具奏，吏部無論從前公私情罪，將該員革職原案詳叙事由，帶領引見，恭候欽定。如奉旨照例用者，按照所給職銜，歸於不論雙單月五缺之後選用，不准先行分部行走，各等語。茲據該章京呈報期滿，所遺伊犁糧餉京員章京一缺，相應請旨簡派，以重職守。

查該章京嵩林係由廢員記名賞給員外郎職銜，充補伊犁糧餉處章京，到任三載，辦事勤勉，毫無貽誤，可否仰懇天恩敕部照例選用之處，出自高厚鴻慈。除給咨送部帶領引見外，理合附片具陳。伏乞聖鑒訓示。謹奏。

（硃批）：吏部知道。①

光緒三十二年閏四月十九日，奉硃批：吏部知道。欽此②。

二四六　造報光緒三十一年收支數目摺
光緒三十二年四月初三日（1906年4月26日）

奴才馬亮、廣福跪奏，為伊犁糧餉處造報光緒三十一年收支銀糧數目，繕具清單，籲懇天恩勅部准銷，恭摺仰祈聖鑒事。

臣，管理戶部事務。二十七年（1901），晉太子太保，升文華殿大學士。次年，兼崇文門副監督。二十九年（1903），卒於任。贈太傅，封一等男爵，謚文忠。有《武毅公事略》、《榮文忠公集》、《榮祿存札》等行世。

① 臺北"故宮博物院"藏：《軍機及宮中檔》，文獻編號：408004189-A。
② 中國第一歷史檔案館藏：《錄副奏片》，檔號：03-5971-093。

窃查伊犁历年收支银粮，业经截至光绪三十年底止造报在案。所有光绪三十一年分收支银粮数目，现饬令粮饷处造册呈齎前来。

奴才等覆加查核，计旧管项下，共存各款湘平银一十二万一百一十三两二钱六分五釐，京斗粮一千五百五十三石七斗七合三勺七抄，其欠收、借用各数均与光绪三十年底止册报实在数目相符。新收项下，共收各款湘平银三十六万八千八百一十四两一钱二分八釐，京斗粮料三万八千二百九十六石七升五合九勺。

开除项下，共支湘平银三十六万四千六百九十两一钱五分六釐，内除归还旧管项下借用甘肃藩库湘平银二万八百三十三两三钱二分三釐外，本案实请销湘平银三十四万三千八百五十六两八钱二分三釐，又请销京斗粮料三万七千四百九十三石四斗二升二合七勺，均系照额减成支放，极力撙节，祇以各省协饷愈欠愈多，原欠甘、新两库借款未能还清，现又挪用官茶变价余利，并借用商款以资抵注，应请俟收到欠饷陆续清还。

实在项下，共计实存湘平银一十二万四千二百三十七两二钱三分七釐，实存京斗粮二千三百五十六石三斗六升五勺七抄，照章折合价银，均经实存在库。其历年欠收新饷湘平银五十三万二千一百六十三两三钱九分九釐，借用甘、新两库及商款湘平银三十万二百四两六钱四分九釐，容俟收有欠饷，陆续还借，归入下届列报。

核计本案应销银粮数目，均系核实支发，委无浮冒，合无仰恳天恩勑部照案准销，以清款目。除将详细总、散清册分别咨送户部、兵部、工部核办外，理合缮具清单，恭呈御览。伏乞皇太后、皇上圣鉴训示。谨奏。光绪三十二年四月初三日。

（硃批）：该部知道。单并发。①

光绪三十二年闰四月十九日，奉硃批：该部知道。单并发。钦此②。

---

① 台北"故宫博物院"藏：《军机及宫中档》，文献编号：408004191。
② 中国第一历史档案馆藏：《录副奏折》，档号：03-6174-110。

二四七　呈光緒三十一年收支銀糧清單
光緒三十二年四月初三日（1906年4月26日）

謹將伊犁糧餉處造報光緒三十一年一歲收支銀糧各款請銷數目，繕具清單，恭呈御覽。

計開：上案截至光緒三十年底止。

舊管：一、上案共存湘平銀一十二萬一百一十三兩二錢六分五釐。

一、上案共欠收湘平銀四十六萬七百七兩二錢二分二釐。

一、上案共借用甘、新藩庫湘平銀二十四萬九千三百一十一兩七錢六分七釐。

一、上案共存京斗糧一千五百五十三石七斗七合三勺七抄。

新收：一、收光緒三十年新餉湘平銀三萬一千一百八十九兩七分九釐。

一、收光緒三十一年新餉湘平銀二十三萬七千三百五十四兩七錢四分四釐。

一、收章京等歸還部庫借款湘平銀一百三十兩。

一、收本案扣回二分減平湘平銀四千七百六十六兩七錢五分三釐。

一、收本案扣回一分平餘湘平銀一百二十四兩八錢一分一釐。

一、收提用光緒三十一年馬租湘平銀二千六百八兩二錢。

一、收借用官茶餘利湘平銀二萬九百一十四兩三錢二分六釐。

一、收借用新疆藩庫湘平銀三萬五千九百二十六兩二錢一分五釐。

一、收借用商款湘平銀三萬五千八百兩。以上共收湘平銀三十六萬八千八百一十四兩一錢二分八釐。

一、收新疆撥發本折糧料三萬八千二百九十六石七升五合九勺。

開除：一、撥發第一冊將軍、副都統、領隊大臣支款銀九千八百六十二兩九錢一分五釐，又京斗糧二百六十五石一斗八合五勺。

一、撥發第二冊印房等五處支款湘銀五千六百六十四兩一錢八分三釐，又京斗糧二百三石六斗二升九合三勺。

一、撥發第三冊蒙古汗、王公、札薩克等支款銀七千六百五十兩。

一、撥發第四冊舊滿營官兵支款銀五萬三千三百六十八兩一錢一分五釐，又京斗糧料一萬五千九百九十石四斗二合六勺。

一、撥發第五冊新滿營官兵支款銀五萬三千五百六十七兩七錢六分四釐，又京斗糧料一萬六千一十六石七斗五升三合七勺。

一、撥發第六冊錫伯營官兵支款銀二萬五百四十一兩三錢八分三釐，又京斗糧一十六石六斗二升二合七勺。

一、撥發第七冊索倫營官兵支款銀一萬八千四百七十一兩六錢三分二釐，又京斗糧料一十六石六斗二升二合七勺。

一、撥發第八冊察哈爾營官兵支款銀一萬四千四百四十一兩三錢五分八釐，又京斗糧二十四石九斗三升四合一勺。

一、撥發第九冊額魯特營官兵支款銀一萬四千四百三十八兩二分七釐，又京斗糧二十四石九斗三升四合一勺。

一、撥發第十冊滿營世職、告休各官支款銀一千七百五十一兩八錢一分二釐，又京斗糧一百七石一斗一升三合五勺。

一、撥發第十一冊滿營孀婦孤女支款銀二百三十兩三錢三分三釐，又京斗糧一百二十石六斗九升四合二勺。

一、撥發第十二冊普化寺喇嘛支款銀一千五十七兩四錢六分三釐，又京斗糧四百五十九石八斗六升七合五勺。

一、撥發第十三冊練軍支款銀一萬六千八百七十六兩九錢二分，又京斗糧四千二百三十石。

一、撥發第十四冊軍標各官支款銀五千五百六十兩五錢七分八釐。

一、撥發第十五冊軍標馬、步、礮各營、旗、哨支款銀七萬一千五百五十五兩二錢九分五釐。

一、撥發第十六册軍標行營各局處支款銀一萬九百六十四兩六錢六分。

一、撥發第十七册軍臺支款銀一千二百八十九兩二錢八分。

一、撥發第十八册沿邊卡倫支款銀一萬六千六百九十六兩八錢九分。

一、撥發第十九册分查卡倫支款銀三百五十四兩一錢六分八釐。

一、撥發第二十册辦解貢馬支款銀五百九十五兩。

一、撥發第二十一册官醫生支款銀五十一兩,又京斗糧八石四斗二升八合四勺。

一、撥發第二十二册蒙、哈、回、俄通事支款銀二百四十四兩八錢。

一、撥發第二十三册軍器局等處支款銀一百七十七兩八分四釐。

一、撥發第二十四册歲脩倉庫等支款銀七百五十兩。

一、撥發第二十五册運餉腳價支款銀五百九十六兩四錢。

一、撥發第二十六册製購火藥、青鉛、皮紙支款銀一萬二千七百六十五兩七錢七分五釐。

一、撥發第二十七册滿營威遠隊支款銀四千三百三十三兩九錢八分六釐。

以上共支湘平銀三十四萬三千八百五十六兩八錢二分三釐,內應請戶部准銷銀三十二萬九千六百四十四兩六錢四分八釐,應請兵部准銷運餉、運船腳價銀一千三百八十五兩六錢二分五釐,應請工部准銷歲修、製造等銀一萬二千七百二十六兩五錢五分。共支京斗糧料三萬七千四百九十三石四斗二升二合七勺,應請戶部准銷。理合登明。

又撥還兌借甘肅藩庫湘平銀二萬八百三十三兩三錢三分三釐。

統計此册共開除湘平銀三十六萬四千六百九十兩一錢五分六

釐。前件查前款內動用二分減平款銀四千三百三十三兩九錢八分六釐，又動用馬租變款銀二千六百八兩二錢。又借用官茶餘利款銀二萬九百一十四兩三錢二分六釐，又借用新疆藩庫銀三萬五千九百二十六兩二錢一分五釐，又借用商款銀三萬五千八百兩，又動用新餉銀二十六萬五千一百七兩四錢二分九釐，合符前數。理合登明。

實在：一、共存各款湘平銀一十二萬四千二百三十七兩二錢三分七釐。

一、共欠收各款湘平銀五十三萬二千一百六十三兩三錢九分九釐。

一、共借用各款湘平銀三十萬二百四兩六錢四分九釐。

一、共存京斗糧二千三百五十六石三斗六升五勺七抄。前件查前款應存銀糧，現均實存倉庫。所有欠收、借用各款，俟下屆清理，跟接造報。理合登明。

覽。①

二四八　派員迎運德製槍礮情形片
光緒三十二年四月初三日（1906年4月26日）

再，查前將軍長庚於光緒二十四年奏請經費，續購德國克勞司毛瑟槍一千枝、槍彈一百一十萬出、克魯伯過山快礮二尊、礮彈二千顆，假道俄境，運赴伊犁。二十六年，行至俄屬阿勒坦額拉地方，適值俄國禁止軍器出境，將前項槍礮解回庫庫烏蘇，業經長庚奏明在案。二十九年，禁限期滿，奴才分別咨商，令其交還，派員迎運，距料行至俄屬薩瑪爾，又值東省日俄開釁，復被俄稅局將前項槍礮阻留，致未運到。本年日俄和局已成，奴才即與俄領事官並電請出使俄國大臣

---

① 中國第一歷史檔案館藏：《單》，檔號：03-6174-111。

胡惟德與俄外、兵等部磋商，始得議允交還，當即派員於本年二月初二日運解回伊，逐一查點，惟槍彈短少五千顆，礮彈短少二十顆，詢係俄官試放。除已電知外務等部並飭造運價咨部請銷外，理合附片陳明。伏乞聖鑒。謹奏。

（硃批）：該部知道。①

光緒三十二年閏四月十九日，奉硃批：該部知道。欽此②。

二四九　奏報俄屬牧夫馬匹出境日期片
光緒三十二年四月初三日（1906年4月26日）

再，奴才前於光緒三十一年十月內，據伊塔道慶秀中申稱：准駐伊俄領事官斐多羅福照會：准俄七河巡撫照稱：俄屬阿依托伏斯克博羅斯屬下哈薩克請照上年成案，借給額魯特所轄木胡爾莫敦地方草廠牧放牲畜，當經電請外務部代奏，並照會額魯特領隊大官轉飭派員照料去後。旋據該哈薩牧夫一百名，携帶氊房十頂，趕馬一萬匹，於光緒三十一年十一月十八日由那林郭勒卡倫入卡。比即點驗立約，安置牧放。茲據額魯特領隊大臣錫濟爾琿呈：據該營總管等呈報：前項牧夫、馬匹已於本年二月十八日出境，仍回俄國，人畜均屬平安，取具俄屬博羅斯收條、印據轉呈前來。奴才伏查屬實，勘以上紓宸廑。除咨明外務部外，理合附片陳明。伏乞聖鑒。謹奏。

（硃批）：外務部知道。③

光緒三十二年閏四月十九日，奉硃批：外務部知道。欽此④。

---

① 臺北"故宮博物院"藏：《軍機及宮中檔》，文獻編號：40800418999-C。
② 此奉硃批日期與內容，據稿本及《軍機處隨手登記檔》（檔案編號：03-0322-2-1232-133）校補。
③ 臺北"故宮博物院"藏：《軍機及宮中檔》，文獻編號：40800418999-D。
④ 此奉硃批日期與內容，據稿本及《軍機處隨手登記檔》（檔案編號：03-0322-2-1232-133）校補。

二五〇　奏報領隊恩祥因病出缺摺
光緒三十二年四月初三日（1906年4月26日）

奴才馬亮跪奏，爲伊犁察哈爾營領隊大臣因病出缺，所遺員缺緊要，請旨簡放，並先行派員署理，恭摺具陳，仰祈聖鑒事。

竊奴才於光緒三十二年三月二十七日，據察哈爾營領隊檔房報稱：察哈爾營領隊大臣世襲雲騎尉恩祥於本年三月二十六日偶受風寒，觸發痰症，醫治罔效，延至是日亥刻，因病出缺，等情。呈報前來。奴才查察哈爾營緊與俄鄰，領隊大臣有督練官兵、防守邊境之責，所遺員缺關係緊要，相應請旨迅賜簡放，以重職守。

至其印務未便久懸，先派員署理，俾專責成。查有記名副都統伊犁舊滿營左翼協領博貴，才猷卓著，熟悉邊情，蒙、哈語言均能通達，上年奏請署理索倫營領隊大臣，辦理一切，毫無貽誤。此次察哈爾領隊大臣遺缺，堪以派令兼署。除檄委並分咨部、旗外，謹恭摺具陳。伏乞皇太后、皇上聖鑒訓示。謹奏。光緒三十二年四月初三日。

（硃批）：另有旨。①

光緒三十二年閏四月十九日，奉硃批：另有旨。欽此②。

二五一　奏報大臣色普西賢因病出缺片
光緒三十二年四月初三日（1906年4月26日）

再，准伊犁錫伯營領隊大臣希賢咨呈：據該營總管富勒祜倫等呈稱：本營食全俸原品休致頭品頂戴副都統銜領隊大臣世襲騎都尉兼一雲

---

① 臺北"故宮博物院"藏：《軍機及宮中檔》，文獻編號：40800418990。
② 此奉硃批日期與內容，據稿本校補。

騎尉果勇巴圖魯色普西賢，於光緒三十二年二月二十六日咳嗽氣促，舊病復發，醫治罔效，延至三月初一日，在本旗家寓病故，等情。轉呈前來。奴才等覆查無異，除分咨部、旗外，謹附片具陳。伏乞聖鑒。謹奏。

（硃批）：該衙門知道。①

光緒三十二年閏四月十九日，奉硃批：該衙門知道。欽此②。

二五二　恭賀太后聖安摺
光緒三十二年四月初三日（1906年4月26日）

奴才馬亮、廣福跪請，慈禧端佑康頤莊誠壽恭欽獻崇熙皇太后聖安！皇上聖躬萬安！

二五三　奏報循例呈進貢馬情形摺
光緒三十二年四月二十四日（1906年5月17日）

奴才馬亮、廣福跪奏，為循例呈進貢馬，恭摺具陳，仰祈聖鑒事。

竊維伊犁係產馬之區，自收還以來，歷年挑選馴良馬匹呈進御用。茲居光緒三十二年應進貢馬之期，奴才馬亮謹選得騸馬八匹，奴才廣福謹選得騸馬四匹，調習試驗，骨相雖非駿異，步驟尚屬安詳，專派防禦和林、西林泰、驍騎校庫克信、委防禦興額春等帶領弁兵，於本年四月二十四日由伊犁起程，照章取道草地行走，飭令攜帶麩料，沿途小心牧放餧養，護送進京，呈遞上駟院驗收試騎，敬備御用。

除咨行科布多、烏里雅蘇台將軍、參贊大臣、察哈爾都統等轉飭經過地方一體照料前進、以昭慎重外，謹將所有正貢、備備貢馬匹毛色、口齒、腳步另繕清單，恭呈御覽，懇恩賞收，以遂奴才等敬獻微

---
① 臺北"故宮博物院"藏：《軍機及宮中檔》，文獻編號：40800418990-A。
② 中國第一歷史檔案館藏：《錄副奏摺》，檔號：03-5971-091。

忱。理合恭摺具陳。伏乞皇太后、皇上聖鑒訓示。謹奏。光緒三十二年四月二十四日。

（硃批）：知道了。①

光緒三十二年九月初六日，奉硃批：知道了。欽此②。

二五四　呈循例呈進貢馬清單
　　　　光緒三十二年四月二十四日（1906年5月17日）

奴才馬亮謹呈正貢馬四匹：黑馬，小走，八歲口。黑馬，小走，八歲口。黑鬃黃馬，小走，八歲口。黑鬃黃馬，小走，八歲口。備貢馬四匹：海騮馬，小走，七歲口。馬，小走，七歲口。海騮馬，小走，七歲口。棗騮馬，小走，七歲口。棗騮馬，小走，七歲口。

奴才廣福謹呈正貢馬二匹：棗騮馬，小走，八歲口。棗騮馬，小走，八歲口。備貢馬二匹：四銀蹄黑馬，小走，七歲口。四銀蹄黑馬，小走，七歲口。

覽。③

二五五　奏報領隊大臣隨進貢馬片
　　　　光緒三十二年四月二十四日（1906年5月17日）

再，據錫伯營領隊大臣希賢、索倫營領隊大臣志銳各選得騸馬二匹，呈請隨同呈進前來。除飭委員防禦和林、西林泰等一體護送上駟院驗收外，謹將馬匹數目、毛色、口齒、腳步另繕清單，恭呈御覽，伏乞天恩一併賞收。所有領隊大臣遵例隨同呈進貢馬緣由，理合附片陳

---

①　臺北"故宮博物院"藏：《軍機及宮中檔》，文獻編號：408004194。
②　中國第一歷史檔案館藏：《錄副奏摺》，檔號：03-5575-007。
③　中國第一歷史檔案館藏：《單》，檔號：03-5575-008。

明。伏乞聖鑒。謹奏。

（硃批）：知道了。①

光緒三十二年九月初六日，奉硃批：知道了。欽此②。

二五六　呈領隊大臣雖進貢馬清單
光緒三十二年四月二十四日（1906年5月17日）

奴才希賢謹呈正貢馬一匹：棗騮馬，小走，七歲口。備貢馬一匹：棗騮馬，小走，七歲口。奴才志銳謹呈正貢馬一匹：棗騮馬，小走，七歲口。備貢馬一匹：棗騮馬，小走，七歲口。

覽。③

二五七　揀選額魯特營佐領等缺摺
光緒三十二年六月初二日（1906年7月22日）

奴才馬亮、廣福跪奏，為循例揀選伊犁額魯特營佐領等缺，擬定正、陪，恭摺具陳，仰祈聖鑒事。

竊奴才等准署伊犁額魯特營領隊大臣錫濟爾琿咨呈：額魯特營左翼鑲黃旗二牛彔佐領朝喀於光緒三十二年四月十五日因病出缺，所遺佐領等缺，應請揀員補放，以資辦理旗務，等因。前來。奴才等當於該營應升人員內逐加考驗，朝喀遺出鑲黃旗二牛彔佐領一缺，揀選得鑲黃旗頭牛彔驍騎校諾斯圖堪以擬正，鑲黃旗二牛彔驍騎校圖魯巴圖堪以擬陪。遞遺驍騎校一缺，揀選得正白旗二牛彔委官布噶堪以擬

---

① 臺北"故宮博物院"藏：《軍機及宮中檔》，文獻編號：408004194-A。
② 中國第一歷史檔案館藏：《錄副奏片》，檔號：03-5575-009。
③ 中國第一歷史檔案館藏：《單》，檔號：03-5575-010。

正，正白旗頭牛彔空藍翎烏魯布濟爾堪以擬陪。謹將該員等履歷另繕清單，恭呈御覽，伏候欽定。

其請補佐領一俟遇有差便，再行給咨送部補行帶領引見，以符定制。所有揀選伊犁額魯特營佐領等缺擬定正、陪緣由，理合恭摺具陳。伏乞皇太后、皇上聖鑒訓示。謹奏。光緒三十二年六月初二日。

（硃批）：均著擬正之員補授，該衙門知道，單併發。①

光緒三十二年七月二十四日，奉硃批：……，單併發。欽此②。

二五八　呈揀選額魯特營佐領等缺清單
光緒三十二年六月初二日（1906年7月22日）

謹將揀選伊犁額魯特營佐領等缺擬定正、陪人員，繕具清單，恭呈御覽。

額魯特營朝喀遺出佐領員缺。擬正之額魯特營左翼鑲黃旗頭牛彔驍騎校諾斯圖，食俸餉當差三十五年。光緒十七年，搜剿竄匪案內出力，經前護將軍富勒銘額咨保，給予六品頂戴。光緒三十年，補放驍騎校，現年五十五歲。舊額魯特馬步箭平等。

擬陪之額魯特營左翼鑲黃旗二牛彔驍騎校圖魯巴圖，食俸餉當差二十七年。光緒三十一年，補放驍騎校，現年四十六歲。舊額魯特馬步箭手等。

擬補佐領遞驍騎校員缺。擬正之額魯特營左翼正白旗二牛彔委官布噶，食錢糧三十四年，前在庫爾喀喇烏蘇軍營當差，十七年搜剿竄匪、二十八年伊犁歷年之防戍各案內均出力，經前護將軍富勒銘額等奏保六品頂戴，補用驍騎校。光緒二十五年，由領催補放委官，揀選驍騎校擬陪二次，現年五十二歲。舊額魯特馬步箭平等。

---

① 臺北"故宮博物院"藏：《軍機及宮中檔》，文獻編號：408004197。
② 中國第一歷史檔案館藏：《錄副奏摺》，檔號：03-5972-083。

擬陪之額魯特營左翼正白旗頭牛彔空藍翎烏魯布濟爾，食錢糧當差二十一年。光緒二十二年，由披甲補放空藍翎，現年三十七歲。舊額魯特馬步箭平等。

覽。①

二五九　請將防禦精吉那開缺降補片
　　光緒三十二年六月初二日（1906年7月22日）

再，據伊犁舊滿營右翼協領烏淩額呈稱：正黃旗防禦精吉那糾約所屬兵丁，向該管佐領強借存公銀兩。傳詢眾兵，各供僉同。呈請懲辦前來。奴才等查該防禦精吉那糾約兵丁，強借存公銀兩，實屬有干例禁，本應奏參革職，以儆效尤，惟該防禦正當年富力強，平時辦事尚稱幹練，若因此案遽行棄置，未免可惜，相應請旨將伊犁舊滿營正黃旗防禦精吉那開缺，以驍騎校降補，稍示懲警而觀後效。理合附片具陳。伏乞聖鑒訓示。謹奏。

（硃批）：著照所請，該衙門知道。②

光緒三十二年七月二十四日，奉硃批：著照所請，該衙門知道。欽此③。

二六〇　奏報土爾扈特盟長赴京值年片
　　光緒三十二年六月初二日（1906年7月22日）

再，准舊土爾扈特南部落盟長札薩克卓哩克圖汗布彥蒙庫咨稱：

---

① 中國第一歷史檔案館藏：《單》，檔號：03-5974-133。
② 臺北"故宮博物院"藏：《軍機及宮中檔》，文獻編號：408004197-C。
③ 中國第一歷史檔案館藏：《錄副奏片》，檔號：03-5575-090。

竊查本年係布彥蒙庫輪值年班之期，自應及早趨赴闕廷，以遂依戀之忱，若候理藩院咨調之文，誠恐致誤限期，呈請將盟長暨札薩克印信移交伊母色哩特博勒噶丹護理，並懇發給咨文、傳牌，俾得早爲起程赴京，恭值年班，等情。當經奴才等如請覆准在案。茲准該汗呈稱，已將盟長札薩克印信於本年三月初十日移交福晉色哩特博勒噶丹護理訖，布彥蒙庫即於十一日由本遊牧起程赴京，等情。並准福晉色哩特博勒噶丹呈同前由。奴才等覆查無異，除咨理藩院查照外，理合附片陳明。伏乞聖鑒。謹奏。

（硃批）：該衙門知道。①

光緒三十二年七月二十四日，奉硃批：該衙門知道。欽此②。

二六一　暫行督管哈薩處事務緣由片
光緒三十二年六月初二日（1906年7月22日）

再，查伊犁內附哈薩克前於光緒十五年經前將軍色楞額奏派額魯特領隊大臣春滿管理，設立哈薩處筆帖式、毛拉、通事等承辦該處事務。春滿交卸後，經前將軍長庚奏派英裕接管。光緒二十八年，英裕因病開缺，經奴才奏派索倫營領隊大臣志銳兼管。數年以來，辦理一切，深資臂助，該部哈薩人眾咸就約束。惟是生齒日眾，事務較繁，現在各營領隊大臣均到任不久，夷情尚未熟悉，此次志銳交卸索倫營領隊大臣去任，所有哈薩處事務，暫時難得其人，擬即暫由奴才督率索倫營副總管福善、佐領業車本一手經理，以昭慎重。原定管理大臣薪津，即分給該處辦事員弁等辦公，俟長庚到任酌定有人，再行奏明派管。除分咨外，理合附片陳明。伏乞聖鑒。謹奏。

---

① 臺北"故宮博物院"藏：《軍機及宮中檔》，文獻編號：408004197-E。
② 中國第一歷史檔案館藏：《錄副奏片》，檔號：03-5972-091。

（硃批）：該衙門知道。①

光緒三十二年七月二十四日，奉硃批：該衙門知道。欽此②。

二六二　代奏領隊錫濟爾琿謝恩摺
光緒三十二年六月初二日（1906年7月22日）

奴才馬亮跪奏，為恭摺代奏叩謝天恩，仰祈聖鑒事。

竊奴才前准索倫營領隊大臣志銳咨呈，該員奏請回旗修墓，業經欽奉硃批：著賞假兩箇月，毋庸開缺。欽此。現已定期起程，呈請派員接署，等因。准此，當經才照會伊犁新滿營協領署額魯特領隊大臣錫濟爾琿兼署去後。旋准具報，於閏四月二十九日將索倫營領隊大臣圖記、案卷接收任事訖。正奏報間，適於五月初五日准兵部咨：光緒三十二年三月十九日，奉旨：錫濟爾琿著賞給副都統銜，作爲伊犁索倫領隊大臣，即行馳赴新任。欽此。欽遵咨行到伊，又經照會該大臣欽遵在案。茲准該大臣咨呈：錫濟爾琿承准照會，當即恭設香案，望闕叩謝天恩訖。伏思錫濟爾琿一介庸愚，毫無知識，渥蒙聖恩薦擢協領。上年署理額魯特領隊大臣，方愧涓埃未效；前月奉委署理斯缺，尤懼負荷莫勝。茲承恩旨賞給副都統銜，作爲伊犁索倫領隊大臣。聞命自天，感慚無地！

查索倫營地當伊犁西北，緊與俄鄰，卡倫之防守宜嚴，口戶之凋殘待恤。勤求武備，慎保邊疆，在在均關緊要。錫濟爾琿惟有遇事稟承將軍，勉竭駑駘，盡心整理，以期仰答高厚鴻慈於萬一。所有感激下忱，呈請代奏叩謝天恩，等情。前來。奴才理合恭摺代奏。伏乞皇太后、皇上聖鑒。謹奏。光緒三十二年六月初二日。

---

① 臺北"故宮博物院"藏：《軍機及宮中檔》，文獻編號：408004197-D。
② 中國第一歷史檔案館藏：《錄副奏片》，檔號：03-5972-089。

（硃批）：知道了。①

光緒三十二年七月二十四日，奉硃批：知道了。欽此②。

二六三　預估光緒三十三年新餉摺
光緒三十二年六月初二日（1906年7月22日）

奴才馬亮、廣福跪奏，爲預估光緒三十三年新餉，懇恩敕部准照減定成數，援案指撥的款，以濟要需，恭摺仰祈聖鑒事。

竊查伊犁滿蒙標練各營官兵俸餉以及一切雜支各款，歷經各前將軍奏定歲額銀四十萬兩，按年請撥在案。光緒二十九年，奴才等仰體時局艱難，開導各營官兵，將原定各款均照額支核減一成五發給，議定歲需銀三十四萬兩，奏明請撥。自此以後，所有歷年新餉均經援案奏蒙聖恩敕部議准，照章由甘省藩庫總收分發、具領供支在案。近來察看各營官兵，因俸餉減成，辦供一切均不免竭蹶從事，乃減定之數歷年未能源源解到，奴才等挪新補舊，實屬籌借無方。茲屆預估光緒三十三年新餉之期，據糧餉處呈請援案仍照上年所發成數，奏撥銀三十四萬兩以供支放，並催解舊欠前來。

奴才等覆查伊犁應支一切，實已無可節裁，舊欠未清，新餉待放尤亟，合無仰懇天恩俯准，敕部將伊犁光緒三十三年新餉按照減定銀三十四萬兩之數，援案指撥的款，飭令各省關提前如數協解，以濟要需。除咨明戶部外，所有預估光緒三十三年新餉銀數緣由，理合恭摺具陳。伏乞皇太后、皇上聖鑒。謹奏。光緒三十二年六月初二日。

（硃批）：戶部知道。③

---

① 臺北"故宮博物院"藏：《軍機及宮中檔》，文獻編號：408004196。
② 中國第一歷史檔案館藏：《錄副奏摺》，檔號：03-5972-087。
③ 臺北"故宮博物院"藏：《軍機及宮中檔》，文獻編號：408004195。

光緒三十二年十月初一日接到，七月二十四日，奉硃批：戶部知道。欽此①。

二六四　請獎勵督修路工各員片
光緒三十二年六月初二日（1906年7月22日）

再，奴才前因伊犁菓子溝為新疆北路最要門戶，道路險阻，人馬難行，實與行旅不便，於光緒三十一年七月附片奏明，由奴才與各官捐資，派員督工開修，欽奉硃批：知道了。欽此。欽遵在案。查該處山路綿延八十餘里，溝水迴環，急流駭目，大小橋梁共二十六道。其最險者，惟六道橋、松樹頭、紅水泉、鸚哥架、大灣各段，雪積則道路壅塞，冰化則橋梁被沖，每年脩葺，靡費耗工，而行旅往來，露宿守侯，稍不慎重，馬淹車傾。奴才因派鎮標中營遊擊陳甲福、軍標中軍都司王保清、鎮標左營外委王宏福，管帶工匠，分段興脩。自上年六月初一日起至八月底止，開山鑿石，改道填溝，竭三越月工程，將松樹頭至山南出口險徑一律開脩平坦。旋因秋深風冷，人力難施，所有六道橋地段工程，僅能廢去四道橋，將路改由西山根行走。

去冬今春，察看行旅，雖無阻滯之患，而臨深履險，仍不免跋涉艱難。本年春暖冰消，復經陳甲福、王保清、王宏福督率匠役，自四月初三日入山續脩，將二道橋之惡石懸巖，設法鑿眼，灌藥轟炸，劈山開路，借勢改溝，遂使當日之迴環曲徑，均一律改成平直坦途，不必涉水過橋，竟能驅車驟馬，並將上年所脩未竟工程挖高補低，修治寬濶，朽壞小橋從新建脩。至閏四月十五日，各工一律告成。報經奴才親往履勘，實屬料實工堅，暢行無阻。現已咨商新疆撫臣飭令鎮標派兵，分為四段駐紮，隨時整理，以善其後。從此一勞永逸。在行人既無險阻之苦，而郵遞亦免延誤之虞，實非奴才始願所能想到。

---

① 中國第一歷史檔案館藏：《錄副奏摺》，檔號：03-6175-048。

是役也，共費銀六千四百餘兩，均係奴才暨各營寅僚公同捐助，較之原估節省不少。若非督工各員實心任事，勞瘁不辭，斷難若是之成工速而省費鉅也。除捐資各員志存利濟，未便負其初心，督工之鎮標中營遊擊陳甲福，前年已經奴才專摺保以總兵記名，均不敢仰邀議敘外，所有在事督工之王保清、王宏福二員，均屬始終出力，未便沒其勤勞，且其平日留心營務，辦事幹練，謀略可取，實為邊地難得之員，可否仰懇天恩特沛，俯准將花翎副將銜補缺後副將儘先即補參將伊犁軍標中營中軍都司王保清，免補參將，以副將補用；守備銜補缺後拔補千總伊犁鎮標左營經制外委王宏福，免補把總，以千總拔補，以示鼓勵之處，出自逾格鴻施。所有捐修菓子溝路工路告成，請將督工出力人員分別獎勵緣由，除咨部外，理合附片陳請。伏乞聖鑒訓示。謹奏。

（硃批）：該部議奏。①

光緒三十二年八月初八日，奉硃批：該部議奏。欽此②。

二六五　請添設哈薩克千戶長緣由片
光緒三十二年六月初二日（1906年7月22日）

再，查伊犁黑宰、阿勒班兩路哈薩克人眾，自光緒八年投誠內附，經將軍金順奏請，設立頭目三名，放為阿哈拉克齊，並請賞戴三品頂翎。光緒九年七月二十八日，奉旨：著照所請，該衙門知道。欽此。前署將軍錫綸奏請，將阿哈拉克齊名目改為千戶長名目。前護將軍富勒銘額奏定臺吉、千戶長歲支津貼，分別支給，以資辦公。光緒二十五年，前將軍長庚因哈薩克生齒日繁，奏請設添千戶長二名，加增歲收租馬。二十九年，奴才巡閱邊界，察看該哈薩克戶口眾多，非添設千戶長，不足以資約束，附片奏請除原有臺吉一名、千戶長五名外，添設千

---

① 臺北"故宮博物院"藏：《軍機及宮中檔》，文獻編號：408004197-A。
② 中國第一歷史檔案館藏：《錄副奏片》，檔號：03-7094-044。

戶長三名、千戶長銜一名、副千戶長銜一名，分管部眾，酌定津貼，以示鼓勵，欽奉硃批：著照所請，該衙門知道。欽此。欽遵在案。

茲查前設千戶長銜昆布拉特所管部眾，數年以來，生齒益庶，且牧地寫遠，僅止千戶長銜一名難資鈐束。准管理哈薩事務索倫營領隊大臣志銳咨呈：轉據該部落人眾稟請，將千戶長銜昆布拉特改為千戶長，添設副千戶長一名，幫同料理，並請照章給予津貼，等情。前來。奴才覆查該部落戶口既增，不能不加設頭目以資分管，惟有仰懇天恩准將昆布拉特所管游牧原設千戶長銜一名改為千戶長，並添設副千戶長一名，責令妥為管束，俾所屬人眾各知遵守法度。所有千戶長一名歲支津貼，按照定章歲支銀六十兩，應於原定千戶長銜銀五十兩外加銀千兩，在於歲收租馬款內支給，併案報銷。如蒙俞允，俟奉旨後即當欽遵轉飭遵照。除分咨部、院外，理合附片陳請。伏乞聖鑒訓示。謹奏。

（硃批）：著照所請，該衙門知道。①

光緒三十二年八月初八日，奉硃批：著照所請，該衙門知道。欽此②。

二六六　奏報副都統志銳北上日期片
光緒三十二年六月十三日（1906年8月2日）

再，查索倫營領隊大臣志銳前因請假回旗修墓，奏奉硃批：著賞假兩箇月，毋庸開缺。欽此。復蒙恩旨補授寧夏副都統。欽此。業經該大臣具奏叩謝天恩摺內聲明，定於閏四月二十八日起程，咨呈奴才派員接署索倫營領隊大臣，當經奴才照會署額魯特領隊大臣新滿營左翼協領錫濟爾琿兼署去後。志銳旋因車輛不齊，未克如期成行。茲准

---

① 臺北"故宮博物院"藏：《軍機及宮中檔》，文獻編號：408004197-B。
② 此奉硃批日期與內容，據《軍機處隨手登記檔》（檔案編號：03-0323-1232-239）及稿本校補。

具報，於閏四月二十九日交卸，五月初六日起程北上。咨請代奏前來。理合附片陳明。伏乞聖鑒。謹奏。

（硃批）：仍著不准來京，迅赴新任。①

光緒三十二年七月二十四日，奉硃批：仍著不准來京，迅赴新任。欽此②。

二六七　領隊希賢接充學堂堂事官片
　　　光緒三十二年六月十三日（1906年8月2日）

再，奴才前光緒二十九年奏請設立養正學堂，派索倫營領隊大臣志銳兼充總理堂事官，布置一切，隨時考察。近來各學生功課較初入學堂稍有進步，赴俄肄業各生亦覺成效可睹。現在志銳交卸去任，所有養正學堂總理堂事官，已照會錫伯營領隊大臣希賢接充，並函知長庚由關內選調教習前來，以資化導。除咨明學部外，理合附片陳明。伏乞聖鑒。謹奏。

（硃批）：學部知道。

光緒三十二年七月二十四日，奉硃批：學部知道。欽此③。

二六八　揀員調署協領員缺緣由片
　　　光緒三十二年六月十三日（1906年8月2日）

再，伊犁新滿營左翼協領錫濟爾琿蒙恩簡放索倫營領隊大臣，遵旨已赴新任。所遺協領員缺爲新滿營八旗領袖，亟應揀員署理，俾專

---

① 臺北"故宮博物院"藏：《軍機及宮中檔》，文獻編號：408004198-B。
② 中國第一歷史檔案館藏：《錄副奏片》，檔號：03-5972-088。
③ 此奉硃批日期與內容，據稿本推補。

責成。查有新滿營右翼協領諾呢春，老成穩慎，熟悉旗務，堪以調署。其調遺右翼協領一缺，查有正藍旗佐領蒙庫泰，辦事幹練，熟悉旗務，堪以委署。除恭摺具奏請旨揀放，並檄飭遵照外，理合附片陳明。伏乞聖鑒。謹奏。

（硃批）：該衙門知道。①

光緒三十一年七月二十四日，奉硃批：該衙門知道。欽此②。

二六九　察哈爾營總管鄂裕泰等革查片
光緒三十二年六月十三日（1906年8月2日）

再，奴才前准察哈爾領隊大臣恩祥咨呈：據察哈爾左翼總管鄂裕泰與該營正白旗頭牛彔佐領巴吐那遜辦事不睦，互相訐控，呈請究辦，等情。當經批飭該大臣查辦去後。正傳訊間，恩祥因病出缺，署察哈爾領隊大臣博貴到任，適據總管鄂裕泰呈報：正白旗佐領巴圖那遜與正白旗頭牛彔驍騎校車伯克達什聚眾鬭毆，致有傷人情事。隨即飭令總管鄂玉泰將滋事人等解案候訊，乃該總管並不遵照傳交。訪聞驍騎校車伯克達什，係受總管鄂裕泰暗中主使滋事。呈請革職歸案訊辦前來。

奴才查鄂裕泰身為總管，應如何整躬率屬，乃既不能約束部眾，致被控告，又復主使屬員聚眾互鬬；佐領巴圖那遜、驍騎校車伯克達什均有管理旗務之責，並不知衷辦事，輒敢聚眾互毆，滋生事端，均屬不稱職守，應請一併暫行革職，歸案訊辦，俟查訊明確應如何辦理，另行議擬，奏請聖裁。

除將察哈爾左翼總管一缺檄委該營鑲白旗頭牛錄佐領薩三兼署，正白旗頭牛錄佐領一缺檄委鑲黃旗二牛彔驍騎校都岱兼署，正白旗頭

---

① 臺北"故宮博物院"藏：《軍機及宮中檔》，文獻編號：408004198-C。
② 中國第一歷史檔案館藏：《錄副奏片》，檔號：03-5972-084。

牛彔驍騎校一缺檄委該旗空藍翎圖依滾署理，並分咨戶部、兵部外，理合附片具奏。伏乞聖鑒。謹奏。

（硃批）：著照所請，該衙門知道。①

光緒三十一年七月二十四日，奉硃批：著照所請，該衙門知道。欽此②。

二七〇　請賞還花沙布原官銜翎片
光緒三十二年六月十三日（1906年8月2日）

再，查已革塔城新滿營左翼協領花沙布原屬伊犁新滿營佐領，前塔城參贊大臣伊犁副都統春滿因其人才可用，調往塔城差遣，以資臂助，瀌升協領。光緒三十年，春滿病重，時適有哈薩克侵佔滿營地水，與滿營兵丁聚眾鬥毆，經春滿將其奏參革職，勒令仍回伊犁原旗。光緒三十年十月初六日，欽奉硃批：著照所請，該衙門知道。欽此。欽遵在案。該革員被參回旗之後，奴才察看該革員清、漢文理均優，邊地人才難得，派委充當養正學堂教習。

兩年以來，該革員勤奮供差，頗知愧悔，且核其被參原奏，係訪聞有暗中唆使、欲激眾怒情事，當時既稱並無實據，又稱非彈壓不力即約束不嚴等語，似未免以莫須有之詞文致其罪，況當時奴才派員前赴塔城探視春滿病情，業已精神恍惚，言語不清，是該革員之被參尚未必出於春滿本意，實不免於屈抑。

惟現在春滿業已因病出缺，而當日辦事之營務處雷銘三亦已病故，無從追究。現經奴才察看，該革員才堪造就，未便聽其棄置可惜，合無仰懇天恩俯准將已革塔城新滿營左翼協領花沙布賞還原官銜翎，給予披甲錢糧，令其當差，以觀後效，如能始終奮勉，再由長庚奏請

---

① 臺北"故宮博物院"藏：《軍機及宮中檔》，文獻編號：408004200-A。
② 中國第一歷史檔案館藏：《錄副奏片》，檔號：03-5972-085。

恩施錄用。奴才為邊地旗營人才難得起見，理合附片陳請。伏乞聖鑒訓示。謹奏。

（硃批）：著照所請，該衙門知道。①

光緒三十一年七月二十四日，奉硃批：著照所請，該衙門知道。欽此②。

二七一　揀選伊犁新滿營協領等缺摺
光緒三十二年六月十三日（1906年8月2日）

奴才馬亮、廣福跪奏，為循例揀選伊犁新滿營協領等缺，擬定正、陪，恭摺具陳，仰祈聖鑒事。

竊查伊犁新滿營左翼協領錫濟爾琿蒙恩簡放索倫營領隊大臣，遵旨已赴新任。茲據辦理伊犁滿營事務檔房呈稱：錫濟爾琿升遺新滿營左翼協領員缺，應請揀員補放，以資辦理營務，等情。前來。奴才等伏查新滿營左翼協領一缺爲八旗領袖，當於該營應升人員內逐加考驗，揀選得花翎二品頂戴右翼協領諾呢春堪以調補。諾呢春調遺右翼協領一缺，揀選得花翎副都統銜正藍旗佐領蒙庫泰堪以擬正，正黃旗佐領賽沙春堪以擬陪。遞遺佐領一缺，揀選得正紅旗防禦額勒德春堪以擬正，鑲黃旗防禦伊綿布堪以擬陪。遞遺防禦一缺，揀選得鑲藍旗驍騎校國西春堪以擬正，鑲藍旗驍騎校音德蘇堪以擬陪。

遞遺驍騎校一缺，揀選得駝馬處經制筆帖式尚阿春堪以擬正，年滿委筆帖式西喇布堪以擬陪。謹將該員等履歷另繕清單，恭呈御覽，伏候欽定。其請補協領、佐領，一俟遇有差便，給咨送部補行帶領引見，以符定制。所有揀選伊犁新滿營協領等缺擬定正、陪緣由，理合恭摺具奏。伏乞皇太后、皇上聖鑒訓示。謹奏。光緒三十二年六月十三日。

---

① 臺北"故宮博物院"藏：《軍機及宮中檔》，文獻編號：408004200-B。
② 中國第一歷史檔案館藏：《錄副奏片》，檔號：03-5972-086。

（硃批）：均著擬正之員補授，該衙門知道，單併發。①

光緒三十二年八月初八日，奉硃批：……，單併發。欽此②。

二七二　呈伊犁新滿營協領等缺清單
光緒三十二年六月十三日（1906年8月2日）

謹將揀選伊犁新滿營協領等缺擬定正、陪人員，繕具清單，恭呈御覽。

惠遠城新滿營錫濟爾琿升遺左翼協領員缺。擬調之新滿營右翼協領諾呢春，食俸餉四十五年，前在塔爾巴哈臺軍營當差，光緒二年克復瑪納斯南北兩城、六年剿辦陝回、八年收復伊犁、十七年搜剿竄匪各案內均屬奮勉出力，疊經前將軍金順等奏保補協領後加二品頂戴，並賞戴花翎。七年，由經制筆帖式補放驍騎校。十年，補授佐領。二十二年，補授協領，現年六十四歲。錫伯杭阿哩氏，馬步箭平等。

擬調左翼協領遞遺右翼協領員缺。擬正之新滿營正藍旗佐領蒙庫泰，食俸餉三十八年，前在塔爾巴塔臺軍營當差，光緒二年克復瑪納斯南北兩城、六年剿辦陝回、八年收復伊犁、十七年搜剿竄匪、二十二年新疆各軍防剿西寗竄匪獲勝、關外肅清各案內均屬奮勉出力，疊經前將軍全順等奏保儘先即補協領，加副都統銜，並賞戴花翎。八年，由經制筆帖式補授佐領，揀選協領擬陪一次，現年五十六歲。錫伯赫葉勒氏，馬步箭平等。

擬陪之新滿營正黃旗佐領賽沙春，食俸餉四十四年，前在塔爾巴哈臺軍營當差，光緒二年克復瑪納斯南城、七年屯種軍糧、二十八年伊犁歷年防戍各案內均屬奮勉出力，疊經前將軍金順等奏保協領銜，並賞戴花翎。八年，補授佐領。赴京護送貢馬六次，現年六十五歲。

---

① 臺北"故宮博物院"藏：《軍機及宮中檔》，文獻編號：408004200。
② 中國第一歷史檔案館藏：《錄副奏摺》，檔號：03-5972-117。

錫伯富察氏，馬步箭平等。

擬補協領遞遺佐領員缺。擬正之新滿營正紅旗防禦額勒德春，食俸餉四十二年，前在塔爾巴哈臺軍營當差，光緒二十年克復瑪納斯南北二城、五年、六年兩屆屯種軍糧、八年收復伊犁、二十八年伊犁歷年防戍各案內均屬奮勉出力，疊經前將軍金順等奏保補用佐領，並賞戴藍翎，赴京護送貢馬一次、戰馬一次。十一年，補授防禦，現年六十三歲。錫伯瓜勒佳氏，馬步箭平等。

擬陪之新滿營鑲黃旗防禦伊綿布，食俸餉當差三十七年。光緒八年收復伊犁、二十八年伊犁歷年防戍案內奮勉出力，經前將軍金順等奏保補用防禦，並賞戴藍翎。十一年，補放驍騎校。三十年，補授防禦，現年五十八歲。錫伯胡西哈哩氏，馬步箭平等。

擬補佐領遞遺防禦員缺。擬正之新滿營鑲藍旗驍騎校國西春，食俸餉當差二十四年。光緒十七年搜剿竄匪、二十八年伊犁歷年防戍案內均屬奮勉出力，經前護將軍富勒銘額等奏保補用防禦。二十七年，補放驍騎校，揀選防禦擬陪一次，現年四十一歲。錫伯鄂托氏，馬步箭平等。

擬陪之新滿營鑲黃騎驍騎校音德蘇，食俸餉二十二年，前在塔爾巴哈臺軍營當差，光緒元年克復烏魯木齊各城、二年克復瑪納斯南城案內出力，經前將軍金順奏保儘先即補防禦，並賞戴花翎，赴京護送貢馬三次。二十五年，補放驍騎校，現年五十歲。錫伯伊爾根覺羅氏，馬步箭平等。

擬補防禦遞遺驍騎校員缺。擬正之伊犁駝馬處經制筆帖式尚阿春，食俸餉當差二十五年，光緒八年收復伊犁、十七年搜剿竄匪、二十八年伊犁歷年防戍各案內均屬奮勉出力，疊經前將軍金順等奏保補用驍騎校，並賞戴藍翎。十四年，補放委筆帖式。二十二年，補放經制筆帖式，現年四十一歲。錫伯杭阿哩氏，馬步箭平等。

擬陪之伊犁滿營檔房年滿委筆帖式西喇布，食錢糧當差十七年，光緒十七年搜剿竄匪、二十八年伊犁歷年防戍各案內出力，經前護將軍富勒銘額等奏保補用驍騎校。二十四年，補放委筆帖式，二十九年期滿，現年三十八歲。錫伯瓜勒佳氏，馬步箭平等。

覽。①

二七三　東省防務出力文職各員核獎摺
光緒三十二年六月十三日（1906年8月2日）

奴才馬亮、廣福跪奏，爲遵旨另繕辦理東省防務文職出力各員，籲懇天恩俯准如請給獎，以示鼓勵，恭摺仰祈聖鑒事。

竊奴才等於光緒三十二年閏四月二十七日准吏部咨開：所有遵議伊犁奏保四載邊防出力員弁員數過多、駁回另繕一摺，於光緒三十二年四月初三日具奏，奉旨：依議。欽此。鈔錄原奏咨行到伊。奴才等查吏部原奏，內稱准兵部以馬亮奏咨各案繕與年限不符，一併議駁，於本月初六日奏奉諭旨依議，等因。知照前來。伏查西北邊防請獎成案，歷經前任各巡撫、參贊暨將軍等先後奏定，新疆限七年，塔爾巴哈臺限九年，獨伊犁限十二年。良以該處收回未久，風氣較晚，既需爵賞以爲招徠，復需歲時以資磨練。立法之初，原有深意。惟同一邊防，同一出力，而年限遠近不同，各將士株守邊陲，既以相形見絀，又以近年俸餉滅成，防務加重，不無觖望。該將軍所陳各節，亦尚係實在情形，幸而日俄搆釁以來地方安靖無事。

上年九月，馬亮因以可否獎勵奏請立案，奉有硃批准其酌保數員，毋許冒濫。無如該將軍此次開單列保仍與歷屆邊防一例，謂無冒濫，實所難信，故兵部徑行議駁。查定章：奉旨准保數員之案，文武併計，本不得過十員。嗣稍寬其格，定爲各保十員。其分別酌保之員，亦不得概請異常勞績，等語。伊犁此次請獎既非年例應獎之案，又不

---

① 中國第一歷史檔案館藏：《單》，檔號：03-5972-118。

恪遵前旨辦理，臣部礙難覈覆，應請將文職各單片一律駁回，令該將軍另繕具奏，以杜競進而免紛岐，等語。具見部臣慎重名器，激勵邊軍，兼顧統籌，務求悉當。

惟奴才等伏查伊犁邊防，從前並未奏定年限，有屆滿五年而一請者，有時逾十年而併保者，是以前因日俄搆釁，伊犁沿邊一帶緊逼強鄰，時有交涉棘手事件。該將士等日夜籌防，使邊釁無由而生，地方安堵無擾，洵為異常出力，奏懇天恩特隆懋賞，以示獎勵，欽奉硃批：准其分別酌保數員，毋許冒濫。欽此。請獎時因將四年之中存記有功弁員一併覈計，若照章請保十員，則其中不無屈抑，欲為朝廷作興士氣，俾得曠典均沾，故不得不於原摺重申前奏之未明，籲懇殊恩之逾格。

今吏部既以年例不符駁令另繕具奏，奴才等遵即覆加查核，除將原保存記四載邊防出力各員刪除，俟年限屆滿另案請獎外，擬請將前次擬保尤為出力之即選主事伊犁印務章京伯奇善，免選本班，以直隸州知州遇缺即選；補用筆帖式鍾福，免補筆帖式，以通判遇缺即選；分省試用州判楊恒祥、分省試用縣丞曾一鶚、金震春，均免補本班，以知縣仍分省候補；俊秀王杰，以巡檢不論雙單月遇缺即選。其次出力之不論雙單月選用縣丞李治江，俟選缺後以知縣補用；府經歷職銜廖焱、賀家模，均請以府經歷不論雙單月選用；縣丞職銜姜富學，以縣丞不論雙單月選用。

以上十員，均係遵旨按照定章，分別酌保，並無冒濫，合無仰懇天恩俯准，如請給獎，勅部註冊，以示鼓勵。除該員等履歷前已造冊咨送吏部外，所有另繕辦理東省防務文職出力各員請獎緣由，理合恭摺具陳。伏乞皇太后、皇上聖鑒訓示。謹奏。光緒三十二年六月十三日。

（硃批）：該部議奏，片二件併發。①

---

① 臺北"故宮博物院"藏：《軍機及宮中檔》，文獻編號：408004199。

光緒二十六年八月初八日，奉硃批：該部議奏，片二件併發。欽此①。

二七四　核獎辦理防務武職緣由片
光緒三十二年六月十三日（1906年8月2日）

再，奴才等前次開單奏保伊犁四載邊防出力武職員弁，業經聲明伊犁地近強鄰，防務喫重，餉不足額，勸賞無資。計歷載之勤勞，求併案之獎勵。原冀隆恩特沛，俾得曠典均沾，今准吏部鈔咨遵議駁回另核文職摺內，有兵部核與年限不符、一併議駁等語。現在兵部原奏尚未鈔咨到伊，究竟伊犁邊防限以幾年一保，何年奏定章程，實屬無從查考。惟奴才等前因日俄搆釁，伊犁與俄緊鄰，該將士日夜籌防，得保邊疆安靖，有功必錄，奏請給獎，已經欽奉硃批准其分別酌保數員，毋許冒濫，是以開單請獎，方期籲懇殊恩，而兵部議覆，乃請收回成命。邊疆將士聞之，未免寒心。

現在文職各員既蒙天恩准照吏部奏請，由奴才等遵照定章另核請獎十員。其前次奏咨請獎武職各員，事同一律，自應照章另核請獎，俾免向隅。除將歷年存記各員一律刪除，俟年限滿日另行請獎外，擬請將前次擬保尤為出力之花翎補用協領伊犁奮滿營鑲白旗佐領布音多爾濟，賞加二品銜；新疆儘先補用遊擊准補伊犁寧遠營中軍守備世襲雲騎尉王金樞，賞戴花翎，加副將銜；花翎補缺後補用佐領伊犁糧餉章京卓錦，賞加三品銜。藍翎補用防禦伊犁糧餉章京富里善、藍翎補用防禦伊犁駝馬章京豐紳泰，均免補防禦，以佐領補用。藍翎都司銜拔補千總萬禧、藍翎守備銜拔補千總朱貴，均免補千總，以守備補用；五品軍功崔光孝，以把總儘先拔補；其次出力

---

① 中國第一歷史檔案館藏：《錄副奏摺》，檔號：03-6040-069。

之花翎補用都司軍標左營分防守備馬高陞，俟補都司後，以遊擊補用；守備銜拔補千總軍標中營中軍兼前旗馬隊右哨把總夏錫宣，俟補千總後，以守備補用。

以上十員，均係恪遵前旨，按照定章分別酌保，並無冒濫。惟有仰懇天恩俯准如請給獎，敕部註冊，以示鼓勵。餘該員等履歷前已造冊咨送兵部外，所有奴才等另核辦理東省防務武職出力各員請獎緣由，理合附片陳請。伏乞聖鑒訓示。謹奏。

（硃批）：覽。①

光緒三十二年八月初八日，奉硃批：覽。欽此②。

二七五　請獎辦理防務文職各員片
光緒三十二年六月十三日（1906年8月2日）

再，奴才前於光緒三十一年十一月二十七日奏保伊犁四載邊防出力文武員弁案內，附奏請將光緒二十八年邊防案內核刪之安履泰等五員仍照前案給獎，又附奏請將新疆省餉所出力之車玉衡等四員分別酌保，各在案。茲准吏部議覆，請將片保各員一併駁回另核。除前次單開各員業已遵照定章刪除，奏懇天恩敕部照准外，其另片請獎之安履奉等五員，本係上案應保之員，祇以各員捐案爲戶部核覆遲延所誤，未得同膺懋賞。現又在伊出力數年，實與年限未滿者有別，仍擬按尋常勞績，請將雙月選用府經歷安履泰，俟得缺後以知縣補用；鹽大使職銜惠雲漢、譚嶽琳、黃錫慶三員，均以鹽大使不論雙單月即選；縣丞職銜陸繼昌，以縣丞不論雙單月即選。

其另片請獎之車王衡等四員，本非伊犁差遣人員，惟隔省代籌，不分畛域，若不聲明勞績請獎，奴才等心實難安，後此遇有緩急，亦

---

① 臺北"故宮博物院"藏：《軍機及宮中檔》，文獻編號：408004199-B。
② 中國第一歷史檔案館藏：《錄副奏片》，檔號：03-6040-071。

難策其群力。惟現在章程既嚴，未便多保，除將原請四員核刪二員外，其餘二員亦擬改照尋常勞績，請將儘先選用直隸州知州車王衡，俟選缺後以知府選用；三品銜新疆候補知府甘曜湘，俟補知府後以道員用。可否仰懇天恩俯如所請，勅部核准，以昭激勸之處，出自逾格鴻施。除該員等履歷前已咨送吏部外，理合附片陳請。伏乞聖鑒訓示。謹奏。

（硃批）：覽。①

光緒三十二年八月初八日，奉硃批：覽。欽此②。

二七六　代奏領隊大臣希賢謝恩摺

光緒三十二年六月十三日（1906年8月2日）

奴才馬亮跪奏，為恭摺代奏叩謝天恩事。

竊前奴才前因錫伯營領隊大臣希賢初次起用，奉旨賞給二等侍衛，作為錫伯營領隊大臣，照例半支養廉、馬錢，不足以資辦公，奏懇天恩勅部准其全支養廉、馬錢，以示體恤，欽奉硃批：該部議奏。欽此。茲准戶部咨：前案議准，於光緒三十二年四月初四日覆奏，奉旨：依議。欽此。欽遵咨行到伊。奴才當即恭錄照會去後。茲准該大臣希賢咨呈：接到照會，當即恭設香案，望闕叩謝天恩訖。

伏念希賢一介庸愚，毫無知識，荷蒙聖命賞給二等侍衛，作為錫伯營領隊大臣。到任至今，愧無報稱。茲荷殊恩逾格，准食全廉，俾辦公之有資，實感激於無極！希賢惟有清廉自矢，黽勉從公，以期仰答高厚鴻慈於萬一。所有感激下忱，呈請代奏叩謝天恩，等情。前來。理合恭摺代奏。伏乞皇太后、皇上聖鑒。謹奏。

---

① 臺北"故宮博物院"藏：《軍機及宮中檔》，文獻編號：408004199-A。
② 中國第一歷史檔案館藏：《錄副奏片》，檔號：03-6040-070。

（硃批）：知道了。①

光緒三十二年八月初八日，奉硃批：知道了。欽此②。

二七七　揀選伊犁察哈爾營佐領等缺摺
光緒三十二年九月二十五日（1906年11月11日）

奴才馬亮、廣福跪奏，為循例揀選伊犁察哈爾營佐領等缺，擬定正、陪，恭摺仰祈聖鑒事。

竊奴才前經奏請規復察哈爾營前裁鑲白等旗四牛彔旗佐，奉硃批：該部議奏。欽此。旋經兵部會同戶部議准，奉旨依議。欽此。欽遵恭錄知照前來，當經行知遵照在案。茲准署理該營領隊大臣博貴咨呈，規復四牛彔、佐領等缺。又，鑲白旗頭牛彔驍騎校碩依泰，於光緒三十二年八月初六日因病出缺。所遺之缺，應請一併揀員補放，以資辦理旗務，等因。前來。

奴才等當於該營應升人員內逐加考驗，規復左翼鑲白旗二牛彔佐領一缺，揀選得鑲黃旗頭牛彔驍騎校碩布蓋堪以擬正，鑲黃旗二牛彔驍騎校都岱堪以擬陪。遞遺驍騎校一缺，揀選得正白旗二牛彔領催頗古堪以擬正，正白旗二牛彔委官克柯泰堪以擬陪。規復鑲白旗二牛彔驍騎校一缺，揀選得鑲白旗頭牛彔空藍翎鄂瑪堪以擬正，鑲黃旗頭牛彔空藍翎德雷堪以擬陪。規復正藍旗二牛彔佐領一缺，揀選得正藍旗頭牛彔驍騎校巴圖爾堪以擬正，正白旗二牛彔驍騎校阿玉西堪以擬陪。遞遺驍騎校一缺，揀選得正白旗二牛彔領催拜泰堪以擬正，鑲黃旗二牛彔委官畢木巴堪以擬陪。規復正藍旗二牛彔驍騎校一缺，揀選得正藍旗頭牛彔空藍翎圖依滾堪以擬正，鑲黃旗頭牛彔委官車林堪以擬陪。規復右翼鑲紅旗二牛彔佐領一缺，揀選得鑲藍旗頭牛彔驍騎校

---

① 臺北"故宮博物院"藏：《軍機及宮中檔》，文獻編號：408004198。
② 中國第一歷史檔案館藏：《錄副奏摺》，檔號：03-5972-116。

察克達爾堪以擬正，正紅旗頭牛彔驍騎校烏圖那遜堪以擬陪。遞遺驍騎校一缺，揀選得正黃旗頭牛彔空藍翎巴圖那遜堪以擬正，正紅旗二牛彔委官鄂奇爾巴圖堪以擬陪。規復鑲紅旗二牛彔驍騎校一缺，揀選得鑲藍頭牛彔空藍翎壁里克圖堪以擬正，正紅旗頭牛彔委官薩那木爾堪以擬陪。規復鑲藍旗二牛彔佐領一缺，揀選得鑲紅旗頭牛彔驍騎校吉克米特堪以擬正，正黃旗頭牛彔驍騎校莫固察幹堪以擬陪。

遞遺驍騎校一缺，揀選得鑲紅旗頭牛彔委官阿拉西堪以擬正，鑲藍旗頭牛彔委官薩木坦堪以擬陪。規復鑲藍旗二牛彔驍騎校一缺，揀選得前裁鑲藍旗二牛彔委官德克吉祐堪以擬正，正黃旗二牛彔委官蒙庫博羅特堪以擬陪。病故鑲白旗頭牛彔驍騎校碩依泰遺缺，揀選得鑲白旗頭牛彔即補驍騎校策伯克堪以擬正，正藍旗頭牛彔委官車林堪以擬陪。

謹將該員等履歷另繕清單，恭呈御覽，伏候欽定。其請補佐領一俟遇有差便，給咨送部補行引見，以符定制。所有揀選伊犁察哈爾營佐領等缺、擬定正、陪緣由，理合恭摺具陳。伏乞皇太后、皇上聖鑒訓示。謹奏。光緒三十二年九月二十五日。

（硃批）：均著擬正之員補授，該衙門知道，單併發。①

光緒三十二年十一月二十八日，奉硃批：……，單併發。欽此②。

二七八　呈揀選察哈爾營佐領等缺清單
　　光緒三十二年九月二十五日（1906年11月11日）

謹將揀選伊犁察哈爾營佐領等缺擬定正、陪人員，繕具清單，恭呈御覽。

規復察哈爾左翼鑲白旗二牛彔佐領員缺。擬正之察哈爾鑲黃旗頭

---

① 臺北"故宮博物院"藏：《軍機及宮中檔》，文獻編號：408004203。
② 中國第一歷史檔案館藏：《錄副奏摺》，檔號：03-5973-194。

牛录骁骑校硕布盖，食俸饷当差二十一年。光绪三十一年，由空蓝翎补放骁骑校，现年三十一岁。察哈尔蒙古马步箭平等。

拟陪之察哈尔左翼镶黄旗二牛录骁骑校都岱，食俸饷三十年，前在库尔喀喇乌苏军营当差。光绪二年克复玛纳斯南北两城案内出力，经前将军金顺奏保，赏戴六品蓝翎。十九年，补放骁骑校，拣选佐领拟陪一次，现年五十二岁。察哈尔蒙古马步箭平等。

拟补放佐领递遗骁骑校员缺。拟正之察哈尔正白旗二牛录领催颇古，食钱粮当差三十一年。光绪十七年搜剿窜匪案内出力，经前护将军富勒铭额咨保六品顶戴。二十七年，补放领催，现年四十六岁。察哈尔蒙古马步箭平等。

拟陪之察哈尔正白旗二牛录委官克柯泰，食钱粮当差四十三年。光绪十七年，补放委官，拣选骁骑校拟陪一次，现年六十一岁。察哈尔蒙古马步箭平等。

规复察哈尔镶白旗二牛录骁骑校员缺。拟正之察哈尔镶白旗头牛录空蓝翎鄂玛，食钱粮当差二十三年。光绪二十五年，补放空蓝翎，现年三十九岁。察哈尔蒙古马步箭平等。

拟陪之察哈尔镶黄旗头牛录空蓝翎德雷，食钱粮当差十二年。光绪二十八年伊犁历年防戍案内出力，经前将军金顺咨保六品顶戴。三十一年，补放空蓝翎，现年二十七岁。察哈尔蒙古马步箭平等。

规复察哈尔正蓝旗二牛录佐领员缺。拟正之察哈尔正蓝旗头牛录骁骑校巴图尔，食俸饷当差二十三年。光绪二十二年，由空蓝翎补放骁骑校，拣选佐领拟陪三次，现年三十六岁。察哈尔蒙古马步箭平等。

拟陪之察哈尔正白旗二牛录骁骑校阿玉西，食俸饷当差二十二年。光绪八年收复伊犁案内出力，经前将军金顺奏保，赏戴蓝翎。二十八年，由领催补骁骑校，现年三十九岁。察哈尔蒙古马步箭平等。

拟补佐领递遗骁骑校员缺。拟正之察哈尔正白旗二牛录翎催拜泰，食钱粮当差三十三年，光绪十七年搜剿匪案内出力，经前护将军当勒铭额咨保六品顶戴。三十一年，补放翎催，现年四十七岁。察哈爾蒙古馬步箭平等。

擬陪之察哈爾鑲黃旗二牛彔委官畢木巴，食錢糧當差三十三年。光緒二十一年，補放委官，現年五十二歲。察哈爾蒙古馬步箭平等。

規復察哈爾正藍旗二牛彔驍騎校員缺。擬正之察哈爾正藍旗頭牛彔空藍翎國依滾，食錢糧當差二十七年。光緒二十七年，補放空藍翎，揀選驍騎校擬陪一次，現年四十一歲。察哈爾蒙古馬步箭平等。

擬陪之察哈爾鑲黃旗頭牛彔委官車林，食錢糧當差四十四年。光緒二十年，補放委官，現年五十七年歲。察哈爾蒙古馬步箭平等。

規復察哈爾右翼鑲紅旗二牛彔佐領員缺。擬正之察哈爾鑲藍旗頭牛彔驍騎校察克達爾，食俸餉二十八年，前在庫爾喀喇烏蘇軍營當差。光緒二年克復瑪納斯南北兩城案內出力，經前將軍金順奏保，賞戴五品花翎。十二年，補放驍騎校，揀選佐領擬陪一次，現年五十七歲。察哈爾蒙古馬步箭平等。

擬陪之察哈爾正紅旗頭牛彔驍騎校烏圖那遜，食俸餉當差二十三年。光緒三十年，由委筆帖式補放驍騎校，現年三十九歲。察哈爾蒙古馬步箭平等。

擬補佐領遞遺驍騎校員缺。擬正之察哈爾正黃旗頭牛彔空藍翎巴圖那遜，食錢糧當差二十一年。光緒二十八年伊犁歷年防戍案內出力，經前將軍長庚咨保六品頂戴。是年補放空藍翎，現年三十七歲。察哈爾蒙古馬步箭平等。

擬陪之察哈爾正紅旗二牛彔委官鄂奇爾巴圖，食錢糧當差三十八年。光緒二十六年，補放委官，現年五十五歲。察哈爾蒙古馬步箭平等。

規復察哈爾鑲紅旗二牛彔驍騎校員缺。擬正之察哈爾鑲藍旗頭牛彔空藍翎璧里克圖，食錢糧當差十五年。光緒二十六伊犁歷年防戍案內出力，經前將軍金順咨保六品頂戴。二十九年，補放空藍翎，現年三十三歲。察哈爾蒙古馬步箭平等。

擬陪之察哈爾正紅旗頭牛彔委官薩那木爾，食錢糧二十五年，前在庫爾喀喇烏蘇軍營當差。光緒六年屯種軍糧案內出力，經前將軍金順咨保六品頂戴。二十七年，補放委官，現年四十五歲。察哈爾蒙古馬步箭平等。

規復察哈爾鑲藍旗二牛彔佐領員缺。擬正之察哈爾鑲紅旗頭牛彔驍騎校吉克米特，食俸餉當差二十四年。光緒二十九年，由空藍翎補放驍騎校，揀選佐領擬陪二次，現年三十二歲。察哈爾蒙古馬步箭平等。

擬陪之察哈爾正黃旗頭牛彔驍騎校莫固察幹，食俸餉當差二十一年。光緒二十八年，由空藍翎補放驍騎校，現年四十一歲，察哈爾蒙古馬步箭平等。

擬補佐領遞遺驍騎校員缺。擬正之察哈爾鑲紅旗頭牛彔委官何拉西，食錢糧當差三十年。光緒二十九年，補放委官，現年四十九歲。察哈爾蒙古馬步箭平等。

擬陪之察哈爾鑲藍旗頭牛彔委官薩木坦，食錢糧當差三十七年。光緒三十二年，補放委官，現年五十歲。察哈爾蒙古馬步箭平等。

規復察哈爾鑲藍旗二牛彔驍騎校員缺。擬正之察哈爾前裁鑲藍旗二牛彔委官德克吉祐，食錢糧當差二十七年。光緒十七年搜勦竄匪案內出力，經前護將軍富勒銘額咨保六品頂戴，現年五十二歲。察哈爾蒙古馬步箭平等。

擬陪之察哈爾正黃旗二牛彔委官蒙庫博羅特，食錢糧二十六年，前在庫爾喀喇烏蘇軍營當差。光緒六年屯種軍糧案內出力，經前將軍金順咨保六品頂戴。二十九年，補放委官，現年四十六歲。察哈爾蒙古馬步箭平等。

察哈爾碩依泰所遺驍騎校員缺。擬正之察哈爾鑲白旗頭牛彔儘先即補驍騎校策伯克，食錢糧三十年，前在庫爾喀喇烏蘇軍營當差。光緒二年克復瑪納斯南北兩城、五年屯種軍糧各案內均屬奮勉出力，經前將軍金順奏保儘先即補驍騎校，揀選驍騎校擬陪一次，現年四十八歲。察哈爾蒙古馬步箭平等。

擬陪之察哈爾正藍旗頭牛彔委官車林，食錢糧三十五年，前在庫爾喀喇烏蘇軍營當差。光緒二年克復瑪納斯南北兩城案內出力，經前將軍金順奏保，賞戴六品藍翎。二十二年，補放委官，現年五十一歲。察哈爾蒙古馬步箭平等。

覽。①

二七九　奏陳酌定就武陞途章程片
光緒三十二年九月二十五日（1906年11月11日）

再，查伊犂印務、糧餉、駝馬等處額設章京七年期滿，有力赴京者，歸部以主事即選；無力者，歸旗就武，以防禦補用。額設經制筆帖式三年期滿，以本處章京陞用；就武者，以驍騎校補用。額設委筆帖式五年期滿，以本處經制筆帖式陞用；就武者，亦以驍騎校補用。此定例也。伊犂兵燹之後，人才難得，陞途不寬，本處章京有七年期滿再留三年者。經制筆帖式、委筆帖式等亦有三年、五年期滿再留三年者，甚至有一留之後辦事乏人又復請留三年者，當差不無微勞，升途宜分差等。

吏部則例載：本處駐防筆帖式內如有才具可以造就者，遇有相當缺出，准各該處大臣保奏，請旨賞給主事職銜，辦理章京事務，七年期滿，送部引見，如奉旨照例用者，照先進士之例分部行走，三年期滿甄別，奏留以本衙門主事補用。如七年期滿之員，又經該處大臣以辦事得力奏請作為額外主事再留三年者，俟留辦期滿，果能始終奮勉，再行送部引見，請補主事實缺，其奏留年分准其抵免分部行走、學習年分，等語。是留辦年分，就文職者已可抵免分部行走年分，就武職者例內並無分別，未免一事兩岐，況經制筆帖式與委筆帖式勞績、資

---

① 中國第一歷史檔案館藏：《單》，檔號：03-5973-195。

格迥不相同，定例委筆帖式就武職既以驍騎校補用，經制筆帖式就武亦以驍騎校補用，亦覺無所區別。現據各處章京、筆帖式等呈請酌定就武升途章程前來。

奴才等擬請嗣後伊犁本處章京、經制筆帖式各員，或初次期滿，或留辦期滿，有力赴京引見願就文職者，及初次期滿並未留辦，無論就文就武者，均仍各照定例辦理外，其無力赴京情願就武者，如果留辦三年期滿，當差始終勤慎，本處章京准以佐領擬正，經制筆帖式准以防禦擬正，委筆帖式准以驍騎校擬正，分別請補，庶足以示鼓勵而收得人之效。除咨吏、兵部外，理合附片陳明。伏乞聖鑒。謹奏。

（硃批）：該部知道。①

光緒三十二年十一月二十八日，奉硃批：該部知道。欽此②。

二八〇　總管索托依請假修墓緣由片
光緒三十二年九月二十五日（1906年11月11日）

再，准署察哈爾營領隊大臣博貴咨呈：據該營右翼總管索托依呈稱，該員祖塋在西甯安都地方，因回匪之變，年久失修，懇請給假，俾得前往修理，等因。奴才覆查該總管因祖塋失修呈請給假修理，自應照准，以遂孝思。除批准將總管關防事務派委該翼副總管巴哲依暫行署理外，謹附片具陳。伏乞聖鑒。謹奏。

（硃批）：該衙門知道。③

光緒三十二年十一月二十八日，奉硃批：該衙門知道。欽此④。

---

① 臺北"故宮博物院"藏：《軍機及宮中檔》，文獻編號：408004201-C。
② 中國第一歷史檔案館藏：《錄副奏片》，檔號：03-5973-196。
③ 臺北"故宮博物院"藏：《軍機及宮中檔》，文獻編號：408004202-B。
④ 中國第一歷史檔案館藏：《錄副奏片》，檔號：03-5973-197。

二八一　揀選伊犂索倫營驍騎校員缺摺
　　光緒三十二年九月二十五日（1906年11月11日）

　　奴才馬亮、廣福跪奏，為循例揀選伊犂索倫營驍騎校員缺，擬定正、陪，恭摺仰祈聖鑒事。

　　竊奴才等准索倫營領隊大臣錫濟爾琿咨呈：本營正紅旗驍騎校伊勒噶蘇，於光緒三十二年七月二十二日因病出缺，所遺驍騎校員缺，亟應揀員補放，以資辦理旗務，等因。前來。奴才等當於該營應升人員內逐加考驗，伊勒噶蘇遺出驍騎校之缺，揀選得鑲白旗前鋒校伊富春堪以擬正，正紅旗空藍翎阿敏巴圖堪以擬陪。

　　謹將該員履歷另繕清單，恭呈御覽，伏候欽定。所有揀選伊犂索倫營驍騎校員缺，擬定正、陪緣由，理合恭摺具陳。伏乞皇太后、皇上聖鑒訓示。謹奏。光緒三十二年九月二十五日。

　　（硃批）：著擬正之員補授，該衙門知道，單併發。①

　　光緒三十二年十一月二十八日，奉硃批：……，單併發。欽此②。

二八二　呈揀選索倫營驍騎校員缺清單
　　光緒三十二年九月二十五日（1906年11月11日）

　　謹將揀選伊犂索倫營驍騎校員缺擬定正、陪人員，繕具清單，恭呈御覽。

　　索倫營伊勒噶蘇所遺驍騎校員缺。

---

① 臺北"故宮博物院"藏：《軍機及宮中檔》，文獻編號：408004202。
② 中國第一歷史檔案館藏：《錄副奏摺》，檔號：03-5973-191。

擬正之索倫營鑲白旗前鋒校伊富春，食錢糧當差二十三年。光緒十七年搜剿竄匪案內，經前護將軍富勒銘額咨保六品頂戴。十八年，補放前鋒校，現年三十七歲，錫伯兀札拉氏，馬步箭平等。

擬陪之索倫營正紅旗空藍翎阿敏巴圖，食錢糧當差二十八年。光緒三十年，補放空藍翎，現年四十九歲。錫伯蘇穆爾氏，馬步箭平等。

覽。①

二八三　保舉俸滿協領博貴緣由片
光緒三十二年九月二十五日（1906年11月11日）

再，准兵部咨：各省協領等任滿並無事故者，出具考語，送部考驗，帶領引見，恭候欽定。其記名之員遇有副都統缺出，照例開列，等因。咨行遵照在案。茲據滿營檔房呈稱：協領博貴自光緒二十六年八月初五日補授伊犁舊滿營左翼協領任事起，扣至本年八月初五日止，歷俸六年期滿，造具履歷冊籍，呈請咨送兵部引見前來。

奴才等查該員歷俸已滿六年，任內並無降革處分，覈與送部引見之例相符。惟現值振興新政，凡整頓旗務，精練士卒，在在均關緊要。該員熟悉營務，又兼學堂營務各項差使，未便遽易生手。查該員心地明白，辦事勤能，前經奴才以該員才具開展，辦事練達，奏請以副都統記名簡放，光緒三十一年二月二十二日，奉硃批：博貴著交軍機處存記。欽此。光緒三十一年，奏署索倫營領隊大臣篆務。三十二年，奏署察哈爾領隊大臣篆務，措置均稱裕如。

合無仰懇天恩俯准將伊犁舊滿營左翼協領博貴仍以副都統記名，遇有應升缺出，開列在前，請旨簡放，並准其暫緩引見之處，出自逾格鴻慈。除將履歷咨部查核外，理合附片具陳。伏乞聖鑒訓

---

① 中國第一歷史檔案館藏：《單》，檔號：03-5973-192。

示。謹奏。

（硃批）：著照所請，陸軍部知道。①

光緒三十二年十一月二十八日，奉硃批：著照所請，陸軍部知道。欽此②。

二八四　章京豐紳泰再留三年緣由片
光緒三十二年九月二十五日（1906年11月11日）

再，查伊犁駝馬本處章京豐紳泰，前於光緒二十九年二月初四日因七年期滿，經奴才等以該員豐紳泰在駝馬處供差有年，辦理牧廠事務深資得力，奏懇天恩准該將員再留三年，辦理駝馬事務，光緒二十九年八月二十三日，奉硃批：著照所請，該部知道。欽此。欽遵在案。茲扣至光緒三十二年八月二十三日，復屆三年期滿。據該章京呈報前來。

奴才等查伊犁孳生備差各項牲畜，全賴經理得人。該章京豐紳泰任事年久，熟悉牧務，實爲現辦駝馬必不可少之人，合無仰懇天恩俯准該章京豐紳泰再留三年，仍令辦理駝馬處事務，以資熟手。如蒙允准，俟留班期滿，再由奴才等照例辦理。除咨部外，理合附片具陳。伏乞聖鑒訓示。謹奏。

（硃批）：著照所請，該部知道。③

光緒三十二年十一月二十八日，奉硃批：著照所請，該部知道。欽此④。

---

① 臺北"故宮博物院"藏：《軍機及宮中檔》，文獻編號：408004202-A。
② 中國第一歷史檔案館藏：《錄副奏片》，檔號：03-5973-198。
③ 臺北"故宮博物院"藏：《軍機及宮中檔》，文獻編號：408004202-C。
④ 中國第一歷史檔案館藏：《錄副奏片》，檔號：03-5470-081。

二八五　章京卓錦再留三年緣由片
光緒三十二年九月二十五日（1906 年 11 月 11 日）

再，查伊犁糧餉本處章京卓錦，前因在印務章京任內七年期滿，於光緒二十九年七月初六日經奴才等以操守謹廉，辦事勤慎，奏請調補糧餉本處章京員缺，以資辦理該處事務，於是年八月二十三日奉硃批：著照請所，該部知道。欽此。欽遵在案，茲扣至光緒三十二年八月二十三日，復居三年期滿。據該章京呈報前來。

奴才等查伊犁糧餉事務繁重，該章京自調補以來，經理款目，頗稱得力，實屬辦理糧餉不可多得之員，合無仰懇天恩俯准將該章京卓錦再留三年，仍令辦理糧餉事務，以資熟手。如蒙俞允，俟留辦期滿，再由奴才等照例辦理。除咨部外謹，附片具陳。伏乞聖鑒訓示。謹奏。

（硃批）：著照所請，該部知道。①

光緒三十二年十一月二十八日，奉硃批：著照所請，該部知道。欽此。

二八六　代奏領隊大臣榮昌謝恩摺
光緒三十二年九月二十五日（1906 年 11 月 11 日）

奴才馬亮跪奏，為恭摺代奏叩謝天恩，仰祈聖鑒事。

竊奴才准新授伊犁額魯營大臣榮昌咨呈：竊榮昌於光緒三十一年十月間因協領六年期滿，經綏遠城將軍貽穀②送部帶領引見，十一月

---

① 臺北"故宮博物院"藏：《軍機及宮中檔》，文獻編號：408004202-D。
② 貽穀（？—1927），字藹，烏雅氏，滿洲鑲黃旗人。光緒元年（1875），中舉。十八

初五日，奉旨：榮昌著仍交軍機處存記。欽此。當即叩謝天恩，仰蒙召見一次。十三日，欽奉諭旨：榮昌著賞給副都統銜，作爲伊犁額魯特領隊大臣，照例馳驛前往。欽此。十五日，具摺謝恩。二十六日，恭請聖訓，並請假兩箇月，復蒙召見，承勖勉之殷切，聆訓誨之周詳，並蒙特賞福字一方。跪領之下，感愧難名！遵即陛辭出都回綏，交納軍器，假滿後於三十二年閏四月二十九日由綏起程，於八月二十九日馳抵伊犁，於九月初二日准署額魯特領隊大臣錫濟爾琿派員將額魯特營領隊大臣圖記、卷宗移交前來。榮昌當即恭設香案，望闕叩頭，祇領任事訖。

伏念榮昌蒙古世僕，素鮮知識，渥叨恩命之下頒，彌愧涓埃之莫報！查伊犁毗連俄界，額魯特爲西南保障，領隊有整飭營務、綏蒙部之責。如榮昌之駑鈍，深懼弗勝，惟有殫竭愚誠，遇事稟承將軍，認真辦理，斷不敢稍涉因循，以期仰答高厚生成於萬一。所有感激下忱，呈請代奏叩謝天恩。

再，榮昌此次赴任，所有沿途經過內外蒙古游牧，留心考察，本年雨水調勻，水草暢茂，雖有一二處雨水稍覺愆期，人心均尚安謐，堪以仰慰宸廑，等因。前來。奴才理合恭摺代奏。伏乞皇太后、皇上聖鑒。謹奏。光緒三十二年九月二十五日。

（硃批）：知道了。①

光緒三十二年十一月二十八日，奉硃批：知道了。欽此②。

年（1892），中式進士，改庶吉士。同年，充功臣館纂修編修。二十年（1894），授翰林院編修。二十一年（1895），補左贊善，歷右中允、文淵閣校理等。二十四年（1898），升侍講學士。二十五年（1899），補翰林院侍讀學士。同年，授日講起居注官。二十六年（1900），補詹事府少詹事，充軍務處提調，遷內閣學士，兼禮部侍郎銜。同年，授兵部左侍郎。二十七年（1901），補國史館副總裁、鑲藍旗蒙古副都統。二十八年（1902），加理藩部尚書銜。二十九年（1903），擢綏遠城將軍。三十四年（1908），以歸化城副都統文哲琿參奏，被撤職查辦。宣統三年（1911），發往新疆效力贖罪，後改至川邊。因辛亥革命，置於直隸易州。民國十年（1921），1921年，北洋政府爲其平反。民國十五年（1926），卒於易州。著有《綏遠奏議》、《墾務奏議》、《蒙墾續供》等行世。

① 臺北"故宮博物院"藏：《軍機及宮中檔》，文獻編號：408004201。
② 中國第一歷史檔案館藏：《錄副奏摺》，檔號：03-5973-193。

二八七　請開復總管鄂裕泰等緣由片
光緒三十二年九月二十五日（1906年11月11日）

　　再，奴才前因署察哈爾領隊大臣博貴呈報，察哈爾左翼總管鄂裕泰與正白旗之佐領巴圖那遜互相訐控，呈請革職，歸案訊辦，等情。經奴才於光緒三十二年六月初二日附片奏請暫行革職，歸案訊辦，並一面委員署理，一面派員查訊去後。茲據署察哈爾領隊大臣博貴會同伊犁理事同知長壽訊明，此案聚眾爭鬥，係正白旗之領催多恩哲依帶同兵丁往向佐領巴圖那遜清算餉帳，與巴圖那遜之親舅哈沙克口角起釁爭鬥，致將哈沙克打傷。正白旗驍騎校車伯克達什從中彈壓，佐領巴圖那遜因人多未經查明，遂疑多恩哲依等為車伯克達什所使，以致具呈控告，經署領隊大臣博貴飭令總管鄂裕泰將滋事人等解案，當經總管鄂裕泰分別傳訊。因距城較遠，未能依限到齊，以致游牧傳言有總管鄂裕泰主使驍騎校車伯克達什滋事情事。現在既經查訊水落石出，實屬領催多恩哲依等與佐領巴圖那遜之親舅哈沙克口角起釁爭鬥。除將爭鬥案犯另案辦理外，呈請暫行革職之左翼總管鄂裕泰、正白旗佐領巴圖那遜、驍騎校車伯克達什，隨案開復前來。

　　奴才覆傳該總管查訊，據稱平日在營，與左領、驍騎校車等辦事無不和衷，此次實因領催多恩哲依等與兵丁清算賬目，口角爭鬥，驟不及防。佐領巴圖那遜與驍騎校車伯克達什遂啟猜疑，致相呈控。現在帳項業已結清，滋事人等已蒙究辦，咸知悔過，乞恩寬宥，等情。質之巴圖那遜、車伯克達什，供亦相同。奴才查此案業經訊明既非車伯克達什聚眾互鬥，該總管秦鄂裕泰並非主使屬員聚鬥，巴圖那遜亦無欠餉情事。除飭將爭鬥案件另行完結外，擬請將暫行革職之察哈爾左翼總管鄂裕泰、察哈爾正白旗頭牛彔佐領巴圖那遜、察哈爾正白旗頭牛彔驍騎校車伯克達什一併隨案開復，是否有當？除咨明戶、兵部外，理合附片陳明。伏乞聖鑒訓示。謹奏。

（硃批）：著照可請，該部知道。①

光緒三十二年十一月二十八日，奉硃批：著照可請，該部知道。欽此②。

二八八　密陳伊犁邊界安靜情形片
光緒三十二年九月二十五日（1906年11月11日）

再，奴才前於光緒三十二年八月二十四日准外務部密電稱：聞有俄兵二千五百人駐紮瑪薩爾河，確否？希查明電覆，等因。當經派探密查，薩瑪爾原駐額兵二千名，因彼處從前民變調去，現僅補舊額千餘人，並非添之兵。霍爾果斯河沿原設額兵一百餘名，現止加足二百名，亦無駐紮二千五百人之多。惟該國謠傳伊犁添兵，有驅逐伊領事之說。奴才誠恐因疑生釁，督飭文武員弁，推誠示信，力顧邦交。兩國遇有操演，均係互相知會，所幸駐伊領事辦事悉就範圍，兩國邊界均屬平靜，業將探明情形電覆外務部，以備聖主諮詢。惟伊犁距京萬里，誠恐道遠謠傳，因訛致誤，上煩西顧之憂，不得不將近日邊地情形上陳慈聽。

查伊犁遠處極邊，境宇遼闊，原設兵額本屬不敷分布，舊定餉數連年有減無增。奴才在任祇得率由舊章，力求整飭，舉凡一切練兵、新政，亟盼長庚到任催齊欠餉，次第舉行，幸賴天威遠播，雖新兵未能加練，而內安外戢，地方悉臻乂安。現聞長庚已出玉關，冬間當可

---

① 臺北"故宮博物院"藏：《軍機及宮中檔》，文獻編號：408004202-E。
② 中國第一歷史檔案館藏：《錄副奏片》，檔號：03-5973-199。

抵任，但願各處撥餉源源接濟，俾辦者無掣肘之虞，則邊疆軍旅可期一振。惟可慮者，在我國雖係整軍以自強，在鄰國不免聞風而生畏，將來交涉尤須因應得宜，免滋藉口。奴才去任有期，晤商長庚必當妥籌辦理。所有伊犁近日邊界安靜情形，除咨明外務部、練兵處外，理合附片陳明。伏乞聖鑒。謹奏。

（硃批）：該部知道。①

光緒三十二年十一月二十八日，奉硃批：該部知道。欽此②。

二八九　縣丞徐炳堃請革職緝辦緣由片
光緒三十二年九月二十五日（1906年11月11日）

再，查伊犁供差分省試用縣丞徐炳堃，於光緒三十二年六月內，經奴才派送眷屬回旗，起程後，該員在途私帶貨物，圖漏釐稅，遇事招搖，經奴才訪聞，電飭該員回伊，聽候查辦。詎該員行抵古城，不遵電調，畏罪潛逃。查該員係湖北鄖陽縣人，於光緒二十九年在直隸川賑案內報捐監生。光緒三十一年七月二十二日，復購陝西韓城縣招信股票捐款，在戶部報捐縣丞分省試用，冒充陝西韓城原籍。察其情形，實屬狡詐，應請將分省試用縣丞徐炳堃革職緝辦，以示懲儆。除咨明湖廣總督飭追原捐執照咨銷，並分咨吏部、戶部外，理合附片陳請。伏乞聖鑒。謹奏。

（硃批）：著照所請，該部知道。③

光緒三十二年十一月二十八日，奉硃批：著照所請，該部知道。欽此④。

---

① 臺北"故宮博物院"藏：《軍機及宮中檔》，文獻編號：408004201-A。
② 中國第一歷史檔案館藏：《錄副奏片》，檔號：03-6040-096。
③ 臺北"故宮博物院"藏：《軍機及宮中檔》，文獻編號：408004201-B。
④ 中國第一歷史檔案館藏：《錄副奏片》，檔號：03-5470-082。

二九〇　揀選伊犁舊滿營防禦等缺摺
光緒三十二年十一月十五日（1906年12月30日）

　　奴才馬亮、廣福跪奏，為循例揀選伊犁舊滿營防禦等缺，擬定正、陪，恭摺仰祈聖鑒事。

　　竊查舊滿營正黃旗防禦精吉那，前因糾約兵丁強借本旗存公銀兩，經奴才等奏請開缺以驍騎校降補，於光緒三十二年七月二十四日奉硃批：著照所請，該衙門知道。欽此。當經恭錄行知去後。茲據辦理伊犁滿營事務檔房呈稱：舊滿營降補驍騎校精吉那降遺防禦之缺，應請揀員補放，以資辦理旗務，等情。前來。

　　奴才等當於該營應升人員內逐加考驗，精吉那遺出防禦一缺，揀選得舊滿營鑲黃旗驍騎校珠爾杭阿堪以擬正，鑲紅旗驍騎校蘇勒春堪以擬陪。遞遺驍騎校一缺，揀選得降補驍騎校精吉那堪以擬正，正紅旗催總札拉豐阿堪以擬陪。

　　謹將該員等履歷另繕清單，恭呈御覽，伏候欽定。所有揀選舊滿營防禦等缺擬定正、陪緣由，理合恭摺具陳。伏乞皇太后、皇上聖鑒訓示。謹奏。光緒三十二年十一月十五日。

　　（硃批）：均著擬正之員補授，該衙門知道，單併發。[①]

　　光緒三十三年正月十九日，奉硃批：均著擬正之員補授，該衙門知道，單併發。欽此[②]。

[①] 臺北"故宮博物院"藏：《軍機及宮中檔》，文獻編號：408004204。
[②] 中國第一歷史檔案館藏：《錄副奏摺》，檔號：03-5975-027。

二九一　呈揀選伊犁舊滿營防禦等缺清單
光緒三十二年十一月十五日（1906年12月30日）

謹將揀選伊犁舊滿營防禦等缺擬定正、陪人員，繕具清單，恭呈御覽。

惠遠城舊滿營精吉那降遺防禦員缺。擬正之舊滿營鑲黃旗驍騎校珠爾杭阿，食俸餉當差二十年。光緒二十八年，由前鋒校補放驍騎校，揀選防禦擬陪一次，現年三十四歲。舊滿洲格濟勒氏，馬步箭平等。

擬陪之舊滿營鑲紅旗驍騎校蘇勒春，食俸餉三十九年，前在庫爾喀喇烏蘇軍營當差。光緒七年、九年巴爾魯克山、塔爾巴哈臺防剿竄匪、二十八年伊犁歷年防戍各案內均屬奮勉出力，疊經塔爾巴哈臺參贊大臣錫綸等奏保，補防禦後以佐領補用，並賞戴藍翎。二十五年，補放驍騎校，現年五十七歲。舊滿洲瓜勒佳氏，馬步箭平等。

擬補防禦遞遺驍騎校一缺。擬正之舊滿營降補驍騎校精吉那，食俸餉三十二年，前在庫爾喀喇烏蘇軍營當差。光緒二年克復瑪納斯南北兩城、六年剿辦陝回、七年屯種軍糧各案內均屬奮勉出力，疊經前將軍金順奏保補用佐領，並賞戴藍翎。二十四年，補放驍騎校。二十六年，補放防禦。三十二年，因案奏請以驍騎校降補，現年四十七歲。舊滿洲曹佳氏，馬步箭平等。

擬陪之舊滿營正紅旗催總拉札豐阿，食錢糧當差十五年。光緒二十八年伊犁歷年防戍案內出力，經前將軍金長庚奏保補用驍騎校。二十六年，由領催補放催總，現年三十七歲。舊滿洲瓜勒佳氏，馬步箭平等。

覽。①

---

① 中國第一歷史檔案館藏：《單》，檔號：03-5975-028。

二九二　副將周玉魁暫緩送部引見片
　　光緒三十二年十一月十五日（1906年12月30日）

　　再，查伊犁軍標中軍副將一缺，原請作爲題缺由外揀員請補，五年俸滿，保題升用。自光緒二十五年七月，經長庚奏請以委署斯缺之補用副將周玉魁補授，八月二十八日，欽奉硃批：該部議奏。欽此。旋經兵部議准，於是年十月初八日具奏，奉旨：依議。欽此。計自光緒二十五年十月初八日奉旨作爲補授之日起，扣至三十一年十月初八日，業已五年俸滿。茲據該副將周玉魁呈報俸滿，並請給咨赴引前來。

　　奴才查該副將轉戰秦隴，歷著戰功，供職伊犁邊防得力。光緒二十九年，曾經奴才以該員才堪大用奏請以總兵記名簡放，欽奉硃批：著照所請。欽此。欽遵在案。現在長庚將次到任，整軍經武一切要政在在需員，可否仰懇天恩俯准將伊犁中軍副將周玉魁照五年俸滿保題升用之例，敕部註册升用、暫緩送部引見之處，出自逾格鴻施。除飭取履歷咨部外，理合附片陳請。伏乞聖鑒訓示。謹奏。

　　（硃批）：陸軍部知道。[①]

　　光緒三十三年正月十九日，奉硃批：陸軍部知道。欽此[②]。

二九三　揀選察哈爾營驍騎校員缺摺
　　光緒三十二年十一月十五日（1906年12月30日）

　　奴才馬亮、廣福跪奏，為循例揀選伊犁察哈爾營驍騎校員缺，擬定正、陪，恭摺具陳，仰祈聖鑒事。

---

① 臺北"故宮博物院"藏：《軍機及宮中檔》，文獻編號：408004204-A。
② 中國第一歷史檔案館藏：《錄副奏片》，檔號：03-5975-029。

竊准兼署察哈爾營領隊大臣博貴咨呈：察哈爾右翼正紅旗二牛彔驍騎校巴彥察幹，於本年八月初七日因病出缺。所遺驍騎校員缺，應請揀員補放，以資辦理旗務，等因。前來。奴才等當於該營應升人員內逐加考驗，巴彥察幹遺出驍騎校一缺，揀選得正紅旗二牛彔領催滿珠達西堪以擬正，鑲紅旗二牛彔委官尼瑪堪以擬陪。

　　謹將該員等履歷另繕清單，恭呈御覽，伏俟欽定。所有揀選察哈爾營驍騎校員缺擬定正、陪緣由，理合恭摺具陳。伏乞皇太后、皇上聖鑒訓示。謹奏。

　　（硃批）：均著擬正之員補授，該衙門知道，單併發。①

　　光緒三十三年正月十九日，奉硃批：均著擬正之員補授，該衙門知道，單併發。欽此②。

二九四　呈揀選察哈爾營驍騎校清單
光緒三十二年十一月十五日（1906 年 12 月 30 日）

　　謹將揀選伊犁察哈爾營驍騎校員缺擬定正、陪人員，繕具清單，恭呈御覽。

　　察哈爾營巴彥察幹遺出驍騎校一缺。擬正之察哈爾營右翼正紅旗二牛彔領催滿珠達西，食錢糧當差二十一年，光緒二十六年，補放領催，現年三十七歲。察哈爾蒙古馬步箭平等。

　　擬陪之察哈爾右翼鑲藍旗二牛彔委官尼瑪，食錢糧當差二十五年。光緒十七年搜剿窩匪案內出力，經前護將軍富勒銘額奏保，賞戴五品頂戴。三十二年，補放委官，現年四十三歲。察哈爾蒙古馬步箭平等。

　　覽。③

---

① 臺北"故宮博物院"藏：《軍機及宮中檔》，文獻編號：408004205。
② 中國第一歷史檔案館藏：《錄副奏摺》，檔號：03–5975–030。
③ 中國第一歷史檔案館藏：《單》，檔號：03–5975–031。

二九五　驍騎校德勒格爾達賚原品休致片
　　光緒三十二年十一月十五日（1906年12月30日）

　　再，准署察哈爾領隊大臣博貴咨呈：竊據本營正黃旗二牛彔驍騎校德勒格爾達賚呈稱：竊驍騎校現年六十三歲，前在庫爾喀喇烏蘇軍營當差，身受潮濕。雖時愈時發，尚能勉力當差。現在年逾六旬，舊病復發，致患腰骹疼痛之症，步履維艱，實難辦理旗務。若不呈明告退，誠恐貽誤公差，等情。轉呈前來。

　　奴才等覆查無異，合無仰懇天恩俯准將察哈爾營驍騎校德勒格爾達賚開去驍騎校之缺以原品休致之處，出自高厚鴻慈。除飭取該員履歷清冊咨部查覈外，謹附片具陳。伏乞聖鑒訓示。謹奏。

　　（硃批）：著照所請，該衙門知道。①

　　光緒三十三年正月十九日，奉硃批：著照所請，該衙門知道。欽此②。

二九六　奏報交卸將軍篆務日期摺
　　光緒三十二年十一月二十八日（1907年1月12日）

　　奴才馬亮跪奏，為恭報奴才交卸伊犁將軍篆務日期，恭摺仰祈聖鑒事。

　　竊奴才前准兵部咨：光緒三十一年六月初八日，奉上諭：奎順著留京當差，烏里雅蘇台將軍著馬亮補授。欽此。同日，又奉上諭：伊犁將軍著長庚補授。欽此。欽遵恭錄咨行前來。奴才當經具摺叩謝天恩，並請入都陛見，欽奉硃批：著來見。欽此。欽遵在案。現准新授

---

① 臺北"故宮博物院"藏：《軍機及宮中檔》，文獻編號：408004205-A。
② 中國第一歷史檔案館藏：《錄副奏片》，檔號：03-5975-032。

伊犁將軍長庚咨稱：在甘肅肅州途次，附奏伊犁將軍篆務請飭伊犁副都統廣福暫行兼署並刊用關防一片①，於本年十一月初一日在新疆吐魯番途次，接到兵部火票遞回原片，九月十八日，欽奉硃批：著照所請。欽此。欽遵咨行到伊。

奴才即於光緒三十二年十一月二十八日派委印務章京榮聯、軍標中軍副將周玉魁，將伊犁將軍印信、令箭齎送兼署將軍伊犁副都統廣福接收任事，並飭承辦各員將各項文案卷宗、官兵花名冊籍、倉庫銀糧分別移交②。奴才即於是日交卸清楚，擬俟任內經管一切與廣福會商

———————

① 光緒三十二年八月二十七日，新授伊犁將軍長庚附片奏請准令伊犁副都統廣福暫署伊犁將軍篆務，並刊刻木質關防，曰："再，疊准烏里雅蘇台將軍馬亮函電，切盼奴才到伊，以便卸北上。而奴才經戶部奏奉諭旨飭令盤查新疆庫款，必先清查甘肅底案。前在蘭州以稽時日，嗣因沿途預籌應辦各事臚陳一切，又於肅州耽擱至今，屈計程途，尚須月餘始抵新疆省城。自維馳驅駑鈍，已覺惶悚難安，而欽承恩命，節制新疆地方文武及兵餉一切事務，尚有應與撫臣聯魁會商籌餉練兵、整飭地方等事，並盤查司庫，均非旦夕所能竣事，實難一抵省城即行徑赴伊犁。如由馬亮送印到省，則本署公事必須包封遞送，而伊犁距省千數百里，往返程遙，誠恐不無遲誤，可否仰懇天恩准令伊犁副都統廣福暫行兼署，奴才一將新省公事辦竣，立即馳赴伊犁，接印任事。惟在省城應行奏咨事件既多，而到任後猶擬親赴南北各城暨沿道各卡，周歷查看，校閱營伍，考察吏治，以及布置農、工、商、牧等事，若攜印前往，遇有本署公事，副都統向未須有印信，無以鈐用。倘不帶印信，奴才途次辦公，隨處借印，亦多不便。查伊犁將軍印信，文曰"總統伊犁等處將軍之印"。擬請刊刻木質關防一顆，文曰"兵部尚書銜總統伊犁等處將軍節制新疆地方文武兼理兵餉事務之關防"，以昭信守。如蒙俞允，遵即奏明開用。是否有當？理合附片陳明。伏乞聖鑒訓示。謹奏。光緒三十二年九月十八日，奉硃批：著照所請。欽此（中國第一歷史檔案館藏：《硃批奏片》，檔號：04-01-01-1077-054。《錄副奏片》，檔號：03-5467-021）。"

② 光緒三十二年十二月初八日，署伊犁將軍廣福具報兼署將軍日期並謝恩，曰："奴才廣福跪奏，為恭報奴才接署將軍篆務任事日期並感激下忱，叩謝天恩，恭摺仰祈聖鑒事。竊奴才於光緒三十二年十一月二十四日，准新授伊犁將軍長庚咨開：本年八月二十七日在甘肅肅州途次，附奏伊犁將軍篆務請飭伊犁副都統廣福暫行兼署並刊用關防一片，於本年十一月初一日在新疆吐魯番途次，接到兵部火票遞回原片，本年九月十八日，奉硃批：著照所請。欽此。欽遵恭錄咨行前來。旋於十一月二十八日准前任伊犁將軍調補烏里雅蘇台將軍馬亮派委伊犁印務章京榮聯、軍標中軍副將周玉魁等，將同字第十四號總統伊犁等處將軍銀印一顆、令箭十二枚暨文案、糧餉卷宗一併齎送前來。當即恭設香案，望闕叩頭，祇領任事訖。伏念奴才蒙古世僕，智識庸愚，前蒙補授伊犁副都統，任事五年，毫無報稱，撫躬循省，正切悚惶！茲復仰荷天恩准令兼署將軍篆務，受恩愈重，圖報愈難！查伊犁地處西陲，緊鄰俄境，幅員遼闊，種類繁多，當茲時局孔艱，一切新政均待舉辦。將軍責任綦重，舉凡整軍經武、用人理財，外固邦交，內綏藩部，在在均關緊要。如奴才檮昧，深懼弗勝，惟有隨時隨事，矢慎矢勤，竭盡駑駘，力圖興辦，斷不敢以暫時兼署稍涉因循。遇有重要事件，仍當電商長庚詳慎辦理，以期仰答高厚鴻慈於萬一。所有奴才接署伊犁將軍篆務任事日期，並感激下忱叩謝天恩緣由，理合恭摺具陳。伏乞皇太后、皇上聖鑒。謹奏。光緒三十三年二月初九日，奉硃批：知道了。欽此（中國第一歷史檔案館藏：《硃批奏摺》，檔號：04-01-16-0291-076。又，《錄副奏摺》，檔號：03-5476-100）。"

妥善，即行起程北上，馳赴闕廷，跪聆聖訓，以遂奴才依戀之忱！所有交卸伊犁將軍篆務日期，理合恭摺具陳。伏乞皇太后、皇上聖鑒。謹奏。光緒三十二年十一月二十八日。

　　光緒三十三年二月初九日，奉硃批：知道了。欽此①。

二九七　奏報起程入都陛見日期摺
　　　　　光緒三十三年二月十三日（1907年3月26日）

　　奴才馬亮跪奏，為恭報奴才由伊犁起程入都展覲日期，恭摺具陳，仰祈聖鑒事。

　　竊奴才前於光緒三十二年十一月二十八日交卸伊犁將軍篆務，業將交卸日期奏報在案。當因冬令嚴寒，封山雪大，車馬難行，且將署將軍廣福尚有應行商辦事件，以致稽延。現在春暖冰消，應商事宜一律交代清楚，並無經手未完。奴才依戀闕廷，情殷展覲，茲已定於本年二月十六日由伊犁起程，欽遵前旨入都陛見，歸聆聖訓，藉陳邊疆安靜情形。所有奴才由伊犁起程日期，理合恭摺具報。伏乞皇太后、皇上聖鑒。謹奏。二月十三日。

　　光緒三十三年四月初三日，奉硃批：知道了。欽此。②

二九八　奏為賞福字謝恩摺
　　　　　光緒三十三年三月十八日（1907年4月30日）

　　奴才馬亮跪奏，為恭摺叩謝天恩，仰祈聖鑒事。

---

①　中國第一歷史檔案館藏：《錄副奏片》，檔號：03-5476-097。
②　中國第一歷史檔案館藏：《錄副奏摺》，檔號：03-5976-005。

竊奴才於光緒三十三年三月初一日，在庫爾喀喇烏蘇途次，准陸軍部火票遞到軍機處交出特賞福壽字，由驛遞送前來。當即恭設香案，望闕叩謝天恩祗領訖。伏念奴才漢軍世僕，吉省庸材，荷聖主特達之知，畀漠北巖疆之任。前遵諭旨入覲天顏，渥蒙特賞優頒，實屬感慚交集！戴高厚生成之大德，非捐靡頂踵所能酬，惟有星馳赴京，面聆聖訓，以期仰答鴻慈於萬一！所有奴才感激下忱，謹恭摺叩謝天恩。伏乞皇太后、皇上聖鑒。謹奏。三月十八日。

光緒三十三年六月十三日，奉硃批：知道了。欽此。①

二九九　恩賞福字荷包等物謝恩摺
光緒三十三年三月十八日（1907年4月30日）

奴才馬亮跪奏，為恭摺叩謝天恩，仰祈聖鑒事。

竊奴才於光緒三十三年三月初一日行至庫爾喀喇烏蘇途次，准暫護烏里雅蘇臺將軍奎煥咨遞由內廷交出恩齋賞福字荷包、銀錁、銀錢、食物等件，由驛賚送前來。當即恭設香案，望闕叩頭謝恩訖。

伏思奴才知識庸愚，涓埃莫報。伊犁甫經交卸，烏城尚未履新，茲複仰邀逾格隆施，優加賞齎，荷殊恩之稠疊，益寢饋以難安！奴才惟有趨詣闕廷、歸聆聖訓後，馳赴烏里雅蘇臺，本任一切應辦事宜，勉竭駑駘，妥籌辦理，以期仰報高厚鴻慈於萬一！所有奴才感激下忱，謹恭摺叩謝天恩。伏乞皇太后、皇上聖鑒。謹奏。三月十八日。

光緒三十三年六月十三日，奉硃批：知道了。欽此。②

---

① 中國第一歷史檔案館藏：《錄副奏摺》，檔號：03-5483-095。
② 中國第一歷史檔案館藏：《錄副奏摺》，檔號：03-5483-094。

三〇〇　裁併新疆官缺兵額節餉練軍摺
光緒三十四年七月十七日（1908年8月13日）

　　奴才馬亮跪奏，為新疆地當邊要，擬請裁併文武員缺、旗漢兵額，節出餉銀，改練新軍，並酌量就地籌款，以濟要需，恭摺具陳，仰祈聖鑒事。

　　竊新疆幅員遼闊，廣袤二萬餘里，外則緊逼強鄰，內則回族雜居。乾隆中平定以來，即已叛服不常。光緒初年，戡定回亂，前大學士左宗棠創議建立行省，經劉錦棠奏明接辦，原有鑒於從前伯克之苛虐，故欲以郡縣治之，冀其撫綏安輯，漸臻富庶，可稍紓內地之餉力也。光緒十一年，戶部奏定甘肅關內外新餉歲額四百八十萬，較乾隆時倍優，乃權宜供支之計，是以新疆估餉摺內歷次猶聲明容後覈減，乃迄今已二十餘年，歲歲仍仰給內地。夫新疆非盡石田甌脫，一無可籌之款也，良因事不歸一，整飭無由，各州縣吏治不修，恣為朘削；距省率皆窵遠，上司耳目難周，南路各城苛擾尤甚。

　　該省糧額本輕，風聞本色、折色俱浮收數倍，柴草折徵則較報部之價多至二三十倍，牲稅、煤稅以及市集稅、田房契稅皆可隨意徵收，漫無稽覈，其苛虐殆與伯克無異。雖廉潔自愛者固不乏人，而不諳例禁、積弊相沿者亦複不少。纏民非我族類，善政懷柔，猶虞反側，何況如此剝削乎？邇來怨讟朋興，攜貳可慮，俄屬纏回、哈薩克、安集延等暨白彥虎餘黨，又時往來界上，防不勝防，肘腋之間，實多隱患，若不未雨綢繆，一旦變作，必將不可收拾！新疆標營乃舊日勇營所改，雖從前時有更換，仍不免老弱充數，操防俱難得力。滿營元氣未復，錫伯、索倫、察哈爾、額魯特皆半耕半牧之兵，月餉甚微。該營等駐紮沿邊，各有卡倫、軍臺，鹽菜折成亦難餬口，自非舍舊謀新，改練大枝勁旅，萬不足以資鎮攝。惟練兵必豫籌的餉，自庚子拳匪亂後，各省度支奇絀，每年應解新疆協餉尚未能源源解清，勢難另請添撥，計祇有節額支之餉，練新設之軍，並酌量就地籌款，庶幾易於集事。其辦法約有數端。

一、裁汰各營老弱。新疆營伍，巡撫所轄各標暨將軍、參贊所轄滿、蒙、漢隊，原祇有三萬數千人，經前撫臣潘效蘇裁改後，現更不敷分布，且規制素不畫一，操練即難整齊，應請將標營官兵酌量裁汰老弱，騰出餉銀，移為改練新軍之用。惟本處俱係回纏土著，漢民無多，必須由關內招募，方屬可恃。滿、蒙旗營並飭汰弱留強，不分旗漢，一律編練。所有裁退旗丁，即令歸於屯牧。至裁缺之副將以上各員，類皆久歷戎行，戰功卓著，如果材堪任使，自能另蒙簡用。其餘員弁凡有年富質敏者，均可派入新軍學習，亦不致於廢棄。

一、歸併地方冗缺。關外土曠人稀，立省之初，惟北路設二知府，南路僅設直隸廳、州及數縣而已。當日極有斟酌。近年添設四府，並於其下層遞增置多缺，實則地未加闢，民未改聚，徒滋擾累，歲支廉俸等項耗費亦繁，應體察地方情形，裁併復舊，以省虛糜而蘇民困。

一、酌提州縣中飽。各州縣暴斂橫徵，歲收賦稅率飽私囊，入公者不及什之一二，亟宜徹底清查一次，蠲除煩苛，與民休息。其中如有相沿日久、民所樂輸、於政體尚無妨礙者，似可酌提歸公，藉充練餉。

一、整頓關外商務。天山南北物產素饒，牲畜皮毛尤為出產大宗，如由官提倡集立公司，必能有裨公用。又，新疆本行晉茶，設省後改行湖茶，關外地氣高寒，飲者輒致腹疾，而嗜晉茶者較多。連年湖引滯銷，晉私充斥，俄商亦有販運者，禁不能禁，曷若變計維持，以保利權而助餉項。

一、商定通商稅則。俄人在新疆通商，原定條約暫不納稅，俟商務興旺再議，今已廿餘年矣。商務早暢旺異常，幾無處無俄商蹤跡，特無越戈壁到嘉峪關貿易者耳。而稅則尚未提議，因此內地出關商販亦遂不便徵收。近年籌償賠款、舉行新政，海關已議允加稅，腹地亦聲捐重疊，羅掘一空，獨在新疆通商一無所費，殊不足昭公允。擬請飭下外務部查明原案，速與駐京俄使商定稅則，剋期舉辦，華商貨物同時起徵。

以上五者果能切實辦理，每年裁節並新增之數必有可觀。關外情形與內地不同，按照新頒常備軍章程酌量變通辦理，當可挑練馬步等營二萬餘人。惟開辦之初，修建營房，添購軍火器械，須先撥有整款。又，所裁標營官兵及候補員弁多係金順、劉錦棠、張曜、金運昌舊部，在軍營出力有年，應分別給予川資、車腳，遣撤回籍。其有家室、願留新疆種地者，則酌量給予屯本，以示體恤。伊犁滿營，奴才在任時曾經撥地屯種，然尚不敷養贍。四愛曼雖亦有地，而乏資本，耕牧現即議裁，亦應酌給農具、籽種、孳生本羊，以資餬口。各項應需銀兩似可請度支部先行借撥，隨即由協餉內分年劃扣歸款。如此一轉移間，不必額外籌餉而兵皆實練，內可彈壓姦宄，消回族反側之心；外可扞衛邊陲，杜強鄰窺伺之意。且由此政治修明，邊氓樂業，生眾蝕寡，賦稅日豐，各省關應解協餉亦不難漸次覈減矣。

抑更有請者，從來練兵籌餉，事權宜合而不宜分，矧地處極邊，豈可互相牽制？新疆既設巡撫管理地方文武，而將軍所轄滿營四愛曼以及土爾扈特、霍碩特等蒙古部落，其駐紮游牧之地，皆與州縣參互交錯，旗民交涉無日無之。迤西則處處毘連俄境，防務關要，與內地駐防之制判然各別，意見稍存，動多掣肘，此欲聯二萬里為一氣必不得也。似可倣照盛京，改設總督一員，其缺旗、漢並用，兼管巡撫事，則事權可以歸一。駐塔爾巴哈臺副都統與駐伊犁之副都統均歸總督節制，暫可緩裁。

至伊犁、塔城各營領隊大臣，與所部言語罕通，情形不熟，一切公事向係總管承辦，應裁去領隊員缺，將該營總管等官就近歸副都統管轄，並撤去伊、塔各處辦事章京，設立滿蒙哈薩事務處，均派本處能通言語、熟悉情形之人充當。省城設立滿蒙哈薩事務司，以總其成，俾少隔閡。奴才在西域三十餘年，稍知邊疆利弊，恭遇朝廷整軍經武、百度維新之時，誼不容於緘默，用敢披瀝上陳，以備聖明採擇。無任迫切悚惶之至！謹恭摺具陳。並將酌擬裁併之兵額、官缺另繕清單，恭呈御覽。伏乞皇太后、皇上聖鑒訓示。謹奏。光緒三十四年七月十七日。①

【案】光緒三十四年七月十七日，清廷飭令會議政務處會同伊犁將軍、陝甘總督、新疆巡撫，迅即妥議具奏。《清實錄》載曰：

烏里雅蘇台將軍馬亮奏，新疆地當邊要，擬請改練新軍，就地籌款，酌擬辦法。一、裁汰各營老弱。一、歸併地方冗缺。一、酌提州縣中飽。一、整頓關外商務。一、商定通商稅則。並設總督一員，兼管巡撫事，駐塔爾巴哈臺、伊犁兩副都統皆歸節制。得旨：會議政務處會同伊犁將軍、陝甘總督、新疆巡撫，迅即妥議具奏。②

【案】此摺批旨亦於同日抄交會議政務處、伊犁將軍等遵照，《光緒朝上諭檔》：

交會議政務處、伊犁將軍、陝甘總督、新疆巡撫：本日都統馬亮奏，擬請裁併新疆文武員缺、旗漢兵額，節出餉銀改練新軍，並酌量就地籌款一摺、單一件，奉旨：會議政務處會同伊犁將軍、陝甘總督、新疆巡撫，迅即妥議具奏。欽此。相應傳知貴督、貴處、貴將軍、貴撫欽遵可也（計黏抄摺、單各一件）。七月十七日。

三〇一　呈裁併新疆文武練兵清單
光緒三十四年七月十七日（1908年8月13日）

謹將酌擬裁併新疆滿蒙漢隊，暨各廳、縣員缺節出俸餉改練新軍辦法，繕具清單，恭呈御覽。

---

① 臺北"故宮博物院"藏：《軍機及宮中檔》，文獻編號：165171。又，中國第一歷史檔案館藏：《錄副奏摺》，檔號：03-5621-032。
② 《德宗景皇帝實錄（八）》，卷五百九十四，光緒三十四年七月，第856頁。

一、新疆省城現在已練馬、步兩標外，擬西至精河，東至巴里坤、哈密，南至達阪城、吐魯番，歸併八營，挑練步隊四千人。地方遼闊，不能不多練馬隊，擬請變通辦理，將工輜隊暫緩練足，勻出餉銀，挑練馬隊四營一千人，駐紮精河、巴里坤、哈密沿途一帶，以資巡防，護送行旅。其餘步隊駐省城，均按陸軍新操訓練。

一、伊犁歸併軍、鎮兩標、練步隊四營兩千人，新舊兩滿營挑官兵千人，馬、步隊各半，四愛曼挑馬隊八營兩千人，以備填紮軍臺、卡倫，並巡防道路。所有工輜隊亦暫緩練足。

一、塔爾巴哈臺練步隊四營兩千人，旗營練馬隊兩營五百人，分紮要隘，餘原有地畝歸於農事，該營本伊犁、索倫人最多，願回伊犁者聽。

一、南路歸併步隊八營四千人，工輜隊亦暫緩練足，勻出餉銀練馬隊四營一千人，分紮喀喇沙爾、烏什、喀什噶爾、英吉沙爾、和闐，沿邊擇要巡防駐卡。其餘之步隊、礮隊分紮阿克蘇、喀什噶爾，操練新軍。

一、古城旗營本係巴里坤遷移，亦擬有地畝，經城守尉雙林、前撫臣潘效蘇將地改歸地方官管理，滿營食糧均歸本色，該營兵丁精壯尚多，可以挑練。其餘老弱應為籌給生計，仍將原地撥還耕種，抑或由該營招佃收租。

一、巴里坤昔年路當衝要，後因天山險阻難行，改道小南路，總兵一缺幾成虛設，可以裁去。該營本有牧廠，酌留都、守一缺、牧兵百餘，歸哈密協管。其哈密協一缺，該歸新疆撫標管理。餘可以一律裁併。

一、新疆南路州縣新設各缺多可裁併。即如羅布淖爾，為安插逆回劉四伏餘黨，增置新平縣，現該黨聞已四散，此縣自可裁撤，併入婼羌縣。又，伽師縣原係疏勒州所治，可仍歸疏勒府兼管。鄯善縣可併入吐魯番廳，仍設巡檢一缺。

一、新疆北路阜康舊有縣城，亂後戶口無多，應裁去，將縣西境併歸迪化縣，以東併入新設之孚遠縣。

一、伊犂府附郭之綏定縣，所管不過二百餘戶，歲徵糧僅千餘石。霍爾果斯通判事務尤簡，惠遠城理事同知案件無多，均可裁去，以伊犂府兼行縣事，並加理事銜。

一、伊犂、塔城領隊大臣五缺可以裁撤，將各該營事務責成總管辦理，就近歸副都統管轄。各處辦事章京亦可裁撤，另設滿蒙哈薩事務處，於新疆省城設立滿蒙哈薩事務司，以總其成。

以上歸併馬、步各營，係因新疆地方遼闊，回民衆多，不能不歸併整頓，步隊駐紮一處，馬隊分紮操防，均加派教習，訓練新操。其餉章一切，仍照防營章程，俟籌有的款，再行陸續改照陸軍章程辦理。至擬裁併州縣各缺，僅舉奴才所知者而言，此外恐尚多閒冗，應再體察地方情形，分別裁併復舊。合併聲明。①

三〇二　裁撤旗兵撥地自耕辦理情形片
光緒三十四年七月十七日（1908年8月13日）

再，上年欽奉明詔：裁撤各省駐防旗兵，撥地自耕，迄今未聞舉辦，良由內地土狹人稠，無大段膏腴之壤可以撥給也。奴才頃在吉林，聞三姓及黑龍江一帶荒地甚多，開墾者無幾，亟宜廣爲招徠，俾臻蕃殖。查招墾章程係收荒價銀兩，按年升科，民有繳價之煩，而公家歲入糧銀有限，似可酌量變通，改爲招佃開墾收租，不取荒價，以備將來安插各省駐防旗丁之用，蓋一取荒價，則地歸民管業，歲徵糧額每晌僅折銀三四錢，若招佃承墾，每晌可收租銀一兩五六錢，三倍於額糧之數。俟開墾成熟，再將旗丁遷往，始而收租餬口，久之與農事漸習，自行耕種，所獲益饒。此實長遠之利也。即旗丁驟難遠徙，將歲

---

①　臺北"故宮博物院"藏：《軍機及宮中檔》，檔號：165171-A。又，中國第一歷史檔案館藏：《單》，檔號：03-5621-033。

收租息添補練兵經費，亦於邊計有裨。

又，奴才同治年間在陝甘沿邊勦賊，經過河套地方，察看邊牆以外通有種地佃戶，其地為西盟蒙古牧境，東通山西歸化城、包頭鎮，南界陝西榆林府，西接甘肅寧夏之花馬池，縣亙二千餘里，河水迴環，土最肥沃。近年，綏遠城將軍已經在該處放墾，擬請敕下接辦墾務大臣派員周歷勘明，如尚有可放之地，並令招墾收租，勿取荒價，他日安插旗丁，於勢尤便。至蒙古應得租息，仍劃歸蒙部徵收，以示體恤。由河套沿邊東至張家口、熱河、東三省，西至綏遠、寧夏、甘涼，處處接連蒙古地方，倘有隙地閑田，均可設法招佃墾種，為遷內地駐防之豫備，旗蒙同處，必能相安。謹附片具陳。伏乞聖鑒訓示。謹奏。①

【案】此奏片即於是日得旨，清廷飭令東三省總督徐世昌等妥議具奏。"廷寄"曰：

> 軍機大臣字寄：東三省總督徐、署吉林巡撫陳、墾務大臣信：光緒三十四年七月十七日，奉上諭：有人奏，三姓及黑龍江一帶，荒地甚多，似可改為招佃開墾，收租不取荒價；又，河套地方邊牆外通有種地佃戶，地土肥沃，請飭勘放，等語。著徐世昌、陳昭常、信勤會同妥議具奏。原片均著鈔給閱看。欽此。遵旨寄信前來。②

三〇三　謹擬吉林武備辦法以備採擇片
光緒三十四年七月十七日（1908年8月13日）

再，吉林為我聖清根本重地，近年以來，日俄交爭，賊匪充斥，旗營貧困，武備不修，實有岌岌可危之勢，在朝廷軫念岐豐，各督撫公

---

① 臺北"故宮博物院"藏：《軍機及宮中檔》，文獻編號：165172。
② 《光緒朝上諭檔》，第34冊162頁；又，《德宗景皇帝實錄（八）》，卷五百九十四，光緒三十四年七月，第855頁。

忠體國，現當改立行省，必能妥籌布置，使可長治久安。惟奴才生長吉林，上年冬請假回旗修墓，在彼句留數月，時與父老相接，咨詢該省現在情形，稍知梗概，謹擬簡要辦法四條，以備聖明採擇。

一、改練新軍。吉林地處邊陲，旗丁世業耕戰，類皆能耐寒苦，素以驍勇著聞，即如咸豐、同治年間，曾國藩、胡林翼①、李鴻章②征勦髮、捻各逆，左宗棠平定陝甘、新疆回匪，均調有吉江馬隊，助成

---

① 胡林翼（1812—1861），字潤之、貺生，號咏之，湖南益陽縣人。道光十五年（1835），中舉。十六年（1836），中式進士，改庶吉士。十八年（1838），授翰林院編修。翌年，充國史館協修。二十年（1840），任會試同考官、江南鄉試副考官。次年，丁父憂，回籍終制，改捐中書。二十六年（1846），以知府分發貴州補用。二十八年（1848），署安順府知府。三十年（1850），署鎮遠府知府。同年，調署思南府知府，賞戴花翎。咸豐元年（1851），補貴州黎平府知府。四年（1854），升貴州貴東道，補四川按察使。同年，調補湖北按察使。五年（1855），遷湖北布政使，署湖北巡撫。六年（1856），擢湖北巡撫。八年（1858），加太子少保。是年，丁母憂。十一年（1861），卒於任。授太子太保、騎都尉。諡文忠。著有《讀史兵略》、《胡文忠公奏議》、《大清中外壹統輿圖》、《宦黔書牘》、《長沙府益陽縣箴言書院志》、《弟子箴言》、《撫鄂書牘》、《撫鄂批札》等行世。

② 李鴻章（1823—1901），字少荃，安徽合肥人，優貢生。道光二十四年（1844），中舉人。二十七年（1847），中式二甲三十六名進士，改庶吉士。道光三十年（1850），授武英殿編修、國史館協修；從曾國藩游，講求經世之學。咸豐三年（1853），辦理團練。五年（1855），以軍功賞知府銜，并戴花翎。六年（1856），以功保道員，請旨簡放，并加按察使銜。九年（1859），授福建延建邵道（未赴任）。同治元年（1862），署江蘇巡撫，旋實授，署辦理通商事務欽差大臣，兼南洋通商大臣。二年（1863），署五口通商大臣，晉太子少保銜。三年（1864），賞騎都尉，戴雙眼花翎，封一等肅毅伯，任江南鄉試監臨官。四年（1865），署兩江總督。五年（1866），授欽差大臣。六年（1867），調補湖廣總督，賞騎都尉。七年（1868），總統北路軍務，晉太子太保銜，擢協辦大學士。八年（1869），兼署湖北巡撫，督辦勦苗軍務。九年（1870），督辦陝西軍務，調直隸總督，攝長蘆鹽政，兼北洋通商事務大臣。十二年（1873），授武英殿大學士。十三年（1874），改文華殿大學士。光緒五年（1879），加太子太傅銜。六年（1880），巴西通商，以全權大臣訂約。八年（1882），丁母憂，服滿，駐天津督練各軍，并署通商大臣。九年（1883），署直隸總督，兼通商大臣。十年（1884），補直隸總督，兼北洋通商事務大臣、文華殿大學士。十一年（1885），授全權大臣，與法增減前約。十二年（1886），以全權大臣定法國通商滇粵邊界章程。二十年（1894），賞三眼花翎。二十一年（1895），抵馬關，與日訂約。旋任致賀俄國加冕頭等專使大臣。二十二年（1896），命直總理各國事務衙門，兼經筵講官。二十三年（1897），授武英殿總裁。二十五年（1899），調商務大臣，署兩廣總督。二十六年（1900），充議和全權大臣，總督直隸，兼北洋通商大臣、權長蘆鹽。二十七年（1901），充政務處督辦大臣，旋署總理外務部事。是年，卒於任，年七十有九。贈太傅，晉封一等侯，諡文忠。著有《李文忠公全集》，修《欽定大清會典事例》，重修《畿輔通志》，監修《保定府志》、《畿輔通志》等行世。

大功。近雖稍遜於前，而樸健之風仍在，惟向以弓矢土槍見長，自外洋火器日精，故不足以制勝，擬請裁汰老弱，節出餉銀，查照陸軍部奏定常備兵章程，另行編練，教以新操，並添購新式槍礮，俾資演習。除現有一協外，應再添練一鎮，或先添練一協，庶足分布。其餉不敷，可由該省菸酒、木、鹽、山海稅釐項下提充；裁退旗兵或農或工，應飭妥為安插，自營生業。又，關外幅員遼闊，賊蹤飄忽異常，新軍中宜多練馬隊，用其所長，以備臨敵衝鋒並平時追捕賊匪之用。

一、挑募土著。關外鬍匪、馬賊幾於無處蔑有，雖疊經官軍搜勦，而旋散旋聚，難淨根株，推原其故，早年內地貧民出關私開金廠，礦苗既竭，四散為匪。迨後則歷年所裁客勇並未遣回原籍，良善者或墾地營生，獷悍者劫掠滋事，不清其源而遏其流，必不能也。查部頒徵兵章程，首重土著，吉林風氣剛勁，不惟旗兵可用，即本處漢民合於當兵資格者亦甚多，與新疆情形不同，可無庸借才異地，應飭各營將外籍客兵陸續裁汰，給予資斧，派員押送回籍，另行挑練旗兵。如旗兵不敷挑選，再挑土著漢民，不分旗漢，一律編練。該兵等既熟地理，兼有身家，必較客兵得力。即事竣裁退，亦易散歸農畝，無流蕩為匪之慮。

一、裁併旗缺。吉林旗營舊稱蕃盛，額設協領、佐領、防禦、驍騎校等官四百餘員。迨咸豐軍事起後，征調頻仍，戶口半已凋零，人少官多，轉覺散無統紀。上年省內已設旗務司，提挈綱領，然仍須有旗員層次管轄，其勢亦未能盡裁，擬請由該管督撫體察情形，酌量裁併。凡省城旗員或三缺酌留一缺，或兩缺酌留一缺，以該旗之繁簡為斷。其缺滿、蒙、漢軍及世職兼用，分駐城鄉，不准擅理民詞，遇有旗漢交涉，報司辦理。省外各城旗營亦查明戶口多寡，將協、佐、防、校分別裁留，添設旗務分司，以便督率。至水師、官莊、邊臺各項，向係歸旗管理，事務本簡，可編於現留之佐領下就近管轄。惟旗員俸餉素微，故多因循敷衍，可將裁缺騰出之餉從優加給，俾資辦公。所有裁缺各員，有年壯才明、無嗜好者，均可於馬步練軍量才委用，遇有各營缺出，准其儘先挑補。其世襲佐領及騎都尉、雲騎尉、恩騎尉似宜祇准承襲，暫食半俸，如能辦事，亦准挑補管旗、練兵等官，一體給予俸薪、公費，即將世俸停支，以昭激勸而省虛靡。

一、清查戶口。近年鬍匪、馬賊結隊橫行，其巢穴雖在深山老林，而附近必有窩藏處所，始能寄頓贓物，出沒無常。吉林本五方雜處，良莠不齊，散勇、鑛丁，尤多匪類。凡編保甲、設巡警，必須先知人民確數，方易著手，應飭將該省旗、漢戶口切實清查一次，詳細註冊，一家窩賊，十家同坐。關外地既空闊，鄉民又多散處，相距數里至數十里不等，巡警邏察難周，有事亦急難援應，可令各村堡自籌經費，選派壯丁，舉辦民團，以期守望相助，聲息靈通，輔兵力之所不及，則宵小無處潛蹤，地方必可安靖矣。

以上四條，似皆裁改旗營入手之先務，此外如廣設學堂、振興實業、研求商務、考察鑛產，亦皆吉林切要之圖，然必營制改定而後教育可講，必肅清盜賊而後大利可興，其中固有本末先後之序也。一得之愚，是否有當？謹附片具陳。伏乞聖鑒訓示。謹奏。①

三〇四　奏報到任接印日期摺
光緒三十四年十一月二十八日（1908年12月21日）

頭品頂戴新授成都將軍奴才馬亮跪奏，為恭報奴才到任接印日期，並叩謝天恩，仰祈聖鑒事。

竊奴才於光緒三十四年八月十九日欽奉上諭：成都將軍著馬亮補授，未到任以前，著蘇嚕岱暫行署理。欽此。欽遵隨於九月十一日請訓，仰蒙大行太皇太后、大行皇帝召見，訓誨周詳，莫名欽感！當即由京起程，取道漢陽，泝江西上。十月二十五日，在四川夔州府

---

① 臺北"故宮博物院"藏：《軍機及宮中檔》，文獻編號：165173。

行次接奉電報，驚悉大行皇帝、大行皇太后相繼升遐，搶地呼天，攀號莫及！遵於行次成服後，旋由萬縣登陸，馳抵成都省城。十一月二十六日，准署成都將軍蘇嚕岱飭委印房協領廣善、中軍副將張世昌，將欽頒乾字第五百六十七號成都將軍印信一顆暨敕書、文卷等件，賫送前來。

奴才當即恭設香案，望闕叩頭謝恩，祗領任事。伏查成都將軍有管理滿、漢官兵、統轄松建文武之責，值此時局孔艱，藏邊多故，舉凡整飭營伍，興辦學堂，並籌畫旗丁生計與一切交涉事件，在在均關緊要。奴才自審材輇任重，深慮弗勝，惟有殫竭血誠，遇有應辦事宜，隨時與督臣趙爾巽和衷商籌，認真辦理，斷不敢稍避怨勞，以期仰副高厚生成於萬一！所有奴才到任接印日期並叩謝天恩緣由，理合恭摺具陳。伏乞皇上聖鑒。謹奏。十一月二十八日。

（硃批）：知道了。①

光緒三十四年十二月二十五日，奉硃批：知道了。欽此。②

三〇五　請補鑲白旗滿洲驍騎校等缺摺
宣統元年二月二十八日（1909年3月19日）

成都將軍奴才馬亮、成都副都統奴才鍾靈跪奏，為揀選成都駐防驍騎校員缺，遵照新章，擬定正陪，恭摺仰祈聖鑒事。

竊查查准陸軍部咨開：嗣後五品以下武職，由各該將軍、都統揀選，擬定正陪，奏請欽定，等因。奉旨：依議。欽此。欽遵在案。茲查成都駐防坐補防禦維屏遺出鑲白旗滿洲驍騎校一缺，現無奉旨記名人員，自應援案據選。奴才等當堂揀選得正藍旗滿洲貴俊佐領下筆帖式耀齡，年四十五歲，由繙譯舉人坐補筆帖式，嗣因三年俸滿，改就

---

① 臺北"故宮博物院"藏：《軍機及宮中檔》，文獻編號：408004206。
② 中國第一歷史檔案館藏：《錄副奏摺》，檔號：03-5988-090。

武職，遇有驍騎校缺出，同前鋒、領催一體挑選，當經咨行陸軍部在案。茲查該員文理通順，槍技嫻熟，堪以擬正。

又，正藍旗滿洲貴俊佐領下駐藏委筆帖式馬甲貴倫，年二十七歲，文字尚可，槍技合式，堪以擬陪。又，出有病故鑲藍旗滿洲驍騎校錦秀一缺，據選得鑲白旗滿洲廣善兼佐領下委前鋒文啟，年三十七歲，由本省武備學堂畢業生，現充成防練軍營中隊隊官差使，文理尚通，槍技嫻熟，堪以擬正。又，正藍旗滿洲貴俊佐領下駐藏委筆帖式委前鋒斌泰，年四十四歲，文理尚可，槍技亦熟，堪以擬陪。

以上四名，請旨補放驍騎校二員、記名驍騎校二員，俟奉到諭旨，擬正人員即令任事。其記名人員遇有缺出，即行照例坐補，以符定制。所有奴才等揀選成都駐防驍騎校員缺、援案核辦緣由，謹恭摺具陳。伏乞皇上聖鑒訓示。謹奏。宣統元年二月二十八日。

（硃批）：著以擬正之員補放，餘照所請，該衙門知道。以後請補驍騎校以下官缺，著另單候圈。①

宣統元年閏二月二十七日，奉硃批：著以擬正之員補放，……。欽此②。

三〇六　奏報成都駐防滿營馬匹摺
宣統元年二月二十八日（1909年3月19日）

成都將軍奴才馬亮、成都副都統奴才鍾靈跪奏，為成都滿營實栓馬匹臕壯足額，恭摺仰祈聖鑒事。

竊前准兵部咨：本部具奏整頓馬政各款一摺，欽奉諭旨：京外各營、各直省驛站額設馬匹，支應差操，接遞公文，均關緊要，並著各該管大臣確切查核，年終具奏。如查有缺額、疲乏等弊，即著從嚴參辦，

---

① 中國第一歷史檔案館藏：《硃批奏摺》，檔號：04-01-16-0299-054。
② 臺北"故宮博物院"藏：《軍機及宮中檔》，文獻編號：176753。

等因。欽此。欽遵咨行前來。查成都滿營額設騎操馬匹，除接准部咨行令裁減，暨兩次奏明裁馬添兵、節乾充餉外，八旗實拴馬四百五十匹，其中有口老疲瘦倒斃情事，節經遵照奏准成案，變價節乾，隨時補買足額，每年報部查核在案。

茲於光緒二十四年年底，奴才等將成都滿營實拴馬匹逐一點驗，均屬臕壯足額，差操得力；仍嚴飭協、佐等官，督率弁兵，加意餵養，留心照料，總期不誤差操，緩急可恃，以仰副聖主整頓馬政之至意。所有奴才等查明成都滿營實拴馬匹臕壯足額緣由，理合恭摺具陳。伏乞皇上聖鑒。謹奏。宣統元年二月二十八日。

（硃批）：陸軍部知道。①

宣統元年閏二月二十七日，奉硃批：陸軍部知道。欽此②。

三〇七　請以清華擬補將軍衙門筆帖式片
宣統元年二月二十八日（1909年3月19日）

再，成都將軍衙門筆帖式文英因病告休，所遺筆帖式一缺，查有光緒十一年十一月由吏部取中成都駐防第四名候補筆帖式正藍旗滿洲貴俊佐領下委前鋒清華，應行擬補。經奴才等當堂考驗，清華現年三十八歲，食餉二十四年，文理通順，書寫端楷，自應給咨送部帶領引見。惟查前准陸軍部咨開：嗣後各省駐防，五品以下世職、六品驍騎校各員，均免其送部帶領引見，奉旨：依議。欽此。欽遵。等因。咨行在案。

茲查成都將軍衙門筆帖式一缺，向由駐防兵丁內考選，由部取中後挨次擬補，較之補放驍騎校以下各缺，事同一律。遵照陸軍部來咨，援案核辦，似尚相符。合無仰懇天恩俯准，飭下吏部將成都將軍衙門

---

① 中國第一歷史檔案館藏：《硃批奏摺》，檔號：04-01-01-1097-021。
② 臺北"故宮博物院"藏：《軍機及宮中檔》，文獻編號：176750。

筆帖式一缺，即以前由吏部取中第四名候補筆帖式委前鋒清華補放，並請援照駐防驍騎校以下各缺，一律免其送部帶領引見，以示體恤。可否之處，出自逾格恩施。所有擬補成都將軍衙門筆帖式員缺，並請免其送部帶領引見緣由，理合附片具陳。伏乞聖鑒訓示。謹奏。

宣統元年閏二月二十七日，奉硃批：吏部議奏。欽此。①

三〇八　恩賞石印大清會典謝恩事
宣統元年三月二十四日（1909年5月13日）

成都將軍奴才馬亮跪奏，為恭謝天恩，仰祈聖鑒事。

竊奴才於本年二月蒙恩頒賞石印《大清會典》一部，准外務部電知前來。遵即派員赴京祇領。現據齎送到川，恭設香案，望闕叩頭謝恩訖。伏維我朝瑞啟鴻圖，鳌延駿業，巍煥駕唐虞而上，彝章懸日月之華。欽定會典一書，體國經野，鉅細畢賅，酌古準今，權衡悉當，乃列聖所以致太平而諸臣所當共遵守者也。我德宗景皇帝自強不息，咸與惟新。卅四年宵旰憂勤，克顯同文之盛治；九萬里共球龠集，羣欽秉禮之名邦。申命臣僚，庚續修纂，制度益臻明備，典型昭示來茲。雖雲暗鼎湖，攀龍髯其已遠；而星拱乾樞，仰燕翼之垂庥！

我皇上學懋緝熙，功崇繼述，覲耿光揚，大烈永鞏苞桑、磐石之基；監成憲布，新猷不忘麟趾、關雎之意！溯前徽於方策，敕摹印以頒行。琳琅八十二函，珍比石經漆簡；留貽億萬千歲，重逾周誥殷盤！廷臣共沐殊施，邊將亦叨異數，光分天祿，輝映戎軒！奴才謬典牙旗，諸同耳學。詩書束閣不文，有慚鄒穀之風；尊俎折衝數典，冀免籍談之誚。所有奴才感激榮幸下忱，理合恭摺叩謝天恩。伏乞皇上聖鑒。謹奏。宣統元年三月二十四日。

---

① 臺北"故宮博物院"藏：《軍機及宮中檔》，文獻編號：176751。

御批：知道了。①

宣統元年四月二十五日，奉硃批：知道了。欽此②。

三〇九　查明川督趙爾豐被控各款摺
宣統元年四月二十日（1909年6月7日）

　　成都將軍奴才馬亮跪奏，為查明大臣被控各款，據實密陳，恭摺仰祈聖鑒事。

　　竊奴才承准軍機大臣字寄：軍機大臣進呈聯豫③、趙爾豐④咨送西藏僧番等稟呈各件，均覽悉。國朝撫綏全藏，向從寬厚。近年來藏人與英人搆釁，情勢危急，朝廷不惜鉅帑代為賠償，又疊派大臣與英人議定約章，相安互市。其所以保全藏眾者，可謂至矣。此次簡派趙爾豐駐藏辦事，假以事權，厚集實力，歲靡鉅款，在所不吝，亦為保護藏眾、杜絕窺伺起見。乃該藏眾聯名呈訴趙爾豐枉殺多命，毀寺掠財，情節甚重。措詞且多狂悖。趙爾豐是否辦事操切，致失全藏僧番之心，抑或有狡黠之徒，藉口指摘，希遂其要求之計？著馬亮按照所訴

---

① 中國第一歷史檔案館藏：《硃批奏摺》，檔號：04-01-16-0300-025。
② 臺北"故宮博物院"藏：《軍機及宮中檔》，文獻編號：178078。
③ 聯豫（1858—？），字建侯，景山官學生。同治九年（1870），捐主事雙月選用，再捐員外郎。光緒十二年（1886），充掌儀司兼慎行司行走。十五年（1889），保同知。同年，捐同知指省浙江補用。嗣隨出使英、法、義、比國。十九年（1893），保知府，加鹽運使銜。二十一年（1895），經張之洞奏調江南差委，辦理交涉事務。二十三年（1897），選湖北武備學堂提調。二十八年（1902），補河南道監察御史。三十年（1904），放四川雅州府知府。次年，兼副都統銜，授駐藏幫辦大臣。三十二年（1906），擢駐藏辦事大臣，兼署駐藏幫辦大臣。民國元年（1912），離職。
④ 趙爾豐（1845—1911），字季和，漢軍正藍旗人，武勇巴圖魯。光緒元年（1875），中式舉人。嗣充廣東鹽大使。十五年（1889），補山西忻州靜樂縣知縣，歷任永濟縣、洪洞縣知縣、河東河道監摯同知，護理河東鹽法道。二十九年（1903），署成錦龍茂道。同年，權永寧道。次年，籌辦鐵路局。三十一年（1905），補授建昌道。翌年，加侍郎銜，授川滇邊務大臣。三十三年（1907），護理四川總督。次年，兼駐藏大臣。宣統三年（1911），署四川總督。同年，被殺。

各案，摘要確查，詳細覆奏。至趙爾豐與藏眾仇隙甚深，將來入藏任事，能否相安，並著馬亮體察情形，據實密陳。原稟各件著鈔給閱看。等因。欽此。遵旨寄信前來。

奴才時在京師，當將原件隨帶來蜀，飭委試用道龍紱瑞、試用知縣吳世椿、已革江西補用知縣黃宗敩，前往巴塘、裏塘一帶，按照原控各節，分別逐細調查。揆之當日情形，證以目前輿論。已據逐款查明，回省稟覆。謹將所查各節為我皇上密陳之。

如原呈大臣鳳全①被戕一案，經提督馬維騏②大概了結，復派趙爾豐前來於迎接交，將土司派來頭目卓尼殺戮，繼將二土司提拏監禁一節。查提督馬維騏於光緒三十一年六月二十四日克復巴塘，查明戕害鳳全及法司鐸，皆由巴塘正土司羅進寶、副土司郭宗札保與丁零寺堪布串通謀逆，並派頭人抗拒大兵。復准滇省電咨，獲有該兩土司約彙助逆夷字印文。因於七月二十五日提拏該正副土司二名，訊明正法，將首級祭告鳳全。是時趙爾豐尚未到巴。至卓尼係蠻語土司傳號之稱。自兩土司正法後，所有傳號或經懲辦，或已逃散。及趙爾豐是年八月抵巴，並無卓尼出而迎接，亦無殺戮之事。

---

① 鳳全（1846—1904），字茀堂、輔堂，滿洲鑲黃旗人。同治十二年（1873），以筆帖式中式舉人。光緒二年（1876），署四川開成縣知縣、成都縣知縣。同年，轉署綿竹縣知縣。十二年（1886），補四川蒲江縣知縣。十六年（1890），兼署四川崇慶州知州。同年，調補成都縣知縣。十九年（1893），兼署萬縣知縣。二十一年（1895），署四川崇慶州知州。是年，升補邛州直隸州知州。二十三年（1897），調資州知州。二十五年（1899），補授瀘州直隸州知州。二十八年（1902），署嘉定府知府、成都府知府。二十九年（1903），署成綿龍茂道。三十年（1904），加副都統銜，授駐藏幫辦大臣。同年，於巴塘被戕。諡威愍。

② 馬維騏（1845—1910），加博多歡巴魯圖勇，雲南阿迷州（今雲南開遠縣）人。咸豐九年（1859），充藍翎千總。同年，補開化鎮右營右哨千總。同治七年（1868），統管團防。十三年（1874），加都司銜。光緒二年（1876），晉副將銜。五年（1879），補廣南營右哨千總。九年（1883），率軍抗法。十年（1884），升騰躍右營中軍守備。翌年，遷昭通鎮左營遊擊。十三年（1887），授督標右營遊擊。次年，轉督標左營遊擊。十六年（1890），升提督銜。次年，署普洱鎮總兵。翌年，調署臨元鎮總兵。二十一年（1895），署雲南昭通鎮總兵。二十四年（1898），補授廣東潮州鎮總兵。次年，署高州鎮總兵。二十八年（1902），署廣東陸路提督。同年，擢四川提督，任續備全軍翼長，兼統備前軍。三十四年（1908），授巡防全軍翼長。宣統二年（1910），卒於任。諡軍肅。平生善書法，有《益州書畫錄續編》存世。

又，原呈趙爾豐到巴後，不按提督馬維騏辦法，不分有無罪過，正法僧俗數百餘人一節。查光緒三十一年六月十一日，提督馬維騏由裏塘大道率隊進攻。趙爾豐以巴塘匪黨皆以七村為巢穴，另派所部中、前兩營由裏塘繞道，趨毛了曲登兩土司境內，至三巖會齊，直擣七村後山隘口。有麻多哇等村悍匪出而抵拒，我軍槍礮環擊，陣斃悍匪多名，其餘墜殪崖澗者無數。生擒著名匪首岡卓拖青等二十餘名，訊明就地正法。係屬剪除伏莽，並非不分有無罪過、概即嚴懲。

又，原呈趙爾豐與裏城行文內云西藏附近丹達山以內，應當收入所轄，均須投順一節。查裏城即鄉城，係巴塘地，其時該處桑披寺逆謀甚熾。趙爾豐正擬剿辦，即或飭令投順，亦必專指該寺而言。西藏附近丹達以內之地，與鄉城無涉，斷無牽及之理。

又，原呈趙爾豐進兵攻剿裏城，殺斃僧俗六百餘人，焚燒房屋千餘家一節。查裏城之桑披寺喇嘛千餘人，恃其地險人強，屢出滋事。光緒二十三年，裏塘守備李朝富奉委前往查辦。該寺堪布相交蒲中，竟將李朝富父子三誘入支解。二十四年，遊擊施文明帶兵進剿，又被截獲，將該遊擊剝皮實草。及大軍進討，該寺復撤站遏糧，並敢截擊營弁，裹脅鄰番，逆跡昭著。趙爾豐於光緒三十一年九月間率隊分路進攻，該寺黨悍巢堅，猝未易拔，逆僧冒死衝突，時有陣斃。及攻克之際，該寺自行縱火，即經官兵救熄，其餘碉房並未延燒。

又，原呈奪雅寺、貢噶朗嶺寺、德音嶺寺、頓柱嶺寺、汪波札倉寺、噶達寺、奪咱昔等處，大半焚燒，殺斃喇嘛人，劫掠佛尊財帛一節。查奪雅寺即奪嗎更寺，在巴屬之稻壩本村，喇嘛三十餘人，其廟並未被燬。貢噶朗嶺寺即巴屬之貢噶領，在無量河右岸。德音嶺寺即撤音更寺，亦在稻壩本村。該二寺於官兵圍攻桑披寺之際，僧人助逆，截擊軍糧，經趙爾豐派兵剿辦，現為防軍駐紮之所。頓柱嶺寺即頓噶更寺，在裏塘之南，喇嘛二十餘人。汪波札倉寺在裏塘之東北，地名桑多，有喇嘛二百餘人，均未被燬。噶達寺即打箭鑪南路之泰凝靈雀寺，當巴匪肇亂之時，該寺亦將標營都司盧鳴揚戕斃，經提督馬維騏分軍赴剿，懲治首逆。寺亦未燬。奪咱昔三字，巴、裏各屬無此地名，想係譯音之誤。以上各寺其未經被燬者，固無殺戮之事；其因助逆懲辦者，更不應藉口稱冤。所有鑪關以下各寺院，有原呈所有者，有未經列入者，均經該道龍綬瑞傳訊供稱，前呈燬滅各寺，鑪關、巴、裏一帶實無其事，眾番並未列名，取有各寺院僧眾及土目、頭人切結可憑。

又，原呈上年漢遣格外差使接踵而來。該差等催要夫馬，供應稍遲，即遭毒毆，且復苛索銀物一節。查關外往來差使，歷由土司派人供應烏拉，每站每隻日給藏圓一嘴，即每藏圓四分之一。趙爾豐因近年差使日繁，不敷餵養，現定每站每隻日給藏圓半圓，照前業已加倍，並出示永定為例。番民亦甚感激，並無苛擾之弊。

又，原呈趙爾豐在護理四川總督任內，諭令鹽井一帶官兵將商口作岡屬番民陸續招收，並管帶程鳳翔與江卡作岡桑昂曲宗之處札文內有"由拉薩至廓爾喀各土司須由大皇帝收回"、又有"鑪關以至拉里丹達山止頭目、百姓亟行歸順投降"之語各節。查拉薩乃達賴卓錫之處，廓爾喀與唐吉忒先後歸順天朝已二百餘年，管帶程鳳翔即使飭令服從，亦無不合。

又，原呈管帶程鳳翔將作崗營官協廒提拏監禁，收取土地、人民，飭令於番、漢兩邊不准供差一節。查光緒三十三年六月間，程鳳翔因於上年臘月攻克臘翁寺，該寺胡土克圖德林及鐵棒曲披克弄二人在逃未獲，風聞逃匿在近地寺廟，帶隊追捕，行至怒江上游之邦達地方，該處頭人喊控邦達協廒仁增奪傑苛虐百姓。程鳳翔提訊仁增奪傑，年僅二十三歲，語言囁嚅，遂將其家屬押回鹽井，羈留數月。至收其土地，飭令供差一節。查無其事。

又，原呈桑宗所屬納棍寺及百姓五百餘人一併招收，其餘營官、百姓若不前來投降，定即進兵剿滅一節。查納棍寺即臘翁寺，有僧約三百餘人。在瀾滄江西岸，有井地出鹽。瀾滄江東岸即為鹽井之地，本巴塘所屬。光緒三十二年，設立官卡，抽收課釐，該寺僧時出阻撓窺視。駐兵巡查，則毆傷兵丁楊得勝、王信魁、李太安三名，綑縛藍玉洪、劉青海二名入寺關。該營弁兵憤不可遏，前往索取。該寺僧即聚眾抗拒，相持日久。突於光緒三十二年十二月初九日，該寺僧眾出巢撲營。程鳳翔督隊迎敵，槍斃頗多，毀碉十四座。逆僧仍入堅守。是月二十五日，寺僧乘夜悉數又出。程鳳翔趁勢抵擊，四面環攻，始將臘翁寺攻破，槍斃逆僧數十餘人，焚寺碉三座，及大招三十餘座同時俱下，現為該營分防之地。方用兵之時，瀾滄江西番民震懼，求請保護者計有二十餘戶，並無五百餘人之多。其餘各處亦無進兵攻剿之事。

又，原呈商屬滿空各定琫所轄差糧，均由程鳳翔擅自收取。所有田地籽糧若干，自本年起交納於程鳳翔一節。查滿空門即工，又譯悶空，在怒江下游。光緒三十三年六月間，滿空達結寺喇嘛四印札喜率領百姓三十二家至鹽井，呈請保護，據稱該寺向習紅教，自開寺以來皆自立門戶，不歸何處管轄。程鳳翔給與護照，准其歸化，歲納錢糧，出於自願。至藏委定琫所轄之地，並未強徵錢糧。

又，原呈臘翁寺民人駝載米糧、青稞，中途被官兵槍斃一人，捉去二人，正法一人，騾馬連駝搶去一節。查程鳳翔前因緝捕逃僧，行至怒江上游吞多地方，遇見蠻民運駝甚多，所載皮袋、木箱不等，飭通事詢之，答係青稞、酥油等物。及卸駝茶尖，程鳳翔查見內有火硝。其販硝之人名凡西慈立，供係運上昌都硝課。程鳳翔因將凡西慈立連同硝駝，押回鹽井懲辦。未聞有槍斃正法之事。

又，原呈程鳳翔佔踞臘翁寺，謊言引誘僧人回寺，捉拿喇嘛十七人，正方九人一節。查程鳳翔於光緒三十二年十二月二十五夜攻克臘翁寺。次年，該寺僧陸續歸投者六十三人。程鳳翔於三十三年五月十二日赴該寺提僧訊辦，並將並將寺廟充公，所殺九人皆係抗戰官兵之犯，各等情。並據將關外各寺喇嘛所具切結呈送前來。奴才覆查邊務大臣趙爾豐，歷年辦理邊藏事務，如桑披之役、臘翁寺之役，一切戰狀均已見諸奏報。當將悉銳攻堅、殺敵致果皆為行軍必有之事。至程鳳翔札示間有措辭近夸之處，乃係藉張威勢，殊難以字斟句酌責之武員。且戰多在川邊，更非藏人所能干涉。觀於關外僧俗所具切結，尤見善良向化，番眾歸心。其並無恣意焚殺各情，亦屬信而有據。

原呈以除暴安良之舉，指為焚掠枉殺之端，且未焚之寺詐為已焚，未殺之人妄稱已殺。其肆口抵誣，尤出情理之外。且藏眾仰蒙覆幬已數百年，向來尚稱孝順，今竟託詞保教，捏具公呈，越控川邊事情，敢拒朝使，誠如諭旨"必有狡黠之徒藉口指摘，遂其要求之計"。該藏番既將趙爾豐呈控於前，必不能服聽命。趙爾豐入藏辦事，誠不敢謂必能相安。現准督臣趙爾巽咨開：承准軍機處電傳諭旨：趙爾豐既為番眾積憤，自未便仍令進藏，等因。仰見聖明洞鑒萬里，欽感莫名！應即遵旨辦理。管帶程鳳翔被控各節，查明尚無不合，並請毋庸置議。除將切結咨送軍機處備查外，所有欽遵查明緣由，理合據實密陳。伏乞皇上聖鑒。謹奏。四月二十日。

宣統元年五月十三日，奉硃批：知道了。欽此。①

三一〇　奏報成都駐防辦理禁煙摺
宣統元年七月初六日（1909年8月21日）

成都將軍奴才馬亮、成都副都統奴才鍾靈跪奏，為成都駐防辦理禁煙情形，遵旨恭摺覆陳，仰祈聖鑒事。

竊奴才等恭閱電鈔：宣統元年二月二十四日，欽奉上諭：禁煙一事乃今日自強實政、教養大端，特此再行申諭京外各衙門，各將如何辦法，自行切實覆奏，等因。欽此。仰見我皇上除毒務盡，於禁吸、禁種及抵補稅釐三事，分權限而專責成。訓示周詳，莫名欽悚！伏惟鴉片流毒已近百年，實為中國貧弱之原因。今者嚴詔頻頒，列邦協助，廓清之機，豈容坐失？朝廷痌瘝在抱，不惜歲捐千百萬稅釐，為民除

---

① 臺北"故宮博物院"藏：《軍機及宮中檔》，文獻編號：178465。

害；部臣、疆吏於籌款抵補，亦皆苦費經營。若仍空文敷衍，搪塞一時，甚或有不肖胥役包庇欺朦，以遂其假公牟利之計。轉瞬十年限滿，不惟民間之痼疾難望湔除，且致西鄰之責言，尤為可慮。此奴才等共切隱憂、不敢稍避嫌怨者也。

查禁煙之策，不外禁吸、禁種兩大端，而入手辦法則以禁開煙館為第一要義，蓋煙館最易引人落穽，而納垢藏污，流弊更不一而足也。奴才等去冬到任後，訪聞滿城內有漢民賃屋，私開煙館十餘處，當經出示嚴禁，限至本年二月初一日，一律閉歇。屢次派員密查，均已改業他徙。種煙之川省，所在多有。旗丁無田可耕，向無此弊。奴才等前巡視滿城，見較場及附近城牆一帶尚多空地，因飭各旗栽種桑秧五萬株，近已敷榮，可期成活。蓋於振興蠶業之中，即杜偷種罌粟之患也。現在滿營亟宜嚴辦者，惟禁止吸食而已。蜀中乃產土之區，煙價較他省為廉，傳染亦較他省為廣。以駐防人員而論，固已十有一二。長此沉迷，害將胡底！光緒三十二年，奉旨飭禁，經前任將軍綽哈佈設立戒煙公所，派員清查，八旗職官之有煙疾者三十一員，當撤差委，予限戒斷；兵丁及閑散人等共九百零六名，收入所內，分作數起辦理，曾將試驗冊結咨送陸軍部，並將屢戒不悛之防禦諾木歡等附片參革。嗣又遵照查驗章程，設立查驗所，逐一傳驗，留所食宿，必數日不改，常度始令，仍舊供職。於三十四年八月十二日專摺奏明，並填表咨送禁煙大臣查核在案。聞當日辦理亦極認真，無如錮習太深，驟革匪易。

奴才等到任，密加察訪，或戒而未淨，或斷而復吸，仍不乏人。當又嚴申禁令，勒限戒除。每遇挑補官缺、兵缺，奴才等皆親赴較場，先則試以槍準，繼則問以字義。凡戒煙未淨之人，預飭不准開列，間有槍能命中、字義亦通，而煙癖甫除、身體瘦弱者，雖經入選，亦皆暫為扣除，以昭慎重。近日編練滿營巡防隊，改訂警察章程，按格以求，選擇尤加嚴飭，八旗各學堂師生以及咨議局選舉人員，并印委、文案等處，均不准有嗜好者濫廁其間，使咸知一淪煙籍，不免廢棄終生，或可激發天良，保全人格。茲復奉明諭諄諄，嚴戒推諉，更不容粉飾因循，上負深宮期望，下貽外人口實。當即分飭各協領等詳查去後。現據覆稱：舊有煙疾之職官俱已斷淨，並未重吸，兵丁等亦爭自濯磨，其中有斷戒不易者三十餘名，或以告退，或已斥革，並有銷除旗檔及送赴乞丐廠者，此外官員兵丁尚無新染嗜好之人。各取具切結暨聯名保結，由該管官層遞加結呈送前來。

奴才等疊傳各旗員世職到署覆驗，均屬相符，兵丁等亦多面色光昌，氣體壯實。當舉旗營生計之艱與鴉片貽害之烈，反覆勸誡，似皆有所感悟。惟是俗情之轉移莫定，當官之耳目難周，謂經此次嚴查之後用可弊絕風清，此實未能深信。奴才等惟有整躬率屬，隨時抽查，儻有日久玩生、復萌故態者，官則據實糾參，兵則立予責革，該管各官及出具保結之人一併從嚴究處，斷不敢稍為迴護，務期淨絕根株，早收效果，以仰副聖明振弱圖強、咸與維新之至意。除將各結存案備查，並咨明禁煙大臣、陸軍部查照外，所有成都駐防辦理禁煙情形，謹遵旨恭摺覆陳。伏乞皇上聖鑒訓示。謹奏。宣統元年七月初六日。

硃批：該衙門知道。欽此。①

宣統元年八月初二日，奉硃批：該衙門知道。欽此②。

三一一　奏報成防練軍改編巡防隊摺
宣統元年七月初六日（1909年8月21日）

四川總督奴才趙爾巽、成都將軍奴才馬亮、成都副都統奴才鍾靈跪奏，為成都練軍遵照新章改編巡防隊，並改定滿營警察情形，恭摺合詞具陳，仰祈聖鑒事。

竊奴才馬亮准陸軍部咨開：成都駐防改編練軍，已成左、右、後三營，歷經奏咨在案。惟編練新軍自應遵照定章，以歸畫一。現成都

---

① 臺北"故宮博物院"藏：《軍機及宮中檔》，文獻編號：180296。
② 中國第一歷史檔案館藏：《硃批奏摺》，檔號：04-01-01-1099-088。

以舊有之新威一營改為練軍後營，又挑選步隊千餘名，為步隊左、右兩營，名曰成防練軍。名稱既屬紛歧，章制未能符合，應將練軍名目刪去，改稱成都駐防步隊第一標第一二等營。其有不及新軍程限者，應改為巡防隊，名曰成都駐防巡防第一營，俾與各省旗均臻一律。所有官弁務宜照章遴派諳練武備人員，以資訓練而冀擴充。

又，查營務處名目，定章所無，應先設兵備處，酌派總辦一員，暨提調、委員、文案數員，俾資督率，等因。准此，札行八旗協領等會議去後。旋據協領廣善等呈稱：伏查成都駐防原設之練軍左、右、後三營，係由新威、精銳等營改練，故名稱不免紛歧，章制亦未符合，自應遵照部咨編改初意，擬請編練步隊一標，苦於籌款不易，現經公議擬先改編巡防隊三營，俾臻一律。惟原餉祇有此數，不能不將巡防隊伍與兵備處及警察支款通籌合計，均勻定數，以免偏枯。

成防生齒日繁，閑散之中不乏精壯之士，平時艱於謀生，棄置實為可惜。擬於此項閑散內挑選一營，每名月給餉銀三兩，既可養其身家，即可作起志氣，定為成都駐防巡防隊第一營，歸統領官兼帶。其馬甲、委甲等月領原有錢糧，挑選入營，似與閑散有別，祇可酌給津貼。擬於此項馬甲、委甲之內，挑選兩營，定為成都駐防巡防隊第二營、第三營，分派管帶官二員，均遵章以三百一人為一營，所有官弁由協領、佐領、防禦、驍騎校內，遴選諳練武備之員充當。該員等俱有本缺俸米可領，祇支津貼辦公，不支薪水。其原有之營務處，向僅司掌冊籍，承啟文牘，其與將弁之賢否、兵丁之勤惰，餉項有無虛冒，器械是否精良，緣事權甚輕，皆難過問，應遵章改為成都駐防巡防隊兵備處，以為查考功過、稽核餉械並訓練各事之機關；請設總辦一員，暨提調、文案、支應，並略仿陸軍成法，添設司械、執法等委員，自總辦以下，不拘滿漢，惟材是選。

至於滿營警察自開辦以來，賭竊之風稍戢，閭閻頗獲乂安，惟章制名稱與成都省城新定警章諸多未合，辦事權限亦欠劃清，擬請照章改訂，設警務公所，派總辦一員以及文牘、支應、教習、警衛、預審並區官、區長等員。該員等率係四川省城警務學堂畢業之人，諳悉營章，而經費有限，有不能不一員而兼兩差者，但求不廢事、不曠工，似不必定備員數。其巡警兵等以馬甲、委甲、閑散並挑，照巡防隊分別支給餉項、津貼。消防隊則不論滿漢，以善駕水龍、矯捷勇敢之人充當，分撥各區，歸區官管理；平時仍令演習，庶期有備無患。合計成都駐防巡防隊共三營，凡九百三員名，統領本部員役二十五員名，巡警官兵等共三百九十四員名；兵備處員役一十九員名，每年應支薪公津貼餉銀暨按年購製冬夏操衣、靴、帽等項，歲共需銀四萬九千六百三十四兩六錢四分，請仍由四川藩庫撥給，遇閏照加。如此一轉移間，餉不另增，事歸實際；名稱既符，章制亦合，俟經費寬裕，再行擴充辦理。

所有每年支款報銷，向由藩司彙辦，悉照舊章，以歸畫一。其應建營房除練軍後營一營營房粗有規模外，續設之左、右兩營，因無款可籌，未經建築，官兵皆散處各旗；平時操練已多先後參差，稽查非易，有事斷難心力齊一、號令靈通。擬將練軍後營營房改為警務公所，原設之警察總局應即裁撤。查該局本舊日振威營營房所改，其地逼近校場演武廳，有礙操場，擬另就操場之西，相擇開地，修築巡防隊三營營房，以資駐紮。除將振威營營房磚木拆卸備用，應添工料尚多，並請檄行藩司籌撥銀六千兩，作為修建之費。所需新式槍枝彈藥等項，俟營制編定，另文呈請檄行籌餉局，撥給應用，等情。並擬具營制、餉章，暨估修營房清冊，呈送前來。查成防練軍改編巡防隊三營，係遵照陸軍部來文辦理。所擬各項均係力從撙節，核與舊日練軍等處歲需餉數，統計尚屬相符，將來如遇征調，再行另議。

至修建營房，實因官兵散處各旗，操防不便，若照行營支搭帳棚，則逐年更換，所費更屬不貲，是以擇開地修建，所估經費亦尚核實，蓋深知川省財政困難，不敢稍涉虛糜也。奴才馬亮、鍾靈與奴才爾巽往復咨商，意見相同，當行藩司按年照數籌給，並擬修建營房經費銀六千兩，以應要需。隨由奴才馬亮等選派諳練武備人員，分充統領、管帶暨總辦、提調等官，凡有兼差者，除本缺旗務應准照常兼辦外，其無關緊要差使，均飭一併開除，俾得專心訓練；現已於七月初一日一律改編完竣，即於是日起支薪餉、津貼等項。

所有練軍三營暨營務處、警察局一切支款，均截至六月底止，由藩司另案報銷，以清界限。其餘未盡事宜，容再隨時奏明辦理。除將營制、餉章繕錄清單，恭呈禦覽，並咨部查核外，所有成防練軍改編巡防隊並改定滿營警察各緣由，謹恭摺合詞具陳。伏乞皇上聖鑒，飭部立案施行。再，原餉內尚有步軍營、保甲局經費銀二千八百八十兩，除由藩庫項下撥解之一千四百四十兩現已停之外，其餘一千四百四十兩，查係旗庫生息銀兩，現經提出創辦滿營工藝實業學堂，俟章程議定，另行奏咨。合併聲明。謹奏。宣統元年七月初六日。

硃批：該衙門知道，單併發。欽此。①

宣統元年八月初一日，奉硃批：該衙門知道，單併發。欽此②。

三一二　呈成防練軍改編巡防隊清單
宣統元年七月初六日（1909年8月21日）

謹將遵照陸軍部咨議，就原有成防練軍左、右、後三營原餉，按暫行章程改編巡防隊一、二、三等營，原有營務處遵改兵備處，暨仿照四川巡警現行章程整頓滿營巡警，所有官弁兵夫等支給公費、薪餉、津貼各數目，恭呈御覽。

計開：成都駐防巡防隊統領本部：統領官一員，兼帶第一營，月支津貼銀五十兩、統費銀一百兩；幫統官一員，月支薪水銀二十四兩；書記官一員，月支薪水銀一十六兩；會計官一員，月支薪水銀一十六兩；執事官一員，月支薪水銀一十六兩；司書生二名，月各支薪水銀

---

① 臺北"故宮博物院"藏：《軍機及宮中檔》，文獻編號：180291。
② 中國第一歷史檔案館藏：《硃批奏摺》，檔號：04-01-01-1096-049。

三兩三錢；馬弁二名，月各支餉乾銀六兩；護兵十四名，月各支餉銀三兩六錢；伙夫二名，月各支餉銀二兩四錢。

以上官弁、兵夫二十五員名，共支薪餉銀二百九十五兩八錢。

遵照部議，就原有營務處改設兵備處薪餉津貼數目。成都駐防巡防隊兵備處：總辦一員，月支津貼銀五十兩；提調一員，月支津貼銀三十兩；教練一員，月支津貼銀二十兩；參謀官一員，月支津貼銀二十兩；文案二員，月各支津貼銀一十六兩；支應一員，月支津貼銀一十六兩；查械官一員月支津貼銀一十六兩；執法官一員，月支津貼銀一十六兩；司書生六名，月各支薪水銀三兩三錢；伙夫四名，月支各支餉銀二兩四錢；辛紅、紙筆、油燭，月支銀二十兩。

以上官弁兵夫一十九員名，共月支銀二百四十九兩四錢。

第一營：管帶官一員，統領官兼充，不支薪水，月支公費銀五十兩；哨官三員，月各支津貼銀一十二兩；哨長三員，月各支津貼銀六兩；什長二十四名，月支各餉銀三兩六錢；正兵二百一十六名，月支餉銀三兩；書記長一員，月支薪水銀一十二兩；司書生五名，月各支薪水銀三兩三錢；號目一名，月支銀三兩九錢；號兵六名，月各支餉銀三兩三錢；護目一名，月支餉銀三兩九錢；護兵一十六名，月各支餉銀三兩三錢；伙夫二十四名，月各支餉銀二兩四錢。

以上共官弁兵夫三百一員名，月共支薪餉、津貼銀一千零四兩九錢。

第二營、第三營：每營管帶官一員，月支津貼銀二十四兩、公費銀五十兩；哨官三員，月各支津貼銀一十二兩；哨長三員，月各支津貼銀六兩；書記長一員，月支薪水銀一十二兩；司書生五名，月各支薪水銀三兩三錢；什長二十四名，月各支津貼銀一兩五錢；正兵二百一十六名，月各支津貼銀一兩二錢；號目一名，月支津貼銀一兩五錢；號兵六名，月各支津貼銀一兩二錢；護目一名，月支津貼銀一兩五錢；護兵一十六名，月各支津貼銀一兩二錢；伙夫二十四名，月各支餉銀二兩四錢。

以上每營共官弁兵夫三百一員名，月共各支薪餉、津貼銀五百三十八兩七錢。

整頓滿營巡警，挑選馬甲、委甲、閑散合格兵丁，編列按川省現行警章，核減支給津貼、餉銀數目。警務公所：總辦一員，月支津貼銀五十兩；幫辦兼總務科科長一員，月支津貼銀二十兩；行政警衛員一員，月支津貼銀一十二兩；司法預審員一員，月支津貼銀一十二兩；衛生診治員一員，月支津貼銀一十二兩；教習一員，月支津貼銀一十六兩；文牘員一員，月支津貼銀一十兩；支應兼庶務員一員，月支津貼銀一十兩；區官四員，每員月支津貼銀一十二兩；巡官四員，每員月支津貼銀六兩；司書生十名，每名月支津貼銀二兩四錢；巡長、馬甲、委甲八名，每名月支津貼銀二兩一錢；巡長閑散八名，每名月支津貼銀三兩六錢；巡警馬甲、委甲一百二十名，月各支津貼銀一兩二錢；巡警閑散一百八十名，月各支餉銀三兩；消防長四名，月各支餉銀三兩九錢；消防隊二十名，月各支餉銀三兩三錢；清道備遣雜役夫一十六名，月各支餉銀一兩八錢；伙夫一十二名，月各支餉銀二兩一錢。各區警燈燈油，月支銀四十八兩；紙張、茶、炭，月支銀一十二兩。

以上官弁兵夫三百九十四員名，共月支銀一千一百六十二兩二錢。

以上統計官弁兵役共一千三百四十一員名，支領各項薪水、公費、津貼不扣建，餉項扣建，總共每大建月支銀三千七百九十兩七錢，每小建月支銀三千七百三十一兩七錢四分，以每歲六大建、六小建合計，歲支薪餉、津貼銀四萬五千一百三十四兩六錢四分，遇閏加增。又，三營每營兵丁歲需冬夏軍衣、靴帽、鼓號等項，約需銀一千兩；巡警歲需冬夏軍衣、靴帽、鼓號、修整消防器具各等項，約需銀一千五百兩，均作為活支，撙節動用，核實請銷。總計共需銀四萬九千六百三十四兩六錢四分。

硃批：覽。①

---

① 臺灣故宮博物院藏：《軍機及宮中檔》，文獻編號：180291。

三一三　患病未痊請假調理摺
宣統元年八月十三日（1909年9月26日）

　　成都將軍奴才馬亮跪奏，為奴才患病未痊，懇恩賞假一箇月調理，恭摺仰祈聖鑒事。

　　竊奴才上年八月蒙恩補授成都將軍，取道漢陽，泝江西上。舟次感受潮濕，到川後體中恆有不適。今年入夏以來，苦患腹泄，飲食銳減。時因涖任未久，庶務亟須整理，力疾從公，不敢冒昧請假，乃延醫診治，數月仍未見效。近日加患咳嗽，痰凝氣逆，徹夜不能成寐，精神委頓異常。

　　伏念奴才馳驅隴塞四十餘年，備嘗艱險，病久隱於無形，仰荷隆施，量移內地。方冀可資調攝，詎意與蜀中水土不甚相宜，兼以智短才疏，目擊旗營之困苦、邊事之艱難，焦慮過深，以致肝鬱脾虛，諸病叢集。據醫者云，非靜養一兩月，難望速痊。現在成防練軍改編巡防隊，並更定滿城警察以及禁煙之事，均已辦理就緒，於七月初六日專摺具奏在案。其餘統計等事亦經分飭各協領等，遵照新章，趕緊造報。

　　寧遠夷務已報肅清，合無仰懇天恩賞假一箇月，俾資得安心調理，所有日行公事即由副都統鍾靈一手經理，遇有重要事件，仍隨時由奴才會同商辦。俟醫治略有起色，可以勉力支持，即當奏明銷假，斷不敢稍耽安逸、自外生成。所有奴才因病請假緣由，理合恭摺籲陳。伏祈皇上聖鑒訓示。謹奏。宣統元年八月十三日。

　　（硃批）：賞假一箇月。①

　　宣統元年九月初七日，奉硃批：賞假一箇月。欽此②。

---

① 中國第一歷史檔案館藏：《硃批奏摺》，檔號：04-01-16-0301-147。
② 臺北"故宮博物院"藏：《軍機及宮中檔》，文獻編號：181073。

中　篇
電報、外交函牘

一　電　報

○一　收伊犁將軍馬亮電
光緒二十八年九月十五日（1902年10月16日）

收伊犁將軍致外務部電（九月十五日）：土爾扈特郡王帕勒塔奉調該值年班，因路遠限迫，恐有遲誤，據呈請由俄境乘坐臺輪入都，行李、跟役仍由驛行。可否准其假道？乞電復。馬亮，蒸①，印。②

○二　發伊犁將軍馬亮電
光緒二十八年九月十七日（1902年10月18日）

電伊犁將軍馬亮：來電已進呈，奉旨：土爾扈特郡王帕勒塔本年毋庸前來，俟下屆年班再行來京。欽此。九月十七日。③

○三　收伊犁將軍馬亮電
光緒二十八年十一月十一日（1902年12月10日）

收伊犁將軍致外務部請代奏電（十一月十一日）：本年八月內，據伊塔道：據俄領事請借索倫營五十俄里地，放牧牲畜三年，當經婉覆。茲又改請租借額魯特屬穆胡爾穆敦等處，給該國哈薩克牧放馬羊，以十年為限。本將軍飭道再四推辭，領事堅請不已。審度情形，

---

① "蒸"，《平水韻》上平聲第十字。據此，發電日期應為"九月初十日"。以下不再注釋。
② 中國第一歷史檔案館藏：《電報檔》，檔號：1-01-12-028-0843。
③ 中國第一歷史檔案館藏：《電報檔》，檔號：1-01-12-028-0110。

勢難再禦，擬飭道與之訂約免租，援照上年奏明借給該國牧地之案，限以六箇月滿即行遷還，以固邦交。祈代奏請旨俯准。亮，泰，印。①

○四　發伊犁將軍馬亮
　　　　光緒二十八年十一月十二日（1902年12月11日）

電伊犁將軍馬亮：來電已進呈，奉旨：著照上年成案辦理。欽此。十一月十二日。②

○五　發伊犁將軍馬亮
　　　　光緒二十八年十一月十三日（1902年12月12日）

發伊犁將軍轉科布多參贊大臣電（十一月十三日）：俄使照稱：華屬哈薩克佔據阿克別克河小島，中國伯勒色克卡官致俄宰桑知縣信，索退該島，言語強橫，請將卡官更換。復據該使面稱：領事已報政府，設被驅逐，即礙邦交，請速撤換，各等語。本部未便遽允，惟事關交涉，希查明該卡官所致之信，果有不合，即酌量調換，免生枝節。餘函達外務部。元。③

○六　收伊犁將軍馬亮電
　　　　光緒二十八年十一月十九日（1902年12月18日）

收伊犁將軍致外務部電（十一月十九日）：霰晚八點鐘，接元亥

---

① 中國第一歷史檔案館藏：《電報檔》，檔號：1-01-12-028-1012。
② 中國第一歷史檔案館藏：《電報檔》，檔號：1-01-12-028-0135。
③ 中國第一歷史檔案館藏：《電報檔》，檔號：1-01-12-028-0976。

密電，均悉，當已排遞科布多。亮，嘯。①

〇七　發伊犂將軍馬亮電
光緒二十八年十二月十六日（1903年1月14日）

發伊犂將軍轉科布多參贊大臣電（十二月十六日）：上月"亢"電計早達覽，俄使請將伯勒色克卡官更換一事如何辦理？希速電復外務部。銑。②

〇八　收伊犂將軍馬亮電
光緒二十八年十二月二十四日（1903年1月22日）

收伊犂將軍致外務部電（十二月二十四日）：前奉元電，當即排遞，科城道遠，無電可通，尚未覆到。頃奉銑電，即於十八日飛咨瑞參贊，容俟覆到，即轉電覆。亮，號。③

〇九　發伊犂將軍馬亮電
光緒二十八年十二月二十八日（1903年1月26日）

發伊犂將軍電（十二月廿八日）：速轉科布多參贊大臣銑電，計達伯勒色克。卡官更換一事，頃俄使又來署面稱：該員辦事實不妥協，如不從速更換，必致另生枝節，有礙邦交，等語。該員既與俄不

---

① 中國第一歷史檔案館藏：《電報檔》，檔號：1-01-12-028-1031。
② 中國第一歷史檔案館藏：《電報檔》，檔號：1-01-12-028-0854。
③ 中國第一歷史檔案館藏：《電報檔》，檔號：1-01-12-028-1132。

洽，自應另揀妥員前往更換，庶可和商辦理，免致齟齬。即照辦，並電復外務部。勘。①

一〇　收伊犁將軍馬亮電
光緒二十九年正月初二日（1903年1月30日）

收伊犁將軍致外務部電（正月初二日）：承准勘電，已於三十日由六百里排遞科城。惟計程過遠，前次銑電恐尚未到。嗣後烏、科有電，請由新撫轉寄較速。亮，陷。②

一一　收伊犁將軍馬亮代奏電
光緒二十九年正月十三日（1903年2月10日）

收伊犁將軍致外務部代奏電（正月十三日）：俄國請借額魯特屬穆胡爾穆敦地牧放馬羊，前經電請代奏，奉旨著照上年成案辦理，當即欽遵轉飭酌借。現據呈報，已於十二月十二日來馬一萬匹，定界牧放，不取租，立約保護，均屬安靜。來羊因牧廠窄狹，已退回。乞代奏。亮，真。③

一二　收伊犁將軍馬亮電
光緒二十九年正月二十七日（1903年2月24日）

收伊犁將軍致外務部電（正月廿七日）：頃接科城瑞參贊函：元

---

① 中國第一歷史檔案館藏：《電報檔》，檔號：1-01-12-028-0875。
② 中國第一歷史檔案館藏：《電報檔》，檔號：2-04-12-029-0007。
③ 中國第一歷史檔案館藏：《電報檔》，檔號：2-04-12-029-0031。

電客臘十七轉到，該卡侍衛早經撤換。亮，宥。①

一三　收伊犁將軍馬亮電
光緒二十九年四月十九日（1903年5月15日）

收伊犁將軍馬亮致外務部電（四月十九日）：去冬，有寧遠城法教士雷濟華等請赴錫伯營，訪舊日教友福祿善，疊經知照色領隊轉飭保護。前去不數日，雷濟華、高日升回稱：福祿善之子得里保不欲其父入教，糾眾前來，勢近滋鬧，請查辦，等語。當飭將佐領達哈春摘頂，得里保等分別鞭責，以安其心。今春，該教士借住該營檔房、公所數月。該營雖不願其傳教，然待以客禮，尚屬相安。乃近日教士堅請指地，蓄意修堂傳教。該營因地隨甲授，無餘地可指，未允其請。且錫伯人與法教士言語不通，亦別無從教之人，現雖飭令該營妥為保護，毋任滋事。惟該教士難免不電駐京法使代申前請，特先電達大部，以備轉覆有辭。如幸能相安無事，祈暫密勿宣。亮，諫。②

一四　收伊犁將軍馬亮電
光緒二十九年四月二十六日（1903年5月22日）

收伊犁將軍致外務部電（四月二十六日）："養"電敬悉，未刻由五百里排遞科布多瑞大臣矣。亮，迥。③

---

① 中國第一歷史檔案館藏：《電報檔》，檔號：2-04-12-029-0072。
② 中國第一歷史檔案館藏：《電報檔》，檔號：2-04-12-029-0291。
③ 中國第一歷史檔案館藏：《電報檔》，檔號：2-04-12-029-0319。

一五　收伊犁將軍馬亮請代奏電
光緒二十九年閏五月初一日（1903年6月25日）

收伊犁將軍致軍機處請代奏電（閏五月初一日）：亮定於閏月初七日出巡額魯特等處邊界，日行公事咨交副都統廣福代拆代行。緊要公件，包封遞送行所辦理。祈代奏。亮，勘。①

一六　收伊犁將軍馬亮電
光緒二十九年閏五月初二日（1903年6月26日）

收伊犁將軍致外務部電（閏五月初二日）：念三奉寒電敬悉，已咨科布多大臣，並分咨塔城等處保護矣。亮，漾。②

一七　收伊犁將軍馬亮請代奏電
光緒二十九年六月十六日（1903年8月8日）

收伊犁將軍致軍機處請代奏電（六月十六日）：亮巡閱額魯特等處邊界，於六月十一日回署。除詳細情形另摺奏明外，祈先行代奏。亮，刪。③

---

① 中國第一歷史檔案館藏：《電報檔》，檔號：2-04-12-029-0428。
② 中國第一歷史檔案館藏：《電報檔》，檔號：2-04-12-029-0431。
③ 中國第一歷史檔案館藏：《電報檔》，檔號：2-04-12-029-0549。

一八　收伊犁將軍馬亮電
　　　　光緒二十九年八月初一日（1903年9月21日）

　　收伊犁將軍致軍機處電（八月初一日）：頃奉宥電敬悉，已由六百里飛咨科城，並電塔城矣。亮，勘。①

一九　收伊犁將軍馬亮電
　　　　光緒二十九年八月初五日（1903年9月25日）

　　收伊犁將軍致軍機處電（八月初五日）：冬電敬悉，已飛咨科布多大臣轉電春大臣欽遵辦理矣。亮，支。②

二〇　收伊犁將軍馬亮電
　　　　光緒二十九年八月十四日（1903年10月4日）

　　收伊犁將軍致外務部電（八月十四日）：洽電祇悉，當飭伊塔道查明奧齊使函稱奧商民伯樂渥各節。茲據該道覆稱：遵派員面詣伯樂渥，即普來倭，五十歲；妻于安那，卅七歲，持有奧官所發遊俄執照，又經俄官於原票內註明"轉赴中國"字樣。今年閏五月廿二日進卡，至寧遠城外賃居，欲做葡萄畢爾各酒。如有中國人願與合夥做酒，或請相礦苗，傳授清石油法，彼亦情願。如伊屬不成，即赴

---

① 中國第一歷史檔案館藏：《電報檔》，檔號：2-04-12-029-0655。
② 中國第一歷史檔案館藏：《電報檔》，檔號：2-04-12-029-0665。

塔城或新疆一帶，做酒貿易。現實無人聘請，亦未與誰立合夥文約。普來倭並稱：原只電請奧公使，轉請華官准我們做酒、看礦、作清石油，並未說華官驅逐，想係我們公使誤會，各等語。亮查覈屬實，既據普來倭電懇奧公使轉請大部允給遊歷票照，望註明"伊塔、新疆一帶"字樣。俟照到飭領。除另文咨覆並行各處保護外，謹先電覆。亮，齊。①

二一　收伊犁將軍馬亮電
光緒二十九年八月十五日（1903年10月5日）

收伊犁將軍致外務部請代奏電（八月十五日）：伊犁派生赴俄肄業，前經奏明奉旨允准。此事原係索倫營領隊大臣志銳與俄官惜特索福定議，現將學生挑齊，仍派志銳於念一日由俄臺送赴阿拉穆圖，面訂功課。祈代奏。亮，元。②

二二　收伊犁將軍馬亮電
光緒二十九年八月十九日（1903年10月9日）

收伊犁將軍致外務部電（八月十九日）：伊犁購買德國槍礮二十六年阻留俄境，現已限滿，應行索還。索倫總管札拉豐阿熟悉俄語，已派赴俄都領取，就便購買割麥機器，以備屯用。除咨出使胡大臣外，特奉聞。亮，元。③

---

① 中國第一歷史檔案館藏：《電報檔》，檔號：2-04-12-029-0693。
② 中國第一歷史檔案館藏：《電報檔》，檔號：2-04-12-029-0694。
③ 中國第一歷史檔案館藏：《電報檔》，檔號：2-04-12-029-0707。

二三　收伊犁將軍馬亮電
　　光緒二十九年八月二十日（1903 年 10 月 10 日）

　　收伊犁將軍致外務部電（八月二十日）：魚電敬悉，奧商伯樂渥遊歷伊犁一事已於初八日電復矣。亮，寒。①

二四　收伊犁將軍馬亮電
　　光緒二十九年九月二十六日（1903 年 11 月 14 日）

　　收伊犁將軍致軍機處電（九月二十六日）：敬電敬悉，已飛遞科城瑞大臣欽遵查照矣。亮，徑。②

二五　收伊犁將軍馬亮電
　　光緒二十九年九月二十七日（1903 年 11 月 15 日）

　　收伊犁將軍致軍機處請代奏電（九月二十七日）：新疆潘撫因公赴烏蘇廳，約亮與塔城參贊會商公件。亮定於十月初一日起程前往。邊境乂安。乞代奏。亮，沁。③

---
① 中國第一歷史檔案館藏：《電報檔》，檔號：2-04-12-029-0708。
② 中國第一歷史檔案館藏：《電報檔》，檔號：2-04-12-029-0793。
③ 中國第一歷史檔案館藏：《電報檔》，檔號：2-04-12-029-0794。

二六　收伊犁將軍馬亮電
　　　光緒二十九年十一月初五日（1903 年 12 月 23 日）

　　收伊犁將軍致軍機處請代奏電（十一月初五日）：亮前電報赴烏蘇廳與新疆會商事件，現於十月念四日回署。沿途民情安靜。乞代奏。亮，徑。①

二七　收伊犁將軍馬亮電
　　　光緒二十九年十一月初五日（1903 年 12 月 23 日）

　　收伊犁將軍致軍機處、戶部請代奏電（十一月初五日）：歷年新餉各省關欠解近四十萬兩，前將軍由甘、新兩省借兑開支，現須勻還，本年伊犁官兵俸餉，已奏明減成支放。欠餉既補還無期，新餉又止解到十萬餘兩，不足四月之餉。省庫空虛，難以多借。邊疆貧苦，需餉孔殷，萬不得已，擬請將封儲銀十萬兩、二分減平款銀二萬餘兩，挪發冬餉，俟新餉解到，歸還原款，是否可行？乞代奏請旨賜電為禱。亮，冬。②

二八　發伊犁將軍馬亮電
　　　光緒二十九年十一月初六日（1903 年 12 月 24 日）

　　電伊犁將軍：來電已進呈，奉旨：戶部知道。欽此。十一月初六日。③

---

① 中國第一歷史檔案館藏：《電報檔》，檔號：1-01-12-029-0899。
② 中國第一歷史檔案館藏：《電報檔》，檔號：1-01-12-029-0900。
③ 中國第一歷史檔案館藏：《電報檔》，檔號：1-01-12-029-0114。

二九　收伊犁將軍馬亮電
　　　光緒二十九年十一月十一日（1903年12月29日）

收伊犁將軍致外務部請代奏電（十一月十一日）：據伊塔道詳：據駐伊俄領事請照上年案借額魯特草場牧放馬一萬匹，勢難禁阻。除飭照上年辦法立約，並派官兵保護外，謹請代奏。亮，泰。①

三〇　收伊犁將軍馬亮電
　　　光緒二十九年十一月十八日（1904年1月5日）

收伊犁將軍致外務部電（十一月十八日）：念六年，購買德國槍礮，被阻俄境，前請胡大臣商之俄外部，已允放回，派員由七河省領解，運至附近伊犁之薩瑪爾地方，復被俄稅局阻運，以未得伊國上司報為詞，迄今二十餘日。除電胡大臣轉商外，祈轉商駐京俄使，速電放行，以顧邦交。亮，霰。②

三一　發伊犁將軍馬亮
　　　光緒三十年正月二十一日（1904年3月7日）

奉旨：馬亮電奏，悉。所請著毋庸議。該將軍惟當恪遵前旨，慎固封守，認真保護，勿稍疏虞。欽此。正月二十一日。③

---

① 中國第一歷史檔案館藏：《電報檔》，檔號：1-01-12-029-0913。
② 中國第一歷史檔案館藏：《電報檔》，檔號：1-01-12-029-0929。
③ 中國第一歷史檔案館藏：《電報檔》，檔號：1-01-12-030-0003。

三二　發伊犁將軍馬亮
　　　光緒三十年十二月初五日（1905 年 1 月 10 日）

電伊犁將軍馬亮：來電已進呈，奉旨：外務部察覈辦理。欽此。十二月初五日。①

三三　發伊犁將軍馬亮
　　　光緒三十一年十一月十五日（1905 年 12 月 11 日）

奉旨：馬亮電奏悉。仍著隨時妥籌防範，以靖邊疆。欽此。十一月十五日。②

三四　發伊犁將軍馬亮電
　　　光緒三十一年十二月初二日（1905 年 12 月 27 日）

發伊犁將軍電（十二月初二日）：勘電悉。槍礮事已電胡使轉俄外部，速飭俄員歸還，得復再達。至寶星業經奏准更換，咨寄外部。冬。③

---

① 中國第一歷史檔案館藏：《電報檔》，檔號：1-01-12-030-0184。
② 中國第一歷史檔案館藏：《電報檔》，檔號：1-01-12-031-0143。
③ 中國第一歷史檔案館藏：《電報檔》，檔號：1-01-12-031-0782。

三五　發伊犁將軍馬亮電
　　　光緒三十一年十二月二十八日（1906年1月22日）

　　發伊犁將軍電（十二月二十八日）：奉旨：馬亮電奏悉。借給牧地何以不咨明外務部核准即行立約？仍著該部查核辦理。欽此。樞，儉。①

三六　發伊犁將軍馬亮電
　　　光緒三十一年十二月二十八日（1906年1月22日）

　　發伊犁將軍電（十二月二十八日）：俄借額魯特屬莫霍爾莫敦地方牧馬一事，歷經該將軍會奏，本部核准有案。此次即係查照歷屆成案辦理，應即照准。惟事關借給牧地，嗣後應先期奏明，核准後再行照辦。謹遵旨查核，電達外務部。②

三七　收伊犁將軍馬亮電
　　　光緒三十二年二月初九日（1906年3月3日）

　　收伊犁將軍致外務部、戶部、兵部請代奏電（二月初九日）：前購德國槍礮阻留俄國，現已派員索回，逐件驗收，短礮彈二十顆、槍彈五十顆，據稱已試用。外筒亦多鏽壞。已電胡大臣與俄外部商議，能否賠還，得覆再報。便探俄亂未定，邊防仍嚴，幸近日尚安靜。乞代奏。亮，遇。③

---
　①　中國第一歷史檔案館藏：《電報檔》，檔號：1-01-12-031-0856。
　②　中國第一歷史檔案館藏：《電報檔》，檔號：1-01-12-031-0858。
　③　中國第一歷史檔案館藏：《電報檔》，檔號：2-04-12-032-0157。

三八　收署伊犁將軍馬亮電
　　光緒三十二年八月三十日（1906 年 10 月 17 日）

　　收署伊犁將軍致外務部電（八月三十日）：二十六日電計達。頃據段參將探稱，薩瑪爾原駐兵二千，因他處民變調去，現僅補舊額千餘人，並非添兵。霍爾果斯河沿原設兵百餘名，現加足二百名。惟據送肄業學生赴俄人回稱，俄國謠傳伊犁添兵，有驅逐領事之說。現在兩國遇有操演，均互相知會。兩界均安靜，餘容續探再報。二十九日，馬亮。①

三九　收署伊犁將軍馬亮電
　　光緒三十二年十月十六日（1906 年 12 月 1 日）

　　收署伊犁將軍致軍機處請代奏電（十月十六日）：前准長庚電稱：伊犁將軍篆務，已奏請派伊犁副都統廣福暫署。如蒙俞允，馬亮可否即日交卸，欽遵前旨入覲。祈代奏請旨示遵。伊犁自入冬以後，迭沾瑞雪，邊界內安，上慰宸廑。馬亮，翰。②

四〇　收署伊犁將軍馬亮電
　　光緒三十二年十一月初九日（1906 年 12 月 24 日）

　　收署伊犁將軍致外務部電（十一月初九日）：卅電敬悉。司牙孜

---

① 中國第一歷史檔案館藏：《電報檔》，檔號：2-04-12-032-0332。
② 中國第一歷史檔案館藏：《電報檔》，檔號：2-04-12-032-1405。

會已定於明年五月開辦。亮交卸在即，派員事移交署任，屆時酌定。前次會同長庚、聯魁電奏俄國請收纏回、哈薩克事，奉旨交議，准否？祈速示覆。馬亮，虞。①

四一　收成都將軍馬亮電
光緒三十四年十一月二十六日（1908年12月19日）

收成都將軍致軍機處請代奏電（十一月二十六日）：亮於月初由萬縣登陸，現已行抵成都，於二十六日接印任事。經過各處歲稔民安，堪以上慰宸廑。除專摺外，謹電請代奏。馬亮叩，宥。②

四二　收成都將軍馬亮電
光緒三十四年十二月二十三日（1909年1月14日）

收成都將軍致軍機處電（十二月二十三日）：亮奉旨飭查藏番控趙大臣爾豐一案，已派四川試用道龍綬瑞赴巴裏一帶確查。亮此來未帶隨員，有已革江西候補知縣黃宗典，曾在伊犁有年，熟悉邊務，現適來川，並派隨龍道前往，均擬十二月廿四日起程。除俟查覆具奏外，謹先電聞，可否代奏，乞鈞酌。馬亮，禡。③

---

① 中國第一歷史檔案館藏：《電報檔》，檔號：2-04-12-032-1501。
② 中國第一歷史檔案館藏：《電報檔》，檔號：2-04-12-034-1207。
③ 中國第一歷史檔案館藏：《電報檔》，檔號：2-04-12-034-1297。

※ 致榮祿函
光緒二十七年（1901年）

夫子中堂閣下：

　　敬稟者，竊門生自到伊犁，已將五月，仰托福庇，邊境尚屬乂安，差堪上慰慈廑。惟連年協餉欠解，已積致五十餘萬兩有奇。以前各年雖已由甘、新兩省撥借抵發，而為數過鉅，新省亦因欠餉未到，無法勻挪。昨得潘少荃中丞來函，後此如再借用，似有愛莫能助之勢。鎮茲邊局，若無他山之助，餉源匱乏，以後情形實屬不堪設想！本年伊犁新餉，雖蒙戶部仍照原案准撥銀四十萬兩，若按上年各省解到之數核計，伊犁一年仍祇能分銀二十餘萬兩。向章由甘肅藩司總收分撥，解到新疆藩庫，再由伊犁派員請領。新省自顧不及，難免不劃扣新餉，抵還舊欠。是伊犁餉源高竭坐困，不能不防。

　　數月以來，亟力籌思，惟有分定年限，清釐欠餉，設法撙節，免負新逋。現於無可設法之中，擬定減成支發，每歲計節省銀六萬兩。所有需用銀三十四萬兩，業已奏請由戶部指撥的款，以便自行派員請領，免致各省拖欠。門生前於奏請試辦晉茶案內，已請將山西解甘肅新餉內指撥銀二十萬兩，如以一省銀數過多，擬請分撥陝西、河南、山西河東道三處，以足三十四萬兩之數。

　　至以前撥借甘、新兩省之銀，即以光緒二十八年以前各年應收欠餉抵還庶得各清各款。尚乞夫子體念邊地瘠苦，飭司議准，是所叩禱！至伊犁滿、蒙標練各營，現因改練新軍，節省餉糈，不得不照舊章變通酌改，亦經分案議定章程奏明，並祈鼎力維持，俯如所擬，俾免辦理掣肘，尤深翹企。耑此，敬叩鈞安！

門生馬亮謹稟①

---

① 杜春和，耿來金，張秀清編：《榮祿存札》，齊魯書社1986年版，第303頁。

二　外交函牘

○一　咨復未奉有宙密本將來仍用洪密由
光緒二十八年十一月十四日（1902年12月13日）

十一月十四日，伊犁將軍馬文稱：案准大部咨開：前發己亥及宙字電本，通行日久，恐不足以昭慎密，現在改訂洪字密本，通行各處換用。茲特檢送一本，咨行貴將軍查收。嗣後往來要電，俱用此本，並希於收到時，先行電復本部，以憑發電。其前項宙字密本，作為常行本，己亥本即封儲不用可也。等因。附電本。准此，查伊犁並未奉有宙字密本，將來常行仍以洪字密本發電。除將己亥本封儲並電復外，相應咨覆。為此合咨貴部，請煩查施行。①

○二　奏派採運晉茶一摺希將議復奏底抄送由
光緒二十九年五月初六日（1903年6月1日）

光緒二十九年五月初六日，發戶部片稱：查邸鈔：伊犁將軍馬亮奏請，派員採運晉茶，行銷伊犁各城，便民裕課，以開利源而濟餉需一摺。光緒二十九年正月十一日，奉硃批：該部議奏，單併發。欽此。本部現有需查事件，希將貴部議覆奏底並所奉諭旨，抄送本部備查可也。②

---

① 臺北"中研院"近史所藏：《外交檔案》，館藏號：02-02-001-04-020。
② 臺北"中研院"近史所藏：《外交檔案》，館藏號：02-13-010-01-008。

○三　咨呈派員會同俄官查牌博一摺恭錄硃批知照由
光緒三十年正月二十五日（1904年03月11日）

　　欽命頭品頂戴總統伊犁等處將軍哈豐阿巴圖魯馬、欽命伊犁等處副都統廣：為恭錄咨呈事。為照本將軍、副都統於光緒二十九年七月十六日由驛具奏，為照約派員會同俄官查勘伊犁沿邊牌博事竣一摺，前已鈔稿，並鈔互換結約，一併咨呈在案。茲於本年十一月初三日，准兵部火票遞回原摺，於九月初八日奉硃批：外務部知道。欽此。除欽遵恭錄分別咨行外，相應恭錄咨呈。為此，咨呈大部。謹請欽遵查照，施行。須至咨呈者。右咨呈外務部。光緒二十九年十一月十一日。①

○四　邊界積案派員會同俄官清理一摺奉硃知照由
光緒三十年正月二十六日（1904年3月12日）

　　光緒三十年正月二十六日，收軍機處交出伊犁將軍馬亮等抄摺稱：跪奏，為喀什噶爾邊界中俄積案歷年未辦，擬照伊犁、塔城會辦司牙孜成案，選派大員，會同俄官清理，以重交涉，恭摺仰祈聖鑒事。竊查新疆北路伊犁、塔城、南路喀什噶爾沿邊一帶，均與俄境毗連。兩國交界人民錯處，種類龐雜，獷悍成性，互相劫殺，習為故常。兼以訂約通商，往來貿易之人既多，雀角鼠牙，無時不有，彼此互控，兩國官員展轉行查，動輒累月經年，不能了結。

---
① 臺北"中研院"近史所藏：《外交檔案》，館藏號：01-17-057-01-013。

伊塔兩處積案，經前署伊犁將軍錫綸奏定，每屆三年，派員會同俄官清理一次。俄語譯為司牙孜，即猶華言"清理積案"。其法先由兩國邊界官員將未結各案事由及原、被人證姓名，造清冊，彼此互換，預定日期，擇中俄交界水草兩便地方，設立會所，兩國另派妥員，各帶辦事人等，屆期同赴會所，傳集人證，秉公持平剖斷，不用中俄法律，各隨其俗，察照案情大小，或罰或賠，或令入誓理處，一經斷結，兩造不得再有翻異，實於息事寧人、安邊睦鄰，均有裨益。歷經會辦有案。喀什自設道通商以來，將近二十年，並未辦過司牙孜，以致兩國民人互控未結之案積壓甚多，上則官長徒滋文牘之煩，下則邊氓難免拖累之苦。

當此時局艱危，交涉之事日繁一日，因應之機亦日難一日。前項積案若再遷延時日，轇轕不清，不獨將來愈難辦理，且恐因此別生枝節。臣效蘇正擬飭喀什噶爾道與駐喀俄領事商辦間，茲據該道袁鴻裕詳：准俄領事照會，亦因積案終無了期，擬照伊塔成案，由兩國派員，定於明年俄歷六月二十日，即中歷五月二十日，在喀什所屬奇木霍爾罕地方會同辦理。適與臣效蘇意見相同，業經批准照辦，以清積牘而重交涉。惟初次開辦，情形未熟，意見難融，得其人，則措施得當，因可化有為無；不得其人，則區處失宜，亦虞釀小成大，出口興戎，關係匪淺。必須一洞達邊情之員前往督辦，庶可隱消邊釁，益固邦交。

臣效蘇與臣亮往復籌商，惟有伊犁索倫營領隊大臣志銳，勤能敏練，聲望素孚，蒞任以來，於伊犁邊界諸務，與調任將軍長庚、臣亮均能和衷商辦，力任其難，中外人民感深信服。上年伊犁會辦中俄積案，該大臣□司其事，悉協機宜，一月之間，結案一千七百餘件，實為歷次辦理所無，經長庚奏明在案。本年臣亮奏派學生赴俄肄業，該大臣親自送往，措置諸臻妥協，於俄國政治、民情實能留心體察。此次喀什清理中俄積案，若令與俄官會商一切，必能使彼悅服，就我範圍。相應仰懇天恩俯准，即派該大臣前往督辦。如蒙俞允，再由臣等照會該大臣，酌帶員弁，馳赴喀什，與俄官會辦，以昭慎重。

　　至會辦積案應需各項經費，應請照伊犁成案，在於新疆善後項下作正開銷，由喀什領支造報。其辦事人員，伊塔定章每屆准照尋常勞績，酌保文職二員、武職四員。此次司牙孜歷年既久，隨帶人員稍多，事竣後擬由臣效蘇援案擇尤酌保數員，以示鼓勵。是否有當？理合恭摺具陳。伏乞皇太后、皇上聖鑒訓示。再，此案係臣效蘇主稿。合併聲明。謹奏。光緒三十年正月二十六日。奉硃批：著照所請。欽此。①

○五　俄借草場牧馬照案由卡倫放入並派官兵保護由

光緒三十年二月二十九日（1904年4月14日）

　　欽命頭品頂戴總統伊犁等處將軍哈豐阿巴圖魯馬，為咨呈事。

　　案查前據伊塔道申，據駐伊俄領事官洛特科福照請，仍按上年成案，准將額魯特草場借給俄國阿依托伏博羅斯屬下哈薩克等，牧放馬匹，等情。前來。本將軍以邦交具在，未便遽阻，當經批准，並照會額魯特領隊大臣徐，飭屬妥為照料去後。復曾於十一月初九日電請大部代奏在案。茲准額魯特領隊大臣徐咨呈：此項借牧草場，俄哈馬一萬匹，牧夫一百名，已於十一月二十二日由那林郭勒卡倫放入，仍將上年借過木胡爾莫敦地方指給住牧，會同俄哈頭目，書立俄文字約，並派令佐領朝喀、驍騎校阿里雅等，帶兵二十五名，隨時保護，等因。到本將軍。准此，除將原約存案並照覆外，相應咨呈。為此咨呈大部，謹請鑒照備案施行。須至咨呈者。右咨呈外務部。光緒二十九年十二月二十七日。②

---

①　臺北"中研院"近史所藏：《外交檔案》，館藏號：02-10-019-01-010。
②　臺北"中研院"近史所藏：《外交檔案》，館藏號：02-09-008-02-001。

〇六　咨送伊邊界輿圖由
光緒三十年二月二十九日（1904 年 4 月 14 日）

　　光緒三十年二月二十九日，收伊犁將軍馬文稱：案准大部咨開：查中外交涉，首以界務為要端。而分界之樞紐，必須有精審輿圖，以為考證之具。本署自庚子以後，所藏地圖全行毀失。查現在如西陲之滇緬邊界、英藏邊界，西南之中越邊界，東方之中韓邊界、中俄邊界，西北之中俄邊界，四陲所居隨在，均關重要，相應咨行貴將軍查照，務希迅派講求地學兼工測算之員，分往各該處，詳細履勘，繪圖貼說，趕緊咨覆。一面將現存從前邊界輿圖照繪一分，先行咨送本部備核。事關交涉，萬勿遲延可也。等因。奉此，本將軍遵查從前邊界輿圖，自被兵燹，遺失無存。還後分界、繪圖、測量，多未合式，因派講求地學之員，親往沿邊履勘，繪就開方輿圖，開列圖說，齎呈查核。每方以一百里為准，四至八到經緯度數，尚屬相符，相應咨呈。為此咨呈大部，請煩查核施行。①

〇七　片奏前購德國槍礮被俄阻留奉旨知照由
光緒三十年七月二十一日（1904 年 8 月 31 日）

　　光緒三十年七月二十一日，收軍機處交出馬亮抄片稱：再，查光緒二十四年，前將軍長庚奏請續購德國克勞司毛瑟槍一千枝、槍彈一百一十萬顆、克魯伯過山快礮二尊、礮彈二千顆，假道俄境，運赴伊犁。二十六年六月，行至俄屬距薩瑪爾不遠之阿勒坦額粒地方，適值東省拳匪滋事，俄國禁止軍器出境，將前項槍礮解回庫庫烏蘇扣留，業經前將軍長庚奏明在案。奴才到任，接准移交。上年，因原議禁限

---

① 臺北"中研院"近史所藏：《外交檔案》，館藏號：02-10-019-01-020。

兩年期滿，咨請駐俄出使大臣胡惟德，轉商俄外部議允歸還，當即派員前赴阿拉穆圖，經俄七河巡撫將前項槍礮點交，雇車領運，詎料行至俄屬薩瑪爾地方，又值東三省日俄開釁，俄稅局以一切軍器均應禁止出境，仍復阻留，疊經奴才咨請出使大臣胡惟德，復商俄外、兵等部。堅持前議，不允放行。

奴才竊思日俄戰事尚無已時，徒令委員坐守鄰邦，不獨徒糜費用，槍礮重件且恐別生意外之虞，致啟外人口實，祇得商令俄七河巡撫派人點驗，接收管理，取其收據在案。容俟日俄息戰，再行領運回伊，將前後運價彙報請銷咨立案外，所有續購槍礮復被俄境阻留情形，理合附片奏明。伏乞聖鑒。謹奏。光緒三十年七月二十一日，奉硃批：該部知道。欽此。①

〇八　俄哈借地牧馬保護出境取有收據存案由
光緒三十年七月二十五日（1904年9月4日）

欽命頭品頂戴總統伊犂等處將軍哈豐阿巴圖魯馬，為咨呈事。

案照本將軍前據額魯特營領隊大臣徐咨呈：俄國請借該營木胡爾莫敦地方牧放俄哈馬匹，入卡日期，暨查照成案，派兵保護，等因。當於二十九年十二月二十九日據情轉呈大部鑒照在案。茲據額魯特營領隊大臣徐咨呈：案據本營左翼總管博泰等報稱：此項俄哈借牧草場，馬一萬匹，牧夫一百名，均於光緒三十年正月二十八日由莫霍托羅蓋卡倫保護出境，取有俄屬哈薩克博羅斯圖魯勒霍加等用印俄文收據，呈請查核，等因。到本將軍。准此，除照覆並將收據存案外，相應咨呈。為此咨呈大部，謹請鑒照備案施行。須至咨呈者。右咨呈外務部。光緒三十年四月三十日。②

① 臺北"中研院"近史所藏：《外交檔案》，館藏號：02-01-001-02-008。
② 臺北"中研院"近史所藏：《外交檔案》，館藏號：02-09-008-02-003。

〇九　附奏續購德國槍礮被俄境阻留一片抄稿咨呈由
光緒三十年九月初九日（1904 年 10 月 17 日）

　　光緒三十年九月初九日，收伊犁將軍馬亮文稱：案照本將軍於光緒三十年六月初四日附奏，續購德國槍礮，運至俄國薩瑪爾，因值日俄興兵，復被阻留一片。除俟奉到硃批，恭錄另咨，並分咨外，為此咨呈大部，請煩查照施行。照錄片稿：

　　再，查光緒二十四年，前將軍長庚奏請續購德國克勞司毛瑟槍一千枝、槍彈一百一十萬顆、克魯伯過山快礮二尊、礮彈二千顆，假道俄境，運赴伊犁。二十六年六月，行至俄屬距薩瑪爾不遠之阿勒坦額粒地方，適值東省拳匪滋事，俄國禁止軍器出境，將前項槍礮解回庫庫烏蘇扣留，業經前將軍長庚奏明在案。奴才到任，接准移交。上年，因原議禁限兩年期滿，咨請駐俄出使大臣胡惟德，轉商俄外部議允歸還，當即派員前赴阿拉穆圖，經俄七河巡撫將前項槍礮點交，雇車領運，詎料行至俄屬薩瑪爾地方，又值東三省日俄開釁，俄稅局以一切軍器均應禁止出境，仍復阻留，疊經奴才咨請出使大臣胡惟德，復商俄外、兵等部。堅持前議，不允放行。

　　奴才竊思日俄戰事尚無已時，徒令委員坐守鄰邦，不獨徒靡費用，槍礮重件且恐別生意外之虞，致啟外人口實，祇得商令俄七河巡撫派人點驗，接收管理，取其收據在案。容俟日俄息戰，再行領運回伊，將前後運價彙報請銷分咨立案外，所有續購槍礮復被俄境阻留情形，理合附片奏明。伏乞聖鑒。謹奏。①

---

① 臺北"中研院"近史所藏：《外交檔案》，館藏號：02-01-001-02-009。

一〇　附奏俄哈入出境均安靜一片恭錄硃批咨呈由
光緒三十年十二月初八日（1905年1月13日）

　　欽命頭品頂戴總統伊犁等處將軍哈豐阿巴圖魯馬，為恭錄咨明事。

　　為照本將軍於光緒三十年六月初四日，由驛附奏俄哈借牧草廠，入境出境均屬安靜一片，前已鈔稿咨明在案。茲於本年九月十六日，准兵部火票遞回原片，七月二十一日，奉硃批：該衙門知道。欽此。除欽遵分行外，相應恭錄咨明。為此合咨大部，請煩欽遵查照施行。須至咨者。右咨外務部。光緒三十年九月二十四日。①

一一　俄領援案請借場牧放現已限滿護送出卡由
光緒三十一年五月初一日（1905年6月3日）

　　光緒三十一年五月初一日，收伊犁將軍文稱：案查前據伊塔道申：據俄領事官斐多羅福照請仍照上年成案，准將額魯特草場借給俄國阿依托伏斯克博羅斯屬下哈薩克等，牧放馬匹過冬，等情。本將軍以邦交具在，未便拒阻，當經批准，並照會額魯特領隊大臣，飭屬妥為照料入卡，借給莫霍爾莫敦地方住牧，並咨呈大部在案。茲准署額魯特營領隊大臣錫咨呈：此項借牧草場，俄哈馬一萬匹，牧夫七十名，氊房十頂，已於本年正月二十九日限滿，如數護送出卡回俄，並取具該哈薩克頭目俄文字據，呈請轉咨前來。除將原據存案並咨明外，相應咨呈。為此咨呈大部，謹請查核施行。②

---

　　①　臺北"中研院"近史所藏：《外交檔案》，館藏號：02-09-008-02-004。
　　②　臺北"中研院"近史所藏：《外交檔案》，館藏號：02-10-018-01-017。

一二　奏報俄借牧限滿出境一片抄稿知照由
光緒三十一年六月二十日（1905年7月22日）

光緒三十一年六月二十日，收伊犁將軍文稱：案照本將軍於光緒三十一年三月十五日，由驛附奏俄哈借牧草場限滿出境日期一片，除俟奉到硃批恭錄咨行外，相應鈔稿咨呈。為此咨呈大部，請煩查照施行。計黏片稿一紙：

再，奴才前於光緒三十年十月內據伊塔道申稱：准駐伊俄領事斐多羅福照會：俄屬阿依托伏斯克博羅斯屬下哈薩克請照上三年成案，借給牧廠過冬，等情。前來。奴才當因該俄哈歷年借廠尚屬相安，近來邦交益篤，未便禁阻，當即電請外務部代奏，一面札飭伊塔道，並照會署額魯特領隊大臣錫濟爾琿，選派官兵前赴那林郭勒卡倫，按照以前辦法，與該國哈薩克等書立合約十一款，蓋戳簽名，驗明俄官執照所載人畜數目，指給借地界址，妥為保護，於十月二十九日，據派俄哈薩克牧夫七十名，趕來馬一萬匹，由那林郭勒卡倫入境，在於額魯特所屬之木胡爾莫敦地方借給草場牧放，茲於光緒三十一年正月二十九日出境，仍回俄國，人畜均屬平安。據該署領隊大臣錫濟爾琿轉據總管等，取具博羅斯收條、印據呈報前來。奴才伏查屬實，除咨明外務部外，所有俄屬哈薩克借廠牧放馬匹，入境、出境均屬安靜緣由外，理合附片陳明。伏乞聖鑒。謹奏。①

---

① 臺北"中研院"近史所藏：《外交檔案》，館藏號：02-10-018-01-021。

一三　具奏俄哈借牧草場出境一片錄旨知照由
光緒三十一年九月十五日（1905年10月13日）

　　光緒三十一年九月十五日，收伊犁將軍馬亮文稱：案照本將軍於光緒三十一年三月十五日由驛附奏，俄哈借牧木胡爾莫敦草場安靜出境一片，業已抄錄片稿分行在案。茲於光緒三十一年七月初三日准兵部火票遞回原片，光緒三十一年五月初二日，奉硃批：外務部知道。欽此。除欽遵分行外，相應恭錄咨呈。為此合咨大部，請欽遵知照。①

一四　附奏遵旨派員迎護達賴喇嘛抄錄知照由
光緒三十一年十二月二十六日（1906年1月20日）

　　光緒三十一年十二月二十六日，收暫護定邊將軍馬亮文稱：光緒三十一年十月初六日經本暫護將軍、參贊大臣附片具奏，為遵旨派員迎護達賴喇嘛等因一片，前已抄錄咨呈在案。茲於本年十一月二十一日接到原片，奉硃批：知道了。欽此。欽遵相應恭錄諭旨，咨呈大部，謹請欽遵查照，施行。②

一五　前購德國槍礮短少子彈已電胡大臣向俄商賠由
光緒三十二年二月初九日（1906年3月3日）

　　光緒三十年二月初九日，收伊犁將軍電稱：外務部、戶部、兵部

---

① 臺北"中研院"近史所藏：《外交檔案》，館藏號：02-10-018-02-017。
② 臺北"中研院"近史所藏：《外交檔案》，館藏號：02-16-003-01-096。

鑒：洪密，前購德國槍礮，阻留俄國，現已派員索回，逐件驗收，短礮彈二十顆、槍彈五千顆，據稱已試用。槍礮外筒已多鏽壞。已電胡大臣與俄外部商議，能否賠還，得覆再報。便探俄亂未定，邊防仍嚴，幸近日尚安靜。乞代奏。亮。遇。①

一六　俄擬在烏里雅蘇台添設領事是否相宜希核復由
光緒三十二年三月十三日（1906年4月6日）

光緒三十二年三月十三日，發烏里雅蘇臺將軍電稱：俄使照稱：俄照條約，擬在烏里雅蘇臺設立領事。本部以先行查明商務情形，再行商議照復。又准面稱：烏里雅蘇臺、科布多等處，俄人散處日多，與蒙民屢有交涉。該處距庫倫遙遠，庫領每住一次，約住一兩月，實難兼顧；添設領事，確與蒙民有益，等語。該使所言是否確實？現在地方情形添設領事是否相宜？希查核電復。外。②

一七　具奏俄借草廠牧馬平安回國一片奉批咨行由
光緒三十二年閏四月十九日（1906年6月10日）

光緒三十二年閏四月十九日，收軍機處抄交伊犁將軍馬亮片稱：再，奴才前於光緒三十一年十月內，據伊塔道慶秀中申稱：准駐伊俄領事官斐多羅福照會：准俄七河巡撫照稱：俄屬阿依托伏斯克博羅斯屬下哈薩克請照上年成案，借給額魯特所轄木胡爾莫敦地方草廠牧放牲畜，當經電請外務部代奏，並照會額魯特領隊大宮轉飭派員照料

---

① 臺北"中研院"近史所藏：《外交檔案》，館藏號：02-01-002-01-002。
② 臺北"中研院"近史所藏：《外交檔案》，館藏號：02-08-008-04-003。

去後。旋據該哈薩牧夫一百名，攜帶氈房十頂，趕馬一萬匹，於光緒三十一年十一月十八日由那林郭勒卡倫入卡。比即點驗立約，安置牧放。茲據額魯特領隊大臣錫濟爾琿呈：據該營總管等呈報：前項牧夫、馬匹已於本年二月十八日出境，仍回俄國，人畜均屬平安，取具俄屬博羅斯收條、印據轉呈前來。奴才伏查屬實，勘以上紓宸廑。除咨明外務部外，理合附片陳明。伏乞聖鑒。謹奏。①

一八　俄擬在烏添設事一節已復該使從緩商議由
光緒三十二年九月初七日（1906 年 10 月 24 日）

光緒三十二年九月初七日，發烏里雅蘇臺將軍文稱：光緒三十二年八月二十八日，接准文稱：現在俄派領事官哆勒布哲福，於本年五月間到烏，隨時商辦蒙額負債事宜。除烏里雅蘇臺可否添設領事，俟部復到日，再行遵辦，等因。查此事前准貴大臣復電：烏城俄商較前雖多，現在情形，設領係照料俄商，不設與蒙民亦無損處，等語。當經本部以此時商務尚未興旺，遇有交涉，仍可照舊由庫領商辦，添設領事一節，自可從緩商議等語，照復俄使在案。茲准前因，相應咨行貴大臣查照可也。②

一九　附奏伊犁邊界安靜情形一片抄稿咨呈由
光緒三十二年十二月十七日（1907 年 1 月 30 日）

光緒三十二年十二月十七日，收烏里雅蘇臺將軍文稱：案照本將軍於光緒三十二年九月二十五日，附奏伊犁邊界近日安靜情形一片。

---

① 臺北"中研院"近史所藏：《外交檔案》，館藏號：02-10-015-01-047。
② 臺北"中研院"近史所藏：《外交檔案》，館藏號：02-08-008-04-007。

除俟奉到硃批恭錄咨呈外，相應鈔稿咨呈。為此咨呈大部，謹請查照施行。計鈔片稿一紙：

　　再，前於光緒三十二年八月二十四日准外務部密電稱：聞有俄兵二千五百人駐紮瑪薩爾河，確否？希查明電覆，等因。當經派探密查，薩瑪爾原駐額兵二千名，因彼處從前民變調去，現僅補舊額千餘人，並非添之兵。霍爾果斯河沿原設額兵一百餘名，現止加足二百名，亦無駐紮二千五百人之多。惟該國謠傳伊犁添兵，有驅逐伊領事之說。

　　奴才誠恐因疑生釁，督飭文武員弁，推誠示信，力顧邦交。兩國遇有操演，均係互相知會，所幸駐伊領事辦事悉就範圍，兩國邊界均屬平靜，業將探明情形電覆外務部，以備聖主諮詢。惟伊犁距京萬里，誠恐道遠謠傳，因訛致誤，上煩西顧之憂，不得不將近日邊地情形上陳慈聽。查伊犁遠處極邊，境宇遼闊，原設兵額本屬不敷分布，舊定餉數連年有減無增。奴才在任祇得率由舊章，力求整飭，舉凡一切練兵、新政，亟盼長庚到任催齊欠餉，次第舉行，幸賴天威遠播，雖新兵未能加練，而內安外戢，地方悉臻乂安。

　　現聞長庚已出玉關，冬間當可抵任，但願各處撥餉源源接濟，俾辦者無掣肘之虞，則邊疆軍旅可期一振。惟可慮者，在我國雖係整軍以自強，在鄰國不免聞風而生畏，將來交涉尤須因應得宜，免滋藉口。奴才去任有期，晤商長庚必當妥籌辦理。所有伊犁近日邊界安靜情形，除咨明外務部、練兵處外，理合附片陳明。伏乞聖鑒。謹奏。①

二〇　趙大臣被控一案已派龍道等前往確查由
光緒三十四年十二月二十二日（1909年1月13日）

　　光緒三十四年十二月二十二日，收成都將軍電稱：亮奉旨飭查藏

---

① 臺北"中研院"近史所藏：《外交檔案》，館藏號：02-10-005-02-045。

番控趙大臣爾豐一案,已派四川試用道龍紱瑞赴巴裏一帶確查。亮此來未帶隨員,有已革江西候補知縣黃宗典曾在伊犁有年,熟悉邊務,現適來川,并派隨龍道前往,均擬十二月二十四日起程。除俟查覆具奏外,謹先電聞。可否代奏?乞鈞酌。馬亮。禡。①

二一　俄使所送此項匯票應飭差弁赴部領取由
宣統元年十月二十八日（1909 年 12 月 10 日）

　　宣統元年十月二十八日,發伊犁將軍咨稱:宣統元年十月十三日,准俄國庫使函稱:光緒二十六年,中國在德購置軍火,運往伊犁,經過俄國七河省,被該處地方官扣留,旋於三十二年交還伊犁將軍之時,點明該軍火內曾經俄國軍隊用過礮彈二十粒、槍彈一百粒。茲據本國外務部與兵部相商,允將用過礮彈等價值合俄銀二百盧布二十六戈比,給還中國。茲將華俄道勝銀行匯票附送查收,等因。當經本部以三十二年二月間接准伊犁將軍來電內稱,索回此項槍礮時,逐件驗收,短礮彈二十顆、槍彈五千顆。數目不符。駁復該使查辦去後。

　　旋准復稱:查該②軍火於未交還伊犁將軍以先,經俄武員查點明晰,用過礮彈二十顆、槍彈一百顆。其四千九百顆槍彈之數,或被俄國商家通運公司運往伊犁之間遺失,似此應向該通運公司追索。此事並與俄軍無涉,等因。前來。查伊犁購置槍礮短少之數,是否由通運公司遺失,本部無從查核,相應咨行貴將軍查照核辦。再,此項賠款係屬匯票,無從遞寄,俟貴將軍有差弁來京時,即令其持文赴部領取可也。③

---

①　臺北"中研院"近史所藏:《外交檔案》,館藏號:02-16-007-02-100。
②　"該",原件作"核",未確,茲校改。
③　臺北"中研院"近史所藏:《外交檔案》,館藏號:02-01-002-03-038。

二二　承領俄國賠還礮彈價值銀兩由
宣統二年四月二十四日（1910年6月1日）

　　宣統二年四月二十四日，收伊犁將軍印領稱：為發給印領事。差弁薩喇春前赴大部，承領俄國賠還礮彈價值俄銀二百盧布二十六戈比。所領是實。須至印領者。①

二三　俄國賠償扣留軍火之款已交來弁領回由
宣統二年四月二十五日（1910年6月2日）

　　宣統二年四月二十五日，發署伊犁將軍咨稱：宣統二年四月二十二日，接准咨稱：俄國賠償扣留軍火之款，所有短少之數，俟飭查明確，另案核辦。其賠款俄銀二百盧布二十六戈比，茲乘差弁薩喇春赴京之便，特令持文赴部祗領，等因。前來。除將俄使原送華俄道勝銀行匯票一紙發交該弁領回外，相應咨復貴署將軍查照可也。②

---

① 臺北"中研院"近史所藏：《外交檔案》，館藏號：02-01-002-04-006。
② 臺北"中研院"近史所藏：《外交檔案》，館藏號：02-01-002-04-007。

下篇 附錄

一　馬亮被保及奏謝等摺件

○一　代奏馬亮暫護領隊謝恩摺
光緒二年八月十三日（1876年9月30日）

幫辦軍務大臣烏魯木齊都統奴才金順謹跪奏，為恭摺代謝天恩事。

竊奴才於光緒二年六月十一日接護巴里坤領隊大臣馬亮咨呈內開：前蒙附奏暫護巴里坤領隊大臣印務，於光緒二年正月十二日准兵部火票遞回原片，奉旨：著照所請，該部知道。欽此。欽遵照會前來。奴才馬亮遵即馳赴巴里坤，於本年六月初二日准前護領隊大臣慶壽派佐領文裕齋到銀印一顆，即於是日接印任事。恭設香案，望闕叩頭謝恩訖。

伏思奴才馬亮一介愚魯，才識淺陋，久經戎馬之場，未諳措旋之宜。巴城當兵燹之餘，官兵生計維艱，目下亟須設法撫循，盡心教養，惟有竭盡駑駘之力，以期仰報高厚鴻慈於萬一！所有感激微忱並接印日期，理合咨呈代奏，等因。前來。准此，奴才謹繕摺敬為代奏。伏乞皇太后、皇上聖鑒。謹奏。八月十三日。

光緒二年九月二十三日，奉硃批：知道了。欽此。①

○二　領隊馬亮患病懇請交卸摺
光緒三年五月初二日（1877年6月13日）

幫辦軍務大臣伊犁將軍奴才金順謹跪奏，為護領隊患病沉重，懇請交卸，擬令該城協領暫行接護，恭摺具陳，仰祈聖鑒事。

竊奴才於本年三月十四、二十六、四月二十七等日，疊接護理巴

---

① 中國第一歷史檔案館藏：《錄副奏摺》，檔號：03-5779-045。

里坤領隊大臣記名副都統馬亮牘稱：竊護領隊自上年六月接任以來，凡應辦一切事宜，無不殫竭愚誠，力求整頓，以期圖報萬一，稍伸犬馬之忱。無如本年入春後，忽染風寒，時發時愈，繼而目眩神昏，頭熱腰痛，血氣上冲，日漸增劇，甚至不能起立，動虞顛仆。屢投藥石，毫無功效。據醫家云，係積勞年久，血氣兩虧，兼染風寒，根蒂已深，若非靜心調養，斷難速痊，等語。護領隊自維微末世僕，渥蒙國恩，護篆專城，雖粉身報效所不敢辭，奈病勢委實沈重，恐日久不愈，城防因而廢弛，厥咎匪輕，懇請奏明准其交卸調理，並因公事緊要，懇請派員先行護理，以免貽誤，等情。先後咨呈前來。

　　查該護領隊從戎十餘年，轉戰各省，攻城打仗，積勞已久。此次患病經奴才委員查明，實係沈重。該城旗務、城防緊要，宜據情懇請天恩，准其交卸護篆，俾資調理而免貽誤。惟沙克都林札布現在奴才軍營帶兵，扼梨石河子，正當衝要，一時遽難撤令回任。查有該城右翼協領金貴，諳熟旗務，辦事誠實。可否請旨，准將巴里坤領隊篆務即令協領金貴暫行護理之處，出自聖裁。至該城現為大軍後路，如日行公事，馬亮實係病重，不能辦理。奴才已行令金貴暫先代辦，以昭慎重。是否有當？謹將護領隊患病沈重，懇請交卸，擬令該城協領暫行接護緣由，恭摺由驛具陳。伏乞皇太后、皇上聖鑒訓示。謹奏。光緒三年五月初二日。

　　軍機大臣奉旨：著照所請。欽此。①

　　光緒三年六月初七日，奉硃批：著照所請。欽此②。

○三　馬亮仍留營中差委片（金順）
光緒四年正月二十日（1878年2月21日）

　　再，奴才前在昌吉軍營具奏護理巴里坤領隊馬亮患病沈重，懇請

---

① 中國第一歷史檔案館藏：《硃批奏摺》，檔號：04-01-17-0123-014。
② 中國第一歷史檔案館藏：《錄副奏摺》，檔號：03-6042-062。

交卸就醫一摺，奉旨：著照所請。欽此。欽遵咨行在案。嗣於光緒三年十月二十八日准前護理巴里坤領隊馬亮呈稱：自交卸後，趕緊延醫胗治，數月以來，服藥調治，病勢日減，精神頑健如常，不敢苟就安逸，願效犬馬，以報國恩，等情。前來。奴才查該員久歷戎行，多立戰功，茲因病痊報效情切，合無仰懇天恩，將記名副都統哈豐阿巴圖魯馬亮仍留奴才軍營差委，以資得力。謹附片具奏請旨。

　　光緒四年三月初三日，軍機大臣奉旨：知道了。欽此①。

〇四　馬亮歸正白旗漢軍檔片（金順）
光緒六年五月初一日（1880年6月8日）

　　再，奴才所部吉林馬隊頭品頂戴記名副都統哈豐阿巴圖魯領催馬亮，原係吉林官莊耿富牌下壯丁，自同治元年奉調出征，迄今十有餘年，轉戰數省，戰功卓著，夙稱勇往，故每遇攻克案內，論功行賞，得保今職。且曾以起內兵丁缺出，挑補領催。軍營外獎固一時權宜，均已咨明部旗在案。

　　惟念該員既經軍前立功，得保官職，仍無旗籍可歸，似未足以昭核實。查吉林官莊驛站兩項人丁果曾在軍營立功，准入漢軍旗檔，歷經奏請有案。合無仰懇天恩，俯念該頭品頂戴記名副都統哈豐阿巴圖魯領催馬亮十餘年從軍微勞，敕下部、旗，准將該員歸入吉林正白旗漢軍旗檔之處，出自逾格鴻慈。奴才為策勵實勞起見，是否有當？謹附片具奏。伏乞聖鑒訓示。謹奏。

　　光緒六年六月十一日，軍機大臣奉旨：著照所請，該衙門知道。欽此。②

---

① 中國第一歷史檔案館藏：《錄副奏片》，檔號：03-5793-006。
② 中國第一歷史檔案館藏：《錄副奏片》，檔號：03-5809-059。

○五　揀選馬亮擬補驍騎校片
光緒七年正月二十日（1881年2月18日）

再，奴才准吉林將軍咨開：拉林正黃旗防禦富永調轉遺缺，咨送伊犁軍營，酌量揀放而勵戎行，等因。准此，奴才當於伊犁軍營戰功最著之員內逐加揀選，查有吉林滿洲鑲黃旗富清阿佐領下驍騎校記名副都統法什尚阿巴圖魯薩克新圖，管兵嚴束，辦事老成，堪以擬補防禦之缺。其薩克新圖所遺驍騎校，查有吉林漢軍正白旗永海佐領下領催記名副都統委紥領哈豐阿巴圖魯馬亮，勇敢善戰，幹練有為，堪以擬補驍騎校之缺。以上二員均在軍營，帶隊得力，如蒙俞允，統俟軍務完竣，再行送部，帶領引見，以符定制。謹附片具奏請旨。

軍機大臣奉旨：薩克新圖、馬亮均著依擬補用，該部知道。欽此。①

○六　請以馬亮補授防禦片（金順）
光緒九年十二月初十日（1884年1月7日）

再，奴才於本年十一月二十三日准吉林將軍希元咨選三姓正紅旗防禦富清升遺防禦一缺，照章輪選軍營揀補，等因。前來。奴才當即在於應升人員內逐加遴選，查有吉林滿洲鑲藍旗富清阿佐領下驍騎校記名副都統委參領哈豐阿巴圖魯馬亮，戰功卓著，辦事精詳，堪以擬補。其馬亮升遺驍騎校一缺，查有寧古塔鑲白旗英祿佐領下前鋒花翎佐領銜儘先即補防禦委參領恒山，當差勤慎，打仗勇往，堪以擬補。以上二員，均在軍營，差戰得力。如蒙俞允，統俟軍務完竣，再行送

---
① 中國第一歷史檔案館藏：《硃批奏片》，檔號：04-01-16-0207-083。再，此片具奏者目錄署為岐元、富陞，而據內容與具奏日期，應為伊犁將軍金順。待考。

部帶領引見，以符定制。謹附片具奏請旨。

　　軍機大臣奉旨：著照所請，該部知道。①

　　光緒十年正月二十五日，軍機大臣奉旨：著照所請，該部知道。欽此。②

〇七　請以馬亮等補授佐片（金順）
光緒十年閏五月十一日（1884年7月3日）

　　再，奴才所部吉林寧古塔鑲黃旗佐領富慶在營病故，業經奏報在案。其所遺佐領一缺，應在軍營應升人員內揀補，以重官額。查有三姓正紅旗防禦頭品頂戴記名副都統委參領哈豐阿巴圖魯馬亮，打仗勇往，辦事精詳，堪以擬補。其馬亮升遺防禦一缺，查有吉林滿洲正黃旗阿克達春佐領下驍騎校副都統銜即補協領喀柱莽阿巴圖魯慶連，打仗奮勇，當差勤慎，堪以擬補。其慶連遞遺驍騎校一缺，查有吉林滿洲正紅旗富爾胡那佐領下前鋒頭品頂戴記名副都統烏珍巴圖魯全成，管兵嚴肅，帶隊得力，堪以擬補。以上三員，現在軍營，差戰得力。如蒙俞允，統俟軍務完竣，再行送部帶領引見，以符定制。謹附片具奏請旨。

　　軍機大臣奉旨：著照所請，兵部知道。③

　　光緒十年六月二十四日，軍機大臣奉旨：著照所請，兵部知道。欽此。④

---

　①　臺北"故宮博物院"藏：《軍機及宮中檔》，文獻編號：408017240。案，此奏片具奏日期未確，查《軍機處隨手登記檔》（檔案編號：03-0242-1-1210-021），署有"九年十二月初十日，伊犁發"等字樣，茲據校正。

　②　臺北"故宮博物院"藏：《軍機及宮中檔》，文獻編號：124934。案，此奏片具奏日期未確，查《軍機處隨手登記檔》（檔案編號：03-0242-1-1210-021），則署有"九年十二月初十日，伊犁發"等字樣，茲據校正。

　③　臺北"故宮博物院"藏：《軍機及宮中檔》，文獻編號：408017213。案，此奏片具奏日期未確，查《軍機處隨手登記檔》（檔案編號：03-0242-2-1210-192），署"報四百里，閏五月十一日伊犁發"字樣，茲據校正。

　④　臺北"故宮博物院"藏：《軍機及宮中檔》，文獻編號：128401。案，此奏片具奏日期未確，查

〇八　請將馬亮留伊差委片（錫綸）
光緒十三年十月十九日（1887年12月3日）

　　再，花翎頭品頂戴記名副都統吉林甯古塔鑲黃旗佐領哈豐阿巴圖魯馬亮，前統領吉林、黑龍江等起馬隊。上年所帶馬隊遣撤回旗，該員尚有經手行營糧局帳目，應留清釐。奴才留心察看，見其年力正強，振作有為，俟將糧局帳目交清後，委令總理營務處事務，本年又委令兼辦行營餉務，均措施裕如。查該員前署理巴里坤領隊大臣二年之久，毫無貽誤，現又明試以功，皆能肆應，實為旗員中出色人員。刻下伊犁行營未撤，旗、綠各營甫有規模，正在整頓之始，非有長才熟手，不足以資臂助，擬請將該員留於伊犁差遣委用。除分咨兵部、吉林將軍查照、立案備覈外，謹附片具陳。伏乞聖鑒。謹奏。

　　（硃批）：兵部知道。①

　　光緒十三年十一月二十一日，奉硃批：兵部知道。欽此②。

〇九　密保馬亮等材堪大用摺
光緒十七年十二月十三日（1892年1月12日）

　　護理伊犁將軍副都統奴才富勒銘額跪奏，為才堪大用文武人員據實保薦，以備任使，恭摺密陳仰祈聖鑒事。

《軍機處隨手登記檔》（檔案編號：03-0242-2-1210-192），署有"報四百里，閏五月十一日伊犁發"等字樣，茲據校正。

① 中國第一歷史檔案館藏《硃批奏片》，檔號：04-01-17-0159-013。再，此片具奏者目錄署"色楞額"，具奏日期目錄僅署"光緒十三年"，均未確，茲查《軍機處隨手登記檔》（檔案編號：03-0254-2-1213-334），內載具奏者為"錫綸"，而具奏日期為"（光緒十三年）十月十九日"，缺。茲據校正。

② 中國第一歷史檔案館藏：《錄副奏片》，檔號：03-5852-090。

竊維人才難得，自古為然。矧在遐荒，尤不易覯，縱有一二材具出眾之員，或監司克任，或閫寄堪膺，要皆非信之最深、知之有素、徵諸事實、見諸措施，又何敢博汲引之名，遽登薦牘？奴才邊陲生長，孤陋寡聞，仰荷聖恩，忝權斯篆，謹就平日留心體察、卓有表見者，薦舉一二員，為我皇上臚陳之。茲查有已保三品銜分省補用知府徐桂芬，年四十一歲，江寧縣人，志趣遠大，血性過人，體用兼賅，廉明素著。同治十三年，經原任伊犁將軍金順調令出關，會辦營務，調合將士，眾諭僉然。當大兵初抵新疆，戶口稀少，採糧維艱。該員建議興屯、立法，井井招徠，廣墾、屯採並行，一二年間，軍食賴以不缺。迨會師西勦，北路一律盪平，無於戰事輒燭機先，該員勷助之力居多，金順亦待之為獨厚。於收還伊犁也，俄使來營商立條約，金順派令會議，妥協者允之，否則侃侃辯駁，百折不回，俄使為之動容失色，而條約乃成。光緒十一年，吉江兵丁以年深役久，啜泣求歸，請找欠餉。其時有威望者，百端曉喻，置若罔聞，一經該員親詣開導，悉皆束手聽令，伊犁官民至今猶樂道其事。此外，凡有可以贍軍恤民，為地方計久遠者，日侍金順之側，力即贊成，不為物議所奪。色楞額謂其曉暢戎機，譚鐘麟、劉錦棠均於一晤之頃，特加賞識，斷非虛譽。

又，查有頭品頂戴記名副都統哈豐阿巴圖魯馬亮，年四十七歲，吉林漢軍正白旗人，器宇軒昂，行止不苟，臨機應變，膽識兼優。同治元年，歷隨督師疆帥各臣奉調出征，轉戰湖北、陝甘等省，靡不身先士卒，所向無前。自帶隊出關，疊克城邑，北路一律盪平，功勳不居諸將領之次。光緒二年，署理巴里坤領隊大臣，整頓旗務，成效昭然，至今猶津津稱頌。迨進隊伊犁，東西千餘里，節節駐有防營。該員總司糧務，採諸軍食。即餉項不繼之時，亦從未見缺乏，其平日綜覈之精密，不問可知。光緒十二年錫綸任內，遣撤吉江官兵爭多較少，頗有怨言。獨該員所統一軍俱皆安靜就道，片語無聞，其平日管兵之嚴肅、治軍之強明，尤於此可見。伏念用人行政，朝廷自有大權，而舉爾所知，芻蕘亦堪上獻。奴才性情愚魯，向昧知人，然於砥節礪行之士，靡不心焉異之。

　　以上二員，朝夕過從，頗資臂助。觀其近來署事，證以往日所行，實一時所罕有。若舉以艱大之投，備以干城之選，必能不遺餘力，竭慮殫精，期於有裨時局。以奴才之愚、井蛙之見，固不敢侈口言才，第揆諸以人事君之道，或可稍貢微忱，以仰副旁求之盛典。應如何破格錄用之處，不敢擅請，均求出自聖裁。所有材堪大用文武人員據實保薦，以備任使緣由，謹繕摺密陳。伏乞皇上聖鑒訓示。謹奏。光緒十七年十二月十三日。

　　（硃批）：徐桂芬、馬亮均著交軍機處存記。①

　　光緒十八年正月二十七日，硃批：徐桂芬、馬亮均著交軍機處存記②。

一〇　請敕馬亮回吉差遣片（將軍長順）
光緒十八年八月二十四日（1892年10月9日）

　　再，從來擇兵不如擇將。吉林邊、練兩軍，統領、管帶尚不乏智勇之人，求其為折衝宿將，卒未多覯。此亦邊地所宜豫儲也。茲查有頭品頂戴記名副都統吉林阿勒楚喀佐領哈豐阿巴圖魯馬亮，前從原任伊犁將軍金順出征新疆，疊著戰功。嗣署巴里坤領隊大臣，旋派統領吉江馬隊。奴才長順③曾與之共事兵間，深服其智謀邁眾，臨敵無前，

---

　　① 中國第一歷史檔案館藏：《硃批奏摺》，檔號：04-01-13-0369-049。
　　② 此奉硃批日期與內容，據《軍機處隨手登記檔》（檔案編號：03-0272-1-1218—026）校補。
　　③ 長順（1839—1904），又名常順，字鶴亭、鶴汀，郭博勒氏，滿洲正白旗人，恩特赫恩巴圖魯。咸豐間，充護軍。九年（1859），選藍翎侍衛。十一年（1861），補三等侍衛，升二等侍衛。同治元年（1862），授頭等侍衛，加副都銜。八年（1869），補鑲黃旗漢軍副都統。翌年，補副都統。十年（1871），授科布多參贊大臣。次年，署烏里雅蘇台將軍。十三年（1874），充總理營務翼長。同年，以參案革職。光緒四年（1878），署巴里坤領隊大臣。六年（1880），調補哈密幫辦大臣。八年（1882），授伊犁段分界大臣，與俄國代表翡裡德簽訂《伊犁界約》。

至今猶為之思念不置。現在伊犁軍營充差，未便徑行咨調，合無仰懇天恩，俯念東垂緊要，將材難得，飭下伊犁將軍長順轉飭記名副都統吉林阿勒楚喀佐領馬亮，迅回吉林，歸營差遣，藉資臂助之處，出自鴻慈逾格。謹附片陳明。伏乞聖鑒訓示。謹奏。

（硃批）：另有旨。①

光緒十八年九月初十日，奉硃批：另有旨。欽此②。

【案】此奏旋於是年九月得允行，"廷寄"曰：

軍機大臣字寄：伊犁將軍長：光緒十八年九月初十日，奉上諭：長順奏，吉林阿勒楚喀佐領馬亮，現在伊犁軍營當差，請飭迅回吉林，歸營差遣，等語。馬亮現在伊犁軍營有無經手事件，可否飭回吉林，著長庚酌度情形，奏明辦理。原片著鈔給閱看。將此諭令知之。欽此。遵旨寄信前來。③

一一　馬亮暫緩飭回吉林片（長庚）
光緒十九年三月十八日（1893年5月3日）

再，奴才承准軍機大臣字寄：光緒十八年九月初十日，奉上諭：長順奏，吉林阿勒楚喀佐領馬亮現在伊犁軍營當差，請飭迅回吉林，歸營差遣，等語。馬亮現在伊犁軍營，有無經手事件，可否飭回吉林，著長庚酌度情形，奏明辦理，原片著鈔給閱看。將此諭令知之。欽此。

九年（1883），勘分新疆南段界務。是年，遷烏魯木齊都統。十年（1884），補正白旗漢軍都統。十一年（1885），任乾清門侍衛。十四年（1888），擢吉林將軍。十六年（1890），兼署吉林副都統。光緒二十二年（1896），以病去職。三十年（1904），補授吉林將軍。同年，卒於任。贈太子少保、一等輕車都尉，諡忠靖。修有《吉林通志》存世。

① 中國第一歷史檔案館藏：《硃批奏片》，檔號：04-01-16-0238-048。
② 中國第一歷史檔案館藏：《錄副奏片》，檔號：03-5889-011。
③ 《光緒朝上諭檔》，第18冊239頁。又，《德宗毅皇帝實錄（五）》，卷之三百十六，光緒十八年九月，第93頁。

遵旨寄信前來。

伏查馬亮有承辦錫綸任內交代事件，經手未完，奴才曾於上年飭令同參領定啟迅辦錫任報銷，以清交代，附片奏明在案。馬亮饒有勇略，洵屬軍營得力之員。現在南路帕米爾尚有邊警，伊犁防務正在需人之際，未便遣撤歸營，應俟該員將錫任報銷辦理完竣，屆時如果邊務稍鬆，再由奴才飭回吉林，歸長順差遣。理合附片陳明。伏乞聖鑒。謹奏。

（硃批）：知道了。①

光緒十九年四月二十日，奉硃批：知道了。欽此②。

一二　馬亮等署理提鎮員缺摺
光緒二十一年正月二十五日（1895年2月18日）

頭品頂戴甘肅新疆巡撫臣陶模跪奏，為揀調伊犁鎮總兵接署喀什噶爾提督篆務，並委署理總兵員缺，恭摺仰祈聖鑒事。

竊臣於光緒二十年九月初二日具奏防務緊要，請飭喀什噶爾提督董福祥回任一摺，奉硃批：董福祥現在留京帶隊，不能即時赴任。欽此。臣查帕米爾界務尚未定議，操防未便稍鬆，署提督黃萬鵬在湘楚各軍資格本深，惟到任以來聲名稍減，加以年逾六十，兩耳漸覺重聽，以至接見屬員不能多談公事。若非另行委署，竊恐有誤邊防。臣於奏請董福祥③回任摺內，聲明各鎮才具威望以伊犁鎮總兵張俊為優，應即以該員接署，藉資整頓。所遺總兵員缺，尤須得人而理。

---

① 中國第一歷史檔案館藏：《硃批奏片》，檔號：04-01-17-0147-006。
② 中國第一歷史檔案館藏：《錄副奏片》，檔號：03-5893-086。
③ 董福祥（1839—1908），字星五，甘肅平涼府固原州人。同治元年（1862），率眾抗清，爲劉松山擊敗，投清。所部改編爲董字三營，先後從劉松山等剿辦西北民變，保提督。光緒元年（1875），進兵新疆，以收復烏魯木齊等地及平定南疆功，加雲騎尉、騎都尉世職，授阿爾杭阿巴圖魯勇號。十二年（1886），經劉錦棠奏請，補阿克蘇總兵。十六年（1890），擢喀什噶爾提督。二十年（1894），晉尚書銜。二十二年（1896），調補甘肅提督，賞太子少保銜。二十六年（1900），授隨扈大臣。宣統元年（1908），卒於甘肅。

臣與將軍臣長庚再三函商，查有頭品頂戴記名副都統哈豐阿巴圖馬亮，熟悉邊情，辦事穩練，向在陝西、甘肅、新疆等省，疊著戰功；護理巴里坤領隊大臣統領吉林、黑龍江等起馬隊，均能申明紀律，用飭戎行，以之署理伊犁鎮總兵，必能不負委任。至黃萬鵬現在精力尚健，應否飭赴阿克蘇鎮本任，應俟到省察看，奏明辦理。所有揀員署理提篆及總兵印務各緣由，謹會同伊犁將軍臣長庚、陝甘總督臣楊昌濬，恭摺具奏。伏乞皇上聖鑒。謹奏。光緒二十一年正月二十五日。

　　（硃批）：兵部知道。①

　　光緒二十一年二月二十五日奉硃批：兵部知道。欽此②。

一三　代奏馬亮到任日期並謝恩摺
光緒二十一年三月初六日（1895年3月31日）

　　頭品頂戴甘肅新疆巡撫臣陶模跪奏，為據情代奏叩謝天恩，仰祈聖鑒事。竊臣據頭品頂戴記名副都統署伊犁鎮總兵馬亮呈稱：接奉行知：伊犁鎮總兵張俊現奏明署理喀什噶爾提督篆務，所遺總兵員缺，飭令署理，等因。遵於光緒二十一年二月十七日准張俊委署鎮標中營遊擊段文彬，將總兵銀印、文卷齎送前來。當即恭設香案，望闕叩頭謝恩，祇領任事。

　　伏念奴才吉林世僕，樗櫟庸材，疊荷隆施，累保今職，愧涓埃之未効，正惶悚以難名！茲令權攝總兵，又屬伊犁邊要，內極種類之屛雜，外與俄境相毗連，彈壓巡防，在在關重，惟有矢慎矢勤，遇事稟商將軍、巡撫臣認真經理，不敢以暫時攝篆稍涉因循，以期仰答高厚鴻慈於萬一！

　　所有到任接印日期並感激下忱，呈請代奏叩謝天恩前來。理合據

---

① 臺北"故宮博物院"藏：《軍機及宮中檔》，文獻編號：408002912。
② 中國第一歷史檔案館藏：《錄副奏摺》，檔號：03-5901-071。

情代奏。伏乞皇上聖鑒。謹奏。光緒二十一年三月初六日。

（硃批）：知道了。①

光緒二十一年四月十七日奉硃批：知道了。欽此②。

一四　將請馬亮交軍機處存記片（長庚）
光緒二十一年十二月二十九日（1896年2月12日）

　　再，記名副都統現署伊犁鎮總兵馬亮，由吉林西丹出征，在前將軍多隆阿、穆圖善、金順軍營，打仗出力，洊保今職。光緒元年，護理巴里坤領隊大臣篆務。交卸後，前伊犁將軍金順委充吉林、黑龍江等起馬隊統領，兼帶強、勇等營，前署將軍錫綸委充總理營務處，前護將軍富勒銘額委署伊犁軍標副將。奴才到任後，委辦軍標營務差使。現經新疆巡撫陶模奏委，署理伊犁鎮總兵篆務。

　　該員在軍營三十餘年，戰功夙著。上年吉林將軍長順奏調歸營，經奴才以該員饒有勇略，奏請仍留伊犁。此次署理伊犁鎮總兵，整飭戎行，實心任事，且在伊犁年久，情形熟悉，於金順舊部極為愜恰，統馭得宜，拊循激勸，頗得士心。該員將略優長，才堪應變，治軍嚴整，能顧大局，且於旗、綠營事務均能諳練，堪勝一面之任。合無仰懇天恩俯准將記名副都統馬亮交軍機處存記，遇有邊疆相當缺出，請旨簡放出，自逾格鴻慈。

　　奴才係為邊地需材起見，謹附片密陳。伏乞聖鑒訓示。謹奏。

　　（硃批）：馬亮著交軍機處存記。③

　　光緒二十二年二月初五日，奉硃批：馬亮著交軍機處存記。欽此④。

---

① 臺北"故宮博物院"藏：《軍機及宮中檔》，文獻編號：408002924-1。
② 中國第一歷史檔案館藏：《錄副奏摺》，檔號：03-5903-045。
③ 中國第一歷史檔案館藏：《硃批奏摺》，檔號：04-01-16-0244-272。
④ 中國第一歷史檔案館藏：《錄副奏片》，檔號：03-5911-108。

一五　代奏馬亮交卸赴京起程日期片（長庚）
光緒二十六年七月二十八日（1900年8月22日）

　　再，奴才承准軍機大臣字寄：光緒二十六年五月二十七日，奉上諭：調署伊犁綏定鎮總兵記名副都統馬亮，著長庚飛飭迅速來京，聽候差遣，毋庸遲延。將此由六百里加緊諭令知之。欽此。當即欽遵轉飭遵照，並電商新疆撫臣饒應祺委員接署去後。茲據該員具報，業將伊犁總兵篆務移交鎮標中營遊擊陳甲福暫行護理，定於七月十九日起程，等情。呈請代奏前來。奴才查該員馬亮舊隨前將軍多隆阿、穆圖善、金順出征陝西、甘肅、新疆等省，在軍營三十餘年，戰功夙著，膽識兼優。伊犁緊與俄鄰，該員署理總兵數年，與營務、邊防均能實心經理，軍民懷之，中外相安。此次奉旨調京，應如何量才錄用之處，出自聖主鴻裁。

　　所有該副都統遵旨起程赴京日期，理合附片奏明。伏乞聖鑒。謹奏。

　　光緒二十六年閏八月初七日，奉硃批：知道了。欽此。①

一六　奏報馬亮晉京起程日期片（饒應祺）
光緒二十六年閏八月十四日（1900年10月7日）

　　再，臣據卸署伊犁鎮總兵副都統馬亮呈稱：竊章京案奉伊犁將軍臣長庚檄飭，承准軍機大臣字寄：光緒二十六年五月二十七日，奉上諭：調署伊犁綏定鎮總兵記名副都統馬亮，著長庚飛飭迅速來京，聽候差遣，勿庸遲延。欽此。等因。轉行章京，遵即將印信、營務移交

---

① 中國第一歷史檔案館藏：《錄副奏片》，檔號：03-5943-010。

中營遊擊陳甲福暫行護理，定於七月十九日由伊犁起程，業經呈請伊犁將軍臣長庚附奏在案。現在行抵省城，定於八月二十六日由新省起程，等情。呈請代奏前來。

臣查該卸鎮馬亮，從軍年久，卓著戰功，前經委署伊犁鎮總兵篆，在任數年，兵民相安。此次欽奉諭旨調京，應如何錄用之處，出自聖裁。

所有該卸鎮副都統馬亮由新疆省城起程日期，理合附片具奏。伏乞聖鑒。謹奏。

（硃批）：知道了。①

光緒二十六年九月十一日，奉硃批：知道了。欽此。②

一七　戶部為馬亮津貼事致軍機處咨呈
光緒二十七年五月二十七日（1901年7月12日）

行在戶部為咨呈事。准兵部咨：據新授密雲副都統馬亮咨稱：光緒二十六年十二月十一日奉旨：馬亮著留行在差遣。惟自奉留差數月，未曾支領津貼，現在回鑾有期，自應如數支領，等情。查軍機處奏定章程：副都統每員月支津貼銀壹百伍兩，每日支領馬四匹草料。該副都統係奉旨著留差遣之員，自應按章發給，行文戶部查照，等因。前來。

查津貼章程係為京官隨扈者而設，其外任實缺人員未經議及。惟新授密雲副都統馬亮，據兵部咨稱，係奉旨著留差遣之員，應按章發給，等因。津貼章程係屬軍機處奏定，相應將該副都統應否發給津貼之處，咨呈貴處，酌定片覆，以便知照糧臺遵辦可也。須至咨者。右咨呈軍機處。光緒二十七年五月二十七日。郎中毘。③

---

① 臺北"故宮博物院"藏：《軍機及宮中檔》，文獻編號：408006340-A。
② 中國第一歷史檔案館藏：《錄副奏片》，檔號：03-5944-027。
③ 中國第一歷史檔案館藏：《咨呈》，檔號：03-6163-014。

一八　代奏將軍馬亮續假片（徐世昌①）
光緒三十四年三月二十二日（1908年4月22日）

　　再，准烏里雅蘇臺將軍馬亮咨稱：自同治元年由吉林奉派出征，轉戰湖北、陝甘、新疆等省，在軍營四十餘年，久未回里，所有原籍祖塋致多坍塌，當於光緒三十三年十一月初七日在京具摺奏請賞假三箇月，回旗修理，即日奉旨照准，遵即尅期馳回吉林，查看祖塋，俱因年久失修，頹傾過甚。嗣經覓工興修，而關外天氣寒冷，地凍堅凝，又未免稍稽時日。

　　茲自光緒三十三年十一月初七日奉旨之日起，扣至三十四年二月初七日，三個月假期已滿，塋工尚未告竣，若遽草草西行，揆諸私臆，實有難安！惟聞烏里雅蘇臺地方尚稱安謐，且有參贊大臣奎煥暫可兼顧，應請續假兩個月，趕緊督工修築完竣，即行回京銷假，馳赴新任，斷不敢再涉逾延，致虛職守，等情。請代奏前來。理合據情附片代陳。伏乞聖鑒訓示。謹奏

　　硃批：著照所請。②

　　光緒三十四年四月初七日，奉硃批：著照所請。欽此③。

---

①　徐世昌（1855—1939），字菊人、卜五，號東海、弢齋，直隸天津人。光緒八年（1882），中舉。十二年（1886），中式進士，選庶吉士。十五年（1889），授翰林院編修，補國史館協修，充武英殿協修。三十年（1904），署兵部左侍郎。翌年，擢巡警部尚書。三十四年（1908），授東三省總督。宣統元年（1909），調補郵政尚書。二年（1910），遷協辦大臣。同年，授體仁閣大學士。三年（1911），任內閣協理大臣。民國三年（1914），出任袁世凱內閣國務卿。七年（1918），當選總統。十一年（1922），去職，隱居天津英租界。晚年拒絕參加華北傀儡政府。二十八年（1939），卒於津。著有《水竹村人詩集》、《歸雲樓題畫詩》、《清儒學案》、《顏李遺書》、《弢齋述學》、《大清畿輔先哲傳》、《歐戰後之中國》、《退耕堂政書》、《東三省政略》、《將吏法言》、《弢養齋日記》、《大清畿輔書徵》、《書髓樓藏書目》、《元逸民畫傳》、《國樂譜》、《古文典範》、《明清八家文鈔》、《歸雲樓集》、《海西草堂集》、《退耕堂集》、《竹窗楹語》、《藤墅儷言》、《揀珠錄》、《晚晴簃詩匯》等。

②　臺北"故宮博物院"藏：《軍機及宮中檔》，文獻編號：408000242-B。

③　中國第一歷史檔案館藏：《錄副奏片》，檔號：03-5987-028。

二　馬亮被參之案

〇一　奏聞職官訐告馬亮草菅人命摺
光緒十三年十二月十二日（1888年1月24日）

　　臣奕譞等謹奏，為職官訐告統領，據實奏聞，恭摺仰祈慈鑒事。
　　竊臣營向以吉林、黑龍江官兵征調遠省，凱撤回旗，道路遙遠，實深苦累，曾經奏定章程，於此項官兵過境時量予接濟銀兩，以利遄行而作士氣，歷辦有案。本年四月間，領隊大臣雙全所帶吉林二、四兩起馬隊官兵遣撤回省，順道抵京，臣等照章辦給接濟銀兩。乃據該官兵等呈稱：自新疆起程，領過七成口分、馬乾，尚欠三成，並五箇月川資，均未能承領。官兵等饑寒在道，困累已極，懇請轉催，等語。當經咨查伊犁將軍將此項欠餉、川資作何辦理去後。於十一月二十一日接到該署將軍錫綸咨文一件，鈔錄歷次具奏借款，找發吉林、黑龍江官兵欠餉，酌給川資，陸續飭令回旗情形原摺，咨覆前來。
　　臣營自應參酌辦理，惟錫綸原咨封筒內附有甘肅候補縣丞馬瑞麟訐告統帶馬亮縱令陳宗勝將伊叔馬宗海轟斃，並馬亮總理糧餉靡費浮支呈各一件。臣等查馬瑞麟果有冤抑，不難在該管將軍、大臣前申訴，不理亦應赴京呈控，何得於公文封筒內擅附呈詞？本應照匿名揭帖例，將原呈銷毀。詳查其原呈，不惟列有銜名，且所訐馬亮草菅人命、虛靡餉糈，並牽涉大員久病廢弛，在營文武員弁多有劣蹟，案情重大，曷敢壅於上聞！如該縣丞挾嫌妄告，自當按例重懲。如所訐非虛，亦應徹底根究，以安邊圉。謹將縣丞馬瑞麟原呈照錄呈覽，應如何飭查之處，臣等未敢擅便。謹恭摺具陳。伏乞皇太后慈鑒訓示，遵行。謹奏請旨。光緒十三年十二月十二日。臣奕譞（假）、臣奕劻、臣景壽、臣尚宗瑞、臣善慶（赴任）、臣熙敬、臣耀年、臣容貴。①

---

①　中國第一歷史檔案館藏：《錄副奏摺》，檔號：03-5853-016。

○二　鈔錄縣丞馬瑞麟原呈
光緒十三年十二月十二日（1888年1月24日）

　　為具畧呈事。胞叔馬宗海，去秋馬總臺亮傳赴局中，議及吉江官兵宜加體恤，翼長、統領、營總虧耗，均須變通彌補。馬宗海詳悉吉江馬隊每兵積欠銀百餘兩，今浮報太多，憑空稱商號借銀恐致償事。馬亮謂事須機密，毋庸過慮。今正，馬宗海酒後言語被馬亮所忌。二月中，傳陳宗勝密談，三月初一日回防。突於初六日，陳宗勝手提洋礮，向胞叔臥室亂礮轟擊。馬宗海身被十二礮子，登時殞命。馬哨官向前攔勸，亦被轟斃。陳宗勝口稱奉令殺人，決無抵償。報經營務處提督曹正興研訊。嗣經馬亮央丁鳳鳴、江及元賄串改供，謂陳宗勝一時瘋魔，僅將陳宗勝旗官撤委，聽候另用。此陳宗勝連殺二命，訊供未辦之實在情形也。

　　伊犁總兵鄧增由哨弁拔充旗官，私放商債，盤剝重利；委署總兵，保薦實缺，驟統五旗，半由賄取，每哨缺額三十餘名；縱容營勇明火劫搶商戶財帛。委經曹提督審明勇數缺額、營勇劫搶屬實，訊取確供在案。因依附馬亮，賄囑問官，捺擱未辦。馬亮生日，鄧鎮為首攤派壽禮，每旗百餘金、數百金不等，日事鑽營，惟利自求，數年營制，漫無振作。上年餉項艱窘之際，借購開花礮子為名，派員赴粵運回銀三萬餘兩，豫支簾俸二年、口分一年。節前奉准部文，吉江官兵積欠，商請蘭院設法辦理。馬亮、鄧增欣喜欲狂，以鄧鎮幕友舊開京貨鋪，挽其密邀各家京貨鋪家出人，同委員赴甘具領曾經捏報由商號借墊二十五萬兩之款。旋因各鋪戶懼怕拖累，不敢承領，即派善於言詞之殷提督赴甘請領。約計此項領回，正值新舊交接之候，勢不敢運回伊犁。以千餘名吉江官兵積欠中浮冒幾十萬兩大種銀款，即使半途存放機密妥當，可保始終無人洩漏乎？馬亮、鄧增以浮開吉江餉帳情弊重大，中懷餒怯，面許游春澤等開復原官，將來九人原官或難開復，可保不赴京實訴乎？此馬亮、鄧增通同舞弊、冒領軍餉之實在情形也。

署都司汪友元舊在托副都統部下充當戈什，查係會匪，革逐出境，潛赴塔城，派充巡捕，係戴五品花翎。上年隨節來伊，忽稱副將銜參將委署鎮標都司，兼管事務處，又兼管帶兩營衛隊。今春通行公牘，總辦軍標營務處，節制馬步四旗，會同各統領辦事，仍在巡捕房行走，總理官藥局，兼辦開採金銀銅廠事。部文查取履歷，迄未聲復。依馬亮、鄧增為長城。馬亮、鄧增亦恃汪友元為心腹。事務處印條例外浮支，每月萬餘兩。汪友元自娶江提督之女，幾費萬金，統由餉局開銷。又喜給內戈什娶親，餉局每人支給數百金，又自領萬餘兩。開挖金銅廠，暨後路往來販貨，計二年中，此等虧耗，餉局浮支已逾十萬餘兩。以重資聘請曾在游春澤局中承辦善後報銷之劉文斗並陳天祿、謝祖亮，另捏別款，做造報銷。第向未奏咨立案，捏造半年，尚未完竣，靡費翻增數千兩。丁鳳鳴獻策，酌撥馬步數營，赴塔爾巴哈臺駐紮，以填塔城潰勇營數，餉乾歸塔局支給，騰出數營軍餉，彌補伊犁餉局虧耗。所慮為日過促，恐難相抵。伊犁大米市價每百斤紋銀一兩八錢，白麵每百斤紋銀一兩。馬亮定章，轉發全軍兵勇暨委員人等，大米每百斤扣銀三兩六錢，白麵每百斤扣銀二兩二錢。馬步二十二旗，馬隊一百二十五名為一旗，步隊三百七十名為一旗。丁鳳鳴力請馬亮傳諭各旗，馬隊每旗准一百名，步隊每旗准三百名，所餘餉項一並填補餉局侵耗。伊犁眾鋪戶湊集貨銀交餉局，給印票兌，至新疆領用，以免中途觖心。

坐省委員傅煊串同候選直隸州明徵，向商民言明二八抽提，如果不允，領取無日。商民守候日久，情急允扣，旋即翻悔，具控在案。明徵等係馬亮私人，竟未究辦（操業甚賤，著名庸劣），重賄馬亮、汪友元，立獲重用，偶蹈愆戾，亦置之不理。訪有談諭餉局情弊者，立置非刑，名曰背馬鞍。提督衙記名總兵李志高、劉鎮等先後背馬鞍、鞭責在案。提督徐得標以退縮不前,經金前將軍奏參在案。去年,以千金賄求馬亮專摺開復。

天津商民王姓等被哈薩劫搶銀貨,戕斃十三命,以撫民同知上官振勳得贓縱盜,經金前將軍奏參,奉旨嚴訊,監押在案。近奉批示,亦准開復,派赴塔城總理營務處。查上官振勳前將霍嘉克擅行釋放,復經派隊前往捕捉,將霍嘉克父子弟姪男女人口二次獲案,家產抄滅,霍嘉克鞭責身死,其子姪兄弟刑訊斃命。查霍嘉克如確係盜犯,則原參上官振勳得贓縱盜,並應審辦,何以尚准開復?如係誤拏,則霍嘉克全家誅滅,獨無冤乎?總之,司柄者楊梅瘡毒時發時愈,馬亮、汪友元目不識丁,邊防大局,二人主專,平日侵沾國帑,妄殺人命為兒戲,有馬大將軍、汪二將軍之號。其左右丁鳳鳴、陳天祿、謝祖亮、王植山,著名無賴,參酌大事,唆令聯絡同寅,為署領隊德克津布娶現任霍爾果斯巡檢雷發聲之岳母命婦為妾。近數月來,政令顛倒,禮法蕩然。曹正興因汪友元密保奏調來伊,委辦營務,月支馬小隊四十名,折銀二百餘兩,統費二百兩,雜支二百餘兩,以上稟督憲、詳陳病勢情形獲咎。半年來,口分照領,未辦一事。承審陳宗勝命案、鄧鎮營勇搶案,得賄五千兩,派人回籍,先寄家銀四千兩。殷提督華廷初進隊時,向俄商購買糧料十萬石,先請給票兌,由各省關撥給俄商糧價銀三十萬兩。俄商先繳糧萬餘石,即持票由俄人向各省關逼銀到手。俄商逃回俄境,疊次行文追取,不知下落。金前將軍無可如何,僅將殷華廷撤委。今又自稱與蘭省各憲有舊,於八月二十七日起程赴甘冒領軍餉之實在情形也。

瑪納斯副將王鳳鳴,久歷戎行,戰功卓著,惟不孝父母。生父來,不相認識;生母來,以奴僕呵之;弟兄來,鞭撻流涕而去。貪殘好殺、不孝情形,早在爵帥洞鑒。每稱述生平殺人之多,或誤殺寨民,或仇殺營員,或辜殺商民,向人矜誇。現在伊犂當道,每以言語之故,起意謀殺營員。風氣日見澆漓,自王鳳鳴抵伊之日始。馬亮浮開餉帳,捏稱商號借墊,王鳳鳴實為謀主。新疆南北各鋪寄存銀兩逾十萬，平日刻扣軍餉，一錢如命，薄古聖賢謂迂腐，而稱張獻忠為人傑。現值各營兵勇謀殺人命重案疊出，並山西商人開設果勒札地方被鄰右謀財戕命，碎屍河灘，均不查究。塔城官長由馬亮廢置，遇有應行咨商督撫憲公牘，馬亮力為阻撓。邊防重鎮，據為自家私物，可為長歎息也。①

○三　馬瑞麟控告馬亮之案請查辦摺
光緒十三年十二月十二日（1888年1月24日）

　　大學士管理戶部事務革職留任臣閻敬銘等謹奏，為請旨事。

　　竊臣部於光緒十三年十一月二十六日收到署伊犁將軍錫綸尋常公文一角，於咨文內拆出甘肅遇缺儘先補用縣丞馬瑞麟控告伊犁軍營捏造欠款、侵吞軍餉等事呈一件。閱其所言各節，在前伊犁將軍金順任內，則有馬亮捏報採運、冒領腳價及殷提督持票交俄人向各關逼銀潛逃各款；在錫綸任內，則有副都統馬亮、總兵鄧增等浮開欠款、侵冒軍餉、抽換案卷、餉帳捏報、借墊纏商銀兩及劉翰、雷霈霖、炳泰之重斂肥己，丁鳳鳴之冒稱知縣，面訂賄賂，與夫陳宗勝之連殺二名，鄧增之勇數缺額、明火搶劫，馬亮、王鳳鳴之浮扣勇丁糧價、空名填補虧耗，汪友元、劉文斗之捏做報銷、侵耗餉項等款。

　　臣部查匿名揭帖，例不准行，案關重大，仍應陳奏。今呈內所開既有補用縣丞馬瑞麟銜名，自非匿名可比，究竟馬瑞麟有無其人，並所敘各款或虛或實，臣部無由懸擬。惟事關軍餉出入，情節重大，未敢壅於上聞，謹鈔錄馬瑞麟原呈，恭呈御覽。應如何查辦之處，請旨遵行。伏乞皇太后、皇上聖鑒。謹奏。光緒十三年十二月十二日。大學士管理戶部事務革職留任臣閻敬銘（假），經筵講官協辦大學士戶

---

① 中國第一歷史檔案館藏：《呈文》，檔號：03-5853-085。

部尚書革職留任臣宗室福錕（假），戶部尚書革職留任臣翁同龢，戶部左侍郎革職留任臣嵩申（赴庫），戶部左侍郎革職留任臣孫詒經，戶部右侍郎臣熙敬，戶部右侍郎臣曾紀澤。①

○四　錄呈馬瑞麟控告侵冒軍餉等情片
光緒十三年十二月十二日（1888年1月24日）

再，臣部正繕摺具奏間，復於十二月初十日收到署伊犁將軍錫綸尋常咨文一件，內又拆出馬瑞麟呈控侵冒軍餉等事一紙，與前呈大略相同，謹一併錄呈御覽。理合附片陳明。伏乞聖鑒。謹奏。②

○五　照錄馬瑞麟續呈吉江官兵餉帳由
光緒十三年十二月十二日（1888年1月24日）

甘肅遇缺儘先補用縣丞馬瑞麟，為聲明事。

竊卑職前將總理伊犁糧餉兼營務處副都統馬亮浮開吉江官兵積欠餉數，捏造由伊犁纏商借墊銀二十五萬兩，並軍標右旗旗官陳宗勝謀殺馬宗海等身死，經馬亮央汪友元、丁鳳鳴賄串問官曹正興改供、捺擱未辦各緣由，稟報陝甘總督部堂譚鑒核在案。竊查吉江官兵千餘名，減成發給實銀七十四萬餘兩。若不核減，應須銀一百數十萬兩。馬亮所部官兵每名有積欠至千餘兩者，是以部議謂該官兵豈從前竟未獲領餉銀分毫之指駁，是不待查明已知謬妄。查漢隊馬步兵勇營數、人數，比吉江官兵幾增十倍，若如前項浮開，則將來遣撤進關，須銀千萬兩，何以上年裁併成旗，資遣十分之三，僅給銀二十一萬有奇？

---

① 中國第一歷史檔案館藏：《錄副奏摺》，檔號：03-5230-047。
② 中國第一歷史檔案館藏：《錄副奏摺》，檔號：03-5230-048。

未免向隅。在馬亮自知浮開太多，又報酌減。朝廷覽其減成核發，其自帶一起直減至五成，赤心報效之忱，實屬難得，決不疑其有他。馬亮用心之詭，實有過人之巧。同一吉江官兵，馬亮所部減至五成，雙全、果權所部又係七成、八成，一事兩歧，無此政體。若無私弊，試問吉江官兵果能甘心樂從，毫無怨言乎？

吉江官兵由伊犁起程，經馬亮手每兵發給現銀五十兩，至新疆省具領五十兩，甘肅省六十兩，每兵共給銀一百六十兩，內中有翼長、統領、營總親近官兵并各起有情面者，每兵給銀二百餘兩、三百餘兩不等，不過十分之二，所發實銀僅止一半。無論該官兵所領欠餉足與不足，明知馬亮浮報欠餉三十餘萬兩，將來嘵嘵續請，勢不可已。又查金前將軍未得交卸之信以前，飭令馬亮採屯糧料數萬石。馬亮向民戶購就糧料三萬餘石，合銀七萬有奇，又控稱由後路採運而來，每石開報運腳銀二兩零，合銀六萬餘兩，共合銀十三萬兩有奇。金前將軍以原報糧料咨送錫署將軍驗收，仍係馬亮總管糧餉。自上年以至今春，解到餉銀，先儘糧價扣清銀十三萬兩有奇，除發給民戶糧價七萬餘兩外，下餘運腳六萬有奇，全數入己。此條係昭昭在人耳目，亦全軍人眾共見共聞。

提督殷華廷由伊起程，在馬亮局中會議領到銀兩以五成歸公，下餘五成以馬亮、鄧增、曹正興、王鳳鳴、汪友元、丁鳳鳴、殷華廷按大小股勻分，抽出一股安置陳天祿、謝祖亮、王植山、劉文斗並共事同城諸人。此係馬亮局中新近裁撤之人，面訴的確。曹正興、丁鳳鳴均經派人隨行，俟抵蘭垣，領銀到手，就近分給，帶回本籍。咸謂新任將軍節臨在邇，邊徼防務大定，共圖入山買山之計。現在行營差委均以賄取，幾同市肆，重斂房價、貨壑，商賈愁苦，民心日離。善後、屯墾荒廢不辦，汪友元創立金銅廠，未經開採，領銀萬餘兩，已報完竣。合併陳明。光緒十三年九月 日。縣丞馬瑞麟謹呈。①

---

① 中國第一歷史檔案館藏：《呈文》，檔號：03-6108-029。

○六　鈔錄縣丞馬瑞麟原呈
光緒十三年十二月十二日（1888年1月24日）

甘肅遇缺儘先補用縣丞馬瑞麟，為查明吉江官兵歷年餉帳事。

竊查吉江馬隊官兵每月應領餉乾十兩，每年每兵共銀一百二十兩，內扣單、棉、皮衣、巾帽等項銀十餘兩，月扣糧料、草價三兩零，一年計銀四十兩；三節滿餉銀三十兩，月支七天半銀二兩五錢，計九箇月發銀二十二兩五錢，每年每兵發過銀百餘兩。除發每兵欠銀十兩有奇，查金前將軍自同治年間起至光緒六年底止，開單報銷（從前餉糈較裕，聲明我清在案），接續光緒七、八兩年，造冊報銷，奏咨到部。吉江馬隊官兵共欠積餉乾銀三萬有奇。九、十兩年報銷雖未咨部，查閱底冊，與七、八兩年發餉數目大署相同。惟查十一年分，因各省關協餉未能依限解到，短發吉江官兵滿餉一關七天半，三關合銀三萬餘兩，共合計每兵積欠銀百餘兩。光緒十一年，欽奉諭旨，戶部撥銀三十萬兩，清理伊犁營勇積欠。爵撫憲劉、署將軍錫節臨伊犁，清理營勇積欠，將馬步各營裁併資遣，共發銀二十一萬有奇，下餘八萬數千兩，作為資遣吉江官兵之餉。金前將軍查明歷年積欠餉帳，議給每兵一百二十兩，即令全數凱撤回旗。嗣因統帶吉江官兵記名副都統甯古塔佐領馬亮始而面求金、爵、錫帥酌添川資，以示體恤。

旋因金前將軍起程，爵撫憲回省，馬亮又面求錫署將軍垂念吉江馬隊從征年久，清理鋪帳，暫准從緩起程。藉詞逼留者數月之久。馬亮面許吉江官兵多加銀兩，串同營總，自同治十二年起至光緒十一年止，造就歷年欠餉數目，每兵有積欠至千餘兩、六七百兩、三四百兩者，共積欠至七八十萬兩之多。同一征兵積欠懸殊（查吉江官兵上路亦甚清苦，五箇月川資被馬亮私扣）。金前將軍上年報銷，奏咨到部，聲明積欠吉江官兵餉乾銀三萬有奇，如果吉江官兵積欠真有如許之多，金前將軍任內各省關歷年積欠餉項幾及千萬兩，即使吉江積欠再加數倍，亦足相抵，毋須掩飾，斷不致以多報少，致遺後來莫大之憂！查各路軍營以少增多，容或有之。若以兵勇欠餉本有可抵之項，翻以多報少，相懸數十萬兩，家産盡絕，莫可賠償，人雖至愚，亦不出此。戶部奏明有四可疑、七不合，豈從前該官兵未領分毫之指駮。

查原奏在伊犁商號借墊銀二十五萬兩，散給吉江官兵，係屬捏造，並無其事。吉江官兵由伊犁起程，經馬亮手每兵先給銀五十兩，共一千四百餘名，所存八萬數千兩之款，除發稍有餘賸，其餘兌赴新疆、甘肅兩處具領，聞內中尚有馬亮抽提之銀，兌赴京中。官兵上路亦不寬裕。且伊犁收復數年，荒殘之餘，向無借銀商號，現有鋪面資本較厚者不過萬金，亦止數家，存貨尚多，現銀難以驟集。自派劉翰、雷霈霖、炳泰總辦善後，重斂房價、貨釐，七成肥己，百弊叢生，商賈大有不堪苛虐，鋪戶大半移回省，商旅裹足不前，市廛蕭條尤甚。偶直發餉，緩急通融數千金，挨戶搜羅，勢已為難，況至二十五萬兩之多。在馬亮工於獻媚，捏報借墊商號鉅款，請奏撥各省關舊欠一二成，可獲銀百餘萬兩，通同分肥之餘，抽勻銀兩，頂補塔爾巴哈臺任內歷年虧耗、礙難報部之款，以為移花接木之計。若照部文開註商號姓名，親身赴部具領，抑或甘省藩庫給領，則不知馬亮另作何弊搪塞。

查吉江官兵每年除發並應扣各項，每兵欠銀十兩有奇，核與金前將軍原奏七、八兩共積欠吉江官兵餉乾三萬有奇相符。至十一年底止，五年統計每兵應找銀百餘兩，計之虧短亦止十餘萬兩。上年，金前將軍造冊報部，原憑吉江官兵呈送領過餉數清摺並餉局底賬為據。馬亮因前將軍病故肅州行營，餉帳卷宗攜帶進關，定係無從查考，竟將積欠浮加六七倍。馬亮又補領勇號馬乾，全數入手，本營本員未獲分釐；猜疑舊日辦事人員洩漏餉帳情弊，先後驅逐淨盡。佐領穆克德春等均因勇號馬乾銀兩參革被押，是以營員明知其弊，誠恐先被謀害，均屬不敢偶談。現聞派人抽換舊日卷宗，亦慮別經發覺，思圖豫先改換。

馬亮從前總辦採運糧臺，空倉捏報，由桑家渠、黃草湖採運糧石，轉運伊犁，冒領腳價五萬餘兩，經武生陳占鼇具控在案。查伊犁產糧之區，馬亮歷年在本地民戶買就糧料，捏報由後路載運而來，每石冒領腳價銀十兩有奇，甚至空倉無糧可支，糅糧充數，約計侵沾腳價銀二十餘萬兩，以致上年營勇譁潰，金前將軍以情罪重大，未便參處，立將馬亮重責四百軍棍，眾情稍平。此全軍人眾共見共聞。

查其捏報虛帳，是其慣技，不獨此次吉江官兵任意浮開，捏稱由伊犁商號借墊銀二十餘萬兩之一端，前次上下賄賂，倖免參劾。核其情罪，浮於原參九人之上。去年奏參游春澤等，或遺誤邊防，婪贓巨萬；或勒發糅糧，激變軍心，奉旨嚴訊定擬重案。馬亮代為夤緣，面求從緩，延擱日久，委派前在省垣開設煙館、包娼賣姦、曾經犯案新來投效之冒稱知縣候選從九品丁鳳鳴承審，當堂交接私話，旋即親赴九人寓所，面訂賄賂，許結開復功名。軍民傳為笑柄。

馬亮巧於逢迎，結納親信，左右均有餽送，寵譽日隆。親戚故舊，據夫要津；端人正士，摒諸遠方。本年餉乾，督、撫、藩憲垂念邊卒苦寒，源源接濟，較往年本極寬裕。馬亮總理糧餉，局用月支千餘兩，又結納私人，加美黨羽，無端例外雜支，一年侵耗已逾十萬兩。既不合部章，為從來所未有，將來不知作何報銷？總理文案鹽運使銜甘肅遇缺奏補知府熊龍超摺奏、委員舉人李鎰，均謂吉江官兵數年積欠宜從實奏請，均攖馬亮之怒徹逐。是以軍民緘口，道路以目。邊防似此欺飾情弊，全係確有證據，委無虛誣，致干反坐之條。惟馬亮財勢浩大，黨羽甚多，且道路窵遠，種種情弊尚多，請再訪察，以昭詳盡。

儻蒙明允執中，期無枉縱；調集舊日行營餉帳全案卷宗，詳細核對，並咨行吉江都統衙門，查取該官兵領銀實數，由該官兵自行投遞清摺，不由營總轉報；並將原奏伊犁商號借墊銀二十五萬兩之銀主、原捏商戶十六家開設何處，飭令親身赴省面質，以清朦混；並查明光緒十二、十三兩年餉局出入底賬靡費、浮支、虧耗實數，澈底澄清矣。①

---

① 中國第一歷史檔案館藏：《呈文》，檔號：03-5853-086。

〇七　呈為查明吉江官兵歷年餉帳實情
光緒十三年十二月十二日（1888 年 1 月 24 日）

照鈔縣丞馬瑞麟原呈：甘肅遇缺儘先補用縣丞馬瑞麟，為查明吉江官兵歷年餉帳事。

竊查吉江馬隊官兵每月應領餉乾十兩，每年每兵共銀一百二十兩，內扣單棉、皮衣、巾帽等項銀十餘兩，月扣糧料草價三兩零，一年計銀四十兩，三節滿餉銀三十兩，月支七天半銀二兩五錢，計九箇月發銀貳十二兩五錢，每年每兵發過銀百餘兩，除發每兵欠銀十兩有奇。查金前將軍自同治年間起至光緒六年底止，開單報銷①。接續光緒七、八兩年，造冊報銷，奏咨到部。吉江馬隊官兵共積欠餉乾銀三萬有奇，九、十兩年報銷雖未咨部，查閱底冊，與七、八兩年發餉數目亦大略相同。惟查十一年分因各省關協餉未能依限解到，短發吉江官兵滿餉一關七天半，三關合銀三萬餘兩，共合計每兵積欠銀百餘兩。光緒十一年冬，欽奉諭旨，戶部撥銀三十萬兩清理伊犁營勇積欠，爵撫院劉、署將軍錫節臨伊犁清理營勇積欠，將馬、步各營裁併資遣，共發銀二十一萬有奇，下餘八萬數千兩作為資遣吉江官兵之餉。

金前將軍查明歷年積欠餉帳，議給每兵一百二十兩，即令全數凱撤回旗，嗣因統帶吉江官兵記名副都統甯古塔佐領馬亮始而面求金爵錫帥酌添川資，以示體恤。旋因金前將軍起程，爵撫院回省，馬亮又面求錫署將軍垂念吉江馬隊從征年久，清理鋪帳，暫准從緩起程，藉詞逗留者數月之久。馬亮面許吉江官兵多加銀兩，串同營總，自同治十二年起，至光緒十一年止，造就歷年欠餉數目，每兵有積欠至千餘兩，六七百兩，三四百兩者，共積欠至七八十萬兩之多，同一征兵積

---
① 此處小字注曰："從前餉糈較裕，聲明清釐在案"。

欠懸殊。金前將軍上年報銷奏咨到部，聲明積欠吉江官兵餉乾銀三萬有奇，如果吉江官兵積欠真有如許之多，金前將軍任內各省關歷年積欠餉項，幾及千萬兩，即使吉江積欠再加數倍，亦足相抵，無須掩飾，斷不至以多報少，致遺後來莫大之憂。查各路軍營以少增多容或有之，若以兵勇欠餉本有可抵之項，翻以多報少，相懸數十萬兩，家產盡絕，莫可賠償，人雖至愚，亦不出此。戶部奏明有四可疑、七不合，豈從前該官兵未領分毫之指駁！

查原奏在伊犁纏商借墊銀二十五萬兩，散給吉江官兵，係屬捏造，並無其事。吉江官兵由伊犁起程，經馬亮手每兵先給銀五十兩，共一千四百餘名所有八萬數千兩之款，除發稍有餘賸，其餘兌赴新疆、甘肅兩處具領，聞內中尚有馬亮抽提之銀兌赴京中，官兵上路亦不寬裕。且伊犁收復，數年荒殘之餘，向無借銀商號，現有鋪面資本較厚者不過萬金，亦祇數家，存貨尚多，現銀難以驟集。自派劉翰、雷霈霖總辦善後，重斂房價貨釐，七成肥己，三成歸公，續派炳泰，紈綺子弟，任令左右舞弄，百弊叢生，商賈大有不堪苛虐，是以鋪戶大半移回省，商旅裹足不前，市廛蕭條尤甚，偶值發餉緩急，通融數千金，挨戶搜羅，勢已為難，況至二十五萬兩之多。在馬亮工於獻媚，捏報借墊纏商銀款，請奏撥各省關舊欠一二成可獲銀百餘萬兩，通同分肥之餘，抽勻銀兩頂補塔爾巴哈臺任內歷年虧耗、礙難報部之款，以為移花接木之計。若照部文開註纏商姓名，親身赴部具領，抑或甘省藩庫面領，則不知馬亮另作何弊搪塞。

查吉江官兵每年除發並應扣各項，每兵欠銀十兩有奇，核與金前將軍原奏七、八兩年共積欠吉江官兵餉乾三萬有奇相符，至十一年底止，五年統計每兵應找銀百餘兩計之，虧短亦止十餘萬兩。上年，金前將軍造冊報部，原憑吉江官兵呈造領過餉數清摺並餉局底帳為據。馬亮因前將軍病故肅州行營，餉帳卷宗攜帶進關，定係無從查考，竟將積欠浮加六七倍。馬亮又補領勇號馬乾全數入手，本營本員未獲分釐，猜疑舊日辦事人員洩漏餉帳情弊，先後撤逐，佐領穆克德春、雙喜德祿因勇號馬乾銀兩參革被押，是以軍民知其弊，深恐先被謀害，均屬不敢偶談，現聞派人抽換舊日案卷、餉帳，亦慮別經發覺，預先改換。

馬亮從前總辦採屯，糧臺空倉，捏報由桑家渠、黃草湖採運糧料轉送伊犁，冒領腳價五萬餘兩，經武生陳占鼇具控在案。查伊犁產糧之區，馬亮歷年在本地民戶買就糧料，捏稱由後路採運而來，每石冒領腳價銀十兩有奇，甚至空倉無糧可支，糠糧充數，約計侵佔腳價銀二十餘萬兩，以致上年營勇譁潰，金前將軍以情罪重大，未便參處，立將馬亮重責四百軍棍，眾憤稍平，此全軍人眾共見共聞。

查其捏報虛帳，是其慣技，不獨此次吉江官兵任意浮報，捏稱由伊犁纏商借墊銀二十五萬兩之一端。前次上下賄賂，倖免參劾，核其情罪浮於原參九人之上。去年奏參游春澤等或貽誤邊防，婪贓巨萬；或勒發糠糧，激變軍心①。旋奉諭旨，游春澤等嚴訊定擬。馬亮面求從緩，延擱日久，經汪友元保薦前開煙館，包娼賣姦，曾經犯案新來投效之冒稱知縣候選從九品丁鳳鳴承審，當堂交接私話，旋即親赴九人寓所，面訂賄賂，許給開復功名，軍民傳為笑柄。

馬亮巧於逢迎，結納親信，左右均有餽送，寵譽日隆，親戚故舊，據夫要津，端人正士，摒諸遠方②。本年餉乾，督撫院垂念邊卒苦寒，源源接濟，較上年本極寬裕，馬亮總理糧餉，局用月支千餘兩，又結納私人，加美黨羽，無端例外雜支，一年侵耗已逾十萬兩，既不合部章，為從來所未有，不知如何報銷？總理摺奏委員李鎰等謂吉江官兵積欠宜從實奏，均攖馬亮之怒撤逐，是以軍民緘口，道路以目。邊防似此欺飾情弊，全係確有證據，委無虛誣，致干反坐之條。惟馬亮財勢浩大，黨羽甚多，且道路窵遠，種種弊竇尚多，請再訪察，以昭詳盡。

伏思馬步漢隊營數、人數較吉江官兵幾增十倍，若如前項浮開，

---

① 此處小字注曰："金前將軍由伊起程，沿途日夜痛苦，驚悸憂鬱，云亡"。
② 此處小字注曰："金前將軍舊人，不論文武、賢愚，驅逐淨盡"。

將來資遣進關，須銀千萬兩，何以上年裁併資遣十分之三，僅給銀貳十一萬有奇，未免向隅。查吉江官兵千餘名，按照五成並七成發給，已需銀七十四萬餘兩，若不核減，應需一百數十兩，不待智者而後知其謬妄。在馬亮之用心雖係浮冒，又報核減，朝廷覽其減成發給，決不疑其浮冒，實有過人之巧。且查吉江官兵由伊起程，每兵給銀五十兩，新疆給銀五十兩，甘肅給銀六十兩，每兵共領銀一百六十兩，內中或係翼長、統領、營總親近並各起有情面者，給發銀二百餘兩、三百餘兩不等，亦不過十分之二，合計七十四萬餘兩之銀，各起官兵到手實數不過一半。吉江官兵舊欠口分無論到手，足與不足，明知馬亮等通同舞弊，侵吞二三十萬兩軍餉，有挾而求將來嘵嘵續請，勢不可已。

　　如蒙查辦，必須機密妥速，恐馬亮急則生變，將捏造借纏商銀二十五萬兩之款無從掩蓋，私請送給俄國，翻生外夷枝節，亦在意中，仰祈明允執中，期無枉縱，調集舊日行營餉帳全案卷宗，詳晰核對，並咨行吉江將軍、都統衙門，查取該官兵領銀實數，由該官兵自行投遞清摺，不由營總轉報，並將原奏伊犁纏商借銀二十五萬兩之銀主、原捏十六家字號開設何處，飭令親身赴省認領，以清朦混，暨查明光緒十二、十三兩年餉局出入底帳，靡費侵耗，徹底澄清矣。

　　光緒十三年九月日，甘肅補用縣丞馬瑞麟呈，為具略呈事。

　　胞叔馬宗海，去秋經總理糧餉馬亮傳議吉江官兵宜加體恤，翼長、統領、營總虧耗，均須變通辦理。馬宗海詳悉吉江每兵積欠百餘兩，今浮開報太多，恐部中不准，憑空稱商號借銀，須詳酌。馬亮謂事須機密，毋庸過慮。今正，馬宗海酒後言語被馬亮所忌。二月中，傳陳旗官密談，至三月初一日回防。突於初六日，陳宗勝手提洋礮，向胞叔臥室亂礮轟擊。馬宗海身被十二礮子，登時殞命。馬哨官向前攔勸，亦被轟斃。陳宗勝口稱奉令殺人，決無抵償，報經營務處提督曹正興研訊。嗣因馬亮央丁鳳鳴、汪友元，賄囑改供，謂陳宗勝一時瘋魔，僅將陳宗勝旗官撤委，聽候另用。此陳宗勝連殺二命，訊供未辦之實在情形也。

伊犁總兵鄧增由哨弁拔充旗官，私放商債，盤剝重利；委署總兵，保薦實缺，統領五旗，半由賄取，每哨缺額三十餘名；縱容營勇明火劫搶商戶財帛。委經曹提督審明勇數缺額、營勇劫搶屬實，訊取確供在案。因依附馬亮，賄囑問官，捺擱未辦。馬亮生日，鄧鎮為首攤派壽禮，每旗百餘金、數百金不等，日事鑽營，惟利自求，數年營制，漫無振作。上年餉項艱窘之際，借購開花礮子為名，派員赴粵運回銀三萬餘兩，豫支廉俸二年、口分一年。節前奉准部文，吉江官兵積欠，商請蘭院設法辦理。馬亮、鄧增欣喜欲狂，以鄧鎮幕友舊開京貨鋪，挽其密邀各京貨鋪家出人，同委員赴甘具領曾經捏報由商號借墊二十五萬之款。旋因各鋪家懼怕拖累，不敢承領，即派善於言詞之殷提督赴甘請領。約計此項領回，正值新舊交接之際，勢不敢運回伊犁。以千餘名吉江官兵積欠中浮冒幾十萬兩大種銀款，即使半途存放機密妥當，可保始終無人洩漏乎？馬亮、鄧增以浮開吉江餉帳情弊重大，中懷餒怯，面許游春澤等開復原官，將來九人原官或難開復，可保不赴京實訴乎？此馬亮、鄧增通同舞弊、冒領軍餉之實在情形也。

署都司汪友元舊在托副都統部下充當戈什，查係會匪，革逐出境，潛赴塔城，派充巡捕，係戴五品花翎。上年隨節來伊，忽稱副將銜參將委署鎮標都司，兼管事務處，又兼管帶兩營衛隊。今春通行公牘，總辦軍標營務處，節制馬步四旗，會同各統領辦事，又兼開採金銅廠，兼總官藥局，仍在巡捕房行走。部文查取履歷，迄未聲復。依馬亮、鄧增為長城。馬亮、鄧增亦恃汪友元為心腹。事務處印條例外浮支，每月萬餘兩。汪友元自娶江提督之女，幾費萬金，統由餉局開銷。又喜給內戈什娶親，餉局每人支給數百金，並自領萬餘兩。開挖金銅廠，暨後路往來販貨，計二年中，此等浮支，餉局侵耗已逾十萬餘兩。

以重資聘請曾在游春澤局中承辦善後報銷之劉文斗並陳天祿、謝祖亮，另捏別款，做造報銷。第向未奏咨立案，捏造半年，尚未頭緒，糜費翻增數千兩。丁鳳鳴獻策，酌撥馬步數營，赴塔爾巴哈臺駐紮，以填塔城潰勇營數，餉乾歸塔局支給，騰出數營軍餉，彌補伊犁餉局虧耗。所慮為日過促，恐難相抵。伊犁大米市價每百斤紋銀一兩六錢，白麵每百斤紋銀一兩。馬亮定章，發給全軍兵勇暨委員人等，大米每百斤扣銀三兩六錢，白麵每百斤二兩。馬步二十二旗，馬隊每旗一百二十五名，步隊每旗三百七十名。丁鳳鳴力請馬亮面諭各旗，馬隊准一百名，步隊准三百名，所餘空名銀兩一併填入餉局虧耗。伊犁各鋪家湊集貨銀交餉局，給票兌赴新疆省取用，坐省委員傅煊串同候選直隸州明徵，向商民勒令二八抽提，如果不允，取銀無日。商戶守候日久，情急允扣，旋即翻悔。具控明徵係馬亮私人，竟不查辦。新來投効，無論操業甚賤，著名庸劣，鑽營馬亮、汪友元，立獲錄用，偶蹈重咎，亦置之不理。平日私訪有談論餉局弊竇者，即置非刑，名曰背馬鞍。提督銜記名總兵李志高、劉鎮等先後背馬鞍、鞭責在案。提督徐得標以退縮不前，經金前將軍奏參革職，嗣以千金賄求馬亮，即邀專摺開復。商民王姓等以哈薩搶劫銀貨，戕斃十三命，經金前將軍以撫民同知上官振勳得贓縱盜奏參，奉旨嚴訊，定擬監押在案。近奉批示，亦准開復。

查上官振勳前將霍嘉克擅行釋放，復經派隊捕捉，將霍嘉克父子兄弟男女人口二次獲案，家產、牛、馬、騾、羊、衣服、貨物約值萬餘金，均行抄對，霍嘉克鞭責立死，其子姪兄弟刑訊斃命。如果霍嘉克確係強盜，則原參上官振動得贓縱盜，亟應究辦，何以尚准開復？如係誤挐無辜，則霍嘉克全家誅滅，獨無冤乎？總之，司柄者楊梅瘡毒時發時愈，每擬奏請病假，馬亮、汪友元力為阻止。馬亮、汪友元目不識丁，邊防大政，二人主專，辦理有馬大將軍、汪二將軍之號。

其左右丁鳳鳴、陳天祿、謝祖亮、王植山等，著名無賴，參酌大事，唆令聯絡同寅，為署領隊德克津布娶現任霍爾果斯巡檢雷發聲之岳母命婦為妾。近數月來，政令顛倒，禮法蕩然。曹提督因汪友元密保奏調伊犁營務處，月支馬小隊四十名，折銀二百餘兩，統費、雜支又四百兩。旋以上稟督憲、詳陳病勢獲咎。半年來，口分照領，未辦一事。承審陳宗勝命案、鄧鎮營勇搶案，得賄四、五千兩，派人帶回本籍。殷提督華廷初進伊犁，向俄商購買糧料十萬石，先請給票兌，由各省關撥給銀三十萬兩。俄商先繳糧萬餘石後，即持票交俄人向各省關逼銀到手，潛逃俄境。疊次行文追取，不知下落。今又自恃雄辯，詭稱與甘省各官有舊，赴省冒領軍餉，於八月二十七日由伊起程情形也。

瑪納斯副將王鳳鳴，久歷戎行，戰功卓著，惟不孝父母。生父來，則不相認；生母來，以奴僕呵之；弟兄來，鞭撻而逐去。其貪殘好殺、不孝情形，早在爵帥洞鑒。每稱述生平殺人之多，向人稱誇。近來伊犁當道，每以言語之故，起心謀殺營員。風氣日見澆漓，自王鳳鳴抵伊之日始。新疆南北存銀逾十萬，平日刻扣軍餉，一錢都好。馬亮浮報吉江餉數，謀害人命，半出王鳳鳴主見，薄古聖賢謂迂腐，而稱羨張獻忠為人傑。現在營勇謀殺案件疊出，並山西商賈開設果勒札被鄰人謀財害命，碎屍河灘，均不查究。塔城官長由馬亮主專廢置，凡遇應商公牘，請督撫憲會議者，馬亮力為阻止。邊防重鎮，據為自家私物，可為長歎息也。①

【案】此案清廷於當日頒佈諭旨，飭令劉錦棠等徹查究辦，"廷寄"曰：

軍機大臣字寄：伊犁將軍色、甘肅新疆巡撫劉：光緒十三年十二月十二日，欽奉慈禧端佑康頤昭豫莊誠皇太后懿旨：本日據醇親王奕譞等及戶部奏，收到錫綸咨文，內均有職官呈控侵冒軍餉等事，鈔錄原呈呈覽各摺片。覽奏，殊堪詫異！馬瑞麟呈控統帶馬亮縱令陳宗勝轟斃人命，及馬亮、鄧增等捏造欠款，侵吞軍餉，並牽涉大員廢弛營務各節。所控案情重大，虛實亟應徹底根究。色楞額甫經赴任，無所用其迴護，著會同劉錦棠，確切查明，據實具奏，毋稍徇隱。至馬瑞麟於錫綸公文

---

① 中國第一歷史檔案館藏：《呈文》，檔號：03-6108-028。

內擅附呈詞，實屬膽大妄為！即所訐非虛，亦應治以應得之罪，著色楞額等一併查究，按律懲辦。原呈均著鈔給閱看。將此各諭令知之。欽此。遵旨寄信前來。①

〇八　特參錫綸擅動軍餉交部議處徹查摺
光緒十四年正月二十三日（1888年3月6日）

　　大學士管理戶部事務臣閻敬銘等謹奏，為特參擅動軍餉之署將軍，請旨交部議處，並請徹底查辦，以杜弊混而儆效尤，恭摺仰祈聖鑒事。

　　竊臣部於本年正月拾壹日准署伊犁將軍錫綸咨稱：前准部議上年遣撤旗隊，由伊犁籌借，纏商姓名、居址報部，當將居址、字號開單咨呈在案。茲准部咨，仍將何時借用、何時歸款具報，等因。查伊犁旗隊遣撤，統計餉局墊款銀九萬兩，商民借款銀十七萬三百十八兩，不能久假不歸，均由現餉款下隨時陸續清還。謹將借用商款詳細數目及還過日期另具清摺，備文咨覆，等語。臣部查光緒二十二年十一月，據錫綸奏稱，遣撤吉林、黑龍江官兵一千餘名，補發欠餉銀七十四萬兩有奇，內有由伊犁設法挪湊並籌借纏商銀共二十五萬兩，先行照發，請部撥還。臣部以欠餉數目與金順報部案據不符，其中情節支離，殊多不合，當即逐一駁查。

　　其挪湊籌借銀兩一節，臣部以奏定章程不准擅向商借，錫綸挪借纏商銀兩，並不先行請旨，亦不報部候覆，實屬擅專。且伊犁收還後，問其人民，則孑遺僅存；問其賦稅，則顆粒無有，安有富商大賈持數拾百萬金，運至荒涼之地，覓取奇贏！前據金順聲稱，伊犁商賈稀少，皆係零星小販。乃錫綸所借商款為數甚多，覈其前後，自相

---

① 中國第一歷史檔案館藏：《字寄》，檔號：03-5853-104。又，《光緒朝上諭檔》，第13冊479頁。又，《德宗景皇帝實錄（四）》，卷之二百五十，光緒十三年十二月，第369頁。

矛盾，顯有不實不盡，未便聽錫綸無據之詞、濫准補發。究竟由伊犁設法挪湊銀若干，籌借纏商銀若干，應令指實款目、年月，並將商人住址、姓名、字號報部，再行覈辦，非由臣部覆准，不准擅發，等因。奏准行知在案。光緒十三年五月，據錫綸開單咨部，喀什噶爾纏商共十處，三次借用銀五萬一千七百九十兩；陝甘商號八處，三次借用銀二萬九千七百五十兩；陝西、山西商號六處，叄次借用銀八萬八千八百四十兩。三處商人共借用銀十七萬零三百八十兩，其餘均由餉局通融找付，等語。復經臣部駁查，以該署將軍十二年二月奏稱由伊犁挪湊並借纏商銀共二十五萬兩。十三年五月，復據奏稱實由伊犁纏商等處零星借用銀二十六萬兩。此次單開又祇借用銀十七萬零三百八十兩，行令將何年月日借某商銀若干，其餘由餉局找付若干，於何年月日找付，逐款詳細分晰報部，等因，亦在案。上年十一月，錫綸請款歸還商欠。臣部復以借款前後自相矛盾，未准歸還，並請旨飭查，俟查確後覈辦。儻錫綸擅挪正餉，即應參處，等因。奏准行知遵照各在案。今據錫綸將借用商款及還過日期開單報部，聲稱借款銀十七萬三百八十兩，均由現餉下隨時陸續清還。

臣等竊維伊犁商欠自當俟查明覈辦，實不知錫綸何以急急如此。現在新餉各有定數，錫綸既將月餉歸還商款，勢必以欠餉移交後任，令其請臣部添撥，而不明不白之商欠，則已稱歸還清楚，事後將無可如何。查帑項所關，即遇緊要軍需，尚不准擅自動用。伊犁商款借時既不聽候覈覆，還時又任意擅專，且款項至十數萬之多，並經臣部屢次駁查，未准歸還之案，何得擅自動用軍餉，率行歸還？若紛紛效尤，流弊何所底止！相應請旨將署伊犁將軍錫綸交部議處，以為擅專者戒。再，錫綸前咨借用商款十七萬餘兩，臣部上年咨駁行查，並無何時歸款具報之語。錫綸前咨含糊其詞，惟云其餘均由餉局找付。臣部以其既稱找付，或係商款，均不可知，令其將找付月日報部。今據聲覆，係餉局墊銀九萬兩。既係餉局之款，則前咨由餉局找付，將找付何人，臣部實所不解。

至前後報部案據不符之處，以借款商人而論，始則惟有纏商，繼又添出天津、陝甘、山西商人。今將兩次報部清單覈對，如德和永等八家，前次聲明係天津、陝甘商民，此次忽云係本處漢民。復盛隆等六家，前次聲明係陝西、山西商人，此次忽云係陝甘客民。是商民籍貫前後既不符。以借款次數而論，前次聲明薩德克、阿琿等共三次借用銀若干，以下各家均係三次借用；此次單開則以薩德克、阿琿等列為第一次借用，德和永等號為第二次，復盛隆等號為第三次。是所借次數前後又不符。以歸還日期而論，據錫綸十三年閏四月出咨聲稱，天津、陝商之款尚可從容還款，何以此次忽云德和永等八處已於三四月內提還清楚？據錫綸十三年九月出咨聲稱尚未清還，何以此次忽云復盛隆等六處已於六月給票由月餉內提還清楚？是歸還日期前後均不相符。牴牾之處既多，顯有不實不盡情弊！

　　謹將錫綸前後兩次咨部清單鈔錄，恭呈御覽。請旨飭下伊犁將軍會同新疆巡撫，迅速提集經手官員並承借客商人等，破除情面，認真嚴訊，務須徹底根究，勿任稍涉含糊。儻有串同假捏、侵蝕情弊，按律嚴行懲辦，以杜弊混而儆效尤。所有特參擅自動用軍餉之署將軍，並請旨查辦緣由，理合恭摺具陳。伏乞皇太后、皇上聖鑒。謹奏。光緒十四年正月二十三日。

　　大學士管理戶部事務臣閻敬銘（假），經筵講官協辦大學士戶部尚書臣宗室福錕，戶部尚書臣翁同龢，戶部左侍郎臣嵩申，戶部左侍郎臣孫詒經，戶部右侍郎臣熙敬，戶部右侍郎臣曾紀澤。①

【案】同日，此奏獲清廷諭示，飭令色楞額、劉錦棠確切查奏。"廷寄"曰：

　　軍機大臣字寄：伊犁將軍色、甘肅新疆巡撫劉：光緒十四年正月二十三日，奉上諭：戶部奏，特參擅動軍餉之署將軍，請徹底查辦一摺。

---

① 中國第一歷史檔案館藏：《硃批奏摺》，檔號：03-5854-026。

已有旨將錫綸交部議處。據原奏內稱，錫綸前借商銀，補發兵餉，其中情節支離，當即逐一駁查，現尚未覈定。復據錫綸咨稱，由現餉款下陸續歸還，惟商人籍貫、借款次數、歸還日期，前後均不相符，顯有不實不盡情弊，等語。覽奏，殊堪詫異！著色楞額、劉錦棠按照原參各節，迅提經手官員並承借客商人等，確切查明，據實具奏，毋稍徇隱！原摺、單均著鈔給閱看。將此各諭令知之。欽此。遵旨寄信前來。①

【案】此案之處理，《清實錄》又載曰：

又諭：戶部奏，特參擅動軍餉之署將軍，請交部議處一摺。署伊犁將軍錫綸前因挪借商銀，補發兵餉，屢經戶部駁查，尚未覈准，乃輒將該處新餉歸還商款，實屬任意擅專！錫綸著交部議處。尋兵部議奏，錫綸應照私罪降三級調用例，毋庸查級議抵，係新疆大臣，照例帶所降之級，仍留軍營效力，暫停開缺。得旨，依議行。②

〇九　會查職官呈控侵冒軍餉摺（色楞額等）
光緒十五年十二月十七日（1890年1月7日）

奴才色楞額、臣魏光燾跪奏，為遵旨會查職官呈控侵冒軍餉等款，核實覆陳，仰祈聖鑒事。

竊查承准軍機大臣字寄：光緒十三年十二月十二日，欽奉慈禧端佑康頤昭豫莊誠皇太后懿旨：本日據醇親王奕譞等及戶部奏，收到錫綸咨文內，均有職官呈控侵冒軍餉等事，等因。又，十四年正月二十三日，奉上諭：戶部奏，特參擅動軍餉之署將軍，請徹底查辦一摺，等因。欽此。遵即恭錄咨商，揀派索倫領隊大臣崇起、署伊塔運署伊塔道陳晉蕃，迅將參控各案徹底查明，逐款具覆，以憑核辦；一

---

① 《光緒朝上諭檔》，第14冊20頁；又，《德宗景皇帝實錄（四）》，卷之二百五十一，光緒十四年正月，第388頁。

② 《德宗景皇帝實錄（四）》，卷之二百五十一，光緒十四年正月，第388頁。

面分飭被控各員呈遞切實親供，行令綏定縣查傳馬瑞麟到案，聽候分別質訊；一面咨取錫綸借還商款、彌補兵餉經手各員銜名、商人姓名、住地卷宗、簿據。錫綸因病出缺，未准咨覆。陳晉蕃旋亦撤任，移交接署道英祥，會同崇起辦理。綏定縣徧查馬瑞麟，伊犂各城向未聞有此人，無從傳質。並據該領隊大臣等按款查明呈請核辦前來。奴才等再三審度，此案應以出入糧餉為最重，人命次之，營務又次之，餘則半屬荒誕之詞，概從減略。然有關國計民生、官箴名節者，仍須詳慎從事。原控既無其人，虛實礙難根究，謹就查明情形，據實聲覆，為我皇上縷陳之。

如戶部奏參錫綸借用商款次數、商人籍貫、歸還日期，均不相符，與控案內稱伊犂商號借墊銀二十五萬兩係屬捏造，並無其事一節。查被告記名副都統馬亮，從前管理餉局，散放不敷，暫向號商通挪，事所常有。據供二十五萬兩一項，實無其事。如何奏報，彼時尚未接管糧項，亦未與聞。飭據綏定縣查明，伊犂向無富商大賈，斷難借助如許鉅款。光緒十一年，前督臣譚鍾麟奏准撥銀三十萬兩，交劉錦棠帶赴伊犂，清理勇餉，用過二十一萬餘兩，存銀移交錫綸，作為遣撤吉江馬隊之用。嗣因該官兵從征年久，積欠過多，不得已挪用新餉，一經戶部議駁，錫綸無可如何，遂捏稱借用商款，希圖請款彌補，以致情節支離，多有不符。是挪新補舊固屬擅專，而事在因公，尚非侵吞可比。

原呈內稱：馬亮遣撤吉江官兵懇求酌給川資，藉詞逗留，私許多加銀兩，串通營總，自同治十二年起光緒十一年止，造就欠餉數目，每兵有積至千餘兩、六七百兩、三四百兩不等，共欠七八十萬兩之多。

五箇月川資被馬亮私扣一節，查馬亮接統隊伍，係光緒十年十一月奉委，十二年春間遣撤，計官兵六百餘員名，除減成實發銀二十五萬餘兩，銀糧係各起筆帖式合算，兵冊乃該管營總所造，馬亮備齊，由金順咨送劉錦棠、錫綸核發。層層轉手，果有不實不盡，豈能蒙蔽許多耳目？川資在正餉扣除，並未另給，皆為各起自領，何能多加？又何能無故泛濫？如馬亮有私扣情弊，而謂該官兵箝口不言，恐無是理。

又，給遣撤吉江官兵一千四百餘人，馬亮經手每人先給銀五十兩，由所存八萬餘兩內支發，下欠兵餉兌赴新疆、甘肅具領，其中亦有馬亮抽提銀兩兌赴京師一節。查馬亮所部官兵僅計六百餘員名，係第一起遣撤，因經費不敷，每人先給銀八十兩，餘則兌赴新、甘兩處，由各該官兵自領。今馬亮既未經手，何從抽提兌京？原控員數、兵數均不相符，顯係捏誣。

又稱：馬亮工於獻媚，捏報借墊商款，請奏提各省關舊欠一二成，可獲銀百餘萬兩，通同分肥，扣留若干，頂補塔城歷年虧耗一節。查借墊商款，馬亮既不知情，奏撥舊欠又非專責，塔城有無虧耗，向未經理，似無所用其獻媚，亦不至通同分肥。果有此事，疏奏可稽，縱能欺人，斷難逃聖明洞鑒。

又稱：馬亮聞金順病故，卷宗、帳據攜帶進關，料定無從查考，竟將積欠兵餉浮加六七倍，勇號馬乾全數領獲，至未散放分釐；舊日辦事人員，慮其洩漏弊端，驅逐淨盡；佐領穆克德春等亦因勇號馬乾參革被押，是以營員明知其弊，恐被謀害，均不敢談。現慮別經發覺，聞已派人抽換卷宗一節。查馬亮所部官兵餉冊，係呈送金順轉咨，有無浮加補領，何難即時發覺？斷不至悠悠至今。勇號馬乾，營員未領分釐，豈能甘聽馬亮盡數入手？其舊日辦事之人，究竟洩漏者誰、驅逐者誰，不難一一枚舉。穆克德春向隸吉江馬隊翼長果權所部，雖因案被參，實與此事無涉。卷宗、簿據，接縫黏連，向均蓋有關防印信，馬亮縱欲抽換，此物將從何得來？所控殊多荒謬！

又稱：馬亮前辦採運糧臺，空倉捏報，桑家渠、黃草湖運糧伊犁，冒領腳價銀五萬餘兩，武生陳占鼇具控在案。查伊犁產糧之區，馬亮歷年在本地買就糧料，捏報由後路運來，每石冒領腳價銀十兩有奇，前後約計侵佔銀二十餘萬兩，甚至空倉無糧，糠糧充數，營勇因此譁潰，金順以情罪重大，未便參處，立即棍責四百，眾情稍平一節。查馬亮辦理採、屯事務，僅有稽核之權，無採運、收支之責。分局非一處，委員非一人，糧價、腳價，職有所歸，馬亮既不經手，安能冒領？金順一軍初放伊犁，就地戶民無幾，纏回人眾歸中歸俄，尚在會議；商人屯糧居奇，不得已暫由後路採運。陳占鼇挾嫌控告，字識陳天祿串通各局舞弊。金順派員審係捏誣，勒令陳占鼇回籍。營勇譁潰在十一年二月十三日，馬亮被責在六月二十二日，委因強勇馬隊幫帶官李志高求充營官，曾予斥責。金順以擅責管帶官，遂棍責馬亮數十，並非以腐糧激變營勇。如果情最重大，金順雖愚，斷不至因迴護一人故壞全軍。且馬亮此次追剿潰勇出力，金順奏牘可考。今反以此事引為證據，未免有意陷人。

又稱：馬亮總理糧餉，局用月費千餘兩，結納私人，加美黨羽，無端例外雜支，每年侵耗已逾十萬兩一節。查馬亮月支辦公等項銀一百六十兩，並無例外雜支，餉帳可稽。即向來軍營辦事人員，從未聞有領款如許之多。所控未免支離。

又稱：辦理文案知府熊龍超摺奏委員舉人李鎰，口謂吉江官兵數年積欠宜從實奏請，致攖馬亮之怒撤逐一節。查吉江官兵遣撤時，馬亮並未經管營務，何能置喙？亦何能遣逐人員？熊龍超係派餉局主稿，李鎰承辦摺奏，又均在遣撤之後，如何奏請？積欠實未與聞，亦未與馬亮談及，暨攖怒遣逐之事。所供尚屬實情。

又稱：馬亮傳馬宗海赴局，議及吉江官兵宜加體恤，翼長、統領、營總虧空須變通彌補。馬宗海因積欠兵餉浮報太多，又詐稱商號借墊，恐致債事，馬亮囑為機密，馬宗海酒後語言竟遭其忌，密令陳宗勝回營，手提洋礮，向胞叔臥室亂轟。身被十二礮子，登時殞命；馬哨官向前攬勸，亦被轟斃；口稱奉令殺人，決不抵償。報經提督曹正興承審，馬亮央托丁鳳鳴、江及元賄串改供，謂係一時瘋魔，僅將旗官撤委，聽候另用一節。查陳宗勝為軍標左旗旗官，馬宗海即該旗字識，與馬亮素未謀面，何遽傳至局中密談公事？吉江官兵餉帳向無漢員經管，縱馬宗海深悉其情，馬亮曾否欲加體恤，變通彌補，何至獨畏一字識？既與籌商而復殺之？詳鞫陳宗勝所供，並非奉令殺人，亦無有人主使，實因自己撤委，受哨官藐視，被字識挾制，一時氣忿情急。地方官勘驗覆稱，馬亮會同曹正興提訊案牘俱在，又何能賄串改供？且陳宗勝一經出事，即被哨官許柏林綑送綏定，發廳嚴禁，實無聽候另用情事。此案由奴才另案辦理。

又稱：馬亮生日，總兵鄧增為首，攤派壽禮，每旗百餘金或數百金不等一節。馬亮在營當差，從未辦過生日，鄧增亦未攤派壽禮。取有各統領營官供結為憑。試思當日果有攤派，貌恭未必必服。今既發覺，正好洩忿，誰又肯多方徇隱？此即理之顯而易見者。

又稱：伊犁大米市價每百斤值銀一兩八錢，白麵每百斤一兩。馬亮定章，支發全軍文武官弁兵勇大米，每百斤扣銀三兩六錢，白麵扣銀二兩二錢。馬隊向章一百二十五人為一旗，步隊三百七十五人為一旗。丁鳳鳴力請馬亮傳諭各旗，馬隊准一百人，步隊准三百人，餘出餉銀，填補餉局侵耗一節。查軍營糧價，向照定章劃扣，從不敢多加分釐。馬亮果有其事，兵勇恐未必甘心。各旗人數祇有慮其不足，誰敢明示缺額、自幹罪戾？該營將領又安能悉聽指揮？惟錫綸抵任伊犁帶有馬隊，致浮原額。馬亮曾力請裁撤，未蒙允准。被控之由，或即以此。再四訪查，實無顢頇情弊。

又稱：伊犁鋪商貨銀求給印票，兌赴新疆領用，坐省委員傅煊串通直隸州明徵，向商人言明二八扣提，否則領取無日；該商守候日久，情急允許，旋即翻悔具控，敬未究辦一節。卷查光緒十三年六月，商民杜華興控告同夥李權在新疆領取票銀，委員減成勒發，節經伊犁府廳縣營等官先提訊明確，實係李權與李德潤兌換期票，具結銷案。實與傅煊等無涉。

又稱：同一吉江官兵，馬亮所部減至五成，雙全、果權所部又係減至七八成，事涉兩歧，无此政體；前由伊犁起程，合新疆、甘肅每兵給銀一百六十兩，內有翼長、統領、營總等官、親近兵丁並各起有情面者，每名竟給銀二三百兩不等一節。查馬亮所部官兵積年欠餉，錫綸照五成減發，由各起自行請領，並無每兵祇給一百六十兩之議，亦無關顧情面之事。其雙全、果權所部亦係按年分久暫、存餉多寡，分別減成核發，呈報有案。果有偏枯，該官兵豈能甘於緘默，毫無怨言乎？

又稱：金順未交卸時，飭令馬亮購就糧料三萬餘石，合銀七萬有奇，捏稱由後路運來，每石開報腳價二兩零，合銀六萬餘兩，共合銀十三萬有奇。金順以原報糧料移交錫綸接收，仍係馬亮管理。此後解到餉銀，先儘糧料價扣清，發給民戶七萬餘兩，餘存運腳銀六萬餘兩，全數入己一節。查金順係十一年十一月交卸，馬亮接管糧餉係十三年春間事。此項糧料均係預先採備十二年分倉儲，價銀十三萬餘兩。因餉欠拖欠，並無運腳在內。金順交卸北上，不及清理，飭交馬亮照料領發，均經陸續照辦，現有兌票可憑、金順移交原案為據。按款查明，實無入己。

又稱：提督殷華廷在馬亮局中會議赴甘領到銀兩，以五成歸公，以五成與馬亮、鄧增、曹正興、王鳳鳴、汪友元、丁鳳鳴按大小股勻分，抽出一股安置陳天祿、謝祖亮、王植山、劉文斗並共事同城諸人，此係馬亮新近裁撤之人，面訴的確一節。查殷華廷馳赴甘肅，原係錫綸派往與譚鍾麟面商請加新餉之事，並非領餉程內勻分抽股。即便有意侵吞，有何敢公然會議、肆無忌憚？

又稱：總兵鄧增由哨弁拔充旗官，私放商債，盤剝重利；委署總兵，保薦實缺，驟統五旗，半由賄取，每哨缺額三十餘名；縱容營勇明火劫搶商戶財帛，委經曹正興審明勇數缺額、營勇劫搶屬實，取具確供。因依附馬亮，賄囑問官，捺擱未辦一節。查鄧增同治十三年在浙江幫帶何勇營，九年，經故大學士左宗棠委帶恪靖開花礮隊；肅州克復，帶後膛礮隊，隨同金順出關，底定新疆。光緒十一年七月，金順奏署斯缺，蒙恩簡放。旋由劉錦棠、錫綸會委，統領綏定各旗，皆由該總兵戰功卓著，宣力有年，歷經疆、帥各臣委任、保薦。其非賄取可知。所統各旗，該鎮向不經手糧餉，四季造冊點驗，自難缺額。

如果每哨空額三十餘名，縱該營官弁緘默不言，錫綸豈能毫無覺察？明火劫搶，乃游勇魏中禮、張益順等所為。鄧增恐係營勇，飛飭固勒扎防營拏獲，訊供追贓，稟經錫綸立正典刑。有卷可查。曹正興審明之案，原以鄧增所部旗官柴洪山被勇丁訐告，雖訊無剋扣侵吞、膽妄不法等事，究屬未能服眾，遂撤去旗官差使，實與搶案無涉。其私放商債，盤剝重利，再四訪查，實無其事，亦無依附馬亮賄囑問官、捺擱不辦情弊。

又稱：日事鑽營，惟利是求，數年營制，毫無振作。上年餉項艱窘，借購開花礮子為名，派員赴粵，豫支廉俸二年、口分一年，運回銀三萬餘兩一節。查該鎮才具、操守，見諸奏牘，無庸瀆陳。開花礮子，實已無幾，邊防緊要，購儲是其專責。光緒十二年七月，稟經錫綸奏派副將周家光赴上海，才搬礮子、洋鎗、洋火等項，僅計價銀一萬三千兩。所控三萬餘兩鉅款，究從何處運回，據查從無此項案據。廉俸由中軍領發，統帶隨勇飭開放。縱有預支，亦不為過。何況積欠過多乎？餉帳猶存，儘可覆按。所控日事鑽營，究竟鑽營者何事？惟利是求，所求者何利？又不能指實，顯係捏詞傾陷。該鎮辦事穩慎，奉職惟謹，而於整頓營伍，督率操防，歷任疆、帥各臣均資臂助。所控營制漫無振作，尤屬口口。

又稱：署察哈爾領隊大臣德克津布娶霍爾果斯巡檢雷發聲之岳母命婦為妾一節。查口口自光緒九年送女伊犁，即依其壻雷發聲度日，現已年近五旬，尚有二子二壻，並未再嫁。所控未免不經。

又稱：劉翰、雷霈霖、炳泰總辦善後，重斂房價、貨釐，七成肥己，百弊叢生，商賈不堪苛虐，鋪戶大半移回省城，市廛蕭條一節。查綏定城鋪屋房間，有伊犁哈薩克因冒充藥官，時啟訟端。錫綸飭委該員詳加釐定，發給執照，俾息紛爭。貨釐一層，伊犁口口口，該員均能遵札經理，實無重斂肥己及苛虐情弊。

又稱：提督曹正興因汪友元密保，奏調來伊，委辦營務，月支馬小隊四十名，折銀二百餘兩，統費二百兩，雜支二百餘兩，以具稟前督臣譚鍾麟、詳陳錫綸病勢獲咎。半年來，口分照領，未辦一事。承審陳宗勝命案、鄧鎮營勇搶案，得賄五千兩，派人先寄四千兩一節。查曹正興經金順奏准回籍終制之員，錫綸奏調伊犁，委派營務，始與汪友元相識。薪公、津貼、辦公等項，月支銀二百兩；小馬隊四十名，餉照定章支發，既非折銀，亦無雜支統費。遊勇搶案，並未承審，從何受賄？陳宗勝命案，雖經審訊，現在既能照例懲辦，其非受賄可知。

又稱：瑪納斯協副將王鳳鳴九歷戎行，戰功卓著，惟不孝父母，貪殘好殺。伊犁風氣日見澆漓，自王鳳鳴始；馬亮浮開餉帳，捏借商款，王鳳鳴實為謀主；平日剋扣軍餉，一錢如命，山西商人貿易固勒扎，被隣佑謀財戕命，碎屍河灘，均不查究；又在馬亮局中會議領到餉銀，以五成勻分，各一節。查王鳳鳴兄弟四人，同治元年，奉父命，偕胞弟鳳岐、鳳雲報效軍營，僅留季弟侍親。西征之後，鳳岐戰歿同州，鳳雲戰歿金積堡。該員二十餘年亦屢瀕危險，迄未歸省。左宗棠奏署斯缺。其父年邁，未肯遠行。將母迎養至晉，因北地嚴寒，仍攜女、孫南返。經營婚嫁，原呈謂王鳳鳴生父不相認識，生母以奴僕呵之，兄弟則鞭撻流涕。再四訪查，並無言其不孝不弟。分統卓勝軍，紀律雖嚴，從未妄杀一人。果如所控有誤殺殺、仇殺、辜殺等事，當時帥臣豈能一一容忍？王鳳鳴操守謹嚴，向未剋扣糧餉，亦無勻分領款之事。至圖財碎屍，地方官應辦案件，該副將尤不能過問。

又稱：署都司汪友元舊在副都統托雲佈部下充當戈什，查係會匪，革逐出境，潛赴塔城，派充巡捕，戴五品花翎，上年隨錫綸赴任伊犁，忽稱副將銜參將，委署鎮標都司，兼管事務，管帶兩營衛隊；今春通行公牘，總辦軍標營務處，節制馬隊四旗，會同統領辦事，仍在巡捕房行走，總理官藥局，開探金銀銅礦；兵部查取履歷，未能聲覆，依馬亮、鄧增為長城。馬亮、鄧增、汪友元為心腹；事務處印條例外浮支，每月萬餘兩，娶妻亦幾費萬金，統由餉局開銷；喜給內戈什娶親，餉局每人支給數百金，又自領萬餘兩；開挖金銅廠，暨後路往來販貨，計二年中，此等虧耗已逾十萬餘兩。以重資聘請為游春澤局報销之刘文斗、陈天禄、谢祖亮，捏款造报，尚未奏咨立案。时越半年，竟未完竣，翻增靡费数千两，各一节。查汪友元自报效原任湖广总督官文一迄关外，历保副将衔留甘肃补用参将。锡纶带赴伊犁，先后委署镇标都司、参将两缺，带卫队兼军标营务处，并未充当托云佈戈什哈，亦无因会匪被逐。事务处日支万余两，实系管饷之人，以金顺交代未清，不敢自专；应领印条，交由汪友元呈递请示，锡纶批准后，汪友元盖用图记。伊犁仅有铜厂，锡纶派副将邱应成试办，矿苗不旺，大雪停工，费银三千余两。官药局委职员傅文彬等接办，汪友元不过奉派查点口口。余事概属捏诬。

又称：天津商民王姓等被哈萨劫抢银货，戕毙十三命，署抚民同知上官振勋以得赃纵盗，被参革职，近又开复，派塔城营务处。锡纶到任后，派队将哈萨克霍加克拏获，抄灭家产鞭责身死；兄弟子侄，刑讯毙命。如霍加克确系盗犯，则上官振勋得赃纵盗并应审办，何以尚准开复？如系误拏，则全家抄灭，独无冤乎一节。查天津此起商民，由阿克苏取道冰岭阪，贸易伊犁，经特克斯川被霍加克之子加克巴斯等二十余人劫抢银货，戕毙性命，并将尸躯脔割成块，凿冰为孔，抛弃河流，实系异常惨毒！卸署抚民同知雷铭三拏获讯供，兇犯确凿。上官振勋接署迟误一年，口口认真审究，以致该商等冤莫能伸，未免玩视民命。经金顺奏参革职看管，听候查办。苦主控其得赃纵盗，虽无实迹情弊，显然即属同盗。哈萨克俄官来文，亦有认赔银货、命偿之语。是惩办兇盗参革问官，均无冤抑。

以上所控情形，或事出有因，或查无实据，抑或全属子虚。县丞马瑞麟本系职官，眼见事理不得其平，因公起愤，自可明正厥职，何竟仅有其名，独无其人？且又终无下落？而徒以无情无理、无凭无据之事，摭拾填砌，牵缀虚词，希图陷人。此心殊不可问！奴才等因不敢稍存迴护，亦不可遇事吹求，既经按款查明，似应随案拟结。前署伊犁将军锡纶因挪用商银，部议驳查。即控借商款，亦涉欺朦，咎固难辞。但早经因病出缺，惟有仰恳天恩免其置议。记名副都统马亮尚無捏造欠款、侵吞軍餉情事。卸署察哈爾領隊大臣德克津布、提督曹正興、王鳳鳴、總兵鄧增、知府熊龍超、已革舉人李鎰、直隸州明徵、知縣傅煊，均係無故牽涉。提督殷華廷既已病故，參將汪友元、直隸州上官振勳既已先後革職，應請一併毋庸置議。此外，同知丁鳳鳴、知縣劉文斗、縣丞王植山、陳天祿、謝祖亮，核其所供，尚無不合，應請免究。驛書朱瑞，訊無通同拆散公文情弊，但以驛站公所容留閑人，亦有不合，業經斥責革役，遞籍管束。其餘呈內無關重情節，應請免敘，以省案牘。馬瑞麟曾否於公文內擅附呈詞，無從查究，應請議結。所有遵旨會查職官呈控侵冒軍餉等款緣由，謹恭摺據實覆奏。伏乞皇上聖鑒訓示。再，此摺係奴才色楞額主稿。合併聲明。謹奏。十二月十七日。

光緒十六年二月初五日，奉硃批：另有旨。欽此。①

【案】此案於光緒十六年二月初五日得清廷批示，《光緒朝上諭檔》載曰：

光緒十六年二月初五日，內閣奉上諭：前因錫綸咨行戶部文內有職員馬瑞麟揭告統帶馬亮等侵吞軍餉呈詞一件，當交色楞額等查明具奏。嗣據戶部奏參錫綸擅動軍餉各情，復諭令一併查奏。茲據色楞額、魏光燾查明覆奏，此案記名副都統馬亮既經查明尚無捏造欠款、侵吞軍餉情事，且原告之馬瑞麟查無其人，顯係借名捏控。即著與無故牽涉之前署察哈爾領隊大臣德克津布等暨業經革職、病故各員，均毋庸置議。惟已故署伊犁將軍錫綸因挪用正款經部議駁，輒即捏借商款報部，款目種種不符，實屬有心朦蔽，大負委任。其所報借款曾否撥給，著戶部確切查明，據實覆奏。餘著照所議辦理。欽此。②

---

① 中國第一歷史檔案館藏：《錄副奏摺》，檔號：03-7414-003。
② 《光緒朝上諭檔》，第16冊35頁；又，《德宗景皇帝實錄（四）》，卷之二百八十一，光緒十六年二月，第743—744頁。

參考文獻

一、館藏檔案

[001] 臺北"故宮博物院"藏．軍機及宮中檔．文獻編號：408004100.
[002] 臺北"故宮博物院"藏．軍機及宮中檔．文獻編號：174311.
[003] 臺北"故宮博物院"藏．軍機及宮中檔．文獻編號：408004099.
[004] 臺北"故宮博物院"藏．軍機及宮中檔．文獻編號：148679.
[005] 臺北"故宮博物院"藏．軍機及宮中檔．文獻編號：408004101.
[006] 臺北"故宮博物院"藏．軍機及宮中檔．文獻編號：151488.
[007] 臺北"故宮博物院"藏．軍機及宮中檔．文獻編號：408004101.
[008] 臺北"故宮博物院"藏．軍機及宮中檔．文獻編號：151489.
[009] 中國第一歷史檔案館藏．硃批奏摺．檔號：04-01-01-0951-015.
[010] 中國第一歷史檔案館藏．錄副奏摺．檔號：03-5830-035.
[011] 中國第一歷史檔案館藏．錄副奏片．檔號：03-5885-065.
[012] 臺北"故宮博物院"藏．軍機及宮中檔．文獻編號：408004102.
[013] 臺北"故宮博物院"藏．軍機及宮中檔．文獻編號：153122.
[014] 臺北"故宮博物院"藏．軍機及宮中檔．文獻編號：408004103.
[015] 臺北"故宮博物院"藏．軍機及宮中檔．文獻編號：153124.
[016] 臺北"故宮博物院"藏．軍機及宮中檔．文獻編號：408004103.
[017] 臺北"故宮博物院"藏．軍機及宮中檔．文獻編號：153125.
[018] 臺北"故宮博物院"藏．軍機及宮中檔．文獻編號：408004104.
[019] 中國第一歷史檔案館藏．錄副奏摺．檔號：03-5419-002.
[020] 臺北"故宮博物院"藏．軍機及宮中檔．文獻編號：408004105.
[021] 臺北"故宮博物院"藏．軍機及宮中檔．文獻編號：153302.
[022] 臺北"故宮博物院"藏．軍機及宮中檔．文獻編號：153302-A.
[023] 臺北"故宮博物院"藏．軍機及宮中檔．文獻編號：408004109.
[024] 中國第一歷史檔案館藏．錄副奏摺．檔號：03-5957-004.
[025] 中國第一歷史檔案館藏．單．檔號：03-5957-005.
[026] 臺北"故宮博物院"藏．軍機及宮中檔．文獻編號：408004108.
[027] 中國第一歷史檔案館藏．錄副奏摺．檔號：03-5957-006.
[028] 中國第一歷史檔案館藏．單．檔號：03-5957-007.
[029] 臺北"故宮博物院"藏．軍機及宮中檔．文獻編號：408004107.
[030] 中國第一歷史檔案館藏．錄副奏摺．檔號：03-5957-009.
[031] 中國第一歷史檔案館藏．單．檔號：03-5957-008.
[032] 臺北"故宮博物院"藏．軍機及宮中檔．文獻編號：408004107-C.
[033] 中國第一歷史檔案館藏．錄副奏片．檔號：03-6166-001.
[034] 臺北"故宮博物院"藏．軍機及宮中檔．文獻編號：408004107-A.
[035] 臺北"故宮博物院"藏．軍機及宮中檔．文獻編號：408004107-B.
[036] 臺北"故宮博物院"藏．軍機及宮中檔．文獻編號：408004106.
[037] 臺北"故宮博物院"藏．軍機及宮中檔．文獻編號：154069.
[038] 中國第一歷史檔案館藏．硃批奏摺．檔號：04-01-23-0217-011.
[039] 中國第一歷史檔案館藏．錄副奏摺．檔號：03-6731-051.
[040] 中國第一歷史檔案館藏．單．檔號：03-6731-052.

[041] 臺北"故宮博物院"藏．軍機及宮中檔．文獻編號：408004106-A.
[042] 臺北"故宮博物院"藏．軍機及宮中檔．文獻編號：154071.
[043] 中國第一歷史檔案館藏．硃批奏片．檔號：04-01-36-0840-049.
[044] 臺北"故宮博物院"藏．軍機及宮中檔．文獻編號：408004113.
[045] 臺北"故宮博物院"藏．軍機及宮中檔．文獻編號：155001.
[046] 臺北"故宮博物院"藏．軍機及宮中檔．文獻編號：408004112.
[047] 臺北"故宮博物院"藏．軍機及宮中檔．文獻編號：155003.
[048] 臺北"故宮博物院"藏．軍機及宮中檔．文獻編號：155003-A.
[049] 臺北"故宮博物院"藏．軍機及宮中檔．文獻編號：408004112-A.
[050] 臺北"故宮博物院"藏．軍機及宮中檔．文獻編號：154991.
[051] 中國第一歷史檔案館藏．硃批奏摺．檔號：04-01-03-0176-007.
[052] 中國第一歷史檔案館藏．錄副奏摺．檔號：03-9421-048.
[053] 臺北"故宮博物院"藏．軍機及宮中檔．文獻編號：408004114.
[054] 臺北"故宮博物院"藏．軍機及宮中檔．文獻編號：155006.
[055] 中國第一歷史檔案館藏．硃批奏摺．檔號：04-01-18-0054-042.
[056] 中國第一歷史檔案館藏．錄副奏摺．檔號：03-6152-061.
[057] 臺北"故宮博物院"藏．軍機及宮中檔．文獻編號：408004111
[058] 臺北"故宮博物院"藏．軍機及宮中檔．文獻編號：155000.
[059] 臺北"故宮博物院"藏．軍機及宮中檔．文獻編號：155000-A.
[060] 中國第一歷史檔案館藏．硃批奏摺．檔號：04-01-03-0176-006.
[061] 中國第一歷史檔案館藏．錄副奏摺．檔號：03-6026-050.
[062] 臺北"故宮博物院"藏．軍機及宮中檔．文獻編號：408004111-B.
[063] 臺北"故宮博物院"藏．軍機及宮中檔．文獻編號：154992.
[064] 臺北"故宮博物院"藏．軍機及宮中檔．文獻編號：408004111-A.
[065] 臺北"故宮博物院"藏．軍機及宮中檔．文獻編號：155004.
[066] 臺北"故宮博物院"藏．軍機及宮中檔．文獻編號：408004115.
[067] 中國第一歷史檔案館藏．錄副奏摺．檔號：03-5957-032.
[068] 臺北"故宮博物院"藏．軍機及宮中檔．文獻編號：408004116.
[069] 中國第一歷史檔案館藏．錄副奏摺．檔號：03-5957-030.
[070] 臺北"故宮博物院"藏．軍機及宮中檔．文獻編號：408004117.
[071] 中國第一歷史檔案館藏．錄副奏摺．檔號：03-5957-025.
[072] 中國第一歷史檔案館藏．單．檔號：03-5957-011.
[073] 臺北"故宮博物院"藏．軍機及宮中檔．文獻編號：408004119.
[074] 中國第一歷史檔案館藏．錄副奏摺．檔號：03-5957-022.
[075] 中國第一歷史檔案館藏．單．檔號：03-5957-024.
[076] 臺北"故宮博物院"藏．軍機及宮中檔．文獻編號：408004118.
[077] 中國第一歷史檔案館藏．錄副奏摺．檔號：03-5957-026.
[078] 中國第一歷史檔案館藏．單．檔號：03-5957-023.
[079] 臺北"故宮博物院"藏．軍機及宮中檔．文獻編號：408004118.
[080] 臺北"故宮博物院"藏．軍機及宮中檔．文獻編號：156435.
[081] 中國第一歷史檔案館藏．錄副奏片．檔號：03-5950-054.
[082] 臺北"故宮博物院"藏．軍機及宮中檔．文獻編號：408004118-A.

[083] 臺北"故宮博物院"藏.軍機及宮中檔.文獻編號：157795.
[084] 臺北"故宮博物院"藏.軍機及宮中檔.文獻編號：149819.
[085] 臺北"故宮博物院"藏.軍機及宮中檔.文獻編號：408004118-C.
[086] 臺北"故宮博物院"藏.軍機及宮中檔.文獻編號：156437.
[087] 臺北"故宮博物院"藏.軍機及宮中檔.文獻編號：408004120.
[088] 中國第一歷史檔案館藏.錄副奏摺.檔號：03-5569-050..
[089] 中國第一歷史檔案館藏.單.檔號：03-5569-051.
[090] 中國第一歷史檔案館藏.軍機處隨手登記檔.檔案編號：03-0317-1-1229-269.
[091] 臺北"故宮博物院"藏.軍機及宮中檔.文獻編號：408004120-A.
[092] 中國第一歷史檔案館藏.錄副奏片.檔號：03-5742-041.
[093] 中國第一歷史檔案館藏.軍機處隨手登記檔.檔案編號：03-0317-1-1229-269.
[094] 臺北"故宮博物院"藏.軍機及宮中檔.文獻編號：408004125.
[095] 中國第一歷史檔案館藏.錄副奏摺.檔號：03-5957-042..
[096] 中國第一歷史檔案館藏.單.檔號：03-5957-010.
[097] 臺北"故宮博物院"藏.軍機及宮中檔.文獻編號：408004125-B.
[098] 臺北"故宮博物院"藏.軍機及宮中檔.文獻編號：408004125-C.
[099] 中國第一歷史檔案館藏.錄副奏片.檔號：03-5957-043.
[100] 臺北"故宮博物院"藏.軍機及宮中檔.文獻編號：408004125-A.
[101] 中國第一歷史檔案館藏.錄副奏片.檔號：03-5957-044.
[102] 臺北"故宮博物院"藏.軍機及宮中檔.文獻編號：408004124.
[103] 臺北"故宮博物院"藏.軍機及宮中檔.文獻編號：157796.
[104] 臺北"故宮博物院"藏.軍機及宮中檔.文獻編號：157796-A.
[105] 臺北"故宮博物院"藏.軍機及宮中檔.文獻編號：408004123.
[106] 臺北"故宮博物院"藏.軍機及宮中檔.文獻編號：157781.
[107] 臺北"故宮博物院"藏.軍機及宮中檔.文獻編號：408004121.
[108] 臺北"故宮博物院"藏.軍機及宮中檔.文獻編號：157782.
[109] 臺北"故宮博物院"藏.軍機及宮中檔.文獻編號：408004122.
[110] 臺北"故宮博物院"藏.軍機及宮中檔.文獻編號：157783.
[111] 臺北"故宮博物院"藏.軍機及宮中檔.文獻編號：408004126.
[112] 中國第一歷史檔案館藏.錄副奏摺.檔號：03-5422-050.
[113] 中國第一歷史檔案館藏.硃批奏摺.檔號：04-01-12-0544-108.
[114] 中國第一歷史檔案館藏.錄副奏摺.檔號：03-5241-074.
[115] 中國第一歷史檔案館藏.硃批奏摺.檔號：04-01-12-0602-021.
[116] 中國第一歷史檔案館藏.錄副奏摺.檔號：03-6162-049.
[117] 臺北"故宮博物院"藏.軍機及宮中檔.文獻編號：408004126-A.
[118] 中國第一歷史檔案館藏.錄副奏片.檔號：03-5422-051.
[119] 中國第一歷史檔案館藏.硃批奏摺.檔號：04-01-12-0574-001.
[120] 中國第一歷史檔案館藏.錄副奏摺.檔號：03-5342-010.
[121] 臺北"故宮博物院"藏.軍機及宮中檔.文獻編號：408004127.
[122] 中國第一歷史檔案館藏.錄副奏片.檔號：03-6166-040.
[123] 臺北"故宮博物院"藏.軍機及宮中檔.文獻編號：408004127-B.
[124] 中國第一歷史檔案館藏.錄副奏片.檔號：03-6657-090.

[125] 臺北"故宮博物院"藏．軍機及宮中檔．文獻編號：408004127-A．
[126] 中國第一歷史檔案館藏．錄副奏片．檔號：03-7224-015．
[127] 臺北"故宮博物院"藏．軍機及宮中檔．文獻編號：408004128．
[128] 中國第一歷史檔案館藏．錄副奏片．檔號：03-6038-031．
[129] 中國第一歷史檔案館藏．硃批奏片．檔號：04-01-37-0144-034．
[130] 中國第一歷史檔案館藏．錄副奏片．檔號：03-7164-041．
[131] 中國第一歷史檔案館藏．軍機處隨手登記檔．檔案編號：03-0317-1-1229-270．
[132] 臺北"故宮博物院"藏．軍機及宮中檔．文獻編號：408004130-A．
[133] 中國第一歷史檔案館藏．錄副奏片．檔號：03-5958-077．
[134] 臺北"故宮博物院"藏．軍機及宮中檔．文獻編號：408004128-A．
[135] 中國第一歷史檔案館藏．軍機處隨手登記檔．檔案編號：03-0317-1-1229-270．
[136] 臺北"故宮博物院"藏．軍機及宮中檔．文獻編號：408004130．
[137] 中國第一歷史檔案館藏．錄副奏片．檔號：03-5958-078．
[138] 中國第一歷史檔案館藏．單．檔號：03-5958-079．
[139] 中國第一歷史檔案館藏．單．檔號：03-5958-060．
[140] 中國第一歷史檔案館藏．硃批奏摺．檔號：04-01-16-0274-033．
[141] 臺北"故宮博物院"藏．軍機及宮中檔．文獻編號：150181．
[142] 臺北"故宮博物院"藏．軍機及宮中檔．文獻編號：408004129．
[143] 中國第一歷史檔案館藏．軍機處隨手登記檔．檔案編號：03-0317-1-1229-270．
[144] 臺北"故宮博物院"藏．軍機及宮中檔．文獻編號：408004129-A．
[145] 中國第一歷史檔案館藏．軍機處隨手登記檔．檔案編號：03-0317-1-1229-270．
[146] 臺北"故宮博物院"藏．軍機及宮中檔．文獻編號：408004133．
[147] 中國第一歷史檔案館藏．錄副奏摺．檔號：03-5960-038．
[148] 中國第一歷史檔案館藏．單．檔號：03-5960-042．
[149] 臺北"故宮博物院"藏．軍機及宮中檔．文獻編號：408004131．
[150] 中國第一歷史檔案館藏．錄副奏摺．檔號：03-5960-038．
[151] 中國第一歷史檔案館藏．單．檔號：03-5959-036．
[152] 臺北"故宮博物院"藏．軍機及宮中檔．文獻編號：408004135-A．
[153] 中國第一歷史檔案館藏．錄副奏摺．檔號：03-5960-048．
[154] 臺北"故宮博物院"藏．軍機及宮中檔．文獻編號：408004132-A．
[155] 中國第一歷史檔案館藏．錄副奏摺．檔號：03-5426-101．
[156] 臺北"故宮博物院"藏．軍機及宮中檔．文獻編號：408004132．
[157] 中國第一歷史檔案館藏．錄副奏摺．檔號：03-5960-043．
[158] 中國第一歷史檔案館藏．單．檔號：03-5960-046．
[159] 臺北"故宮博物院"藏．軍機及宮中檔．文獻編號：408004135．
[160] 中國第一歷史檔案館藏．錄副奏摺．檔號：03-5960-041．
[161] 中國第一歷史檔案館藏．單．檔號：03-5960-044．
[162] 臺北"故宮博物院"藏．軍機及宮中檔．文獻編號：408004132-B．
[163] 中國第一歷史檔案館藏．錄副奏摺．檔號：03-7205-126．
[164] 臺北"故宮博物院"藏．軍機及宮中檔．文獻編號：408004135-B．
[165] 中國第一歷史檔案館藏．錄副奏摺．檔號：03-5960-047．
[166] 臺北"故宮博物院"藏．軍機及宮中檔．文獻編號：408004134．

[167] 中國第一歷史檔案館藏．錄副奏摺．檔號：03-5960-113.
[168] 中國第一歷史檔案館藏．單．檔號：03-5426-114.
[169] 臺北"故宮博物院"藏．軍機及宮中檔．文獻編號：408004134-A.
[170] 中國第一歷史檔案館藏．錄副奏摺．檔號：03-5960-039.
[171] 中國第一歷史檔案館藏．單．檔號：03-5426-115.
[172] 臺北"故宮博物院"藏．軍機及宮中檔．文獻編號：408004138.
[173] 臺北"故宮博物院"藏．軍機及宮中檔．文獻編號：158965.
[174] 臺北"故宮博物院"藏．軍機及宮中檔．文獻編號：158965-A..
[175] 臺北"故宮博物院"藏．軍機及宮中檔．文獻編號：408004138-C.
[176] 臺北"故宮博物院"藏．軍機及宮中檔．文獻編號：158951.
[177] 臺北"故宮博物院"藏．軍機及宮中檔．文獻編號：408004138-B.
[178] 臺北"故宮博物院"藏．軍機及宮中檔．文獻編號：158944.
[179] 臺北"故宮博物院"藏．軍機及宮中檔．文獻編號：408004137.
[180] 臺北"故宮博物院"藏．軍機及宮中檔．文獻編號：158963.
[181] 臺北"故宮博物院"藏．軍機及宮中檔．文獻編號：408004137-A.
[182] 臺北"故宮博物院"藏．軍機及宮中檔．文獻編號：158961.
[183] 臺北"故宮博物院"藏．軍機及宮中檔．文獻編號：408004137-B.
[184] 臺北"故宮博物院"藏．軍機及宮中檔．文獻編號：158946.
[185] 臺北"故宮博物院"藏．軍機及宮中檔．文獻編號：408004138-A.
[186] 臺北"故宮博物院"藏．軍機及宮中檔．文獻編號：158953.
[187] 臺北"故宮博物院"藏．軍機及宮中檔．文獻編號：408004139.
[188] 臺北"故宮博物院"藏．軍機及宮中檔．文獻編號：160487.
[189] 臺北"故宮博物院"藏．軍機及宮中檔．文獻編號：408004139-A.
[190] 臺北"故宮博物院"藏．軍機及宮中檔．文獻編號：160501.
[191] 臺北"故宮博物院"藏．軍機及宮中檔．文獻編號：408004141.
[192] 中國第一歷史檔案館藏．錄副奏摺．檔號：03-5962-085.
[193] 中國第一歷史檔案館藏．單．檔號：03-5962-086.
[194] 臺北"故宮博物院"藏．軍機及宮中檔．文獻編號：408004140.
[195] 中國第一歷史檔案館藏．錄副奏摺．檔號：03-5962-084.
[196] 中國第一歷史檔案館藏．單．檔號：03-5964-026.
[197] 臺北"故宮博物院"藏．軍機及宮中檔．文獻編號：408004140-A.
[198] 中國第一歷史檔案館藏．錄副奏摺．檔號：03-5962-083.
[199] 臺北"故宮博物院"藏．軍機及宮中檔．文獻編號：408004142.
[200] 臺北"故宮博物院"藏．軍機及宮中檔．文獻編號：163529.
[201] 臺北"故宮博物院"藏．軍機及宮中檔．文獻編號：163529-A.
[202] 臺北"故宮博物院"藏．軍機及宮中檔．文獻編號：408004142-A.
[203] 臺北"故宮博物院"藏．軍機及宮中檔．文獻編號：163530.
[204] 臺北"故宮博物院"藏．軍機及宮中檔．文獻編號：163530-A.
[205] 臺北"故宮博物院"藏．軍機及宮中檔．文獻編號：408004143.
[206] 臺北"故宮博物院"藏．軍機及宮中檔．文獻編號：408004144.
[207] 中國第一歷史檔案館藏．錄副奏摺．檔號：03-5962-100..
[208] 臺北"故宮博物院"藏．軍機及宮中檔．文獻編號：408004146.

[209] 中國第一歷史檔案館藏.錄副奏摺.檔號：03-5962-112.
[210] 中國第一歷史檔案館藏.單.檔號：03-5962-113.
[211] 臺北"故宮博物院"藏.軍機及宮中檔.文獻編號：408004146-A.
[212] 臺北"故宮博物院"藏.軍機及宮中檔.文獻編號：162163.
[213] 臺北"故宮博物院"藏.軍機及宮中檔.文獻編號：408004146-A.
[214] 臺北"故宮博物院"藏.軍機及宮中檔.文獻編號：162158.
[215] 臺北"故宮博物院"藏.軍機及宮中檔.文獻編號：408004145.
[216] 臺北"故宮博物院"藏.軍機及宮中檔.文獻編號：162174.
[217] 臺北"故宮博物院"藏.軍機及宮中檔.文獻編號：408004145-A.
[218] 臺北"故宮博物院"藏.軍機及宮中檔.文獻編號：162166.
[219] 臺北"故宮博物院"藏.軍機及宮中檔.文獻編號：408004145-C.
[220] 臺北"故宮博物院"藏.軍機及宮中檔.文獻編號：162157.
[221] 臺北"故宮博物院"藏.軍機及宮中檔.文獻編號：408004145-B.
[222] 臺北"故宮博物院"藏.軍機及宮中檔.文獻編號：162155.
[223] 臺北"故宮博物院"藏.軍機及宮中檔.文獻編號：408004147.
[224] 中國第一歷史檔案館藏.錄副奏摺.檔號：03-5571-023.
[225] 臺北"故宮博物院"藏.軍機及宮中檔.文獻編號：408004150.
[226] 臺北"故宮博物院"藏.軍機及宮中檔.文獻編號：163788.
[227] 臺北"故宮博物院"藏.軍機及宮中檔.文獻編號：408004150-A.
[228] 臺北"故宮博物院"藏.軍機及宮中檔.文獻編號：163793.
[229] 臺北"故宮博物院"藏.軍機及宮中檔.文獻編號：408004149-A.
[230] 臺北"故宮博物院"藏.軍機及宮中檔.文獻編號：163789.
[231] 臺北"故宮博物院"藏.軍機及宮中檔.文獻編號：408004149.
[232] 臺北"故宮博物院"藏.軍機及宮中檔.文獻編號：163801.
[233] 臺北"故宮博物院"藏.軍機及宮中檔.文獻編號：408004149-A.
[234] 臺北"故宮博物院"藏.軍機及宮中檔.文獻編號：163803.
[235] 臺北"故宮博物院"藏.軍機及宮中檔.文獻編號：408004151.
[236] 中國第一歷史檔案館藏.錄副奏摺.檔號：03-5963-026.
[237] 中國第一歷史檔案館藏.單.檔號：03-5963-050.
[238] 臺北"故宮博物院"藏.軍機及宮中檔.文獻編號：408004148.
[239] 中國第一歷史檔案館藏.錄副奏摺.檔號：03-5963-023.
[240] 中國第一歷史檔案館藏.單.檔號：03-5964-131.
[241] 臺北"故宮博物院"藏.軍機及宮中檔.文獻編號：408004148-A.
[242] 中國第一歷史檔案館藏.錄副奏摺.檔號：03-7166-003.
[243] 中國第一歷史檔案館藏.錄副奏片.檔號：03-6018-040.
[244] 臺北"故宮博物院"藏.軍機及宮中檔.文獻編號：408004148-C.
[245] 中國第一歷史檔案館藏.錄副奏摺.檔號：03-5963-024.
[246] 臺北"故宮博物院"藏.軍機及宮中檔.文獻編號：408004148-B.
[247] 中國第一歷史檔案館藏.錄副奏摺.檔號：03-5763-131.
[248] 臺北"故宮博物院"藏.軍機及宮中檔.文獻編號：408004152.
[249] 中國第一歷史檔案館藏.錄副奏摺.檔號：03-6039-020.
[250] 臺北"故宮博物院"藏.軍機及宮中檔.文獻編號：160177.

[251] 臺北"故宮博物院"藏．軍機及宮中檔．文獻編號：408004152-A.
[252] 中國第一歷史檔案館藏．錄副奏摺．檔號：03-6039-021.
[253] 臺北"故宮博物院"藏．軍機及宮中檔．文獻編號：408004154.
[254] 中國第一歷史檔案館藏．錄副奏摺．檔號：03-5964-101.
[255] 臺北"故宮博物院"藏．軍機及宮中檔．文獻編號：408004153.
[256] 中國第一歷史檔案館藏．錄副奏摺．檔號：03-5964-100.
[257] 臺北"故宮博物院"藏．軍機及宮中檔．文獻編號：408004155.
[258] 中國第一歷史檔案館藏．錄副奏摺．檔號：03-6001-022.
[259] 中國第一歷史檔案館藏．單．檔號：03-6002-066.
[260] 臺北"故宮博物院"藏．軍機及宮中檔．文獻編號：408004161.
[261] 中國第一歷史檔案館藏．錄副奏摺．檔號：03-5966-001.
[262] 中國第一歷史檔案館藏．單．檔號：03-5966-002.
[263] 臺北"故宮博物院"藏．軍機及宮中檔．文獻編號：408004161-D.
[264] 中國第一歷史檔案館藏．錄副奏摺．檔號：03-5966-003.
[265] 臺北"故宮博物院"藏．軍機及宮中檔．文獻編號：408004161-E.
[266] 中國第一歷史檔案館藏．錄副奏摺．檔號：03-5966-004.
[267] 臺北"故宮博物院"藏．軍機及宮中檔．文獻編號：408004161-F.
[268] 中國第一歷史檔案館藏．錄副奏摺．檔號：03-5966-005.
[269] 臺北"故宮博物院"藏．軍機及宮中檔．文獻編號：408004162.
[270] 中國第一歷史檔案館藏．錄副奏摺．檔號：03-5966-052.
[271] 臺北"故宮博物院"藏．軍機及宮中檔．文獻編號：408004164.
[272] 中國第一歷史檔案館藏．錄副奏摺．檔號：03-5966-056.
[273] 中國第一歷史檔案館藏．單．檔號：03-5966-057.
[274] 臺北"故宮博物院"藏．軍機及宮中檔．文獻編號：408004164-A.
[275] 中國第一歷史檔案館藏．錄副奏摺．檔號：03-5966-060.
[276] 臺北"故宮博物院"藏．軍機及宮中檔．文獻編號：408004164-B.
[277] 臺北"故宮博物院"藏．軍機及宮中檔．文獻編號：408004163.
[278] 中國第一歷史檔案館藏．錄副奏摺．檔號：03-5966-058.
[279] 中國第一歷史檔案館藏．單．檔號：03-5966-059.
[280] 臺北"故宮博物院"藏．軍機及宮中檔．文獻編號：408004163-O-A.
[281] 中國第一歷史檔案館藏．錄副奏摺．檔號：03-6515-046.03-7132-008.
[282] 臺北"故宮博物院"藏．軍機及宮中檔．文獻編號：408004163-B.
[283] 中國第一歷史檔案館藏．錄副奏摺．檔號：03-6515-047.03-7132-007.
[284] 中國第一歷史檔案館藏．錄副奏摺．檔號：03-6171-007.
[285] 臺北"故宮博物院"藏．軍機及宮中檔．文獻編號：408004165.
[286] 中國第一歷史檔案館藏．錄副奏摺．檔號：03-5573-032.
[287] 中國第一歷史檔案館藏．單．檔號：03-5573-034.
[288] 臺北"故宮博物院"藏．軍機及宮中檔．文獻編號：408004165-A.
[289] 中國第一歷史檔案館藏．錄副奏片．檔號：03-5573-033.
[290] 中國第一歷史檔案館藏．單．檔號：03-5573-035.
[291] 臺北"故宮博物院"藏．軍機及宮中檔．文獻編號：408004168.
[292] 中國第一歷史檔案館藏．錄副奏摺．檔號：03-5966-147.

[293] 臺北"故宮博物院"藏．軍機及宮中檔．文獻編號：408004166.
[294] 中國第一歷史檔案館藏．錄副奏摺．檔號：03-5966-147.
[295] 臺北"故宮博物院"藏．軍機及宮中檔．文獻編號：408004166.
[296] 中國第一歷史檔案館藏．錄副奏摺．檔號：03-5966-147.
[297] 臺北"故宮博物院"藏．軍機及宮中檔．文獻編號：408004171.
[298] 中國第一歷史檔案館藏．錄副奏摺．檔號：03-5967-118.
[299] 臺北"故宮博物院"藏．軍機及宮中檔．文獻編號：408004170.
[300] 中國第一歷史檔案館藏．錄副奏摺．檔號：03-6171-085.
[301] 臺北"故宮博物院"藏．軍機及宮中檔．文獻編號：408004172-A.
[302] 中國第一歷史檔案館藏．錄副奏片．檔號：03-7169-047.
[303] 中國第一歷史檔案館藏．錄副奏摺．檔號：03-7081-027.
[304] 臺北"故宮博物院"藏．軍機及宮中檔．文獻編號：408004172-B.
[305] 中國第一歷史檔案館藏．錄副奏片．檔號：03-5967-119.
[306] 中國第一歷史檔案館藏．硃批奏摺．檔號：04-01-16-0281-022.
[307] 中國第一歷史檔案館藏．硃批奏摺．檔號：04-01-16-0283-071.
[308] 臺北"故宮博物院"藏．軍機及宮中檔．文獻編號：408004174.
[309] 中國第一歷史檔案館藏．錄副奏片．檔號：03-5967-096.
[310] 臺北"故宮博物院"藏．軍機及宮中檔．文獻編號：408004173.
[311] 中國第一歷史檔案館藏．錄副奏片．檔號：03-5967-095.
[312] 中國第一歷史檔案館藏．錄副奏片．檔號：03-5969-118.
[313] 中國第一歷史檔案館藏．軍機處隨手登記檔．檔案編號：03-0321-1-1231-224.
[314] 臺北"故宮博物院"藏．軍機及宮中檔．文獻編號：408004175.
[315] 中國第一歷史檔案館藏．錄副奏摺．檔號：03-5968-037.
[316] 中國第一歷史檔案館藏．單．檔號：03-5968-038.
[317] 臺北"故宮博物院"藏．軍機及宮中檔．文獻編號：408004177.
[318] 臺北"故宮博物院"藏．軍機及宮中檔．文獻編號：408004177-A.
[319] 中國第一歷史檔案館藏．軍機處隨手登記檔．檔案編號：03-0321-1-1231-243.
[320] 臺北"故宮博物院"藏．軍機及宮中檔．文獻編號：408004176.
[321] 中國第一歷史檔案館藏．錄副奏摺．檔號：03-5968-039.
[322] 臺北"故宮博物院"藏．軍機及宮中檔．文獻編號：408004175.
[323] 中國第一歷史檔案館藏．錄副奏片．檔號：03-5968-040.
[324] 臺北"故宮博物院"藏．軍機及宮中檔．文獻編號：408004181.
[325] 中國第一歷史檔案館藏．錄副奏摺．檔號：03-6172-071.
[326] 中國第一歷史檔案館藏．單．檔號：03-6172-072.
[327] 臺北"故宮博物院"藏．軍機及宮中檔．文獻編號：408004179.
[328] 中國第一歷史檔案館藏．錄副奏摺．檔號：03-5968-186.
[329] 中國第一歷史檔案館藏．單．檔號：03-5969-113.
[330] 臺北"故宮博物院"藏．軍機及宮中檔．文獻編號：408004178-A.
[331] 中國第一歷史檔案館藏．錄副奏片．檔號：03-5573-102.
[332] 臺北"故宮博物院"藏．軍機及宮中檔．文獻編號：408004180.
[333] 中國第一歷史檔案館藏．錄副奏摺．檔號：03-6053-106.
[334] 中國第一歷史檔案館藏．錄副奏摺．檔號：03-1704-025.

[335] 臺北"故宫博物院"藏．軍機及宮中檔．文獻編號：408004178．
[336] 中國第一歷史檔案館藏．錄副奏摺．檔號：03-5968-185．
[337] 中國第一歷史檔案館藏．單．檔號：03-5969-114．
[338] 臺北"故宫博物院"藏．軍機及宮中檔．文獻編號：408004178-A．
[339] 中國第一歷史檔案館藏．錄副奏片．檔號：03-5968-187．
[340] 臺北"故宫博物院"藏．軍機及宮中檔．文獻編號：408004182．
[341] 中國第一歷史檔案館藏．錄副奏摺．檔號：03-6172-069．
[342] 中國第一歷史檔案館藏．單．檔號：03-6172-070．
[343] 中國第一歷史檔案館藏．單．檔號：03-5454-136．
[344] 中國第一歷史檔案館藏．單．檔號：03-5970-040．
[345] 中國第一歷史檔案館藏．單．檔號：03-5970-039．
[346] 中國第一歷史檔案館藏．單．檔號：03-5970-038．
[347] 臺北"故宫博物院"藏．軍機及宮中檔．文獻編號：408004183．
[348] 中國第一歷史檔案館藏．錄副奏摺．檔號：03-5970-037．
[349] 臺北"故宫博物院"藏．軍機及宮中檔．文獻編號：408004183-B．
[350] 中國第一歷史檔案館藏．錄副奏片．檔號：03-5970-041．
[351] 臺北"故宫博物院"藏．軍機及宮中檔．文獻編號：408004183-A．
[352] 中國第一歷史檔案館藏．錄副奏片．檔號：03-5970-042．
[353] 臺北"故宫博物院"藏．軍機及宮中檔．文獻編號：408004184．
[354] 中國第一歷史檔案館藏．錄副奏摺．檔號：03-5454-134．
[355] 中國第一歷史檔案館藏．單．檔號：03-5473-078．
[356] 臺北"故宫博物院"藏．軍機及宮中檔．文獻編號：408004184-A．
[357] 中國第一歷史檔案館藏．錄副奏片．檔號：03-5454-135．
[358] 臺北"故宫博物院"藏．軍機及宮中檔．文獻編號：408004188．
[359] 中國第一歷史檔案館藏．錄副奏摺．檔號：03-5970-120．
[360] 臺北"故宫博物院"藏．軍機及宮中檔．文獻編號：408004187-A．
[361] 中國第一歷史檔案館藏．錄副奏片．檔號：03-6587-050．
[362] 中國第一歷史檔案館藏．軍機處隨手登記檔．檔案編號：03-0322-1-1232-054．
[363] 臺北"故宫博物院"藏．軍機及宮中檔．文獻編號：408004188-A．
[364] 中國第一歷史檔案館藏．軍機處隨手登記檔．檔案編號：03-0322-1-1232-054．
[365] 臺北"故宫博物院"藏．軍機及宮中檔．文獻編號：408004186-A．
[366] 中國第一歷史檔案館藏．錄副奏片．檔號：03-5970-118．
[367] 中國第一歷史檔案館藏．軍機處隨手登記檔．檔案編號：03-0322-1-1232-054．
[368] 臺北"故宫博物院"藏．軍機及宮中檔．文獻編號：408004186．
[369] 中國第一歷史檔案館藏．錄副奏摺．檔號：03-5970-117．
[370] 中國第一歷史檔案館藏．軍機處隨手登記檔．檔案編號：03-0322-1-1232-054．
[371] 臺北"故宫博物院"藏．軍機及宮中檔．文獻編號：408004187-B．
[372] 中國第一歷史檔案館藏．錄副奏片．檔號：03-5970-119．
[373] 臺北"故宫博物院"藏．軍機及宮中檔．文獻編號：408004187．
[374] 中國第一歷史檔案館藏．錄副奏摺．檔號：03-5970-121．
[375] 中國第一歷史檔案館藏．軍機處隨手登記檔．檔案編號：03-0322-1-1232-054．
[376] 臺北"故宫博物院"藏．軍機及宮中檔．文獻編號：408004187-C．

[377] 中國第一歷史檔案館藏．錄副奏片．檔號：03-5970-119.
[378] 臺北"故宮博物院"藏．軍機及宮中檔．文獻編號：408004185.
[379] 中國第一歷史檔案館藏．軍機處隨手登記檔．檔案編號：03-0322-1-1232-054.
[380] 臺北"故宮博物院"藏．軍機及宮中檔．文獻編號：408004188-B.
[381] 中國第一歷史檔案館藏．軍機處隨手登記檔．檔案編號：03-0322-1-1232-054.
[382] 臺北"故宮博物院"藏．軍機及宮中檔．文獻編號：408004193.
[383] 中國第一歷史檔案館藏．錄副奏摺．檔號：03-5460-064.
[384] 臺北"故宮博物院"藏．軍機及宮中檔．文獻編號：408004192.
[385] 中國第一歷史檔案館藏．錄副奏摺．檔號：03-5971-135.
[386] 臺北"故宮博物院"藏．軍機及宮中檔．文獻編號：408004189.
[387] 中國第一歷史檔案館藏．錄副奏摺．檔號：03-5971-094.
[388] 臺北"故宮博物院"藏．軍機及宮中檔．文獻編號：408004189-B.
[389] 中國第一歷史檔案館藏．錄副奏片．檔號：03-5971-092.
[390] 臺北"故宮博物院"藏．軍機及宮中檔．文獻編號：408004189-A.
[391] 中國第一歷史檔案館藏．錄副奏片．檔號：03-5971-093.
[392] 臺北"故宮博物院"藏．軍機及宮中檔．文獻編號：408004191.
[393] 中國第一歷史檔案館藏．錄副奏摺．檔號：03-6174-110.
[394] 中國第一歷史檔案館藏．單．檔號：03-6174-111.
[395] 臺北"故宮博物院"藏．軍機及宮中檔．文獻編號：40800418999-C.
[396] 中國第一歷史檔案館藏．軍機處隨手登記檔．檔案編號：03-0322-2-1232-133.
[397] 臺北"故宮博物院"藏．軍機及宮中檔．文獻編號：40800418999-D.
[398] 中國第一歷史檔案館藏．軍機處隨手登記檔．檔案編號：03-0322-2-1232-133.
[399] 臺北"故宮博物院"藏．軍機及宮中檔．文獻編號：40800418990.
[400] 臺北"故宮博物院"藏．軍機及宮中檔．文獻編號：40800418990-A.
[401] 中國第一歷史檔案館藏．錄副奏摺．檔號：03-5971-091.
[402] 中國第一歷史檔案館藏．軍機處隨手登記檔．檔案編號：03-0322-2-1232-133.
[403] 臺北"故宮博物院"藏．軍機及宮中檔．文獻編號：408004194.
[404] 中國第一歷史檔案館藏．錄副奏摺．檔號：03-5575-007.
[405] 中國第一歷史檔案館藏．單．檔號：03-5575-008.
[406] 臺北"故宮博物院"藏．軍機及宮中檔．文獻編號：408004194-A.
[407] 中國第一歷史檔案館藏．錄副奏片．檔號：03-5575-009.
[408] 中國第一歷史檔案館藏．單．檔號：03-5575-010.
[409] 臺北"故宮博物院"藏．軍機及宮中檔．文獻編號：408004197.
[410] 中國第一歷史檔案館藏．錄副奏摺．檔號：03-5972-083.
[411] 中國第一歷史檔案館藏．單．檔號：03-5974-133.
[412] 臺北"故宮博物院"藏．軍機及宮中檔．文獻編號：408004197-C.
[413] 中國第一歷史檔案館藏．錄副奏片．檔號：03-5575-090.
[414] 臺北"故宮博物院"藏．軍機及宮中檔．文獻編號：408004197-E.
[415] 中國第一歷史檔案館藏．錄副奏片．檔號：03-5972-091.
[416] 臺北"故宮博物院"藏．軍機及宮中檔．文獻編號：408004197-D.
[417] 中國第一歷史檔案館藏．錄副奏片．檔號：03-5972-089.
[418] 臺北"故宮博物院"藏．軍機及宮中檔．文獻編號：408004196.

參考文獻　491

[419] 中國第一歷史檔案館藏．錄副奏摺．檔號：03-5972-087．
[420] 臺北"故宮博物院"藏．軍機及宮中檔．文獻編號：408004195．
[421] 中國第一歷史檔案館藏．錄副奏摺．檔號：03-6175-048．
[422] 臺北"故宮博物院"藏．軍機及宮中檔．文獻編號：408004197-A．
[423] 中國第一歷史檔案館藏．錄副奏片．檔號：03-7094-044．
[424] 臺北"故宮博物院"藏．軍機及宮中檔．文獻編號：408004197-B．
[425] 中國第一歷史檔案館藏．軍機處隨手登記檔．檔案編號：03-0323-1232-239．
[426] 臺北"故宮博物院"藏．軍機及宮中檔．文獻編號：408004198-B．
[427] 中國第一歷史檔案館藏．錄副奏片．檔號：03-5972-088．
[428] 臺北"故宮博物院"藏．軍機及宮中檔．文獻編號：408004198-A．
[429] 臺北"故宮博物院"藏．軍機及宮中檔．文獻編號：408004198-C．
[430] 中國第一歷史檔案館藏．錄副奏片．檔號：03-5972-084．
[431] 臺北"故宮博物院"藏．軍機及宮中檔．文獻編號：408004200-A．
[432] 中國第一歷史檔案館藏．錄副奏片．檔號：03-5972-085．
[433] 臺北"故宮博物院"藏．軍機及宮中檔．文獻編號：408004200-B．
[434] 中國第一歷史檔案館藏．錄副奏片．檔號：03-5972-086．
[435] 臺北"故宮博物院"藏．軍機及宮中檔．文獻編號：408004200．
[436] 中國第一歷史檔案館藏．錄副奏摺．檔號：03-5972-117．
[437] 中國第一歷史檔案館藏．單．檔號：03-5972-118．
[438] 臺北"故宮博物院"藏．軍機及宮中檔．文獻編號：408004199．
[439] 中國第一歷史檔案館藏．錄副奏摺．檔號：03-6040-069．
[440] 臺北"故宮博物院"藏．軍機及宮中檔．文獻編號：408004199-B．
[441] 中國第一歷史檔案館藏．錄副奏片．檔號：03-6040-071．
[442] 臺北"故宮博物院"藏．軍機及宮中檔．文獻編號：408004199-A．
[443] 中國第一歷史檔案館藏．錄副奏片．檔號：03-6040-070．
[444] 臺北"故宮博物院"藏．軍機及宮中檔．文獻編號：408004198．
[445] 中國第一歷史檔案館藏．錄副奏摺．檔號：03-5972-116．
[446] 臺北"故宮博物院"藏．軍機及宮中檔．文獻編號：408004203．
[447] 中國第一歷史檔案館藏．錄副奏摺．檔號：03-5973-194．
[448] 中國第一歷史檔案館藏．單．檔號：03-5973-195．
[449] 臺北"故宮博物院"藏．軍機及宮中檔．文獻編號：408004201-C．
[450] 中國第一歷史檔案館藏．錄副奏片．檔號：03-5973-196．
[451] 臺北"故宮博物院"藏．軍機及宮中檔．文獻編號：408004202-B．
[452] 中國第一歷史檔案館藏．錄副奏片．檔號：03-5973-197．
[453] 臺北"故宮博物院"藏．軍機及宮中檔．文獻編號：408004202．
[454] 中國第一歷史檔案館藏．錄副奏摺．檔號：03-5973-191．
[455] 中國第一歷史檔案館藏．單．檔號：03-5973-192．
[456] 臺北"故宮博物院"藏．軍機及宮中檔．文獻編號：408004202-A．
[457] 中國第一歷史檔案館藏．錄副奏片．檔號：03-5973-198．
[458] 臺北"故宮博物院"藏．軍機及宮中檔．文獻編號：408004202-C．
[459] 中國第一歷史檔案館藏．錄副奏片．檔號：03-5470-081．
[460] 臺北"故宮博物院"藏．軍機及宮中檔．文獻編號：408004202-D．

[461] 中國第一歷史檔案館藏．錄副奏片．檔號：03-5470-080．
[462] 臺北"故宮博物院"藏．軍機及宮中檔．文獻編號：408004201．
[463] 中國第一歷史檔案館藏．錄副奏摺．檔號：03-5973-193．
[464] 臺北"故宮博物院"藏．軍機及宮中檔．文獻編號：408004202-E．
[465] 中國第一歷史檔案館藏．錄副奏片．檔號：03-5973-199．
[466] 臺北"故宮博物院"藏．軍機及宮中檔．文獻編號：408004201-A．
[467] 中國第一歷史檔案館藏．錄副奏片．檔號：03-6040-096．
[468] 臺北"故宮博物院"藏．軍機及宮中檔．文獻編號：408004201-B．
[469] 中國第一歷史檔案館藏．錄副奏片．檔號：03-5470-082．
[470] 臺北"故宮博物院"藏．軍機及宮中檔．文獻編號：408004204．
[471] 中國第一歷史檔案館藏．錄副奏摺．檔號：03-5975-027．
[472] 中國第一歷史檔案館藏．單．檔號：03-5975-028．
[473] 臺北"故宮博物院"藏．軍機及宮中檔．文獻編號：408004204-A．
[474] 中國第一歷史檔案館藏．錄副奏片．檔號：03-5975-029．
[475] 臺北"故宮博物院"藏．軍機及宮中檔．文獻編號：408004205．
[476] 中國第一歷史檔案館藏．錄副奏摺．檔號：03-5975-030．
[477] 中國第一歷史檔案館藏．單．檔號：03-5975-031．
[478] 臺北"故宮博物院"藏．軍機及宮中檔．文獻編號：408004205-A．
[479] 中國第一歷史檔案館藏．錄副奏片．檔號：03-5975-032．
[480] 中國第一歷史檔案館藏．錄副奏片．檔號：03-5476-097．
[481] 中國第一歷史檔案館藏．硃批奏片．檔號：04-01-01-1077-054．
[482] 中國第一歷史檔案館藏．錄副奏片．檔號：03-5467-021．
[483] 中國第一歷史檔案館藏．硃批奏摺．檔號：04-01-16-0291-076．
[484] 中國第一歷史檔案館藏．錄副奏摺．檔號：03-5476-100．

二、典籍

[01] 中國第一歷史檔案館編．乾隆朝上諭檔．桂林：廣西師範大學出版社，1999．
[02] 中國第一歷史檔案館編．嘉慶朝上諭檔．桂林：廣西師範大學出版社，1998．
[03] 中國第一歷史檔案館編．道光朝上諭檔．桂林：廣西師範大學出版社，1999．
[04] 中國第一歷史檔案館編．咸豐朝上諭檔．桂林：廣西師範大學出版社，1998．
[05] 中國第一歷史檔案館編．同治朝上諭檔．桂林：廣西師範大學出版社，1998．
[06] 中國第一歷史檔案館編．光緒朝上諭檔．桂林：廣西師範大學出版社，1996．
[07] 中華書局影印．清實錄・仁宗睿皇帝（嘉慶）實錄．北京：中華書局，1986．
[08] 中華書局影印．清實錄・宣宗成皇帝（道光）實錄．北京：中華書局，1986．
[09] 中華書局影印．清實錄・文宗顯皇帝（咸豐）實錄．北京：中華書局，1986．
[10] 中華書局影印．清實錄・穆宗毅皇帝（同治）實錄．北京：中華書局，1987．
[11] 中華書局影印．清實錄・德宗景皇帝（光緒）實錄．北京：中華書局，1987．
[12] 中國第一歷史檔案館編．光緒朝硃批奏摺．北京：中華書局，1995．
[13] 秦國經主編．清代官員履歷檔案全編．華東師範大學出版社，2008．
[14] 清高宗敕撰．清朝文獻通考．杭州：浙江古籍出版社，1988．
[15] 劉錦藻．清朝續文獻通考．杭州：浙江古籍出版社，1988．
[16] 中國第一歷史檔案館，福建師大歷史系編．清末教案．北京：中華書局，1996．

[17] 臺北"中央研究院"近代史所編．教務教案檔．臺北："中央研究院"近代史所，1974.
[18] 顧廷龍主編．清代朱卷集成．臺北：成文出版社，1992.
[19] 中央民族大學圖書館藏．欽定平定陝甘新疆回匪方略．

三、著作

[01] 左文襄公全集．上海：上海書店出版社，1986.
[02] 沈雲龍主編．曾惠敏公（劼剛）遺集．臺北：文海出版社，1966.
[03] 沈雲龍主編，蕭榮爵編．曾忠襄公（國荃）奏議．臺北：文海出版社，1966.
[04] 沈雲龍主編，崇實著．惕庵年譜．臺北：文海出版社，1966.
[05] 曾國藩．曾文正公全集．光緒二年秋傳中書局刊本。
[06] 李翰章編纂，李鴻章校勘．足本曾文正公全集．長春：吉林人民出版社，1995.
[07] 左宗棠．左宗棠全集．奏稿．上海：上海書店，1986.
[08] 朱玉泉．李鴻章全書．長春：吉林人民出版社，1999.
[09] 顧廷龍，戴逸主編．李鴻章全集．合肥：安徽出版集團，2008.
[10] 沈雲龍主編，魯一同著．通甫類稿．臺北：文海出版社，1996
[11] 沈雲龍主編，劉岳昭著．滇黔奏議．臺北：文海出版社，1966.
[12] 沈雲龍主編，岑毓英著．岑襄勤公遺集．臺北：文海出版社，1966.
[13] 沈雲龍主編，唐炯著．成山老人自訂年譜．臺北：文海出版社，1966.
[14] 沈雲龍主編，寶鋆等修．籌辦夷務始末．（同治朝）臺北：文海出版社，1966.
[15] 沈雲龍主編，黎成禮編．黎文肅公（培敬）遺書．臺北：文海出版社，1966.
[16] 沈雲龍主編，蔡冠洛纂．清代七百名人傳．臺北：文海出版社，1971.
[17] 朱壽朋．光緒朝東華錄．北京：中華書局，1958.
[18] 王先謙等．東華續錄·同治朝．光緒戊戌年文瀾書局石印本．
[19] 蔣良騏．東華錄．北京：中華書局，1980.
[20] 黃盛陸等標點．岑毓英奏稿．南甯：廣西人民出版社，1989.
[21] 貴州大學歷史系近代史教研室點校．平黔紀略．貴陽：貴州人出版社，1988.
[22] 王延熙，王樹敏．皇清道咸同光奏議．臺北：文海出版社，1969.
[23] 清史編委會．清代人物傳稿．瀋陽：遼甯人民出版社，1990.
[24] 戚其章，王如繪編．晚清教案紀事．北京：東方出版社，1990.
[25] 汪兆鏞．碑傳集三編．臺北：文海出版社，1980.
[26] 郭嵩燾．郭嵩燾日記．長沙：湖南人民出版社，1982.
[27] 李慈銘．越縵堂讀書記．上海：上海書店出版社，2000.
[28] 李慈銘．越縵堂文集．臺北：文海出版社，1971.
[29] 李慈銘．越縵堂日記．線裝書局，2003.
[30] 郭廷以，尹仲容等．郭嵩燾先生年譜．臺北："中央研究院"近代史研究所，1971.
[31] 翁同龢著，陳義傑整理．翁同龢日記．北京：中華書局，1993.
[32] 竇宗一．李鴻章年譜．臺北：文海出版社，1977.
[33] 吳洪均，吳汝綸．李肅毅伯（鴻章）奏疏．臺北：文海出版社，1968.
[34] 歐陽輔之．劉忠誠公（坤一）遺集：書牘．臺北：文海出版社，1968.
[35] 蔡冠洛．清代七百名人傳．臺北：文海出版社，1971.
[36] 金梁．近世人物志．臺北：文海出版社，1977.

[37] 裘毓麟．清代軼聞．臺北：華文書局，1932．
[38] 費行簡．近代名人小傳．臺北：文海出版社，1967．
[39] 沈桐生．光緒政要．臺北：文海出版社，1971．
[40] 王樹枏．張文襄公之洞全集．臺北：文海出版社，1970．
[41] 來新夏．近三百年人物年譜知見錄．上海：上海人民出版社，1983．
[42] 蘇樹蕃．清朝御史題名錄．臺北：文海出版社，1967．
[43] 湯志鈞．戊戌變法人物傳稿．北京：中華書局，1982．
[44] 李林年，楊忠．清人別集總目．合肥：安徽教育出版社，2000．
[45] 章伯鋒，顧亞．近代稗海．成都：四川人民出版社，1989．
[46] 鄧雲生校點．左宗棠全集·札件．長沙：嶽麓書社，1986．
[47] 邱永君著．清代翰林院制度．北京：社會科學文獻出版社，2002．
[48] 商衍鎏著．清代科舉考試述錄．北京：三聯書店，1958．
[49] 李世愉著．清代科舉制度考辨．北京：中央廣播電視大學出版社，1999．
[50] 王德昭著．清代科舉制度研究．北京：中華書局，1984．
[51] 趙爾巽等．清史稿．北京：中華書局，1976．
[52] 王鍾翰點校．清史列傳．北京：中華書局，1987．
[53] 沈雲龍主編，許景澄著．許文肅公（景澄）遺集．臺北：文海出版社，1966．
[54] 中國社會科學院近代史研究所編．曾國藩未刊往來函稿．長沙：嶽麓書社，1986．
[55] 曾麟書等撰，王澧華等整理．曾氏三代家書．嶽麓書社，2002．
[56] 王彥威，王亮，王敬立編．清季外交史料》（全五冊）．北京：書目文獻出版社，1987．
[57] 李侃等．中國近代史．北京：中華書局，2004．
[58] 沈雲龍主編，譚寶箴等編．譚文勤公（鍾麟）奏稿．臺北：文海出版社，1966．
[59] 北京大學圖書館館編輯．北京大學圖書館藏稿本叢書．天津：天津古籍出版社，1991．
[60] 湖南《左宗棠全集》整理組編．左宗棠未刊奏摺．長沙：嶽麓書社，1987．
[61] 湖南省地方誌編纂委員會編．湖南省志·人物志．長沙：湖南出版社，1992．
[62] 丁鳳麟，王欣之編．薛福成選集．上海：上海人民出版社，1987．
[63] 新疆維吾爾自治區檔案局，中國社會科學院邊疆史地研究中心《新疆通史》編委會編．近代新疆蒙古歷史檔案．烏魯木齊：新疆人民出版社，2008．
[64] 馬大正，吳豐培等編．清代新疆稀見奏牘彙編·同治、光緒、宣統朝卷．烏魯木齊：新疆人民出版社，1996．

跋

　　本書材料的收集、購買、整理與研究，閱時三年。在此期間，山東大學儒學高等研究院教授、博士生導師杜澤遜先生，全國高等院校古籍整理研究工作委員会古籍信息研究中心主任顧歆藝先生，國家圖書館陳秉松先生，臺北"故宫博物院"王威華先生，始終殷殷鼓勵，鼎力贊襄；揚州大學文學院教授、好友郭院林先生，對本書的編寫與出版時加鞭策，並欣然賜序；商務印書館編輯吳凡先生，為本書的順利出版，不辭勞瘁，往復函商，多所補苴。此外，石河子大學發展規劃處為本書的出版提供資助，謹此一併致謝。

　　由於本人學識淺陋，智慮庸愚，兼之時間倉促，紕謬、不當之處，實所難免，敬祈海內外方家不吝賜正。

杜宏春